GUIA VISUAL - FOLHA DE S.PAULO

FÉRIAS EM FAMÍLIA

GUIA PARIS

GUIA VISUAL - **Folha de S.Paulo**

FÉRIAS EM FAMÍLIA

GUIA PARIS

PubliFolha

Título original: Family Guide Paris
Copyright © 2012, 2014 Dorling Kindersley Limited
Copyright © 2012 Publifolha – Divisão de Publicações da Empresa Folha da Manhã S.A.

Publicado originalmente na Grã-Bretanha em 2006 pela Dorling Kindersley Limited, 80 Strand, Londres WC2R 0RL, Inglaterra, uma empresa da Penguin Random House.

3ª edição brasileira: 2014

Todos os direitos reservados. Nenhuma parte desta obra pode ser reproduzida, arquivada ou transmitida de nenhuma forma ou por nenhum meio sem a permissão expressa e por escrito da Empresa Folha da Manhã S.A., por sua divisão de publicações Publifolha.

Proibida a comercialização fora do território brasileiro.

COORDENAÇÃO DO PROJETO
PUBLIFOLHA
EDITORA ASSISTENTE: Paula Dume
COORDENADORA DE PRODUÇÃO GRÁFICA: Mariana Metidieri

PRODUÇÃO EDITORIAL
PÁGINA VIVA
EDIÇÃO: Laura Vecchioli, Rosi Ribeiro
TRADUÇÃO: Clara Allain
PRODUÇÃO GRÁFICA: Priscylla Cabral
REVISÃO: Denise Roberti Camargo, Luciane Gomide
Atualização da 3ª edição: Página Viva

DORLING KINDERSLEY
DIRETOR GERAL: Aruna Ghose
DIRETOR EDITORIAL: Savitha Kumar
DIRETOR DE ARTE DO PROJETO: Priyanka Thakur
EDITORES: Beverly Smart, Bidisha Srivastava
DIRETOR DE ARTE: Stuti Tiwari Bhatia
DESIGNER: Kaberi Hazarika
PESQUISA ICONOGRÁFICA: Sumita Khatwani
DIAGRAMAÇÃO: Azeem Siddiqui
DIRETOR DE CARTOGRAFIA: Uma Bhattacharya
CARTOGRAFIA: Mohammad Hassan
AUTOR: Rosie Whitehouse
FOTOGRAFIA: Jules Selmes, Valerio Vincenzo
CARTUNS: Roland Ungoed-Thomas
OUTRAS ILUSTRAÇÕES: Arun Pottirayil, Stephen Conlin, Stephen Gyapay, Maltings Partnership
PROJETO GRÁFICO: Keith Hagan
www.greenwich-design.co.uk

Dados Internacionais de Catalogação na Publicação (CIP)
(Câmara Brasileira do Livro, SP, Brasil)

Férias em família : Guia Paris / Dorling Kindersley ; [tradução Clara Allain]. – 3. ed. – São Paulo : Publifolha, 2014.

Título original : Family Guide Paris.
ISBN 978-85-7914-380-9

1. Paris (França) – Descrição e viagens – Guias I. Dorling Kindersley.

12-05509   CDD-914.436

Índices para catálogo sistemático:
1. Guias de viagem : Paris : França 914.436
2. Paris : França : Guias de viagem 914.436

Este livro segue as regras do Acordo Ortográfico da Língua Portuguesa (1990), em vigor desde 1º de janeiro de 2009.

Impresso na South China, China.

PUBLIFOLHA
Divisão de Publicações do Grupo Folha
Al. Barão de Limeira, 401, 6º andar
CEP 01202-900, São Paulo, SP
Tel.: (11) 3224-2186/2187/2197
www.publifolha.com.br

Foi feito o possível para garantir que as informações deste livro fossem as mais atualizadas disponíveis até o momento da impressão. No entanto, alguns dados como telefones, preços, horários de funcionamento e informações de viagem estão sujeitos a mudanças. Os editores não podem se responsabilizar por qualquer consequência do uso deste guia, nem pela validade das informações contidas nos sites indicados.

Os leitores interessados em fazer sugestões ou comunicar eventuais correções podem escrever para a Publifolha, Al. Barão de Limeira, 401, 6º andar, CEP 01202-900, São Paulo, SP, ou enviar um e-mail para: atendimento@publifolha.com.br

Sumário

Como Usar Este Guia	6
Introdução a Paris	8
O Melhor de Paris	10
Paris ao Longo do Ano	14
Como Chegar	18
Como Circular	20
Paris Vista do Rio Sena	24
Passeios pelo Rio	28
Informações Úteis	30
Onde Ficar	34
Onde Comer	36
Compras	40
Diversão	44
Os Parques de Paris	46
O Metrô Parisiense	48
A História de Paris	50
Revolução!	54

ÎLE DE LA CITÉ E ÎLE ST.-LOUIS 58

O Melhor da Île de la Cité e da Île St.-Louis 60

Notre-Dame 62
Estátua de Carlos Magno
Petit Pont
Marché aux Fleurs et Oiseaux e Quai de la Megisserie
Île St.-Louis
Paris-Plages na Margem Direita
Hôtel de Ville

Conciergerie 70
Sainte-Chapelle
Pont Neuf
St.-Germain l'Auxerrois

BEAUBOURG E MARAIS 74

O Melhor do Beaubourg e do Marais 76

Centre Pompidou 78
Place Igor Stravinsky
Les Halles
Tour de Jean Sans Peur

Musée des Arts et Métiers 84
51 Rue de Montmorency
Musée de la Poupée
Musée d'Art et d'Histoire du Judaïsme

Place des Vosges 90
Musée Carnavalet
Musée Picasso
Rue des Rosiers
Mémorial de la Shoah
Place de la Bastille

TUILERIES, OPÉRA E MONTMARTRE 98

O Melhor das Tuileries, da Opéra e de Montmartre 100
O Louvre 102
Jardin des Tuileries
Musée de l'Orangerie
Rue de Rivoli
Musée des Arts Décoratifs
Estátua de Joana d'Arc
Place Vendôme
Comédie Française
Palais Royal
Musée en Herbe

Musée Grévin 114
Les Passages
Les Grands Boulevards
Opéra Garnier

Uma das muitas aeronaves expostas no Musée de l'Air et de l'Espace

Playground no Champ-de-Mars, em frente à Torre Eiffel

Sacré-Coeur 120
Place du Tertre e
 Vinhedo de Montmartre
Espace Dalí Montmartre
Rue Lepic
Cimetière de Montmartre
Europe
Les Batignolles

CHAMPS-ÉLYSÉES E TROCADÉRO 128

O Melhor da Champs- -Élysées e do Trocadéro 130

Arco do Triunfo 134
Grand Palais e Petit Palais
Pont Alexandre III
Palais de la Découverte
Palais de l'Élysée
Place de la Concorde
Place de la Madeleine
Musée Jacquemart-André
Parc Monceau
St.-Alexandre-Nevsky Cathedral

Palais de Chaillot 142
Musée Guimet
Palais de Tokyo e
 Musée d'Art Moderne
Musée Galliéra

TORRE EIFFEL E LES INVALIDES 148

O Melhor da Torre Eiffel e de Les Invalides 150

Torre Eiffel 154
Champ-de-Mars
musée du quai Branly
Les Egouts

Les Invalides 158
École Militaire
Musée Rodin
Assemblée Nationale
 Palais-Bourbon

ST.-GERMAIN E QUARTIER LATIN 164

O Melhor de St.-Germain e do Quartier Latin 166

Musée d'Orsay 168
St.-Germain-des-Prés
Cafés de St.-Germain- -des-Prés
Musée Eugène Delacroix

Musée de Cluny 174
Quartier Latin
Arènes de Lutèce
Rue Mouffetard
Jardin des Plantes
Muséum National
 d'Histoire Naturelle
Ménagerie

LUXEMBOURG E MONTPARNASSE 182

O Melhor de Luxembourg e de Montparnasse 184

Panthéon 186

Jardin du Luxembourg 190
Musée Zadkine
Tour Montparnasse
Musée Antoine Bourdelle
Musée de la Poste
Musée Jean Moulin
Musée Pasteur

ARREDORES DO CENTRO 196

O Melhor nos Arredores do Centro 198

Parc de la Villette 200
Cimetière du Père-Lachaise
Bois de Vincennes
Parc de Bercy
Marché aux Puces
 de St.-Ouen
Basilique St.-Denis
Stade de France

Jardin d'Acclimatation 210
Château de Malmaison
Parc André Citroën
Estátua da Liberdade
Catacombes
Parc Montsouris
Marché aux Puces Vanves

PASSEIOS DE UM DIA PARTINDO DE PARIS 216

Château de Versailles 220
Rambouillet
Le Parc Zoologique
 de Thoiry
France Miniature

Parc Astérix 226
Auvers-sur-Oise
Abbaye de Royaumont
Musée de l'Air
 et de l'Espace

Disneyland® Paris 230
Provins
Vaux-le-Vicomte
Château de Blandy-les-Tours

Fontainebleau 236

Onde Ficar 238
Mapas 248
Índice 274
Frases 284
Agradecimentos 286

Como Usar Este Guia

Este guia foi planejado para auxiliar as famílias a aproveitar ao máximo sua visita a Paris, fornecendo indicações para passeios com crianças e informações práticas detalhadas. A seção introdutória faz uma apresentação da cidade e de seus destaques e oferece dicas úteis para planejar as férias (incluindo informações sobre chegada à cidade, transportes, saúde, seguros, dinheiro, restaurantes, hotéis, compras e comunicações). Traz, ainda, um guia de festivais para toda a família e um breve histórico de Paris.

A seção principal, dedicada às atrações, é dividida em áreas. Depois da apresentação do melhor de cada área, segue-se a descrição dos destaques e das outras atrações nas proximidades, sempre com indicações de restaurantes, bares e locais de diversão. No fim do livro, você encontra relações de hotéis e mapas detalhados da cidade.

APRESENTAÇÃO DA ÁREA
Cada capítulo é aberto com uma página dupla em que, após breve introdução, são apresentados os destaques da área e sua localização na cidade.

Mapa de localização

Principais atrações relaciona os destaques da área.

O MELHOR DE...
Essas páginas indicam os melhores programas para fazer em cada área – de atrações históricas, artísticas e culturais a parques e locais de diversão.

Sugestões temáticas das melhores atrações e programas com as crianças.

ONDE FICAR
Especialistas relacionam um variado leque de lugares para se hospedar com a família – desde hotéis e pousadas que aceitam crianças até apartamentos totalmente equipados.

Símbolos de fácil identificação mostram as características-chave dos estabelecimentos que hospedam famílias.

Categorias de preço dá detalhes das diárias para uma família com quatro pessoas.

ATRAÇÕES EM PARIS

Cada área possui algumas atrações principais *(veja abaixo)*, apresentadas em um mapa detalhado em que se relaciona o que é necessário para explorá-las. As páginas seguintes fornecem uma perspectiva real do destino, com foco nas atrações principais e no que as torna especiais para adultos e crianças. Há ainda indicações de locais para relaxar ou para se proteger num dia chuvoso, além de sugestões de lugares onde se pode comer, beber e comprar com os pequenos. Informações práticas e ideias para continuar os passeios completam os roteiros.

O **texto introdutório** mostra os aspectos práticos da visita – da melhor hora do dia para passear à chegada por meio de transporte público.

Além das atrações indicadas no capítulo, o **mapa central** mostra restaurantes, lojas, hotéis e meios de transporte. Localiza, ainda, playgrounds, supermercados e farmácias mais próximos.

O quadro **Informações** fornece todas as dicas práticas para visitar a área. A legenda dos símbolos está na orelha da contracapa.

Nas **atrações centrais** – os melhores locais a visitar em cada área – há textos informativos que estimulam adultos e crianças.

Em **Destaques**, as ilustrações mostram as características mais interessantes de cada atração, realçando os elementos que costumam agradar as crianças.

O quadro **Criançada!** é destaque em todas as páginas que descrevem passeios *(veja abaixo)*.

Saiba mais dá sugestões de downloads, jogos, aplicativos e filmes que estimulam as crianças a conhecer um local e as ajudam a aprender mais sobre ele.

Próxima parada... indica outros locais a visitar – perto da atração principal, tematicamente relacionado a ela ou em outra localização que mude o ritmo do restante do dia.

Informações fornece dicas práticas abrangentes, como transportes, horários, preços, atividades, faixa etária e tempo ideal para a visita.

Para relaxar sugere locais para as crianças brincarem depois de uma atração cultural.

Comida e bebida lista indicações de locais bons para a família – de opções para piqueniques e lanches a refeições completas e jantares refinados.

Outros destaques perto da atração central, também selecionados para agradar adultos e crianças, são mostrados nas páginas seguintes.

O quadro **Informações** fornece dicas práticas e de transporte para visitar a atração.

Os **locais de interesse** são recomendados com ênfase nos aspectos que mais provavelmente vão entusiasmar as crianças. Cada um deles revela histórias e fatos curiosos, além de incluir uma sugestão de local para relaxar ou se abrigar da chuva.

Criançada! foi pensado para envolver os pequenos com a atração, por meio de jogos, curiosidades e fatos divertidos. As respostas do quiz são dadas na parte de baixo do quadro.

Entrada principal do Louvre, na Cour Napoléon

Introdução a
PARIS

O Melhor de Paris

As famílias têm muitas opções em Paris. A cidade é repleta de história e cultura, desde monumentos antigos até arte moderna, mas também de confeitarias e cafés deliciosos, carrosséis e marionetes. "Paris na Primavera" é um slogan muito conhecido, mas na realidade, para as famílias, é uma cidade para todas as estações, com eventos e atividades para alegrar e divertir crianças e adultos em todas as épocas do ano.

Em um fim de semana

A melhor e mais fácil apresentação às atrações, no primeiro dia, é um passeio de ônibus com andar superior aberto *(p. 26)*. Depois, caminhe em volta da **Notre-Dame** *(pp. 64-5)* e divirta-se com os artistas de rua. Jante cedo, pois você terá muito o que fazer no dia seguinte.

Comece o sábado com um passeio de barco pelo Sena. Compre gostosuras para fazer um piquenique na **Île St.-Louis** *(p. 68)* e coma no jardim da **square du Vert Galant** *(p. 72)*, que se projeta sobre o rio.

Ande até o **Louvre** *(p. 104)* para ver as múmias e a Mona Lisa. Do topo do **Arco do Triunfo** *(pp. 134-5)*, assista ao pôr do sol antes de jantar no **Drugstore Publicis** *(p. 135)*, uma instituição parisiense. No domingo, faça como uma família de Paris legítima e relaxe no **Jardin du Luxembourg** *(pp. 190-1)* enquanto as crianças brincam no car-

À dir. *Interior da Galerie d'Apollon, Louvre*
Abaixo *O Arco do Triunfo visto da avenue Marceau*

Acima Jardins formais do Château de Versailles

rossel mágico. Almoce no **Bread and Roses** *(p. 191)* e então curta uma tarde com obras de arte maravilhosas no **Musée d'Orsay** *(pp. 170-1)*.

A maior atração do fim de semana vem ao final: a subida da **Torre Eiffel** *(pp. 154-5)*. Deixar isso para o encerramento significa que as crianças poderão se divertir identificando os lugares para onde já foram.

Em uma semana

Localize-se ao chegar fazendo um tour das atrações principais num ônibus de teto aberto. Outra opção perfeita para sentir o clima da cidade é fazer um cruzeiro no Sena, especialmente ao entardecer, talvez ao final do primeiro dia.

Reserve metade de um dia para conhecer a Île de la Cité e sua atração principal, a **Notre-Dame**. Na hora do almoço você pode percorrer a rua principal da **Île St.-Louis**, deliciando-se com petiscos aqui e ali. Outro bairro imperdível é Montmartre, com artistas, um vinhedo próprio e a deslumbrante **Sacré-Coeur** *(pp. 122-3)*. Seria fácil passar uma tarde inteira no Louvre, o maior museu do mundo. Decida antes quais são as obras imperdíveis para você e concentre--se nelas. Não deixe de conhecer as obras-primas impressionistas do **Musée d'Orsay**, possivelmente seguidas por um pouco de ar fresco no vizinho **Jardin du Luxembourg**. Reserve metade de um dia para um dos melhores museus militares do mundo, incluindo uma visita ao túmulo de Napoleão, em **Les Invalides** *(pp. 160-1)*, e um dia para o magnífico **Château de Versailles** *(pp. 220-3)*, fora da cidade, construído por Luís XIV.

No domingo, passeie a pé pelas ruas do Marais, um dos bairros mais históricos de Paris.

Se quiser uma folga do turismo cultural, vá conhecer um aquário ultramoderno, o **Cinéaqua** *(p. 44)*, ou o parque de diversões à moda antiga do **Jardin d'Acclimatation** *(pp. 210-1)*.

E nenhuma visita familiar a Paris deve terminar sem uma subida até o topo da **Torre Eiffel**.

As estações

A cidade é linda na primavera. As crianças vão adorar o parque de diversões no **Bois de Vincennes** *(p. 204)*, e as lojas ficam repletas de peixes de chocolate no 1º de abril e de espetaculares ovos de Páscoa.

No verão, a margem direita do Sena se converte em uma praia, com areia, cadeiras de praia e eventos ao ar livre. No dia 14 de julho ocorre o grandioso desfile militar na **Champs-Élysées** *(pp. 134-5)*, um show aéreo e fabulosa queima de fogos.

No outono, o clima geralmente não impede o almoço ao ar livre, e os museus e galerias de arte estão menos lotados de turistas.

O Natal é tempo de decorações e rinques de patinação no gelo. Muitos hotéis promovem eventos especiais para famílias, com a possibilidade de uma visita do Père Noël.

À esq. Perambulando pela place du Tertre, com a Sacré-Coeur ao fundo

Paris econômica

Há inúmeras maneiras de curtir Paris gastando pouco. Comece por explorar o coração da Paris antiga: a **Île de la Cité** e a **Île St.-Louis**. A entrada na **Notre-Dame** é gratuita, e um dos maiores prazeres em Paris é simplesmente caminhar à margem do rio, desfrutando o ambiente.

Se você só puder conhecer um museu na cidade, que seja o **Louvre**. Menores de 18 anos não pagam para entrar, e o ingresso é gratuito para adultos no primeiro domingo de cada mês. O mesmo se aplica à maioria dos museus públicos. O Paris Museum Pass (p. 32) também reduz custos e pode ser usado quantas vezes você quiser em mais de 55 museus, incluindo o **Louvre**, **Musée d'Orsay**, **Centre Pompidou** (pp. 80-1) e partes do **Château de Versailles**, sem a necessidade de ficar em filas. É ideal para famílias, já que barateia as visitas rápidas a museus.

Não faltam lugares onde as crianças podem se soltar, incluindo o belo **Jardin des Tuileries** (p. 108), cujo playground é gratuito. E há lugares perfeitos para piqueniques. A cidade é repleta de padarias e feiras de rua que vendem comida de altíssimo nível por preços razoáveis, de modo que comer bem, gastando pouco, não será um problema.

Para não gastar muito com hospedagem, pense em alugar um apartamento ou opte por um dos hotéis do grupo **Accor**, como o Hotel Baltimore (p. 240), com facilidades para famílias.

Para quem gosta de cultura

Quase todos os museus de Paris têm workshops e programas de atividades para crianças. Todos os museus e galerias da cidade fazem parte do "circuito de passeios escolares"; logo, estão acostumados a receber crianças a partir de 3 anos de idade. Há até museus próprios para crianças, como o **Musée en Herbe** (p. 113), que apresenta a meninada ao mundo das artes, e a **Cité des Enfants**, parte do museu de ciências **Cité des Sciences et de l'Industrie**, no Parc de La Villette (pp. 202-3).

Para os amantes da arte, a maior atração é o **Musée d'Orsay**, com pinturas impressionistas, mas Paris está repleta de galerias menores também. Alguns ateliês onde viveram e trabalharam artistas hoje famosos ficam abertos como museus e são ótimos para conhecer na companhia das crianças.

Paris é um paraíso para amantes da história. A cidade possui excelentes ruínas romanas, e a coleção de egiptologia do Louvre está entre as melhores do mundo. Visitar os lugares onde ocorreram os fatos mais importantes da Revolução Francesa dá vida à história, e marchar por **Les Invalides** como Napoleão deve ser a realização dos sonhos dos meninos.

Para as pequenas bailarinas, uma visita à **Opéra Garnier** (p. 119) é o máximo, pelo menos para rodopiar escadaria abaixo, mas, se seu orçamento permitir, assista ao espetáculo, também. E não faltam outras atrações para crianças que gostam de música e teatro: concertos, ópera, teatro de fantoches e teatro infantil.

Ao ar livre

Repleta de belos parques, Paris é uma cidade maravilhosa para passeios a pé. Para sentir-se um parisiense legítimo, fique olhando as crianças fazendo um barco de madeira navegar no **Jardin des Tuileries** ou **Jardin du Luxembourg**, ou leve-as para os carrosséis da cidade.

Para os adultos, nada supera uma caminhada tranquila pela **Île de la Cité e a Île St.-Louis** ao luar ou ao pôr do sol de uma tarde de verão, o que é um pouco mais romântico que fazer um piquenique na **Pont des Arts** (p. 73).

Abaixo, à esq. Passeando de bicicleta no Jardin du Luxembourg **Abaixo** *Carrossel e roda gigante no Jardin des Tuileries*

Acima Terraço do Fauchon, um dos grandes empórios da place de la Madeleine

Fazer um passeio de barco pelo rio Sena é pura diversão para a meninada. Ou, no alto verão, brincar na água, construir castelos de areia e jogar *boules* na **Paris-Plages** (p. 68), andar de bicicleta no **Bois de Boulogne** (pp. 210-1) ou entrar em contato com animais de fazenda no **Bois de Vincennes**.

Um passeio de um dia até o **Château de Versailles** não precisa abranger apenas interiores suntuosos e grandes eventos históricos – afinal, os jardins são magníficos. Leve petiscos para um piquenique e fuja da cidade, seguindo o exemplo de Maria Antonieta.

Há uma alternativa mais silvestre logo ao sul de Paris, onde a vasta floresta de **Fontainebleau** (pp. 236-7) é um paraíso para alpinistas, sendo cercada por linda paisagem rural.

Paris vista do alto

Nada supera a sensação de olhar para Paris do alto, uma das cidades mais belas do mundo. O lugar mais óbvio para isso é a **Torre Eiffel**. A melhor vista é a que se tem no início da manhã de um dia claro, quando você verá não apenas o deslumbrante horizonte parisiense mas também até 72km em volta. Uma opção mais próxima do chão, mas não menos arrojada, é o balão de ar quente no **Parc André Citroën** (p. 212).

As crianças vão adorar subir nas torres da **Notre-Dame** e fazer de conta que são o corcunda Quasimodo, sem falar em ir de teleférico até a **Sacré-Coeur** de Montmartre, o ponto mais alto de Paris.

O melhor lugar para assistir ao pôr do sol é a **Tour Montparnasse** (p. 192), o edifício mais alto da cidade. Você verá os aviões decolando do aeroporto de Orly e as luzes da cidade começando a piscar, como mágica. Mas ver o sol se pondo do topo do **Arco do Triunfo** é uma experiência que tem sua magia própria.

Delícias culinárias

As alegres feiras livres de Paris são uma apetitosa aula de alimentação para toda a família. Entre as melhores estão a sofisticada rue Cler e a boêmia rue Mouffetard. Um bom momento para ir é na manhã do domingo. Tudo é de ótima qualidade, desde as pâtisseries e os patês até os queijos especiais. Escolha o que quiser, compre uma baguete e procure os lugares para fazer um piquenique na cidade.

Paris é perfeita para quem gosta de doces (e qual criança não gosta?). Desfrute os macarons multicoloridos da **Ladurée** (p. 135) ou experimente um delicioso Victor-Hugo no **Béchu** (p. 147). A **Aki Boulangerie** (p. 113), no bairro de Little Japan, serve deliciosos lanches com um toque japonês. E não deixe de levar a meninada para tomar um sorvete na lendária **Berthillon** (p. 68), na **Île St.-Louis**.

A **place de la Madeleine** (p. 139) é uma meca para os gourmets, com dois empórios, o **Fauchon** (p. 139) e o **Hédiard** (p. 139), além de lojas especializadas em mostarda, caviar e trufas – tanto as de chocolate quanto as trufas verdadeiras.

Os hotéis de luxo da cidade recebem de braços abertos gourmets jovens. O ex-presidente francês, Nicolas Sarkozy, janta com seu filho adolescente no **114 Faubourg** (p. 138) e no **Le Bristol** (p. 241), a poucos metros do **Palais de l'Élysée** (p. 138). O **Shangri-La** (p. 242) tem dois restaurantes com estrelas Michelin – um frânces e o outro chinês –, ambos deliciosos. O **Hôtel Crillon** (p. 241) é muito frequentado por famílias parisienses abastadas no brunch de sábado ou domingo. O do **Trianon Palace** (p. 222) também costuma lotar com famílias de moradores locais, e o bufê é fabuloso. O **Plaza Athénée** (p. 241) tem um restaurante de contos de fadas comandado por Alain Ducasse. É ótimo para chás da tarde especiais, com uma linha fantástica de bolos para crianças.

Paris ao Longo do Ano

Paris é encantadora na primavera, quando as árvores estão floridas, mas pode ficar muito movimentada nessa época do ano. As cores do outono são igualmente belas, e geralmente a temperatura ainda está amena o suficiente para almoços ao ar livre. Grandes eventos como o Dia da Bastilha, Paris-Plages e o final da Tour de France são os destaques do verão, mas a época mais calma é em agosto, quando as famílias parisienses saem de férias. Os restaurantes e lojas de algumas áreas fecham, mas é possível encontrar pechinchas em hotéis. O inverno na Cidade Luz é cheio de brilho.

Primavera

Ótima época para ir a Paris com crianças: os parques renascem com flores, cerejeiras floridas e dias mais longos. É um bom período para explorar Paris a pé: dias ensolarados e com brisa formam o clima perfeito para fazer turismo na cidade, antes do verão mais quente que está por vir. Traga guarda-chuva, pois as chances de chuva em abril são grandes; e roupas para usar em camadas, já que pode fazer um pouco de frio. A primavera é a época mais procurada em Paris, portanto reserve com alguma antecedência.

MARÇO

Para a meninada, uma grande atração no período que antecede a Páscoa são as delícias de chocolate, que dão água na boca. Paris tem alguns dos melhores chocolateiros do mundo, e nessa época eles podem exibir seus talentos. As lojas ficam repletas de sinos de chocolate, ovos de Páscoa e peixes de chocolate de 1º de abril. Reza a lenda que os sinos das igrejas silenciam na Sexta-Feira Santa e voam para Roma, retornando no Domingo de Páscoa. Na noite do Sábado de Aleluia as crianças colocam cestas em seus jardins ou sacadas. No domingo, acordam e as encontram cheias de ovos de chocolate, supostamente trazidos de Roma pelos sinos.

Faça uma busca por ovos de Páscoa nas **Galeries Lafayette** (p. 117) ou nos jardins do lindo **Château de Vaux-le-Vicomte** (p. 234), nos arredores de Paris, onde há muitos eventos de Páscoa dedicados às crianças. Na Sexta-Feira Santa o arcebispo de Paris sobe da parte baixa de Montmartre até a catedral de **Sacré-Coeur** (pp. 122-3), percorrendo a via sacra. A maioria das lojas e muitos restaurantes fecham no Domingo de Páscoa e na segunda-feira seguinte, mas geralmente abrem na Sexta-Feira Santa.

A grande atração familiar desse mês é a abertura do gigantesco parque de diversões **Foire du Trône**, no **Bois de Vincennes** (p. 204), que começa no fim de março e continua até o término de maio. A origem da atração está num festival que teve início há mais de mil anos. Há brinquedos diversos, algodão doce e barracas com diversões.

ABRIL

Na França, uma vítima de uma brincadeira do **1º de abril** é conhecida como *poisson d'avril* (peixe de abril). As crianças fazem peixes de papel e tentam grudá-los nas costas das pessoas sem serem flagradas. Nas vitrines das lojas brilham cardumes de sardinhas de chocolate embrulhadas em papel-alumínio.

O percurso da **Maratona Internacional de Paris**, que parte da

Abaixo, à esq. A colorida Foire du Trône, Bois de Vincennes
Abaixo à direita Desfile do Dia da Bastilha, Champs-Élysées

place de la Concorde (p. 138) e vai até a avenue Foch, passa por muitas das principais atrações da cidade; logo, onde quer que você esteja, poderá ver corredores de elite e corredores para caridade, fantasiados, no meio do trajeto. Leve uns petiscos para um piquenique para um programa diferente no **Dimanches au Galop** (Domingos nas Corridas). Há passeios de pônei e visitas aos bastidores, além da emoção das corridas de cavalos nos hipódromos d'Auteuil e Longchamp, com entrada gratuita.

MAIO
Pelo bem dos loucos por cultura, os museus ficam abertos até mais tarde em um sábado de meados de maio, na **La Nuit des Musées**. Para os fãs dos esportes, o **Aberto Francês**, no **Stade Roland Garros** (p. 211), é um torneio de tênis imperdível do Grand Slam, cheio de astros e estrelas. A família toda pode se divertir na **Fête du Pain**, ou festa do pão, na qual um forno gigante é montado diante da **Notre-Dame** (pp. 64-5). É o mês mais agitado do ano para o turismo em Paris, mas também aquele em que a cidade faz jus a seus mais belos clichês cinematográficos.

Verão
Os meses do verão são repletos de eventos, mas, justamente quando a estação chega ao auge, a cidade se esvazia enquanto os parisienses saem de férias. É uma boa época para visitá-la com crianças: as ruas estão mais tranquilas, embora alguns restaurantes e lojas fiquem fechados em agosto, especialmente nos bairros residenciais.

A grande atração para os pequenos é o **Paris-Plages** (p. 68) – pontos ao longo da margem direita do Sena que são convertidos em praias arenosas onde é possível construir castelos de areia com vista para a Notre-Dame.

Paris pode passar a impressão de ser um enorme museu a céu aberto, mas, longe das maiores atrações turísticas, sente-se uma tranquilidade rara. Em julho e agosto pode fazer muito calor; reserve um quarto de hotel com ar-condicionado. Mas agosto é também o mês mais úmido do ano, graças aos ocasionais temporais curtos e fortes.

JUNHO
Em 21 de junho a cidade festeja o solstício do verão com a **Fête de la Musique**, quando se toca música nas ruas, nos cafés e nos bares. Enquanto isso, **Les Pestacles** é um festival de música para crianças, promovido nas quartas-feiras de junho a setembro no Parc Floral do Bois de Vincennes.

Uma atração enorme para as crianças é o parque de diversões **Fête des Tuileries** montado entre fim de junho e fim de agosto no **Jardin des Tuileries** (p. 108), com uma roda-gigante realmente gigante e outros brinquedos. E há mais diversão também no **l'Eté du Canal**, ao longo do **Canal de l'Ourcq** (p. 203) e no **Bassin de la Villette**, em julho e agosto. Há shows, passeios de barco, exposições e jogos para famílias.

JULHO
De julho a meados de agosto é tempo de férias no **Paris-Plages**, ao longo do Sena e ao lado do **Canal de l'Ourcq**, onde areia fina, espreguiçadeiras, guarda-sóis, cafés "de praia" e teatro de rua tomam o lugar do trânsito habitual.

No dia 14 de julho – **Dia da Bastilha**, como é mais conhecida a **Fête Nationale** francesa –, Paris comemora a Revolução Francesa com um enorme desfile militar na Champs-Élysées, uma apresentação aérea, feiras de rua e fogos de artifício à noite. Não deixe de procurar um lugar com antecedência em um ponto da trajetória. Conforme avança o mês de julho, bicicletas descem as Champs-Élysées voando na reta final da exaustiva corrida **Tour de France**. Um pouco menos velozes, garçons carregando bandejas de garrafas e copos partem do **Hôtel de Ville** (p. 69) na **Course des Garçons de Café**, de 8km de extensão, no final de junho ou início de julho.

Abaixo, à esq. Carrossel na anual Fête des Tuileries, ao lado do Musée du Louvre
Abaixo, à dir. A reta final da Tour de France, na avenue des Champs-Élysées

16 | Introdução a Paris

AGOSTO

Época ideal para passeios de barco pelo rio ou piqueniques no parque. É também um bom período para fazer passeios de um dia fora da cidade: como muitos parisienses estão de férias, as ruas e os transportes públicos ficam mais vazios.

No fim do mês, a **Fête au Bois de Boulogne** atrai as famílias com seu parque de diversões, e, durante o **Le Cinéma en Plein Air,** o **Parc de la Villette** (pp. 202-3) se converte em cinema gratuito ao ar livre, exibindo desde desenhos animados até filmes clássicos. Traga petiscos para um piquenique e um cobertor, caso esfrie um pouco à noite.

Outono

Festivais e eventos são abundantes nessa época, quando os parisienses voltam para casa com energia renovada e se preparam para La Rentrée, a temporada de volta às aulas. É uma ótima época para visitar a cidade com crianças: a temperatura é amena, e ainda é possível almoçar ao ar livre sem passar frio. Em outubro a cidade vira um festival de cores outonais, perfeita para caminhadas às margens do Sena e nos parques.

Nos dias úteis no outono, os hotéis de Paris costumam lotar em função de eventos comerciais e de moda, mas é possível encontrar pechinchas nos fins de semana, especialmente em setembro.

As filas nos museus e outras atrações são bem menores, e não faltam atividades para as crianças nas férias escolares de outubro.

SETEMBRO

Nos **Journées du Patrimoine** (Dias do Patrimônio Europeu), muitos locais normalmente inacessíveis são abertos ao público, incluindo o **Palais de l'Élysée** (p. 138), a residência oficial do presidente francês. O outro evento cultural mais importante do mês é o **Festival d'Automne**, uma celebração da música moderna, do teatro, balé, cinema e arte. Formando um contraste total, o **Famillathlon** é um animado dia de eventos esportivos para a família promovido no **Champ-de-Mars** (p. 156) num domingo perto do fim do mês.

OUTUBRO

Durante a **Fête des Vendanges** a colheita das uvas é festejada no pequeno vinhedo de Montmartre. O destaque principal é o mel na **Fête du Miel**, no **Jardin du Luxembourg** (pp. 190-1).

Na **Nuit Blanche**, que acontece na última semana de setembro ou primeira de outubro, museus, monumentos, cinemas, parques e até piscinas ficam abertos a noite inteira. O **Mon Premier Festival**, um festival de cinema infantil, tem sessões em todos os cinemas da cidade, e, para os futuros cientistas, há a **Fête de la Science**, que acontece numa instituição diferente a cada ano.

NOVEMBRO

Os canhões da Primeira Guerra Mundial silenciaram em 11 de novembro de 1918. Para lembrar a data, as pessoas prendem centáureas azuis nas roupas, e o presidente deixa uma coroa de flores no **Arco do Triunfo** (pp. 134-5).

É uma boa época para conhecer os museus da cidade. As crianças podem se aquecer com um delicioso chocolate quente, enquanto os adultos saboreiam um cálice de **Beaujolais Nouveau**, lançado na terceira quinta-feira do mês.

Inverno

O céu pode estar cinza, mas não falta brilho na cidade. Há os rinques de patinação, os presépios, árvores e iluminações de Natal, vitrines com exposições mágicas e uma profusão de delícias sazonais, como os bûches de Noël (troncos de chocolate).

Essa é uma época divertida para ir ao **Disneyland® Paris** (pp. 130-3), que promove muitos eventos especiais, mas agasalhe-se bem. Boa parte dos restaurantes fecha no dia do Natal; fique num flat alugado ou num hotel que tenha o próprio restaurante. Os franceses costumam fazer a ceia do dia 24 de dezembro, na qual não podem faltar ostras e foie gras.

Abaixo, à esq. A Fête des Vendanges, no vinhedo de Montmartre
Abaixo, à dir. Filmes infantis exibidos no Mon Premier Festival

DEZEMBRO

Para entrar no espírito festivo, vá patinar no gelo. Os dois melhores rinques ao ar livre são o do **Hôtel de Ville**, especialmente quando é iluminado à noite, e o do terraço encantado no primeiro nível da **Torre Eiffel** (pp. 154-5), com vista belíssima da cidade, 57m abaixo.

A Missa do Galo na **Notre-Dame**, às 23h do dia 24 e com canções natalinas, é uma ocasião mágica. Na **véspera do Ano-Novo**, festeje com a multidão que lota a Champs-Élysées.

JANEIRO

Nos dias que antecedem a **Fête des Rois** (Dia de Reis), em 6 de janeiro, as pâtisseries vendem uma torta doce de massa folhada, a *galette des rois*, com uma figura minúscula de porcelana no interior. Quem ganha a figura em sua fatia tem o direito de usar uma coroa dourada (vendida com a torta), tornando-se rei ou rainha nesse dia. No **Ano-Novo Chinês**, no fim de janeiro ou início de fevereiro, as ruas do 13º arrondissement se enchem de desfiles, dragões e rojões.

FEVEREIRO

Desde a Idade Média o **Carnaval de Paris** alegra o final do inverno com música, dança e muita diversão. O desfile parte da place Gambetta às 15h em direção ao Hôtel de Ville.

Informações

Primavera

Dimanches au Galop
www.dimanchesaugalop.com
Fête du Pain www.lafetedupain.com
Foire du Trône www.foiredutrone.com
Aberto da França
www.rolandgarros.com
La Nuit des Musées
www.nuitdesmusees.culture.fr
Maratona Internacional de Paris
www.parismarathon.com

Verão

Le Cinema en Plein Air
www.villette.com
Course des Garçons de Café
www.waitersrace.com
L'Eté du Canal, L'Ourcq en Fête
www.tourisme93.com
Fête au Bois de Boulogne
www.lafeteaubois.com
Fête de la Musique
www.fetedelamusique.culture.fr
Fête des Tuileries
www.feteforaine-jardindestuileries.com
Fête Nationale www.parisinfo.com
Les Pestacles www.lespestacles.fr
Tour de France www.letour.fr

Outono

Famillathlon www.famillathlon.org
Festival d'Automne
www.festival-automne.com
Fête du Miel www.la-sca.net
Fête de la Science
www.fetedelascience.fr
Fête des Vendanges www.fetedesvendangesdemontmartre.com

Journées du Patrimoine
www.journeesdupatrimoine.culture.fr
Mon Premier Festival
www.monpremierfestival.org
La Nuit Blanche www.paris.fr

Inverno

Carnaval de Paris
http://carnaval-paris.org

Eventos em Paris

Para a lista completa de eventos, visite:
Paris Convention and Visitors Bureau
http://pt.parisinfo.com

Férias escolares na França

Apesar de variáveis, as férias escolares são sempre de duas semanas em fev; duas semanas em abr; jul-ago inteiros; duas semanas em out-início nov; e duas semanas no Natal. Durante as férias, poucos museus têm o horário de funcionamento estendido, mas alguns abrigam atividades nas quartas, quando os alunos do primário estão livres.

Feriados

Ano-Novo (1º jan)
Segunda-feira de Páscoa (fim mar-abr)
Dia do Trabalho (1º mai)
Dia da Vitória (8 mai)
Dia da Ascensão (6ª qui após a Páscoa)
Pentecostes (2ª seg após a Ascensão)
Queda da Bastilha (14 jul)
Dia da Assunção (15 ago)
Dia de Todos os Santos (1º nov)
Dia da Lembrança (11 nov)
Natal (25 dez)

Abaixo, à esq. Lousa anuncia a chegada do novo Beaujolais, Café de l'Industrie
Abaixo, à dir. Desfile no Carnaval de Paris

Como Chegar

Paris é um centro importante de tráfego aéreo; voos diretos de todo o mundo chegam a seus dois principais aeroportos internacionais. Ela é também o principal centro da rede europeia de trens de alta velocidade (TGVs), incluindo o Eurostar vindo de Londres, o Thalys de Bruxelas, Amsterdã e Colônia e TGVs de Genebra, Frankfurt e a maioria das grandes cidades francesas. Aqui convergem muitas grandes rodovias vindas de países vizinhos, entre eles o Reino Unido, via o túnel do Canal da Mancha.

De avião

A **TAM** e a **Air France** operam voos diretos do Brasil para a França. Também há voos com escalas na Europa pelas companhias **Alitalia**, **British Airways**, **Iberia**, **Lufthansa**, **Swiss** e **TAP**.

Partindo dos EUA há voos diretos regulares pela **American Airlines**, **United** e **Delta**.

O tempo de voo para Paris é em média onze horas partindo de São Paulo, uma hora decolando de Londres, 90 minutos de Dublin, oito horas de Nova York e doze horas de Los Angeles.

Aeroportos

Os aeroportos parisienses, de modo geral, possuem boas instalações para famílias e oferecem comodidades como áreas para as crianças brincarem, Playstations, trocadores e empréstimo de carrinhos de bebê.

ROISSY CHARLES-DE-GAULLE (CDG)

A maioria dos voos internacionais chega a **Roissy Charles-de-Gaulle**, que fica 30km a nordeste de Paris. O aeroporto possui três terminais, dois dos quais – T1 e T2 – são ligados por um trem sem condutor. A melhor opção para chegar até a cidade vai depender de que parte de Paris é seu destino.

A linha B do **RER** é a maneira mais rápida de chegar ao centro – cerca de dez minutos – com paradas na Gare du Nord, Châtelet-Les Halles, St.-Michel-Notre-Dame e Luxembourg. Há trens a cada quinze minutos entre 4h58 e 23h58. Do T3 é possível caminhar até a estação RER.

Ônibus diários da **Air France** partem dos dois terminais a cada quinze minutos, das 6h às 23h, com parada no metrô Etoile (40 minutos); e das 6h às 22h30 em direção à Gare de Lyon e Gare Montparnasse (50 minutos). O **Roissybus** da **RATP** parte diariamente a cada quinze minutos entre 5h45 e 23h com destino ao Opera Garnier; é a melhor opção para quem vai à área dos Grands Boulevards.

Um táxi do CDG ao centro de Paris leva entre 30 minutos e uma hora e custa mais de €60; um micro-ônibus para uma família grande, até €100. O ônibus **VEA**, que pode ser reservado on-line, é frequente e faz o trajeto direto para o Disneyland® Paris.

ORLY (ORY)

Voos domésticos e internacionais chegam aos dois terminais do aeroporto, 18km ao sul da cidade. Ônibus da Air France partem dos dois terminais a cada 30 minutos entre 6h e 23h40, parando em Invalides e Montparnasse. O **Orlybus** parte para Denfert-Rochereau (cerca de 30 minutos) a cada 15-20 minutos entre 6h e 23h50 seg-sex e até 0h50 nos fins de semana. O **Orlyval** é uma linha de metrô au-

Abaixo, à esq. Passageiros aguardando no saguão de embarque do aeroporto Roissy Charles-de-Gaulle
Abaixo, à dir. O trem Orlyval liga o aeroporto de Orly ao sistema de metrô

Como Chegar

tomático que parte dos dois terminais e faz conexão com a linha B do RER no metrô Anthony. Táxis para Paris levam cerca de 45 minutos; preveja pagar €40 ou mais. O ônibus VEA vai diretamente para o Disneyland® Paris.

BEAUVAIS-TILLÉ
Beauvais, 70 km ao norte de Paris, é usado por voos fretados e algumas companhias de baixo custo, como Ryanair. Ônibus partem para a Porte Maillot de 15-30 minutos após cada chegada e deixam a Porte Maillot em direção ao aeroporto 3 horas e 15 minutos antes de cada decolagem. Há também um ônibus VEA para o Disneyland® Paris.

De trem
A maneira mais fácil de chegar a Paris vindo do interior da França, da Bélgica, Holanda, do oeste da Alemanha e do sul do Reino Unido é de trem. Há vagões especiais para famílias no **Eurostar**, que também tem uma linha direta para o Disneyland® Paris.

Através da enorme rede de rotas de **TGV** e da **SNCF**, a **Gare d'Austerlitz** atende ao centro e sudoeste da França e à Espanha; a Gare de Bercy, liga a Itália com o leste da Espanha, além da Borgonha. Da Gare de l'Est partem trens para o leste da França, Alemanha, Suíça e Luxemburgo, e a Gare de Lyon tem conexões com o sudoeste da França, Languedoc-Roussillon, Ródano-Alpes, a Riviera e Genebra. Os trens para a Bretanha, oeste e sudoeste da França partem da Gare Montparnasse, e os para a Normandia, da Gare St.-Lazare. A Gare du Nord tem conexões pelo Eurostar com Londres St.-Pancras, os portos do Canal da Mancha e o nordeste da França. Há também trens de alta velocidade **Thalys** para a Alemanha, Bélgica e Holanda.

De carro
Se você vai dirigir até Paris, inclua no cálculo o custo dos pedágios, traga sua carteira de habilitação, o registro do veículo e os documentos de seguro. Grandes rodovias ligam Paris a todas as cidades vizinhas da Europa, sem controles nas fronteiras. O anel rodoviário Périphérique passa em torno da cidade; as saídas levam a *portes*, ou portões, que dão acesso à cidade.

Se você vier do RU, a melhor opção talvez seja o **Eurotúnel**, que pode reduzir o tempo da viagem e não é afetado pelas condições do tempo no mar. A **P&O** faz a travessia para Calais, e a **Irish Ferries**, de Rosslare a Cherbourg e Roscoff.

Há muitos estacionamentos na zona central de Paris, mas é aconselhável reservar um lugar para estacionar através da **Parkings de Paris**.

De ônibus
A principal operadora de ônibus de longa distância é a **Eurolines**. Os ônibus internacionais chegam à **Gare Routière Internationale de Paris-Gallieni**, na Porte de Bagnolet, na zona leste de Paris. Daqui, suba na linha 3 do metrô e mude para a linha que precisar.

Informações

De avião
Alitalia *www.alitalia.com*
Air France *www.airfrance.fr*
American Airlines *www.aa.com*
British Airways *www.british airways.com*
Delta *www.delta.com*
Iberia *www.iberia.com*
Lufthansa *www.lufthansa.com*
Swiss *www.swiss.com*
TAM *www.tam.com.br*
TAP *www.flytap.com*
United *www.united.com*

Aeroportos
39 50 (ligação local); +33 (0) 1 70 36 39 50 (ligação internacional); *www.aeroportsdeparis.fr*
Air France, ônibus 08 92 35 08 20; *www.lescarsairfrance.com*
Orlyval *www.orlyval.com*
RATP Roissy/Orlybus 32 46 (na França); 08 92 68 41 14; *www.ratp.fr*
RER, trens 32 46 (na França); *www.ratp.fr*
VEA *www.vea.fr*

De trem
Eurostar *www.eurostar.com*
TGV & SNCF 36 35; *www.sncf.com*
Thalys *www.thalys.com*

De carro
Eurotunnel *www.eurotunnel.com*
Irish Ferries *www.irishferries.com*
P&O *www.poferries.com*

Estacionamento
Parkings de Paris *www.parkingsdeparis.com*

De ônibus
Eurolines 08 92 89 90 91 (ligação local); 08705 143219 (ligação da Grã-Bretanha); *www.eurolines.com*
Gare Routière Internationale de Paris-Gallieni 28 Ave du Général de Gaulle, 93170 Bagnolet; 08 92 89 90 91

Abaixo, à esq. Sorveteria no terminal do Eurostar na Gare du Nord
Abaixo, à dir. Veículos no anel rodoviário Périphérique

Como Circular

O sistema de transportes públicos parisiense é excelente. O metrô é veloz, eficiente e abrangente. Mas os ônibus são o meio de transporte mais fácil para famílias, além de proporcionar ótima vista das principais atrações. Paris é uma cidade compacta e é um prazer conhecê-la a pé, desde que haja um carrinho de bebê para quando as crianças menores se cansam. Não é recomendado dirigir no centro da cidade. É possível chegar às atrações, mesmo as mais distantes do centro, pelos trens do RER ou SNCF.

De ônibus e bonde

Os ônibus funcionam das 6h30 às 20h30, com algumas linhas em operação até 0h30. Algumas poucas funcionam durante a noite. Nos domingos e feriados nacionais há menos ônibus. Algumas linhas seguem trajetos muito panorâmicos; é o caso da 29, 69, 95 e 96. Ao subir no ônibus é preciso validar o bilhete inserindo-o na máquina ao lado do motorista. Três linhas modernas de bonde operam nos subúrbios. Um mapa de ônibus pode ser obtido on-line e nas estações de metrô. O site da empresa de transportes públicos **RATP** traz informações úteis para você planejar seus deslocamentos.

De metrô e RER

O metrô funciona entre 5h30 e 1h do dia seguinte; nas sextas e sábados, até 2h15. As dezesseis linhas são numeradas e sinalizadas com o nome da estação final em cada direção. É fácil identificar as estações de metrô por seu logotipo, um grande "M" num círculo. Algumas delas têm charmosas entradas art nouveau.

O serviço de trens suburbanos, **RER**, também funciona das 5h30 à 1h em Paris, indo para os subúrbios. As linhas são nomeadas com letras do alfabeto. Cada linha tem ramais que são numerados (C1, C2 etc). Dentro da cidade o RER é mais veloz que o metrô, mas suas estações são mais distantes uma da outra. O RER é ótimo para deslocamentos fora da cidade, especialmente para o **Château de Versailles** (pp. 220-3) e o **Disneyland® Paris** (pp. 230-3), sem falar nos aeroportos. Todas as estações RER exibem o seu logotipo em azul sobre fundo branco, dentro de um círculo azul.

Também se chega ao subúrbio pela rede ferroviária nacional **SNCF**. Com as linhas SNCF é preciso inserir o bilhete na máquina amarela *composteur* que fica na plataforma, antes de embarcar.

As linhas do metrô e RER são identificadas por cores, mas nos mapas as linhas RER têm mais destaque. Há mapas em todas as estações. Em todas as plataformas, sinais indicam a direção com o nome da estação final da linha, além do número da linha de metrô ou letra da linha RER. Dentro de Paris, a linha C do RER liga a **Torre Eiffel** (pp. 154-5) à **Notre-Dame** (pp. 64-5).

Nos transportes públicos parisienses não é possível usar carrinho de bebê duplo com dois assentos lado a lado. Um carrinho que dobre facilmente facilitará no metrô, que tem portões de entrada difíceis de passar com crianças pequenas, além de muitos degraus. Se você tem duas crianças pequenas, o melhor é usar um carrinho com um assento atrás do outro. No metrô, preste atenção às portas, que abrem e fecham rapidamente. Caso você tenha crianças pequenas, saiba que em algumas estações, especialmente a Montparnasse-Bienvenüe, é preciso caminhar muito. Se você anda na linha 14, sem maquinista, entre no primeiro vagão para que as crianças possam brincar de ser o condutor.

Abaixo, à esq. Ônibus urbano diante do Musée du Louvre
Abaixo, no centro Passageiros aguardam para embarcar no metrô **Abaixo, à dir.** Placa do metrô

Como Circular

Bilhetes

Os mesmos bilhetes são válidos para o metrô, o RER na zona 1 e os ônibus nas zonas 1 e 2. Também valem para o teleférico de Montmartre. Bilhetes únicos são vendidos nas estações de metrô, bancas de jornais e tabacarias (procure o losango vermelho do *tabac*), mas o *carnet* de dez bilhetes, vendido nas estações de metrô, é mais econômico. Crianças a partir de 4 anos precisam de bilhete infantil. A partir dos 10 anos, é preciso bilhete de adulto. Cada bilhete é válido por 90 minutos, independentemente de quantas baldeações são feitas, mas não pode ser usado para as feitas entre ônibus e metrô. Há fiscalizações aleatórias, portanto não jogue fora seu bilhete. Para crianças e adultos os passes para turistas Paris Visite dão direito a deslocamentos ilimitados no metrô, ônibus e RER em Paris por entre um e cinco dias. Mas só valem a pena se você pretende fazer uso intensivo dos transportes públicos. Para mais informações consulte o site do **Office du Tourisme et des Congrès de Paris**.

De carro

Não é necessário ter carro para andar pela cidade. Caso alugue um carro em Paris, precisará da carteira de habilitação internacional, do licenciamento do carro e dos documentos de seguro. Carregue-os com você sempre que estiver dirigindo.

O RER e a SNCF o levarão à maioria dos destinos fora da cidade, mas alugar um carro é uma opção útil para explorar a zona rural em volta de **Fontainebleau** (pp. 236-7). Preveja pagar €100-150 por dia. As melhores ofertas estão on-line, reservadas e pagas com antecedência, e as principais empresas têm guichês em Paris. Para alugar um carro, é preciso ter carteira de habilitação internacional e passaporte válidos, e a maioria das companhias exige um cartão de crédito. Há um sistema público de aluguel de carros elétricos, o **Autolib'**. Para utilizá-lo, é necessário cadastrar-se em um posto autorizado.

Os franceses dirigem do lado direito e precisam dar preferência aos carros que vêm da direita, exceto pelos carros que já estão numa rotatória; estes têm a preferência. A exceção a essa regra é o **Arco do Triunfo** (pp. 134-5), onde os carros precisam dar preferência aos que chegam da direita em qualquer uma das doze vias que entram no Arco. Não há indicações de ruas aqui; logo, andar de carro em torno do arco famoso será um teste de sua habilidade na direção.

Crianças de até 10 anos não podem viajar no banco da frente, mas são permitidas cadeirinhas de bebê voltadas para trás. Traga ajustadores de cinto de segurança para as crianças pequenas.

De táxi

Os táxis podem ser parados na rua, mas às vezes não param. Os pontos de táxi, ou *stations de taxis*, ostentam uma placa azul. Uma luz branca ou verde no capô do táxi indica que ele está livre. Os preços das corridas dependem da zona e do horário, e há uma bandeirada inicial, além de taxas adicionais por bagagens. Muitos táxis aceitam no máximo dois adultos e duas crianças. Não é obrigatório dar gorjeta, mas é de praxe arredondar para cima o valor pago. Muitos taxistas parecem ter se inspirado no filme cult de Luc Besson *Táxi* – portanto, use o cinto de segurança!

A pé

As atrações principais da zona central de Paris são tão próximas que os adultos podem querer caminhar de uma a outra. Mas uma criança exausta e mal-humorada pode acabar com a diversão do passeio. Traga um carrinho, mesmo que as crianças sejam quase grandes demais para isso, ou suba num ônibus. Tome cuidado ao atravessar ruas e nunca dê como certo que um cruzamento de pedestres será respeitado, mesmo que esteja assinalado claramente.

Estacionar

Há muitos estacionamentos municipais, a maioria dos quais fica aberto 24 horas, mas que podem custar até €20 por dia. Estacionar na rua custa menos, mas há poucos lugares e existe o risco de sofrer arra-

Abaixo, à esq. Ponto de táxi diante da Gare du Nord **Abaixo, à dir.** Lago pitoresco nos jardins de Versailles

nhões ou batidas leves. Estacionar na rua pode ser gratuito nos fins de semana, após as 19h e em agosto, que é provavelmente a única época boa para ter um carro em Paris, quando a cidade está relativamente vazia. Nunca estacione onde houver placas de *Parking (Stationnement) Interdit*, em áreas reservadas para entregas (assinaladas *Livraison*) ou em pontos de táxi, senão seu carro pode ser guinchado. Se isso acontecer, procure a delegacia de polícia mais próxima. Preveja pagar uma multa, além de uma taxa diária pelo tempo apreendido.

De bicicleta

Paris é uma cidade fácil para andar de bicicleta, pois é quase toda plana, relativamente pequena e tem mais de 400km de ciclovias. O **Vélib** é o sistema municipal de aluguel de bicicletas. Mas elas só podem ser usadas por maiores de 14 anos; para alugá-las é preciso um cartão de crédito com chip e senha. O site tem um mapa das ciclovias que pode ser baixado e informações sobre épocas em que certas ruas são reservadas a pedestres. Se houver uma ciclovia, você deve andar nela, sob pena de ser multado. Se tiver filhos pequenos, saiam de bicicleta num domingo ou feriado, quando as ruas são reservadas a pedestres dentro do programa "Paris Respire". Se acha arriscado andar de bicicleta com as crianças numa cidade estranha, pense em alugar bikes nos ambientes seguros do **Bois de Boulogne** (*pp. 210-1*) ou **Bois de Vincennes** (*p. 204*). Mas se ainda assim quiser conhecer as atrações de bicicleta, a melhor opção é um passeio de bicicleta com guia.

De patins

Os parisienses são loucos por patins in-line, e frequentemente há passeios coletivos organizados nas noites de sexta-feira ou tardes de sábado. As famílias com filhos mais velhos podem se divertir assistindo.

Visitas guiadas

Um passeio guiado de ônibus é uma boa maneira de apresentar as crianças às atrações de Paris, especialmente no início de uma primeira visita à cidade. Assim, elas podem participar da escolha do que ver e fazer. Todos os passeios guiados de ônibus têm comentários em muitas línguas. Os ônibus de teto aberto são os mais divertidos, desde que o tempo esteja bom. O **L'Open Tour** é uma linha do qual você pode descer ou subir quando quiser, com bilhete válido por três dias, e o **Les Cars Rouges** tem bilhete válido por dois dias e nove paradas. Um tour noturno constitui uma experiência mágica e inesquecível.

Há muitas outras maneiras incomuns de percorrer a cidade. Uma das mais divertidas é em um velho Citroën 2CV, através da **Paris Authentic**. Os guias são todos parisienses jovens e entusiasmados, mas não se surpreenda se o carro quebrar e você tiver que sair para empurrar. Fazer um passeio guiado por Paris numa carruagem puxada por cavalos fará a maioria das garotinhas se sentirem princesas, e, sobrevoando a cidade de helicóptero, vocês todos podem fazer de conta que são agentes secretos. A vista é deslumbrante, especialmente no pôr do sol. A **Not a Tourist Destination** promove visitas guiadas repletas de dicas de "insider" sobre assuntos como compras, noite e comida, além de visitas para crianças. Há outras companhias que fazem visitas guiadas especiais para crianças e/ou famílias, muitas vezes com atividades como caça ao tesouro.

Arrondissements

Paris é dividida em 20 distritos numerados, os arrondissements. A numeração começa no centro e se irradia para fora numa espiral em sentido horário, sendo os quatro primeiros na margem direita (norte) do Sena e os três seguintes na margem esquerda. As placas de rua trazem o número do arrondissement sobre o nome da rua. Os parisienses costumam referir-se aos bairros pelo número, e o número do arrondissement forma os dois últimos algarismos dos CEPs parisienses.

Abaixo, à esq. Andando de patinete sob a Torre Eiffel
Abaixo, à dir. Visita guiada de ciclistas com guia nas margens do Sena

Como Circular | 23

Informações

Transporte público
Ônibus, bondes, metrô, RER e RATP
32 46; www.ratp.fr
SNCF 36 35; www.sncf.fr

Bilhetes
Paris Convention and Visitors
Bureau http://pt.parisinfo.com

Táxis e serviços de transporte
Airport taxis 01 57 42 58 01;
www.parisairportransfer.com
Alpha 01 45 85 85 85;
www.alphataxis.fr
Chauffeur Services Paris 01 47 52 22
23, 06 68 56 16 88; www.csparis.com
(serviços incluem limusines e passeios)
Taxis Bleus 3609; www.taxis-bleus.com
Taxis G7 3609; www.taxisg7.com;
passageiros com pouca mobilidade:
01 47 39 00 91

Aluguel de carro
Ada 08 25 16 91 69; www.ada.fr
Autolib' 08 00 94 20 00;
www.autolib.eu
Avis 08 21 23 07 60; www.avis.fr
Budget 08 25 00 35 64;
www.budget.fr
easyCar www.easycar.com
Europcar 08 25 35 83 58;
www.europcar.fr
Hertz 08 25 86 18 61; www.hertz.fr
Rent-a-Car 08 91 70 02 00;
www.rentacar.fr

Estacionamento
Parkings de Paris www.parkingsdeparis.com

Aluguel e passeios de bicicleta
Bike About Tours 06 18 80 84 92;
www.bikeabouttours.com (disponíveis passeios particulares em família)
Fat Tire Bike Tours www.fattirebiketours.com (também oferece passeios de 4h em patinetes motorizados)
Gepetto et Vélo 46 Rue Daubenton, 75005; 01 43 54 19 95;
www.gepetto-velos.com
Paris à Vélo C'est Sympa! 01 48 87 60 01; www.parisvelosympa.com
Vélib www.velib.paris.fr

De patins in-line
Roller Squad Institute 01 56 61 99 61;
www.rsi.asso.fr (passeios familiares em algumas tardes de dom)
Rollers et Coquillages 37 blvd Bourdon 75019, www.rollers-coquillages.org
(excursões nas tardes de dom)

De ônibus
Les Cars Rouges 01 53 95 39 53;
www.carsrouges.com
Cityrama 01 44 55 61 00;
www.pariscityvision.com
L'Open Tour www.parislopentour.com
Paris Bus Service 01 56 79 05 23;
www.paris-bus-service.com
Paris Vision 01 44 55 60 00;
www.pariscityvision.com

A pé
Not a Tourist Destination 01 71 50 97 97; www.notatouristdestination.com
Paris Walking Tours 01 48 09 21 40;
www.paris-walks.com

De carruagem
Paris Calèches 06 62 20 24 88;
www.pariscaleches.com

De carro e miniônibus
Easy Dream 06 82 87 60 60;
www.easy-dream.com
Paris Authentic Pl Vendome, 75001; 06 64 50 44 19;
www.parisauthentic.com
Paris Euroscope 01 56 03 56 80;
www.euroscope.fr
Paris Trip 01 56 79 05 23;
www.paris-trip.com

De helicóptero
Ixair 01 30 08 80 80; www.circuit.ixair.com (voos a partir de 25min; saídas de Le Bourget ou Heliporto de Paris)

Passeios para famílias
French Adventures 01 46 80 17 66;
www.frenchadventures.com (passeios particulares p/ crianças ou famílias, incluindo caça ao tesouro e gincanas, jogos e workshops apenas em francês)
Muses et Musées 06 78 48 99 49;
www.musesetmusees.com (folhetos com atividade autoguiada e passeio exploratório disponível para compra on-line; 7-13 anos)
Paris d'Enfants 01 48 74 92 80;
www.parisdenfants.com (40 atividades guiadas p/ famílias com crianças de 5-12 ou 11-15 anos; passeios autoguiados com folhetos e livros de colorir apenas em francês)
Paris Kid www.pariskid.com (excursões culturais para crianças de 6-12 anos)
Parisphile 01 40 34 71 57 (passeios guiados sob medida p/ crianças)

Abaixo, à esq. Carruagens puxadas por cavalos iniciando uma volta pelo Champ-de-Mars
Abaixo, à dir. O ônibus de teto aberto do L'Open Tour em um percurso por Paris

Paris Vista do Rio Sena

O Sena é sinônimo de Paris. O rio atravessa a cidade, majestoso, num percurso de 14km, e é o principal ponto de referência do parisiense: a numeração dos imóveis nas ruas é determinada por sua distância do rio. Paris foi fundada numa ilha do Sena, a Île de la Cité. Além dos barcos turísticos que sobem e descem o rio, o Sena ainda é largamente navegado por barcas comerciais.

Pont de Grenelle à Pont de la Concorde

Este é o trecho mais majestoso do rio, em que o Sena passa pela Torre Eiffel, o belo Palais de Chaillot, a grandiosidade de Les Invalides e a Pont Alexandre III, a mais bela de Paris.

① **Maison de Radio France**, um imponente edifício circular que aloja estúdios e um museu do rádio. Ficará fechado até 2016.

② **Île aux Cygnes** foi criada em 1827 e abriga uma pequena réplica da Estátua da Liberdade.

③ **Pont Bir-Hakeim** tem em sua extremidade norte uma escultura de Wederkinch chamada *La France Renaissante*.

④ **O Palais de Chaillot** foi construído para a Exposição de 1937. Suas espetaculares alas em colunata abrigam vários museus, um teatro e um cinema.

Paris Vista do Rio Sena | 25

⑥ No píer central sob a **Pont de l'Alma** há uma estátua chamada *Le Zouave* (um tipo de soldado de infantaria leve). Quando os pés do soldado ficam molhados, há risco de inundação do Sena. Na grande enchente de 1910 a água chegou até os ombros do soldado.

⑦ A **Chama da Liberdade**, na entrada do túnel Alma, é um monumento oficial à Resistência francesa na Segunda Guerra Mundial e também um memorial extraoficial à lady Diana, princesa de Gales, morta em 1997 num acidente de carro no túnel.

⑧ A **Pont Alexandre III** é a ponte mais ornamentada da cidade, com extravagantes estátuas douradas e de bronze na forma de querubins e cavalos alados. Ela liga o Grand e o Petit Palais, no lado norte, a Les Invalides, no sul, e o que se avista daqui é tão magnífico quanto a própria ponte.

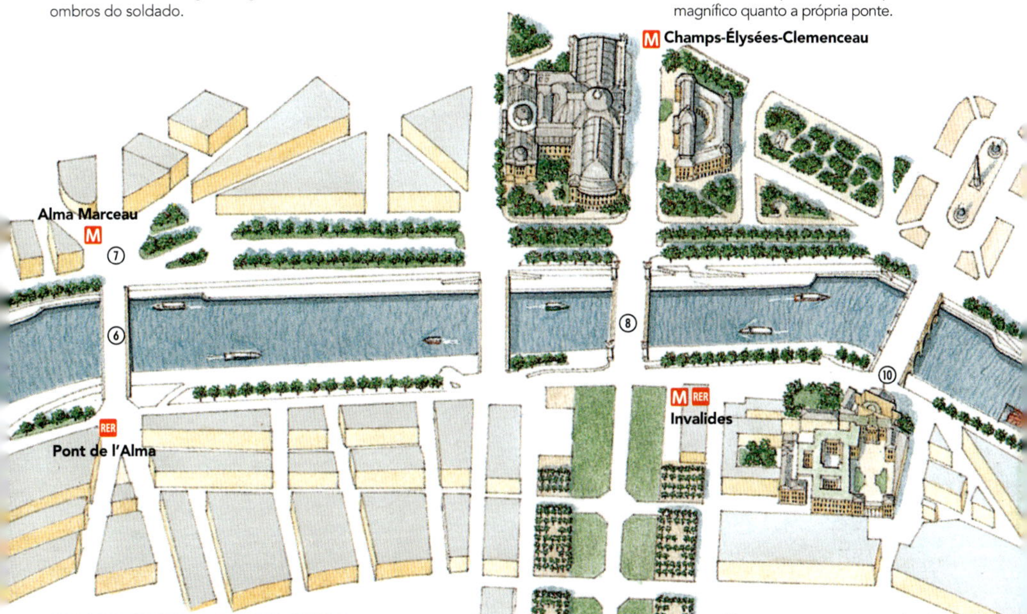

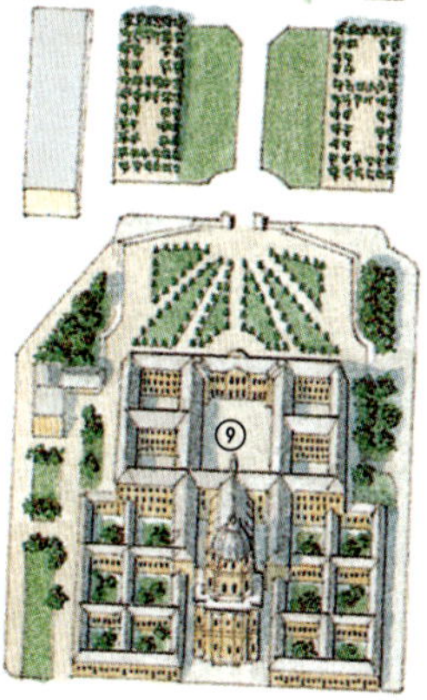

Champs-Élysées-Clemenceau

Alma Marceau

Pont de l'Alma

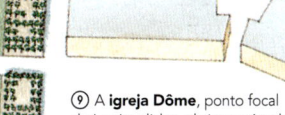

Invalides

⑨ A **igreja Dôme**, ponto focal de Les Invalides, abriga o túmulo de Napoleão Bonaparte.

⑤ A **Torre Eiffel**, mais notável ponto de referência de Paris, foi construída para a Exposition Universelle de 1889.

Paris ou Veneza?

Choveu sem parar durante todo o inverno de 1909-10, e o nível do Sena subiu 8,5m. Embora o rio não tenha derramado fora de suas margens, a água subiu pelos esgotos e bueiros, invadindo a cidade. As ruas viraram rios, e o metrô, então novo em folha, ficou paralisado. Os cidadãos de Paris se assustavam com histórias publicadas pelos jornais de crocodilos do zoológico que teriam escapado de seus cercados. Apenas em março as águas voltaram aos níveis normais. Em 2003, após outro alerta grave de enchentes, 100 mil obras de arte foram retiradas da cidade, na maior operação desse tipo desde a Segunda Guerra Mundial. Vale a pena ficar de olho em Le Zouave!

⑩ A **Assemblée Nationale Palais-Bourbon** foi construída originalmente para a filha de Luís XIV. Desde 1830, é a sede da Assembleia Nacional francesa.

Paris Vista do Rio Sena continua ▶

Paris Vista do Rio Sena, continuação

Da Pont de la Concorde à Pont de Sully

Aqui vemos Paris no que ela tem de mais romântico. O Sena se esgueira pelo coração antigo da cidade, passando de ambos os lados da histórica Île de la Cité e da charmosa Île St.-Louis, resvalando no vulto da catedral de Notre-Dame. De um lado e de outro do rio se encontram dois grandes museus, o Louvre e o Musée d'Orsay, os esplêndidos jardins formais das Tuileries e, pelo menos no verão, as praias artificiais de Paris-Plages.

⑪ O **Jardin des Tuileries** é um lindo jardim formal criado inicialmente em 1564 para um palácio erguido para Catarina de Médici e que foi destruído em 1871. Há restaurantes e cafés ao ar livre, uma lagoa redonda em que crianças brincam com barquinhos e duas galerias de arte: a Jeu de Paume e a Orangerie.

⑬ O **Louvre** fica ao lado de uma fortaleza erguida em 1170 por Felipe II para guardar Paris contra seus inimigos normandos. O rei também estendeu uma corrente enorme de um lado a outro do rio. O prédio atual surgiu no século XV, como palácio real, e vem sendo ampliado em todos os séculos desde então.

⑫ O **Musée d'Orsay**, uma antiga estação de trem, renasceu em 1986 como um esplêndido museu, cujas coleções incluem algumas das maiores obras de arte impressionistas do mundo.

⑭ A **Passerelle des Arts** é fruto da reconstrução em aço feita em 1984 de uma passarela de ferro fundido de 1804 – que deixou de ser segura depois dos bombardeios na guerra e de inúmeras colisões de embarcações fluviais.

⑮ Apesar de seu nome ("ponte nova"), a **Pont Neuf**, concluída em 1607, é a mais antiga das 37 pontes da cidade.

Paris Vista do Rio Sena | 27

⑯ Foi na **Île de la Cité**, que lembra um grande navio parado no meio do Sena, que se originou a Paris que hoje conhecemos. Mais de 2 mil anos atrás ela abrigava uma pequena aldeia, como a de Asterix, habitada por uma tribo celta, os *parisii*. Resquícios da aldeia, assim como restos romanos e medievais, podem ser vistos na cripta da Notre-Dame.

⑰ A **Conciergerie**, no passado o esplêndido palácio de Felipe, o Belo, tornou-se um lugar de terror durante a Revolução, quando prisioneiros eram mantidos aqui antes de serem levados à guilhotina.

⑱ **Notre-Dame** é simbólica e literalmente o coração da França – o quilômetro zero, a partir do qual são medidas as distâncias, fica em frente à sua entrada principal.

⑲ A **Pont de la Tournelle** é dominada por uma moderna imagem de Santa Genoveva, a padroeira de Paris.

⑳ **Île St.-Louis** conserva um encanto típico de vilarejo, com restaurantes e lojinhas singulares e um casario elegante do século XVII. O melhor sorvete de Paris é encontrado aqui, no Berthillon *(p. 68)*.

Da nascente até o mar
O rio Sena nasce 30km a noroeste de Dijon, na Borgonha, e desemboca no Canal da Mancha, em Le Havre, na Normandia, depois de percorrer 780km. É o segundo mais extenso rio da França, depois do Loire. Em Paris, pode ter até 8m de profundidade, mas na Antiguidade era muito mais raso e ladeado por praias arenosas.

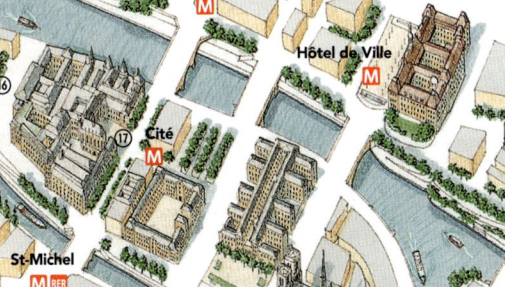

Passeios pelo Rio

Todos a bordo! Para a maioria das crianças, um passeio de barco pelo Sena é uma das maiores atrações das férias. E é uma ótima maneira de ser apresentado a Paris: a vista de muitas das principais atrações vai ficar na memória da criançada. A variedade de passeios pelo rio é enorme, desde o serviço de "ônibus fluvial" Batobus até trajetos em embarcações de luxo, com jantar. Também é possível explorar o Canal St.-Martin em barcos menores.

Passeios de barco pelo Sena e serviços de ônibus fluvial

A **Bateaux Mouches** é a mais famosa e mais antiga empresa parisiense de barcos de passeio, com uma frota de embarcações com paredes de vidro. Os cruzeiros partem dos arredores da Pont de l'Alma. Em Paris, o nome "Bateaux Mouches" é sinônimo de barcos fluviais. Mas não tem nenhuma ligação com moscas ("mouches"): o fato é que os primeiros barcos de turismo foram feitos no bairro de La Mouche, em Lyon. Foram usados pela primeira vez na Exposition Universelle de 1867 e, até o surgimento das ferrovias, foram uma parte importante do sistema de transportes.

Os passeios da **Bateaux Parisiens**, com almoço, jantar e turismo, partem do quai de la Bourdonnais, perto da Torre Eiffel. Há um audioguia em francês para crianças. A empresa também opera um passeio de uma hora especial para crianças, o La Croisière Enchantée, em que dois elfos relatam alguns dos segredos da cidade, mas apenas em francês. No ponto de embarque há espaço limitado para estacionamento, um complexo de lojas e lugares para comer.

Os passeios da **Vedettes de Paris** também partem de perto da Torre Eiffel. Essa empresa tem também passeios especiais para crianças, com narrativa em francês que revela os mistérios de Paris. A **Vedettes du Pont-Neuf** possui embarcações menores e mais pitorescas que zarpam da Île de la Cité. A empresa também faz passeios no Canal St.-Martin e no rio Marne.

O **Batobus** funciona como um ônibus do qual é possível subir e descer, com bilhetes válidos por até cinco dias. Esses ônibus fluviais têm paradas na Torre Eiffel; Musée d'Orsay; St.-Germain-des-Prés; Notre-Dame; Jardin des Plantes; Hôtel de Ville, Louvre e Champs-Élysées/Pont Alexandre III. Lembre-se de que esses barcos têm muito pouco espaço externo, e no verão pode fazer muito calor neles.

PONTOS DE EMBARQUE

Os pontos de embarque nos barcos de passeio e ônibus fluviais são fáceis de identificar; ficam perto das principais atrações turísticas. Os bilhetes podem ser comprados no cais, mas isso pode implicar uma espera grande, e existe a possibilidade de faltarem bilhetes. Com frequência há descontos especiais para reservas feitas on-line.

QUESTÕES PRÁTICAS

Aconselha-se reservar, especialmente no verão, e chegar 30 minutos antes do horário de partida. Preveja pagar €30-40 para uma família de quatro pessoas. Os passeios básicos duram uma hora, e há comentários em várias línguas. No verão, traga chapéu, protetor solar e água.

Abaixo, à esq. Barco de recreio da Vedettes du Pont-Neuf no rio Sena
Abaixo, à dir. No verão, turistas relaxam no quai de Bourbon, perto da Notre-Dame

Passeios pelo Rio | 29

ONDE COMER E BEBER

Muitos dos serviços de barco fazem passeios que incluem almoço ou jantar. Para as famílias, os passeios com almoço da Bateaux Mouches ou Bateaux Parisiens são boas opções, com cardápios infantis, e na Vedettes de Paris há refeições no sistema bufê. Os barcos-restaurantes administrados pela **Marina de Paris**, muitos dos quais partem próximo do Musée d'Orsay, fazem cruzeiros com almoço ou jantar, ambos com menu para crianças.

Outras maneiras de curtir o rio

DE BARCO PARTICULAR

Para passear no rio Sena em grande estilo, alugue um barco particular por uma tarde ou manhã através da Paris Connection. O luxuoso Hotel Plaza-Athénée (p. 241), que recebe bem as famílias, possui barco próprio.

HOTÉIS COM VISTA PARA O SENA

O luxuoso Hôtel Shangri-La (p. 241) oferece suítes com amplas sacadas, uma delas com banheira de água quente, que têm vista panorâmica do rio. O Citadines St.-Germain (p. 238), de preços mais competitivos, dá vista para a Île de la Cité, enquanto o Novotel Eiffel Tower (p. 245), no quai de Grenelle, também oferece bela vista do rio.

CAMINHADAS E PIQUENIQUES ÀS MARGENS DO RIO

Há belos lugares para perambular nas margens do Sena. Faça uma caminhada da Pont Alexandre III até a place de la Concorde, passando pelas casas-barcos. A vista a partir do cais da Île de la Cité e Île St.-Louis é tipicamente parisiense, e a Pont des Arts e square du Vert Galant são dois lugares lindos para fazer piqueniques. Perto de La Défense, a Île la Grande Jatte, imortalizada pelo pintor Georges Seurat, é outro lugar aprazível para fazer um piquenique e se descontrair.

Passeios de barco em canais

A **Canauxrama** opera vários passeios de barco pelo Canal St.-Martin, que tem nove eclusas, duas pontes levadiças e oito pontes românticas para pedestres. Há barcas que vão entre a Bassin de la Villette e o Port de l'Arsenal. Em alguns feriados escolares, há atividades para crianças e é uma alternativa divertida para quem já viu as atrações principais. A empresa também promove passeios de um dia pelo rio Marne, aventurando-se nos subúrbios até Bray-sur-Marne. A **Paris Canal Company** parte do Musée d'Orsay e vai a La Villette, mas é um passeio longo, não ideal para crianças pequenas, e um pouco caro: cerca de €60 para uma família de quatro pessoas.

Informações

Passeios de barco

Bateaux Mouches Pont de la Conference, 75008; Metrô: Alma Marceau; saídas a cada 45min, 10h15-19h; a cada 20min, 19h-23h (no inverno, a cada 45min, 11h-21h); www.bateaux-mouches.fr

Bateaux Parisiens Port de la Bourdonnais, 75007; Metrô: Bir-Hakeim; saídas a cada 30min, 10h-22h30 (até 20h no inverno); La Croisière Enchantée: out-jul: 15h45 qua, sáb, dom (também às 14h qua abr-jun e férias); www.bateauxparisiens.com

Batobus Port de la Bourdonnais, 75007; Metrô: Bir-Hakeim; saídas a cada 20-30min; www.batobus.com

Vedettes de Paris Port de Suffren, 75007; Metrô: Bir-Hakeim; saídas a cada 30min, 10h30-23h; www.vedettesdeparis.com

Vedettes du Pont-Neuf Square du Vert Galant, 75001; Metrô: Pont-Neuf; saídas a cada 30-45min, 10h30-22h30 (até 22h no inverno); www.vedettesdupontneuf.fr

Canal e outros passeios

Canauxrama Bassin de la Villette, 13 uai de la Loire, 75019; Metrô: Jaurés ou Bastille; www.canauxrama.com

Marina de Paris Port de Bercy, 75012; www.marina-de-paris.com

Paris Canal Company Bassin de la Villette, 19 quai de la Loire, 75019; Metrô: Jaurés; www.pariscanal.com

Paris Connection www.parisconnection.fr

Abaixo, à esq. Passeio de barco passando pelo quai du Marché-Neuf
Abaixo, à dir. Vista do charmoso Canal St.-Martin

Informações Úteis

Um pouco de planejamento é recomendável ao viajar com crianças. Antes de sair, cheque quais atrações estão abertas; este guia traz informações de contato e sites. Compre um *carnet* de bilhetes para poupar tempo e dinheiro ao usar os transportes públicos (pp. 20-3). Certifique-se de que seu seguro cobre todas as eventualidades e leve uma fotocópia dos passaportes e documentos de identidade seus e de seus familiares, para o caso de roubo ou perda dos originais.

Passaportes e vistos

Visitantes brasileiros precisam de passaporte, mas não de visto, para estadias de até três meses. O passaporte deve ter ainda pelo menos seis meses de validade. Para ficar por mais tempo é preciso um visto Schengen. Para mais informações, consulte o consulado ou a embaixada da França no Brasil. As regras para passaportes e vistos podem mudar, por isso verifique-as antes de viajar.

Alfândega

Cidadãos brasileiros podem importar as seguintes quantidades sem pagar impostos: 200 cigarros; 2 litros de vinho e 1 de bebida destilada; 60ml de perfume e 250ml de água de colônia. Para gastos superiores a €175, os não residentes na UE podem pedir a restituição do Imposto sobre o Valor Adicionado (IVA).

Seguro

É crucial fazer seguro de viagem cobrindo no mínimo cancelamentos, roubo ou perda de dinheiro e outros bens, obrigações pessoais, despesas legais, cobertura médica e voos de repatriamento de emergência.

O seguro é obrigatório para cidadãos de países não integrantes da União Europeia. Antes de viajar, verifique se a sua seguradora dispõe de um serviço de ajuda 24 horas.

Saúde

Há farmácias em quase todas as ruas comerciais da França; procure a cruz verde em néon do lado de fora. Em horário não comercial, o endereço da pharmacie de garde, ou farmácia de plantão, mais próxima fica exposto em todas as farmácias, ou você pode consultar a lista on-line. Os farmacêuticos são treinados para diagnosticar males menores e sugerir tratamentos; também podem lhe indicar o médico mais próximo. Na França é bastante comum que medicamentos infantis venham na forma de supositório. Se isso for um problema, traga seus medicamentos básicos de casa.

Há poucos fatores de risco de saúde em Paris; a água de torneira é potável, e não são exigidas vacinas. Pode fazer muito calor no verão, então se prepare: uma garrafa de água, um spray de água e um leque podem ajudar a refrescar uma criança irritada. Mesmo no norte da Europa o sol pode ser forte – evite queimaduras e insolações.

Segurança pessoal

Paris é uma cidade de modo geral segura. Mesmo assim, evite locais isolados e mal-iluminados. Cuidado com batedores de car-

Abaixo, à esq. Policiais parisienses numa esquina movimentada
Abaixo, à dir. Loja na rue des Francs Bourgeois, no bairro Marais

Informações Úteis | 31

teira em museus, ruas movimentadas e no metrô; deixe seus documentos e bens de valor no cofre do hotel e procure carregar pouco dinheiro vivo.

Se houver uma emergência no metrô ou RER, use o telefone amarelo marcado como Chef de Station nas plataformas para pedir ajuda.

Tome muito cuidado ao atravessar a rua com crianças em Paris. Os parisienses muitas vezes ignoram faróis e cruzamentos de pedestres ou andam na contramão em ruas de mão única. Explique aos pequenos que os franceses dirigem do lado direito.

OBJETOS PESSOAIS
Faça seguro de todos seus bens. Tenha cuidado especial com bolsas, carteiras, máquinas fotográficas e celulares ao viajar com crianças pequenas, pois é fácil ficar distraído. Uma pochete ou cinto de dinheiro deixará suas mãos livres. Se seu passaporte for roubado, contate a embaixada ou o consulado do Brasil.

POLÍCIA
Se você for vítima de um crime, registre a ocorrência imediatamente na delegacia de polícia mais próxima. Será necessário dar uma declaração chamada *procès verbal*. Faça uma cópia autenticada dela e guarde-a para pedir ressarcimento do seguro.

SEGURANÇA INFANTIL
É muito fácil separar-se das crianças em uma cidade movimentada. Se seu filho possuir um celular, verifique se o aparelho está destravado, ligado, carregado e com crédito e que seu número de celular foi gravado nele com o código do país, para que a criança possa telefonar mesmo estando no exterior. Assegure-se de que as crianças pequenas saibam seu nome completo, carreguem documento de identidade e seu número de celular e saibam que, caso se percam, a melhor pessoa a quem pedir ajuda é um policial ou uma vendedora de um estabelecimento comercial.

EMERGÊNCIA MÉDICA
Chame uma ambulância do **SAMU** *(Service d'Aide Médicale Urgence)* ou dos **Sapeurs-Pompiers** – os bombeiros –, que oferecem serviço de ambulância e primeiros-socorros.

Dinheiro
A França é um dos dezessete países da União Europeia que utilizam o euro (€). As cédulas, em sete valores distintos que vão desde €5 até €500, são idênticas nesses locais, no entanto as moedas, em valores que variam de 1 centavo a €2, indicam seu país de origem. As crianças podem se divertir colecionando uma moeda de cada país.

Não há restrições a quanto dinheiro um visitante pode levar para a França.

BANCOS E CASAS DE CÂMBIO
Há caixas eletrônicos em toda a cidade. A maioria dos bancos do centro também troca dinheiro, com taxas melhores que as das casas de câmbio, e geralmente aceita traveller's cheques. Os horários de funcionamento dos bancos variam muito, e pode faltar dinheiro nos caixas eletrônicos nos horários de pico. Outras casas de câmbio funcionam entre 9h-18h seg-sáb e são encontradas na Champs-Élysées e nas principais estações de trem. Os guichês da American Express nos aeroportos abrem cedo e fecham tarde.

CARTÕES DE CRÉDITO E DÉBITO
O **Carte Bleu**, o **Visa** e o **MasterCard** são amplamente aceitos em Paris; já o **American Express**, um pouco menos. Os cartões emitidos na França possuem chip e exigem senha; no entanto, se o seu não for desse tipo, peça para passá-lo pela *bande magnétique*, o leitor magnético.

Horários de funcionamento
A maioria dos bancos funciona 9h-16h30 ter-sex, porém os horários variam segundo a agência. Algumas abrem nas manhãs de

Abaixo, à esq. Famílias fazem turismo perto do Arco do Triunfo
Abaixo, à dir. Mulher saca dinheiro em um caixa eletrônico (ATM)

sábado também. Os correios funcionam entre 8h-19h seg-sex e nas manhãs de sábado. O comércio em Paris geralmente fica aberto entre 9h-19h, sendo que as lojas menores podem fechar para o almoço. Supermercados menores fecham às 20h, mas o Monoprix na Champs-Élysées fica aberto até a meia-noite seg-sáb. A maioria das lojas fecha aos domingos. Muitos restaurantes também fecham por um dia no início da semana, geralmente na segunda. Vários estabelecimentos, sobretudo em áreas residenciais, fecham em agosto. Museus e outras atrações costumam abrir entre 9h-17h, muitas vezes com uma pausa para o almoço, e ficar abertos até mais tarde uma noite por semana. Normalmente ficam fechados nas segundas ou terças-feiras e nos feriados. As bilheterias fecham 30 minutos antes do fim do horário de funcionamento.

Mídia

Há quiosques e bancas de jornais (*maisons de la presse*) por toda a cidade que vendem jornais britânicos, americanos e outros em línguas estrangeiras. Não faltam revistas e gibis franceses para crianças, em geral de alto padrão e muito educativos. A maioria dos hotéis franceses dispõe de televisão com pelo menos alguns canais via satélite, entretanto os canais em inglês são sobretudo de jornalismo e esportes. A televisão infantil francesa exibe muitos desenhos animados, que transcendem a barreira linguística.

Comunicações

Os números telefônicos franceses têm dez dígitos. Alguns telefones públicos aceitam cartões de crédito; a outra alternativa é comprar um cartão telefônico, ou *télécarte*, de um *tabac*, ou tabacaria, na estação de metrô ou de trem ou na agência dos correios. Pouquíssimos telefones aceitam moedas.

CELULARES E INTERNET

A maioria dos celulares europeus funciona normalmente na França; os americanos precisam ser pelo menos de banda tripla para funcionar. Verifique com sua operadora antes de usar seu celular no exterior, visto que a conta pode ser muito alta, e fique de olho em seus filhos mais velhos, com os celulares deles. Se você prevê fazer uma boa quantidade de ligações, adquira um dos muitos pacotes de ligações internacionais. Se seu aparelho não for bloqueado, compre um cartão SIM local em qualquer tabacaria.

O acesso à internet é amplamente disponível em Paris. Há Wi-Fi gratuito em quase todos os espaços públicos.

CORREIOS

Para as crianças, mandar cartões-postais para casa faz parte da diversão. Os *timbres*, ou selos, podem ser comprados numa tabacaria ou em qualquer agência dos correios (*La Poste*). Correspondências internacionais vão via aérea; preveja até cinco dias para chegarem ao destino.

Informações turísticas

Localizado na rue des Pyramides (metrô Pyramides), perto do Louvre, o principal **Centro de Turismo e Convenções de Paris** (Office du Tourisme et des Congrès de Paris) pode ajudar com reservas de hotel de última hora. O site na internet tem informações para turistas.

Portadores de deficiência

Apenas a linha 14 do metrô, algumas paradas do RER e alguns ônibus são acessíveis a cadeirantes. Por outro lado, os táxis são obrigados por lei a levar portadores de deficiência. A maioria das calçadas tem rampa para facilitar a passagem de cadeiras de rodas, mas o acesso é difícil em muitos restaurantes, sobretudo o acesso aos banheiros, muitas vezes situados no subsolo. Os hotéis de rede modernos são mais bem equipados que os hotéis históricos. O Louvre, o Musée d'Orsay, o Château de Versailles e a Cité des Sciences têm acesso fácil para cadeirantes. O site do Office

Abaixo, à esq. Banca de jornais, revistas e cartões-postais
Abaixo, centro Vitrine de uma loja de departamentos

Informações Úteis | 33

du Tourisme traz muitas informações úteis, e o **Musée de la Ville de Paris** produz um folheto que detalha todas as atividades de museus e os passeios para portadores de deficiência.

O que levar

O clima pode variar muito; portanto, vista roupas para chuva mesmo no verão e para ondas de frio intenso no inverno. Traga calçados confortáveis de caminhada, pois Paris é um local encantador para conhecer a pé. Use roupas casuais, mas elegantes: os parisienses se vestem bem. Os supermercados na cidade têm tudo o que você pode precisar para cuidar das crianças, e o Monoprix, em especial, vende calçados e roupas infantis com bom custo-benefício.

Fuso horário

A França está 1h à frente do Horário Médio de Greenwich, 4h ao de Brasília. O horário de verão começa às 2h do último domingo de março e vai até as 2h do último domingo de outubro. Os franceses assinalam os horários como 1h, 2h, até 24h.

Eletricidade

A voltagem usada na França é 220 volts. Os plugues têm dois pinos redondos. A loja **BHV** vende adaptadores, caso você esqueça de trazer os seus.

Abaixo, à esq. Roupas infantis charmosas expostas numa loja parisiense
Abaixo, à dir. Interior de um bistrô típico

Serviço de babá

Muitos hotéis podem providenciar este tipo de serviço, mas avise com antecedência. A **Igreja Americana em Paris** tem um mural com anúncios de babás que falam inglês, e o **Ma Babysitter Paris** tem um formulário on-line de pedido de baby-sitter a ser preenchido em inglês.

Banheiros

Há inúmeros banheiros públicos em Paris, sendo que a maioria é moderna e automatizada. O Carroussel du Louvre e a loja de departamentos Printemps dispõem de banheiros de luxo, pagos.

Etiqueta

Crianças costumam ser bem recebidas, em museus, hotéis e restaurantes de Paris, mas vale lembrar que pais e professores franceses são rígidos e esperam que os pequenos sejam educados e respeitosos.

Os franceses são bastante formais. Diga a seus filhos para se dirigirem a todos, mesmo o motorista do ônibus, com um "Bonjour Madame/Monsieur" alegre. Vale a pena decorar algumas frases básicas e incentivar as crianças a fazer o mesmo. A tão falada frieza dos parisienses em geral não passa de irritação com as pessoas que não se esforçam para falar a língua deles.

Informações

Embaixadas e consulados
Embaixada do Brasil na França, Paris 34 cours Albert 1er. 75008; 01 45 61 63 00; www.bresil.org
Embaixada da França no Brasil, Brasília SES Av. das Nações, lote 4, quadra 801; 70404 900; (61) 3222 3999; www.ambafrance.org.br
Consulado-Geral, São Paulo Av. Paulista, 1842, Torre Norte, 14ª andar; 01310 923; (11) 3371 5400; http://saopaulo.ambafrance-br.org

Saúde
EHIC www.ehic.org.uk
Farmácias 24h 01 48 74 65 18 e 01 45 62 02 41
Pharmacies de Garde www.pharmaciesdegarde.com

Telefones úteis
Todos os serviços 112
Polícia 17 (emergências); 08 91 01 22 22 (para localizar a delegacia mais próxima)
SAMU (ambulância) 15
Sapeurs-Pompiers (bombeiros e ambulância) 18
SOS Dentaires (emergência odontológica) 01 43 37 51 00

Cartão perdido ou roubado
American Express 01 47 77 70 00 (cartões de crédito); 0800 832 820 (traveller's cheques)
MasterCard 0800 90 13 87
Visa/Carte Bleu 0800 901 179

Códigos de área
Ligações do Brasil para a França Disque 00, depois o código da operadora em seguida 33 e o número de telefone sem o 0 inicial
Ligações da França para o Brasil Disque 00, depois o código do Brasil (55) e o número de telefone

Informações turísticas
Paris Convention and Visitors' Bureau http://pt.parisinfo.com

Portadores de deficiência
Musée de la Ville de Paris
www.paris.fr

Eletricidade
BHV 52-64 rue de Rivoli, 75001

Babá
American Church in Paris
65 quai d'Orsay, 75007;
01 40 62 05 00;
www.acparis.org
Ma Babysitter Paris
www.baby-sitter-paris.fr

Onde Ficar

Paris tem fartas opções de hospedagem em família. É praticamente inusitado um hotel não aceitar crianças, e mesmo os mais caros da cidade querem atrair a meninada: no Four Seasons Georges V as crianças podem até assar madeleines com o chef de confeitaria. Nem todos os lugares têm instalações para crianças pequenas; verifique antes e sempre reserve um berço com antecedência. As listas de hotéis *(pp. 238-47)* estão organizadas por área, como na seção de atrações turísticas do guia.

Onde procurar

Os hotéis parisienses mais luxuosos são encontrados no bairro Tuileries e perto da Champs-Élysées. Hotéis-butique, pequenos e cheios de personalidade, são encontrados mais facilmente no Marais ou na Margem Esquerda. Paris é dividida em arrondissements *(p. 250)* identificados por número; é possível encontrar pechinchas no 10º (a nordeste do Marais), no 13º (ao sul do **Jardin des Plantes**; *p. 180*) e no 14º (ao sul de Montparnasse). Há opções de luxo a preços mais módicos, mais distantes do centro. A maioria das grandes redes tem hotéis fora do centro; estes muitas vezes são uma ótima opção para famílias, já que os quartos tendem a ser maiores e alguns incluem instalações para crianças. O **Centro de Turismo e Convenções de Paris** *(p. 32)* tem um sistema de reservas on-line.

Preveja pagar

Paris é uma cidade compacta; logo, ficar num hotel mais barato, longe do centro, não causará problemas de transporte. A diária de um bom hotel familiar de rede pode custar €120-250, dependendo da localização, das instalações, do dia da semana e da época do ano.

As diárias geralmente são por quarto, não por pessoa. Se reservar dois quartos, sempre peça a diária familiar. Na maioria dos hotéis franceses crianças de até 12 anos ficam no quarto de seus pais e não pagam; na rede **Novotel**, menores de 16 não pagam, com café da manhã incluído. Muitas vezes é possível conseguir descontos pela internet, e as redes principais regularmente fazem promoções on-line. Como muitas cidades de negócios, Paris é um bom destino para famílias nos fins de semana, quando as diárias custam menos. O café da manhã em geral não está incluso na diária e não é obrigatório (€8-15 por adulto). Wi-Fi é bastante comum e muitas vezes gratuito em hotéis de rede de preço baixo ou módico.

Hotéis

Os hotéis são classificados com uma a cinco estrelas de acordo com suas instalações, porém isso pode não ser um bom indício da beleza do local ou da qualidade do atendimento.

Para famílias, uma desvantagem é que a maioria dos hotéis de preço moderado ou médio não possui restaurante, sendo as exceções os dos grupos Novotel e Accor. Hotéis de preço modesto muitas vezes não dispõem de elevador, um problema quando se tem crianças pequenas e carrinhos, mas podem proporcionar as vistas mais belas dos telhados. Alguns têm quartos conjuga-

Abaixo, à esq. Entrada de um apart-hotel Citadines
Abaixo, centro Four Seasons George V **Abaixo, à dir.** Quarto no Résidence Le Prince Regent

dos por um banheiro. Os quartos mais baratos geralmente dão para os fundos do estabelecimento e não têm vista.

A França tem hotéis de rede excelentes para famílias. Entre os melhores estão alguns das redes Novotel e **Ibis**, todos parte do grupo Accor, mas com identidades diferentes. A Novotel e a **Ibis Styles** oferecem os melhores pacotes para famílias, principalmente on-line; a decoração pode ser pouco interessante, porém as instalações para famílias são excepcionais. A Ibis e a **Mercure** também possuem boas instalações, mas são menos família.

Os apart-hotéis, em que os quartos são pequenos apartamentos independentes, são uma opção familiar ideal, com os serviços de um hotel e a possibilidade de a família preparar suas próprias refeições. Um grande bônus é a lavanderia. **Citadines** e **Adagio** são duas redes ótimas de apart-hotéis.

Bed and breakfast

O equivalente francês ao B&B é o *chambre d'hôtes*. Essa é uma boa opção para famílias, especialmente com crianças mais velhas que queiram treinar seu francês. Os anfitriões podem dar dicas sobre aonde ir e o que fazer. Quando servem jantar, os proprietários às vezes comem com os hóspedes. Mas esta pode ser também uma opção de luxo e estilo, principalmente em Paris, de modo que os preços variam muito. Há várias agências que oferecem bed and breakfast.

Apartamentos e flats

Ótima alternativa para quem viaja com filhos. Várias agências anunciam apartamentos de bom tamanho, em especial a **RentApart** e **A Haven in Paris**, com opções de qualidade cinco-estrelas. É possível reservar um apartamento ou flat por menos de uma semana. Outra opção é a troca de casas, que pode ser feita por meio de agências como a **Home Link** e a **Guardian Exchange**.

Adicionais ocultos

O imposto e a taxa de serviço devem por lei estar incluídos no preço citado ou exposto na recepção. Gorjetas não são necessárias, exceto por serviço excepcional. Cheque se o minibar é eletrônico antes de tirar garrafas para colocar leite ou lanches em seu lugar. O estacionamento costuma ser cobrado à parte.

Reservas

Procure reservar pelo menos um mês antes, ou mais tempo se o lugar for famoso. No caso de reservas feitas pelo telefone, confirme por e-mail e espere pagar depósito de 25-30% do preço. Procure chegar até as 18h ou ligue para avisar que está chegando, sob pena de perder sua reserva.

Informações

Reservas de hotéis
www.my-paris-hotel.com
www.parishotels-discount.com
www.paris.nethotels.com

Hotéis de rede
Ibis www.ibishotel.com
Ibis Styles http://ibisstyleshotel.ibis.com
Mercure www.mercure.com
Novotel www.novotel.com

Apart-hotéis
Adagio www.adagio-aparthotel.com
Citadines www.citadines.com

Bed and breakfast
Alcôve & Agapes www.bed-and-breakfast-in-paris.com
Good Morning Paris www.goodmorningparis.com

Apartamentos e flats
A Haven In Paris www.haveninparis.com
RentApart www.rentapart.com

Troca de casas
Home Exchange www.homeexchange.com
Troca Casa www.trocacasa.com

Abaixo, à esq. Hotel Le Pavillon de la Reine, place des Vosges
Abaixo, à dir. Interior do Hôtel Britannique, avenue Victoria

Onde Comer

As coisas mudaram um pouco desde que gauleses da Antiguidade, como Obelix, devoravam javalis inteiros assados. A culinária francesa é talvez a melhor do mundo, e a comida é uma parte tão importante de uma visita a Paris quanto subir a Torre Eiffel. A cidade tem uma gama enorme de locais onde comer, e o visitante também pode aproveitar os ótimos mercados de rua e as lojas de comida especializadas *(pp. 38-9)*. Os preços citados neste guia são para um almoço de dois pratos para dois adultos e duas crianças, sem vinho, com refrigerantes.

Restaurantes

Os franceses comem em horários mais ou menos limitados: almoço entre 12h-14h e jantar entre 19h30/20h-22h/23h. As crianças francesas estão acostumadas a comer com os adultos e geralmente são bem-comportadas e bem-vestidas. Graças a isso, pessoas de todas as idades são bem-vindas mesmo nos restaurantes mais finos de Paris. É possível ver famílias inteiras reunidas à mesa às 23h, sem choro ou reclamações de alguém. Mas, se você receia que seus filhos não sejam tão comportados, há muitos lugares na cidade onde uma mesa barulhenta ou bebidas derramadas passarão despercebidas ou não serão malvistas. Diversas famílias não francesas em visita a Paris acham melhor fazer a refeição principal fora, na hora do almoço. Não apenas os preços são menores, como o jantar parisiense pode ser servido tarde demais para crianças pequenas. A maioria dos restaurantes tem pelo menos um menu a preço fixo, ou *prix fixe*, com dois, três ou quatro pratos: uma *entrée* (entrada), em geral saladas, verduras, peixe, tortas e patês; um *plat* (prato principal), normalmente carne, frango ou peixe, e uma sobremesa. Queijos são servidos antes da sobremesa (ou, se preferir, no lugar dela). Nos dias úteis, um menu mais simples, chamado *formule*, geralmente abrange somente dois pratos, com opções mais limitadas. O prato do dia, *plat du jour*, costuma vir anunciado em uma lousa.

Muitos restaurantes servem um *menu enfant*, para crianças: dois ou três pratos pequenos, próprios para menores de 10 anos. As opções clássicas incluem *steak haché* (um hambúrguer de boa qualidade sem o pão), *beignets de poulet* (nuggets de frango), *jambon-frîtes* (presunto e batatas fritas) e omelete. O sorvete é a sobremesa habitual, às vezes chamada *eskimo*.

Um bistrô é menos formal, menor e com preços mais modestos que um restaurante. Brasseries são estabelecimentos maiores, mais movimentados e geralmente especializados em clássicos como *fruits de mer* (travessas de frutos do mar), sopa de cebolas e bife com fritas, além de muitas vezes serem lugares históricos, cheios de caráter e com a vantagem de ficarem abertos o dia inteiro.

Uma boa alternativa para quem está com crianças é uma das muitas crêperies da cidade: servem panquecas bretãs com recheios diversos – salgados sobre *galettes* e doces sobre crepes.

Muitos cafés e bistrôs têm mesas ao ar livre, ideais para uma família com crianças irrequietas.

Em todo lugar é aceitável pedir um *carafe d'eau*, uma jarra gratuita

Abaixo, à esq. Fachada de restaurante na rue du Faubourg Montmartre
Abaixo, à dir. Mesas ao ar livre num café no Jardin des Tuileries

Onde Comer | 37

de água de torneira, para acompanhar a refeição. O imposto e a taxa de serviço são incluídos na conta, por lei, de modo que dar gorjeta é opcional, mas é praxe deixar um pequeno adicional.

Redes de restaurantes

Paris tem algumas redes de restaurantes muito boas para famílias, todas com ambiente descontraído e diversão para as crianças. Estas adoram a **Chez Clément** (p. 71), em estilo bistrô, com três menus infantis. Há cadeirões, e os funcionários aceitam esquentar mamadeiras e comida de bebê. O **Hippopotamus** é uma rede aberta o dia inteiro que serve bife e hambúrgueres e é boa para crianças, e o **Café Indiana** oferece hambúrgueres com toque mexicano.

Cafés e salões de chá

Paris é conhecida por seus cafés, mas os *salons de thé*, ou salões de chá, farão mais sucesso com as crianças. Eles servem bolos e biscoitos de dar água na boca; vão desde o **Ladurée** (p. 135 e p. 172), famoso por seus macarons, até pequenas padarias com salão de chá.

Sabores étnicos

Graças à história colonial francesa, Paris é bem-servida de restaurantes norte-africanos que servem cuscuz árabe e saborosos *tajines*. Saindo da avenue de l'Opéra há restaurantes japoneses, cambojanos e vietnamitas que podem ser uma boa opção para ir com as crianças. A Chinatown parisiense fica no 13º arrondissement, mas há um restaurante chinês de alto nível, o Shang Palace, no Hôtel Shangri-La (p. 241). No 10º arrondissement da passage Brady e arredores situam-se vários restaurantes indianos. No Marais há restaurantes judaicos. É fácil encontrar pizzarias alegres e acolhedoras em toda a cidade.

Dietas especiais

Na França é comum uma atitude de despreocupação em relação a vegetarianos e seguidores de dietas especiais. A pizza no menu infantil muitas vezes tem presunto, as saladas são polvilhadas com bacon, sopas de legumes são feitas com caldo de carne e legumes cozidos com carne podem ser oferecidos como opção vegetariana. Sempre pergunte ao garçom sobre os ingredientes dos pratos. As brasseries geralmente servem saladas e omeletes, e os restaurantes étnicos são outra boa opção para vegetarianos. As castanhas, usadas na cozinha francesa e em bolos e biscoitos da Córsega, podem provocar alergias.

Abaixo, à esq. Macarons de dar água na boca no Ladurée
Abaixo, à dir. Café com mesas ao ar livre com vista para a Torre Eiffel

CRIANÇADA!

Desafio de sabor
Enquanto os adultos fazem compras, procure alguns quitutes favoritos das crianças francesas.
1 Minipotinhos de queijo cremoso chamados Petits Suisses. Tire da embalagem e polvilhe com açúcar ou mel.
2 Apericubes, cubinhos de queijo macio, cada um com uma charada no verso da embalagem.
3 Petit Ecolier e BN, biscoitos de chocolate que são uma delícia.
4 Merguez – salsichas norte-africanas vermelhas, condimentadas.

TIM-TIM!
No frio, aqueça-se com um chocolate quente – *chocolat chaud*. No verão, água vulcânica é boa para refrescar. A Volvic nasce de uma fonte perto de um vulcão francês dormente!

Dilema da confeitaria
"O que você quer comer?" Diante da variedade de doces e bolos, não é fácil decidir. Para ajudá-lo é bom saber que:
1 *Paris-Brest* é um bolinho no formato de pneu de bicicleta, recheado com creme de baunilha. Foi feito em 1891 para a primeira corrida ciclística Paris-Brest por uma padaria situada no trajeto da corrida.
2 Macarons são bolinhos feitos com amêndoas moídas. Vêm num arco-íris de cores e sabores. Peça uma seleção.
3 Madeleines, ou madalenas, são bolinhos de massa de pão de ló e tradicional formato de concha.
4 *Millefeuille*, ou mil-folhas, é feito de várias camadas – mas não mil – de massa fina, recheadas com creme doce e chantili.
5 *Palmier* é um doce de massa folhada cujo formato lembra uma folha de palmeira.

Bebidas

Os adultos têm uma gama fantástica de vinhos franceses a saborear. Em cafés, bares, brasseries, bistrôs e alguns restaurantes é possível e mais barato pedir vinho numa garrafa de mesa de 250ml ou 500ml.

Se pedir um "café", você receberá um expresso, forte e preto; *café au lait* é uma média (café com leite). Chás de ervas *(tisanes)* também são muito apreciados. Os salões de chá norte-africanos servem o delicioso chá de hortelã marroquino.

As bebidas de cores fortes servidas em cafés e restaurantes são *sirops à l'eau*, misturas de xarope e água. O sirop verde-esmeralda tem sabor de hortelã, e o vermelho é feito de romã.

Em um dia quente, nada mais refrescante que um *citron pressé*. Esta bebida do tipo faça-você-mesmo é simplesmente suco de limão espremido na hora, um jarro de água e açúcar. As crianças se divertem fazendo a mistura, que requer muito açúcar.

Supermercados

Os supermercados franceses são excelentes *(p. 43)*. Aqui os franceses compram todos os produtos básicos, incluindo vinhos. No entanto, costumam comprar pão, queijo e doces em lojas especializadas e ir à feira livre pelo menos uma vez por semana. O **Monoprix** *(p. 43)* é uma das redes principais, e o **Monop'** é sua versão mini, no centro da cidade, assim como o **Carrefour Market** *(p. 71 e p. 121)* e a maioria dos **Franprix** na parte central de Paris. São bons lugares para comprar ingredientes para piqueniques quando você está com pressa ou pretende gastar pouco.

Delicatéssens

É fácil encontrar comida pronta em Paris. A cidade tem inúmeras delicatéssens, charcuteries (lojas de frios) e *traiteurs* de alta categoria. Para uma experiência de dar água na boca, não deixe de conhecer a luxuosa dupla **Hédiard** *(p. 139)* e **Fauchon** *(p. 139)*, na **place de la Madeleine** *(p. 139)*; **Lafayette Gourmet**, na **Galeries Lafayette** *(p. 117)*; **La Grande Epicerie**, no **Le Bon Marché** *(p. 162)*, ou **Dalloyau** *(p. 138)*, perto do **Palais l'Élysée** *(p. 138)*, que vende uma comida maravilhosa há mais de 300 anos.

Mercados de rua

Paris possui mercados de rua imperdíveis, onde se encontram alguns dos melhores alimentos disponíveis na capital. A maioria dos parisienses tem o seu favorito; logo, as opiniões sobre quais são melhores variam. Os mercados da rue Cler e da rue Montorgueil sempre são animados, e o da rue du Mouffetard é famoso, mas alguns dos melhores são o **Marché Président Wilson** *(manhãs de qua e sáb)*, o **Marché Raspail** *(ter, sex e dom)* e o **Marché Edgar Quinet** *(manhãs de qua e sáb)*.

Procure os produtos regionais sazonais, como aspargos de Argenteuil, cenouras de Crécy, cerejas de Montmorency, morangos de Palaiseau e tomates de Montlhéry.

Queijos

A Île de France produz o queijo que talvez seja o mais famoso da França, o Brie (procure o Brie de Mélun). Há outros queijos locais, como o Coulommiers, com nozes, e o Feuille de Dreux, amadurecido sob folhas de castanheira. A rue de Mouffetard é um bom lugar para comprar queijos, assim como a famosa *fromagerie* **Alléosse**, situada perto do **Arco do Triunfo** *(pp. 134-5)*. Os melhores queijos a comprar dependem da estação. Coma queijo de cabra na primavera, que é também a melhor época para comprar Brie. Opte por gorgonzola no outono e pelo Vacherin Mont d'Or, bom para derreter, no Natal.

Pães e bolos

Existem inúmeros pães franceses deliciosos a saborear, e, graças à

Abaixo, à esq. Especiais do dia anotados diante de um café
Abaixo, à dir. Sorvetes de dar água na boca

proteção do Estado, muitas *boulangeries* locais. Os franceses compram pão diariamente ou mesmo duas vezes por dia: por não conter gordura, ele envelhece rapidamente. A **Poilâne** (p. 193) é famosa por seu pão de fermentação natural, ótimo para *tartines* (sanduíches abertos). O **Sacha Finkelsztajn** vende pães judaicos, cheesecakes e strudels.

Nas *pâtisseries* você encontrará diversos pães e lanches salgados, perfeitos para piqueniques. Comece o dia com um brioche, um croissant ou um *pain au chocolat* (croissant recheado de chocolate). Como lanche matinal, a maioria das crianças francesas recebe uma baguete com um pedaço de chocolate no meio. O melhor lugar para comprar macarons é a **Ladurée**. Há uma filial especialmente aconchegante, frequentada pelos parisienses, em **St.-Germain-des-Près** (p. 172).

Informações

Redes de restaurantes
Café Indiana www.indianacafe.fr
Chez Clément www.chezclement.com (veja também p. 71)
Hippopotamus www.hippopotamus.fr

Cafés e salões de chá
Ladurée www.laduree.fr

Supermercados
Carrefour Market www.carrefour.fr
Franprix www.franprix.fr
Monoprix/Monop' www.monoprix.fr

Delicatéssens
Lafayette Gourmet www.galerieslafayette.com
La Grande Epicerie www.lagrandeepicerie.fr

Mercados de rua
http://marches.equipements.paris.fr

Queijos
Alléosse www.fromage-alleosse.com

Pães e bolos
Poilâne www.poilane.com
Sacha Finkelsztajn www.laboutiquejaune.fr

Chocolates e doces
La Cure Gourmande www.la-cure-gourmande.fr
Debauve & Gallais www.debauve-et-gallais.com
Jadis et Gourmande www.jadisetgourmande.fr
À la Mère de Famille www.lameredefamille.com

Crianças na cozinha
Café Le Nôtre www.lenotre.com

Chocolates e doces

Esqueça os museus e as galerias. São as chocolaterias que as crianças vão querer conhecer. Saboreie um animal de marzipã da **À la Mère de Famille** (p. 117), que abriu sua primeira loja em 1761 e mudou pouco desde então. A **Debauve & Gallais** criou chocolates especiais para Maria Antonieta e Napoleão III; sua franquia mais famosa data de 1818 e é um monumento histórico registrado. As crianças podem escolher doces de displays espetaculares em duas filiais da **La Cure Gourmande** (p. 117). A **Jadis et Gourmande** (p. 88), no Marais, oferece celulares, CDs e até mini-torres Eiffel de chocolate. Procure as *bêtises de Cambrai* (travessuras de Cambrai), as balas de menta favoritas de Asterix, o Gaulês.

Crianças na cozinha

A escola de culinária **Café Le Nôtre** promove workshops para crianças nas tardes de quarta-feira. Reserve com antecedência, sobretudo para as aulas de ovos de Páscoa e *galette des rois*. No **Four Seasons George V** (p. 240), as crianças aprendem a fazer madeleines, e no **Ritz** (p. 111) há aulas mais formais. A **Chez Clément** (p. 71) também oferece aulas de culinária para crianças.

Abaixo, à esq. Interior de um restaurante perfeito para comer em família
Abaixo, à dir. Queijos maduros na vitrine de um fromagier

Compras

Fazer compras em Paris é uma delícia; há inúmeras lojas independentes em algumas das partes mais belas da cidade. Não faltam lojas que vão interessar às crianças, como algumas casas de brinquedos charmosas e clássicas. Traga pouco em sua bagagem, pois aqui você encontrará tudo o que precisa, e deixe lugar na mala para suvenires, pois mesmo a mais kitsch réplica da Torre Eiffel será guardada com carinho nas estantes de seus filhos, como recordação das férias.

Horários de funcionamento

As lojas geralmente ficam abertas entre 10h e 19h, seg-sáb. Para fazer compras aos domingos, tente no **Marais**, na área em volta da **Champs-Élysées**, no **Carrousel du Louvre** (p. 104) e no **Bercy Village** (p. 205). O **Monoprix** na Champs-Élysées fica aberto até 24h, seg-sáb. As liquidações acontecem em janeiro e junho.

Onde comprar

As antigas adegas de Bercy Village são um lugar animado para fazer compras e comer, com muitas coisas que vão agradar à meninada. Se você quer algo chique, há lojas de grife para crianças em volta da Champs-Élysées, além de lojas das principais redes internacionais. É fácil andar de carrinho nas calçadas largas. Montmartre e o Marais têm inúmeras lojas interessantes e curiosas, e caminhar por suas ruas é um prazer. Perto do Jardin du Luxembourg (pp. 190-1), as **ruas Vavin** e **Brea** formam um enclave de lojas infantis, e **Les Passages** (p. 118) são pitorescas arcadas cobertas do século XIX, cheias de lojinhas fascinantes e um ótimo lugar para conhecer num dia de chuva.

Arte, artesanato e hobbies

Com tantas lojinhas especializadas, Paris é uma arca do tesouro para crianças que têm hobbies. **La Maison de l'Astronomie** é cheia de tudo o que um astrônomo precisa; além disso, organiza eventos em campo. A **Nature et Découvertes** (p. 107) é para fãs de ciência e natureza; vende inúmeros kits para experiências científicas. A casa tem uma filial no Carrousel du Louvre e organiza caminhadas na natureza. **La Maison du Cerf Volant**, perto da Bastilha, vende pipas e papagaios inovadores.

A **Entrée des Fournisseurs**, no Marais, vende materiais para tricô e botões charmosos. Próxima à Ecole Nationale Supérieure des Beaux-Arts, a **Esquisse** traz uma gama enorme de materiais de arte, e a **EOL**, perto do Louvre, é o paraíso para quem curte modelismo. Leve os pequenos colecionadores de selos para o **Marché des Timbres** (p. 132), perto do Rond-Point des Champs-Élysées, nas quintas, fins de semana e feriados.

Livros

Há inúmeros livros infantojuvenis sobre Paris, e muitos personagens clássicos da literatura infantil, como Aste-

Abaixo, à esq. Famílias fazendo compras na passage Verdeau
Abaixo, à dir. A famosa livraria de livros em inglês Shakespeare and Company

Tamanhos

Os tamanhos brasileiros acompanham em grande parte os franceses.

Roupas femininas			Calçados femininos			Roupas masculinas			Calçados masculinos			Roupas infantis		
Brasil	França	EUA	Brasil	França	EUA	Brasil	França	EUA	Brasil	França	EUA	Brasil	França	EUA
38	38	4	35	37½	6½	35	36	14	39	41	8	2	2-3	2-3
40	40	6	36	38½	7½	37	38	15	40	42	8½	4	4-5	4-5
42	43	8	37	39½	8½	39	39	15½	41	43	9	6	6-7	6-7
44	44	10	38	40½	9½	40	41	16	42	44	10½	8	8-9	8-9
46	46	12	39	41½	10	41	42	16½	43	45	11½	10	10-11	10
48	48	14				42	43	17	44	46½	12½	12	12	12
50	50	16				43	44	17½	45	48	13	14	14	14
-	52	18				44	45	18	46	48½	13½	16	14	16

rix, Babar, Madeline e o Pequeno Nicolau, já tiveram aventuras na cidade. Os livros são ótimos para a criançada ler antes de dormir nas férias.

A **Shakespeare and Company** (p. 65) é uma livraria tradicional com ambiente acolhedor, situada em frente à Notre-Dame, do outro lado do Sena. É uma casa medieval com escadarias rangentes; vende livros novos e usados em inglês. A **Boulinier** (p. 177) é um ótimo lugar para quadrinhos, além de ter alguns livros de segunda mão em inglês.

A **W H Smith**, perto do Jardin des Tuileries, é mais convencional, mas tem a maior coleção de livros infantis em inglês da cidade. Próxima à Opéra Garnier (p. 119), a **Brentano's** também tem um bom setor infantojuvenil. A **Chantelivre**, perto da loja de departamentos **Le Bon Marché**, é uma livraria excelente com um imenso acervo infantojuvenil em francês. A **Oxybul Junior** (p. 191) vende livros infantis e brinquedos; tem filiais no Bercy Village, perto da rue Vavin e na avenue Victor Hugo. Há atividades e contagem de histórias (em francês) às quartas e aos sábados.

Roupas e calçados

Não faltam lojas de roupas clássicas e designs incomuns para crianças parisienses fãs de moda. Procure roupas infantis descoladas no **Monoprix** e **Du Pareil au Même**. Várias butiques vendem versões infantis de roupas adultas: as garotas podem virar sósias de suas mães na **Maje**, **Antik Batik**, **Les Petites** e **Isabel Marant**, todas com filiais no Marais. No mesmo bairro, a **Petit Pan** tem roupas com toque oriental e oferece workshops para aspirantes a estilistas. Entre as lojas de grife para crianças estão a **Baby Dior** e a **Rykiel Enfant**. Criações mais clássicas se situam na **Petit Bateau** e na **Tartine et chocolat**, com seis franquias em Paris. Para roupas chiques a preços modestos, vá à loja de descontos **Bonpoint Stock**, perto do Musée d'Orsay, e para sapatos cheios de bossa, à **Six Pieds Trois Pouces** (p. 170).

Abaixo, à esq. Visitantes no interior do Carrousel du Louvre
Abaixo, à dir. Vitrine numa loja Bonpoint

Cabeleireiros

Complete o visual com um penteado francês. Há alguns salões divertidos em Paris, com muitas distrações para os pequenos. O **1, 2, 3 Ciseaux** tem localização conveniente perto do **Parc Monceau** (p. 140), e o **Simon** fica no enclave de lojas infantis na rue Vavin. O salão **Bruno Lienard** fica no **Le Bon Marché**. Há ainda salões de beleza no **Village Joué Club** e na loja conceitual **Bonton** (p. 93 e Brinquedos).

Lojas de departamentos

Em Paris há três lojas de departamentos. A mais antiga é o **Le Bon Marché**, na Margem Esquerda, que tem uma seção boa de roupas infantis e uma área de atividades para crianças. A **Galeries Lafayette** (p. 117) e a **Printemps** ficam lado ao lado, logo atrás da Opéra Garnier. Embora caras, vendem praticamente tudo. Não são lugares muito fáceis para fazer compras com crianças, mas merecem ser conhecidas: são tesouros do século XIX. A **Printemps** tem um magnífico terraço na cobertura, com lindas vistas da cidade.

Jogos e DVDs

Com filiais espalhadas por Paris, a **FNAC** é o melhor lugar para comprar coisas relacionadas a computadores. A loja na Champs-Élysées vende apenas DVDs e games de computador, mas todas as filiais têm games, DVDs familiares e infantis, PCs, laptops e acessórios.

Lojas "lifestyle"

A **Not So Big** (p. 81) é uma loja conceitual para crianças, com roupas, brinquedos e móveis. A **Bonpoint** (p. 191) converteu uma velha mansão perto do Jardin du Luxembourg em uma loja infantil mágica, com salão de chá. Não deixe de conhecer as interessantes lojas **Antoine et Lili** (p. 123 e p. 203) e a estilosa **Colette** (p. 106), perto do Jardin des Tuileries. O belo café Water Bar também fica aqui e é um lindo lugar para se descontrair depois de fazer compras.

Mercados ao ar livre

É possível encontrar quinquilharias lindas nos mercados parisienses ao ar livre. Nas manhãs de quarta e sábado, o alegre **Marché Edgar Quinet** (p. 197), ao lado da Tour Montparnasse (p. 192), vende bolsas, bijuterias e outros objetos a preços pequenos.

Paris é famosa por seus mercados de pulgas. No maior deles, o **Marché aux Puces St.-Ouen** (p. 206), há tudo, desde camisetas até antiguidades raras. O **Marché aux Puces de Vanves** (p. 215) é menor, mais divertido para as crianças e oferece pechinchas melhores (veja também Mercados de rua, na p. 38).

Suvenires

Não faltam em Paris suvenires divertidos e objetos colecionáveis que as crianças acharão irresistíveis, desde globos de neve e ímãs de geladeira até objetos altamente imaginativos. Que tal uma fôrma de biscoitos da Torre Eiffel? Ou os monumentos famosos de Paris feitos de macarrão? E quem resiste a uma Torre Eiffel iluminada? Os principais monumentos, galerias e museus têm lojas de presentes, mas os preços na Torre Eiffel são um pouco altos. Um suvenir ótimo é um livro de colorir: procure Je colorie Paris.

Brinquedos

Para comprar brinquedos infantis, roupas e acessórios, o lugar mais badalado da cidade é provavelmente a conceitual **Bonton**, com brinquedos chiques e contemporâneos para recém-nascidos e crianças de até 12 anos. A **Village Joué Club** é a maior loja de brinquedos de Paris, e seus preços são bastante acessíveis. Ela

Abaixo, à esq. Diante da loja de departamentos Le Bon Marché
Abaixo, à dir. Antiguidades no Marché aux Puces St.-Ouen

Compras | 43

tomou conta de toda a colunata com telhado de vidro da passage des Princes, no **boulevard des Italiens** (p. 118). Os artigos para festas de aniversário são fantásticos. Há filiais da loja de brinquedos **La Grande Récré** (p. 135) em toda a cidade, incluindo uma na saída da Champs-Élysées. Paris conta com butiques cheias de brinquedos de madeira, como a **Arche de Noé**, na Île St.-Louis (p. 68), e as fãs de casinhas de bonecas vão adorar a **Pain d'Epices** (p. 117), na passage Jouffroy, ao lado do **Musée Grévin** (pp. 116-7). A **L'Ours du Marais** (p. 93) vende exclusivamente ursinhos de pelúcia.

Supermercados

As compras do dia a dia são simples e convenientes em Paris. Embora os supermercados do centro sejam menores que os dos subúrbios, é possível comprar neles, no mínimo, uma boa seleção de alimentos e bebidas de boa qualidade (p. 38), artigos de higiene, de beleza e para bebês. Os supermercados maiores também têm artigos elétricos, eletrodomésticos e qualquer outra coisa que você possa precisar. Todas as franquias do **Monoprix** em Paris têm praças de alimentação. Vários supermercados, sobretudo o **Carrefour Market**, ficam abertos até tarde e aos domingos.

Informações

Arte, artesanato e hobbies
Entrée des Fournisseurs 8 rue des Francs Bourgeois, 75003
EOL 3 rue du Louvre, 75001; 01 43 54 01 43; www.eolmodelisme.com
Esquisse 3 rue des Beaux-Arts, 75006; 01 43 26 06 86; www.esquisseparis.fr
La Maison de l'Astronomie 33-35, rue de Rivoli, 75004; 01 42 77 99 55; www.maison-astronomie.com
La Maison du Cerf Volant 7 rue de Prague, 75012; 01 44 68 00 75; www.lamaisonducerfvolant.com

Livros
Brentano's 37 ave de l'Opéra, 75002; 09 62 62 58 95
Chantelivre 13 rue de Sèvres, 75006; 01 45 48 87 90; www.chantelivre.com
W H Smith 248 rue de Rivoli, 75001; 01 44 77 88 99; www.whsmith.fr

Roupas
Antik Batik 26 rue St.-Sulpice, 75006; 01 44 07 68 53; www.antikbatik.fr
Christian Dior/Baby Dior 26 ave Montaigne, 75008; 01 49 52 01 45; www.dior.com
Bonpoint Stock 67 rue de l'Université, 75007; 01 45 55 63 70; www.bonpoint.com
Du Pareil au Même 14 rue St.-Placide, 75006; 01 45 44 04 40; www.dpam.com
Isabel Marant 47 rue Saintonge, 75003; 01 42 78 19 24; www.isabelmarant.tm.fr
Les Petites 41 rue des Francs-Bourgeois, 75004; 01 44 59 36 54; www.lespetites.fr

Maje 2 rue Scribe, 75009; 01 40 06 03 78; www.maje.com
Petit Bateau 9 rue du 29 Juillet, 75001; 01 42 96 28 15; www.petit-bateau.com
Petit Pan 7 rue de Prague, 75012; 09 77 08 16 55; www.petitpan.com
Rykiel Enfant www.soniarykiel.com
Tartine et chocolat 266 blvd St.-Germain, 75007; 01 45 56 10 45; www.tartine-et-chocolat.fr

Cabeleireiros
1, 2, 3 Ciseaux 10 blvd de Courcelles, 75017; 01 42 12 03 60; www.123ciseaux.com
Bruno Lienard 8 rue de Commaille, 75007; 01 45 48 10 10
Simon 16 rue Vavin, 75006; 01 53 10 08 12

Lojas de departamentos
Printemps www.printemps.com
Le Bon Marché www.lebonmarche.com
Galeries Lafayette www.galerieslafayette.com

Brinquedos
Arche de Noé 70 rue St.-Louis-en-Ile, 75004; 01 46 34 61 60
Bonton 122 Rue du Bac, 75007; 01 42 22 77 69; www.bonton.fr
Village Joué Club 3-5 blvd des Italiens, 75002; 01 53 45 41 41; www.joueclub.fr

Supermercados
Monoprix www.monoprix.fr
Carrefour Market www.carrefour.fr

Abaixo, à esq. A estilosa loja de departamentos Galeries Lafayette **Abaixo, centro** Curiosidades e antiguidades num mercado de pulgas parisiense **Abaixo, à dir.** Suvenires à venda no quai Aux Fleurs

Diversão

As oportunidades de diversão para crianças – e adultos – em Paris são inúmeras, desde assistir a um balé de conto de fadas no glamuroso Opéra Garnier até maravilhar-se com um show de magia no Marais. Há circos que também oferecem aulas para crianças; filmes inesquecíveis para assistir; concertos e oficinas de música para crianças; e muitas atividades nos museus da cidade, especialmente às quartas e nas férias escolares.

Teatro

Há matinês para crianças nas quartas e nos fins de semana em alguns teatros de Paris, como o **Théâtre du Gymnase**, o **Théâtre Dunois**, o **Café d'Edgar** e o **Abricadabra Péniche Antipod**, uma barca no **Parc de La Villette** (pp. 202-3), onde também há peças de teatro e oficinas de circo para crianças. O **Théâtre de l'Essaïon** se especializa em clássicos como *Alice no País das Maravilhas*. Há shows solos no **Le Point-Virgule** e de mágica no **Au Double Fond**.

Teatros de rua são encontrados em toda a cidade, principalmente na primavera, no festival **Le Printemps des Rues**, e no 12º arrondissement, em junho, no **Festival Coulée Douce**.

Paris tem um cenário de dança dinâmico; os preços podem ser altos, mas uma noite na **Opéra Garnier** (p. 119) para assistir a balé clássico ou ópera é algo que ninguém da família jamais esquecerá. Para uma mudança cultural, o **Institut du Monde Arabe** promove shows de dança do Norte da África e música árabe.

Cinema

A França possui forte tradição cinematográfica, mas não faltam blockbusters internacionais nos cinemas, também. Muitos filmes estrangeiros, especialmente os infantis, são dublados em francês e assinalados VF *(Version Française)*. Os filmes em sua língua original são VO *(Version Originale)*. Os novos filmes estreiam nas quartas-feiras.

Procure as sessões infantis na **Cinémathèque Français**, em **Bercy Village** (p. 205), e o **Ecran des Enfants**, no **Centre Pompidou** (pp. 80-1). O **Forum des Images** promove sessões especiais para menores de 10 anos e festivais de cinema para crianças, incluindo o **Mon Premier Festival**, no outono.

As crianças adoram assistir a filmes em 3D no cinema **La Géode**, no Parc de la Villette, onde no verão acontece um festival de cinema ao ar livre. O **Le Saint Lambert** se especializa em filmes infantis e gibis em francês, mas a maioria dos filmes para crianças não tem legendas em inglês. É possível fazer uma visita aos bastidores e assistir a um filme no famoso **Le Grand Rex**, o cinema mais antigo de Paris.

Circo

Paris possui ótimos circos tradicionais, entre eles dois permanentes: o histórico **Hiver Bouglione** e o **Diana Moreno Bormann**, ambos no nordeste da cidade. No inverno, o **Cirque Pinder**, o mais antigo circo via-

Abaixo, à esq. Decoração na fachada do Cirque d'Hiver
Abaixo, à dir. Apresentação infantil na Fête de la Musique

jante da França, se instala no **Bois de Vincennes** (pp. 204-5). As crianças podem passar um dia aprendendo malabares e andando na corda bamba no **Le Cirque de Paris** e **Le Zèbre de Belleville**, também na zona nordeste da cidade.

Música

A **Cité de la Musique** e o **Théâtre du Châtelet** promovem oficinas e concertos para crianças nas manhãs de domingo. A **Opéra National de Paris Bastille** tem uma temporada de inverno de eventos para crianças, e há concertos nas tardes de quarta no **Espace Léopold-Bellan**.

Há música de graça nas ruas, praças e outros locais em toda a cidade no dia 21 de junho, na animada **Fête de la Musique**, e ao longo de todo o verão nos parques da cidade.

Ingressos e programação

Ingressos de última hora com grandes descontos podem ser encontrados no **Kiosque Théâtre**, na **place de la Madeleine** (pp. 138-9) e diante da **Gare Montparnasse**. Programações de eventos são encontradas no **Office du Tourisme et des Congrès de Paris**, e há sites úteis na internet, incluindo o **Lamuse**, especializados em diversões para crianças.

Informações

Teatro
Abricadabra Péniche Antipod
www.penicheantipode.fr
Au Double Fond
www.doublefond.com
Café d'Edgar www.edgar.fr
Festival Coulée Douce
http://progeniture.free.fr
Institut du Monde Arabe
www.imarabe.org
Le Point-Virgule
www.lepointvirgule.com
Le Printemps des Rues
www.leprintempsdesrues.com
Opéra National de Paris
www.operadeparis.fr
Théâtre de l'Essaïon
www.essaion-theatre.com
Théâtre du Gymnase
www.theatredugymnase.com
Théâtre Dunois
www.theatredunois.org

Cinema
Cinémathèque Français
www.cinematheque.fr
Ecran des Enfants
www.centrepompidou.fr
Forum des Images
www.forumdesimages.fr
La Géode www.lageode.fr
Le Grand Rex
www.legrandrex.com
Mon Premier Festival
www.monpremierfestival.org
Le Saint Lambert 08 92 68 96 99

Circo
Cirque Diana Moreno Bormann
www.cirque-diana-moreno.com
Cirque d'Hiver Bouglione
www.cirquedhiver.com
Cirque de Paris
www.cirque-paris.com
Cirque Pinder
www.cirquepinder.com
Le Zèbre de Belleville
www.lezebre.com

Música
Cité de la Musique
www.cite-musique.fr
Espace Léopold-Bellan
www.bellan.fr
Fête de la Musique
www.fetedelamusique.culture.fr
Opéra National de Paris Bastille
www.operadeparis.fr
Théâtre du Châtelet
www.chatelet-theatre.com

Ingressos e programação
Kiosque Théâtre
www.kiosquetheatre.com
Lamuse www.lamuse.fr
Office du Tourisme et des Congrès de Paris www.parisinfo.com

Abaixo, à esq. Quiosque de bilheteria na place de la Madeleine *Abaixo, centro* Le Grand Rex, o cinema mais luxuoso de Paris *Abaixo, à dir.* Um dos números inovadores do Festival Coulée Douce

Os Parques de Paris

Os parques de Paris são uma das muitas razões pelas quais a cidade é um lugar perfeito para conhecer com crianças. E há muito mais o que fazer neles do que apenas dar comida aos patos. As crianças podem colocar barcos de madeira para velejar, andar de carrossel ou pônei, assistir a shows de fantoches e até ter um encontro cara a cara com uma ovelha. Alguns dos melhores parques da cidade ficam perto de muitas das principais atrações turísticas – muito práticos para descontrair depois.

Jardin des Tuileries

O **Jardin des Tuileries** (p. 108) fica no coração da cidade, ao lado do Louvre. Um parque de diversões é montado aqui no verão, mas há trampolins e um carrossel o ano inteiro. É possível alugar pequenos barcos de madeira de modelismo para colocar no laguinho circular. Há vários restaurantes ao ar livre, ótimos para comer com as crianças. Este é o mais majestoso parque de Paris, um bom lugar para uma caminhada tranquila, mas lembre-se: é proibido pisar na grama.

Parc Monceau

No **Parc Monceau** (p. 140), perto do Arco do Triunfo, as crianças podem andar de pônei e comer algodão-doce. Elas vão se divertir também descobrindo o pagode chinês, o moinho de vento holandês e a pirâmide egípcia. Grandes mansões cercam o parque; algumas são museus fascinantes, como o **Musée Nissim de Camondo** (p. 140) e o **Musée Cernuschi** (p. 140). É a garantia de um ótimo dia de diversão, misturando cultura e brincadeira.

Jardin des Plantes

O **Jardin des Plantes** (p. 180), um dos jardins botânicos mais antigos do mundo, é cheio de espécies vegetais exóticas. Há também um playground com um grande dinossauro – muito apropriado, já que o jardim abriga quatro grandes museus de história natural, com fascinantes ossos de dinossauros e outros exemplares de animais. As crianças vão adorar a **Ménagerie** (p. 181), ou minizoológico.

Jardin du Luxembourg

Simplesmente o melhor parque parisiense para crianças, o **Jardin du Luxembourg** (pp. 190-1) fica a pouca distância a pé do Panthéon e é um bom lugar para sentir de fato o clima da cidade. As famílias parisienses vêm para cá para brincar com barquinhos de madeira no pequeno lago redondo em frente ao Senado e andar no carrossel mágico desenhado por Charles Garnier, o arquiteto que projetou o **Opéra** (p. 119). Há passeios de pônei para crianças, canchas de *boules*, idosos jogando xadrez sob as árvores e um grande teatro de fantoches – mas o playground é pago. Não deixe de conhecer as charmosas colmeias na escola de apicultura.

Champ-de-Mars

A Torre Eiffel ocupa uma extremidade deste enorme espaço aberto, usado para paradas militares no passado. O **Champ-de-Mars** (p. 156) tem ainda playground, teatro de fantoches e, sendo um trecho imenso de gramado, é ideal para as crianças se soltarem. Do outro lado do rio, no **Trocadéro** (pp. 144-5), há outro ótimo jardim. As crianças vão gostar sobretudo das fontes gigantescas.

Longe do centro

Paris possui dois parques enormes e arborizados, um de cada lado da cidade – espaços a céu aberto perfeitos para atividades como ciclismo ou futebol. A oeste da cidade, a grande atração para as crianças no Bois de Boulogne é o **Jardin d'Acclimatation** (pp. 210-1), um parque de diversões com brinquedos, tobogãs aquáticos e animais de fazenda. É possível alugar bicicletas para se deslocar, além de barcos a remo para aventurar-se no lago enorme.

Cerca de dois terços das 500 mil árvores de Paris ficam no **Bois de Vincennes** (pp. 204-5). Entre as atividades para a criançada estão um castelo de contos de fadas, uma fazendinha, shows de fantoches, concertos gratuitos e aluguel de bicicletas e barcos.

Abaixo Trenzinho que vai da Porte Maillot ao Jardin d'Acclimatation

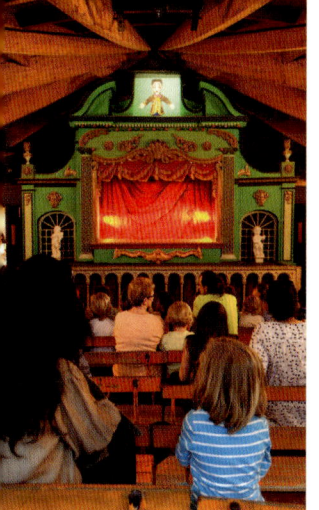

Acima Famílias curtindo o sol no Jardin du Luxembourg *À esq.* Marionnettes du Champ-de-Mars *Abaixo, à esq.* Lançando um barco no Jardin des Tuileries

Fora dos roteiros turísticos

A leste de Montmartre, o **Parc des Buttes-Chaumont** *(p. 204)* tem penhascos escarpados, um templo no meio de uma ilha à qual se chega por uma ponte em arco, e um café *guinguette* ao ar livre, o **Rosa Bonheur** *(p. 204)*. A ilha do **Parc Montsouris** *(pp. 214-5)* tem gruta e cachoeira, e veem-se tartarugas da Flórida tomando sol em sua praia. Os dois parques têm teatros de fantoches e às vezes oferecem passeios de pônei.

Parques do futuro

A maioria dos parques de Paris data do século XIX, mas a cidade tem vários parques modernos muito frequentados por famílias locais. O escorregador de dragão é uma das atrações do futurista **Parc de la Villette** *(pp. 202-3)*, com jardins e monumentos divertidos. O parque também abriga a **Cité des Sciences et de l'Industrie** *(p. 202)*. Traga skate ou patins quando visitar o **Parc de Bercy** *(p. 205)*, para aproveitar o rinque de arte moderna e skate. Há também uma bela cascata em degraus e uma estranha fonte num cânion artificial. O **Parc André Citroën** *(p. 213)* tem fontes ótimas para se refrescar em um dia de calor, além de um gigantesco balão de hélio, que proporciona vistas da cidade e vai impressionar a criançada.

Marionetes no parque

Quase todos os parques parisienses têm seus próprios teatros de marionetes, conhecidos como *Les Guignols* graças ao personagem principal, o simpático pilantra Guignol. Os espetáculos não mudam há 200 anos. São falados em francês, mas o humor visual prescinde de tradução.

Fantoches

Chegue cedo para as apresentações, geralmente às qua, sáb, dom e feriados, e diariam nas férias; €12-18

Les Guignols des Champs-Élysées, Rond-point des Champs-Élysées, 75008; 01 42 45 38 30; *www.theatreguignol.fr*

Guignol du Jardin d'Acclimatation Bois de Boulogne, 75016; 01 45 01 53 52 & 06 20 52 40 37; *www.guignol.fr*

Guignol au Parc Floral Bois de Vincennes, 75012; 01 43 28 41 59; *www.guignolparcfloral.com*

Guignol de Paris Parc des Buttes-Chaumont, 75019; 01 40 30 97 60; *www.guignol-paris.com*

Marionnettes du Luxembourg Jardin du Luxembourg, 75006; 01 43 29 50 97 & 01 43 26 46 47; *www.marionnettesduluxembourg.fr*

Marionnettes de Montsouris Parc Montsouris, 75014; 01 46 63 08 09; *www.guignolrank.com*

Théâtre des Marionnettes de Paris Orée du Bois de Vincennes, 75012; 06 75 23 45 89; *www.lesmarionnettesdeparis.com*

O Metrô Parisiense

Paris não se resume ao que se vê num primeiro momento. Existe todo um labirinto subterrâneo com mais de 200km de antigos túneis de pedreiras, e em paralelo ao metrô e à rede de esgotos há depósitos góticos, adegas, estacionamentos e criptas, todos superpostos como uma enorme torta *mille-feuille*. Mas o destaque desse show subterrâneo são as assustadoras catacumbas – enormes depósitos de ossos contendo os restos mortais de milhões de parisienses.

Paris: o grande queijo Gruyère

Paris foi construída com calcário, uma pedra que revela os segredos de sua primeira formação, sendo crivada de fósseis de seres marinhos de tempos primordiais. Os romanos foram os primeiros a extrair o calcário para construir sua cidade original, Lutécia. Ao longo dos séculos o minério que forma os alicerces de Paris ficou crivado de túneis e buracos, como um queijo Gruyère.

As pedras usadas em alguns dos monumentos mais famosos da capital francesa, como a **Notre-Dame** *(pp. 64-5)* e o **Louvre** *(pp. 104-7)*, vieram das pedreiras antigas sob a Margem Esquerda, que ficavam longe da cidade, mas à medida que Paris cresceu foram se estendendo sobre os túneis antigos, muitas vezes perigosos. Em 1774, parte da atual avenue Denfert-Rochereau desabou, levando as autoridades a encomendar o mapeamento e escoramento dos túneis. Decidiu-se também esvaziar os cemitérios superlotados e malcheirosos da cidade e converter parte do enorme labirinto de túneis em um imenso ossuário. Ainda hoje, inspetores monitoram continuamente a segurança dos velhos pilares de pedra instalados para literalmente segurar a cidade em pé.

As pedreiras foram abandonadas no início do século XIX, mas a gipsita usada em gesso ainda foi extraída até o ano de 1873.

Criptas, depósitos subterrâneos e bunkers

Muitos tesouros foram encontrados durante a construção da rede de estacionamentos subterrâneos parisiense, entre eles as fundações da cidade romana, descobertas sob a praça em frente à Notre-Dame e hoje expostas na **Crypte Archéologique** *(p. 65)*. Essa cripta também possui resquícios de ruas e muralhas medievais, anteriores à catedral em vários anos. Algumas das adegas mais antigas de Paris datam de tempos romanos, e vestígios da primeira igreja local, onde São Denis teria orado, estão escondidos no subsolo em 14 rue Pierre Nicole.

As criptas de igrejas, catedrais e do **Panthéon** *(pp. 188-9)* contêm os restos mortais de muitos dos parisienses mais famosos da história. Nas **Catacombes** *(p. 214)*, no sul da cidade, vive-se uma experiência arrepiante, caminhando ao lado dos ossos de 6 milhões de cidadãos, dispostos em formações macabras.

O subsolo de Paris também contém cofres-fortes de bancos, cheios

Abaixo, à esq. Cripta abobadada do Panthéon
Abaixo, à dir. Ruínas galo-romanas visíveis na Crypte Archéologique

O Metrô Parisiense | 49

de barras de ouro; adegas repletas de vinhos de valor inestimável; bunkers da Segunda Guerra Mundial usados pelos ocupantes nazistas e a Resistência francesa; e ainda dezenas de boates tipicamente parisienses.

Cogumelos e estações do metrô

No início do século XIX, o fim da extração de pedra abriu nova oportunidade comercial no subsolo. Parisienses notaram que os túneis úmidos eram perfeitos para cultivar cogumelos, com a ajuda de estrume de cavalo, algo que não faltava na Paris da época. Montes de champignons de Paris foram cultivados nos túneis até a atividade ser transferida para os subúrbios, em fins do século XX.

A construção do metrô teve início em 1900. Com 297 estações, é um dos mais densos do mundo, transportando 5 milhões de passageiros por dia. A primeira linha de metrô corria próxima à superfície, mas hoje as linhas vão mais fundo; em 1970, foram acrescidas do RER. Conheça a Abbesses, uma das poucas estações art nouveau originais. A estação Louvre-Rivoli tem réplicas de arte antiga do museu na superfície, e a Bastille tem obras de arte mostrando acontecimentos históricos.

Abaixo, à esq. Os esgotos subterrâneos no Les Egouts
Abaixo, à dir. Caveiras e ossos humanos expostos nas Catacombes

Esgotos malcheirosos

É possível visitar parte da rede de 2.350 km de esgotos, no **Les Egouts** *(p. 157)*. Aqui um rio incessante flui por um canal no centro dos túneis, enquanto a água potável passa pela tubulação própria que corre de cada lado. É fedorento, mas divertido. Os esgotos correm paralelamente ao mundo da superfície; "placas" azuis e amarelas reproduzem os nomes das ruas sobre o solo. Joias, armas, carteiras incontáveis e até um cadáver já foram encontrados nestas águas turvas.

Águas mais frescas

O Bièvre foi o segundo rio de Paris, até desaparecer sob a terra, em 1912. Antigamente ele atravessava os 5º e 13º arrondissements e era mais um lugar malcheiroso, passando entre açougues e curtumes. Mas o rio ainda existe e desemboca no Sena, perto da Gare d'Austerlitz.

O reservatório sob a **Opéra Garnier** *(p. 119)*, visto em *O fantasma da ópera*, existe realmente. Nele vivem lampreias pálidas e gordas, alimentadas com mexilhões que funcionários jogam através das grades. O lugar é usado pelos bombeiros para treinar missões de resgate que necessitam nadar no escuro.

CRIANÇADA!

Procure...
1 A linha 14 do metrô, que não tem motorista. Ao invés da cabine do motorista há uma janela de vidro através da qual você pode olhar os trilhos enquanto o trem avança.
2 Um canal escondido. Faça uma caminhada no Port d'Arsenal; aqui o Canal St.-Martin desaparece sob a place de la Bastille. Você pode percorrer o barco de canal com a Canauxrama *(p. 29)*.
3 Paredes e quadros feitos de ossos e caveiras, criados nas catacumbas no século XVIII. Venha conhecer, se tiver coragem.
4 O Banque de France, na rue La Vrillière, que guarda 2.642 toneladas de barras de ouro em seu subsolo.

QUEDA DA RUA DO INFERNO

Em 1774, ouviu-se um som horrível na rue d'Enfer (rua do Inferno), e metade dela caiu numa cratera imensa, que passou a ser chamada "Boca do Inferno".

Estações fantasmagóricas

O metrô parisiense tem estações abandonadas que parecem pequenas cápsulas do tempo. Se você ficar atento, talvez consiga ver uma. Quando a Segunda Guerra Mundial começou, em 1939, motorneiros e guardas foram convocados para combater, e muitas estações foram fechadas. A Champ-de-Mars na linha 8, entre as estações La Motte Piquet–Grenelle e Ecole Militaire, é uma das chamadas "estações fantasmas". Outra é a St.-Martin, nas linhas 8 e 9, entre République e Strasbourg–St.-Denis. Várias dessas estações hoje são usadas em filmagens.

A História de Paris

Fazer um passeio pela história de Paris é como andar numa montanha-russa, passando de picos de triunfo emocionante para profundezas de derrota e desespero. Embora a cidade nem sempre tenha sido a capital da França, por boa parte dos últimos mil anos tem sido o coração inquestionado do país. Os parisienses sempre foram um povo cheio de garra, que faz questão de controlar sua cidade e se orgulha de revoltar-se contra tiranias e injustiças.

Carlos Martel – "o Martelo" – na Batalha de Poitiers, em 732

Asterix versus César

Em 250 a.C., a tribo celta dos Parisii, cujos membros lembravam Asterix, ergueu uma paliçada na atual Île de la Cité. Os exércitos de Júlio César derrotaram os Parisii em 52 a.C., e ocuparam sua cidade, batizando-a de Lutécia (que significava "lugar pantanoso" na língua celta). O centro da cidade romana era o lugar onde hoje fica o Panthéon.

Francamente brutal

Com a queda do Império Romano, Paris foi ameaçada por tribos invasoras vindas do leste. Primeiro veio Átila, o Huno, e depois chegaram os francos, que derrotaram os romanos.

Em 481 o líder franco Clóvis foi coroado rei, seu novo reino foi chamado Francia, e ele fez de Paris sua capital.

Os árabes invadiram a França em 732. Carlos Martel, ou "O Martelo", o brilhante poder por trás do trono, "martelou" as forças deles, fazendo jus a seu nome. Seu neto, Carlos Magno, foi uma figura grandiosa que reinou sobre uma parte tão vasta da Europa que, em 800, foi coroado Santo Imperador Romano pelo papa.

Paris medieval

Ao longo da Idade Média, a posição estratégica poderosa ocupada por Paris fez dela um importante centro comercial, político e de estudos. A igreja medieval também teve papel crucial, consolidando a Margem Esquerda como centro intelectual, com a primeira universidade da Europa setentrional, e construindo as catedrais de St.-Denis e Notre-Dame. Mas Paris era um lugar superpovoado e malcheiroso. Quando Felipe II (Augusto) se tornou rei, em 1165, o odor que lhe chegava pela janela de sua nova fortaleza, o Louvre, era tão nauseante que ele decidiu limpar a cidade. Os esgotos a céu aberto foram cobertos; os pântanos foram drenados, para que a cidade pudesse se expandir, e Paris foi cercada por uma enorme muralha defensiva.

Reunião promovida na Notre-Dame em 1328, após a morte de Carlos, o Belo

Cem anos que demoraram a passar

Em 1300, Paris já era a maior cidade da Europa, mas era um lugar violento, com frequentes levantes contra o trono. O rei Carlos IV, o Belo, morreu sem deixar herdeiro. Eduardo III da Inglaterra e Felipe de Valois reivindicavam o trono. Assim começou a

Cronologia

52 A.C.	360 D.C.	508	885	1163	1429
As forças de Júlio César derrotam os Parisii celtas, e surge a Gália Romana	O prefeito romano da Gália, Juliano, torna-se imperador e muda o nome de Lutécia para Paris	O rei franco Clóvis se torna cristão e converte Paris ao cristianismo	Os vikings assediam Paris	Começam as obras da Catedral de Notre-Dame	Joana d'Arc não consegue libertar Paris dos ingleses

A História de Paris

A Batalha de Agincourt (1415), durante a Guerra dos Cem Anos

Guerra dos Cem Anos (na realidade, uma série de guerras que duraram 116 anos). Paris era um lugar de pouca comida, impostos caros, mercenários agressivos, guerras civis, a peste negra e, no inverno severo de 1407, massas de gelo boiando no rio Sena.

Tendo derrotado os franceses em Agincourt em 1415, os ingleses dominaram a cidade até 1436.

Renascença e rixas

Quando seus ocupantes partiram, Paris estava em ruínas. Mas, durante o reinado de Francisco I, o Louvre foi convertido em um palácio resplandecente e a cidade cresceu e floresceu sob a influência da Renascença.

Em 1562 as tensões religiosas crescentes levaram às Guerras da Religião, cujo pior momento foi o massacre de protestantes parisienses no Dia de São Bartolomeu em 1572.

Em 1589 o líder protestante Henrique de Navarra tornou-se herdeiro do trono, mas, para ser aceito como rei, teve de converter-se ao catolicismo, e disse como brincadeira "Paris vale uma missa". A paz voltou a reinar, os protestantes ganharam liberdade de culto e o "Bom Rei Henrique" foi um governante benquisto. Mas enfrentava ameaças constantes de extremistas de ambos os lados e em 1610 foi assassinado a punhaladas.

Muitos Luíses

Aos 8 anos, o filho de Henrique foi coroado rei Luís XIII, mas quem exercia o poder de fato era o implacável cardeal Richelieu. Impostos subiram, camponeses se revoltaram e nobres resmungavam diante da limitação de seus poderes. O Luís seguinte, XIV, esvaziou os cofres nacionais, travando guerras e transformando Paris na "nova Roma", própria para o Rei Sol.

Seu herdeiro, Luís XV, monstrou-se indiferente à insatisfação dos franceses, enquanto Paris fervilhava com as ideias do Iluminismo. Nem Luís XVI soube governar a nação falida. Os pobres passavam fome e a classe média se enfurecia por não ter voz na administração do país. A colheita arruinada de 1788 levou a revoltas por comida em Paris. A França estava pronta para a revolução.

O poder para o povo!

O caldo entornou no verão de 1789, e a Bastilha foi atacada *(Revolução!, pp. 54-5)*. Milhares de pessoas, como Luís XVI, foram executadas nos anos seguintes. O jovem general corso Napoleão Bonaparte uniu o país, mas, após travar guerra contra as potências europeias, perdeu sua derradeira batalha – em Waterloo, em 1815 –, pondo fim ao período mais turbulento da história francesa.

HERÓIS E VILÕES

SÁBIOS E ESPIRITUOSOS

Voltaire (1694-1778), uma das figuras mais famosas do Iluminismo, teve muitos problemas com as autoridades, em função de suas ideias e seus escritos, tanto que foi obrigado a deixar Paris em alguns momentos. Ele defendeu a liberdade de expressão, a tolerância religiosa e os direitos do homem comum contra os clérigos e a realeza. Também ficou conhecido por suas peças e seus ensaios espirituosos.

MULHER CORAGEM

Santa Genoveva foi uma freira e era apenas mocinha, mas enfrentou Átila, o Huno. Acredita-se que foi graças às suas orações que os hunos de Átila não invadiram Paris em 450. Graças a isso, foi escolhida padroeira da cidade.

O PODER E A GLÓRIA

O cardeal Richelieu era um bispo católico implacável e a eminência parda no reinado de Luís XIII. Ele é retratado como vilão no livro *Os três mosqueteiros*. Esses três eram soldados leais a Luís XIII, que resistiram às tramoias de Richelieu para controlar o rei e o país.

Luís XIV se deixou ser chamado Rei Sol porque queria que todos pensassem que o mundo girava em torno dele. Ergueu um palácio suntuoso em Versalhes e travou guerras que custaram uma fortuna ao país.

UM HOMEM EM UM MILHÃO

Napoleão Bonaparte, um dos personagens mais importantes da história europeia, conseguiu recolocar a França em pé após a Revolução, mas suas ambições de glória acabaram por provocar sua queda.

1453 — m da Guerra dos em Anos, que na alidade durou 116

1789 — Início da Revolução Francesa

1804 — Fim da República: Napoleão se coroa Imperador da França em Notre-Dame

1815 — A Batalha de Waterloo e a abdicação de Napoleão

52 | Introdução a Paris

Viva o rei!

Em 1815, os franceses decidiram dar mais uma chance à monarquia. O irmão mais velho de Luís XVI tornou-se Luís XVIII (Luís XVII não chegou a reinar: morreu na prisão, aos 10 anos de idade), e foi sucedido por outro irmão, Carlos X. Nenhum dos dois havia aprendido as lições da Revolução; ambos tentaram reinar como monarcas absolutos.

Em 1830, os parisienses se revoltaram outra vez – a chamada "Revolução de Julho". Carlos fugiu para a Inglaterra, tendo seu lugar tomado por outro parente, o duque de Orleans, Luís Felipe.

Com 900 mil habitantes, Paris era a segunda maior cidade da Europa, atrás somente de Londres, porém a maioria da população vivia em favelas, em meio a doenças. As queixas cresceram, e outra revolução explodiu em fevereiro de 1848. Luís Felipe abdicou e fugiu. Foi proclamada a Segunda República. Ao final do ano foram realizadas eleições presidenciais.

Retrato do imperador francês Luís Napoleão Bonaparte, ou Napoleão III

Os Bonapartes outra vez

Para a surpresa de muitos, o vencedor foi Luís Napoleão Bonaparte, sobrinho do falecido imperador. Ele não demorou a seguir o caminho de seu tio, assumindo o poder ditatorial num golpe de Estado e proclamando-se imperador Napoleão III.

Sob seu reinado, o barão Haussmann transformou a aparência de Paris, substituindo as sujas e apinhadas ruas medievais por amplos bulevares e avenidas. Os parisienses ganharam água potável limpa, parques e iluminação nas ruas. Em pouco tempo os grandes bulevares ficaram cheios de lojas luxuosas, mas a cidade continuava profundamente dividida. Os pobres não podiam pagar para viver nos edifícios novos e elegantes e tiveram que deslocar-se para os distritos periféricos, principalmente o nordeste da cidade.

Que tal um filé de rinoceronte?

O reinado de Napoleão terminou abruptamente em 1870, quando ele declarou guerra à Prússia, mas viu seus exércitos esmagados. Ele abdicou, e foi fundada a Terceira República. Em setembro o exército prussiano cercou Paris. Os parisienses pobres foram obrigados a desenterrar corpos para moer os ossos e com eles fazer mingau, enquanto os ricos consumiam os animais dos zoológicos da cidade; filés de rinoceronte valiam uma fortuna. Mesmo assim, os parisienses se enfureceram quando o governo se rendeu, e a milícia da classe trabalhadora local se recusou a entregar suas armas; ao invés disso, tomou Paris, estabelecendo a Comuna revolucionária. O governo se reformou em Versalhes, e houve combates ferozes quando suas tropas retomaram a cidade. O palácio das Tulherias e a sede da prefeitura foram destruídos, e cerca de 5 mil pessoas morreram. Mais tarde outros 10 mil comunalistas foram fuzilados, 40 mil, presos e 5 mil, deportados.

No entanto, Paris se recuperou em pouco tempo. Metrô, automóveis, telefones e cinemas transformaram a vida na capital, e a economia prosperou, graças ao crescente império francês. A cidade se tornou um local reluzente, uma meca de artistas, músicos e cineastas.

Palácio das Tulherias em chamas no levante dos comunalistas em maio de 1871

A guerra para acabar com todas as guerras

Em agosto de 1914, a guerra eclodiu em toda a Europa. Os alemães invadiram a França mais uma vez, e o pânico se espalhou por Paris, já que o exército inimigo, a apenas 30km de distância, podia ser vislumbrado do alto da Torre Eiffel.

Milagrosamente, a cidade foi poupada. Em quatro anos de guerra os parisienses sofreram perdas devastadoras no front, enquanto em casa faltavam alimentos e houve uma devastadora epidemia de gripe. Mas na década de 1920, Paris no-

---

Cronologia

1830	1851	1870-71	1889	1914-18	1939-45
"Revolução de Julho" em Paris derruba Carlos X	Napoleão III declara o Segundo Império	Derrota da França na Guerra Franco-Prussiana; criação da Comuna de Paris	A Torre Eiffel é construída para a Exposition Universelle	Primeira Guerra Mundial	Segunda Guerra Mundial: Paris é ocupada por nazistas em 1940

A História de Paris | 53

vamente estava ao centro da vida artística e literária. A França, porém, ainda estava dividida. Com a chegada da Grande Depressão, em 1929, floresceram partidos radicais tanto da direita quanto da esquerda. As divisões políticas nacionais contribuíram de maneira determinante para deixar a França despreparada para a Segunda Guerra, que começou em setembro de 1939.

Presidente Charles de Gaulle discursando para a nação

A hora mais tenebrosa

Paris caiu em 14 de junho de 1940, praticamente sem opor resistência. O governo direitista do marechal Pétain firmou um armistício com os nazistas e se mudou para Vichy, na França central, enquanto, desde Londres, um general pouco conhecido, Charles de Gaulle, convocava os franceses para continuarem a lutar.

Paris sofreu quatro anos de ocupação nazista. Em maio de 1941, a polícia do governo Vichy começou a deportar judeus parisienses para Auschwitz.

Os aliados desembarcaram na Normandia em junho de 1944, e dois meses depois explodiu um levante em Paris, com barricadas e batalhas campais nas ruas. De Gaulle entrou na cidade em 26 de agosto, sendo recebido com enorme alegria, e criou um governo temporário que durou até 1946, quando foi formada a Quarta República.

Mudança geral

A reconstrução foi difícil; as divergências entre esquerda e direita continuavam e conflitos coloniais na Indochina e na Argélia levaram violência às ruas de Paris. Em 1958, a Quarta República caiu, e De Gaulle foi reconduzido ao poder. Em 1968, a insatisfação social crescente e o autoritarismo de De Gaulle desencadearam um levante liderado por estudantes e operários.

Nos anos 1970, sob os mandatos dos presidentes Georges Pompidou e Valéry Giscard d'Estaing, Paris foi transformada novamente. O modernismo estava em voga; o Centro Pompidou e a Tour Montparnasse se tornaram novos marcos parisienses. Nos anos 1980 o presidente Mitterrand deu ao Louvre sua pirâmide de vidro e construiu um distrito novo e futurista, La Défense.

Em 1994, o serviço de trem Eurostar passou a ligar Paris diretamente a Londres, pelo Túnel do Canal da Mancha. Em 2002, a França adotou a moeda única, o euro, no lugar do franco.

Novos desafios

François Hollande derrotou Nicolas Sarkozy nas eleições presidenciais de maio de 2012, tornando-se o segundo presidente do Partido Socialista da Quinta República Francesa, depois de François Mitterrand. Mas sua política ainda não alcançou o nível de mudanças que muitos esperavam.

CURIOSIDADES

O QUE SIGNIFICA O NOME?

A **França** deve seu nome a uma tribo de guerreiros ferozes, os francos, que viviam no noroeste da Europa após a queda do Império Romano. "França" significa "terra dos francos".

Dauphin quer dizer "golfinho" em francês. Durante séculos o herdeiro ao trono era conhecido como o Dauphin, ou delfim.

Neuf significa "nove" ou "novo" em francês, mas a Pont Neuf não é a nona ponte de Paris. Na verdade, foi a primeira ponte de pedra construída na cidade. Henrique IV a chamou de Ponte Nova quando foi inaugurada em 1607, e o nome continuou, apesar de ela hoje ser a mais antiga de Paris.

Fábulas e contos

A poesia e a literatura francesas floresceram nos séculos XVIII e XIX. Alguns dos contos mais famosos foram escritos nessa época por autores franceses aclamados. É o caso de *Cinderela*, *A bela adormecida*, *Os três mosqueteiros*, *O conde de Monte Cristo*, *O corcunda de Notre-Dame*, *Vinte mil léguas submarinas* e *O fantasma da ópera*.

Paris está em chamas?

Adolf Hitler estava determinado a não deixar que Paris caísse nas mãos de seus inimigos, exceto se estivesse em ruínas, mas seu plano foi frustrado por seu general Dietrich von Choltitz, governador militar de Paris em agosto de 1944. Não suportando a ideia de tal destruição sem sentido, Von Choltitz ignorou várias ordens diretas de detonar os explosivos espalhados pela cidade. Consta que teria ignorado até um telefonema histórico do próprio Führer, querendo saber: "Paris já está ardendo em chamas?"

1958	1977	2007	2012
...ada a Quinta ...pública, com ...Gaulle como ...esidente	Jacques Chirac se torna o primeiro prefeito eleito de Paris desde 1871	Nicolas Sarkozy é eleito presidente	François Hollande é eleito presidente

Revolução!

A Revolução Francesa é um dos acontecimentos mais importantes da história europeia. Tantas pessoas perderam a cabeça para a guilhotina que o sangue, literalmente, escorria pelas ruas; os parisienses chegaram a voltar-se contra o rei e a rainha e foram decapitados também. Em 26 anos turbulentos, a França passou de monarquia absolutista para república, depois a sede do império de Napoleão e então, finalmente, voltou a ser monarquia, dessa vez constitucional.

Vai uma partida de tênis?

Luís XVI precisava de dinheiro. Para poder elevar os impostos, que já eram exorbitantes, foi obrigado a convocar o Parlamento francês, ou Estados Gerais. Este era composto de três níveis: o clero, a nobreza e o chamado Terceiro Estado, que representava o povo.

Os cidadãos viram a convocação como uma oportunidade para se fazerem ouvir. Compilaram grandes livros de queixas que foram levados a Versalhes para ser discutidos.

Quando o Terceiro Estado viu as reformas reivindicadas serem bloqueadas, seus delegados declararam-se uma Assembleia Nacional. Impedidos, por ordem do rei, de se reunirem no recinto principal, o fizeram numa quadra coberta de tênis, a Jeu de Paume, onde fizeram o histórico Juramento da Quadra de Tênis, prometendo não se dispersar enquanto a França não tivesse uma Constituição. Uma semana depois, o rei recuou, e nasceu a Assembleia Nacional.

O histórico Juramento da Quadra de Tênis, na visão de Jacques-Louis David

Às barricadas!

Enquanto a Constituição começava a tomar forma, em Paris os debates e reivindicações nas ruas viraram manifestações e agitação, em meio a boatos desvairados de que o rei enviaria o Exército para fechar a Assembleia Nacional.

Para impedir que isso fosse feito, no dia 14 de julho uma multidão atacou a odiada prisão da Bastilha, crente que estava repleta de armas (na verdade, continha apenas sete prisioneiros). Enquanto os camponeses famintos começavam a revoltar-se para valer, matando nobres e sacerdotes, a Assembleia Nacional aboliu o sistema feudal remanescente da Idade Média e proclamou a liberdade e a igualdade de todos os cidadãos.

Os debates em torno da nova Constituição prosseguiriam por dois anos, com confrontos entre diferentes facções revolucionárias.

Realeza em fuga

Muitos entre o povo pensavam que o rei e seus defensores ainda estivessem conspirando para reverter as reformas. Os parisienses estavam famintos. Em outubro, uma multidão de mulheres iradas marchou até Versalhes para protestar. Invadiu o palácio, ameaçando rasgar Luís e a rainha Maria Antonieta em pedaços.

O rei foi forçado a assinar a Declaração dos Direitos do Homem e do Cidadão e a retornar a Paris, onde, com sua família, foi feito prisioneiro no Palais des Tuileries. Depois de quase dois anos de cativeiro, Luís, temendo pela segurança de sua família, cometeu um erro fatal. Ele e seus familiares fugiram da capital em direção a um reduto monarquista no nordeste,

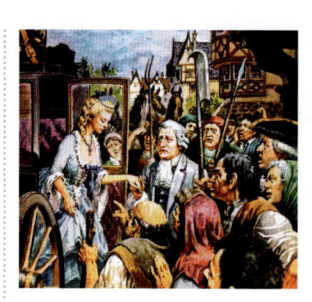

O rei Luís XVI e Maria Antonieta

mas foram capturados em Varennes, pouco antes de chegarem a seu destino, e trazidos de volta a Paris. Até então a maioria do povo apoiava a ideia de um monarca constitucional, mas agora o rei passou a ser visto como traidor.

Datas importantes

5 de maio de 1789 Reunião dos Estados Gerais
20 de junho de 1789 Juramento da Quadra de Tênis
14 de julho de 1789 Ataque à Bastilha deslancha a Revolução
26 de agosto de 1789 Declaração dos Direitos do Homem e do Cidadão
6 de outubro de 1789 Versalhes é atacada; Luís XVI e sua família são levados a Paris como prisioneiros
21 de junho de 1791 "Fuga a Varennes" da família real é impedida
21 de setembro de 1792 Abolição formal da monarquia
1792-94 "O Terror"
21 de janeiro de 1793 Luís XVI é condenado por traição e executado
16 de outubro de 1793 Execução de Maria Antonieta
28 de julho de 1794 Robespierre é guilhotinado; fim do terror
9 de novembro de 1799 Napoleão toma o poder depois de sufocar uma revolta monarquista

Roleta prussiana

O resto da Europa queria esmagar a Revolução. Temendo uma invasão, os revolucionários se arriscaram e declararam guerra à Prússia e à Áustria, em abril de 1792. Não demorou para o inimigo chegar perto dos portões de Paris. O rei Luís, com sua esposa austríaca, foi acusado pelos radicais de ser fantoche estrangeiro. Uma multidão invadiu o Palais des Tuileries e levou a família real à prisão medieval do Templo. Em setembro, numa orgia de sangue, parisienses da classe trabalhadora mataram 1.200 prisioneiros e então marcharam para vencer a Batalha de Valmy. Enquanto isso, uma guilhotina foi montada na place de la Concorde para dar cabo de seus inimigos internos.

Vitória do exército revolucionário contra a Prússia

Tudo muda

A Revolução não foi apenas contra a monarquia, mas também contra o poder da Igreja Católica, que foi abolida. Notre-Dame foi usada como armazém. Também foi rejeitado o velho calendário cristão. Cada dia passou a ser composto de dez horas de cem minutos cada, e a semana tinha dez dias. Três semanas formavam um mês, e os doze meses ganharam nomes novos relacionados ao clima no norte da França. Esse calendário esdrúxulo nunca chegou a ser plenamente usado, principalmente porque a semana longa significava que havia apenas um dia de folga em cada dez. Mas foi adotado um novo sistema métrico de pesos e medidas, que continua em vigor até hoje.

Cabeças vão rolar

Liderada por uma facção feroz, a dos Jacobinos, a Revolução seguiu um rumo radical. O Comitê de Segurança Pública liderado por Danton, Marat e Robespierre instigou o "Grande Terror", em que 300 mil pessoas foram presas e 20 mil executadas, apenas em Paris. Em janeiro de 1793, Luís XVI foi levado à place de la Concorde e guilhotinado diante de uma multidão. Em outubro do mesmo ano, Maria Antonieta seguiu até o cadafalso, vaiada por espectadores hostis. Mas em julho de 1794, os jacobinos foram derrotados por uma facção mais moderada, e o próprio Robespierre e seus asseclas foram executados na guilhotina.

Um astro em ascensão

A França revolucionária enfrentava inimigos internos além de externos e dependia cada vez mais de seus exércitos. Em 1795, uma revolta monarquista foi sufocada por um jovem general corso, Napoleão Bonaparte, que dispersou a orda, disparando contra ela com canhões à queima-roupa.

Napoleão rapidamente se tornou herói nacional. Suas vitórias militares na Itália e no Egito conquistaram novos territórios para a França. Em 1799, ele tomou o poder num golpe de Estado e instalou-se como primeiro-cônsul. Em 1804 se fez coroar imperador da França, na Notre-Dame.

O final de uma Era

O poder de Napoleão se estendeu pelo continente por muitos anos. Foi a Rússia que freou suas aventuras, quando sua marcha de 1812 em direção a Moscou foi um fracasso catastrófico. Em 1814, russos, prussianos e britânicos ocuparam Paris. Napoleão foi expatriado na ilha de Elba, mas retornou pouco depois, liderando um exército contra os ingleses em Waterloo. Foi sua derrota final. Ele foi exilado outra vez, agora na ilha de Santa Helena, onde morreu, em 1821.

CURIOSIDADES

CORTEM-LHE A CABEÇA!

Dr. Guillotine, que levou à França o instrumento afiado que recebeu seu nome, achou que estava fazendo um favor a todos. Até então, apenas os nobres eram decapitados rapidamente. Agora todos seriam iguais, e a morte seria eficiente e indolor.

As execuções atraíam grandes multidões. Famílias inteiras iam assistir; as mulheres levavam seu tricô e se sentavam diante do cadafalso, como se estivessem assistindo à TV.

Adivinhe quem aconselhou o dr. Guillotine na criação da máquina de matar? O próprio Luís XVI, que era serralheiro amador.

Verdade ou mentira

Uma coisa que todo mundo "sabe" sobre Maria Antonieta, a odiada esposa de Luís XVI, é que, quando as mulheres de Paris invadiram seu palácio em Versalhes exigindo pão de graça para alimentar as famílias famintas, ela respondeu com arrogância (ou ingenuidade) com a frase que ficou famosa, "que comam bolo". Na realidade, é quase certo que ela nunca tenha dito isso. Alguém inventou a frase.

Viva a Revolução!

O Dia Nacional francês é o 14 de julho, quando tanques percorrem a Champs-Élysées num desfile militar, aviões a jato fazem voos rasantes e há uma enorme queima de fogos de artifício em frente à Torre Eiffel. Foi nesse dia que o povo de Paris invadiu a prisão da Bastilha, dando início à Revolução.

Feira tradicional de artistas na place du Tertre, em Montmartre

Atrações de
PARIS

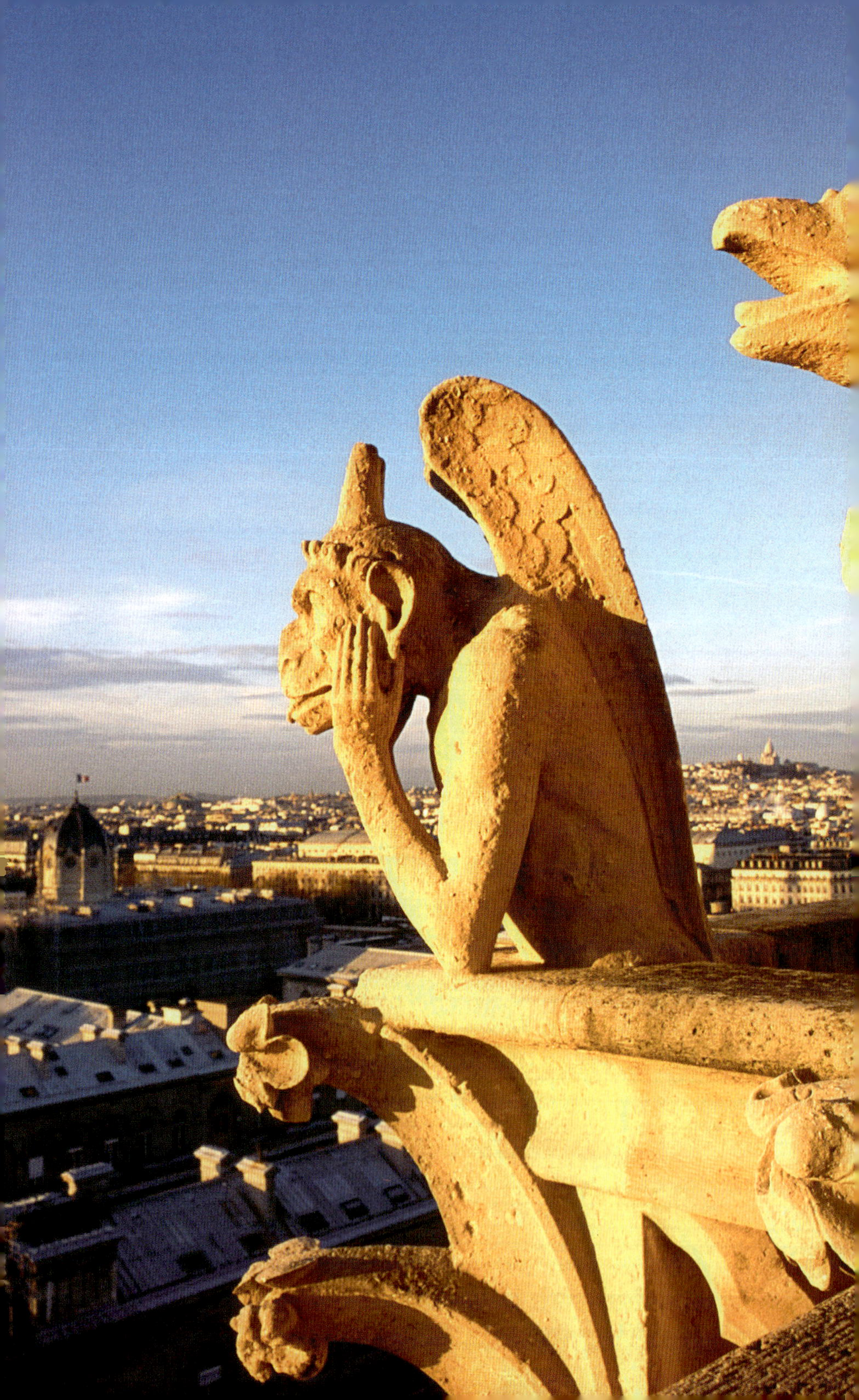

Île de la Cité
e Île St.-Louis

A história ilustre de Paris começou numa humilde ilha em forma de barco no rio Sena, a Île de la Cité. Originalmente sede de uma aldeia como a de Asterix, o lugar cresceu com a chegada dos romanos, retomou seu crescimento sob os francos e os reis capetianos e acabou virando o centro político e religioso da França. Visite ruínas romanas, igrejas e parques antes de atravessar a Pont St.-Louis para caminhar pela Île St.-Louis.

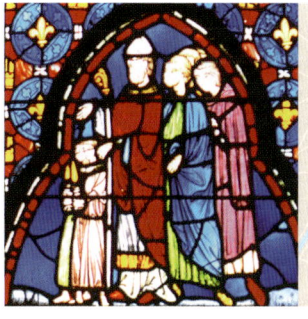

Principais atrações

Notre-Dame
Visite a casa do célebre corcunda, conheça as gárgulas e, das torres da catedral (pp. 64-5), desfrute a vista dos telhados de Paris.

Crypte Archéologique
Volte atrás no tempo e veja os resquícios do assentamento gaulês antigo, do cais romano e de casas medievais (p. 65).

Île St.-Louis
Na rue St.-Louis-en-l'Ile, saboreie o melhor sorvete da cidade. Faça um piquenique nos ancoradouros mais românticos de Paris (p. 68).

Paris-Plages
No verão a margem direita do Sena se converte numa praia de verdade, com artistas, cafés e diversão de todo tipo (p. 68).

Conciergerie
Aprenda mais sobre o lado sombrio da história francesa no lugar onde centenas de pessoas foram condenadas à guilhotina (pp. 70-1).

Pont Neuf
Percorra a ponte mais antiga da cidade, passeie pelas bancas de livros usados na margem do rio ou faça um piquenique na square du Vert Galant, na ponta da Île de la Cité (p. 72).

Acima Belo vitral na Sainte-Chapelle
À esq. As lendárias gárgulas do Notre-Dame montam guarda sobre Paris na torre norte da catedral

O Melhor da
Île de la Cité e da Île St.-Louis

Este é o centro histórico de Paris, e deve ser a primeira parada em qualquer itinerário. No coração da cidade, há muito o que fazer ao ar livre. Visite uma prisão histórica, parques, catedrais e criptas, assista a shows de artistas de rua ou curta piqueniques e comida fantástica à beira-rio. Admire Paris a partir das torres da Notre-Dame, beba algo no quai Montebello e, se todos ainda estiverem acordados, faça uma caminhada ao luar.

Reis, cavaleiros e fãs de história

Atravesse a **Petit Pont** (p. 66) como se fosse um soldado romano e bata continência diante de Carlos Magno, rei dos francos. Volte atrás no tempo e procure o plano de ruas medieval na praça diante da **Notre-Dame** (pp. 64-5). Curta a maravilha dos vitrais da **Sainte-Chapelle** (p. 72), a mais bela igreja de Paris, construída pelo rei Luís IX, e fique arrepiado à sombra de **St.-Germain l'Auxerrois** (p. 73), na Margem Direita. Em 1572, o sino da igreja tocou, marcando o início do massacre de milhares de protestantes no Dia de São Bartolomeu. Atravesse a **Pont Neuf** (p. 72), a ponte mais antiga da cidade, e conheça Henrique IV, que foi líder dos protestantes até converter-se ao catolicismo. Visite o fantasma de Maria Antonieta em sua cela na **Conciergerie** (pp. 70-1), e comporte-se diante da grande sede da polícia do barão Haussmann. Aprenda sobre os horrores da Segunda Guerra Mundial no **Mémorial des Martyrs de la Déportation** (p. 65).

Tendências literárias

Leia a Bíblia como uma história em quadrinhos nos vitrais da **Sainte-Chapelle** e na tela do coro da **Notre-Dame**, ou aprenda algumas frases em latim na **Petit Pont**, onde em tempos medievais alunos estudavam a língua ao ar livre. Folheie um livro ou compre livros novos, antigos e usados, como os da série *Babar, o pequeno elefante*, na legendária livraria **Shakespeare and Company** (p. 65), na Margem Esquerda. As histórias de

Abaixo Os maravilhosos vitrais da Sainte-Chapelle, que retratam histórias bíblicas em cores magníficas

Acima *O rio Sena passando sob a Pont Neuf iluminada, com a Conciergerie ao fundo*
Centro *Flores à venda no Marché aux Fleurs*
Abaixo *Doces tentadores numa boulangerie*

O corcunda de Notre-Dame, de Victor Hugo, e da aventura em quadrinhos *Asterix – a foice de ouro* acontecem nesta região.

Delícias parisienses
Na rue **St.-Louis-en-l'Ile** *(p. 68)* você encontrará os melhores croissants, queijos e porquinhos de marzipan da cidade; outra opção é um sorvete de casquinha da famosa sorveteria **Berthillon** *(p. 68)*. Saboreie um crepe de chocolate e admire a vista no quai de Bourbon ou perambule pelo quai Montebello, parando para tomar algo gelado em um de seus cafés. Compre ingredientes para um passeio à margem do Sena, um dos lugares mais românticos do mundo para fazer um piquenique a qualquer hora do dia ou da noite.

Ao ar livre
Faça uma pausa na **place Dauphine** *(p. 71)*, um bom local para chutar uma bola, ou na **square du Vert Galant** *(p. 72)*, que se lança no Sena como a proa de um barco. Henrique IV projetou essa praça como um lugar de pura diversão. Admire as flores no **Marché aux Fleurs** *(p. 67)* e os passarinhos no **Marché des Oiseaux** *(p. 67)*, nas manhãs de domingo. No verão, refresque-se na **Paris-Plages** *(p. 68)*, quando a margem do rio vira uma festa de rua, com espreguiçadeiras e areia de verdade, além da vista da **Notre-Dame** e das torres de contos de fada da **Conciergerie**. No outono, faça uma caminhada romântica em volta da **Île St.-Louis** *(p. 68)* ao pôr do sol. No inverno, brinque no gelo diante do **Hôtel de Ville** *(p. 69)*.

Île de la Cité e Île St.-Louis

Notre-Dame e arredores

Nada menos que treze pontes, entre elas a célebre Pont Neuf, levam à Île de la Cité e à Île St.-Louis, as duas ilhas pequenas no Sena que são mais que agradáveis para serem conhecidas a pé. As vistas são fantásticas em qualquer hora do dia, principalmente à noite, quando há menos turistas nas ruas. Muitas das atrações ficam ao ar livre; escolha um dia bonito para vir e faça um piquenique. Nos domingos e feriados públicos, a Voie Georges Pompidou, na margem direita do Sena, é fechada ao tráfego, virando um paraíso para ciclistas e patinadores.

A livraria, biblioteca e ponto de encontro literário Shakespeare and Company

Estátua de Carlos Magno perto da Notre-Dame

Plantas à venda no Marché aux Fleurs, mercado de flores que fica aberto o ano inteiro

Notre-Dame e arredores | 63

Informações

🚗 **Metrô** Cité ou St.-Michel, linha 4; Châtelet, linhas 1, 4, 11 e 14; Pont Marie, linha 7; Hôtel de Ville, linha 1 ou Pont Neuf, linha 7 **RER** St.-Michel, linhas B e C ou Châtelet les Halles, linhas A, B e D **Ônibus** 21, 38, 47, 58, 67, 70, 75, 76, 81, 85, 86, 87 e 96 **Ônibus fluvial** Quai de Montebello e quai de l'Hotel de Ville

ℹ️ **Informação turística** Quiosque, pl du Parvis-Notre-Dame, 75004, fim mai-meados out: 10h-19h diariam; 11 pl de l'Hotel de Ville, 75004, jul-ago 10h-18h diariam

🛒 **Supermercado** Franprix, 135 rue St.-Antoine, 75004; 35 Rue Berger, 75001; 31 Rue Mazarine, 75006; 2 Rue Marengo, 75001 **Mercados de rua** Marché aux Fleurs (de Flores) e Marché aux Oiseaux (de Pássaros) (p. 67)

🎉 **Festivais** Fête du Pain (mai); www.fetedupain.com; La Course des Garçons de Café (fim jun e início jul); www.waitersrace.com; Christmas Crèche, Notre-Dame (dez-jan) e Eglise St.-Germain-l'Auxerrois (dez); Patinação no gelo, pl de l'Hôtel de Ville (dez)

➕ **Farmácia** Pharmacie des Halles, 10 blvd de Sébastopol, 75001; 01 42 72 03 23; aberta até 24h seg-sáb, e 22h dom

🛝 **Playgrounds** Square Jean XXIII, pl du Parvis Notre-Dame, 75004; amanhecer-anoitecer (p. 65); square Albert Schweitzer, esquina da rue de l'Hotel de Ville com a rue des Nonnains d'Hyères, 75004; amanhecer-anoitecer (p. 68); square de la Tour St.-Jacques, rue de Rivoli, 75004; amanhecer-anoitecer (p. 68)

Locais de interesse

ATRAÇÕES
1. Notre-Dame
2. Estátua de Carlos Magno
3. Petit Pont
4. Marché aux Fleurs et aux Oiseaux e quai de la Mégisserie
5. Ile St-Louis
6. Paris-Plages na Margem Direita
7. Hôtel de Ville
8. Conciergerie
9. Sainte-Chapelle
10. Pont Neuf
11. St-Germain-l'Auxerrois

🟢 COMIDA E BEBIDA
1. Franprix
2. Café la Bûcherie
3. Pizza Marzano
4. Metamorphosis
5. La Charlotte de l'Isle
6. La Tour d'Argent
7. Amorino
8. Boulangerie Patisserie des Deux Ponts
9. De Neuville
10. Le Flore en l'Ile
11. Berthillon
12. Boulangerie Martin
13. Saveur Pain
14. Café Livre
15. Miss Manon
16. L'Ebouillanté
17. Carrefour Market
18. Wanna Juice
19. Chez Clement
20. Chez Fernand
21. Au Bougnat
22. Pizza Marinara
23. Le Fumoir

🔴 COMPRAS
1. Shakespeare and Company
Veja Conciergerie (p. 70)

🔵 HOSPEDAGEM
1. Citadines St Germain des Prés
2. Hôtel Britannique
3. Hôtel du Jeu de Paume
4. Relais du Louvre
5. Résidence Le Petit Châtelet

① Notre-Dame
História, corcundas e gárgulas

Lar de Quasimodo, o corcunda fictício criado por Victor Hugo, a Catedral de Notre-Dame tem mais de 800 anos de idade. Erguida no local de um templo romano, levou mais de um século para ser concluída, sendo coberta de arcobotantes e gárgulas de rostos estranhos. Durante a Revolução, foi saqueada e usada como depósito de vinhos. Testemunhou muitos fatos dramáticos da história francesa, como em 1804, quando Napoleão coroou-se imperador, ao invés de esperar para ser aclamado pelo papa.

Rosácea com vitral, Notre-Dame

Destaques

Personagens bíblicos Coberta de imagens de personagens bíblicos facilmente reconhecíveis, a fachada era conhecida como "a Bíblia do pobre". Na época em que a catedral foi construída, a maioria dos parisienses não sabia ler.

A agulha da torre Acrescentada no século XIX pelo arquiteto Viollet-le-Duc, a agulha tem 90m de altura.

Rosáceas Em dias de sol, suas cores são magníficas. Luís IX doou a rosácea sul.

Coroa de espinhos Viollet-le-Duc projetou o altar dourado, cravado de diamantes, onde esta e outras relíquias famosas estão expostas, na Tesouraria.

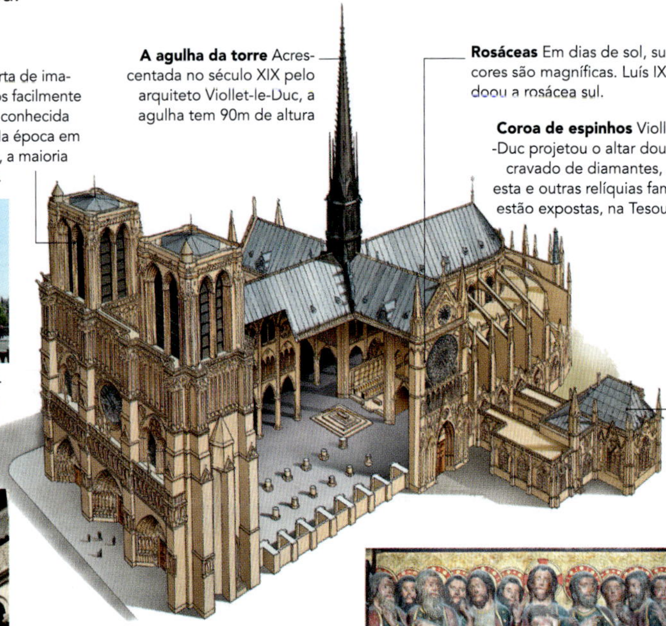

Obra-prima gótica Concluída em 1330, a catedral tem 130m de altura, arcobotantes, um grande transepto e torres de 69m de altura.

Gárgulas e quimeras Veja estas criaturas na fachada e na torre, onde ficam sentadas, encolhidas.

Tela do coro No centro da catedral, a tela do coro narra a vida de Jesus, como uma história em quadrinhos medieval.

Informações

Mapa 11 A6
Endereço 6 pl du Parvis-Notre-Dame, pl Jean-Paul II, 75004; 01 42 34 56 10; www.notredamedeparis.fr; Torres: 01 53 40 60 80 e 01 53 10 07 00; http://notre-dame-de-paris.monuments-nationaux.fr

Metrô Cité ou St.-Michel, linha 4, ou Châtelet, linhas 1, 4 e 14 **RER** St.-Michel, linhas B e C **Ônibus** 21, 24, 27, 38, 47, 85 e 96 **Ônibus fluvial** Quai de Montebello

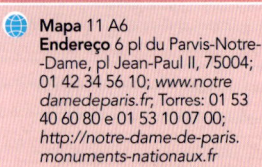

Aberto Catedral: 8h-18h45; até 19h15 sáb e dom; Tesouraria: 9h30-18h; desde 13h30 dom; Torres: abr-set: 10h-18h30 diariam; jul-ago: 10h-18h30 seg-sex; 10h-23h sáb e dom; out-mar: 10h-17h30 diariam; p/ acessar as torres, suba os 387 degraus a partir da rue du Cloître

Preço Catedral: grátis; Torres: €18-28; até 18 anos, até 26 p/ cidadãos da UE, grátis; Tesouro: €8-18

Para evitar fila Aceita Paris Museum Pass; evite longas filas p/ as torres visitando à noite, quando há menos pessoas, ou de manhã cedo, antes das multidões chegarem

Passeios guiados Em inglês às 14h qua e qui e às 14h30 sáb; guia de áudio em inglês €5

Idade A partir de 3 anos; até 12 anos, com acompanhante
Atividades Shows de mágica no Metamorphosis; 01 43 54 08 08
Duração 2-3h
Cadeira de rodas Limitado
Banheiros Na saída da catedral

Bom para a família
A entrada à Notre-Dame é grátis. Então, mesmo se fizer só uma visita rápida, você não se sentirá prejudicado. As crianças adoram subir nas torres e todos amam a vista.

Preços para família de 4 pessoas

Notre-Dame e arredores | 65

Para relaxar

Dance na praça em frente à catedral como Esmeralda, a dançarina cigana do romance *O corcunda de Notre-Dame* (1831), de Victor Hugo, e passeie pelo ancoradouro. A square Jean XXIII, atrás da Notre-Dame, é uma praça agradável com tanque de areia. No verão, vá para a **Paris-Plages, na Margem Direita**, quando a rua principal que beira o rio é convertida em "praias" com areia de verdade, fontes de água e atividades. No inverno, vá patinar na **place de l'Hôtel de Ville** (p. 69).

A square Jean XXIII, com a Notre-Dame ao fundo

Comida e bebida

Piquenique: até €25; Lanches: €25-45; Refeição: €45-90; Para a família: mais de €90 (base para 4 pessoas)
PIQUENIQUE Franprix *(135 Rue St-Antoine, 75004)* vende comida para piquenique, que você pode fazer no parque ao lado da catedral.
LANCHES Café la Bûcherie *(41 rue Bûcherie, 75005; 01 43 54 24 52; 7h-22h diariam)* é ótimo lugar para relaxar com bebidas, tira-gostos e lindas vistas da Notre-Dame.
REFEIÇÃO Pizza Marzano *(2 pl St.-Michel, 75006; 01 44 07 32 27; 12-23h diariam)*, da sempre confiável e saborosa rede Pizza Express, é uma aposta segura na área da cidade que pode ser uma cilada para turistas.
PARA A FAMÍLIA Metamorphosis *(em frente a Quai Montebello, 75005; 01 43 54 08 08; www.metamorphosis-spectacle.fr; abr-set: 19h30 ter-sáb, 0h30 dom)* serve pratos franceses clássicos numa barca ancorada. Entretanto, a verdadeira atração são os shows de mágica no jantar e no brunch de domingo.

Compras

Folheie livros em inglês na **Shakespeare and Company** *(37 rue de la Bûcherie, 75005)* e nas bancas verdes dos Bouquinistes, que vendem livros nas margens do Sena desde o século XVI. Depois da revolução, eles venderam bibliotecas inteiras confiscadas de famílias nobres.

Saiba mais

INTERNET www.notredamedeparis.fr/-Children-s-site tem uma área para crianças. Assista ao vídeo *General de Gaulle at Notre Dame on 26 August 1944* no endereço http://tinyurl.com/3jyujw5 e ao *King Babar hunting Father Christmas in Paris* no Especial de Natal de Babar no site http://tinyurl.com/3v7gvto. Descubra a Paris romana em www.paris.culture.fr
FILME *O corcunda de Notre-Dame* (1996), da Disney, mostra às crianças como a catedral dominava Paris na Idade Média.

Próxima parada...
UMA CRIPTA E UM MEMORIAL
Visite a **Crypte Archéologique** *(pl Jean Paul II, Parvis de Notre-Dame, 75004; 01 55 42 50 10; www.crypte.paris.fr)*, em frente à Notre-Dame. Aqui podem ser vistos os resquícios romanos da cidade, além de lojas e calçadas medievais. O **Mémorial des Martyrs de la Déportation** *(Sq de l'Ile de France, 75004; 01 46 33 87 56)*, atrás da catedral, recorda a deportação de 200 mil homens, mulheres e crianças para campos de concentração nazistas.

Ruínas galo-romanas no interior da Crypte Archéologique

CRIANÇADA!

Descubra
1 As gárgulas mal-encaradas não são meros enfeites. Adivinhe o que elas fazem.
2 Qual é a diferença entre uma gárgula e uma quimera?
3 Suba os 387 degraus da torre norte. No segundo nível você verá uma quimera segurando a cabeça nas mãos e fazendo algo malcriado. O que é?

Respostas no fim do quadro.

DEVORADORES DE HOMENS
No inverno de 1450 um bando de lobos devoradores de humanos semeou o terror entre os parisienses e matou 40 pessoas, até os lobos serem mortos a pedradas diante da Notre-Dame.

Esses ossos...
Na Idade Média, peregrinos percorriam muitos quilômetros a fim de ver pedacinhos dos corpos de santos. Para mostrar sua devoção, além de sua riqueza e poder, os reis tinham tesourarias cheias de ossos de santos e gotas de sangue. O rei Luís IX queria tanto ser dono da coroa de espinhos usada por Jesus quando foi crucificado que pagou o equivalente à metade de todo o dinheiro gasto na França em um ano inteiro. Famoso por sua devoção religiosa, foi canonizado.

Respostas: 1 Canalizam a água que escorre do telhado. Em dias de chuva é possível ver a água jorrando das bocas delas. **2** As gárgulas parecem estar penduradas nas saliências da catedral; as quimeras são as estátuas em pé. **3** Ela está pondo a língua para fora. Ambas têm expressões medonhas.

② Estátua de Carlos Magno
Senhor de tudo o que enxergava

No lado sul da praça ao lado da Notre-Dame há uma imponente estátua de Carlos Magno, que reinou entre 768 e 814, dominando grande parte da França moderna e a maior parte da Europa Central, conquistada pelos francos com sua cavalaria poderosa. Suas campanhas militares na Espanha são relatadas no poema épico "La chanson de Roland" ("A canção de Rolando"), a maior obra ainda existente da literatura francesa antiga. Carlos Magno era alto, loiro e de porte majestoso; foi pai de vinte filhos. Grande patrono de estudiosos de toda a Europa, ele próprio não aprendeu a ler ou escrever. Sua estátua ocupa lugar de honra na Île de la Cité, mas ele só foi a Paris em duas ocasiões. Após a morte de seu pai, Pepino, Carlos Magno transferiu a capital para Aix-la-Chapelle (conhecida em alemão como Aachen), cujas águas medicinais apreciava.

Para relaxar
A ponte mais próxima, Pont au Double, é um lugar agradável para passear e ver os patinadores passando ao lado. Foi construída em 1623-34 para que pacientes pudessem ser levados ao hospital Hôtel Dieu; eles pagavam o dobro pela travessia, fato

A estátua de Carlos Magno domina a square Jean XXIII, ao lado da Notre-Dame

que deu origem ao nome. A ponte conduz à square René Viviani, na Margem Esquerda, boa para crianças brincarem e que tem Wi-Fi gratuita, além da árvore mais antiga de Paris, plantada em 1601. Os galhos superiores foram arrancados por um morteiro na Primeira Guerra Mundial.

Caminhe ao lado do Sena como o rei Babar à procura do Papai Noel, mas não termine dentro do rio, como Madeline, que estava em pé sobre o parapeito da Pont ao Double quando caiu.

③ Petit Pont
Siga o rastro de Babar e Madeline

Os romanos construíram a primeira ponte de madeira sobre o Sena no lugar exato em que a moderna Petit Pont atravessa o rio, onde o Sena é mais estreito. Ela foi destruída pelo menos catorze vezes por enchentes ou incêndios e, até 1719, era coberta de casas decrépitas. A ponte atual data de 1853. Nos tempos romanos, ela ligava os templos e mansões da Île de la Cité à cidade de Lutécia, que se estendia até o monte Sainte Geneviève, onde ficavam os banhos públicos, o teatro e o fórum. Mais de 8 mil pessoas viviam em Lutécia, cidade disposta segundo um plano de ruas quadriculado. A rue St.-Jacques, que segue em direção sul a partir da ponte, é uma das mais antigas de Paris e segue a linha do principal eixo norte-sul da cidade romana, o *cardus maximus*.

As margens do Sena ao lado da Notre-Dame estão nas páginas de muitos livros infantis. O gentil rei Babar, criado por Jean de Brunhoff, e a corajosa Madeline de Ludwig Bemelmans viveram aventuras aqui.

Se chover...
Do outro lado da Petit Pont, em relação à praça em frente à Notre-Dame, fica a simpática e excêntrica livraria **Shakespeare and Company** (p. 65). Após uma dose de cultura, relaxe em um dos cafés da região. Nas noites de segunda, procure autores famosos convidados para um drinque antes da leitura semanal na livraria.

Bancas de livros ao longo do quai de Montebello, com a Notre-Dame ao fundo

---

Informações
- 🌐 **Mapa** 11 A6
- 📍 **Endereço** Pl du Parvis Notre-Dame, 75004
- 🚇 **Metrô** Cité ou St.-Michel, linha 4 **RER** St.-Michel, linhas B e C **Ônibus** 21, 24, 27, 38, 47, 85 e 96 **Barco** Quai de Montebello
- 🍴 **Comida e bebida** *Refeição* La Charlotte de l'Isle (24 rue St.-Louis-en-l'Ille, 75004; 01 43 54 25 83; http://lacharlottedelisle.fr; show de fantoches qua) serve chá e bolos. *Para a família* La Tour d'Argent (15 quai de la Tournelle, 75005; 01 43 54 23 31; www.latourdargent.com), de 1582, é um local caro que diverte as crianças mais velhas, pois foi o modelo para o restaurante de Gusteau no filme *Ratatouille*. O pato do menu é criado em uma fazenda em Challans e vem com o cartão de seu número de série.
- 🚻 **Banheiros** Na saída da catedral

Informações
- 🌐 **Mapa** 11 A6
- 📍 **Endereço** Quai Voltaire, 75005 p/ quai de la Tournelle, 75006
- 🚇 **Metrô** St.-Michel, linha 4 **RER** St.-Michel, linhas B e C **Ônibus** 21, 38, 47, 58, 85 e 96 **Ônibus fluvial** Quai de Montebello
- 🍴 **Comida e bebida** *Piquenique* Amorino (47 rue St.-Louis-en-l'Ille, 75004; 01 44 07 48 08) tem sorvete popular e filas menores do que as do famoso Berthillon (p. 68). *Lanches* Boulangerie Patisserie des Deux Ponts (35 rue des Deux Ponts, 75004) é uma charmosa padaria que vende croissant, pão e cachorro-quente na baguete.
- 🚻 **Banheiros** Não

Preços para família de 4 pessoas

④ Marché aux Fleurs et aux Oiseaux e Quai de la Mégisserie

Papagaios, açougueiros, médicos e detetives

O maior e melhor mercado de flores de Paris funciona diariamente na Île de la Cité. Aos domingos, pássaros e coelhos vêm em gaiolas juntar-se aos cactos exóticos e às belas flores. Do outro lado do rio, o quai de la Mégisserie é o canto de pet-shops da cidade, cheio de patos, pintinhos e outros bichos.

Na Idade Média, açougueiros trabalhavam na place Louis Lépine, e toda a região fedia. Havia também um pequeno gueto judaico, e nos tempos romanos São Denis, padroeiro de Paris, foi encarcerado aqui.

No lado oriental da praça encontra-se o Hôtel Dieu, o hospital mais antigo de Paris. Fundado ainda no século VII, recebia os pobres e doentes, mas, como até cinco pacientes eram colocados em cada leito, as doenças às vezes se multiplicavam. Muitas descobertas médicas importantes foram feitas aqui, e foi neste local que trabalhou um dos primeiros cirurgiões da história, Ambroise Paré (1510-90). Hoje o hospital abriga o movimentado Departamento de Acidentes e Emergências da cidade.

Logo a sudoeste do mercado fica o Nº 36, quai des Orfèvres, sede da força policial parisiense conhecida como PJ 36. Fundada em 1812, serviu de modelo para a Scotland Yard e o FBI, além de inspirar uma multidão de filmes e livros policiais, incluindo os livros sobre o inspetor Maigret.

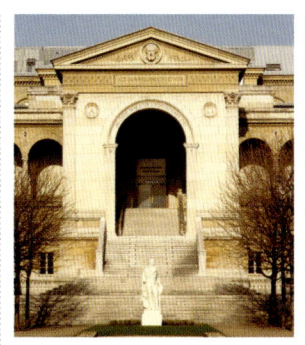

O Hôtel Dieu foi um orfanato no passado e hoje é um hospital

Se chover...

Fique maravilhado com o teto altíssimo e os vitrais deslumbrantes no interior da **Sainte-Chapelle** (p. 72), obra-prima gótica restaurada por Viollet-le-Duc e outros em meados do século XIX.

Informações

🌐 **Mapa** 10 G4
Endereço Pl Louis-Lépine, 75004
🚗 **Metrô** Cité, linha 4 **RER** St.-Michel, linhas B e C **Ônibus** 21, 38, 47, 58, 85 e 96 **Ônibus fluvial** Quai de Montebello
🕐 **Aberto** Marché aux Fleurs (mercado de flores): 8h-19h30 diariam; Marché aux Oiseaux (mercado de pássaros): 8h-19h dom
👥 **Idade** Livre
☕ **Comida e bebida** *Piquenique* De Neuville (63 rue St.-Louis-en-l'Ile, 75004) vende barras de chocolate incrementadas com sabores exóticos e, no verão, sorvete. *Refeição* Le Flore en l'Ile (42 quai d'Orleans, 75004; 01 43 29 88 27) é uma boa parada para o almoço e também vende sorvete Berthillon (p. 68).
🚻 **Banheiros** Não

CRIANÇADA!

Fique de olho...

1 Os cadeados na Pont de l'Archevêché, na extremidade leste da Île de la Cité. Para se unirem num amor para toda a eternidade, casais de namorados colocam um cadeado na grade de ferro batido e jogam a chave no rio Sena.

2 Paralelepípedos na rue de la Colombe, no lado leste do Hôtel Dieu. Eles assinalam o lugar da muralha romana da cidade, do século IV.

3 Pont au Double: quem é a personagem literária famosa que caiu no rio neste lugar?

Resposta no fim do quadro.

Fregueses viraram torta

No século XIV, um barbeiro e um padeiro viviam na rua onde hoje fica o Hôtel Dieu. De vez em quando o barbeiro cortava a garganta de um de seus fregueses, e o padeiro cozinhava os corpos e os colocava em tortas de carne. Os crimes hediondos vieram à tona quando um pastor alemão ficou latindo na rua, procurando seu dono desaparecido.

SUMIRAM DO MAPA

No século XIX, a teia de aranha de 450 ruas que se espalhava pela Île de la Cité foi demolida, e 25 mil parisienses pobres foram expulsos de suas casas. Na praça diante da Notre-Dame, procure as placas que assinalam o percurso dessas ruas antigas.

História policial

Um emblema que lembra uma cabeça de tigre enfeita os uniformes dos agentes da PJ (Police Judiciaire), cuja sede fica na Île de la Cité. A PJ foi criada com o apoio do 72º primeiro-ministro, Georges Clemenceau, apelidado de *Le Tigre*.

Resposta: 3 Madeline.

O Marché aux Fleurs, maior mercado de flores de Paris

Piquenique até €25; **Lanches** €25-45; **Refeição** €45-90; **Para a família** mais de €90 (base para 4 pessoas)

Artistas de rua na Pont de Sully, na extremidade leste da Île St.-Louis

⑤ Île St.-Louis
Um vilarejo no coração da cidade

Até 1614, quando Luís XIII, então com 13 anos, achou conveniente erguer algumas residências elegantes, a Île St.-Louis era conhecida como Île des Vaches devido às vacas que ali pastavam. Com ruelas estreitas e ambiente de aldeia, ainda hoje a ilha é um lugar tranquilo. A rue St.-Louis-en-l'Île é um paraíso para gourmets. Repleta de casas históricas, é um local divertido para caminhar e conhecer lojinhas. Procure os dragões nos imóveis de nº 51 e nº 54 – este último foi uma quadra de tênis do rei.

Com ancoradouros arborizados, a ilha já abrigou muitas pessoas famosas, incluindo o filósofo Voltaire, a cientista Marie Curie e o presidente francês (1969-74) Georges Pompidou. Em 1924, um morador, o poeta Roger Dévigne, chegou a declará-la uma república independente.

Para relaxar

Há um playground na square Albert Schweitzer e um jardim agradável na saída da square Barye, ao lado da Pont de Sully. O quai de Bourbon é um lugar bonito para sentar-se brevemente antes de atravessar a Pont des Tournelles a fim de ver a estátua de Santa Genoveva, padroeira da cidade, que, segundo as lendas, salvou Paris de ser arrasada por Átila, o Huno.

⑥ Paris-Plages na Margem Direita
Sol, areia e espreguiçadeiras

Graças aos ímpetos modernizadores do presidente Pompidou, desde os anos 1960 há uma avenida movimentada que acompanha a Margem Direita, mas em julho e agosto, no auge do verão, tudo muda durante quatro semanas. Os carros desaparecem e a diversão começa neste trecho da Margem Direita, entre o Louvre e a Pont de Sully. Espreguiçadeiras se espalham numa praia artificial às margens do Sena, e há shows de artistas de rua, brincadeiras aquáticas, muitas atividades para crianças e cafés de sobra. Esta área fica fechada ao tráfego aos domingos e nos feriados, o ano inteiro.

A paisagem que se tem das ilhas desde a outra margem do rio é linda e romântica. O quai aux Fleurs, no lado nordeste da Île de la Cité, é famoso pelo romance medieval entre Heloísa, a sobrinha de 17 anos do cônego, e o intelectual de 39 anos Pierre Abélard. Quando seu tio tomou conhecimento da paixão deles, ficou furioso e mandou Heloísa para um convento. As cartas apaixonadas trocadas pelo casal são legendárias.

Aqui perto fica a square de la Tour St.-Jacques. A torre é tudo o que restou da igreja de St.-Jacques, destruída na Revolução Francesa.

Se chover...

Se o sol estiver forte demais ou se chover, ande para o leste. As tortuosas ruas medievais do **Marais** (p. 81) contêm inúmeras lojas fascinantes e cafés cheios de charme.

Informações

🌐 **Mapa** 10 H5
End. Voie Georges Pompidou, 75004; www.paris.fr/parisplages

🚇 **Metrô** Pont Neuf, linha 4, Louvre-Rivoli ou Hôtel de Ville, linha 1 **Ônibus** 70, 74, 72 e 96 **Ônibus fluvial** Quai de l'Hôtel de Ville

🍴 **Comida e bebida** *Piquenique* Saveur Pain (*2 rue de la Verrerie, 75004; 01 40 27 91 97*; fecha seg) serve sanduíches gourmet. *Refeição* Café Livre (*10 rue Saint Martin, 75004; 01 42 72 18 13; 9h30-23h seg-sáb; 10h-20h dom*) prepara uma saborosa comida.

🚻 **Banheiros** No verão ao longo da praia e na place de l'Hôtel de Ville

Informações

🌐 **Mapa** 11 B6
Endereço 75004

🚇 **Metrô** Pont Marie, linha 7 **RER** St.-Michel, linha C **Ônib.** 67, 86 e 87 **Ônib. fluv.** Quai de Montebello

🍴 **Comida e bebida** *Piquenique* Berthillon (*29-31 rue St.-Louis-en-l'Île, 75004; 01 43 54 31 61*; www.berthillon.fr), conhecido por seu sorvete. *Lanches* Boulangerie Martin (*40 rue St-Louis-en-l'Île, 75004; 01 43 54 69 48*) faz os melhores croissants.

🚻 **Banheiros** Não

O Paris-Plages, com guarda-sóis e cadeiras de praia ao longo do Sena

Preços para família de 4 pessoas

Notre-Dame e arredores | 69

Acima O Hôtel de Ville (Prefeitura) do outro lado da Pont d'Arcole
Abaixo, à dir. Figura alegórica em bronze da Arte, em frente ao Hôtel de Ville

⑦ Hôtel de Ville
Reconstruindo, organizando e trabalhando

O Hôtel de Ville, do outro lado da Pont d'Arcole em relação à Île de la Cité, é a sede da Prefeitura desde 1357, quando os comerciantes de Paris se responsabilizaram por organizar a cidade. Uma construção renascentista grandiosa, que levou quase um século (1533-1628) para ser concluída, substituiu a edificação original, que foi queimada até o chão durante a Comuna de Paris de 1871. A nova estrutura seguiu virtualmente o mesmo estilo, cheia de esculturas de parisienses famosos. Auguste Rodin esculpiu o matemático do século XVIII, Jean le Rond d'Alembert, numa estátua que embeleza a fachada frontal.

Desde o passado distante a Margem Direita é um local onde se faz negócios e descarregam mercadorias. Trabalhadores vinham à place de l'Hôtel de Ville, então chamada place de Grève, à procura de trabalho. Originalmente, a expressão *en grève* (em greve) significava apenas alguém que não estava trabalhando.

No final de junho a place de l'Hôtel de Ville é o ponto de largada e chegada da corrida de garçons, que percorrem um trajeto de 8km carregando bandejas com bebidas. Para dificultar ainda mais a prova, eles correm descalços.

Para relaxar
A praça em frente ao Hôtel de Ville é um ótimo lugar para crianças. Há um carrossel à moda antiga e, no inverno, um rinque de patinação no gelo.

Informações
🌐 **Mapa** 11 B5
Endereço Pl de l'Hôtel de Ville, 75004; 01 42 76 00 40
🚇 **Metrô** Hôtel de Ville, linha 1
Ônibus 70, 74, 72, e 96 **Ônibus fluvial** Quai de l'Hôtel de Ville
🕐 **Aberto** Apenas p/ mostras temporárias e p/ os Journées du Patrimoine (Dias do Patrimônio), celebrados todo ano em set
👫 **Idade** Livre
♿ **Cadeira de rodas** Sim
🥗 **Comida e bebida** *Piquenique* Miss Manon (*87 Rue St Antoine, 75004*) é uma padaria deliciosa que oferece grande variedade de sanduíches, quiches e bolos. Depois das compras, faça um piquenique nas proximidades. *Refeição* L'Ebouillanté (*6 rue des Barres 75004; 01 42 71 09 69; 12h-22h; fechado seg e nov-mar*), em um bulevar pavimentado atrás da igreja de St.-Gervais--et-St.-Protais, prepara crepes deliciosos e *tarte tatin*.
🚻 **Banheiros** pl de l'Hôtel de Ville

CRIANÇADA!
Fique de olho...
1 Onde se vê um barco com três mastros, símbolo de Paris? O lema da cidade é *fluctuat nec mergitur* (ele veleja, mas não afunda).
2 Onde é possível encontrar um porco de marzipan na Île St.-Louis?
3 Os dragões que sustentam a sacada do Nº 51, rue St.-Louis--en-l'Île.

Respostas no fim do quadro.

PRAÇA DO HORROR
A praça em frente ao Hôtel de Ville também foi um local de execuções sinistras. Ravaillac, o assassino de Henrique IV, foi esquartejado vivo, amarrado a quatro cavalos forçados a correr em direções diferentes. Pedaços de seu corpo foram assados e comidos pela multidão. O luxo da decapitação era reservado aos nobres.

Bi-bi Pompidou
O presidente Pompidou morou no endereço 24 quai de Béthune, na Île St.-Louis, na única casa moderna que havia na rua. Mas a ilha era um lugar calmo demais para ele. Quando olhava pela janela, Pompidou sonhava com carros da era espacial correndo por túneis. Ele construiu o rodoanel Périphérique em volta de Paris, criando uma nova "muralha da cidade". Também criou a avenida expressa que acompanha a margem direita do Sena, o arranha-céu Tour de Montparnasse e o Centre Pompidou (*pp. 80-1*), maluco e divertido.

Respostas: 1 Na fachada do Hôtel de Ville. **2** Na boulangerie em 35 rue des Deux Ponts, na Île St.-Louis.

Piquenique até €25; **Lanches** €25-45; **Refeição** €45-90; **Para a família** mais de €90 (base para 4 pessoas)

⑧ Conciergerie
Torres de contos de fadas próprias para um torturador

Se existe um lugar mal-assombrado em Paris, é esse. A Conciergerie é a parte mais antiga do palácio real original da França, erguido por Felipe, o Belo, por volta de 1300. Quando Carlos V mudou-se para o Louvre, o lugar virou uma prisão infestada por ratos, local de morte e tortura sob o olhar atento de um concierge, ou intendente. Em 1793, no Reinado do Terror, o Tribunal Revolucionário condenou milhares de pessoas à morte aqui. Os prisioneiros mais importantes da Revolução, incluindo Maria Antonieta, Danton e Robespierre, passaram sua última noite de vida lá, antes de serem levados à guilhotina. A Conciergerie continuou a ser uma prisão até 1914.

Destaques

① **Sala dos Condenados** Os prisioneiros passavam por esta sala, apelidada de Sala dos Perdidos, antes de serem levados ao cadafalso.

② **Chapelle des Girondins** Os girondinos, um grupo de moderados executados pelos revolucionários radicais jacobinos, fizeram uma festa aqui na noite antes de sua execução.

③ **Capela de Maria Antonieta** Uma capela assinala o lugar onde a célebre rainha viveu nove meses como prisioneira.

④ **Sala de Arrumação** A Salle de Toilette era onde os prisioneiros deixavam seus pertences e tinham seus cabelos raspados.

⑤ **Rue de Paris** Com nome derivado de "Monsieur de Paris", apelido do carrasco, é onde os prisioneiros mais pobres dormiam sobre palha, em celas minúsculas.

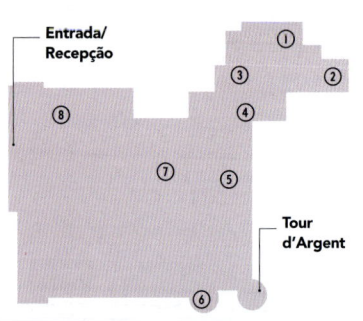

⑥ **Tour de César e Tour d'Argent** A primeira torre levava aos aposentos do rei, enquanto a segunda guardava as joias da coroa.

⑦ **Salle des Gens d'Armes** Maior salão medieval remanescente na Europa, era usado como refeitório pelos criados do rei e tinha capacidade para até 2 mil pessoas.

⑧ **Mesa de mármore negro** Na Idade Média, o rei fazia a justiça diante desta mesa no salão nobre.

Informações

Mapa 10 G5
Endereço 2 blvd du Palais 75001; 01 53 40 60 80; www.conciergerie.monuments-nationaux.fr/en
Metrô Cité ou St.-Michel, linha 4 **RER** St.-Michel, linhas B e C **Ônibus** 21, 24, 27, 38, 58, 81 e 85 **Ônib. fluv.** Quai de Montebello
Aberto 9h30-18h diariam; fechado 1º jan, 1º mai e 25 dez
Preço €18-28; até 18 anos grátis
Para evitar fila Aceita Paris Museum Pass; ingresso combinado com Sainte-Chapelle €12,50 por pessoa

Passeios guiados Em inglês, podem ser agendados três semanas antes; 01 44 54 19 30
Idade A partir de 8 anos
Duração 1-2h
Cadeira de rodas Limitado
Café Não
Loja Na Salle des Gens d'Armes, vende livros e jogos
Banheiros Na Tour d'Argent

Bom para a família
Fãs de história vão gostar de explorar esta notória prisão. Mas antes leia sobre a Revolução, pois há poucas informações para crianças aqui dentro.

Preços para família de 4 pessoas

Notre-Dame e arredores | 71

A arborizada e antiga place Dauphine

Para relaxar
Após uma aula de história, assista a uma partida de *boules* (jogo com bolas metálicas) e chute uma bola na **place Dauphine** (entrada pela rue Henri-Robert, 75001), criada por Henrique IV em homenagem a seu filho e herdeiro, Luís. No verão, admire as torres de fábulas da Conciergerie e faça castelos de areia na Margem Direita no popular **Paris-Plages** (p. 68).

Comida e bebida
Piquenique: até €25; Lanches: €25-45; Refeição: €45-90; Para a família: mais de €90 (base para 4 pessoas)
PIQUENIQUE Carrefour Market (79 rue de Seine, 75006; www.carrefour.fr) é bom para comprar ingredientes. A place Dauphine ou a square du Vert Galant (p. 72) são os melhores lugares para fazer um piquenique.
LANCHES Wanna Juice (65 rue St.-André des Arts, 75006; 01 46 34 11 90; www.wannajuice.com; 8h30-19h diariam, a partir 10h sáb e dom), um dos muitos cafés desta rua, serve smoothies, sanduíches e sopas.
REFEIÇÃO Chez Clement (Pl St.-André des Arts, 75006; 01 56 81 32 00; www.chezclement.com; 11h30-23h30 diariam) tem ótimos menus infantis. No verão, coma no terraço, ao ar livre.
PARA A FAMÍLIA Chez Fernand (9 rue Christine, 75006; 01 43 25 18 55; 12h-14h30, 19h-23h diariam) é um bistrô de bairro especializado em pratos da Normandia.

Compras
Vá à rue St.-André des Arts, uma movimentada rua comercial do outro lado do Sena, na Margem Esquerda, ou procure as butiques da rue de Rivoli, na Margem Direita.

Saiba mais
INTERNET Para as crianças, encontre vídeos, games e quebra-cabeças da Revolução Francesa em www.neok12.com/French-Revolution.htm. Há games baseados nas principais atrações turísticas francesas em www.monuments-nationaux.fr/enfants/home_en.htm
FILME Em *O pimpinela escarlate* (1934), um aristocrata britânico opera missões secretas para resgatar condenados, incluindo Luís XVII, na Paris de Robespierre. A versão animada de 2002 do romance *Um conto de duas cidades*, de Charles Dickens, é ambientada em Paris e Londres durante a Revolução.

Próxima parada...
CENTRE POMPIDOU Depois de tanta história, faça algo completamente diferente. O maluco e modernista **Centre Pompidou** (pp. 80-1) fica a apenas 15 minutos a pé, passando pela Pont au Change e subindo o boulevard Sébastopol. Maravilhe-se com os tubos coloridos do lado de fora. Curta um pouco do teatro de rua antes de subir nos elevadores-bolha para admirar a vista.

Artistas de rua fazendo um show diante do Centre Pompidou

CRIANÇADA!
Saiba mais...
1 Uma rainha francesa famosa passou nove meses encarcerada na Conciergerie antes de ser executada. Quem foi ela?
2 O relógio na Tour d'Horloge, ao lado da Pont au Change, foi montado em 1370 e é o mais antigo de Paris.
3 Tente encontrar o marcador que assinala a altura da enchente (*inondation*) de 1910, na Salle de Garde.

Resposta no fim do quadro.

Cuidado com o concierge!
Hoje quase todos os prédios de apartamentos parisienses têm *concierges*. Não faça muito barulho, senão você levará uma bronca deles!

AS TORRES MORTAIS
Ainda existe hoje na Conciergerie a Torre Bonbec, local da sala de torturas do século XI, onde os carrascos obrigavam suas vítimas a falar.

Uma rainha odiada
Os parisienses, principalmente as mulheres, odiavam Maria Antonieta, que era estrangeira e considerada fútil. Ela foi encarcerada na Conciergerie por vários meses. Antes de ser decapitada, foi conduzida pelas ruas sozinha em uma carroça aberta e vaiada pela multidão.

Resposta: 1 Maria Antonieta.

⑨ Sainte-Chapelle
Paraíso psicodélico

Único rei francês a ter sido canonizado, o devoto Luís IX era ávido colecionador de relíquias. Em 1239, ele construiu a espantosamente bela Sainte-Chapelle para abrigar suas maiores aquisições, entre elas a Coroa de Espinhos, hoje guardada na Notre-Dame (p. 64), e um fragmento da Cruz de Cristo. A construção desta obra-prima arquitetônica, erguida em apenas dois anos, também serviu para demonstrar o poder absoluto do rei, por direito dado por Deus.

Construída em estilo gótico flamboyant, a capela possui alguns dos mais belos vitrais medievais do mundo. As quinze janelas gigantes, que em dias de sol reluzem em cores brilhantes, contam fatos da Bíblia em uma espécie de história em quadrinhos magicamente iluminada que se eleva até o teto repleto de estrelas. A agulha da torre, de 33m, parece apontar diretamente para o céu. A rosácea retrata o tenebroso Dia do Julgamento Final.

O belíssimo interior da Sainte-Chapelle

Para relaxar
A bonita **place Dauphine** (p. 71), construída em 1607 por Henrique IV e nomeada em homenagem ao delfim – o futuro rei Luís XIII –, é um lugar elegante para jogar bola.

Informações
- **Mapa** 10 G5
- **Endereço** 6 blvd du Palais, 75001; 01 53 40 60 80; www.sainte-chapelle.monuments-nationaux.fr/en
- **Metrô** Cité, lin. 4 **RER** St.-Michel, lin. B e C **Ônibus** 27, 38, 85 e 96
- **Aberto** 9h30-18h diariam; nov-fev: até 17h; 15 mai-15 set: até 21h qua p/ ver a capela iluminada pelo pôr do sol; fechado 1º jan, 1º mai, set-jun: 13h-14h15 e 25 dez
- **Preço** €18-28; até 18 anos grátis, e p/ cidadãos da UE até 26 grátis
- **Para evitar fila** Ingresso combinado com a Conciergerie €12,50 por pessoa; aceita Paris Museum Pass
- **Passeios guiados** Podem ser agendados com três semanas de antecedência; 01 44 54 19 33
- **Idade** A partir de 8 anos
- **Duração** 30-45min
- **Cadeira de rodas** Limitado
- **Comida e bebida** *Para a família* Au Bougnat (26 rue Chanoinesse, 75004; 01 43 54 50 74; www.au-bougnat.com; 8h-22h diariam), bar-restaurante que serve ravióli e pato excelentes.
- **Banheiros** Perto da entrada, no pátio

⑩ Pont Neuf
A velha ponte nova

Construída em 1607, no reinado de Henrique IV, a Pont Neuf, ou Ponte Nova, é, ironicamente, a ponte mais antiga ainda remanescente em Paris. Primeira ponte da cidade a ser construída em pedra, era mais larga que qualquer outra ponte na Europa e apresentava outra novidade: calçadas. Em pouco tempo, atravessá-la tornou-se moda, entre um misto agitado de artistas de rua, comerciantes, dentistas e malandros. No meio da ponte há uma estátua de Henrique IV, que, em 1618, foi a primeira estátua real na cidade. Ela foi destruída na Revolução, mas refeita no século XIX. Atrás da estátua, alguns degraus conduzem à square du Vert Galant, situada no local onde a Pont Neuf atravessa a Île de la Cité, na metade do caminho sobre o rio. A praça foi criada por Henrique IV, apelidado de *Vert Galant* (jovem galanteador), que costumava fazer festas aqui nas noites de verão. Originalmente uma ilha chamada Île des Juifs (ilha dos judeus), é o lugar onde o líder dos Templários, Jacques de Molay, morreu queimado, em 1314.

Para relaxar
Um dos lugares mais mágicos de Paris, a square du Vert Galant é ótima para piqueniques e para se soltar um pouco. Tente imaginar como se sentiam os moradores ao ver os vikings remando em sua direção, em 845 d.C. É também deste ponto que partem as embarcações de passeio da **Vedettes du Pont Neuf** (p. 28).

A Pont Neuf, a mais antiga de Paris, atravessa o Sena

Informações
- **Mapa** 10 G4
- **Endereço** 75001
- **Metrô** Pont Neuf, linha 7 ou Cité, linha 4 **RER** St.-Michel, linhas B e C **Ônibus** 58 e 70
- **Comida e bebida** *Refeição* Pizza Marinara (46 rue Dauphine 75006; 01 43 26 45 94; 12h-15h e 19h-22h diariam) é o melhor lugar para comer pizzas feitas em forno a lenha.

Preços para família de 4 pessoas

⑪ St.-Germain l'Auxerrois
Rios de sangue

Uma joia da arquitetura gótica com porta de entrada fantasticamente decorada, a Igreja de St.-Germain l'Auxerrois foi construída em 1435 e é célebre por sua ligação com o tenebroso Massacre do Dia de São Bartolomeu. Em 1572, a França era governada por um rei católico fraco e hesitante, Carlos IX, cuja mãe, Catarina de Médici, planejava destruir o poder crescente da comunidade protestante. Em 23 de agosto, véspera do casamento do protestante Henrique de Navarra, que mais tarde se tornaria Henrique IV, com Marguerite de Valois, Catarina ordenou que fosse tocado o sino da igreja, dando o sinal para o início de um grande massacre. Milhares de homens, mulheres e crianças vindos para assistir ao casamento foram assassinados, e o Sena correu vermelho com o sangue dos protestantes.

Para relaxar

Uma cópia da ponte napoleônica original, a **Pont des Arts** *(quai du Louvre, pl de l'Institut, 75006)* é uma linda ponte para pedestres e um ótimo lugar para as famílias curtirem uma caminhada.

Vista da imponente Igreja de St.-Germain l'Auxerrois

CRIANÇADA!

Procure...
1 Os rostos engraçados na Pont Neuf. Foram inspirados nos cortesãos de Henrique III.
2 Os doze pilares da Capela Superior da Sainte-Chapelle, decorados com estátuas lindas. Adivinhe quem são as pessoas?
3 A rue du Chat-qui-Pêche ("rua do Gato que Pesca"). É a rua mais estreita de Paris. Começa no quai St.-Michel, a pouca distância da Pont Neuf.

Resposta no fim do quadro.

Esconde-esconde
Durante anos se acreditou que uma estátua de Napoleão estivesse escondida dentro da estátua de Henrique IV na Pont Neuf. Mas, quando esta foi aberta, em 2004, continha apenas quatro caixas de documentos detalhando como a estátua foi refeita.

PONTE SOBRE ÁGUAS REVOLTAS

Quando a Pont Neuf estava sendo construída, um esporte popular entre rapazes era saltar de um baluarte a outro. Mas muitos escorregaram e se afogaram no Sena. Até Henrique IV se aventurou.

Velas negras no Sena

Muitos corsários e invasores já deixaram sua marca na cidade. Em 28 de março de 845, 125 navios negros transportando vikings subiram o rio Sena a remo e saquearam a Île de la Cité. Os vikings atacaram outra vez em 856, e em janeiro de 861 eles queimaram a Igreja de St.-Germain-des-Prés. Então, em 885, 30 mil escandinavos, vindos em 700 embarcações, submeteram Paris a um cerco que durou doze meses. Carlos III, o Simples, lhes entregou a Normandia para que parassem de atacar Paris.

Pedestres atravessando a bela Pont des Arts

Resposta: 2 Os apóstolos.

Informações

- 🌐 **Mapa** 10 G4
  Endereço 2, place de Louvre; 01 42 60 13 96
- 🚇 **Metrô** Louvre Rivoli, linha 1 ou Pont Neuf, linha 7 **RER** Châtelet-Les Halles, linhas A, B e D **Ônibus** 72, 74, 75, 76 81 e 85
- 🕐 **Aberto** 8h-19h seg-sex, 9h-20h sáb e dom
- 💶 **Preço** Grátis
- 👫 **Idade** A partir de 8 anos
- ⏱ **Duração** 15min
- ♿ **Cadeira de rodas** Sim
- ☕ **Comida e bebida** *Para a família* Le Fumoir *(6 rue de l'Admiral Coligny, 75001; 01 42 92 00 24; www.lefumoir.com; 11h-2h diariam)* é um restaurante aconchegante com opções vegetarianas e ótimo brunch de domingo. Oferece também lanches e pastelaria.
- 🚻 **Banheiros** Não

Piquenique até €25; **Lanches** €25-45; **Refeição** €45-90; **Para a família** mais de €90 (base para 4 pessoas)

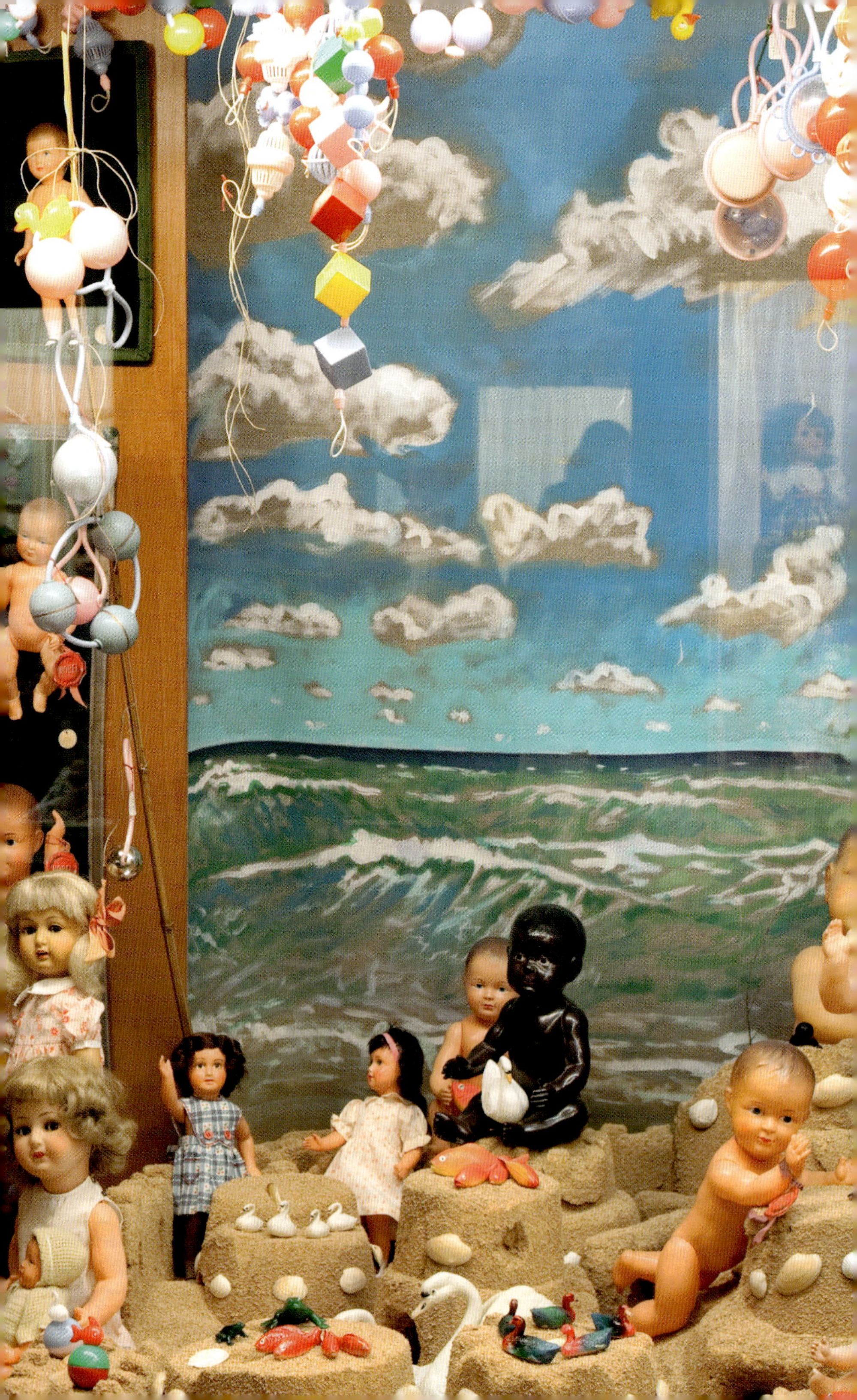

Beaubourg
e Marais

Os matadouros e curtumes que funcionavam aqui nos tempos medievais deram lugar a mansões elegantes no século XVII, quando Henrique IV decidiu drenar os pântanos e construir uma cidade própria para reis. Hoje o animado bairro Beaubourg e o charmoso Marais, com suas ruas minúsculas, são repletos de arte, lojas descoladas, museus e praças lindos, incluindo a estilosa e familiar place des Vosges.

Principais atrações

Centre Pompidou
Assista ao teatro de rua ou suba e desça as escadas rolantes bizarras (pp. 80-1).

Musée des Arts et Métiers
Homenageie os grandes inventores neste antigo mosteiro que hoje é um museu dedicado à ciência, tecnologia e engenharia (pp. 86-7).

Place des Vosges
Seja ousado como d'Artagnan ou dispare sobre as barricadas como Gavroche, o jovem herói de Victor Hugo, numa das praças mais belas do mundo (pp. 92-3).

Musée Carnavalet
Neste belo museu (p. 94), descubra como Paris passou de aldeia numa ilha no rio Sena para uma das cidades mais lindas do mundo.

Rue des Rosiers
Sinta o sabor da culinária judaica em um dos restaurantes *kosher* do bairro judaico, uma das áreas mais animadas de Paris (p. 96).

Place de la Bastille
Veja o espaço vazio onde antes ficava a infame prisão e pergunte-se como múmias egípcias chegaram a esta enorme ilha no trânsito (p. 97).

Acima Playground no Jardin du Port de l'Arsenal
À esq. Bonecas de porcelana pintadas à mão expostas no Musée de la Poupée

O Melhor do
Beaubourg e do Marais

Profundamente imbuído de história, o Marais é um labirinto de ruas tortuosas com mansões, lojas e restaurantes da moda e pequenos museus de arte; as crianças mais velhas vão adorar. Passe um dia conhecendo pátios elegantes e sinta um pouco da vida judaica parisiense lá, antes de partir para o Centre Pompidou, onde sempre há muita coisa acontecendo, dentro e fora do espaço. Para divertir-se ao ar livre, passeie pelo canal ao lado da lendária place de la Bastille.

Histórias pavorosas

No **Musée Carnavalet** (p. 94), veja os primeiros barcos que velejaram no Sena e acompanhe a história da Revolução Francesa. Depois procure as muralhas medievais da cidade criadas por Felipe II, Augusto, ocultas num playground escolar.

Seja um cavaleiro e siga os rastros dos Templários na **square du Temple** (p. 87), ou marche como Henrique IV pelo pátio do **Hôtel de Sully** (p. 92), a casa de seu amigo íntimo e assessor, o duque de Sully.

Na **place de la Bastille** (p. 97), visualize o início da Revolução. Depois visite a casa na **place des Vosges** (pp. 92-3) onde Victor Hugo escreveu *Os miseráveis*, uma história sobre pessoas pobres cuja vida praticamente não tinha mudado, apesar da Revolução, e se rebelaram contra uma nova monarquia.

Caminhe pelo bairro judaico, **rue des Rosiers** (p. 96), e encontre a placa numa escola na rue des Hospitalières-St.-Gervais que recorda as crianças deportadas na Segunda Guerra Mundial. Descubra mais sobre o destino trágico dos judeus franceses no sombrio **Mémorial de la Shoah** (p. 96).

À dir. *Um avião antigo exposto no Musée des Arts et Métiers*
Abaixo *Passarela de vidro no Centre Pompidou*

Acima Belos jardins com canteiros de flores no Musée Carnavalet

Paris étnica

Faça um tour gastronômico pelo mundo. Experimente a cozinha judaica nos restaurantes e padarias da **rue des Rosiers**. Saboreie cheesecake, strudel ou arenques, ou, ainda, um falafel norte-africano. Compre um pão *challah* para o jantar e um pião para a festa judaica da Hanukkah. Saiba mais no **Musée d'Art et d'Histoire du Judaïsme** (p. 89).

Explore a **passage Brady** (p. 87), uma galeria coberta repleta de restaurantes indianos e lojas fundadas por imigrantes da antiga colônia francesa de Pondicherry, na Índia. Devore um autêntico curry ou compre ingredientes para preparar algo condimentado em casa.

Para concluir o passeio, "viaje" até a Argélia, o Marrocos e a Tunísia para desfrutar deliciosos tajines nos restaurantes perto do **Musée des Arts et Métiers** (pp. 86-7). Este museu da ciência e da indústria cobre tópicos como fotografia, máquinas e energia.

Compras e mais compras

Procure roupas e quinquilharias na **Merci** (p. 93), que doa o dinheiro recebido a organizações de caridade. Os chocólatras precisam conhecer a **Jadis et Gourmande** (p. 88).

Numa tarde de domingo, perambule pelo Marais e faça compras nas lojas da moda da popular rue des Francs Bourgeois e da **rue Montorgueil** (p. 81), reservada a pedestres e que abriga alguns dos estilistas parisienses jovens. Aqui, conheça a padaria mais antiga da cidade, **La Maison Stohrer** (p. 83), que preparava Rum Babas (bolos regados a rum) para Luís XIV. Paraíso para os gourmets, essa rua é o lugar perfeito para comprar ingredientes para um piquenique.

Aulas de arte

Sinta-se inspirado com o melhor da arte moderna no fascinante Musée National d'Art Moderne, no interior do **Centre Pompidou** (pp. 80-1), ou maravilhado com a arquitetura esdrúxula do centro, a praça movimentada em frente e a colorida **Fontaine Igor Stravinsky** (p. 82). Veja trabalhos dos grandes artistas judeus de Paris, incluindo Chagall e Modigliani, no **Musée d'Art et d'Histoire du Judaïsme**.

As crianças vão gostar de ver as pinturas e esculturas do grande Pablo Picasso no **Musée Picasso** (p. 95). Visite também o **Musée Carnavalet**, com 2.600 pinturas, algumas delas no teto.

À esq. Pães e bolos na padaria mais antiga de Paris, La Maison Stohrer

Beaubourg e Marais

Centre Pompidou e arredores

As crianças adoram o zum-zum-zum da pracinha em frente ao Centre Pompidou. Repleta de artistas de rua, a praça é reservada a pedestres, portanto as crianças podem correr em segurança. E há a emoção de andar nas escadas rolantes esdrúxulas para desfrutar a vista deslumbrante que tem do alto, que supera a arte fantástica exposta no interior. Há uma boa mistura de atividades próprias para chuva ou sol, ao ar livre ou em espaços internos, como fazer compras na rue Montorgueil ou subir a histórica Tour de Jean Sans Peur. Todas as atrações desta área ficam próximas umas das outras e são fáceis de conhecer a pé.

Beaubourg e Marais
- Musée des Arts et Métiers p. 86
- Centre Pompidou
- Place des Vosges p. 92

Mesas na calçada do Dame Tartine, restaurante muito procurado pelos parisienses

Locais de interesse

ATRAÇÕES
1. Centre Pompidou
2. Place Igor Stravinsky
3. Les Halles
4. Tour de Jean Sans Peur

● COMIDA E BEBIDA
1. François Pralus
2. Berko
3. Les Piétons
4. Georges
5. Boulangerie Julien
6. Dame Tartine
7. La Maison Stohrer
8. Bistro Burger
9. Charles Chocolatier
10. Régis Colin

● COMPRAS
1. Not So Big
2. A La Poupée Merveilleuse

Veja também Centre Pompidou (p. 81)

● HOSPEDAGEM
1. Novotel Les Halles

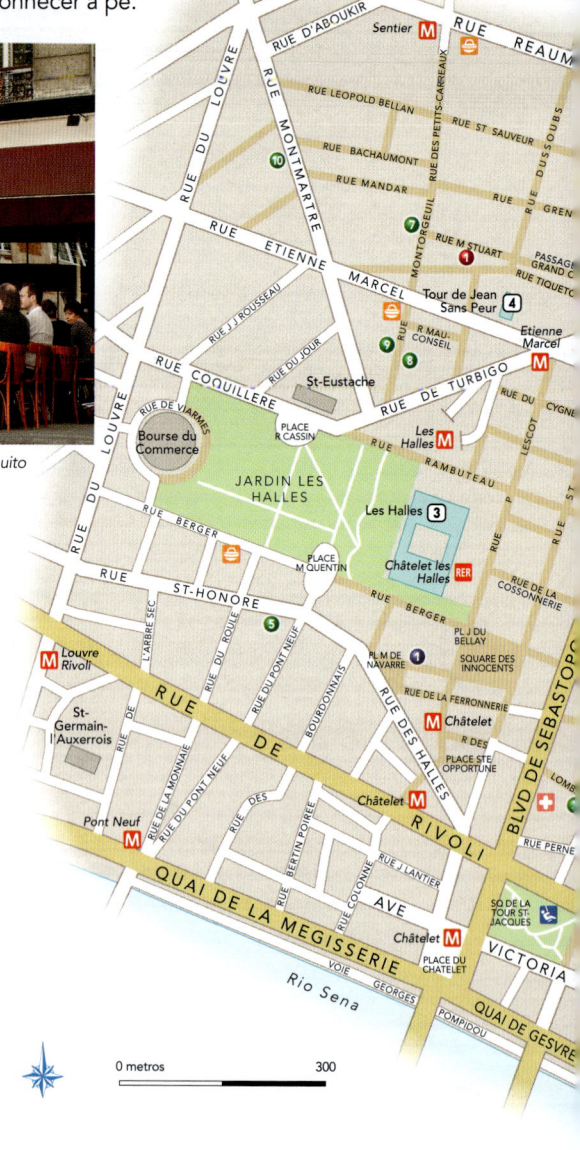

Centre Pompidou e arredores | 79

A fachada interessante e colorida do Centre Pompidou

Informações

🚇 **Metrô** Châtelet, linhas 1, 4, 7 11 e 14; Les Halles, linha 4; Etienne Marcel, linha 4 ou Hôtel de Ville, linhas 1 e 11 **RER** Châtelet Les Halles, linhas A, B e D **Ônibus** 21, 29, 38, 47, 58, 67, 69, 70, 72, 74, 75, 76, 81, 85 e 96

ℹ️ **Informação turística** Kiosk, 11 pl de l'Hôtel de Ville, 75004; jul-ago 10h-18h diariam

🛒 **Supermercados** Franprix: 25 rue Montorgueil, 75001; 85 rue Réaumur, 75002; 35 rue Berger, 75001; Monop', 131 rue St.-Denis, 75001 **Mercado de rua** Marché St.-Eustache les Halles, rue Montmartre, 75001; 12h30-20h30 qui, 7h-15h dom

✚ **Farmácia** Pharmacie des Halles, 10 blvd de Sébastopol, 75001; 01 42 72 03 23; aberto até meia-noite seg-sáb, até 22h dom

🛝 **Playground** square de la Tour St.-Jacques, rue de Rivoli, 75004; amanhecer-anoitecer *(p. 82)*

Crianças brincando na L'Ecoute, escultura de Henri de Miller na place Rene Cassin

① Centre Pompidou
Cubos, tubos e vistas

Georges Pompidou, presidente da França de 1969 a 1974, adorava tudo o que era moderno; ele escolheu os arquitetos Richard Rogers e Renzo Piano para criar um centro cultural inovador. O resultado foi este prédio maluco de vidro que é o Centre Pompidou, com suas escadas rolantes, tubulações de ar-condicionado e de esgotos expostos do lado de fora. O centro abriga uma enorme biblioteca pública e também o Musée National d'Art Moderne, com arte moderna de vanguarda e que muda sempre (suas 60 mil obras passam por um rodízio), além de exposições temporárias.

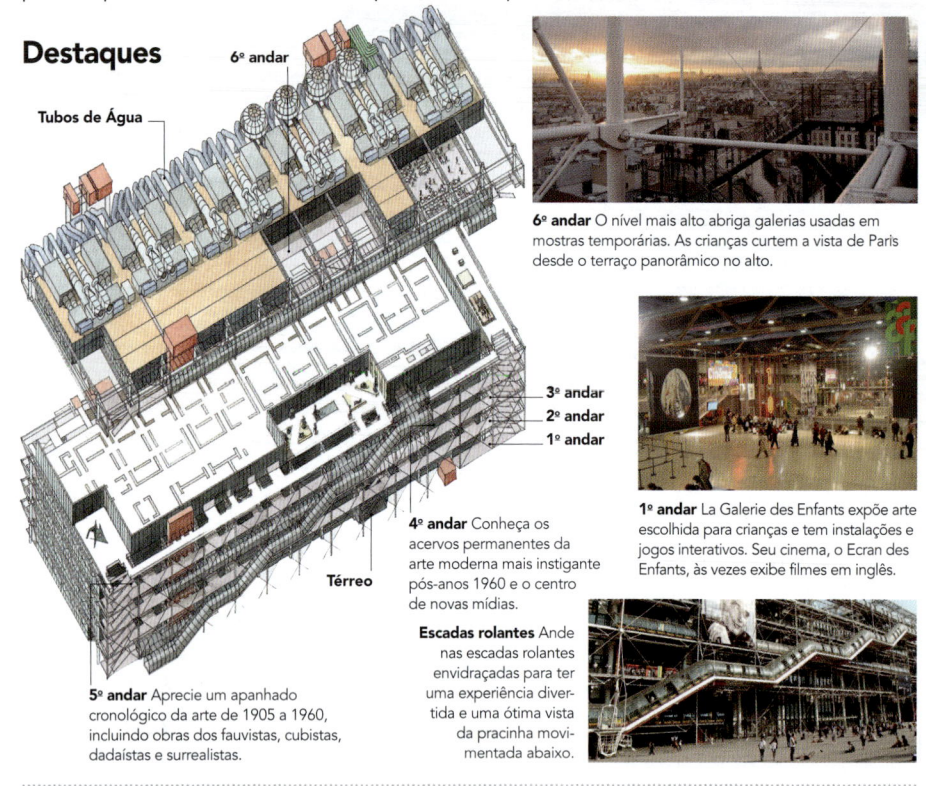

Artista de rua

Destaques

6º andar

Tubos de Água

6º andar O nível mais alto abriga galerias usadas em mostras temporárias. As crianças curtem a vista de Paris desde o terraço panorâmico no alto.

3º andar
2º andar
1º andar

4º andar Conheça os acervos permanentes da arte moderna mais instigante pós-anos 1960 e o centro de novas mídias.

Térreo

1º andar La Galerie des Enfants expõe arte escolhida para crianças e tem instalações e jogos interativos. Seu cinema, o Ecran des Enfants, às vezes exibe filmes em inglês.

5º andar Aprecie um apanhado cronológico da arte de 1905 a 1960, incluindo obras dos fauvistas, cubistas, dadaístas e surrealistas.

Escadas rolantes Ande nas escadas rolantes envidraçadas para ter uma experiência divertida e uma ótima vista da pracinha movimentada abaixo.

Artistas entretêm a multidão na praça em frente ao Centre Pompidou

Preços para família de 4 pessoas

Para relaxar
A place Georges Pompidou, em frente ao museu, é divertida. As crianças vão gostar das esculturas de monstros mágicos na fonte Stravinsky, na **place Igor Stravinsky** (p. 82).

Comida e bebida
Piquenique: até €25; lanches: €25-45; refeição: €45-90; para a família: mais de €90 (base para quatro pessoas)

PIQUENIQUE François Pralus (35 rue Rambuteau, 75004; www.chocolats-pralus.com) é um dos melhores chocolateiros de Paris; ele próprio faz as barras de chocolate. A place Georges Pompidou é ideal para um piquenique.
LANCHES Berko (23 rue Rambuteau, 75004; 01 40 29 02 44) vende cupcakes fabulosas com sabores deliciosos.
REFEIÇÃO Les Piétons (8 rue des Lombards, 75004; 01 48 87 82 87; www.lespietons.com), em uma rua de pedestres, é um bar espanhol de tapas. Prepara paella e saladas deliciosas.

Centre Pompidou e arredores | 81

Informações

- **Mapa** 11 B4
  Endereço pl Georges Pompidou, 75004; 01 44 78 12 33; www.centrepompidou.fr
- **Metrô** Rambuteau, linha 11 ou Hôtel de Ville, linha 1 e 11 **RER** Châtelet-Les Halles, linhas A, B e D **Ônibus** 21, 29, 38, 47, 58, 69, 70, 72, 74, 75, 81, 85 e 96
- **Aberto** 11h-21h qua-seg; veja www.centrepompidou.fr p/ eventos à noite
- **Preço** Exposições, museus e mirante: €30-40 ou €36-46 conforme a estação; até 18 anos grátis, ou até 26 anos com passaporte da União Europeia; apenas mirante: €6-16; até 26 anos grátis; Écran des Enfants, na Galerie des Enfants: €11-21
- **Para evitar fila** Aceita Paris Museum Pass; entrada grátis todo 1º dom do mês; ingressos p/ adultos podem ser comprados on-line ou em máquinas automáticas; adolescentes entre 11-18 anos precisam mostrar um documento de identidade na recepção p/ retirar os ingressos
- **Passeios guiados** Guias de áudio em inglês; passeios em francês todo sáb 15h30 e todo dom 16h; a livraria vende *My Little Pompidou*, um guia infantil
- **Idade** A partir de 2 anos
- **Atividades** Brinquedos e jogos p/ crianças a partir de 2 anos, na La Galerie des Enfants; workshops qua e sáb; atividades familiares dom e férias; filmes na Écran des Enfants, às vezes em inglês
- **Duração** 1-2h
- **Cadeira de rodas** Sim
- **Café** Café Mezzanine no nível 1; Kiosque BPI no nível 2 e restaurante Georges no nível 6: 01 44 78 47 99
- **Lojas** A livraria Flammarion, na entrada, vende guias em inglês, assim como livros de artes e de atividades em francês; A Printemps Design Boutique fica no saguão de entrada; há outras livrarias nos níveis 4 e 6
- **Banheiros** No saguão principal e em cada um dos andares

Bom para a família
O Centre Pompidou é flexível. Se as crianças não ligam para arte, podem ir de escada rolante apreciar a vista ou se divertir com o teatro de rua na frente do museu.

CRIANÇADA!

Procure...
1 Alguma coisa surreal. As pinturas surrealistas são bizarras, fora do comum, como algo saído de um sonho. Pegue uma baguete, prenda um barbante nele e amarre o barbante sob seu queixo: é um chapéu surrealista! Alguém tem outras ideias malucas?
2 Uma pintura do artista judeu-russo Marc Chagall. Ele deixou seu país de origem nos anos 1920 e adorava pintar sua cidade natal, Vitebsk, especialmente a igreja com cúpula em forma de cebola. Que imagem você pintaria de sua cidade?
3 Pop art. Andy Warhol, conhecido como o pai da Pop Art, pintava muitos objetos do cotidiano. Escolheu latas de sopa Campbell's e Coca-Cola porque eram coisas que gostava de tomar. O que você escolheria?

ARTE FABULOSA
Marc Chagall fez ilustrações para as fábulas famosas escritas pelo francês Jean de la Fontaine. Entre elas estavam contos como *A cigarra e a formiga* e *A raposa e a cegonha*.

Cores indicam finalidades
Os tubos na parte externa do edifício são de cores diferentes. Os dutos de ar-condicionado são azuis, a tubulação de água é verde, os cabos elétricos são amarelos e os canais de ventilação são brancos. A parte inferior dos tubos em que as pessoas se movimentam, como as escadas rolantes, é pintada de vermelho. Os arquitetos queriam que prestassem mais atenção ao funcionamento real de um edifício.

Cupcakes fartamente decorados atrás do balcão da Berko

PARA A FAMÍLIA O restaurante de cobertura **Georges** (*Centre Pompidou; 01 44 78 47 99; fechado ter*) tem um grande terraço com vista espetacular da cidade. A comida é principalmente francesa clássica, mas inclui alguns pratos asiáticos.

Saiba mais
INTERNET O site interativo *www.junior.centrepompidou.fr* tem games e informações em inglês e francês sobre suas exposições.

FILME Assista a *Meu tio* (1958), filme em que o cineasta francês Jacques Tati ironiza os parisienses que adoram tudo o que é moderno – um pouco como Georges Pompidou.

Compras
A **Not So Big** (*38 rue Tiquetonne, 75002; www.notsobig.fr*) é uma loja conceitual para crianças. A **La Poupée Merveilleuse** (*9 rue du Temple, 75004; www.fete–paris.com*) vende jogos e brinquedos de festa para crianças.

Próxima parada...
MARAIS Após um tour pelo Centre Pompidou, explore a área vizinha do Marais, um emaranhado de ruas tortuosas cheias de butiques de grife, galerias de arte, lojas e cafés. Deixe as crianças se descontraírem na bela place des Vosges e depois parta em direção à rue Montorgueil, uma das ruas mais bacanas de Paris, repleta de padarias e barracas de feira.

Beaubourg e Marais

Carrossel no Forum des Halles, com a Igreja St.-Eustache ao fundo

② Place Igor Stravinsky
Um Pássaro de Fogo encharcado de água

Situada ao lado do Centre Pompidou, esta praça movimentada encanta crianças e adultos com sua colorida fonte. Inaugurada em 1982, recebeu o nome do compositor Igor Stravinsky. A Fonte Stravinsky tem dezesseis esculturas móveis, que jorram água, inspiradas na música do compositor. As formas ousadas e coloridas criadas por Niki de St.-Phalle são lindas, e as estruturas metálicas rangentes do marido dela, Jean Tinguely, são irônicas de modo sombrio. Ande em torno do lago retangular para ver todas; procure especialmente o belo Pássaro de Fogo, com crista dourada, e a figura bizarra de *La mort* – a morte –, com caveira que ri.

Se chover...
Caso o tempo feche, volte para as áreas gratuitas do **Centre Pompidou**, onde os andares térreo e 1º têm loja de suvenires e livraria, além de cafés convidativos, onde você pode passar algum tempo.

③ Les Halles
Um ventre repleto de lojas

Émile Zola descreveu Les Halles como o ventre de Paris, devido a seu mercado de alimentos antes enorme, criado pelo rei Felipe II, o Augusto, em 1181. Em 1969 os pavilhões de vidro do século XIX foram demolidos, acabando com o derradeiro bairro tradicional de classe trabalhadora no centro de Paris.

A parte principal do Les Halles atual é o Forum des Halles, um enorme shopping center no subsolo, que está passando por uma grande renovação prevista para ser concluída em 2016. É um lugar bom, apesar de austero, para fazer compras: há filiais de todas as maiores redes de lojas francesas e internacionais, mas o ambiente é pouco acolhedor.

Há também uma piscina, a Piscine Suzanne Berlioux, e complexos de cinema, entre eles o Forum des Images, onde é possível ver milhares de filmes e imagens de arquivo num cinema de telas múltiplas.

A vizinha Bourse du Commerce tem um afresco interessante pintado em 1886 por Alexis-Joseph Mazerole, mostrando os quatro cantos do mundo, desde o frio gelado do norte da Rússia até as selvas africanas.

É desaconselhável visitar a área de Les Halles à noite.

Para relaxar
As crianças podem se soltar no pequeno playground perto da square de Tour St.-Jacques (*rue de Rivoli, 75004*). Outra possibilidade é dar um mergulho na piscina do Forum des Halles.

Entrada do cinema Forum des Images, em Les Halles

Informações
- **Mapa** 11 B4
  Endereço 75004
- **Metrô** Rambuteau, linha 11; Hôtel de Ville, linhas 1 e 11 ou Châtelet, linhas 1, 11 e 14 **RER** Châtelet-Les Halles, linhas A, B e D **Ônibus** 21, 29, 38, 47, 58, 69, 70, 72, 74, 75, 81, 85 e 96
- **Comida e bebida** *Piquenique* Boulangerie Julien (*75 rue St.-Honoré, 75001; www.boulangerie-patisserie-artisanale-paris.com*) tem deliciosos sanduíches, pães e croissants – vendem-se mais de mil por dia! As porções pequenas são perfeitas p/ crianças. Experimente o *Tartelette Exotique*, um biscoito sable com frutas. Piquenique na place Igor Stravinsky. *Refeição* Dame Tartine (*01 42 77 32 22; 12h-0h diariam*), com vista para a Stravinsky Fountain, aqui você pode relaxar enquanto as crianças brincam. Serve saborosas *tartines*, sopas e crepes.
- **Banheiros** Dame Tartine, clientes

Bolinhos e cupcakes decorados na La Maison Stohrer

Preços para família de 4 pessoas

Centre Pompidou e arredores | 83

Informações

- **Mapa** 11 A3
- **Endereço:** 75001; www.forumdeshalles.com
- **Metrô** Les Halles, linha 4, ou Châtelet, linhas 1, 7 e 11 **RER** Châtelet-les-Halles, linhas A, B e D **Ônibus** 38, 47, 75 e 76
- **Atividades** Workshops infantis (em francês) no Forum des Images (01 44 76 63 00; www.forumdesimages.fr); há sempre vários teatros de rua acontecendo; também jogos e filmes p/ menores de 12 anos
- **Cadeira de rodas** Limitado
- **Comida e bebida** *Lanches* La Maison Stohrer (51 rue Montorgueil, 75002) é uma das pâtisseries mais antigas e mais famosas, com um lindo teto pintado. O *Baba au Rhum* foi inventado aqui. *Refeição* Bistro Burger (26 rue Montorgueil, 75001; 01 44 82 56 64) é um restaurante com serviço rápido. O destaque são os hambúrgueres saudáveis, e as vagens podem ser uma alternativa à batata frita. Oferece porções pequenas de refeições maiores e excelente menu infantil.
- **Banheiros** No subsolo 3, na Porte Berger e na Porte Rambuteau; trocador de bebê no subsolo, 3 perto da Porte Rambuteau

Tour de Jean Sans Peur, de 27m, um resquício da Paris medieval

④ Tour de Jean Sans Peur
Assustador de verdade

Esta torre é um raro resquício da Paris medieval. Jean sans Peur (João sem Medo), o duque de Borgonha, mandou matar seu primo Luís Filipe II de Orléans, fato que ajudou a desencadear a Guerra dos Cem Anos. O duque se uniu aos ingleses. Não sendo exatamente "sem medo", como alegava, ele construiu uma torre no alto de sua casa para se proteger da família e dos partidários de Luís, conhecidos como os Armagnacs. Apesar disso, foi assassinado em 1419. As crianças curtem a escadaria em espiral, o belo teto abobadado e esculpido, e a privada mais antiga de Paris. Mas não é fácil subir os 140 degraus até o topo com crianças pequenas.

Para relaxar

As crianças vão adorar a enorme cabeça moderna esculpida por Henri de Miller, *L'Ecoute*, em frente à Igreja St.-Eustache. Elas podem até subir sobre a escultura.

Informações

- **Mapa** 11 A3
- **Endereço** 20 rue Etienne Marcel, 75002; 01 40 26 20 28; www.tourjeansanspeur.com
- **Metrô** Etienne Marcel, linha 4, ou Les Halles, linha 4 **RER** Châtelet-les-Halles, linhas A, B e D **Ônibus** 29
- **Aberto** Verão: 13h30-18h quadom; inverno: qua, sáb e dom
- **Preço** €10-16; até 7 anos grátis
- **Passeios guiados** Em francês para crianças
- **Idade** A partir de 7 anos
- **Atividades** Folheto de atividades p/ menores de 13 anos, em inglês
- **Duração** 30min
- **Comida e bebida** *Piquenique* Charles Chocolatier (15 rue Montorgueil, 75001; 01 45 08 57 77) é especializado em chocolate amargo. Experimente os *bûches* (rocamboles). Piquenique nos jardins em frente à St.-Eustache. *Lanches* Régis Colin (53 rue Montmartre, 75002; 01 42 36 02 80), ótima sanduicheria e padaria.
- **Banheiros** No saguão de entrada, no térreo

CRIANÇADA!

Procure...

1 As esculturas da Morte e do Amor na Fonte Stravinsky. Qual é qual?

2 O Défenseur du Temps (defensor do tempo), na rue Bernard de Clairvaux. Este relógio mecânico combate o Ar, a Terra e a Água, que chegam sob a forma de animais selvagens. De hora em hora o atacam, ao som de terremotos, furacões e mares agitados.

3 A coluna astrológica de 30m na rue de Viarmes. Supersticiosa, a rainha Catarina de Médici tinha o hábito de subir até o topo dela com seu astrólogo, que tentava ler seu futuro nas estrelas.

Resposta no fim do quadro.

VERDADE SINISTRA

Em 30 de maio de 1780 as paredes da adega de um restaurante desabaram na rue de la Lingerie, ao lado do Cimetière des Innocents. Ratos, ossos antigos e corpos em decomposição caíram dentro do restaurante. Um operário que pôs sua mão na parede contraiu uma doença e morreu logo depois. Os corpos foram enterrados nas pedreiras subterrâneas abandonadas conhecidas como as Catacombes.

Poço de amor

Na La Maison Stohrer, na rue Montorgueil, experimente um *puits d'amour*, ou "poço de amor". Feito aqui desde 1730, esse docinho de massa podre recheada com creme de baunilha e caramelo recorda a história triste de uma moça que se afogou num poço em Les Halles quando seu pai não a deixou se casar com seu amado.

Resposta: 1 A Morte é a caveira branca no alto de uma escultura de metal e o Amor é o coração verde e vermelho.

Piquenique até €25; **Lanches** €25-45; **Refeição** €45-90; **Para a família** mais de €90 (base para 4 pessoas)

Musée des Arts et Métiers e arredores

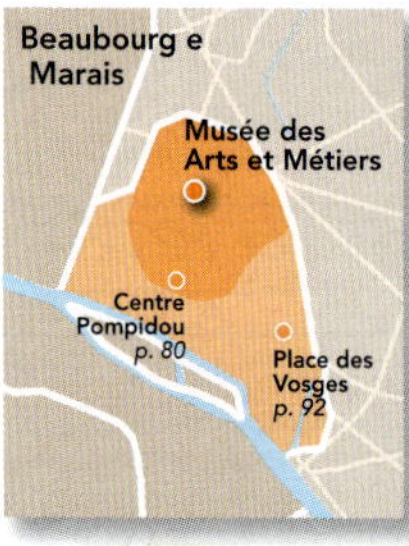

Situado numa antiga abadia, o Musée des Arts et Métiers é um templo da ciência. Seu belo pátio anexo é o lugar ideal para relaxar no verão tomando uma bebida gelada. Há muita história no local, e os fãs de Harry Potter vão gostar de saber que a casa mais antiga de Paris foi habitada certa vez pelo contador e alquimista Nicolas Flamel (p. 88). As atrações turísticas se concentram numa área muito pequena, e é fácil deslocar-se a pé. Os restaurantes servem a melhor comida étnica de Paris. O museu fica a dez minutos a pé do Centre Pompidou.

Bonecas de porcelana expostas no Musée de la Poupée

Locais de interesse

ATRAÇÕES
1. Musée des Arts et Métiers
2. 51 Rue de Montmorency
3. Musée de la Poupée
4. Musée d'Art et d'Histoire du Judaïsme

COMIDA E BEBIDA
1. Marché aux Enfants Rouges
2. L'As du Fallafel
3. Passage Brady
4. Chez Omar
5. Bob's Kitchen
6. L'Auberge Nicolas Flamel
7. Jadis et Gourmande
8. Le Studio
9. Pain de Sucre
10. Breizh Café

COMPRAS
1. Passage de Grand Cerf

HOSPEDAGEM
1. Bonne Nuit Paris
2. Hôtel du Nord – Le Pari Vélo

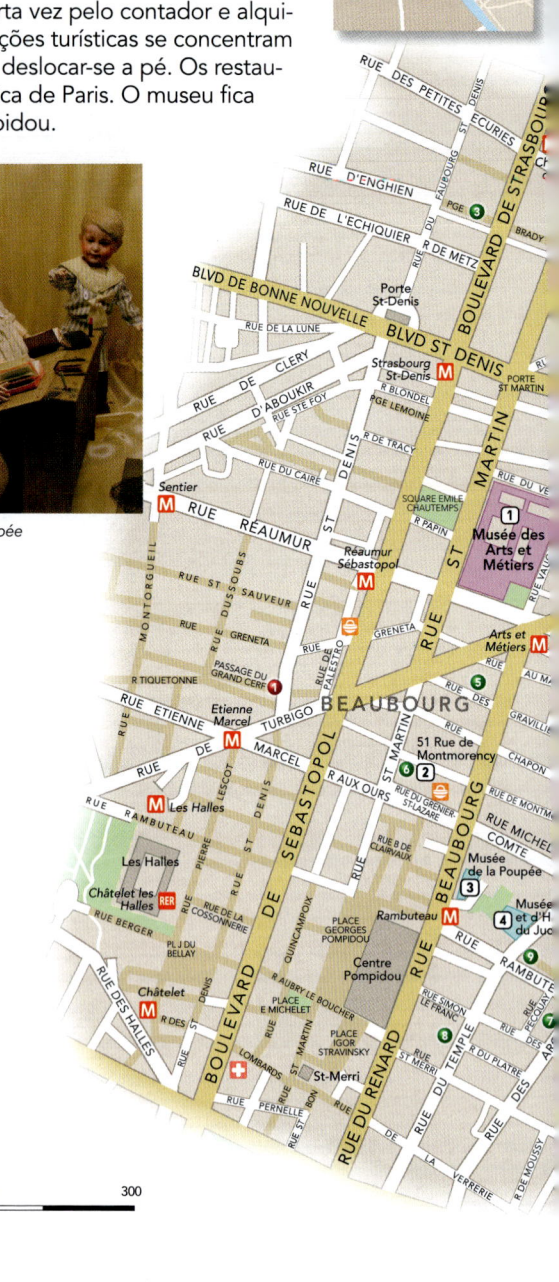

Musée des Arts et Métiers e arredores | 85

Aviões antigos expostos no Musée des Arts et Métiers

Toca-discos no Musée des Arts et Métiers

Comendo ao ar livre no Le Studio

Informações

🚗 **Metrô** Arts et Métiers, linhas 3 e 11; Réaumur Sébastopol, linhas 3 e 4; Rambuteau, linha 11 ou Hôtel de Ville, linhas 1 e 11 **RER** Châtelet Les Halles, linhas A, B e D **Ônibus** 20, 29, 38, 39, 47 e 75

ℹ **Informação turística** Quiosque, 11 pl de l'Hôtel de Ville, 75004; jul-ago: 10h-18h diariam

🛒 **Supermercados** Monop', 65 rue Turbigo, 75003; 01 44 54 37 63; 8h-0h seg-sáb; Franprix, 16 rue Grenier St.-Lazare, 75003; 8h30-21h seg-sáb; Monoprix, 93 blvd de Sébastopol, 75002; 01 42 33 36 15; 9h-22h diarim seg-sáb
Mercado de rua Marché des Enfants Rouges (coberto), 39 rue de Bretagne, 75003; 8h30-13h e 16h-19h30 ter-qui, 8h30-13h e 16h-20h sáb, 8h30-14h dom

➕ **Farmácia** Pharmacie des Halles, 10 blvd de Sébastopol, 75001; 01 42 72 03 23; 8h-22h seg-sáb, 9h-22h dom

🛝 **Playgrounds** square du Temple, 64 rue de Bretagne, 75003; amanhecer-anoitecer (p. 87); square Charles--Victor Langlois, rue des Blancs Manteaux, 75004, amanhecer-anoitecer (p. 89)

86 | Beaubourg e Marais

① Musée des Arts et Métiers
Templo da inventividade

Alternativa interessante aos muitos palácios e museus de arte de Paris, este museu foi fundado em 1794 para exibir invenções novas e úteis. Abrigado na antiga abadia de St.-Martin-des-Champs, inclui mais de 3 mil criações organizadas cronologicamente em sete seções. Há explicações em inglês e telas interativas, mas a maior parte do museu é charmosa e antiquada. Não deixe de ver a igreja cheia de carros e aviões.

Estátua da Liberdade, Musée des Arts et Métiers

Destaques

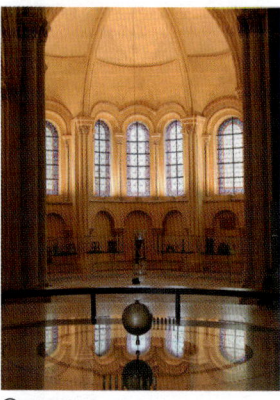

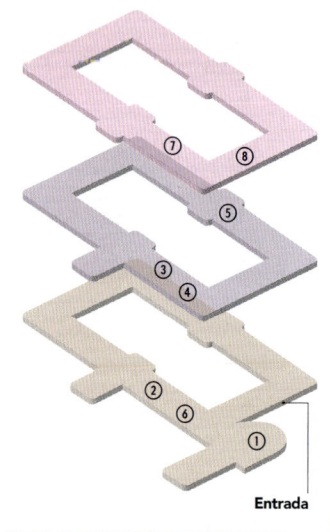

■ **2º andar** Instrumentos e materiais científicos

■ **1º andar** Construção, comunicação, energia, mecânica

■ **Térreo** Igreja, transportes

Entrada

① **Pêndulo de Foucault** Em 1851, esse instrumento comprovou que a Terra gira em torno de seu próprio eixo. Veja como isso foi feito às 12h e 17h, diariamente.

② **Avion 3** O inventor francês Clément Ader projetou o Avion 3, um avião inspirado por um morcego e que foi testado pela primeira vez em 1897. Ader também criou o motor V8 para o rali Paris-Madri de 1903.

③ **Théâtre des Automates** Alguns dos brinquedos mecânicos deste lugar pertenceram a Maria Antonieta. Acompanhe uma demonstração com robôs em ação.

④ **Machine de Marly** Esta máquina, uma obra-prima da engenharia, foi criada em 1684 para retirar água de uma profundidade de 162m para as fontes e o lago de Versalhes.

⑤ **Receptor de televisão** René Barthélémy, pioneiro da televisão francesa, inventou um dos primeiros receptores de TV em 1931.

⑥ **Bicicleta de segurança Otto** Inventada em 1879, com rodas lado a lado em vez de serem uma atrás da outra, esta bicicleta é apenas uma de uma coleção extraordinária.

⑦ **Calculadora mecânica** O matemático Blaise Pascal inventou a primeira calculadora mecânica em 1642, quando ainda era adolescente.

⑧ **Laboratório de Lavoisier** O químico francês Antoine-Laurent de Lavoisier (1743-94) é conhecido como o pai da química moderna. Foi guilhotinado na Revolução, mas suas descobertas levaram ao nascimento da indústria química. Seu laboratório foi reconstruído no interior do museu.

Preços para família de 4 pessoas

Musée des Arts et Métiers e arredores | 87

Informações

- **Mapa** 11 B2
  Endereço 60 rue Réaumur, 75003; 01 53 01 82 00; www.arts-et-metiers.net
- **Metrô** Arts-et-Métiers, linhas 3 e 11 **Ônibus** 20, 38, 39 e 47
- **Aberto** 10h-18h ter-dom, até 21h30 qui, fechado 1º mai e 25 dez
- **Preço** €13-23; até 18 grátis (e até 26 com passaporte da UE)
- **Para evitar fila** Aceita Paris Museum Pass; mais movimentado nos fins de semana, mas quase não há filas, pois o museu não faz parte do circuito turístico
- **Passeios guiados** Guia de áudio p/ crianças em inglês: €5; o francês *parcours rapide* (passeio rápido) cobre os 30 objetos expostos mais importantes
- **Idade** A partir de 6 anos
- **Atividades** O Théâtre des Automates se apresenta na 1ª e na 4ª qua e no 3º dom do mês; workshops em francês sáb e férias escolares p/ 4-14 anos, apenas com reserva: 01 53 01 82 88; ingresso familiar: €22-32; 01 53 01 82 65
- **Duração** 1-2h
- **Cadeira de rodas** Sim
- **Café** Café des Techniques (www.cafedestechniques.com), no museu; combinado de brunch no dom e ingresso do museu: €22,50; até 10 anos: €11
- **Banheiros** No museu

Bom para a família
Diversão para crianças de todas as idades. Planeje a visita de forma a coincidir com a demonstração do pêndulo de Foucault e o show no Théâtre des Automates.

CRIANÇADA!

Fique de olho...
1 Torres escondidas. Perto do museu há duas torres medievais, na rue de Vertbois e rue St.-Martin.
2 O primeiro avião a atravessar o Canal da Mancha. Pilotado por Louis Bleriot em 1909, está pendurado no teto da capela no Musée des Arts et Métiers.
3 Um carro de corrida movido por hélice na galeria de transportes do Musée des Arts et Métiers. Imagine o barulho de ventania que devia fazer!

CALENDÁRIO FRANCÊS
Os revolucionários inventaram um novo calendário, o Calendário Revolucionário Francês. O ano III, ou 1794, ano de fundação do Musée des Arts et Métiers, está gravado sobre a porta do pátio e pode ser visto da entrada.

Reino dos Templários
Os Cavaleiros Templários foram uma ordem de cavaleiros cruzados que se fixou no Marais no século XII e ali ergueu uma grande fortaleza. Eles acumularam uma fortuna enorme e tornaram-se alguns dos primeiros banqueiros da Europa. Seus inimigos circularam rumores de que eles estariam envolvidos em heresia e corrupção. Em 1307, o rei Felipe IV, que tinha grandes dívidas com os Templários, aproveitou as alegações para prender os líderes da ordem e torturá-los para lhes arrancar confissões. Antes de ser queimado vivo, um dos líderes, Jacques de Morlay, amaldiçoou o rei, dizendo que ele morreria naquele ano. De fato, o rei morreu pouco depois num acidente numa caçada.

Para relaxar
No passado um enclave fortificado dos Cavaleiros Templários, a bonita **square du Temple** (64 rue de Bretagne, 75003) possui um lindo jardim com playground adjacente. É muito procurada para piqueniques.

Família fazendo piquenique na square du Temple

Comida e bebida
Piquenique: até €25; Lanches: €25-45; Refeição: €45-90; Para a família: mais de €90 (base para 4 pessoas)

PIQUENIQUE Marché aux **Enfants Rouges** (39 Rue de Bretagne, 75003; fechado seg) oferece grande variedade de queijos, frios e frutas para um piquenique.
LANCHES Restaurante muito popular, o **L'As du Fallafel** (34 Rue des Rosiers, 75004; 01 48 87 63 60; fechado sáb) serve deliciosos falafels
REFEIÇÃO Na passage Brady (39 blvd de Strasbourg, 75010), construída em 1828, há várias casas de curry que servem comida de Mumbai a preços módicos o dia inteiro.

PARA A FAMÍLIA O restaurante marroquino **Chez Omar** (47 rue de Bretagne, 75003; 01 42 72 36 26; diariam; dinheiro apenas; não aceita reservas) é famoso por seu cuscuz.

Saiba mais
INTERNET Atualize seus conhecimentos científicos em www.bbc.co.uk/schools/scienceclips/index_flash.shtml. Química: www.chemistryforkids.net. Física: www.physics4kids.com. Assista aos primeiros grandes passos na história da aviação: http://tinyurl.com/3e43juo.

Compras
A área em volta do metrô Etienne Marcel tem lojas descoladas. A **passage de Grand Cerf**, ao norte da rue de Turbigo, é uma galeria coberta bonita que data de 1825.

Próxima parada...
UM ARCO E UMA CONSTRUÇÃO MALUCA O museu fica perto da **Porte St.-Denis** (blvd St.-Denis, 75003), o enorme arco do século XVII que substituiu um dos portões nas muralhas medievais da cidade, que antigamente era uma das entradas de Paris. Caminhe pela rue Beaubourg até o **Centre Pompidou** (pp. 80-1).

② 51 Rue de Montmorency
À mesa do alquimista

Nicolas Flamel, amigo do professor Dumbledore que aparece no primeiro livro da série Harry Potter, foi um alquimista que, de acordo com a lenda, era dono da Pedra Filosofal, um tesouro mágico capaz de transformar vis metais em ouro e prata. Flamel viveu no nº 51 da rue de Montmorency, a mais antiga casa de pedra remanescente em Paris, que hoje abriga um restaurante com seu nome.

Flamel também teria descoberto o elixir da vida, mas, embora tenha passado dos 80 anos de idade, nada indica que tenha conquistado a imortalidade. Ele desenhou a própria lápide, que, coberta de símbolos estranhos, hoje fica exposta no Musée de Cluny (pp. 176-7). Na vida real, Flamel acumulou uma fortuna – não num laboratório secreto, mas com a compra e venda de manuscritos raros. Rico e generoso, doou sua fortuna aos pobres, que ele e sua esposa, Perenelle, alimentavam e ajudavam na casa do nº 51. Ironicamente, o restaurante que ocupa o local hoje é caro demais para ser frequentado por parisienses de baixa renda.

A mais antiga casa de pedras em Paris, nº 51 da rue de Montmorency

Informações
- **Mapa** 11 B3
- **Endereço** L'Auberge Nicolas Flamel, 51 Rue de Montmorency, 75003; 01 42 71 77 78; www.auberge-nicolas-flamel.fr
- **Metrô** Etienne Marcel, linha 4
- **Ônibus** 29, 38 e 47
- **Aberto** 12h-14h30 e 19h-22h seg-sáb (necessário reservar)
- **Comida e bebida** *Refeição* Bob's Kitchen (74 rue Gravilliers, 75003; 09 52 55 11 66) serve ótimos wraps saudáveis e um brunch barato. *Para família* L'Auberge Nicolas Flamel (fechado dom) tem almoço por preço fechado e um menu infantil; pode ser divertido p/ pequenos gourmets ou p/ fãs de Harry Potter.
- **Banheiros** Apenas p/ clientes

Chocolates em várias formas na Jadis et Gourmande, local que as crianças amam

Se chover...
Há uma coleção maluca de animais empalhados e armas no **Musée de la Chasse et de la Nature** (62 rue des Archives, 75003; www.chassenature.org). Fique de olho no enorme urso polar!

③ Musée de la Poupée
Miniaturas mágicas

Paris era famosa por suas bonecas; este pequeno museu fica numa área em que elas eram produzidas. Esta belíssima coleção de casas de bonecas e bonecas do século XIX feitas à mão, da França e de todo o mundo, vai encantar especialmente as garotinhas. Há um hospital de bonecas, para qualquer emergência. Guido e Samy Odin, pai e filho, proprietários do museu, ficam a postos caso alguma boneca precise de cuidados. Uma lojinha vende charmosos brinquedos e roupinhas de boneca. Há muitas atividades para crianças que transcendem a barreira linguística.

Para relaxar
O museu fica ao lado da entrada de um pequeno jardim, o **Jardin d'Anne Frank**, adjacente aos fundos do Hôtel de St.-Aignan, que abriga o Musée d'Art et d'Histoire du Judaïsme. Procure a hortinha dos moradores locais.

Bonecas vestidas com esmero no Musée de la Poupée

Informações
- **Mapa** 11 B3
- **Endereço** Impasse Berhaud, 75003; 01 42 72 73 11; www.museedelapoupeeparis.com
- **Metrô** Rambuteau, linha 11
- **Ônibus** 29, 38 e 47
- **Aberto** 10h-18h, fechado seg e feriados
- **Preço** €22-32; até 12 anos grátis no dom de manhã
- **Passeios guiados** €32-42
- **Idade** A partir de 3 anos
- **Atividades** Workshops qua às 11h; contação de história qua às 14h
- **Duração** 30-45min
- **Cadeira de rodas** Sim
- **Comida e bebida** *Piquenique* Jadis et Gourmande (39 rue des Archives, 75004; 01 48 04 08 03; www.jadisetgourmande.fr) faz tudo que você possa imaginar com chocolate, de CDs a celulares e até a Torre Eiffel. Piquenique no Jardin d'Anne Frank. *Refeição* Le Studio (41 rue du Temple, 75004; 01 42 74 10 38; www.the-studio.fr; 9h-0h ter-dom, 17h30-0h seg) é um restaurante Tex-Mex com terraço num bonito pátio fechado e espaço p/ as crianças correrem.
- **Banheiros** No térreo

Preços para família de 4 pessoas

④ Musée d'Art et d'Histoire du Judaïsme

Festas e lâmpadas de Hanukkah

Situado numa mansão fabulosa que é típica do Marais, perto do histórico bairro judaico centrado na rue des Rosiers (*p. 96*), este museu celebra a cultura dos judeus franceses. A França tem a maior população judaica da Europa, e o acervo relata a história dela, desde a Idade Média até hoje. As crianças acharão interessante o rádio antiquado em que se ouve a declaração da fundação do Estado de Israel, em 1947, nas Nações Unidas (em inglês). É divertido visitar o museu nos grandes feriados judaicos, especialmente Purim e Hanukkah, festejados tendo em mente sobretudo as crianças.

Alguns dos maiores pintores do início do século XX foram judeus, e o museu possui um belo acervo de obras de artistas expressionistas como Amedeo Modigliani, Chaim Soutine e Marc Chagall.

Para relaxar

Logo atrás do museu fica o belo Jardin d'Anne Frank. Há um pequeno playground na **square Charles-Victor Langlois** (*rue des Blancs-Manteaux, 75004*), ao lado da igreja de Notre-Dame-des-Blancs-Manteaux. Procure no chão os resquícios de uma torre antiga.

Acima Modelo de uma sinagoga, museu judaico
Abaixo Fragmentos de lápides de judeus, museu judaico

Informações

- 🌐 **Mapa** 11 B4
  Endereço Hôtel de St.-Aignan, 71 rue de Temple, 75003; 01 53 01 86 60; www.mahj.org
- 🚇 **Metrô** Rambuteau, linha 11 e Hôtel de Ville, linhas 1 e 11
  Ônibus 29, 38, 47 e 75
- 💶 **Preço** €13-23; até 18 anos grátis (e até 26 com passaporte da UE); aceita Paris Museum Pass
- 🕐 **Aberto** 11h-18h dom-sex, até 21h qua; fechado sáb
- 🚩 **Passeios guiados** Com áudio em inglês, grátis
- 👫 **Idade** A partir de 8 anos
- 🎨 **Atividades** Workshops relacionados a datas judaicas; 01 53 01 86 62
- ⏱ **Duração** 1h
- ♿ **Cadeira de rodas** Sim
- 🍴 **Comida e bebida** *Piquenique* Pain de Sucre, (14 rue Rambuteau, 75003; 01 45 74 68 92; fechado ter e qua) vende marshmallows de dar água na boca e ursinhos de chocolate; prove o Zanzibar. Piquenique na square Charles-Victor Langlois. *Refeição* Breizh Café (109 rue Vielle du Temple; 01 42 72 13 77; www.breizhcafe.com; fechado seg e ter) serve deliciosos crepes Breton.
- 🚻 **Banheiros** Na escadaria central

CRIANÇADA!

Fique de olho...

1 Símbolos e sinais estranhos na fachada do L'Auberge Nicholas Flamel.
2 Bonecas – não apenas Barbies e bebês fofinhos, mas bonecas de madeira, louça e papel. Todas vivem no Musée de la Poupée.
3 Velas de Hanukkah. Elas vêm em todas as formas e os tamanhos no Musée d'Art e d'Histoire du Judaïsme. Velas são acesas todas as noites durante o festival de oito dias para lembrar a insurreição judaica contra os gregos no século II a.C. As crianças de sorte ganham um presente cada vez que as velas são acesas.

BON APPÉTIT

Guimauve, ou marshmallow, é uma palavra francesa que é importante conhecer, e os marshmallows de chocolate do Pain de Sucre, na rue Rambuteau, são divinos. Procure o *état de choc* (estado de choque). Ouse e experimente!

Magia com metais

Reza a lenda que certa noite um pobre bateu na porta de Nicolas Flamel e ofereceu a ele um livro mágico, *Abraão, o judeu*. Disse que, se Flamel decifrasse os símbolos estranhos no livro, este lhe mostraria como converter metais comuns em ouro e prata – e, o que era mais importante, como criar uma poção que lhe daria vida eterna. Flamel comprou o livro e ficou muito rico. Um fato estranho é que, quando caçadores de tesouros abriram seu túmulo, estava vazio. Ao longo do tempo, Flamel teria sido avistado em várias ocasiões. Fique atento para um homem muito, muito velho!

Piquenique até €25; **Lanches** €25-45; **Refeição** €45-90; **Para a família** mais de €90 (base para 4 pessoas)

Beaubourg e Marais

Place des Vosges e arredores

Domingo é um ótimo dia para visitar o Marais. As lojas ficam abertas e muitas ruas ao norte da rue du Roi de Sicile ficam fechadas para o trânsito, portanto seguras para crianças. Verdadeiro mundinho à parte, a área é fácil de percorrer a pé e está repleta de cafés para fazer um lanche leve e descansar, sem falar em olhar as pessoas. Há três museus que garantem a diversão em dias de chuva e muitas praças, incluindo a place des Vosges, frequentadas pelas crianças locais.

Place des Vosges, a mais antiga praça planejada de Paris

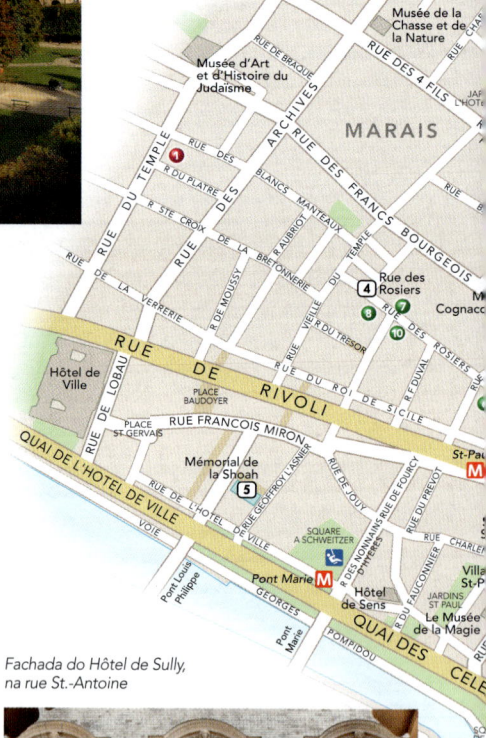

Locais de interesse

ATRAÇÕES
1. Place des Vosges
2. Musée Carnavalet
3. Musée Picasso
4. Rue des Rosiers
5. Mémorial de la Shoah
6. Place de la Bastille

COMIDA/BEBIDA
1. Le Moulin de Rosa
2. Village St-Paul
3. Chez Janou
4. Carette des Vosges
5. Café du Centre Culturel Suédois
6. Le Loir dans la Théière
7. Chez Marianne
8. Sacha Finkelsztajn
9. Merci
10. Florence Kahn
11. Breakfast in America
12. Vins des Pyrénées
13. Café Français

COMPRAS
1. I Love My Blender
2. Bonton
3. L'Ours du Marais
4. Merci

HOSPEDAGEM
1. Appartement d'Hôtes de la Folie Mericourt
2. Citadines Marais Bastille
3. Hotel Ibis Bastille Opéra
4. Hôtel Jeanne d'Arc
5. Le Pavillion de la Reine

Fachada do Hôtel de Sully, na rue St.-Antoine

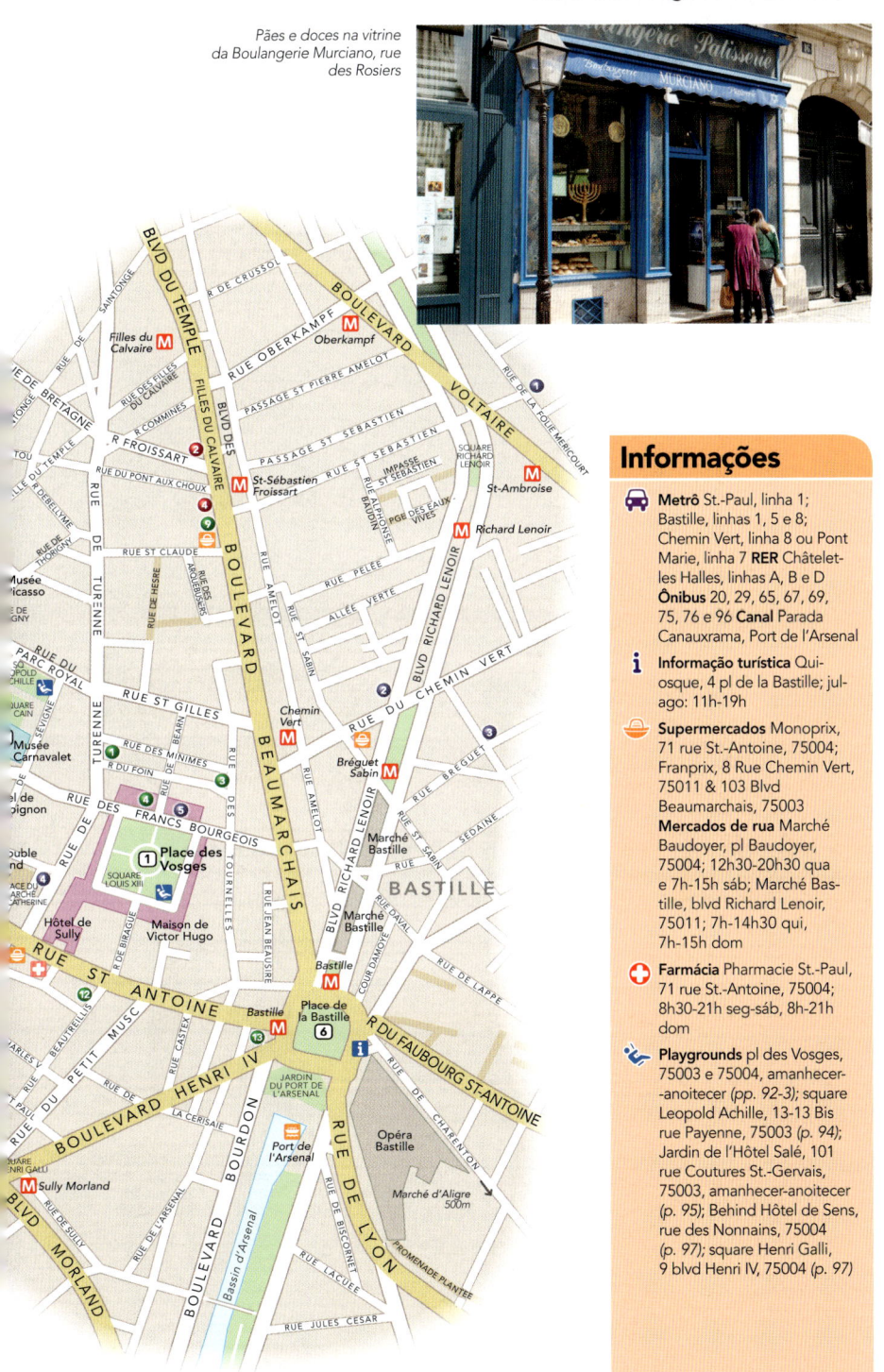

Place des Vosges e arredores | 91

Pães e doces na vitrine da Boulangerie Murciano, rue des Rosiers

Informações

Metrô St.-Paul, linha 1; Bastille, linhas 1, 5 e 8; Chemin Vert, linha 8 ou Pont Marie, linha 7 **RER** Châtelet-les Halles, linhas A, B e D **Ônibus** 20, 29, 65, 67, 69, 75, 76 e 96 **Canal** Parada Canauxrama, Port de l'Arsenal

Informação turística Quiosque, 4 pl de la Bastille; jul-ago: 11h-19h

Supermercados Monoprix, 71 rue St.-Antoine, 75004; Franprix, 8 Rue Chemin Vert, 75011 & 103 Blvd Beaumarchais, 75003 **Mercados de rua** Marché Baudoyer, pl Baudoyer, 75004; 12h30-20h30 qua e 7h-15h sáb; Marché Bastille, blvd Richard Lenoir, 75011; 7h-14h30 qui, 7h-15h dom

Farmácia Pharmacie St.-Paul, 71 rue St.-Antoine, 75004; 8h30-21h seg-sáb, 8h-21h dom

Playgrounds pl des Vosges, 75003 e 75004, amanhecer-anoitecer (pp. 92-3); square Leopold Achille, 13-13 Bis rue Payenne, 75003 (p. 94); Jardin de l'Hôtel Salé, 101 rue Coutures St.-Gervais, 75003, amanhecer-anoitecer (p. 95); Behind Hôtel de Sens, rue des Nonnains, 75004 (p. 97); square Henri Galli, 9 blvd Henri IV, 75004 (p. 97)

① Place des Vosges
Um por todos e todos por um

Uma das praças mais belas do mundo, a perfeitamente simétrica place des Vosges é cercada por casas cor-de-rosa com telhados de ardósia e arcadas. Em seu centro há árvores, uma fonte e um playground onde as crianças podem se soltar enquanto as famílias fazem piquenique. Mas ela é também o território de *Os três mosqueteiros* – criada em 1606 por Henrique IV como centro de um novo bairro erguido sobre os pântanos (*les marais*), virou lugar da moda na era em que é ambientada a história de Alexandre Dumas.

Tinteiro na Maison de Victor Hugo

Destaques

Nº 21 O cardeal Richelieu, que foi o homem mais poderoso da França e e o grande vilão de *Os três mosqueteiros*, morou aqui. Séculos mais tarde, a casa foi habitada pelo escritor Alphonse Daudet (1840-97), autor do clássico *Cartas do meu moinho*.

Pavillon de la Reine e Pavillon du Roi A praça é cercada por 36 casas idênticas, nove de cada lado. Duas casas maiores, o Pavilhão do Rei e o Pavilhão da Rainha, ficam do lado norte e do lado sul.

Pavillon de la Reine
Estátua de Luís XIII
Maison de Victor Hugo
Pavillon du Roi
Hôtel de Sully

Maison de Victor Hugo O escritor Victor Hugo viveu no nº 6 com sua mulher e quatro filhos. Foi aqui que ele escreveu boa parte de sua obra-prima *Os miseráveis*.

Estátua de Luís XIII Essa obra do filho de Henrique IV ocupa o centro da praça, cercada de castanheiras e limeiras.

Hôtel de Sully O ex-ministro das Finanças de Henrique IV, o duque de Sully, viveu nesta bonita mansão no canto sudoeste da praça. Uma porta escondida na mesma esquina conduz ao agradável jardim da mansão.

Informações

- **Mapa** 11 D5
  Endereço 75003 e 75004. Maison de Victor Hugo: 6 pl des Vosges, 75004; 01 42 72 10 16; www.paris.fr
- **Metrô** Bastille, linha 1, 5 e 8; St.-Paul, linha 1 ou Chemin Vert, linha 8 **Ônibus** 20, 29, 65, 69 e 96
- **Aberto** Maison de Victor Hugo: 10h-18h, fechado seg e feriados
- **Preço** Maison de Victor Hugo: grátis
- **Passeios guiados** Maison de Victor Hugo: com áudio em inglês
- **Idade** Maison de Victor Hugo: a partir de 8 anos
- **Atividades** Workshops infantis em francês na Maison de Victor Hugo
- **Duração** Maison de Victor Hugo: 45-90min
- **Cadeira de rodas** Sim
- **Café** pl du Marché Ste.-Catherine e place des Vosges
- **Banheiros** Na Maison

Bom para a família
A melhor parte de passear pela praça e de brincar no parque é que não custa nada. Para completar, a entrada na casa de Victor Hugo é grátis.

Preços para família de 4 pessoas

Place des Vosges e arredores | 93

Barcos de canal no Port de l'Arsenal, com a Colonne de Juillet à distância

Para relaxar
O Jardin du Port de l'Arsenal, à margem do canal, é outro bom lugar para passear ou fazer um piquenique olhando as barcas. A **Nomades** (37 blvd Bourdon, 75004; www.nomadeshop.com; ter-dom) organiza passeios de patins pela cidade e os aluga.

Comida e bebida
Piquenique: até €25; Lanches: €25-45; Refeição: €45-90; Para a família: mais de €90 (base para 4 pessoas)

PIQUENIQUE Le Moulin de Rosa (32 rue de Turenne, 75003; fechado dom) vende brioches especialmente bons e salgados saborosos. Faça seu piquenique na place des Vosges.
LANCHES Village St.-Paul (27 rue St.-Paul, 75004) é um enclave de lojas e restaurantes escondido numa travessa na saída da rue St.-Paul. Beba algo ou faça um lanche em um de seus pátios de pedra.
REFEIÇÃO Chez Janou (2 rue Roger Verlomme, 75003; 01 42 72 28 41; www.chezjanou.com) é um bistrô familiar animado. Para as crianças, a grande atração é uma musse servida numa tigela enorme; cada um se serve à vontade.
PARA A FAMÍLIA Carette des Vosges (25 pl des Vosges, 75003; 01 48 87 94 07) é um lugar popular para um brunch e ocupa um belo ponto na place des Vosges. Há um serviço de comida para viagem no balcão.

Saiba mais
FILME Dois clássicos de Victor Hugo foram levados ao cinema: Os miseráveis (1978) e O corcunda de Notre-Dame (1996), da Disney. Os heróis de Alexandre Dumas inspiraram muitos filmes. As versões de Os três mosqueteiros criadas pela Disney em 1993 e 2004 – sendo a segunda uma animação com Mickey, Pato Donald e Pateta – são divertidas. Descubra quem era o misterioso prisioneiro na Bastilha em O homem da máscara de ferro (1998).

Compras
O Marais é um dos melhores lugares de Paris para fazer compras com as crianças. Para encontrar livros, **I Love My Blender** (36 rue du Temple, 75004; 01 42 77 50 32) é uma boa opção. A loja conceitual infantil **Bonton** (5 blvd des Filles du Calvaire, 75003; 01 42 72 34 69) tem cabeleireiro, brinquedos e aulas de culinária. A **L'Ours du Marais** (18 rue Pavée, 75004; 01 42 77 60 43) é um paraíso de ursinhos de pelúcia. A **Merci** (111 blvd Beaumarchais, 75003; www.merci-merci.com) doa seus lucros para a caridade e tem um bom restaurante e café.

Se chover
Assista a um show de mágica no café **Le Double Fond** (1 pl du Marché Ste.-Catherine, 75004; 01 44 71 40 20; www.doublefond.com). Até os garçons são mágicos e fazem truques à mesa enquanto servem.

Próxima parada...
MUSEUS E UMA PRISÃO
O Marais aloja museus, butiques de grife, galerias de arte e cafés. Para reviver a Revolução, vá até o **Musée Carnavalet** (p. 94) e à **place de la Bastille** (p. 97).

Entrada do pátio do Musée Carnavalet

CRIANÇADA!

Coisas a fazer...
1 Faça de conta que vocês são d'Artagnan e seus companheiros, na praça ou nas arcadas. *En Garde!*
2 Faça como as crianças escolares francesas e leia *Cartas do meu moinho*, de Alphonse Daudet, ou convença um adulto a ler o livro para você em voz alta.
3 O corcunda de Notre-Dame, Quasimodo, foi uma criação de Victor Hugo. Encontre o tinteiro na casa de Victor Hugo no nº 6, place de Vosges, que hoje é um museu. Depois pegue uma caneta e treine para fazer uma letra com floreios. Quem sabe consiga escrever uma história emocionante.

HISTÓRIAS DE BLOGUEIRA
A socialite Madame de Sevigné escreveu, no século XVII, mais de mil cartas para a filha. Com fofocas espirituosas e descrições de fatos, elas foram copiadas e circularam entre amigos. De Sevigné nasceu na casa nº 1, place des Vosges.

Loucos por lulas
Victor Hugo era republicano fervoroso, adversário de Napoleão III. Passou dezoito anos no exílio, quinze deles na ilha britânica de Guernsey, na costa francesa. Seu romance *Os trabalhadores do mar* é ambientado na ilha. Seu protagonista, Gilliatt, luta contra um polvo ou uma lula-gigante – o nome dado ao animal em Guernsey, *pieuvre*, podia indicar um ou outro. Em 1866, quando o livro foi lançado, as lulas viraram moda em Paris. Eram expostas em tanques na Champs-Élysées. Havia chapéus em formato de lula, e ela virou o prato da moda. O escritor Alexandre Dumas promoveu uma festa de degustação de lulas em homenagem ao livro. Experimente lulas no jantar!

Beaubourg e Marais

A imponente fachada do Musée Carnavalet, entre belos jardins

② Musée Carnavalet

Uma casa repleta de história

Este museu conta a história de Paris e como ela passou de pequeno vilarejo numa ilha no rio Sena a uma cidade com mais de 2 milhões de habitantes. O vasto acervo ocupa duas mansões suntuosas, Hôtel Carnavalet e Hôtel Le Peletier, que estão entre as mais grandiosas do Marais.

Dirija-se ao salão de baile art déco do Hôtel Wendel e suba para o segundo piso, onde ficam as galerias revolucionárias. Há um modelo da Bastilha feito com pedras da prisão original; é um dos 83 que foram enviados a todas as partes do país. Estão expostos também a escova de dentes de Napoleão, algumas das proclamações revolucionárias mais famosas e uma coleção fascinante de objetos pessoais usados pela família real no período em que ficou encarcerada.

No térreo, não deixe de ver os modelos da Paris medieval e da antiga cidade romana de Lutécia. Há um dente de mamute encontrado no norte de Paris e canoas neolíticas, que estão entre os barcos mais antigos do mundo, no jardim de inverno.

Para relaxar

O museu tem um agradável jardim que é aberto ao público, com acesso pela rue des Francs Bourgeois no verão. O Marais é repleto de pracinhas onde as crianças podem se soltar. Logo atrás do museu, relaxe na tranquila **square Georges Cain** *(rue Payenne, 75003)*, que tem uma coleção interessante de estátuas, ou na **square Léopold Achille**, ao lado, com playground e um gramado, também saindo da rue Payenne.

Informações

- **Mapa** 11 D5 **Endereço** 23 rue de Sévigné, 75003; 01 44 59 58 58; carnavalet.paris.fr/fr/musee-carnavalet
- **Metrô** St.-Paul, linha 1 ou Chemin Vert, linha 8 **Ônibus** 29, 69, 76 e 96
- **Aberto** 10h-18h, fechado seg e feriados
- **Preço** Coleção permanente é grátis, mas exposições especiais têm entrada paga
- **Passeios guiados** Em inglês p/ famílias; reserve com antecedência; Áudio guia em inglês €5
- **Idade** A partir de 5 anos
- **Atividades** Workshops e contação de histórias em francês: €3,80-6,50; 01 44 59 58 31/32; qua, sáb, dom e férias escolares; folheto de atividades infantis: €1
- **Duração** 1-2h
- **Cadeira de rodas** Sim, via 20 Rue de Sévigné
- **Comida e bebida** *Lanches* Café du Centre Culturel Suédois (11 rue Payenne, 75003; 12h-18h ter-dom) é um aconchegante café sueco que serve comida típica desse país. Também tem um lindo pátio. *Refeição* Le Loir dans la Théière *(3 rue des Rosiers, 75004; 01 42 72 90 61; 11h30-19h; sáb e dom brunch a partir das 10h)* serve almoço e bolos tradicionais. Tem esse nome graças ao azarado rato de *Alice no País das Maravilhas*, que fica bêbado dentro do bule de chá durante a festa do Chapeleiro Maluco. O merengue de limão e o *fondant* de chocolate com laranja são divinos; também é uma boa opção p/ vegetarianos.
- **Banheiros** No 1º andar

Murais na parede do salão de baile recriado do Hôtel Wendel, Musée Carnavalet

Preços para família de 4 pessoas

Estátua no belo jardim da square Georges Cain

Place des Vosges e arredores | 95

Luz passando pelos vitrais do Musée Picasso

③ Musée Picasso
Peças malucas e engraçadas

Pablo Picasso, expoente artístico do século XX, foi um dos maiores gênios criativos de todos os tempos. Nascido em Málaga, viveu e estudou em Barcelona, na Espanha, antes de se mudar para a França, onde passou boa parte da vida. Esta coleção de obras é a melhor do mundo; foi herdada pelo Estado em lugar dos US$50 milhões em impostos sobre o espólio devidos pela família. A coleção ocupa o belo Hôtel Salé, construído para um coletor de impostos sobre o sal. Arejado e iluminado, o museu abarca toda a vida de Picasso, incluindo pinturas, esculturas, cerâmicas e têxteis. A coleção começa com o autorretrato de Picasso em azul. Pintado em 1901, mostra como a pobreza e a solidão enfrentadas pelo artista durante seus primeiros anos em Paris dificultaram sua vida. Este é um ótimo museu a ser visitado com crianças, que costumam achar a obra de Picasso intrigante e divertida. A maioria das crianças adora os vasos malucos com rostos engraçados, no subsolo, além da grande gama de materiais com os quais ele trabalhou.

O museu ficará fechado para reforma até a primavera de 2013; enquanto isso, os fãs de Picasso podem ir ao Musée National d'Art Moderne, no Centre Pompidou *(pp. 80-1)*, e ao Musée de l'Orangerie *(p. 108)*, o Musée d'Art Moderne *(p. 146)* e outras instituições de Paris para ver trabalhos importantes de Pablo Picasso e outros artistas modernos.

Para relaxar

O **Jardin de l'Hôtel Sale** *(101 rue Coutures St.-Gervais, 75003)* tem mesas de pingue-pongue e playground. Há um carrossel diante do metrô St.-Paul, um brinquedo adequado para o final de um passeio.

Informações

🌐 **Mapa** 11 D4
 Endereço Hôtel Salé, 5 rue de Thorigny, 75003; 01 42 71 25 21; www.musee-picasso.fr

🚗 **Metrô** St.-Paul, linha 1 ou Chemin Vert, linha 8 **Ônibus** 29, 96, 69 e 75

🕐 **Aberto** ligue ou consulte o site

💰 **Preço** ligue ou consulte o site

👪 **Idade** A partir de 3 anos

⏱ **Duração** 1-2h

♿ **Cadeira de rodas** Sim

🍴 **Comida e bebida** *Piquenique* Chez Marianne *(2 rue des Hospitalières-St-Gervais, 75004; 12h-0h diariam)* é apreciada por seus pães, falafel e bolos judaicos. Sacha Finkelstajn *(27 rue des Rosiers, 75004; meados jul-meados ago: 10h-19h diariam)* tem doces e pratos judaicos de délicatessen. *Lanches* Merci *(111 blvd Beaumarchais 75003; 01 42 77 78 92; www.merci-merci.com; 10h-19h seg-sáb)* é uma loja conceito; em seu interior fica o Used-Book Café, que serve queijo grelhado, sopa e bolos. Cantine Merci, também dentro da loja, serve ótima comida vegetariana e saladas.

🚻 **Banheiros** No piso térreo

CRIANÇADA!

No Musée Carnavalet, procure...

1 O jogo de xadrez de Luís XVI, os soldadinhos de chumbo e o jogo de bingo do delfim, e uma mecha de cabelo de Maria Antonieta.

2 Canoas compridas e estreitas feitas de um só tronco de árvore. Elas datam de muito tempo antes de Júlio César escrever a primeira descrição da aldeia de Lutécia (atual Paris), em 52 d.C.

3 O quarto de dormir do escritor Marcel Proust. Ele escrevia principalmente na cama, à noite.

UM BRINDE À SUA SAÚDE

De acordo com sua mãe, as primeiras palavras de Pablo Picasso foram "piz, piz" – ele queria dizer "lápis" em espanhol. Suas últimas palavras foram "façam um brinde a mim, à minha saúde, vocês sabem que eu não posso mais beber". Faça um brinde ao mestre na próxima vez em que se sentar para beber.

Cubos e arte

Picasso foi um dos criadores de um novo estilo de arte chamado cubismo. Em suas telas, ele reduzia os objetos que via a formas simples, como triângulos e quadrados. Crie os próprios trabalhos cubistas, recortando fotos de revistas ou jornais em formatos angulares. Arranje os recortes de maneiras diferentes e cole-os sobre uma folha de papel.

Piquenique até €25; **Lanches** €25-45; **Refeição** €45-90; **Para a família** mais de €90 (base para 4 pessoas)

Beaubourg e Marais

Objetos expostos no subsolo do Musée de la Magie

④ Rue des Rosiers
Falafels, bagels e bolo de semente de papoula

Numa tarde ensolarada de domingo, nada mais agradável que caminhar pela rue des Rosiers, a via central do mais tradicional bairro judeu de Paris. As crianças adoram, já que há comida em toda parte. A rua é repleta de padarias que vendem bagels e bolos do Leste Europeu, restaurantes com comida judaica imperdível e lojas cheias de castiçais e outros artefatos e antiguidades típicos. No final do século XIX, judeus asquenazes da Europa oriental fugiram do Império Russo e se fixaram na área decadente em torno da rue des Rosiers. Judeus do Norte da África vieram juntar-se a eles nas décadas de 1950 e 1960, trazendo uma culinária totalmente diferente, com falafels, homus e tabule, conferindo ao bairro um sabor deliciosamente cosmopolita. A rua foi imortalizada na hilária comédia cult francesa *As loucas aventuras de Rabbi Jacob* (1973).

Se chover...
O interessante **Musée de la Magie** *(11 rue St.-Paul, 75004; www.museedelamagie.com)* é um subsolo do século XVI repleto de curiosidades fascinantes, ilusões de ótica, jogos interativos e truques de magia. Há sete salas cheias de varinhas de condão, espelhos, chapéus de mágico, caixas secretas e objetos curiosos de todo tipo, do século XVIII até os dias de hoje. Há shows de mágica regulares e uma lojinha cheia de truques com os quais você pode brincar com seus amigos e familiares.

Informações
- 🌐 **Mapa** 11 C5
- **Endereço** 75004
- 🚇 **Metrô** St.-Paul, linha 1
- **Ônibus** 67, 69, 76 e 96
- 🍴 **Comida e bebida** *Piquenique* Florence Kahn *(19 rue des Rosiers, 75004; www.florence-kahn.fr)* vende especialidades judaicas, como peixe *gefilte* (recheado) e *pletzels* (pão chato coberto com cebola e sementes de papoula), além do clássico cheesecake *vatrouchka*. *Refeição* Breakfast in America *(4 rue Malher, 75004; www.breakfast-in-america.com)*, bom com hambúrguer e batata frita e café da manhã com bacon e panquecas o dia todo.
- 🚻 **Banheiros** Não

⑤ Mémorial de la Shoah
O momento mais sombrio da França

O destino dos 76 mil judeus deportados da França na Segunda Guerra Mundial foi ignorado pelos historiadores oficiais e os livros didáticos durante muito tempo, de modo que a abertura deste memorial e museu em 2005 teve enorme importância.

No subsolo há uma chama eterna, um memorial simples a uma vítima desconhecida do Holocausto, cujo nome em hebraico é Shoah. O memorial traz detalhes sobre a vida das vítimas sob a ocupação nazista. Num muro no jardim estão os nomes de pessoas massacradas nos campos de extermínio, entre elas 11 mil crianças. É muito comovente.

Informações
- 🌐 **Mapa** 11 C5
- **Endereço** 17 rue Geoffroy-l'Asnier, 75004; 01 42 77 44 72; www.memorialdelashoah.org
- 🚇 **Metrô** St.-Paul, linha 1 ou Pont Marie, linha 7 **Ônibus** 67, 69, 76 e 96
- 🕐 **Aberto** 10h-18h, até 22h qui, fechado sáb, 1º jan, 1º mai, 14 jul, 15 ago, 25 dez e datas judaicas
- 💰 **Preço** Grátis
- **Passeios guiados** Em inglês no 2º dom do mês; há também um folheto de passeio guiado em francês p/ crianças
- 👥 **Idade** A partir de 8 anos
- **Atividades** Workshops em francês p/ crianças; 01 53 01 17 87; €12; o museu tem um excelente site infantil www.grenierdesarah.org; os filmes *Au Revoir Les Enfants* (1987), *La Rafle* (2010) e *The Great Dictator* (1940) e o livro infantil *When Hitler Stole Pink Rabbit*, de Judith Kerr, ajudam a explicar o Holocausto às crianças
- ⏱ **Duração** 45min-2h
- ♿ **Cadeira de rodas** Sim
- 🛍 **Loja** La Librairie du Mémorial de la Shoah, no museu
- 🍴 **Comida e bebida** *Lanches* Há uma cafeteria no museu. Place du Marché Ste.-Catherine, 75004 é bom p/ um drinque relaxante. *Para a família* Vins des Pyrénées *(25 rue Beautreillis, 75004; 01 42 72 64 94)* serve cozinha francesa em ambiente clássico dos anos 1930; a carta de vinhos agrada aos pais.
- 🚻 **Banheiros** Em todos os andares

Restaurantes e lojas na rue des Rosiers, coração do bairro judaico de Paris

Preços para família de 4 pessoas

Place des Vosges e arredores | 97

Muro no Mémorial de la Shoah com os nomes gravados de 76 mil judeus

Para relaxar
Há um playground na **rue des Nonnains**, atrás do Hôtel de Sens, uma linda mansão gótica. Hoje o lugar abriga a biblioteca Forney de belas-artes. No playground do **Lycée Charlemagne**, na rue des Jardins St.-Paul, procure a parte da muralha da cidade construída pelo rei Felipe II, o Augusto. Logo ao norte do memorial fica a **rue François Miron**, com prédios de contos de fadas e lojas que vão seduzir as crianças. Os pequenos que gostam de cozinhar vão apreciar a **Izrael**, uma caverna de Ali Babá cheia de condimentos.

6 Place de la Bastille
Falta alguma coisa?
A gigantesca prisão-fortaleza que ocupava a place de la Bastille foi atacada e destruída pelo povo em 14 de julho de 1789. Construída originalmente no século XIV, no século XVII foi convertida em cárcere para presos políticos, que geralmente ficavam detidos sem ir a julgamento. Apesar de sua fama negativa, a prisão não era tão terrível assim pelos padrões da época. Hoje o centro da praça é ocupado por uma alta coluna verde que celebra uma revolução totalmente diferente: a de 1830. Napoleão planejou construir um gigantesco elefante de bronze aqui, mas apenas um modelo em gesso chegou a ser montado, sendo destruído também em 1846. A praça abriga a moderna Opéra Bastille, e a área a leste da place tem muitos cafés, lojas e butiques interessantes, além de lindos pátios do século XIX e a nova marina, Port de Plaisance de l'Arsenal, também conhecida como Bassin de l'Arsenal.

Para relaxar
Caminhe à beira do canal no **Bassin de l'Arsenal** *(quai de la Rapée, Bastille)*. Aqui um parque pequeno e charmoso, square Henri Galli, conserva alguns resquícios da Bastilha mais antiga, e o contorno original da fortaleza está marcado nas calçadas na esquina do boulevard Henri IV com rue St.-Antoine. Ainda é possível ver as pedras fundamentais dessa prisão antes notória – na estação de metrô Bastille, nas plataformas da linha 5.

Informações
🌐 **Mapa** 11 E6
Endereço 75004

🚗 **Metrô** Bastille, linhas 1, 5 e 8 **Ônibus** 20, 29, 65, 69, 76, 86, 87 e 91

🍴 **Comida e bebida** *Piquenique* O agitado mercado de rua na rue d'Aligre, 75012, oferece às crianças um gostinho do Norte da África francês. Faça piquenique na place des Vosges ou junto ao canal. *Refeição* Café Français *(5 pl de la Bastille, 75011; 01 40 29 04 02)* tem uma excelente padaria, famosa por seus *palmiers*, menu simples e clássico e um grande terraço; abre todos os dias.

🚻 **Banheiros** Não

A imponente Colonne de Juillet, na place de la Bastille

CRIANÇADA!

Atrações ao longo da rue des Rosiers...
1 Você consegue achar a loja que vende *dreidels* e outros badulaques judaicos?
2 Experimente as *latke* (panquecas de batatas) ou os *pletzels* (pães chatos cobertos de cebolas e sementes de papoula).
3 Saboreie o delicioso *gefilte fish* e o cheesecake da Florence Kahn.

A FUGA DE RACHEL
Quando a Segunda Guerra Mundial começou Rachel tinha 6 anos de idade. As crianças judias eram obrigadas a usar uma estrela amarela sobre as roupas e não podiam entrar em parques ou playgrounds. Quando a polícia chegou para prender Rachel e sua irmã, em julho de 1942, elas escaparam. Descubra como e leia outras histórias em *www.grenierdesarah.org*

As múmias da Bastilha
Quando o paxá do Egito deu a Carlos X o obelisco que hoje está na place de la Concorde, também lhe doou doze múmias. Elas foram expostas no Louvre, mas não se deram bem no clima úmido. Em pouco tempo começaram a cheirar mal, sendo enterradas numa vala diante do Louvre. Em 1830, muitos dos revolucionários daquele ano terminaram no mesmo lugar. Quando a Revolução acabou, os heróis tombados ganharam um funeral de Estado e foram sepultados sob a coluna na place de la Bastille, juntamente com pelo menos duas das múmias.

Piquenique até €25; **Lanches** €25-45; **Refeição** €45-90; **Para a família** mais de €90 (base para 4 pessoas)

MVSEE GREVIN

Tuileries, Opéra
e Montmartre

Construído originalmente para ser uma fortaleza, o fascinante Musée du Louvre é o maior museu do mundo. Antiga residência de reis franceses, o museu se estende à margem do rio, ao lado do belo Jardin des Tuileries e em frente ao Palais Royal, o epicentro da Revolução. Para o norte há mais museus, o paraíso de compras dos esplêndidos Grands Boulevards, e Montmartre, o berço original da arte moderna.

Principais atrações

Louvre
Conheça múmias, incluindo algumas de peixes e gatos, e sorria para a *Mona Lisa*, no Musée du Louvre (pp. 104-7).

Jardin des Tuileries
Ande de pônei, coloque barcos de madeira para velejar e divirta-se nos playgrounds. Almoce sob as árvores e tome um café no antiquado Café Renard (p. 108).

À la Mère de Famille
Não deixe de saborear os chocolates desta loja na rue du Faubourg Montmartre. As crianças se deliciam com os bichos de marzipã desde 1761 (p. 117).

Musée Grevin
Descubra um mundo de celebridades de cera. Veja a prisão de Luís XIV e seja apresentado a ricos e famosos (pp. 116-7).

Les Passages
Faça compras nesta pitoresca galeria coberta, parte da qual é dedicada a brinquedos, livros e roupas infantis (p. 118).

Sacré-Coeur e Montmartre
Embarque no trenzinho para subir até a boêmia Montmartre e seu vinhedo. Olhe para a vista desde o alto da catedral, o ponto mais elevado de Paris (pp. 122-3 e p. 124).

Acima Num dia quente, as crianças refrescam os pés no Jardin du Palais Royal
À esq. Interiores magníficos do museu de cera Musée Grevin

Tuileries, Opéra e Montmartre

O Melhor das
Tuileries, da Opéra e de Montmartre

O agitado centro de Paris vai do Louvre a Montmartre, ao norte. Lojas, restaurantes e cafés se harmonizam com vários museus, teatros e cinemas, garantindo uma fusão de história, arte e cultura com entretenimento e prazer. Esta área ganha vida no inverno, quando os parisienses lotam a reluzente Opéra. Na temporada do Natal, a neve sobre a Sacré-Coeur intensifica o clima charmoso de vilarejo que Montmartre possui. No verão, relaxe no tranquilo jardim do Palais Royal ou na charmosa square des Batignolles.

Uma aventura parisiense perfeita

Comece o dia olhando as múmias no **Louvre** (pp. 104-7). Ponha barquinhos de madeira para velejar no **Jardin des Tuileries** (p. 108) e faça um piquenique no parque, ou, ainda, uma refeição no **Le Saut du Loup** (p. 110) ou sob as árvores no **Café Renard** (p. 108).

Depois do almoço, embarque no ônibus 95 em direção à place de Clichy (p. 127), passando pelo teatro **Opéra Garnier** (p. 119). Ande até a place Pigalle e embarque no trenzinho para subir até a **Sacré-Coeur** (pp. 122-3). A criançada vai adorar a vista e o carrossel antiquado.

Desça o morro a pé, passando pelos velhos moinhos de vento da **rue Lepic** (p. 125). Jante no **Coquelicot** (p. 125), compre os tradicionais doces *berlingots* e depois volte para casa a partir da estação de metrô mais profunda de Paris, Abbesses.

À dir. Um dos tetos magníficos da Opéra Garnier
Abaixo Carrossel com a Sacré-Coeur ao fundo

Acima Obras de Dalí, incluindo a escultura The Profile of Time, *no Espace Dalí* **À dir.** *A pirâmide de vidro do Louvre*

História, realeza e revolucionários
Vá até o subsolo do Louvre para ver as fundações da fortaleza medieval de Felipe II, o Augusto, e siga o rastro dos reis, rainhas e imperadores da França ao longo dos magníficos aposentos reais. Atravesse a rua até o **Palais Royal** *(p. 112)*, onde a Revolução começou, em 1789. Leve as crianças numa viagem pelo tempo, seguindo as pegadas dos soldados de Napoleão a partir das arcadas da popular **rue de Rivoli** *(p. 109)*, encomendada para comemorar uma de suas maiores vitórias. Depois veja o exército em ação no **Arc de Triomphe du Carrousel** *(p. 104)* e na enorme coluna na **place Vendôme** *(p. 111)*.

Refresque-se no **Jardin des Tuileries**, mas atente para o pequeno anão vermelho que aparece na véspera de um desastre nacional. Encerre seu dia na **Opéra Garnier**, no coração da cidade nova e moderna erguida pelo barão Haussmann no século XIX. Aqui você se sentirá um verdadeiro parisiense da Belle Époque, passeando nos bulevares e desfrutando as coisas boas da vida.

Aulas de arte
O **Louvre**, onde "reside" a pintura mais famosa do mundo, a *Mona Lisa*, é espantoso de todas as maneiras. Tente saber por que a *Vênus de Milo* não tem braços e veja a arte como propaganda nas pinturas de Napoleão feitas por David.

Admire joias maravilhosas no **Musée des Arts Décoratifs** *(p. 110)* e fique deslumbrado com as grandes pinturas de nenúfares de Monet no **Musée de l'Orangerie** *(p. 108)*, antes de subir num ônibus 95 para conhecer outro tema favorito do pintor, a Gare St.-Lazare, e desenhar os trens da Pont de l'Europe. A partir daqui, caminhe até Montmartre, passando pelas residências de alguns dos artistas mais famosos da história. Complete seu dia no mundo fantástico do pintor surrealista Salvador Dalí, no **Espace Dalí** *(p. 124)*.

Faça compras até cansar
Fazer compras como entretenimento é algo que começou nas arcadas cobertas de **Les Passages** *(p. 118)*, em que há ótimas lojas de brinquedos e salões de chá. Conheça as duas maiores lojas de Paris, **Galeries Lafayette** *(p. 118)* e **Printemps** *(p. 118)*, e almoce no café da cobertura da **Printemps**. Não deixe de conhecer os banheiros vanguardistas. As candidatas a bailarinas podem gastar suas mesadas na loja do teatro de ópera de Paris, Opéra Garnier. Percorra as lojas incomuns do **Palais Royal**, encontre algo chique no **Carrousel du Louvre** ou compre alguma coisa divertida para levar para casa nas ruas de **Montmartre**.

Tuileries, Opéra e Montmartre

O Louvre e arredores

O Louvre é o maior museu do mundo e impressiona pelo seu tamanho e pelo brilho de suas coleções de arte. As crianças adoram os fossos subterrâneos, a galeria egípcia e a *Mona Lisa*. À noite o Louvre fica deslumbrante, com a pirâmide de vidro, que é a entrada do museu, magicamente iluminada. As atrações nos arredores do museu se concentram numa área pequena, e há uma boa mistura de atividades ao ar livre e em espaços fechados. Pode haver trânsito no horário do rush do final da tarde; se quiser mais tranquilidade, vá numa manhã de domingo ou num feriado.

Arcadas na rue de Rivoli

Informações

- **Metrô** Concorde, linhas 1, 8 e 12; Pyramides, linhas 7 e 14; Tuileries, linha 1; Louvre-Rivoli, linha 1; Bourse, linha 3; Palais Royal-Musée du Louvre, linhas 1 e 7 **RER** Musée d'Orsay, linha C ou Châtelet les Halles, linhas A, B e D **Ônibus** 21, 24, 27, 39, 42, 48, 52, 67, 68, 69, 72, 73, 74, 75, 76, 81, 84, 85, 94 e 95 **Ônibus fluvial** quai du Louvre

- **Informação turística** 25 rue des Pyramides, 75001; verão: 9h-19h diariam; inverno: 10h-19h, 11h-19h dom e feriados

- **Supermercados** Monoprix, 21 ave de l'Opéra, 75001; Franprix, 9 rue du Mail, 75001 e 20 pl Marché St.-Honoré, 75001
  Mercado de rua Marché St.-Honoré, pl du Marché St.-Honoré, 75001; 12h30-20h30 qua, 7h-15h sáb e dom

- **Festivais** Fêtes des Tuileries Funfair (jul-ago); Paris-Plages (jul-ago) *(pp. 68-9)*

- **Farmácia** Pharmacie des Petits-Champs, 21 rue des Petits-Champs, 75001; 01 42 96 97 20; 8h-20h seg-sex, 9h30-20h sáb

- **Playground** Jardin des Tuileries, rue de Rivoli, 75001; amanhecer-anoitecer diariam *(p. 108)*

- **Banheiros** Point WC, Carousel du Louvre; trocador €2

Tuileries, Opéra e Montmarte

- Sacré-Coeur p. 122
- Musée Grévin p. 116
- Louvre

Relaxando ao lado da fonte no Jardin du Palais Royal

O Louvre e arredores | 103

Locais de interesse

ATRAÇÕES
1. O Louvre
2. Jardin des Tuileries
3. Musée de l'Orangerie
4. Rue de Rivoli
5. Musée des Arts Décoratifs
6. Joan of Arc Statue
7. Place Vendôme
8. Comédie Française
9. Palais Royal
10. Musée en Herbe

COMIDA E BEBIDA
1. Gosselin
2. Mariage Frères
3. Café Marly
4. Colette Water Bar
5. 8 à Huit
6. Café Renard
7. Martin Yannick
8. Fauchon
9. Aux Délices de Manon
10. Angelina
11. La Ferme
12. Saut du Loup
13. Pain Quotidien
14. La Sourdière
15. Le Zinc d'Honoré
16. Le Soufflé
17. Paul
18. Lai Lai Ken
19. Tétrel
20. Grand Véfour
21. Aki Boulangerie
22. A Priori Thé

COMPRAS
1. Apple Store
2. Nature et Découvertes
3. Librarie des Jardin
4. W H Smith
5. EOL

Veja também o Louvre p. 107

HOSPEDAGEM
1. Hôtel du Louvre
2. Le Burgundy
3. The Westin Paris-Vendôme

Estátua de Napoleão no alto da coluna Vendôme, na place Vendôme

Mesinhas de café à sombra das árvores, Jardin des Tuileries

ID | **O Louvre**
① O Louvre
Múmias, senhoras misteriosas e fossos medievais

Fascinante, além de famoso, o Louvre abriga um acervo de arte que vai desde a Idade Média até 1848, incluindo uma das maiores coleções mundiais de tesouros do Egito Antigo. Ao todo há 35 mil obras para ver, e olhar todas elas levaria cerca de nove meses. Ao longo de 800 anos o lugar foi fortaleza, palácio, estábulo e silo de grãos, e foi ocupado por invasores quando os reis abandonaram Paris. Em 1793, após a Revolução Francesa, foi aberto como museu para expor os tesouros da realeza.

Estátuas no alto do Arc de Triomphe du Carrousel

Destaques

① **Arc de Triomphe du Carrousel** Este arco triunfal foi erguido para festejar as vitórias de Napoleão em 1805. Suas colunas de mármore são decoradas com estátuas de soldados da Grand Armée.

② **Pirâmide invertida** Feita de vidro, essa pirâmide leva luz para o complexo subterrâneo Carrousel du Louvre, refletindo a pirâmide da entrada principal.

③ **Cours Visconti** O departamento de arte islâmica abrange desde o século VII até a queda do Império Otomano. Com cerca de 3 mil objetos em exposição, é considerada uma das melhores coleções mundiais de arte islâmica.

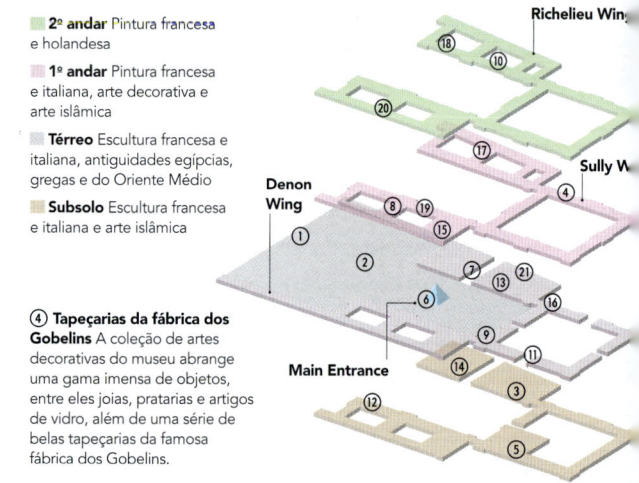

⑤ **Fosso medieval** As dimensões das torres gêmeas e da ponte levadiça sobre o fosso vão impressionar as crianças e lhes dar uma ideia do imenso castelo fortificado que ficava aqui no passado.

⑥ **Pirâmide de vidro** A célebre entrada principal moderna foi criada pelo arquiteto sino-americano I.M. Pei e aberta em 1989. É feita de vidro, de modo que não atrapalha a vista dos edifícios históricos que a cercam.

■ **2º andar** Pintura francesa e holandesa
■ **1º andar** Pintura francesa e italiana, arte decorativa e arte islâmica
■ **Térreo** Escultura francesa e italiana, antiguidades egípcias, gregas e do Oriente Médio
■ **Subsolo** Escultura francesa e italiana e arte islâmica

④ **Tapeçarias da fábrica dos Gobelins** A coleção de artes decorativas do museu abrange uma gama imensa de objetos, entre eles joias, pratarias e artigos de vidro, além de uma série de belas tapeçarias da famosa fábrica dos Gobelins.

⑦ **Átrio** O átrio cheio de luz da pirâmide de vidro é o ponto de entrada nas alas Denon, Sully e Richelieu.

⑧ **Mona Lisa** Essa pintura famosa já ficou pendurada nos quartos de dormir de Luís XIV e Napoleão. Leonardo da Vinci nunca revelou a identidade da mulher misteriosa retratada.

Preços para família de 4 pessoas

O Louvre e arredores | 105

⑨ **Vênus de Milo** Essa famosa estátua grega antiga de Vênus, a deusa do amor, pode ter perdido os braços, mas ainda é uma das esculturas mais célebres e belas do mundo.

⑩ **François I** Os reis e rainhas franceses eram loucos por arte italiana; foram eles que formaram boa parte do acervo. Veja François I, em suas magníficas vestes renascentistas, descansando a mão sobre seu punhal, na seção de pintura francesa e italiana do museu.

⑪ **Esfinge gigante** Esfinges eram colocadas na entrada dos templos egípcios para proteger os mistérios dos deuses poderosos. O monstro mítico visto aqui protege a coleção de antiguidades egípcias do Louvre.

CRIANÇADA!

Uma pirâmide diabólica
A moderna pirâmide de vidro no pátio é exatamente dez vezes menor que a pirâmide de Quéops e, ao contrário do que se crê, não tem 666 placas de vidro. O número 666 é associado ao diabo e já suscitou boatos de todo tipo sobre o Louvre, celebrizando o museu no popular livro e posterior filme *O código Da Vinci*. Na realidade, a pirâmide tem desinteressantes 673 vidraças.

FURTOS E VERDADES
A *Vênus de Milo*, a escultura sem braços da deusa do amor, foi encontrada escondida sob a terra por um camponês grego que vasculhava um sítio antigo na ilha de Milos.

Um ladrão no museu
Num domingo de forte calor em agosto de 1911, a *Mona Lisa* foi roubada por um vidraceiro italiano que trabalhava no Louvre. Os jornais enlouqueceram, e da noite para o dia o roubo virou o escândalo do ano. O mistério não era mais a identidade da mulher no quadro, mas a localização da pintura roubada. Milhares de pessoas fizeram fila para olhar para a parede vazia, enquanto era montada uma caçada humana de grandes proporções. Dois anos depois, o vidraceiro tentou vender a tela em Florença. Alegou ter sequestrado a pintura como vingança pelas carroças cheias de tesouros que Napoleão Bonaparte levara da Itália.

Informações

Mapa 10 F4
Endereço 75001; 01 40 20 53 17; *www.louvre.fr*
Metrô Palais-Royal-Musée du -Louvre, linhas 1 e 7 **Ônibus** 21, 24, 27, 39, 48, 68, 69, 72, 81 e 95 **Ônibus fluvial** Louvre-Quai du Louvre
Aberto 9h-17h45, até 21h45 qua e sex, fechado ter, 1º jan, 1º mai e 25 dez
Preço €24-34; grátis 1º dom do mês, 14 jul, pessoas até 18 anos e até 26 anos a partir 18h sex ou com passaporte da UE
Para evitar fila Aceita Paris Museum Pass; compre ingressos com antecedência pelo site, TicketWeb ou na FNAC. Os ingressos são válidos pelo dia inteiro; as filas são menores na entrada pelo Arc de Triomphe du Carrousel. A entrada da 99 rue de Rivoli é apenas p/ ingressos comprados antes; se você tiver um carrinho de bebê, vá até o início da fila que os funcionários permitirão sua entrada
Passeios guiados Para adultos em inglês; para crianças em francês, seg, ter, qui e sex nas férias escolares; 01 40 20 51 77; download de passeios temáticos; audioguia Louvre-Nintendo 3DSXL €5; menores de 18 anos €3. Há uma trilha egípcia para crianças em sete idiomas. A livraria vende vários guias úteis para crianças e famílias. Os mapas grátis ajudam muito
Idade A partir de 5 anos
Atividades Workshops, filmes e palestras para crianças e famílias, em francês; 01 40 20 51 77; caminhe à noite no mágico Cour Carré
Duração No mínimo 2-3h
Cadeira de rodas Sim, mas limitado
Loja O subterrâneo Carrousel du Louvre é um ótimo lugar para passear por lojas
Banheiros No saguão e em todos os andares; não perca o Point WC no Carrousel du Louvre

Bom para a família
Planeje a visita com a ajuda do site. Em uma primeira vez, veja os fossos medievais, depois confira a coleção egípcia e, por fim, dê uma olhada na misteriosa *Mona Lisa*.

① O Louvre continuação ▶

# Tuileries, Opéra e Montmartre

O Louvre continuação...
Múmias, senhoras misteriosas e fossos medievais

⑫ **O escravo moribundo** Michelangelo esculpiu essa obra como parte de um grupo de estátuas para a base do túmulo do papa Júlio II, em Roma. Essas estátuas, ao lado da *Virgem e o Menino*, de Donatello, estão expostas na coleção de escultura francesa e italiana.

⑬ **Templo assírio** A coleção de antiguidades do Oriente Médio inclui um templo assírio recriado. Os antigos assírios acreditavam que os touros alados com cabeça humana hoje expostos no Louvre os protegeriam contra seus inimigos.

⑭ **Cavalos de Marly** Essas estátuas dramáticas ficavam no jardim do Château de Marly, de Luís XIV, mas foram transferidas para a place de la Concorde.

⑮ **Galerie d'Apollon** Com seu interior dourado e recoberto de painéis, essa galeria parece uma caixa de joias, e não deixa de ser isso mesmo: contém as joias da Coroa, como a coroa da imperatriz Eugénie, com 2.490 diamantes.

⑯ **Vitória alada de Samotrácia** Essa estátua é uma das mais famosas da Grécia Antiga e está sendo restaurada. Pertence ao período helenístico (final do século III e século II a.C.), quando as estátuas começaram a ganhar formas humanas mais naturalistas.

⑰ **Estátua de Carlos Magno** A coleção de artes decorativas abrange muitos países e séculos. Ela contém este cavaleiro que se acredita ser Carlos Magno ou seu neto, Carlos II, o Calvo.

⑱ **A rendeira** O maior destaque da coleção de pintura holandesa do Louvre é a obra-prima de Jan Vermeer, pintada por volta de 1665. Suas obras nos dão um vislumbre do cotidiano da Holanda nessa época.

Para relaxar
Um dos mais antigos e belos parques de Paris, o **Jardin des Tuileries** (p. 108) fica em frente ao Louvre. Brinque com barquinhos, divirta-se no playground e relaxe sob as árvores.

Vegetação exuberante ladeia os amplos caminhos do Jardin des Tuileries

Comida e bebida
Piquenique: até €25; Lanches: €25-45; Refeição: €45-90; Para a família: mais de €90 (base para 4 pessoas)

PIQUENIQUE A rede de padarias **Gosselin** (123-125 rue St-Honoré, 75001; 01 45 08 03 59; www.boulangerie-patisserieartisanale-paris1.com; 7h-20h dom-sex) é uma padaria que vende saladas deliciosas e sanduíches feitos com pão caseiro.

LANCHES Mira *(Carrousel du Louvre, 01 55 35 12 60; abre diariam)* é um bar espanhol de tapas self-service. Serve uma paella saborosa.

REFEIÇÃO Colette Water Bar *(213 rue St.-Honoré, 75001; 01 55 35 33 90; 11h-19h)* vende água mineral de todo o mundo e pequenos lanches. Vá no almoço ou na hora do chá da tarde.

PARA A FAMÍLIA Café Marly *(ala Richelieu, 93 rue de Rivoli, 75001; 01 49 26 06 60; 8h-1h; reserve)* serve a moderna cozinha francesa.

Saiba mais
INTERNET O site do Louvre é perfeito para crianças. Acesse www.louvre.fr e clique sobre a figura animada do primeiro diretor, Dominique Vivant Denon e confira "Tales of the Museum". Descubra mais sobre o antigo Egito em www.bbc.co.uk/history/ancient/egyptians. Na loja do museu há bons CD-ROMs, *One minute at the Museum* e *The Louvre, Art for Kids*.

FILMES Dois filmes ótimos para crianças são *One Minute at the Museum* e *The Amazing Museum*, ambos à venda na loja do museu. *Looney Tunes Louvre Come Back to Me* (1962) é um filme mais divertido. O Louvre aparece em *O código Da Vinci* (2006), adaptação para o cinema do best-seller desse mesmo título, escrito pelo norte-americano Dan Brown.

Preços para família de 4 pessoas

O Louvre e arredores | 107

⑲ **Coroação de Napoleão** Essa tela de 1807 de Jacques-Louis David é uma propaganda política. A família de Napoleão é mostrada, incluindo sua mãe, que não estava presente na cerimônia. O artista incluiu a si mesmo: procure o homem que está desenhando na sacada.

⑳ **A jangada da Medusa** O naufrágio de uma fragata francesa em 1816 inspirou essa obra gigante e comovente de Thédore Géricault.

㉑ **Código de Hamurabi** O rei da Babilônia escreveu o primeiro código legal do mundo numa pedra chamada estela. Abrigado na impressionante coleção de antiguidades do Oriente Médio, este é o documento legal mais antigo do mundo.

CRIANÇADA!
Fique de olho...
1 Homens com cabeça feita de abóbora e pera. Giuseppe Arcimboldo foi um italiano que combinava frutas e legumes para criar retratos.
2 A figura do Escriba Sentado. No Egito Antigo, poucas pessoas sabiam ler e escrever. As que sabiam tornavam-se muito importantes e famosas.
3 O gladiador Borghese. Essa estátua de um guerreiro tremendamente musculoso foi vendida a Napoleão por seu cunhado, que foi forçado a fazer o negócio. Saiba mais: *www.louvre.fr*

O COVIL DA LOBA
O nome Louvre vem da palavra *louvre*, ou loba. No passado, os reis da França mantinham alcateias de lobos aqui para caçadas.

Compras
O subterrâneo Carrousel du Louvre é cheio de lojas, entre elas a **Apple Store** (*99 rue de Rivoli, 75001*) e a **Nature et Découvertes** (*99 rue de Rivoli, 75001*), uma filial da loja de brinquedos científicos. Procure os modelos em miniatura do Louvre. A **Librarie des Jardins** (*Jardin des Tuileries, 75001*) vende livros infantis em inglês. A **W H Smith** (*248 rue de Rivoli, 75001; www.whsmith.fr*) tem a melhor coleção de livros infantis em inglês de Paris. Os fãs do modelismo não devem deixar de ir à **EOL** (*3 rue du Louvre, 75001; www.eolmodelisme.com*).

Próxima parada...
UM POUCO DE AR FRESCO Depois de uma visita ao Louvre, todo o mundo precisa relaxar. No verão, os jardins do **Palais Royal** (*p. 114*) são um lugar lindo para uma caminhada. Outra alternativa é atravessar a **Pont des Arts** (*p. 73*) e admirar a vista no pôr do sol. Com mau tempo, vá para o aquário de vanguarda **Aquarium de Paris – Cinéaqua** (*p. 144*), no Trocadéro, um antídoto perfeito para o cansaço.

O Aquarium de Paris – Cinéaqua, um dos maiores aquários de Paris

Egitomania
Em 1798, quando Napoleão partiu para conquistar o Egito, levou consigo 167 estudiosos. Entre eles estava o homem que se tornaria o primeiro diretor do Louvre, Dominique Vivant Denon. Ele reuniu uma coleção enorme de múmias, estátuas e desenhos, entre eles a Pedra de Rosetta. Embora a pedra tenha sido encontrada pelo exército de Napoleão e o egiptólogo francês Champollion, trabalhando no Louvre, a tenha usado para descobrir como ler hieróglifos, ela hoje se encontra no British Museum, em Londres. Em 1801, quando os ingleses tomaram dos franceses a cidade egípcia de Alexandria, levaram todas as antiguidades encontradas pelos franceses, inclusive a Pedra de Rosetta.

Piquenique até €25; **Lanches** €25-45; **Refeição** €45-90; **Para a família** mais de €90 (base para 4 pessoas)

Tuileries, Opéra e Montmartre

Playground no meio do Jardin des Tuileries

② Jardin des Tuileries
Um playground parisiense e um palácio perdido

As crianças adoram o Jardin des Tuileries desde que foi aberto ao público, no século XVII, supostamente depois de Charles Perrault, autor do clássico conto de fadas *A bela adormecida*, ter persuadido o ministro Colbert, do rei Luís XIV, que o povo de Paris precisava de algum lugar para relaxar. Projetado na década de 1660 por André Le Nôtre, responsável pelos jardins de Versalhes, estes jardins formais criam uma linda artéria verde que passa pelo centro da cidade, ligando o Louvre aos Champs-Élysées.

Os jardins foram no passado parte do hoje perdido Palais des Tuileries, totalmente queimado durante a Comuna de 1871. O palácio ficava originalmente no topo dos degraus em frente ao Arc du Carrousel construído por Napoleão, formando o quarto lado do quadrângulo do Louvre.

Há um playground, um carrossel e dois laguinhos. As crianças adoram colocar barquinhos de madeira para velejar no laguinho maior ao lado do Louvre. No verão, é montado um parque de diversões com brinquedos, barracas e uma roda-gigante.

Se chover...
A cerca de 15 minutos a pé pela avenue de l'Opéra há um museu multimídia, **Paris Story** (11 rue Scribe, 75009; 01 42 66 62 06; www.paris-story.com; 10h-18h diariam) com um show audiovisual que as crianças apreciam. Embora seja um pouco caro, proporciona uma boa visão histórica para as crianças que sabem pouco sobre o passado da França.

Informações
- **Mapa** 9 D3
- **Endereço** rue de Rivoli, 75001; 01 40 20 90 43; www.paris.fr
- **Metrô** Tuileries, linha 1; Concorde, linhas 1, 8 e 12 ou Palais Royal-Musée du Louvre, linhas 1 e 7 **Ônibus** 21, 24, 27, 42, 68, 72, 73, 81, 84 e 94
- **Aberto** 7h30-19h30 diariam; abr e mai: até 21h; verão: até 23h
- **Preço** Carrossel €2,50
- **Idade** Livre
- **Atividades** Playground e, no verão, parque de diversões, grátis
- **Duração** 1-2h
- **Comida e bebida** *Piquenique* 8 à Huit (205 rue St.-Honoré, 75001; 8h-20h seg-sáb) oferece boas provisões p/ fazer um piquenique no Jardin des Tuileries. *Refeição* Café Renard (Jardin des Tuileries, 75001; 01 42 96 50 56; www.caferenard.fr; 9h30-19h; jul-ago: até 23h) é um restaurante centenário com garçons em uniformes tradicionais.
- **Banheiros** Na entrada da place de la Concorde

③ Musée de l'Orangerie
Monet e os nenúfares

Pequeno e compacto, o Musée de l'Orangerie é ótimo para crianças. Abriga obras da coleção Walter-Guillaume, que cobre arte desde o final da era impressionista até o período do entreguerras, incluindo obras de Cézanne, Matisse e Renoir. A maior impressão é causada pelas dimensões das telas gigantescas de Claude Monet, *As ninfeias*, ou pinturas de nenúfares, que acompanham a curva das paredes. Monet passou boa parte de sua velhice pintando esta série em seu jardim em Giverny. Observe a tinta espessa e a falta de nitidez das imagens, decorrentes em parte da vista cansada de Monet. As cores que ele usou criam um ambiente mágico e tranquilo.

Para relaxar
O museu fica ao lado do Jardin des Tuileries. A entrada do jardim fica a poucos passos de distância rumo ao norte. Outra opção é atravessar a place de la Concorde para chegar ao **Jardin des Champs-Élysées** (p. 136).

Exposição interativa com a Torre Eiffel no Paris Story

O majestoso obelisco de Luxor, place de la Concorde

Preços para família de 4 pessoas

O Louvre e arredores | 109

A mais grandiosa via parisiense criada por Napoleão é a rue de Rivoli

Informações

- **Mapa** 9 C3
- **Endereço** Jardin des Tuileries, 75001; www.musee-orangerie.fr
- **Metrô** Concorde, linhas 1, 8 e 12
- **Ônibus** 24, 42, 52, 72, 73, 84 e 94
- **Aberto** 9h-18h, fechado ter, 1ª mai, 14 jul de manhã e 25 dez
- **Preço** €15-25; até 18 anos grátis, até 26 com passaporte da UE
- **Para evitar fila** €26-36, ingresso combinado com Musée d'Orsay; aceita Paris Museum Pass
- **Passeios guiados** Com áudio em inglês €5; a livraria vende um guia infantil, *My Little Orangerie*
- **Idade** A partir de 5 anos
- **Duração** 30min
- **Cadeira de rodas** Sim
- **Comida e bebida** *Piquenique* Martin Yannick (302 rue St.-Honoré, 75001; fechado dom) serve biscoito *sable St.-Roch*. Piquenique no Jardin des Tuileries. *Lanches* Fauchon (24-26 pl de la Madeleine, 75008); prove a minibomba com glacê desenhado como os olhos de Mona Lisa
- **Banheiros** No subsolo do museu

Os jardins formais criados por Le Nôtre no Jardin des Tuileries

④ Rue de Rivoli
Um toque de grandeza napoleônica

A elegante rue de Rivoli foi traçada em 1802 por Napoleão como parte de sua campanha para proclamar Paris a capital da Europa. Seu nome se deve à vitória de Napoleão sobre os austríacos na Batalha de Rivoli, em 1797. A rua se estende da place de la Concorde até o Marais, mas a parte situada a leste do Louvre e que possui a maior concentração de lojas só ficou pronta em 1865. A nova via atravessou um labirinto de ruas medievais em que uma bomba quase matou Napoleão em 1800. Não deixe de caminhar pelas longas arcadas.

Para relaxar
Vá para o **Jardin des Tuileries**. A parte da rue de Rivoli que conta com arcadas é repleta de lojas que vendem artigos de luxo e suvenires para turistas, que percorrem o lado norte do jardim.

Informações

- **Mapa** 9 D2
- **Endereço** 75001 e 75004
- **Metrô** Tuileries, linha 1; Louvre-Rivoli, linha 1 ou Hôtel de Ville, linha 1 **RER** Châtelet-Les Halles, linhas A, B e D **Ônibus** 67, 69, 72, 74, 75 e 76
- **Comida e bebida** *Lanches* Aux Délices de Manon (400 rue St.-Honoré, 75001; 01 42 60 83 03; www.delicesdemanon.com), café alegre, tem serviço para retirada. *Para a família* Angelina (226 rue de Rivoli, 75001; 01 42 60 82 00; www.angelina-paris.fr; 9h-19h), um salão de chá do século XIX, é lendário pelo chocolate quente e pelos merengues Mont Blanc.
- **Banheiros** O luxuoso Point WC, no Carrousel du Louvre

CRIANÇADA!

Procure...

1 O Jeu de Paume, em frente ao Musée de l'Orangerie, é onde o rei jogava tênis em quadra coberta. O nome significa "jogo de palma", porque naquela época era jogado com as mãos.

2 Um fosso. A fortaleza de Carlos V era cercada por um grande fosso que percorria o fundo das escadas e entrava no Tuileries, vindo da place du Carrousel.

3 As famosas pinturas de nenúfares de Monet, no Musée de l'Orangerie. Qual árvore aparece com frequência?

Resposta no fim do quadro.

CONTADOR DE HISTÓRIAS

Charles Perrault, o primeiro autor a escrever um livro de contos de fadas, publicou-os em 1697, incluindo *A bela adormecida*, *Cinderela*, *O gato de botas* e *Chapeuzinho vermelho*. Essas histórias eram conhecidas há gerações, mas nunca antes tinha sido postas no papel. Perrault escreveu o livro inicialmente para seus filhos.

O Homenzinho Vermelho das Tuileries

Dizia-se que o Palais des Tuileries era assombrado por um duende vermelho que aparecia sempre que uma catástrofe nacional era iminente. O anão sinistro foi visto por Catarina de Médici antes da morte de três de seus seis filhos. Henrique IV também o viu pouco antes de ser assassinado. O duende foi visto pela última vez no meio das chamas quando o palácio queimou até o chão, em 1871.

Resposta: 3 Um salgueiro-chorão.

Piquenique até €25; Lanches €25-45; Refeição €45-90; Para a família mais de €90 (base para 4 pessoas)

Tuileries, Opéra e Montmartre

O Musée des Arts Décoratifs, com o café Le Saut du Loup à frente

⑤ Musée des Arts Décoratifs
Joias, bonecas e pôsteres

Aprenda a viver e se vestir com estilo visitando os quatro museus abrigados no eclético **Musée des Arts Décoratifs**. A **Galerie des Jouets** tem cerca de 12 mil brinquedos do século XIX e início do século XX, incluindo uma belíssima coleção de bonecas. A **Galerie des Bijoux** é uma deslumbrante coleção de joias que abrange exageradas peças barrocas e delicados broches de elfo no estilo art nouveau. Procure as dez salas que mostram como viviam os ricos entre 1400 e o início do século XX. O **Musée de la Publicité** (Museu da Publicidade) expõe 40 mil cartazes com anúncios históricos e tem uma sala de cinema onde o visitante pode assistir a filmes publicitários. Procure também ver uma das maravilhosas exposições temporárias de roupas promovidas no **Musée de la Mode**.

Para relaxar
Atravesse a place André Malraux para chegar ao **Jardin du Palais Royal**, um bom lugar para correr.

Um canto aprazível do Jardin du Palais Royal

Informações

- 🌐 **Mapa** 10 E3
  Endereço 107 rue de Rivoli, 75001; 01 44 55 57 50; www.lesartsdecoratifs.fr
- 🚇 **Metrô** Palais Royal-Musée du Louvre, linhas 1 e 7 ou Pyramides, linhas 7 e 14 **Ônibus** 21, 27, 39, 48, 68, 69, 72, 81 e 95
- 🕐 **Aberto** 11h30-18h ter-dom, até 21h qui (p/ exposições temporárias)
- 💶 **Preço** €19-29; até 18 anos grátis, ou até 26 com passaporte da UE
- 🚩 **Para evitar fila** O museu não costuma atrair grandes multidões
- **Passeios guiados** Áudio grátis; p/ família, em francês, ligue p/ detalhes
- 👫 **Idade** A partir de 6 anos
- 👶 **Atividades** Workshops infantis qua à tarde e férias escolares 10h e 14h; 01 44 55 59 25
- ⏱ **Duração** 1-2h
- ♿ **Cadeira de rodas** Sim
- 🍽 **Comida e bebida** *Lanches* La Ferme (55-57 rue St. Roch, 75001; www.restolaferme.com) tem bons sanduíches e saladas. *Refeição* Saut du Loup (107 rue de Rivoli; 01 42 25 49 55; 12h-24h), com acesso pelo museu, é perfeito p/ bolos e sorvete no terraço durante o verão. O restaurante serve culinária francesa moderna. As crianças podem brincar nos gramados.
- 🚻 **Banheiros** No térreo

⑥ Estátua de Joana d'Arc
Uma cavaleira de armadura reluzente

Erguida em 1880, a estátua equestre de Joana d'Arc (Jeanne d'Arc) fica na place des Pyramides. Durante a Guerra dos Cem Anos, a heroína francesa olhou para Paris a partir da pequena colina que hoje é a place André Malraux – La Butte des Moulins, ou colina dos Moinhos de Vento –, torcendo para que seu exército de 12 mil homens conseguisse expulsar os ingleses da cidade. Foi aqui que uma flecha feriu sua perna. Canonizada em 1920, é uma das padroeiras da França, junto a São Denis e São Luís.

Informações

- 🌐 **Mapa** 10 E3
  End. Pl des Pyramides, 75001
- 🚇 **Metrô** Tuileries, linha 1 ou Pyramides, linhas 7 e 14
  Ônibus 48, 69 e 72
- 👫 **Idade** Livre
- 🍽 **Comida e bebida** *Refeição* Pain Quotidien (18 pl du Marché St.-Honoré, 75001; www.lepainquotidien.com; 8h-22h) é uma aposta confiável p/ refeições leves ou apenas café e torrada com chocolate. *Para a família* La Sourdière (4 rue de la Sourdière, 75001; 01 42 60 12 87) oferece boa comida tradicional de bistrô.
- 🚻 **Banheiros** Não

A dourada e reluzente Joana d'Arc no meio da place des Pyramides

Preços para família de 4 pessoas

O Louvre e arredores | 111

Detalhes napoleônicos na Coluna Vendôme, na place Vendôme

Para relaxar
A estátua fica ao lado da entrada do **Jardin des Tuileries** *(p. 108)* e a apenas alguns minutos de distância dos jardins com arcadas do **Jardin du Palais Royal**, cujo pátio tem colunas listradas de preto e branco, perfeitas para saltos a partir delas.

⑦ Place Vendôme
A praça mais chique de Paris

Construída em 1699 para refletir a glória da estátua equestre de Luís XIV colocada no centro, a place Vendôme não impressionou os revolucionários, que derreteram a estátua a fim de fazer canhões para enfrentar os exércitos invasores. Em 1806 foi erguida uma coluna gigantesca, baseada na Coluna de Trajano, em Roma, com os canhões inimigos capturados. O monumento proclamava as proezas de Napoleão em uma tira espiralada externa. Também esta foi demolida pelos revolucionários em 1871; hoje, uma cópia está em seu lugar. Talvez o local mais chique de Paris, esta praça é linda à noite. Ela foi palco de eventos famosos, como o casamento de Napoleão e Josephine, na casa de nº 3. O hotel Ritz, no nº 15, tem uma longa lista de hóspedes famosos antigos que inclui Ernest Hemingway, Eduardo VII, Charlie Chaplin e a princesa Diana.

Para relaxar
Perto daqui, o **Jardin des Tuileries** tem gramados, fontes e playground. Deixe as crianças virarem pequenas parisienses, colocando barcos de madeira para navegar no laguinho.

Elegantes fachadas em arcada na place Vendôme abrigam lojas de grife

Informações
- 🌐 **Mapa** 10 E2
  Endereço 75001
- 🚗 **Metrô** Tuileries, linha 1
  Ônibus 67, 74, 81 e 85
- 🚻 **Idade** Livre
- 🍽 **Comida e bebida** *Refeição* Le Zinc d'Honoré *(36 pl du Marché St.-Honoré, 75001; 01 49 27 05 00; aberto diariam)* serve bife com batatas gratinadas ou fritas. *Para a família* Le Soufflé *(36 rue du Mont Thabor, 75001; 01 42 60 27 19; www.lesouffle.fr; fechado dom)* é o lugar perfeito para provar suflês salgados e doces.
- 🚻 **Banheiros** Não

CRIANÇADA

Fique de olho...
1 Na seção de joias do Musée des Arts Décoratifs, tente encontrar o pente dourado com abelhas e dentes-de-leão?
2 Você consegue localizar um machado, um capacete e um leão na base da Coluna de Vendôme?
3 Qual é a previsão do tempo? Dê uma olhada no barômetro antigo na esquina das ruas Duphot e St.-Honoré, a pouca distância da place Vendôme.

PROBLEMAS DE MEDIÇÃO
Quando o governo revolucionário introduziu o metro como sistema de medição, em 1799, a pedra métrica foi colocada diante do Ministério da Justiça, na place Vendôme, para que as pessoas pudessem checar se não estavam sendo enganadas.

Coração valente!
Joana d'Arc era uma garota camponesa simples que afirmou ter ouvido a voz de Deus chamando-a para salvar a França dos ingleses durante a Guerra dos Cem Anos. A jovem conquistou a confiança do delfim, que mais tarde se tornaria o rei Carlos VII, e liderou o exército francês numa vitória importante em Orleans, em 1429. Capturada pelos borgonheses, foi entregue aos ingleses e levada a julgamento por bruxaria, sendo queimada viva em 1341.

Piquenique até €25; **Lanches** €25-45; **Refeição** €45-90; **Para a família** mais de €90 (base para 4 pessoas)

⑧ Comédie Française

Uma morte encenada

Fundada pelo rei Luís XIV em 1680, a Comédie Française às vezes é conhecida por seu nome anterior, Maison de Molière, que se devia à trupe de atores formada pelo famoso dramaturgo francês Molière. Suas produções em figurinos de época são espetaculares, embora sejam mais apreciadas por quem entende o francês. O prédio atual foi construído em 1900, depois de um grave incêndio ter destruído a estrutura original. Procure a poltrona em que Molière morreu, poucas horas após tombar dramaticamente sobre o palco durante uma apresentação de sua peça de título muito apropriado *Le malade imaginaire – O doente imaginário.* **Molière** não recebeu a extrema unção: dois padres se recusaram a ir vê-lo e um terceiro chegou tarde demais. Na época, o teatro era um lugar cheio de violência e bebedeira, e os atores eram vistos como ralé. Em 1673, uma plateia insatisfeita chegou a tentar incendiar o teatro.

Para relaxar
Caminhe pela **rue de Richelieu** para olhar a fonte decorada com uma estátua de Molière e então corra pelo **Palais Royal**.

Fachada em colunata da Comédie Française

Informações

- **Mapa** 10 F3
- **Endereço** 2 rue de Richelieu, 75001; 08 25 10 16 80; www.comedie-francaise.fr
- **Metrô** Palais Royal-Musée du Louvre, linhas 1 e 7
- **Ônibus** 21, 24, 27, 39, 48, 68, 69, 72, 81 e 95
- **Aberto** Veja os horários das apresentações no site
- **Preço** €16-26 pelos ingressos
- **Idade** A partir de 11 anos
- **Cadeira de rodas** Sim
- **Comida e bebida** *Piquenique* Paul (25 ave de l'Opéra, 75002; 01 42 60 78 22) serve croissants, sanduíches e saladas. Piquenique no Palais Royal. *Refeição* Lai Lai Ken (7 rue Ste.-Anne 75001; 01 40 15 96 90; 9h-18h seg-sáb) é um alegre café japonês, estilo cantina.
- **Banheiros** Com ingresso apenas

⑨ Palais Royal

O rei e a ralé

Construído em 1624, o Palais Royal foi originalmente a residência do cardeal Richelieu, visto como o homem mais poderoso da França durante o reinado de Luís XIII. Mais tarde, Luís XIV passou sua infância no palácio. Na década de 1780, o irmão de Luís XVI, o duque de Orleans, cercou os jardins de arcadas, nas quais colocou muitos cafés, lojas e teatros. Diferentemente de Versalhes, era um lugar onde todos podiam vir e divertir-se. Em consequência disso, o ambiente muitas vezes era de desordem e perigo. Os restaurantes e cafés viraram o berço da Revolução Francesa, que começou quando Camille Desmoulins, num dos cafés daqui, chamou a cidade às armas na noite antes do assalto à Bastilha. As arcadas ainda abrigam vários restaurantes finos e muitas lojas interessantes que vendem selos, soldadinhos de brinquedo, caixas de música e medalhas.

Para relaxar
O aprazível **Jardin du Palais Royal** é perfeito para um piquenique. Traga uma bola e uma corda de pular, ou compre na loja de brinquedos ao lado do restaurante Grand Véfour. Cuidado com o laguinho – Luís XIV quase se afogou aqui quando menino.

Um café na bonita place du Palais Royal

Informações

- **Mapa** 10 F3
- **Endereço** Pl du Palais Royal, 75001
- **Metrô** Palais Royal-Musée du Louvre, linhas 1 e 7; Pyramides, linhas 7 e 14 ou Bourse, linha 3
- **Ônibus** 21, 24, 27, 29, 39, 48, 68, 69, 72, 81 e 95
- **Cadeira de rodas** Sim
- **Comida e bebida** *Piquenique* Tétrel (44 rue des Petits Champs, 75002) oferece os doces mais famosos da França. Prove os favoritos de Asterix, *les bêtises de Cambrai* (as estripulias de Cambrai). Piquenique no Jardin du Palais Royal. *Para a família* Le Grand Véfour (17 rue du Beaujolais, 75001; 01 42 96 56 27; 12h30-14h e 20h-22h, fechado dom, seg e ago), um dos primeiros grandes restaurantes da França, sob direção do chef Guy Martin, estrelado pelo Michelin. Sente-se no assento de Napoleão e absorva a história de lá.
- **Banheiros** Não

Gramados bem-cuidados do Jardin du Palais Royal

Preços para família de 4 pessoas

O Louvre e arredores | 113

Obra inovadora de Keith Haring exposta no Musée en Herbe

⑩ Musée en Herbe
Cortar e colar ao estilo de Picasso

O inspirador Musée en Herbe, um museu de arte projetado especialmente para apresentar as crianças ao mundo da arte através de reproduções de quadros famosos e jogos interativos, inovou quando foi montado, em 1975. Há exposições e oficinas de arte para crianças, baseadas nas obras de artistas famosos. A criançada curte as atividades de cortar e colar, e, ao mesmo tempo, aprende a apreciar arte. Há workshops para crianças muito pequenas, uma galeria para jovens candidatos a artistas e um espaço para mostras temporárias. A maioria das obras expostas permanentemente é inovadora, brincando com a perspectiva ou com combinações de cores.

Para relaxar
Caminhe até a **place des Victoires**. Pegue a saída ao lado do Le Grand Véfour e entre à direita; é uma caminhada de 5 minutos. Se o tempo estiver ruim, vá para a **Galerie Vivienne**, do século XIX, que fica perto da praça.

Estátua equestre de Luís XIV na place des Victoires

Informações
- **Mapa** 10 G2
- **Endereço** 21 rue Hérold, 75001; 01 40 67 97 66; www.musee-en-herbe.com
- **Metrô** Les Halles, linha 4 ou Palais Royal-Musée du Louvre, linhas 1 e 7 **RER** Châtelet les Halles, linhas A, B e D **Ônibus** 29, 48, 67, 74 e 85
- **Aberto** 10h-19h diariam, até 21h qui
- **Preço** €32-52; depende da atividade escolhida
- **Passeios guiados** 01 40 67 97 66; reserve
- **Idade** Livre
- **Atividades** Workshops em francês; 01 40 67 97 66; recomenda-se reservar
- **Duração** 1-2h
- **Cadeira de rodas** Sim
- **Comida e bebida** *Piquenique* Aki Boulangerie (11 Rue St-Anne, 75001; 01 42 97 54 27; fechado dom), no bairro de Little Japan, é uma padaria francesa que prepara lanches com toque japonês. Experimente o sanduíche crocante de tonkatsu (carne de porco à milanesa). Faça um piquenique no Jardin du Palais Royal. *Refeição* A Priori Thé (35 Galerie Vivienne, 75002; 01 42 97 48 75; 9h-18h seg-sex, 9h-18h30 sáb e 12h-18h30 dom) é boa parada p/ almoço, com sobremesas em meia porção. Famoso por seu cheesecake.
- **Banheiros** Sim

CRIANÇADA!

Fique de olho...
1 Um canhão no jardim do Palais Royal. Ele dispara ao meio-dia, acionado pelos raios do sol.
2 Quantas colunas pretas e brancas há no pátio do Palais Royal?
3 Onde você pode encontrar a cadeira em que Molière, o mais famoso dramaturgo francês, morreu depois de desabar sobre o palco?

Respostas no fim do quadro.

Lagosta, meu amor
O poeta Gérard de Nerval tinha uma lagosta de estimação chamada Thibault. Ele a levava para passear no Palais Royal, amarrada a uma fita de seda azul.

LOUCO POR GATOS
O cardeal Richelieu tinha catorze gatos que viviam num quarto especial ao lado de seu quarto de dormir e comiam patê de galinha duas vezes por dia. Dizia-se que eram os únicos seres do reino que não tinham medo de Richelieu.

Não era bem o que ele pediu
Em 1814, um arrogante oficial prussiano, que havia acabado de ocupar Paris com os exércitos aliados, entrou num café no Palais Royal e exigiu tomar café em uma xícara da qual nenhum francês jamais tivesse bebido antes. O garçom, furioso, levou-lhe a bebida – servida num penico!

Respostas: **2** 260. **3** Na Comédie Française.

Piquenique até €25; Lanches €25-45; Refeição €45-90; Para a família mais de €90 (base para 4 pessoas)

Tuileries, Opéra e Montmartre

Musée Grévin e arredores

Identificar quem é quem no mundo das celebridades no Musée Grévin e depois devorar uma barra de chocolate delicioso numa das lojas de doces mais antigas da cidade, A la Mère de la Famille, é uma maneira superdivertida de passar um dia chuvoso em Paris com as crianças. Les Passages, a galeria coberta na saída do boulevard Montmartre, é cheia de cafés e lojas encantadoras que a criançada vai adorar. Todas as atrações ficam em lugares cobertos e perto umas das outras.

Tuileries, Opéra e Montmarte
- Sacré-Coeur p. 122
- Musée Grévin
- Louvre p. 104

Locais de interesse

ATRAÇÕES
1. Musée Grévin
2. Les Passages
3. Les Grands Boulevards
4. Opéra Garnier

COMIDA E BEBIDA
1. À la Mère de Famille
2. Krep
3. Le Bouillon Chartier
4. La Boule Rouge
5. Poussette Café
6. L'Arbre à Cannelle
7. Déli-Cieux
8. Brasserie Printemps
9. Monoprix
10. Chez Clément

Veja também Musée Grévin (p. 116)

COMPRAS
1. Citadium
2. La Cure Gourmande
3. Pain d'Epices
4. La Boîte à Joujoux
5. Le Petit Roi
6. Rue Drouot
7. Galeries Lafayette
8. Printemps

HOSPEDAGEM
1. Hôtel Chopin
2. Hôtel de la Cité Rougemont
3. Park Hyatt Vendôme
4. Résidhome Paris-Opéra

O Opéra Garnier, símbolo da opulência do Segundo Império

Musée Grévin e arredores | 115

Interior do popular bistrô Le Bouillon Chartier

Informações

🚇 **Metrô** Richelieu-Drouot, linhas 8 e 9; Grands Boulevards, linhas 8 e 9; Bourse, linha 3 ou Opéra, linhas 3, 7 e 8
RER Haussmann St.-Lazare, linha E; Auber, linha A
Ônibus 20, 21, 22, 24, 27, 29, 32, 39, 42, 48, 53, 66, 67, 68, 74, 81, 85 e 95

ℹ️ **Informação turística** 25 rue des Pyramides, 75001; verão: 9h-19h diariam; inverno: 10h-19h seg-sáb, 11h-19h dom e feriados

🛒 **Supermercados** Franprix, 5 rue Geoffroy Marie, 75009; Monoprix, 56 rue des Caumartin, 75009
Mercados de rua Marché du Bourse, pl de la Bourse, 75002; 12h30-20h30 ter e sex

🎉 **Festivais** Vitrines de Natal, a exposição de um mundo fantástico como parte das decorações e enfeites das vitrines, Printemps e Galeries Lafayette (dez)

➕ **Farmácia** Pharmacie Centre Opéra, 6 blvd des Capucines, 75009; 01 42 65 88 29; aberta até 12h30

🧒 **Playground** square de Montholon, rue Lafayette, 75009; amanhecer-anoitecer (p. 117)

O museu de cera histórico de Paris, Musée Grévin

① Musée Grévin
Olhos de vidro, grandes acontecimentos e assassinatos macabros

Este é o melhor lugar para ver celebridades em cera: reis e rainhas, astros pop e jogadores de futebol. As comparações com o londrino Madame Tussauds são inevitáveis, mas o Grévin é menos macabro e mais autêntico. É famoso por suas cenas históricas, como o retrato cruel da Revolução e de grandes momentos do século XX. Mas o que chama a atenção é seu suntuoso prédio barroco, sede do show original de som e luz da Exposição Universal de 1900.

Placa do lado de fora do Musée Grévin

Destaques

Entrada

- **1º andar** Salão de Espelhos, Teatro Tout-Paris Theatre
- **Térreo** Escadaria de mármore, Oficina, Coleção Grévin, Salão de Colunas
- **Andar inferior** Loja de presentes
- **Subsolo** A História da França, O Século XX

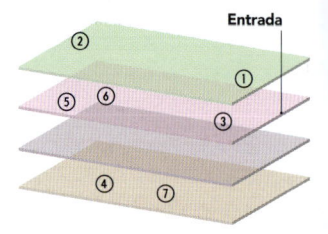

① **Palais des Mirages** O jogo de som, luz e espelhos neste caleidoscópio gigante é assombroso. Cada olhar para cima revela uma perspectiva nova.

② **Le Théâtre Tout-Paris** Fique lado a lado com celebridades neste teatro deslumbrante; um paparazzo pode tirar sua foto com gente como Brad Pitt ou George Clooney. Os astros vão mudando com o passar dos anos; os que estão em declínio acabam sendo derretidos.

③ **Grand Escalier de Marbre** Faça uma entrada grandiosa pela escadaria de mármore com espelhos. Fique maravilhado com a beleza dos interiores.

④ **Les Clichés du 20e siècle** Nesta seção, veja os maiores acontecimentos do século XX, por exemplo Neil Armstrong dando seus primeiros passos na Lua.

⑤ **Secrets d'Atelier** Nessa mostra especial, aprenda os segredos da criação de uma estátua de cera: são necessários seis meses e uma equipe de dez artistas.

⑥ **Salle des Colonnes** As colunas desse salão são esculpidas em pau-rosa e decoradas com ouro e mármore. Alguns dos melhores modelos de cera se encontram aqui.

⑦ **Histoire de France** Volte no tempo. Esta seção tem painéis históricos – um deles mostra o assassinato de Jean-Paul Marat.

Informações

- **Mapa** 4 G6
- **Endereço** blvd Montmartre 75009; 01 47 70 85 05; www.grevin.com
- **Metrô** Grands Boulevards ou Richelieu-Drouot, linhas 8 e 9 ou Bourse, linha 3 **Ônibus** 20, 39, 48, 67, 74 e 85
- **Aberto** 10h-18h30 seg-sex, até 19h sáb e dom, feriados e férias escolares; desde 9h no outono e nas férias de Natal, fechado por cinco dias após o Natal
- **Preço** €74-84; até 6 anos grátis
- **Para evitar fila** Aceita Paris Museum Pass; compre ingressos com antecedência no site ou nas lojas da FNAC e da Virgin; se nenhum dos dois casos for possível, venha na hora do almoço
- **Passeios guiados** Em francês, às 14h30 sáb e dom, fechado nas férias escolares; €20 por criança; reserve; 01 47 70 83 97
- **Idade** A partir de 6 anos
- **Atividades** As crianças adoram ver pessoas famosas em exposição; traga câmera fotográfica e enturme-se com as estrelas
- **Duração** 1h30
- **Cadeira de rodas** Sim
- **Café** Café Grévin, próximo
- **Banheiros** Em vários locais

Bom para a família
Embora represente uma folga divertida das galerias de arte e dos museus intelectuais, o Musée Grévin não é um passeio barato.

Preços para família de 4 pessoas

Musée Grévin e arredores | 117

Chocolates e doces expostos no À la Mère de la Famille

Para relaxar
Há um playground e mesas de pingue-pongue no belo parque da **square de Montholon** (*80 rue Lafayette, 75009*), a dez minutos de distância a pé em direção nordeste. Se quiser correr de verdade, vá de metrô ao **Jardin des Tuileries** (*p. 108*) ou ao **Parc Monceau** (*pp. 140-1*).

Comida e bebida
Piquenique: até €25; Lanches: €25-45; Refeição: €45-90; Para a família: mais de €90 (base para 4 pessoas)
PIQUENIQUE À la Mère de la Famille (*35 rue du Faubourg Montmartre, 75009; 01 47 70 83 69; www.lameredefamille.com*) foi aberto em 1761 e vende tudo o que um fanático por doces aprecia. Ande à square de Montholon e faça um piquenique.
LANCHES A **Krep** (*11 rue La Fayette, 75009*) serve crepes doces ou salgados para comer no local ou levar para viagem.
REFEIÇÃO **Le Bouillon Chartier** (*7 rue du Faubourg Montmartre, 75009; 01 47 70 86 29; www.restaurant-chartier.com; 11h30-22h*) é um bistrô francês com garçons de avental branco. Muito frequentado por famílias locais. Na alta temporada, chegue às 12h em ponto ou às 18h30 para evitar as filas.
PARA A FAMÍLIA **La Boule Rouge** (*1 rue de la Boule Rouge, 75009; 01 47 70 43 90; 12h-15h e 19h-23h30 seg-sáb*) é um bom restaurante para provar a ótima comida norte-africana.

Saiba mais
INTERNET Veja Michael Jackson conhecendo seu modelo de cera em *http://tinyurl.com/3tjzkw5* e *Pauvre Pierrot*, o primeiro filme de animação da história, feito e exibido no Musée Grévin, em *http://tinyurl.com/26fl8qn*.

Compras
A **Citadium** (*50-56 rue de Caumartin, 75009*) oferece uma boa seleção de moda streetwear de vanguarda. A Passage Jouffroy, ao lado do museu, é um paraíso para crianças. Estoque azeitonas de chocolate, caramelos de nugá e *navettes* (bolachas em forma de barco) na **La Cure Gourmande**. Na **Pain d'Epices** ou **La Boîte à Joujoux**, compre tudo para equipar uma casa de bonecas. **Le Petit Roi** tem gibis de segunda mão. Colecionadores de selos devem ir à **rue Drouot**. As mais famosas lojas de departamentos de Paris – **Galeries Lafayette**, com ótima praça de alimentação, e **Printemps** – ficam no boulevard Haussmann.

Fachada da Printemps, elegante loja de departamentos no boulevard Haussmann

Próxima parada...
CHOCOLATES E FILMES Descubra os segredos do chocolate no **Choco-Story** (*28 blvd Bonne Nouvelle, 75010; 01 42 29 68 60*), um museu que oferece a deliciosa oportunidade de saborear variedades diferentes. Então assista a um filme no velho cinema **Les Etoiles du Rex** (*1 blvd Poissonnière, 75002; 01 45 08 93 40; www.legrandrex.com*). Construído em 1932, é o maior cinema da Europa, com 2.800 lugares.

CRIANÇADA!

Descubra mais...
Procure as respostas para tudo isso no museu de cera:
1. Em que ano Louis Bleriot se tornou a primeira pessoa a atravessar o Canal da Mancha de avião?
2. Quando o Apollo 11 pousou na Lua?
3. Quando caiu o Muro de Berlim?
4. Quando a França ganhou a Copa do Mundo?
5. Em que ano foi criado o trabalho em cera que mostra o revolucionário Marat sendo assassinado no banho? É o modelo mais antigo do museu, e a banheira é a original.

Respostas no fim do quadro.

DESENHO ANIMADO
O primeiro desenho animado do mundo foi exibido no Musée Grévin em 1894 por Charles Émile Reynaud, que morreu sem um tostão após ter sido abandonado pelo público, que preferiu ver filmes de ação ao vivo a desenhos animados. Deprimido, ele jogou a maior parte de seu trabalho no Sena antes de morrer.

Os modelos do senhor Meyer
Os museus de cera eram as revistas de celebridades de seu tempo, na medida em que a fotografia ainda era novidade e a TV não havia sido inventada. Em 1882, uma visita ao novo museu do designer teatral Alfred Grévin era a única maneira de ter uma visão boa das pessoas que escreviam manchetes nos novos jornais de circulação em massa que estavam fazendo sucesso em Paris. Procure o jornalista Arthur Meyer, amigo de Grévin, que teve a ideia toda – ele é mostrado cochilando enquanto lê seu próprio jornal!

Respostas: 1 Em 1909. **2** 24 de julho de 1969. **3** 9 de novembro de 1989. **4** Em 1998. **5** Em 1889.

Tuileries, Opéra e Montmartre

Passage Verdeau, bela galeria de compras, criada no século XIX

② Les Passages
Minimundo em uma cidade

Les Passages foram os primeiros shopping centers do mundo. Hoje formam um labirinto oculto de arcadas históricas que se entrecruzam entre o Palais Royal e o boulevard Montmartre.

Em sua época áurea, no século XIX, havia mais de 150 passarelas envidraçadas, criadas para atender a classe média emergente que tinha dinheiro para gastar e queria fazer compras sem sujar os sapatos. As ruas de Paris ainda eram quase medievais, sem calçadas nem sistema de esgotos.

Hoje as galerias mais interessantes são a passage des Panoramas, Galérie Vivienne, Galérie Colbert, Galérie Vero-Dodat e a passage des Princes.

Informações
- **Mapa** 4 G6
- **Endereço** 75002
- **Metrô** Grands Boulevards ou Richelieu-Drouot, linhas 8 e 9 ou Bourse linha 3 **Ônibus** 20, 39, 48, 67, 74 e 85
- **Comida e bebida** *Lanches* Poussette Café *(6 rue Pierre Sémard, 75009; 01 78 10 49 00; www.lepoussettecafe.com; 10h30-18h30 ter-sáb)* serve almoços leves e tem oferta de atividades para crianças. *Refeição* L'Arbre à Cannelle *(57 passages des Panoramas, 75002; 01 45 08 55 87; 12h-15h seg e ter, 12h-15h e 19h-23h qua-sáb)* é restaurante e salão de chá.
- **Banheiros** Não

Les Passages oferecem um vislumbre de um passado mais elegante, um oásis de calma e um tesouro secreto. São ótimos para explorar com as crianças porque são cheias de lojas intrigantes, cafés agradáveis e surpresas inesperadas. Para a criançada, o melhor de tudo é a passage de Princes é ocupada inteiramente pela **Village Joué Club** (p. 42), a maior e mais incrível loja de brinquedos da cidade.

Para relaxar
Guarde a passage des Princes para o final e então solte as crianças nas muitas áreas temáticas da **Village Joué Club**, que tem todos os brinquedos e jogos que elas poderiam imaginar, e mais.

③ Les Grands Boulevards
Para os loucos por compras

Os oito Grandes Bulevares originais – Madeleine, Capucines, Italiens, Montmartre, Poissonnière, Bonne Nouvelle, St.-Denis e St.-Martin – foram traçados por Luís XIV acompanhando o traçado das muralhas da cidade, já obsoletas. A palavra bulevar vem de *bulwerc* em holandês da Idade Média. No século XIX o barão Haussmann criou avenidas que cortaram a cidade em várias direções, pondo abaixo um labirinto de ruelas fedorentas. Ele criou a grande avenue de l'Opéra; Charles Garnier, o arquiteto idealizador do teatro, insistiu que não houvesse árvores na avenida que atrapalhassem a visão de sua obra-prima. O teatro ocupa o coração da área; logo atrás dela, no boulevard Haussmann, há duas outras obras-primas do século XIX, duas belas lojas de departamentos repletas de luxos: a Galeries Lafayette, que parece um teatro de ópera, e a Printemps.

Para relaxar
Caminhe com calma até os jardins serenos do antigo palácio real, o **Palais Royal** *(pl du Palais Royal, 75001)*, na extremidade sul da avenue de l'Opéra.

Crianças jogam futebol no Jardin du Palais Royal

Informações
- **Mapa** 4 G6
- **Endereço** 75002 e 75009
- **Metrô** Opéra, linhas 3, 7 e 8; Richelieu-Drouot ou Grands Boulevards, linhas 8 e 9 **RER** Auber, linha A **Ônibus** 21, 22, 27, 29, 42, 53, 66, 68, 81 e 95
- **Comida e bebida** *Lanches* Déli-Cieux *(Printemps, 64 blvd Haussmann, 75009; www.printemps.com; 9h35-20h, até 22h qui)*, restaurante com jardim na cobertura da loja de departamentos, tem vista panorâmica da cidade e serve pratos franceses. *Para a família* Brasserie Printemps *(01 42 82 58 84; 9h35-20h, até 22h qui)*, no 6º andar da Printemps, serve cozinha francesa. Coma embaixo de sua colorida cúpula com vitrais.
- **Banheiros** Na Printemps e na Galeries Lafayette

Boulevard des Capucines, um dos Grandes Bulevares originais

Preços para família de 4 pessoas

Musée Grévin e arredores | 119

④ Opéra Garnier
Fantasmas, bailarinas e abelhas

Decorada como um enorme bolo de aniversário, a Opéra National de Paris Garnier, ou Palais Garnier, foi projetada em 1860 por Charles Garnier. Seu esplendor opulento e camarotes de veludo vermelho lembram o ambiente sensual e um pouco sinistro do conto *Fort comme la mort* (1889), de Guy de Maupassant. O auditório vermelho e dourado é iluminado por um lustre gigantesco de cristal que caiu em 1896, esmagando a plateia. Esse acontecimento, além do lago subterrâneo e dos grandes porões do teatro, inspirou o romance *O fantasma da ópera*, de Gaston Leroux. As pequenas fãs de Angelina bailarina vão se divertir fazendo piruetas escadaria abaixo. Há uma loja ótima, a Boutique de l'Opéra National; traga o cofrinho.

Para relaxar
Caminhe pela rue de la Paix saindo da place de l'Opéra em direção ao **Jardin des Tuileries** (*pl de la Concorde, 75001; diariam do amanhecer -anoitecer*) para curtir ao ar livre após todo o trânsito e a agitação em torno dos Grands Boulevards.

Parte da fachada esculpida da Opéra Garnier

Busto do arquiteto Charles Garnier sobre uma das entradas da Opéra

Informações

- 🌐 **Mapa** 4 E6
  Endereço 1 pl de l'Opéra, 75009; 08 92 89 90 90; www.operadeparis.fr
- 🚇 **Metrô** Opéra, linhas 3, 7, 8 **RER** Auber, linha A **Ônibus** 21, 22, 27, 29, 42, 53, 66, 68, 81 e 95
- 🕐 **Aberto** 10h-17h diariam; jul-set: até 18h; matinês: até 13h; fechado 1º jan, 1º mai e 25 dez
- 💶 **Preço** €30-40; até 10 anos grátis; o ingresso dá direito a um desconto na entrada do Musée d'Orsay, válido por uma semana após a visita
- 👥 **Para evitar fila** Vá durante o horário de almoço
- 🚩 **Passeios guiados** Em inglês às 11h30 e 14h30 qua, sáb, dom e diariam nas férias escolares; €38-46 por família; 1h30 de duração
- 👫 **Idade** A partir de 5 anos

- ♿ **Cadeira de rodas** Sim
- 🛍️ **Loja** Boutique de l'Opéra National na galeria principal
- 👨‍👩‍👧 **Atividades** Workshops familiares em francês; 01 40 01 19 88; assista à clássica comédia da Segunda Guerra Mundial, *La grande vadrouille* (1966), montada em partes na opera house, e o filme mudo *Phantom of the Opera* (1925); o teatro tem uma temporada infantil
- 🕐 **Duração** 45min-1h
- 🍴 **Comida e bebida** *Piquenique* Monoprix (*21 ave de l'Opéra, 75009*) oferece bons itens para piquenique no Jardin des Tuileries. *Refeição* Chez Clément (*17 blvd des Capucines, 75002; 01 53 43 82 00; www.chezclement.com*) serve boas refeições e agrada as crianças.
- 🚻 **Banheiros** Em todos os níveis

CRIANÇADA!

Procure... 
1 **Abelhas:** 450 mil delas vivem no telhado da Opéra Garnier.
2 Um *croque monsieur*, ou "senhor crocante" - um sanduíche crocante de queijo e presunto grelhado. Os parisienses o conheceram em 1850 num restaurante inglês no blvd des Capucines. Foi na realidade uma criação britânica. Experimente!
3 Uma igreja com domo pintada por Marc Chagall no teto da Opéra Garnier. Chagall era judeu-russo e cresceu a milhares de quilômetros de distância, na cidade de Vitebsk, na atual Bielorrússia. A igreja ficava em sua cidade natal.

POUSO TRANQUILO
Em 1919 Jules Védrines tornou-se a primeira pessoa a pousar um avião sobre um prédio, ganhando 25 mil francos quando pousou no telhado da Galeries Lafayette.

O Átila da Alsácia
O barão Georges Eugène Haussmann, originário da Alsácia, modernizou Paris. Em 1853, ele encontrou Napoleão III, que lhe mostrou um mapa de Paris atravessado por linhas assinalando os bulevares retos e largos que queria construir para limpar a cidade e facilitar seu policiamento. Mas a construção de novos esgotos não acalmou a revolta nas ruas. Os apartamentos modernos, com água corrente, eram caros demais para os operários que os construíram. Milhares de pessoas ficaram sem teto e foram expulsas do centro da cidade. Assim, Haussmann ganhou o apelido de o Átila da Alsácia – lembrando Átila, o Huno, que devastou boa parte da Europa.

Piquenique até €25; **Lanches** €25-45; **Refeição** €45-90; **Para a família** mais de €90 (base para 4 pessoas)

Sacré-Coeur e arredores

A meninada adora a basílica branca de Sacré-Coeur, e, apesar de Montmartre viver repleta de turistas, esse fato também atrai – afinal, as crianças gostam mesmo é de suvenires como cartões-postais e ímãs de geladeira. O jeito mais fácil de chegar ao coração de tudo é subir pelo trenzinho de turistas, ou funicular; ir pela escadaria pode ser cansativo. Para sentir o ambiente real de Montmartre, retorne a pé pela rue Lepic. Nos domingos o tráfego é limitado na rue des Martyrs e em toda Montmartre, intensificando o ambiente tranquilo, de vilarejo.

Locais de interesse

ATRAÇÕES
1. Sacré-Coeur
2. Place du Tertre e Vinhedo de Montmartre
3. Espace Dalí Montmartre
4. Rue Lepic
5. Cimetière de Montmartre
6. Europe
7. Les Batignolles

COMIDA E BEBIDA
1. Chloé.S.
2. Arnaud Larher
3. Un Zèbre à Montmartre
4. Le Miroir
5. Au Rendez-vous des Amis
6. Le Café qui Parle
7. Sorbet Dilai
8. Le Moulin de la Galette
9. Le Grenier à Pain
10. Coquelicot
11. Musée de la Vie Romantique
12. La Scuderia del Mulino
13. Boulangerie Lamairie
14. Nirvana
15. Méli Mélo
16. Le Club des 5

COMPRAS
1. Antoine et Lili
2. La Case de Cousin Paul
3. La Chaise Longue

HOSPEDAGEM
1. Adagio Apartments

Montmartre
2. Hôtel Alba Opéra
3. Hôtel des Trois Poussins
4. Ibis Berthier Porte de Clichy
5. Loft Paris
6. Paris Oasis
7. Résidhome Paris-Opéra
8. Terrass Hôtel
9. Tim Hotel

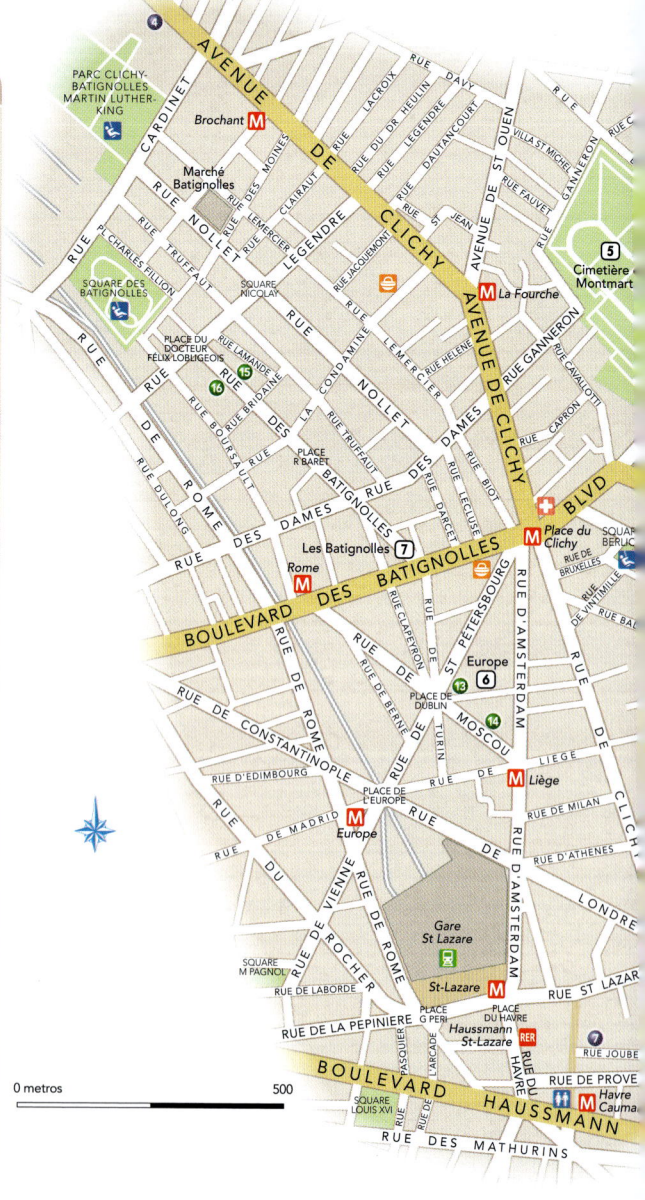

Sacré-Coeur e arredores | 121

Da square Louise Michel, avista-se a Sacré-Coeur

Parc de la Turlure, um oásis atrás da Basílica de Sacré-Coeur

Interior aconchegante do Les Club des 5, lugar apreciado pela criançada

Informações

🚇 **Metrô** Abbesses, linha 12; Anvers, linha 2; Pigalle, linhas 2 e 12; pl de Clichy, linhas 2 e 13; Brochant, linha 13; La Fourche, linha 13 ou Rome, linha 2 **RER** Haussmann St.-Lazare, linhas A e E **Ônibus** 30, 31, 53, 54, 66, 67, 68, 80, 81, 85, 95 e Montmartrobus 64 **Trem** Funiculaire de Montmartre, turístico: Montmartrain.

ℹ️ **Informação turística** Quiosques na pl du Tertre, 75018; 10h-18h e perto do metrô Anvers, 72 blvd de Rochechouart, 75018; 10h-18h diariam, fechado 1º jan, 1º mai e 25 dez

🛒 **Supermercados** Carrefour, 17 rue Clignancourt, 75018 e 63 blvd de Rochechouart, 75009; Monoprix, 52 rue Fontaine, 75009. Simply Market, 7-9 blvd des Batignolles, 75017; Monop' Pigalle, 1-3 pl Pigalle, 75009; 8 à Huit, 48 rue d'Orsel, 75018 e 24 rue Lepic, 75018; Franprix, 24 rue La Condamine, 75017
Mercados de rua Marché Batignolles (coberto), 96 rue Lemercier, 75017; 8h30-13h e 15h30-20h ter-sex, 8h30-20h sáb, 8h30-14h dom; Marché pl d'Anvers, 75009; 15h-20h sex

🎉 **Festivais** Lavagem da Sacré-Coeur, uma procissão religiosa na comunidade brasileira da cidade (início jul); Fête des Vendanges, colheita de uvas no Vinhedo de Montmartre (out); presépio de Natal, na Sacré-Coeur (dez)

➕ **Farmácia** Pharmacie Européenne, 6 pl du Clichy, 75009; 01 48 74 65 18

🤸 **Playgrounds** Parc de la Turlure, rue de la Bonne, 75018 (p. 122); square Louise Michel, 75018 entre pl St.-Pierre e a Sacré-Coeur (p. 122); square Suzanne Buisson, rue Girardon, 75018 (p. 125); square Berlioz, pl Adolphe Max, 75009 (p. 126); square des Batignolles, 75017 (p. 127); Parc Clichy-Batignolles Martin Luther-King (p. 127)

🚻 **Banheiros** banheiro público; pl Suzanne Valadon, 75018

① Sacré-Coeur
Um grande merengue branco

No topo do ponto mais elevado de Paris, o Sacré-Coeur é a segunda construção mais alta da cidade, depois da Torre Eiffel, e Paris se estende a seus pés. Construída como penitência, para expiar os pecados da França, especialmente a Comuna de 1871, a intenção era que simbolizasse a restauração dos valores católicos conservadores. Por isso, muitos dos elementos do design neobizantino incorporam temas nacionalistas. Mas a basílica também é vista como símbolo da repressão do levante de 1871, que começou lá e nesse local chegou a seu clímax sangrento.

Rosácea com vitral, Sacré-Coeur

Destaques

Grande Mosaico de Cristo Esse mosaico brilhante que domina a abóbada do coro é um dos maiores do mundo. Simboliza a devoção da França ao Sagrado Coração.

Portas de bronze Lindamente decoradas com esculturas em relevo, as portas ilustram a história da vida de Jesus.

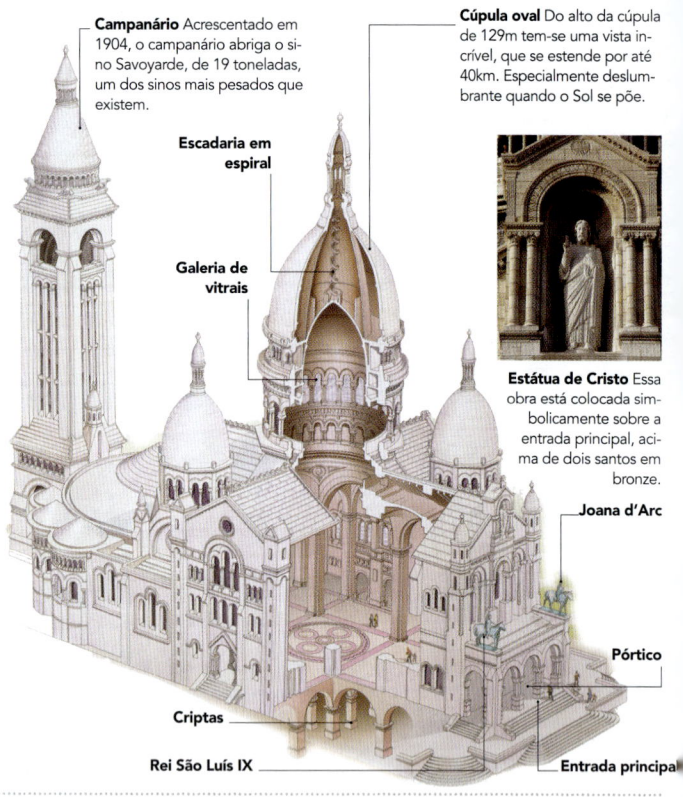

Campanário Acrescentado em 1904, o campanário abriga o sino Savoyarde, de 19 toneladas, um dos sinos mais pesados que existem.

Escadaria em espiral

Galeria de vitrais

Cúpula oval Do alto da cúpula de 129m tem-se uma vista incrível, que se estende por até 40km. Especialmente deslumbrante quando o Sol se põe.

Estátua de Cristo Essa obra está colocada simbolicamente sobre a entrada principal, acima de dois santos em bronze.

Joana d'Arc

Pórtico

Criptas

Rei São Luís IX

Entrada principal

Para relaxar
As opções para as crianças em Montmartre são inúmeras. Os belos jardins da **square Willette** descem diante do Sacré-Coeur, e há um carrossel na base do morro. Há também a **square Louise Michel**, entre a place St.-Pierre e o Sacré-Coeur. Atrás da catedral fica o **Parc de la Turlure**, onde antes ficava o moinho de vento Turlure. É um lugar calmo para fazer um piquenique.

Comida e bebida
Piquenique: até €25; Lanches: €25-45; Refeição: €45-90; Para a família: mais de €90 (base para 4 pessoas)

PIQUENIQUE Arnaud Larher *(53 rue Caulaincourt, 75018; 01 42 57 68 05; www.arnaud-larher.com; fechado dom e seg)* é um dos poucos chocolateiros premiados a fabricar chocolates ao leite. As famílias podem caminhar até o Parc de la Turlure para um piquenique.

LANCHES As meninas vão adorar a **Chloé.S.** *(40 rue JB Pigalle, 75009; 01 48 78 12 65; 11h-19h30)*. Com decoração cor-de-rosa em estilo casinha de bonecas, serve cupcakes, chá e bagels.

REFEIÇÃO Un Zèbre à Montmartre *(38 rue Lepic, 75018; 01 42 23 97 80)* é um restaurante pequeno, simpático e simples, que serve uma excelente musse de chocolate.

Preços para família de 4 pessoas

Sacré-Coeur e arredores | 123

Informações

- **Mapa** 4 G2
  Endereço 35 rue du Chevalier de la Barre, 75018; 01 53 41 89 00; www.sacre-coeur-montmartre.com
- **Metrô** Abbesses, linha 12; Anvers, linha 2 ou Pigalle, linhas 2 e 12; pegue o funicular, usando o mesmo bilhete, ou o trem turístico (www.promotrain.fr), da pl Pigalle **Ônibus** 30, 31, 80 e 85
- **Aberto** 6h-22h30 diariam; Domo: 9h-19h; inverno: até 18h; Cripta: horário varia
- **Preço** Basílica: grátis; Cripta €10. Domo: €16-26
- **Para evitar fila** A Sacré-Coeur é muito movimentada, mas fica menos lotada à noite, quando a basílica se mostra em sua forma mais esplendorosa e romântica
- **Passeios guiados** Não
- **Idade** Livre
- **Duração** 30min-1h
- **Cadeira de rodas** Limitado
- **Café** Não
- **Banheiros** Perto da saída

Bom para a família
Os encantos de Montmartre são de graça, e a vista a partir dos degraus da basílica é quase tão boa quanto a do domo. Dentro da basílica, o silêncio é regra.

PARA A FAMÍLIA O bistrô casual **Le Miroir** (94 rue des Martyrs, 75018; 01 46 06 5073; fechado seg, dom almoço e ago) serve um delicioso cordeiro com cogumelos chanterelle e potinhos de creme de baunilha (pots de crème vanille).

Compras
Montmartre tem inúmeras lojas interessantes de presentes originais, artigos para o lar e roupas. Não perca as roupas e os acessórios da **Antoine et Lili** (90 rue des Martyrs, 75018; www.antoineetlili.com) ou as guirlandas de luzes de fantasia (escolha sua própria combinação de cores) da **La Case de Cousin Paul** (4 rue Tardieu, 75018; www.lacasedecousinpaul.com). **La Chaise Longue** (91 rue des Martyrs, 75018; www.lachaiselongue.fr) é um lugar divertido para procurar objetos de decoração.

Saiba mais
INTERNET Assista ao vídeo Two Hearts Beat as One, da banda de rock U2, filmado em frente à basílica e em Montmartre, em http://tinyurl.com/b8epuk
FILMES Moulin Rouge (2001) é um musical romântico com Nicole Kidman. Os filmes rodados aqui refletem o lado soturno da vida e são adequados para adolescentes. Os filmes Fantômas (1913-14), de Louis Feuillade, ambientados na place Pigalle, mostram as façanhas criminosas de um vilão esperto. Assista a um clipe: http://tinyurl.com/coho3of

Próxima parada...
MOULIN ROUGE Um dos cabarés mais famosos do mundo, o **Moulin Rouge** (82 blvd de Clichy, 75018; 01 53 09 82 82; www.moulinrouge.fr) foi construído em 1885 e abriga um moinho de vento vermelho no telhado. O nome é sinônimo da dança cancã, e ficou famoso nos pôsteres de Henri de Toulouse-Lautrec. Vale a pena ver a fachada do prédio, e, se a família quiser assistir a um show, crianças de 6 a 12 anos podem entrar nas matinês com meia-entrada em dois domingos por mês. O trenzinho turístico que parte da place Pigalle passa em frente ao Moulin Rouge e sobe até o Sacré-Coeur.

O cabaré Moulin Rouge, com o famoso moinho vermelho

CRIANÇADA!

Procure...
1 As esculturas em relevo nas portas de bronze. A vida de quem elas retratam?
2 Duas estátuas equestres em frente à basílica. Qual delas é a de Joana d'Arc?
3 A estátua de Jesus Cristo. O que ele está fazendo?

Respostas no fim do quadro.

VISÃO EM BRANCO
O Sacré-Coeur é feito de uma pedra especial, o travertino, que fica mais branca quando chove. Dos jardins mais abaixo tem-se a melhor visão da basílica.

Montanha de mártires
Montmartre deve seu nome aos cristãos da Antiguidade decapitados pelos romanos no local onde hoje fica a Chapelle du Martyre, na rue Yvonne Le Tac. Os romanos, que preferiam adorar o deus Mercúrio no alto da colina, tentaram se livrar de São Denis, o primeiro bispo de Paris. De acordo com a lenda, depois de ser decapitado, ele ficou em pé, pegou sua cabeça nas mãos e andou até uma fonte na esquina da rue Girardon, onde lavou a cabeça, e então foi caminhar no campo. Acabou tombando morto no local onde hoje fica a Basílica St.-Denis (pp. 206-7), a 9km de distância.

Respostas: 1 Jesus Cristo. 2 A estátua à direita da entrada principal. 3 Dando uma benção.

② Place du Tertre e Vinhedo de Montmartre

O telhado de Paris

"Tertre" significa morrinho, e esta praça ocupa um dos pontos mais altos de Paris (130m de altitude). No passado havia um cadafalso aqui, mas no século XIX artistas começaram a vender seus trabalhos na praça, que ainda hoje é cheia de pintores. Visitar Montmartre sem sair para caminhar nas ruas de pedra mais estreitas e tranquilas atrás da place du Tertre é deixar de curtir o espírito do bairro. O Vinhedo de Montmartre, na rue St.-Vincent, é um desses cantos pacíficos; é tudo o que restou dos hectares de vinhedos cultivados aqui no passado. O lugar é especialmente belo no outono e pode ser visto através da cerca em volta. Tire o verniz turístico e você verá que Montmartre tem muita personalidade e uma comunidade local forte, que festeja a safra de vinho em grande estilo em outubro de cada ano.

Se chover...
O charmoso **Musée de Montmartre** *(12 rue Cortot, 75018; www.museedemontmartre.fr)*, numa casa antiga, tem muitos objetos de artistas como Henri de Toulouse-Lautrec, que viveu e trabalhou aqui. Há também uma

Informações
- **Mapa** 4 G1 e 4 G2
- **Endereço** 75018
- **Metrô** Abbesses, linha 12 **Ônibus** Montmartrobus 64 opera da pl Pigalle até o topo de Montmartre
- **Aberto** Vinhedo de Montmartre: fechado ao público
- **Para evitar fila** A place du Tertre é muito popular entre os turistas, por isso vá à noite, quando há menos multidões
- **Idade** Livre
- **Duração** 1h
- **Comida e bebida** *Lanches* Au Rendez-vous des Amis *(23 rue Gabrielle, 75018)*, aconchegante café-bar, boa parada para um drinque. *Refeição* Le Café qui Parle *(24 rue Caulaincourt, 75018; 01 46 06 06 88; 8h30-23h; não aceita reservas para o brunch)* tem ótimo brunch sáb, dom e feriados.
- **Banheiros** Não

Vista do Vinhedo de Montmartre a partir da square Roland Dorgelès

maquete bastante precisa do antigo vilarejo de Montmartre; as crianças podem gostar. O **Halle St. Pierre**, ao pé da *butte (2 rue Ronsard; 01 42 58 72 89, www.hallesaintpierre.org)* é um interessante espaço de arte com workshops para crianças.

③ Espace Dalí Montmartre

Os sonhos do homem com o bigode bizarro

O Espace Dalí Montmartre é o único lugar onde se pode ver algumas obras de arte reais na região, embora seja um pouco comercial, é divertido de conhecer com as crianças. Há uma coleção interessante de esculturas e outros objetos do surrealista espanhol Salvador Dalí (1904-89). As crianças acharão divertidas e intrigantes suas imagens que parecem de sonho, de relógios que se derretem e de uma mesa com pés humanos, além das esculturas esdrúxulas. Há poucos quadros no museu, mas as esculturas, os móveis, as criações gráficas e em filme mostram como os artistas surrealistas trabalhavam com todos os materiais.

Para relaxar
Pegue o funicular no sopé de Montmartre *(rue Tardieu)* e vá até a Sacré-Coeur, que oferece uma vista magnífica da cidade. As crianças locais brincam na **square Suzanne Buisson** *(rue Girardon, 75018)*, situada atrás do Moulin de la Galette. Há uma estátua de Saint Denis no meio do jardim. Esse é um bom lugar para sentir o clima da verdadeira Montmartre.

Informações
- **Mapa** 4 F2
- **Endereço** 11 rue Poulbot, 75018; 01 42 64 40 10; www.daliparis.com
- **Metrô** Anvers, linha 2 ou Abbesses, linha 12 **Ônibus** 54, 80 e Montmartrobus 64
- **Aberto** 10h-18h diariam
- **Preço** €34-44; até 8 anos grátis
- **Passeios guiados** Para crianças, em francês; 01 42 64 40 21
- **Idade** A partir de 5 anos
- **Atividades** Programação para crianças, em inglês
- **Duração** 45min
- **Comida e bebida** *Lanches* Sorbet Dilai *(1 Rue Tardieu, 75018)* vende sorvete e sorbet. *Para a família* Le Moulin de la Galette *(83 rue Lepic, 75018; 01 46 06 84 77; www.le-moulindelagalette.fr; 12h-23h)* é bastante turístico, mas oferece refeições no jardim durante o verão, o que as famílias adoram.
- **Banheiros** Na saída

Restaurante Le Moulin de la Galette, com o Moulin Radet ao fundo

Preços para família de 4 pessoas

CRIANÇADA!

Procure...

1 O muro do amor na square Jehan Rictus, ao lado do metrô Abbesses. "Eu te amo" está escrito 311 vezes em 280 línguas! Você conhece alguma delas?
2 Uma mesa com pés humanos. Onde fica?
3 Moinhos de vento. No passado havia 30 em Montmartre, mas hoje restam apenas alguns. Quantos são?

Respostas no fim do quadro.

④ Rue Lepic
Montmartre de alto a baixo

A melhor maneira de conhecer Montmartre com as crianças é embarcar no trenzinho de turismo na place Pigalle e então descer a pé pela rue Lepic, um ótimo lugar para comer e fazer compras. No alto da rua há dois moinhos de vento onde no passado se produzia farinha de trigo. Em 1870, eles foram convertidos em salão de baile e restaurante e imortalizados na pintura *Baile no Moulin de la Galette*, de Pierre Auguste Renoir. O artista Vincent van Gogh e seu irmão Theo viveram no nº 54. Logo atrás da place des Abbesses fica a bonita place Emile Goudeau, onde, em 1907, Pablo Picasso pintou a tela cubista inovadora *Les demoiselles d'Avignon*.

Volte para casa pela estação de metrô Abbesses. Construída em 1912, é uma das mais bonitas, além de ser a estação em maior profundidade de Paris. Ela tem uma das únicas três entradas art nouveau de vidro projetadas por Hector Guimard que ainda restam na cidade.

Acima Entrada da estação de metrô Abbesses, a mais profunda de Paris
Abaixo Pessoas comendo diante do Coquelicot num dia de sol

Para relaxar
Há uma pracinha perto da place des Abbesses, a **square Jehan Rictus**, conhecida por seu *mur des je t'aime* (muro dos "eu te amo").

COMBATE COM BRAVURA

Em 1814, quando os russos ocuparam Montmartre, os irmãos proprietários do moinho Moulin de Blute Fin, no nº 74 da rue Lepic, lutaram com coragem. Um deles foi morto, e os cossacos pregaram seu corpo às pás do moinho.

Dada Dalí

Muitas pessoas achavam o artista Salvador Dalí louco. Ele era um grande showman; tinha um bigode enorme com pontas enceradas e viradas para cima que ele dizia serem antenas que o ajudavam a se conectar com as forças cósmicas. Surrealista, Dalí teve uma vida tão bizarra quanto sua arte; certa vez quase sufocou quando tentou dar uma palestra em roupa de mergulho. Ele chegou a morrer de modo surrealista: após a morte de sua mulher, Gala, recusou-se a beber água, achando que simplesmente secaria e que, mais tarde, uma gota d'água o faria reviver.

Respostas: 2 Espace Dalí Montmartre. 3 Dois.

Informações

- **Mapa** 4 F2
- **Endereço** Rue Lepic, 75018
- **Metrô** Abbesses, linha 12 **Ônibus** 54, 80 e Montmartrobus 64
- **Idade** Livre
- **Duração** 30min-1h
- **Comida e bebida** *Piquenique* Le Grenier à Pain *(38 rue des Abbesses, 75018)*, é uma padaria que vende saborosos bolos e sanduíches. Ganhou o prêmio Golden Bagette de 2010. Vá aos jardins em frente à Sacré-Coeur ou suba a rue Lepic até a square Suzanne Buisson, que não é turística e atrai as famílias locais. *Lanches* Coquelicot (24 rue des Abbesses, 75018; 01 46 06 18 77; 7h30-20h) tem pratos simples, como ovo cozido e ovo poché com brioche, boa comida para retirar e bolos maravilhosos.
- **Banheiros** Não

Piquenique até €25; Lanches €25-45; Refeição €45-90; Para a família mais de €90 (base para 4 pessoas)

⑤ Cimetière de Montmartre

Faça um passeio com os mortos

Construído numa cavidade deixada por uma antiga pedreira, este cemitério tornou-se destino turístico devido aos artistas e escritores famosos aqui sepultados. Durante a Revolução Francesa foi usado para sepulturas coletivas, mas hoje é um lugar calmo e evocativo. Bordos lançam sombra sobre os túmulos de famosos como o bailarino russo Vaslav Nijinsky, que viveu em Montmartre. O cemitério é o lugar de descanso final de Louise Weber, ou "La Goulou", a dançarina de cancã famosa por ter sido pintada por Toulouse-Lautrec. Há também os túmulos dos pintores Edgar Degas e Francis Picabia, do escritor Alexandre Dumas e do cineasta da nouvelle vague François Truffaut, cujo filme autobiográfico *Os incompreendidos* (1959) é ambientado no bairro.

Cimetière de Montmartre

Entrada do Musée de Montmartre, na rue Cortot

Se chover...

Perto do cemitério fica o **Musée de Montmartre** (p. 124), num charmoso prédio do século XVII, que dá uma ideia de como era o bairro no passado.

Informações

- **Mapa** 4 E5
- **Endereço** 20 ave Rachel, 75018
- **Metrô** pl du Clichy, linhas 2 e 13; **Ônibus** 30, 54, 68, 74, 80, 81 e 95
- **Aberto** 8h-17h30; desde 8h30 fins de semana; mar-nov: até 18h
- **Preço** Grátis
- **Idade** Livre
- **Duração** 45min-1h
- **Cadeira de rodas** Limitado
- **Comida e bebida** *Lanches* Musée de la Vie Romantique (16 rue Chaptal, 75009; 01 55 31 95 67; meados abr-meados out: 10h-18h; fechado seg), antiga casa do escritor Georges Sand, tem um café em seus tranquilos e arborizados jardins, bom para chá ou refeição leve. *Refeição* La Scuderia del Mulino (106 blvd de Clichy, 75018; 01 42 62 38 31; 12h-14h30 e 18h30-0h) vende boa pizza. Pode parecer turístico, mas é popular entre moradores e tem atendimento simpático.
- **Banheiros** Não

⑥ Europe

O sonho de um barão

Em nenhum lugar fica mais evidente a ordem rígida da reconstrução de Paris feita pelo barão Haussmann na metade do século XIX nas ruas angulares da área conhecida como Europe. Haussmann anexou a Paris os vilarejos de Monceau, Batignolles e Clichy. Cada rua ao sul da place de Clichy ganhou o nome de uma capital europeia. Descendo um pouco pela rue de Saint-Pétersbourg chega-se à rue d'Edimbourg, onde o pintor impressionista Claude Monet viveu por algum tempo. Na vizinha place de l'Europe ele pintou em várias telas as idas e vindas de trens a vapor e passageiros apressados na movimentada gare St.-Lazare, que na época representava algo muito moderno; procure os quadros no Musée d'Orsay (pp. 170-1). A praça ainda agrada em cheio aos pequenos fãs de trens; ela dá vista para os trilhos e as plataformas da estação mais antiga da cidade.

Para relaxar

A **square Berlioz** (pl Adolphe Max, 75009), do outro lado da rue de Clichy ao sul do boulevard Clichy, é uma pracinha bonita com um playground pequeno e calmo.

Pintura da Gare St.-Lazare, de Claude Monet, exposta no Musée d'Orsay

Informações

- **Mapa** 3 C4
- **Endereço** 75009
- **Metrô** pl du Clichy, linhas 2 e 13 **Ônibus** 54, 67, 68, 80, 81 e 95
- **Comida e bebida** *Lanches* Boulangerie Lamairie (22 rue de Moscou, 75008) vende bons bolos, quiches e sanduíches. *Para a família* Nirvana (6 rue de Moscou, 75008; 01 45 22 27 12; fechado dom) é o melhor restaurante indiano de Paris. Não perca o curry de berinjela e experimente o *naan* de queijo (um pão redondo, chato e fermentado).
- **Banheiros** Na loja de departamentos Printemps (84 blvd Haussmann, 75009)

Preços para família de 4 pessoas

Sacré-Coeur e arredores | 127

⑦ Les Batignolles
Um enclave como uma aldeia

O velho bairro de classe trabalhadora de Batignolles tornou-se parte de Paris em 1860 e em 1871 aderiu à Comuna. Era um lugar barato para morar, e muitos artistas e escritores famosos se mudaram para cá, entre eles Edouard Manet.

Hoje, este enclave tranquilo, mas na moda, é um bom lugar para ter uma ideia da realidade da vida parisiense. Há alguns cafés lindos, lojas interessantes e, no fim de semana, um mercado de quinquilharias. Caminhe pelo boulevard des Batignolles a partir da place de Clichy e suba uma rua comercial agradável, a rue des Batignolles. Vá então para os cafés e restaurantes da place Docteur Félix Lobligeoius. É um lugar lindo para encerrar o dia num fim de tarde do verão; fica completamente fora do roteiro turístico.

O interior divertido e descolado do Le Club des 5

Para relaxar
A bonita **square des Batignolles** é um pequeno parque parisiense clássico, com patos, uma cachoeira, mesas de pingue-pongue e balanços. Tem Wi-Fi gratuito. Do outro lado da rua, na rue Cardinet, o ultramoderno **Parc Martin Luther King** é repleto de skatistas e é uma opção melhor para crianças mais velhas.

CRIANÇADA!

Coisas a fazer...
1 Identifique as cidades da Europa no nome das ruas do bairro Europe. Quantas você encontrou?
2 Seja um pintor impressionista e desenhe as pessoas num café.
3 Encontre o túmulo do famoso dançarino Vaslav Nijinsky – a estátua sentada sobre o túmulo é de Nijinsky caracterizado como o fantoche triste Petrushka. Veja quantos gatos consegue contar entre as lápides.

Resposta no fim do quadro.

EM GUARDA
Em março de 1814, 800 mil soldados aliados invadiram Paris, mas o marechal De Moncey conseguiu combater o ataque com apenas 15 mil guardas voluntários na place de Clichy. Um armistício foi declarado em 30 de março de 1814.

Batatas inchadas
O primeiro trem partiu da estação St.-Lazare em 24 de agosto de 1837 numa linha de trilha única para St.-Germain en Laye. Estava a bordo Marie Amélie, a esposa do rei Luís Felipe. Mas o trem atrasou, e o chef que preparava o almoço de comemoração teve um problema. As batatas estavam perfeitamente fritas, mas os convidados não tinham chegado. Ele teve que fritar as batatas outra vez. Longe de ficarem ruins, as batatas incharam, como pequenos balões dourados, e assim nasceu o prato *pommes soufflées*. Experimente-o no jantar.

Resposta: 1 Vinte no total.

Os belos jardins da square des Batignolles

Informações

- **Mapa** 3 C3
  Endereço 75017
- **Metrô** Brochant, linha 13; La Fourche, linha 13 ou Rome, linha 2
  Ônibus 30, 31, 53 e 66
- **Comida e bebida** *Lanches* Méli Mélo (52 rue des Batignolles, 75017; 01 53 11 09 81; 11h30-19h30 dias úteis, 15h30-19h30 sáb e dom) vende sopas, sanduíches e sorvete. Pode-se também criar uma salada individual para comer na hora ou retirar. *Refeição* Le Club des 5 (57 rue des Batignolles, 75017; 01 53 04 94 73; www.leclub-des5.fr; 7h30-23h seg, 12h-14h30 e 19h30-23h ter-sex, 12h-16h30 sáb e dom) é famoso pelos hambúrgueres, os melhores da cidade. Crianças adoram a colagem com personagens de desenhos nas paredes.
- **Banheiros**: Não

Piquenique até €25; **Lanches** €25-45; **Refeição** €45-90; **Para a família** mais de €90 (base para 4 pessoas)

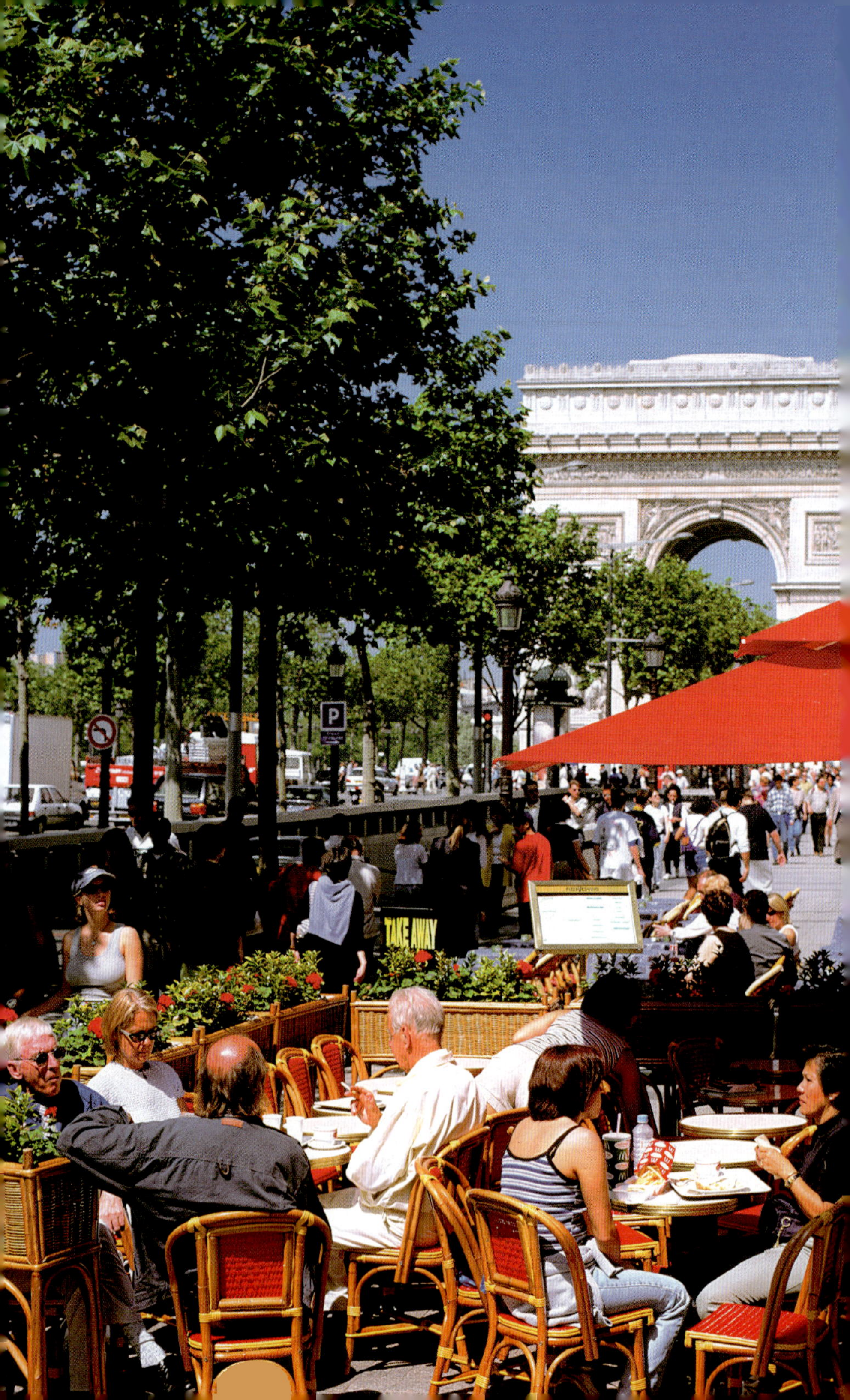
P
TAKE AWAY

# Champs-Élysées
e Trocadéro

Símbolo da França, o Arco do Triunfo fica no alto da espetacular Champs-Élysées, cujas calçadas amplas são repletas de cafés e lojas que encarnam o luxo e a elegância. Essa avenida famosa segue até a place de la Concorde, passando por prédios grandiosos e jardins arborizados. A oeste, à margem do rio, encontram-se os museus do Trocadéro, com seus tesouros da natureza, humanidade e arquitetura.

Principais atrações

Arco do Triunfo
Admire este arco monumental que se eleva 50m. É o ponto inicial de festejos de vitória (pp. 134-5).

Ladurée, Drugstore Publicis e Dalloyau
Experimente os macarons multicoloridos na confeitaria belle époque Ladurée. Saboreie sanduíches duplos na Drugstore Publicis e bolinhos na Dalloyau (p. 135 e p. 138).

Champs-Élysées
Caminhe pela avenida mais famosa do mundo como um parisiense, vestido para causar impressão (pp. 134-5).

Aquarium de Paris – Cinéaqua
Fuja de toda a loucura para este aquário e cinema subterrâneos – o antídoto perfeito ao turismo e aos pés cansados (p. 144).

Musée Guimet
Descubra tesouros do Oriente neste museu. Veja deusas com mil braços, demônios com múltiplas cabeças e um jardim japonês secreto (p. 146).

Trocadéro
Relaxe em grande estilo, correndo entre as fontes sob o olhar atento da Torre Eiffel (pp. 144-5).

À esq. Os cafés da Champs-Élysées são lugares clássicos para admirar o cenário parisiense Acima, à esq. Detalhe de um pilar do arquiteto Jacques Hittorff na place de la Concorde

O Melhor da Champs-Élysées e do Trocadéro

O Arco do Triunfo tem vizinhos de classe, como o presidente francês, astros de cinema em visita à capital francesa e as famílias mais abastadas da cidade. Veja como comer, vestir e viver em estilo parisiense nos cafés, chocolaterias, parques, shows de fantoches e butiques de grife da região. Os hotéis de luxo dessa área estão entre os mais abertos do mundo a crianças. Essa parte de Paris também tem museus, a maioria dos quais fora do roteiro turístico.

Paris poderosa

Admire as façanhas do exército francês no Arco do Triunfo (pp. 134-5). Pouco abaixo do telhado há 30 escudos, cada um com o nome de uma batalha vitoriosa travada por Napoleão na Europa ou no Norte da África. Se for 14 de julho, não deixe de assistir ao desfile militar, com soldados, tanques e aviões. Na calçada sob o arco, leia o chamado às armas do general De Gaulle, antes de descer à Champs-Élysées para ver a estátua dele na place Clemenceau.

Passe em frente à porta da casa do presidente, o **Palais de l'Élysée** (p. 138), ou prossiga na avenida e se deixe deslumbrar pela vista da **place de la Concorde** (p. 138) e por sua história – é aqui que a guilhotina esteve em ação durante a Revolução Francesa.

Paris cheia de estrelas

Conte as estrelas no Arco do Triunfo. Daqui, olhe para os bulevares que cortam Paris no formato de uma estrela e então olhe para cima, para a **Torre Eiffel** (pp. 154-5), que reluz à noite. Sinta-se como o rei Babar quando almoçar no **Petit Palais** (p. 136) e finja ser um czar russo atravessando a **Pont Alexandre III** (p. 136).

Compre um abacaxi na **Hédiard** (p. 139) ou olhe as vitrines da rua de super-alta costura Faubourg-St.-Honoré, paralela à Champs-Élysées, e suas butiques de grife. Então tome um chá na elegante Galerie des Gobelins do hotel **Plaza Athénée** (p. 137). Encerre o dia com um jantar no **114 Faubourg**, dentro do Hôtel Le Bristol (p. 138).

Abaixo *A Pont Alexandre III, a ponte mais ornamentada de Paris*

Acima Colunas clássicas e estátuas de bronze adornam a entrada do Palais de la Découverte **À esq.** Crianças brincam no Jardins du Trocadéro

Informação e cultura

Comece com um tour do **Trocadéro** (pp. 144-5) e descubra de onde todos nós viemos no **Musée de l'Homme** (p. 144), em reforma, mas está aberto ao público. Zarpe com a Marinha Francesa no **Musée de la Marine** (p. 144) e aprenda sobre a vida aquática no **Aquarium de Paris – Cinéaqua** (p. 144). A **Cité de l'Architecture et du Patrimoine** (p. 144), onde os edifícios mais famosos da França são reproduzidos em maquetes exatas, é ótima para um curso rápido de arquitetura. Em outro grupo de museus da região, conheça os demônios do templo de Angkor Wat no **Musée Guimet** (p. 146) ou confira os vestidos fascinantes do **Musée Galliéra** (p. 147). No **Palais de la Découverte** (p. 137), observe um raio caindo do alto, saiba como as formigas se comunicam e fique assombrado com os segredos dos céus. Vá ao **Palais de Tokyo** (p. 146) para ver arte moderna e contemporânea eletrizante. Mais adiante, ao longo do rio, faça uma viagem pela história no **Petit Palais**. Veja como vivia a outra metade da população no **Musée Jacquemart-André** (p. 140).

Fantoches e outras coisas

Relaxe com estilo no parque mais descolado da cidade, o **Parc Monceau** (p. 140), ou ria com os fantoches do **Théâtre Guignol** (p. 136), na Champs-Élysées. Comece uma coleção de selos no **Marché aux Timbres** (p. 132), e ande no carrossel do Trocadéro. Sonhe com madeleines, delicie-se com uma bomba na **Dalloyau** (p. 138) e fique admirado diante dos balcões de comida da **Fauchon** (p. 139). Para a criança que adora os personagens da Disney, a **Disney Store** (p. 135) é um lugar divertido para ir. Complete tudo com livros, brinquedos e mais na **Oxybul Éveil & Jeux** (p. 145).

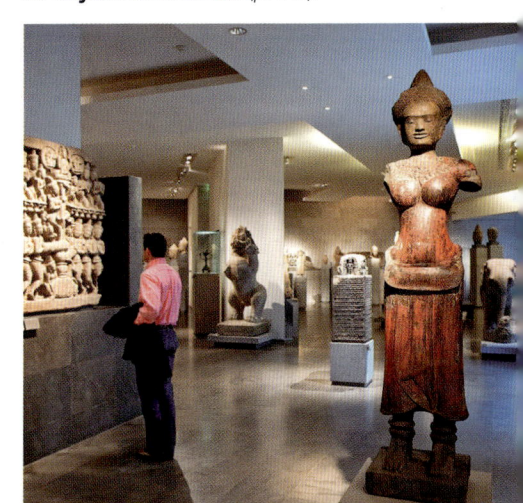

À dir. Arte asiática em exposição no Musée Guimet

Champs-Élysées e Trocadéro

Arco do Triunfo e arredores

De todas as avenidas grandiosas que caracterizam a área exclusiva em volta do Arco do Triunfo, nenhuma a define melhor que a Champs-Élysées. Com calçadas amplas, ladeadas de cafés, é perfeita para ser percorrida a pé. Sempre há algo acontecendo, mesmo aos domingos e à noite. A avenida é longa; para as crianças, pode ser boa ideia subir num ônibus ou no metrô. Ao norte da Champs-Élysées há uma área residencial que fecha quando as famílias locais saem de férias, em agosto.

Champs-Élysées e Trocadéro
Arco do Triunfo
Palais de Chaillot p. 144

A Pont Alexandre III liga a Margem Esquerda ao Grand Palais

Informações

Metrô Charles de Gaulle-Etoile, linhas 1, 2 e 6; Champs-Élysées-Clemenceau, linhas 1 e 13; Franklin D Roosevelt, linhas 1 e 9; St.-Philippe-du-Roule, linha 9; Madeleine, linhas 8, 12 e 14; Concorde, linhas 1, 8 e 12; Miromesnil, linhas 9 e 13; Monceau, linha 2 ou Courcelles, linha 2 **RER** Charles de Gaulle-Etoile, linha A; Invalides, linha C **Ônibus** 22, 24, 28, 30, 31, 38, 42, 43, 49, 52, 54, 63, 72, 73, 80, 83, 84, 92, 93 e 94 **Ônibus fluvial** Port des Champs-Élysées

Informação turística Quiosque na esquina da ave des Champs-Élysées com ave de Marigny, 75008; mai-out: 10h-19h diariam

Supermercados Monoprix, 122 rue de la Boétie, 75008. Franprix, 1 rue Penthièvre, 75008; Monop', 9 blvd Madeleine, 75001

Mercados de rua Marché des Ternes (de alimentos, coberto), 8 rue Lebon, 75017; 7h30-13h e 16h-19h30 ter-sáb, 7h30-13h dom; Marché Treilhard (de alimentos, coberto), 1 rue Corvetto, 75008; 8h30-13h, 16h-19h30 ter-sáb; 8h30-13h dom; Marché Aguesseau, menor mercado de Paris, pl de la Madeleine, 75008; 7h-14h30 ter, sex; Marché aux Timbres (selos), ave Gabriel, 75008; 9h-19h qui, sáb, dom, feriados; inverno: até 16h30; Mercado de Natal, Champs-Élysées; meados nov-dez

Festivais Maratona de Paris (abr); La Defilé, uma grande parada militar (14 jul); Tour de France (jul); www.letour.fr; Dia do Armistício (11 nov)

Farmácia Dhéry, 84 ave des Champs-Élysées; 01 45 62 02 41

Playgrounds Jardin des Champs-Élysées, ave des Champs-Élysées, 75008; amanhecer-anoitecer diariam (p. 137); Parc Monceau, blvd de Courcelles, 75008; 7h-22h (p. 137); Jardin des Tuileries, rue de Rivoli, 75001; 7h30-19h (p. 138)

Banheiros Point WC, 26 ave des Champs-Élysées, 75008; trocador de bebê €2

Arco do Triunfo e arredores | 133

Macarons na vitrine do Ladurée, um salão de chá elegante

Locais de interesse

ATRAÇÕES
1. Arco do Triunfo
2. Grand Palais e Petit Palais
3. Pont Alexandre III
4. Palais de la Découverte
5. Palais de l'Élysée
6. Place de la Concorde
7. Place de la Madeleine
8. Musée Jacquemart-André
9. Parc Monceau
10. St.-Alexandre-Nevsky Cathedral

COMIDA E BEBIDA
1. Monoprix, 52 Champs-Élysées
2. Aubrac Corner
3. Ladurée, 75 Champs-Élysées
4. Drugstore Publicis
5. Mini Palais
6. Café Lênotre
7. Le Relais Plaza
8. Dragons Élysées
9. Dalloyau
10. 114 Faubourg
11. Cojean
12. Ladurée, 16 rue Royale
13. Galler
14. Bread and Roses Sushi Shop
15. Sushi Shop
16. Boulangerie du Parc Monceau
17. Gus L'Atelier Gourmand
18. A La Ville de Petrograd
19. Daru

Veja também Grand Palais e Petit Palais (p. 136), Palais de la Découverte (p. 137) e Musée Jacquemart-André (p. 140)

COMPRAS
1. Paul & Joe
2. Christian Dior
3. Mon Plus Beau Souvenir
4. FNAC
5. Paris St.-Germain
6. Disney Store
7. La Grande Récré

Veja também Arco do Triunfo (p. 134)

HOSPEDAGEM
1. Adagio Haussmann
2. Four Seasons George V
3. Hôtel du Collectionneur
4. Hôtel Keppler
5. Hotel de la Trémoille
6. Le Bristol
7. Plaza Athenée

Estátua de São Felipe na La Madeleine

① Arco do Triunfo
Generais, estrelas e desfiles

Depois de derrotar as tropas austríacas e russas na Batalha de Austerlitz, em 1805, Napoleão encomendou a construção de um arco triunfal no estilo romano. Mas assim que as fundações da obra ficaram prontas, seu império começou a desmoronar. O arco foi concluído em 1836. Quatro anos depois, os restos mortais de Napoleão passaram debaixo dele a caminho de seu lugar de descanso final, em Les Invalides. Desde então, exércitos de ocupação e tropas libertadoras já marcharam sob o arco.

Detalhe do teto do Arco do Triunfo

Informações

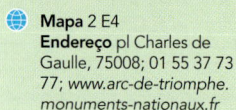

- **Mapa** 2 E4
- **Endereço** pl Charles de Gaulle, 75008; 01 55 37 73 77; www.arc-de-triomphe.monuments-nationaux.fr
- **Metrô** Charles de Gaulle-Etoile, linhas 1, 2 e 6 **RER** Charles de Gaulle-Etoile, linha A; acesso passagem subterrânea **Ônibus** 22, 30, 31, 52, 73 e 92
- **Aberto** Abr-set: 10h-23h e out-mar: 10h-22h30; fechado 1º jan, 1º abr, 8 mai, 14 jul (manhã), 11 nov (manhã) e 25 dez
- **Preço** €19-29; até 18 anos grátis, até 26 com passaporte UE
- **Para evitar fila** Melhor visitar no começo da noite p/ ver o pôr do sol; aceita Paris Museum Pass
- **Passeios guiados** Em inglês, podem ser agendados pelo telefone 01 44 54 19 30
- **Idade** Livre
- **Atividades** Cerimônia p/ reacender a chama eterna às 18h30 diariam; parada militar todo ano 14 jul
- **Duração** 1h
- **Cadeira de rodas** Sim, mas limitado; não há acesso ao telhado e às vistas
- **Loja** A loja do Visitors' Centre, no topo da escada próxima à entrada, vende suvenires, incluindo um ótimo livro para colorir, *Je colorie Paris*
- **Banheiros** Na área do museu

Bom para a família
Há muito a fazer e a ver, considerando que se trata apenas de um arco. Traga binóculos para apreciar ao máximo os frisos e a vista.

Preços para família de 4 pessoas

Destaques

Vista espetacular Do topo do arco é fácil admirar os bulevares traçados pelo barão Haussmann, formando uma estrela, além do trânsito agitado que passa pela rotatória abaixo.

Triunfo de Napoleão Um relevo na base esquerda celebra a paz conquistada em 1810 com o Tratado de Viena.

Heróis militares Os nomes dos generais que serviram no exército de Napoleão estão gravados nas fachadas internas dos arcos menores. Os nomes dos mortos nos campos de batalha estão sublinhados.

A Batalha de Austerlitz O friso no lado norte do arco mostra as tropas de Napoleão rompendo os lagos congelados para afogar milhares de soldados inimigos.

Túmulo do Soldado Desconhecido Sob o centro do arco, está enterrado um soldado desconhecido, um dos 1,5 milhão de soldados franceses mortos na Primeira Guerra Mundial.

Vitórias de Napoleão Trinta escudos logo abaixo do teto do arco possuem o nome das batalhas vitoriosas travadas por Napoleão.

Arco do Triunfo e arredores | 135

Caminho ladeado de árvores no Jardins des Champs-Élysées

Para relaxar
Se a Champs-Élysées estiver agitada demais, opte por um percurso de dez minutos no ônibus nº 30 ou faça a fácil caminhada até o **Parc Monceau** (p. 140), que tem um playground muito apreciado. Ou tome um ônibus para descer a avenida até o Rond-Point des Champs-Élysées para ir ao arborizado **Jardin des Champs-Élysées**, com fontes e pavilhões.

Comida e bebida
Piquenique: até €25; Lanches: €25-45; Refeição: €45-90; Para a família: mais de €90 (base para 4 pessoas)

PIQUENIQUE Aubrac Corner (52 Champs-Élysées, 75008; aberto até 24h) tem os itens básicos. Faça o piquenique no Jardin des Champs-Élysées.
LANCHES Aubrac Corner (37 Rue Marbeuf, 75008; 01 45 61 45 35), café pequeno e animado, serve fast-food, hambúrgueres, sanduíches e refeições quentes, tudo com sabores do sudoeste francês. Você pode comer no local ou levar para viagem.
Ladurée (75 Champs-Élysées, 75008; www.laduree.fr; 7h30-23h seg-sex, 8h30-12h30 sáb, 8h30-23h dom) serve os melhores macarons de Paris em seus salões de chá belle époque.

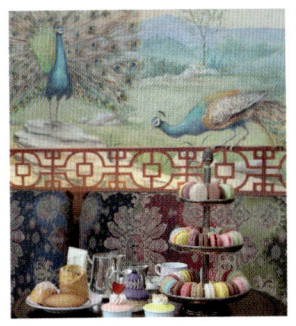

Macarons coloridos, de dar água na boca, na Ladurée

PARA A FAMÍLIA Drugstore Publicis (133 Champs-Élysées, 75008; 01 44 43 77 64; www.publicisdrugstore.com; 8h-2h seg-sex, 10h-2h sáb e dom) possui uma brasserie que serve sanduíches enormes. Também tem um bar cheio de estilo.

Compras
Vista as crianças com estilo na Champs-Élysées, onde não faltam lojas de grife de moda infantil. Visite a **Paul & Joe** (2 ave Montaigne, 75008), cujo nome é composto pelos dos filhos da estilista Sophie Albou, e vá conhecer a coleção infantil da **Christian Dior** (28 ave Montaigne, 75008). Com candelabros e trocador com cortinas de veludo, a **Mon Plus Beau Souvenir** (144 rue de Courcelles, 75017) é outro lugar para comprar roupas de grife. Lojas de rede internacionais acabaram surgindo em meio às butiques de alto nível da Champs-Élysées, e há jogos de computador e DVDs na **FNAC** (nº 74). Os torcedores de futebol vão gostar da loja do clube **Paris St.-Germain** (nº 27). Há brinquedos de sobra na **Disney Store** (nº 44) e na **La Grande Récré** (126 rue de la Boétie, 75008).

Saiba mais
INTERNET Assista a um documentário sobre a Batalha de Austerlitz em www.history.com/videos/the-battle-of-austerlitz
FILME Em *Passaporte para Paris* (1999), gêmeas adolescentes fazem estripulias ao lado do Palais de l'Élysée.

Próxima parada...
PETIT PALAIS E PALAIS DE LA DÉCOUVERTE Veja as obras de arte no Petit Palais (p. 136) ou descubra o mundo da ciência no Palais de la Découverte (p. 137).

CRIANÇADA!

Descubra mais...
1 Conte o número de avenidas que partem do arco, dividindo a cidade em fatias, como uma pizza.
2 Localize a estátua de um general francês na Champs-Élysées, perto do Grand Palais. Quem é?
3 Charles Godefroy voou sob o arco em 1919 para homenagear seus companheiros da força aérea mortos. Veja imagens em http://tinyurl.com/36bjl45

Respostas no fim do quadro.

Tudo por falta de uma espada!
La Marseillaise é um dos relevos mais famosos no arco. A espada carregada pela figura simbólica da República neste relevo se quebrou em 1916, pouco antes da Batalha de Verdun. O "mau agouro" foi encoberto.

CAMPOS DE GLÓRIA
Quando o arco foi construído ela era cercado por campos onde pastavam vacas. Parece que fica no centro de Paris, mas na realidade localiza-se no perímetro externo da cidade.

Render-se jamais
Em 1940, quando as forças alemãs invadiram a França, o general De Gaulle não aceitou a decisão do presidente Pétain de render-se aos alemães. Ele fugiu para Londres a fim de levar a luta adiante e montou um exército. Durante a Batalha por Paris, o destemido general chegou ao Arco do Triunfo e desceu a Champs-Élysées a pé enquanto a cidade estava cheia de atiradores alemães. A enorme rotatória em torno do Arco do Triunfo leva seu nome.

Respostas: 1. 12. 2. General De Gaulle.

Champs-Élysées e Trocadéro

Esculturas expostas no belo pórtico do Petit Palais

② Grand Palais e Petit Palais
O palácio reluzente do elefante Babar

Construídos para a Exposição Universal de 1900, o Grand Palais e o Petit Palais abrigam shows e mostras de arte temporárias. O **Petit Palais** também possui um excelente e variado acervo permanente de arte, com pinturas impressionistas e art nouveau, mas o próprio prédio quase rouba a cena. Decorado com tetos pintados e floreios de guirlandas brancas, anjos reluzentes no telhado e palmeiras no jardim, o lugar lembra muito o palácio do elefante Babar, amado personagem de livros infantis franceses.

Do outro lado da rua fica o maior **Grand Palais**, cuja construção consumiu mais vigas de aço que a Torre Eiffel. A parte ocidental do palácio abriga o Palais de la Découverte (p. 137).

Para relaxar
Do outro lado da rua, o **Jardins des Champs-Élysées** tem muito espaço para brincar. No canto noroeste do jardim há shows de fantoches no mais antigo teatro de bonecos de Paris, o **Théâtre Guignol** (Rond-Point des Champs-Élysées, 75008; 01 42 45 38 30; www.theatreguignol.fr; qua, sáb, dom e feriados escolares 15h, 16h e 17h), aberto em 1818.

Crianças curtem um show de marionetes no famoso Théâtre Guignol

Estátuas de bronze dourado sobre os pilares da Pont Alexandre III

③ Pont Alexandre III
Cavalos alados na ponte do czar

Ao lado do Petit Palais fica a ponte mais bonita de Paris, a reluzente Alexandre III, que tem ar de um conto de fadas, sendo recoberta de cupidos, querubins e cavalos alados. Seu desenho não corresponde realmente ao caráter do czar Alexandre III, do qual recebeu o nome e que governou a Rússia com mão de ferro, mas a ponte foi erguida em sua homenagem para celebrar uma aliança entre França e Rússia. A pedra fundamental foi deitada em 1896 pelo filho de Alexandre, Nicholas. A ponte já apareceu em vários filmes, entre eles *007 na mira dos assassinos* (1985) e o desenho animado *Anastasia* (1997).

Para relaxar
Caminhe à margem do Sena, da Pont Alexandre III à **place de la Concorde** (p. 138). Veja os barcos residenciais e imagine como seria viver em um deles.

Estátua de cupido com arco e flecha na Pont Alexandre III

Informações

- **Mapa** 9 A2
- **Endereço** Petit Palais: ave Winston Churchill, 75008; 01 53 43 40 00; www.petitpalais.paris.fr. Grand Palais: www.grandpalais.fr
- **Metrô** Champs-Élysées-Clemenceau, linhas 1 e 13 **RER** Charles de Gaulle-Etoile, linha A **Ônibus** 28, 42, 52, 72, 73, 80, 83 e 93
- **Aberto** Petit Palais 10h-18h, até 20h qui, fechado seg e feriados; Grand Palais: horários variam conforme as exposições
- **Preço** Petit Palais: coleção permanente, grátis; Grand Palais: cobra por mostras temporárias
- **Passeios guiados** Sim, também guia de áudio p/ crianças
- **Idade** A partir de 5 anos
- **Atividades** Programação infantil e contação de histórias em francês
- **Duração** 45min-1h
- **Cadeira de rodas** Sim
- **Comida e bebida** *Refeição* Deguste sanduíches e bolos no café do Petit Palais, sob as guirlandas de folhas douradas no terraço. *Para a família* Mini Palais (ave Winston Churchill, 75008; 01 42 56 42 42; 8h-2h diariam), dirigido pelo chef Eric Fréchon, estrelado pelo Michelin, tem um terraço no verão.
- **Banheiros** No café do Petit Palais e no térreo do Grand Palais

Preços para família de 4 pessoas

Arco do Triunfo e arredores | 137

Informações

- **Mapa** 9 B3
- **Endereço** 75008
- **Metrô** Champs-Élysées-Clémenceau, linhas 1 e 13
  RER Invalides, linha C
  Ônibus 28, 42, 72, 73, 83 e 93
- **Preço** Grátis
- **Idade** Livre
- **Duração** 15min
- **Comida e bebida** *Para a família* Café Lênotre (10 ave des Champs-Élysées, 75008; 01 42 65 85 10; fechado três semanas em ago), bom p/ comer ao ar livre durante o verão. Mistura de restaurante, salão de chá e bar, vale em especial pelo chá e pelos bolos deliciosos. Prove o *mille-feuille*, com suas leves camadas de massa folhada. Serve-se também a clássica cozinha francesa. *Para a família* Le Relais Plaza (www.plaza-athenee-paris.fr; 12h-14h45 e 19h-23h45), o restaurante do Hôtel Plaza Athénée, recebe estrelas do cinema desde 1936. Os chefs preparam o que as crianças imaginarem – por um certo preço. Serve-se chá no saguão.

④ Palais de la Découverte

Um "palácio" de descobertas

Como as formigas se comunicam? O que é um invertebrado? Como funciona uma pilha? Fundado por um médico na década de 1930, com a finalidade de popularizar a ciência, o museu de ciências do Palais de la Découverte é o lugar certo para encontrar respostas a algumas das perguntas complicadas da vida. Todos os aspectos do estudo científico são cobertos. Veja o trajeto para corridas de ratos e depois fuja para o espaço no planetário. A loja do museu vende ótimos brinquedos e engenho-

Informações

- **Mapa** 9 A2
- **Endereço** ave Franklin D Roosevelt, 75008; 01 56 43 20 21; www.palais-decouverte.fr
- **Metrô** Champs-Élysées-Clémenceau linhas 1 e 13 ou Franklin D Roosevelt linhas 1 e 9
  RER Invalides, linha C **Ônibus** 28, 42, 52, 63, 72, 73, 80, 83 e 93
- **Aberto** 9h30-18h ter-sáb, 10h-19h dom, fechado nos feriados
- **Preço** €28-38; até 6 anos grátis; Planetário (por pessoa): €3. Até 25 anos tarifas reduzidas
- **Idade** A partir de 6 anos
- **Atividades** Workshops em francês p/ crianças de 8-12 anos durante as férias, por €1,50
- **Duração** 2h
- **Cadeira de rodas** Sim
- **Comida e bebida** *Piquenique* O museu de ciência tem balcão de sanduíches; piquenique junto ao Sena ou no Jardin des Champs-Élysées. *Para a família* Dragons Élysées (11 rue de Berri, 75008; 01 42 89 85 10; 12h-14h30 e 19h-23h30) diverte as crianças, já que o chão é um aquário gigante. O restaurante serve comida chinesa. Aproveite para almoçar aqui durante a semana, quando o menu fixo é um ótimo negócio.
- **Banheiros** No café

cas. A avenue Montaigne, nas proximidades, é dedicada à alta moda. A enorme Louis Vuitton na Champs-Élysées é a loja principal de apenas uma das grandes maisons de moda presentes aqui.

Para relaxar

O ultramoderno showroom de automóveis **Rendez-vous Toyota** (79 ave des Champs-Élysées, 75008) é cheio de atividades interativas interessantes para adultos e crianças.

O Dragons Élysées, com seu aquário sob o piso

CRIANÇADA!

Fique de olho...
1 As 100 mil abelhas que vivem no telhado do Grand Palais. O mel delas é vendido na loja do museu.
2 A estátua de uma mulher com um macaco no Petit Palais. Ela parece estar triste ou feliz?
3 A Pont Alexandre III. É nesta ponte em que Anastasia luta contra o malvado Rasputin no desenho animado que conta suas aventuras.

WHOOSH!
Será que foi o som de uma bicicleta passando a jato? A etapa final da Tour de France, uma corrida de bicicletas mundialmente famosa, percorre a Champs-Élysées todo ano em julho.

TEMPLO DA MODA
Em 1854, um marceneiro chamado Louis Vuitton abriu uma loja na rue Neuve des Capucines, vendendo baús para viagem, os quais fizeram sensação. Hoje a empresa tem lojas em todo o mundo, incluindo uma gigantesca na Champs-Élysées.

Que exposição!
Quase 50 milhões de pessoas visitaram a Exposição Universal em 1900. Aqui elas puderam andar nas primeiras escadas rolantes do mundo e ver outra invenção maravilhosa: o filme falado. Entre as criações premiadas estava a sopa Campbell em lata; ainda hoje as latas mostram a medalha de ouro recebida. As Olimpíadas também fizeram parte da exposição, com a participação de atletas femininas pela primeira vez.

Piquenique até €25; **Lanches** €25-45; **Refeição** €45-90; **Para a família** mais de €90 (base para 4 pessoas)

Champs-Élysées e Trocadéro

⑤ Palais de l'Élysée
O presidente está em casa?

O Palais de l'Élysée, desde 1873 a residência oficial do presidente francês, foi construído em 1718 para um conde num local que na época era um subúrbio arborizado. Durante a Revolução foi convertido em depósito, depois fábrica e enfim casa de bailes. Em 1814, quando os russos ocuparam Paris, Napoleão assinou sua abdicação aqui, na Salle d'Argent, e o czar Alexandre I se mudou para o palácio, deixando seus cossacos acampados na Champs-Élysées. Hoje o presidente da República vive num apartamento moderno no primeiro andar, voltado para a rue de l'Élysée.

Para relaxar
Atrás do palácio fica o **Jardins des Champs-Élysées** (p. 135), com playground e Wi-Fi gratuito.

Informações

🌐 **Mapa** 9 B1
Endereço 55 rue du Faubourg-St.-Honoré, 75008; www.elysee.fr

🚇 **Metrô** St.-Philippe-du-Roule, linha 9 ou Madeleine, linhas 8, 12 e 14 **Ônibus** 24, 28, 38, 42, 49, 52, 80 e 84

🕒 **Aberto** Fechado ao público

🍴 **Comida e bebida** Piquenique Dalloyau, (101 rue du Faubourg St.-Honoré, 75008; www.dalloyau.fr) leva o nome da família proprietária, responsável pelo pão mais branco que Luís XIV já saboreou. Prove sua invenção, o bolo l'Opéra. Piquenique no Jardin des Champs-Élysées. *Para a família* 114 Faubourg (01 53 43 43 00; www.lebristolparis.com; 12h30-14h e 19h-23h30), no Hôtel Le Bristol, serve waffles com salmão.

🚻 **Banheiros** Não

---

⑥ Place de la Concorde
Guilhotina revolucionária e um obelisco egípcio

Desde a magnífica place de la Concorde, há vistas deslumbrantes para a Champs-Élysées – para o norte, até a igreja da Madeleine, para o leste, até o Louvre, e para o sul, até a Assemblée Nationale, do outro lado do rio. Leve as crianças depois de escurecer, quando tudo parece realmente mágico.

Chamada originalmente place Louis XV, a praça foi construída em 1757. Durante a Revolução Francesa, virou a place de la Révolution e foi ocupada pela guilhotina. Entre 1792 e 1794, o sangue literalmente escorreu pelo local em clima de matança na qual foram executadas mais de mil pessoas, incluindo Luís XVI e sua esposa, a rainha Maria Antonieta. Após os horrores da Revolução, foi renomeada Concorde (Concórdia), na esperança de que haveria tempos mais pacíficos pela frente. No canto noroeste fica o Hôtel Crillon, um dos mais luxuosos da cidade. O imponente edifício gêmeo do lado nordeste é o Ministério da Marinha. O obelisco no centro da praça foi construído 3.200 anos atrás e é o monumento mais antigo de Paris. No passado o obelisco estava no Templo de Ramsés em Luxor, mas foi dado ao povo francês em 1829 pelo paxá do Egito, que, em troca do presente, recebeu um relógio que não funcionava.

Para relaxar
No lado nordeste da praça fica o **Jardins des Tuileries** (p. 108), onde a criançada pode andar de pônei.

Fonte do comércio e navegação fluvial, na place de la Concorde

---

Informações

🌐 **Mapa** 9 C2
Endereço 75008

🚇 **Metrô** Concorde, linhas 1 e 8 **Ônibus** 24, 42, 52, 72, 73, 84, e 94

🎡 **Atividades** Roda-gigante de nov-jan; parque de diversão durante o verão, no Jardin des Tuileries

🍴 **Comida e bebida** *Lanches* Cojean (11 ave Delcassé, 75008) prepara deliciosos e saudáveis sanduíches, saladas, sucos feitos na hora e miniporções para crianças. Coma no local ou leve para viagem. *Refeição* Ladurée (16 rue Royale, 75008; www.laduree.fr; 8h30-19h, 10h-19h sáb, fechado dom), aberto em 1862, é um luxuoso salão de chá.

🚻 **Banheiros** Na entrada para o Jardin des Tuileries

Hôtel Le Bristol, na elegante rue du Faubourg St.-Honoré

Preços para família de 4 pessoas

Arco do Triunfo e arredores | 139

Pratos requintados na mais famosa loja de alimentação da cidade, Fauchon

⑦ Place de la Madeleine
Os Dez Mandamentos, geleias de frutas e doces delicados

Em 1764 começaram as obras da La Madeleine, igreja dedicada a Santa Maria Madalena, no centro da praça que recebeu seu nome. Mas a Revolução acabou atrapalhando; a igreja só foi consagrada em 1845, após anos de mudança de planos quanto ao projeto e seu uso, os quais incluíram bolsa de valores, salão de bailes, mercado e biblioteca pública. O projeto final, que espelha a Assemblée Nationale – do outro lado do Sena e da place de la Concorde – foi encomendado por Napoleão. Ele queria um templo em estilo romano, dedicado à glória de seu exército; por isso a igreja não tem sino e não é voltada para Jerusalém, como outras igrejas. Procure os Dez Mandamentos, inscritos nas portas de bronze.

A praça também abriga duas delicatéssens de luxo, com restaurantes. A Fauchon, no nº 26, vende bombas (doces) e caixas de piquenique, e a Hédiard (nº 21) foi a primeira loja na França a vender frutas tropicais; também tem geleias de frutas e bolos. Alexandre Dumas, autor de *Os três mosqueteiros* (1844), foi o primeiro a saborear os abacaxis frescos.

Para relaxar
São dez minutos a pé até a **square Louis XVI**, na esquina da rue d'Anjou e boulevard Haussmann, que tem bancos, caminhos nos quais se pode correr, escorregador e brinquedos. A praça foi no passado o cemitério da Madeleine; as vítimas da guilhotina – incluindo Luís XVI e Maria Antonieta – foram sepultadas lá.

Imponentes colunas coríntias adornam La Madeleine, place de la Madeleine

Informações
🌐 **Mapa** 9 D1
Endereço 75008; 01 44 51 69 00 (La Madeleine); www.eglise-lamadeleine.com
🚇 **Metrô** Madeleine, linhas 8, 12 e 14 **Ônibus** 24, 42, 52, 72, 73, 84 e 94
🕘 **Aberto** La Madeleine: 9h30-19h
💰 **Preço** Grátis
👫 **Idade** Livre
👨‍👩‍👧 **Atividades** Culto na igreja, manhãs de dom
⏱ **Duração** 20min
🍴 **Comida e bebida** *Piquenique* Galler (114 blvd Haussmann, 75008; 01 45 22 33 49; www.galler.com; 10h-19h seg-sáb) faz chocolates elaborados com pétalas de flores aos pedaços. Piquenique no Parc Monceau. *Refeição* Bread and Roses (25 rue Boissy d'Anglas, 75008; 01 47 42 40 00, www.breadandroses.fr; 8h-22h, até 20h sáb) é um ótimo local para almoço, com deliciosas *tartines* (sanduíches abertos), quiches, pães especiais e sopas.
🚻 **Banheiros** Perto da igreja

CRIANÇADA!
Fique de olho…
1 As oito senhoras na place de la Concorde. Cada uma representa uma cidade francesa.
2 Os postes de luz da place de la Concorde. Você consegue ver os barcos? São os símbolos de Paris.
3 A loja de brinquedos mais antiga de Paris, Au Nain Bleu, do outro lado da rua em relação à igreja da Madeleine, foi aberta em 1836.

BANDEIRA NACIONAL
A bandeira tricolor francesa flutua sobre o Palais de l'Élysée. As listras vermelhas e azuis são as cores de Paris, usadas pela milícia que atacou a Bastilha. O branco, a cor do rei, foi acrescentado como símbolo da união nacional.

Um orangotango no Palais de l'Élysée
Em 1917, um orangotango escapou, entrou no palácio e tentou arrastar a esposa do presidente Poincaré para o alto de uma árvore no jardim. O acontecimento causou impacto tão forte sobre o sucessor do governante, o excêntrico presidente Deschanel, que ele passou a subir sobre árvores durante as recepções de Estado, fazendo de conta que era o orangotango.

Piquenique até €25; **Lanches** €25-45; **Refeição** €45-90; **Para a família** mais de €90 (base para 4 pessoas)

Champs-Élysées e Trocadéro

O grandioso jardim de inverno do Musée Jacquemart-André

⑧ Musée Jacquemart-André
Gastar, gastar, gastar!

Em 1860 o vilarejo de Monceau foi anexado a Paris, como parte de um grande projeto de reconstrução comandado pelo barão Haussmann, e algumas das pessoas mais ricas do país compraram terras aqui. Herdeiro de uma fortuna bancária, Edouard André mudou-se para cá em 1875 e gastou muito dinheiro na construção de uma das residências particulares mais suntuosas de Paris. Sua esposa, Nélie Jacquemart, retratista de figuras da sociedade, era obsessiva colecionadora de arte e adquiria pinturas, esculturas e afrescos pelo mundo. O casal promovia frequentes festas para exibir sua espetacular coleção de obras de arte renascentista e dos séculos XVII e XVIII, que ainda pode ser vista aqui. O museu é ótimo para as crianças aprenderem sobre o luxuoso estilo de vida da aristocracia numa época em que muitos parisienses viviam na pobreza extrema.

Para relaxar
Ande pelo verde **Parc Monceau**, repleto de surpresas e com um tanque de areia para as crianças pequenas. O quiosque no parque vende bolas, baldinhos, pazinhas e brinquedos.

A elegante sala de estar do Musée Jacquemart-André

⑨ Parc Monceau
Monumentos e uma árvore maciça

Com portões de topo dourado, o Monceau é o parque mais elegante da cidade, frequentado por bem-vestidas crianças locais e suas babás. É o tipo de lugar onde o Pequeno Nicolau, o irreverente garoto protagonista das histórias clássicas de Sempé, passava suas tardes e onde o escritor Marcel Proust gostava de caminhar. Foi criado em 1769 pelo duque de Chartres, Philippe d'Orléans, que queria ter seu próprio jardim em estilo inglês, com caminhos sinuosos e monumentos divertidos. Procure uma pirâmide egípcia e uma estátua dedicada ao pianista Frédéric Chopin, morto em Paris em 1849. A maior árvore da cidade, um plátano oriental, com tronco de sete metros de circunferência, está no parque.

Se chover...
Perto do portão leste na avenue Vélasquez fica o **Musée Cernuschi** (www.cernuschi.paris.fr/), que tem entrada gratuita e uma coleção de tesouros do Extremo Oriente. Perto, o **Musée Nissim de Camondo** (63 rue de Monceau, 75008; www.lesartsdecoratifs.fr/francais/nissim-de-camondo) foi a residência de uma família judaica que se mudou para Paris em 1869, depois de formar um poderoso império financeiro em Constantinopla. Percorra a cozinha e os quartos dos empregados e então suba para os estilosos salões, repletos de antiguidades e obras de arte.

Informações

- **Mapa** 2 H4
- **Endereço** 158 blvd Haussmann, 75008; 01 45 62 11 59; www.musee-jacquemart-andre.com
- **Metrô** Miromesnil, linhas 9 e 13 ou St.-Philippe-du-Roule, linha 9 **Ônib.** 22, 28, 43, 52, 54, 80, 83, 84 e 93
- **Aberto** 10h-18h diariam
- **Preço** €40-50; até 7 anos grátis; uma criança entre 12-17 anos grátis a cada três visitantes
- **Passeios guiados** Guia de áudio em inglês
- **Idade** A partir de 6 anos
- **Atividades** Programa Family Fun toda tarde em jul e ago; folheto de atividades p/ crianças disponível em inglês

- **Duração** 1-2h
- **Cadeira de rodas** Sim
- **Comida e bebida** Lanches Sushi Shop (59 rue de la Boétie, 75008; 08 26 82 66 28; 11h-15h e 18h-23h15 seg-sex) dispõe de excelente cardápio japonês com toques franceses. Elogiável seleção de sushis, além de rolinhos maki, sashimis e boas opções vegetarianas. Coma no local ou leve para viagem. *Refeição* O café do museu (11h45-17h30; em dias úteis café da manhã 8h30-10h30) faz sucesso com seu luxuoso brunch de dom e seu chá.
- **Banheiros** No térreo

Preços para família de 4 pessoas

Relaxando perto do Pavillon de Chartres, a entrada principal do Parc Monceau

Arco do Triunfo e arredores | 141

Informações

- **Mapa** 2 H2
- **Endereço** Blvd de Courcelles, 75008
- **Metrô** Monceau, linha 2
- **Ônibus** 30, 84 e 94
- **Aberto** 7h-22h; inverno: até 20h
- **Preço** Grátis
- **Idade** Livre
- **Atividades** Playground, carrossel e minipista de skate; Wi-Fi grátis
- **Duração** 30min ou mais
- **Comida e bebida** *Piquenique* Boulangerie du Parc Monceau (rue de Prony, 75017; 01 42 27 41 25) é também um café e tem sanduíches, quiches e bolos p/ retirar. Piquenique no Parc Monceau. *Refeição* Gus L'Atelier Gourmand (62 rue Prony, 75017; 01 47 66 13 22; 10h30-21h seg-sex, até 0h qui), um restaurante-delicatéssen, serve carnes frias, quiches e tradicionais pratos quentes. É o local ideal p/ uma salada no esquema "escolha e misture" ou um chá.
- **Banheiros** Na rotunda da entrada principal, no blvd de Courcelles

⑩ St.-Alexandre-Nevsky Cathedral

Cúpulas em forma de cebola e incensos aromáticos

As cúpulas "de cebola" e os incensos da catedral russa ortodoxa St.-Alexandre-Nevsky trazem a Paris um ventinho do leste e um toque de exotismo. No século XIX, muitos russos vieram a Paris, entre eles aristocratas, escritores, pintores e revolucionários. Na década de 1860, a comunidade já havia crescido tanto que foi construída uma igreja ortodoxa russa e o czar decidiu que sua notória polícia secreta precisava de um escritório em Paris. Depois da Revolução Russa, em 1917, muitos aristocratas fugiram para a França.

Para relaxar

A poucos minutos fica o **Parc Monceau**, com árvores magníficas e plantas raras. Ótimo para um piquenique e para as crianças brincarem.

Informações

- **Mapa** 2 F3
- **Endereço** 12 rue Daru, 75008; 01 42 27 37 34
- **Metrô** Courcelles, linha 2 **Ôn.** 30
- **Aberto** Horário variável, conforme os cultos
- **Preço** Grátis
- **Idade** A partir de 8 anos
- **Duração** 15-30min
- **Cadeira de rodas** Não
- **Comida e bebida** *Para a família* A La Ville de Petrograd (13 rue Daru, 75008; 01 48 88 07 70; 12h-15h e 19h-24h seg-sáb) é um restaurante que serve *blinis* (panquecas de farinha de trigo), chá russo e sobremesas saborosas. Daru (19 rue Daru, 75008; 01 42 27 23 60; www.daru.fr; 12h-14h30, 20h-22h seg-sáb) foi fundado por um membro da guarda de Nicolau II, em 1918, e oferece *blinis*, caviar russo, salmão, ovos, *borscht* (sopa feita com beterraba), picles e esturjão defumado, além de contar com uma délicatessen.
- **Banheiros** A pedidos

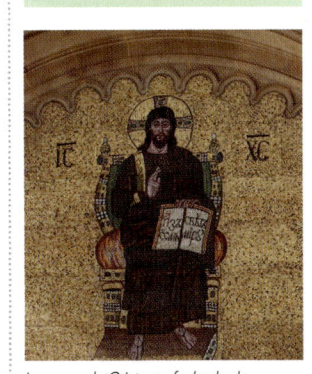

Imagem de Cristo na fachada da catedral de St.-Alexandre-Nevsky

Lago com colunata no Parc Monceau, um dos parques mais chiques de Paris

CRIANÇADA!

Fique de olho...

1 A imagem de São Jorge e o Dragão no Musée Jacquemart-André. Quem venceu?
2 Olhe para o teto do café do Musée Jacquemart-André. O que há de esquisito nas figuras que contemplam você?
3 Você consegue localizar a estátua de Frédérick Chopin no Parc Monceau? Que instrumento ele tocava?

Respostas no fim do quadro.

Brincando com balões

O balão de ar quente foi inventado na França pelos irmãos Montgolfier. Em 1797, André Jacques Garnerin fez o primeiro salto com paraquedas de seda a partir de um balão de ar quente, diante de uma grande multidão reunida no Parc Monceau. Na época, o paraquedas, que parecia um guarda-chuva gigante, era uma invenção nova e incrível. Os balões de ar quente foram usados primeiramente em 1794, na Batalha de Fleurus, como postos de observação.

GATOS MIMADOS

Os felinos mimados do desenho animado *Os aristogatas* (1970), da Disney, se sentiriam em casa aninhados no sofá de Nélie Jaquemart, no Musée Jacquemart-André.

Respostas: São Jorge; **2** Foram pintadas debruçadas sobre um corrimão que parece real, numa técnica conhecida como trompe-l'œil; **3** Piano.

Piquenique até €25; **Lanches** €25-45; **Refeição** €45-90; **Para a família** mais de €90 (base para 4 pessoas)

Champs-Élysées e Trocadéro

Palais de Chaillot e arredores

A área conhecida como Trocadéro, centralizada no Palais de Chaillot, é repleta de museus fascinantes que ficam um pouco fora do roteiro turístico usual; é uma boa opção para dias chuvosos. O layout grandioso deve-se ao legado das feiras mundiais: o modernista Palais de Chaillot foi construído para a Exposition Internationale de 1937, em substituição ao velho Palais de Trocadéro, criado para a exposição de 1878. A região é cheia de escritórios; para boas compras e cafés simpáticos, suba até a avenue Victor Hugo. Lembre-se que a área fecha em agosto, quando os parisienses saem de férias.

Champs-Élysées e Trocadéro
- Arco do Triunfo p. 134
- Palais de Chaillot

Locais de interesse

ATRAÇÕES
1. Palais de Chaillot
2. Musée Guimet
3. Palais de Tokyo e Musée d'Art Moderne
4. Musée Galliéra

COMIDA E BEBIDA
1. Carton
2. Café Carlu
3. Zen Café
4. L'Astrance
5. Noura
6. Tokyo Eat
7. Béchu
8. Hôtel Shangri-La

Veja também Musée Guimet e Musée d'Art Moderne (p. 146)

COMPRAS
1. Oxybul Éveil & Jeux

Veja também Palais de Chaillot (p. 144)

HOSPEDAGEM
1. Citadines Trocadéro
2. Hôtel Baltimore
3. Hôtel Elysées Regencia
4. Hôtel Residence Foch
5. Jays
6. Shangri-La Hôtel

Descontração num café diante do Palais de Tokyo

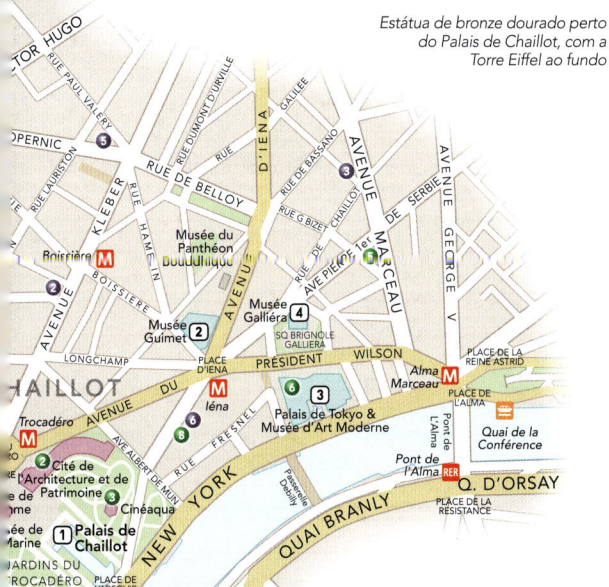

Palais de Chaillot e arredores | 143

Estátua de bronze dourado perto do Palais de Chaillot, com a Torre Eiffel ao fundo

Informações

🚗 **Metrô** Trocadéro, linhas 6 e 9; Iéna, linha 9 ou Alma-Marceau, linha 9 **RER** Champs de Mars--Tour Eiffel, linha C ou Pont de l'Alma, linha C **Ônibus** 22, 30, 32, 42, 63, 72, 80, 82 e 92 **Ôn. fluvial** Quai de la Bourdonnais

ℹ️ **Informação turística** Quiosque na esquina da ave des Champs-Élysées com ave Marigny, 75008; mai-out: 10h-19h; fechado 14 e 25 jul

🛒 **Supermercados** Casino, 16 rue des Belles Feuilles, 75016; Monoprix, 24 rue Belles Feuilles, 75016; Franprix, 56 rue de Longchamp, 75016
Mercados de rua Marché Passy (coberto), pl de Passy; 8h-13h e 16h-19h ter-sex, 8h30-13h e 15h30-19h sáb, 8h-13h dom; Marché St.-Didier, entre rue Mesnil e St.-Didier: 7h30-14h ter, qui-sáb (coberto); Marché Président Wilson, ave du Président Wilson, 75016; 7h-14h30 qua e sáb

🎪 **Festival** Trocadéro Christmas Village, pl du Trocadéro (dez)

➕ **Farmácia** Pharmacie Basire, 143 rue de la Pompe e 118 bis ave Victor Hugo; 01 47 27 88 49; www.pharmacie-basire.com; aberto 9h-21h; 8h-21h ter-sáb, fechado dom e feriados

🛝 **Playground** Jardins du Trocadéro, 75016; amanhecer-anoitecer *(p. 145)*

Vista panorâmica de Paris a partir da Torre Eiffel

144 | Champs-Élysées e Trocadéro

① Palais de Chaillot
Fontes e filmes sobre peixes

De origem humilde como aldeia pastoral, essa parte de Paris hoje é dominada pelo monumental Palais de Chaillot, conhecido universalmente pelos parisienses como o Trocadéro. É o melhor lugar para apreciar a Torre Eiffel, mas também para fazer cursos intensivos de arquitetura, história marítima francesa e história da humanidade, por meio de visitas a seus museus. Isso feito, relaxe no Aquarium de Paris – Cinéaqua, percorrendo o aquário ou assistindo a um filme.

Estátua do Marechal Foch, place du Trocadéro

Destaques

Marshal Foch Aqui fica a imponente estátua de Ferdinand Foch, que liderou os aliados para a vitória em 1918. Foch previu que não seria a paz definitiva, mas um armistício que duraria 20 anos.

Palais de Chaillot As duas alas curvas da construção são separadas por um grande terraço, do qual tem-se uma vista perfeita dos jardins do Trocadéro e do rio Sena.

Musée de l'Homme O museu possui uma das melhores coleções pré-históricas do mundo, além de exposições temporárias.

Fontes do Trocadéro Canhões de água disparados na direção da Torre Eiffel. À noite são iluminadas – uma visão espetacular.

O Musée de la Marine Venha ver miniaturas perfeitas de navios, a bonita proa do barco a remo de Maria Antonieta e a barcaça reluzente de Napoleão.

Cité de l'Architecture et du Patrimoine Nesse museu situado na ala leste do palácio, veja miniaturas das construções mais famosas da França.

Aquarium de Paris – Cinéaqua

Fontes do Trocadéro

Jardins do Trocadéro

Aquarium de Paris – Cinéaqua Acaricie uma arraia, percorra o túnel dos tubarões, contemple Nemo e assista a um filme.

Informações

🌐 **Mapa** 7 D1
Endereço 17 pl du Trocadéro, 75016; www.mnhn.fr; Musée de l'Homme: fechado até 2015; Musée de la Marine: 01 53 65 69 69; www.musee-marine.fr; Cité de l'Architecture et du Patrimoine: 1 pl du Trocadéro, 75016; 01 58 51 52 00; www.citechaillot.fr; Aquarium de Paris – Cinéaqua: 01 40 69 23 23; www.cineaqua.com

🚇 **Metrô** Trocadéro, linhas 6 e 9 **RER** Champs de Mars-Tour Eiffel, linha C **Ônibus** 22, 30, 32, 63, 72 e 82 **Ônib. fluvial** Quai de la Bourdonnais

🕐 **Aberto** Musée de la Marine: 11h-18h e até 19h sáb e dom; fechado ter, 1º jan, 1º mai e 25 dez; Cité de l'Architecture et du Patrimoine: 11h-19h, até 21h qui; fechado ter, 1º jan, 1º mai e 25 dez; Aquarium de Paris – Cinéaqua: 10h-19h, fechado 14 jul

💶 **Preço** Musée de la Marine: €14-24; até 18 anos grátis, até 26 com passaporte da UE; Cité de l'Architecture et du Patrimoine: €16-26; até 18 anos grátis, até 26 com passaporte da UE; Aquarium de Paris – Cinéaqua: adultos €40-50; 13-17 anos €16-26; até 13 anos €13-23; até 3 anos grátis

🚶 **Para evitar fila** Aceita Paris Museum Pass

🚩 **Passeios guiados** Os museus têm guias de áudio em inglês

👨‍👧 **Idade** Livre

👨‍👩‍👧 **Atividades** Workshops e folhetos de atividades em francês

⏱ **Duração** Meio dia

☕ **Café** No Cité de l'Architecture et du Patrimoine e no Cinéaqua

Preços para família de 4 pessoas

Palais de Chaillot e arredores | 145

Para relaxar
Os **Jardins du Trocadéro** vão até o rio Sena, ao lado da fonte mais fantástica de Paris. Há um playground e um carrossel à moda antiga. Nos fins de semana, artistas de rua dançam break e *moonwalk*, a dança de Michael Jackson, na esplanada.

Comida e bebida
Piquenique: até €25; Lanches: €25-45; Refeição: €45-90; Para a família: mais de €90 (base para 4 pessoas)

PIQUENIQUE A **Carton** (150 ave Victor Hugo, 75016) vende pavê de limão e *feuilleté* de chocolate. Faça um piquenique junto às fontes dos Jardins du Trocadéro.
LANCHES O **Café Carlu** (Cité de l'Architecture; 01 53 70 96 65), que é self-service, tem linda vista da Torre Eiffel e telas de computador onde a criançada pode planejar uma visita virtual à Cité de l'Architecture.
REFEIÇÃO Zen Café (Aquarium de Paris – Cinéaqua, 5 ave Albert de Mun; 01 40 69 23 90; www.cineaqua.com; aberto para café da manhã, almoço e chá diariam; para brunch dom) serve saladas, sanduíches e bentôs. Uma de suas paredes é parte do grande Aquarium de Paris.

Carrossel antiquado nos Jardins du Trocadéro

Lojas Nos museus
Banheiros Na Cité de l'Architecture et du Patrimoine; nos dois museus; perto do cinema e da área de atividades no Aquarium de Paris – Cinéaqua

Bom para a família
Apesar de caro, o Cinéaqua oferece atrações para todo mundo. No Musée de la Marine as explicações são apenas em francês, portanto leve um guia de áudio.

Interior do Café Carlu, na Cité de l'Architecture at du Patrimoine

PARA A FAMÍLIA L'**Astrance** (4 rue Beethoven, 75016; 01 40 50 84 40; fechado sáb-seg) serve cozinha francesa com toque global num ambiente elegante. É necessário fazer reserva com no mínimo um mês de antecedência.

Compras
Na avenue Victor Hugo há confeitarias, lojas infantis e de brinquedos, a melhor das quais é a **Oxybul Éveil & Jeux** (148 ave Victor Hugo, 75116).

Saiba mais
INTERNET Assista ao vídeo *Hitler in Paris* em http://tinyurl.com/cqpbtyf, veja a Expo Internacional de 1937 em http://tinyurl.com/3j3f6uy e tubarões bebês em http://tinyurl.com/3nvbtmm. Vá para www.bbc.co.uk/oceans para explorar os oceanos do mundo, www.academickids.com para saber mais sobre a Pré-História e www.archkidecture.org para ver construções incríveis.

Próxima parada...
TORRE EIFFEL Depois de olhar para esta torre (pp. 154-5) a partir do Palais de Chaillot, cruze o Sena pela Pont d'Iéna e suba até o topo.

Torre Eiffel vista do Palais de Chaillot

CRIANÇADA!

Fique de olho...
1 Tubarões bebês boiando em seus ovos transparentes no Aquarium de Paris – Cinéaqua.
2 No Cinéaqua, passe a mão em uma carpa japonesa.
3 A barca dourada de Napoleão no Musée de la Marine. Ele a usou uma vez, para inspecionar as fortificações na Antuérpia, em 1811.

DERRUBEM TUDO!
Em 1925, o arquiteto Le Corbusier criou um plano maluco: derrubar toda a parte leste de Paris e erguer dezoito blocos de torres gigantes. Descubra mais na Cité de l'Architecture et du Patrimoine.

A visita de Hitler a Paris
O líder nazista Adolf Hitler chegou a Paris numa manhã ensolarada de domingo em junho de 1940. Fez uma visita de dez minutos à Opéra às 5h45, entrou e saiu correndo da place Madeleine, não se impressionou com a place de la Concorde, mas saiu do carro no Arco do Triunfo e se fez fotografar no Trocadéro. Postou-se solenemente diante do túmulo de Napoleão, mas não gostou do Panthéon. Às 10h havia concluído sua visita e estava de volta ao aeroporto, sem parar para falar com ninguém. Hitler passou apenas algumas horas na capital francesa, mas a ocupação de Paris durou quatro longos e terríveis anos, nos quais foram assassinados milhares de judeus parisienses. A cidade ainda escapou por pouco quando o exército alemão ignorou a ordem de Hitler de destruí-la numa explosão.

Champs-Élysées e Trocadéro

Trabalhos expostos no Musée Guimet

② Musée Guimet
Dragões e demônios

Tesouros do templo de Angkor Wat, entre eles a serpente demoníaca de sete cabeças chamada Via dos Gigantes, estão expostos neste museu de arte e cultura asiática. Originalmente com 200m de altura, a obra foi trazida a Paris para a Exposição Universal de 1878. A maior parte da coleção exposta foi montada por Emile Guimet, que gastou sua imensa fortuna viajando pela Ásia e reunindo obras para seu museu pessoal. Os fãs de *Mulan* vão gostar de percorrer a coleção chinesa. Não deixe de ver a deusa Avalokiteshvara, com seus mil braços.

Informações
- **Mapa** 2 E6
  Endereço 6 pl d'Iéna, 75016; 01 56 52 53 00; www.guimet.fr
- **Metrô** Iéna, linha 9 **Ônibus** 22, 30, 32, 63 e 82
- **Aberto** 10h-18h, fechado ter, 1º jan, 1º mai e 25 dez
- **Preço** €15-26; até 18 anos, e até 26 anos com passaporte da UE
- **Para evitar fila** Aceita Paris Museum Pass
- **Passeios guiados** Áudio em inglês; contação de história em francês
- **Idade** A partir de 5 anos
- **Atividades** Folhetos e workshops em francês; 01 56 52 53 45; cerimônia japonesa do chá: €12; 01 56 52 53 45
- **Duração** 2h
- **Cadeira de rodas** Sim
- **Comida e bebida** *Refeição* O café do museu serve comida francesa e asiática; 01 47 23 58 03. *Para a família* Noura (27 Ave Marceau, 75016) prepara clássicos do Oriente Médio.
- **Banheiros** No subsolo

Baixo-relevo criado por Alfred Janniot num muro do Palais de Tokyo

Para relaxar
Fique à vontade no jardim japonês em volta do **Musée du Panthéon Bouddique** (19 ave d'Iéna, 75016), um oásis de cachoeiras, laguinhos e bambu oscilando ao vento.

③ Palais de Tokyo e Musée d'Art Moderne
Vacas em technicolor e uma fada da eletricidade

O Palais de Tokyo foi erguido para a Exposição Internacional de 1937, na qual foi o pavilhão da eletricidade. Seu nome se deve ao vizinho quai de Tokyo, hoje avenue de New York.

A ala leste abriga o arejado e iluminado Musée d'Art Moderne, um bom lugar para apresentar a criança da à arte moderna, já que as obras são expostas em ordem cronológica. Veja o mundo posto de ponta-cabeça pelos fauvistas, as "feras", que pintavam vacas azuis, árvores vermelhas e grama cor-de-rosa. Depois, veja o mundo retratado em quadrado pelos cubistas. O museu também tem duas telas gigantes de *A dança*, de Henri Matisse.

Uma das maiores pinturas do mundo ocupa uma sala própria. *La fée electricité* (A fada da eletricidade), de Raoul Dufy, foi encomendada em 1936 pelo Conselho de Eletricidade de Paris e conta a história da eletricidade, desde Zeus e seus raios até Edison.

A outra ala do Palais de Tokyo é o espaço de arte contemporânea mais badalado da cidade, com mostras temporárias que são sempre de vanguarda.

Para relaxar
Procure a escadaria que vai da avenue Président Wilson à rue de la Manutention e ande até o jardinzinho ao lado do Palais de Tokyo.

Informações
- **Mapa** 8 E1
  Endereço Musée d'Art Moderne: 11 ave du Président Wilson 75016; 01 53 67 40 00; www.mam.paris.fr; Palais de Tokyo: 13 ave du Président Wilson, 75016; 01 81 97 35 88; www.palaisdetokyo.com
- **Metrô** Iéna, linha 9 ou Alma-Marceau, linha 9 **RER** Pont de l'Alma, linha C **Ônibus** 32, 42, 63, 72, 80, 82 e 92
- **Aberto** Musée d'Art Moderne: 10h-18h (até 22h em exposições temporárias), fechado seg e feriados; Palais de Tokyo: 12h-0h, fechado ter, 1º jan, 1º mai e 25 dez
- **Preço** Musée d'Art Moderne: coleção permanente grátis; Palais de Tokyo: €10-20, ingresso combinado em acordo com restaurante; até 18 anos grátis
- **Passeios guiados** Áudio em inglês
- **Idade** A partir de 5 anos
- **Atividades** Diversos workshops; confira o site para mais detalhes. Contação de histórias e passeios no Palais de Tokyo às vezes em inglês; 01 47 23 35 16; workshops para crianças em francês no Musée d'Art Moderne; 01 53 67 40 80
- **Duração** 2-3h
- **Cadeira de rodas** Sim
- **Comida e bebida** *Lanches* O café do Musée d'Art Moderne tem um terraço com vista da Torre Eiffel e serve menu variado. *Para a família* Tokyo Eat (Palais de Tokyo, 13 ave du Président Wilson, 75016; 01 47 20 00 29; fechado ter) atrai com uma empolgante comida fusion e sorvetes estilosos, em ambiente com luzes que lembram OVNIs. Há um DJ permanente tocando.
- **Banheiros** Em ambos os museus

Palais de Chaillot e arredores | 147

④ Musée Galliéra
Vestidos, bolsas e chapéus

Este museu situado a poucos metros das famosas maisons de moda de Paris ocupa o elegante Palais Galliéra, do século XIX, uma construção em estilo renascentista criada por Gustave Eiffel para a duquesa Maria de Ferrari Galliéra.

Estão expostas montanhas de vestidos fascinantes, lingeries, chapéus, bolsas, guarda-chuvas, roupas infantis e roupas de boneca do século XVIII até os dias de hoje. Algumas das roupas foram usadas por personalidades famosas, como Maria Antonieta e a imperatriz Josephine, outras foram doadas por mulheres de elegância reconhecida, como a baronesa Hélène de Rothschild e a princesa Grace de Mônaco. O museu exibe essas criações de modo rotativo, duas vezes por ano, em mostras temporárias.

Para relaxar
O museu possui um belo jardim, e o terraço em frente ao **Palais de Tokyo** (13 ave du Président-Wilson, 75116; 01 47 23 54 01) é onde a meninada local anda de skate.

O **Cimetière de Passy** (2 rue du Commandant Schloesing, 75016) é o lugar de descanso final de alguns dos nomes mais famosos da história de Paris, como o compositor Debussy e o pintor Edouard Manet. Políticos e aristocratas eminentes também estão sepultados aqui. Com ótima vista da Torre Eiffel (pp. 154-5), é um lugar agradável para um passeio a pé.

Informações
🌐 **Mapa** 2 E6
Endereço 10 ave Pierre 1er de Serbie 75116; 01 56 52 86 00; www.galliera.paris.fr
🚗 **Metrô** Iéna, linha 9 ou Alma-Marceau, linha 9 **Ônibus** 32, 42, 63, 72, 80, 82 e 92
🕒 **Aberto** 10h-13h e 14h-17h30 ter, 10h-13h qua-sex
🚩 **Passeios guiados** Áudio em inglês
👫 **Idade** A partir de 5 anos
🎨 **Atividades** Workshops, passeios guiados e folhetos com atividades, em francês
⏱ **Duração** 1h
♿ **Cadeira de rodas** Sim
🍴 **Comida e bebida** *Lanches* Béchu (118 ave Victor Hugo, 75016; 7h-20h30; fechado seg) é um deleite para a hora do chá. Prove o *Victor Hugo*, um bolo de chocolate com recheio de merengue. *Para a família* Hôtel Shangri-La (10 ave d'Iéna, 75016; 01 53 67 19 98) serve excelentes cozinhas asiática e francesa.
🚻 **Banheiros** No térreo

Pôster anuncia uma exposição de alta-costura de Givenchy no Musée Galliéra

Fachada dos fundos do Musée Galliéra, com uma fonte

CRIANÇADA!

Coisas a fazer...
1 Encontre inspiração no Musée d'Art Moderne. Faça um desenho ou pintura da Torre Eiffel e mande-o a alguém, em vez de um cartão-postal.

2 Faça bonecos para um teatrinho de sombras. Pegue canudinhos, fita adesiva e papel. Desenhe e recorte alguns monstros e pessoas; cole-os sobre os canudos. Desligue todas as luzes, menos uma. Ilumine a parede e coloque os bonecos diante dela.

3 No Musée Guimet há uma escultura de uma deusa com mil braços. Quantos braços você precisaria ter para fazer tudo o que gostaria?

ENTRE NO DRAGÃO
O mítico dragão Makara, do Vietnã, leva em sua boca uma pérola preciosa que supostamente confere a dádiva da vida eterna. Veja se consegue encontrá-lo no Musée Guimet.

Roubo do século
Em 20 de maio de 2010 um ladrão arrombou o Musée d'Art Moderne, quebrando uma janela. Câmeras de vigilância o filmaram tirando cinco telas das molduras. Ninguém sabe por que o alarme não tocou, mas, quando os funcionários chegaram, descobriram que estavam faltando *O pombo e as ervilhas*, de Pablo Picasso, *A pastoral*, de Henri Matisse, *A oliveira perto de Estaque*, de Georges Braque, *A mulher com leque*, de Amedeo Modigliani, e *Natureza morta com candelabros*, de Fernand Léger. Procure as obras na Internet. Juntas elas valem €100 milhões. Fique de olho!

Piquenique até €25; **Lanches** €25-45; **Refeição** €45-90; **Para a família** mais de €90 (base para 4 pessoas)

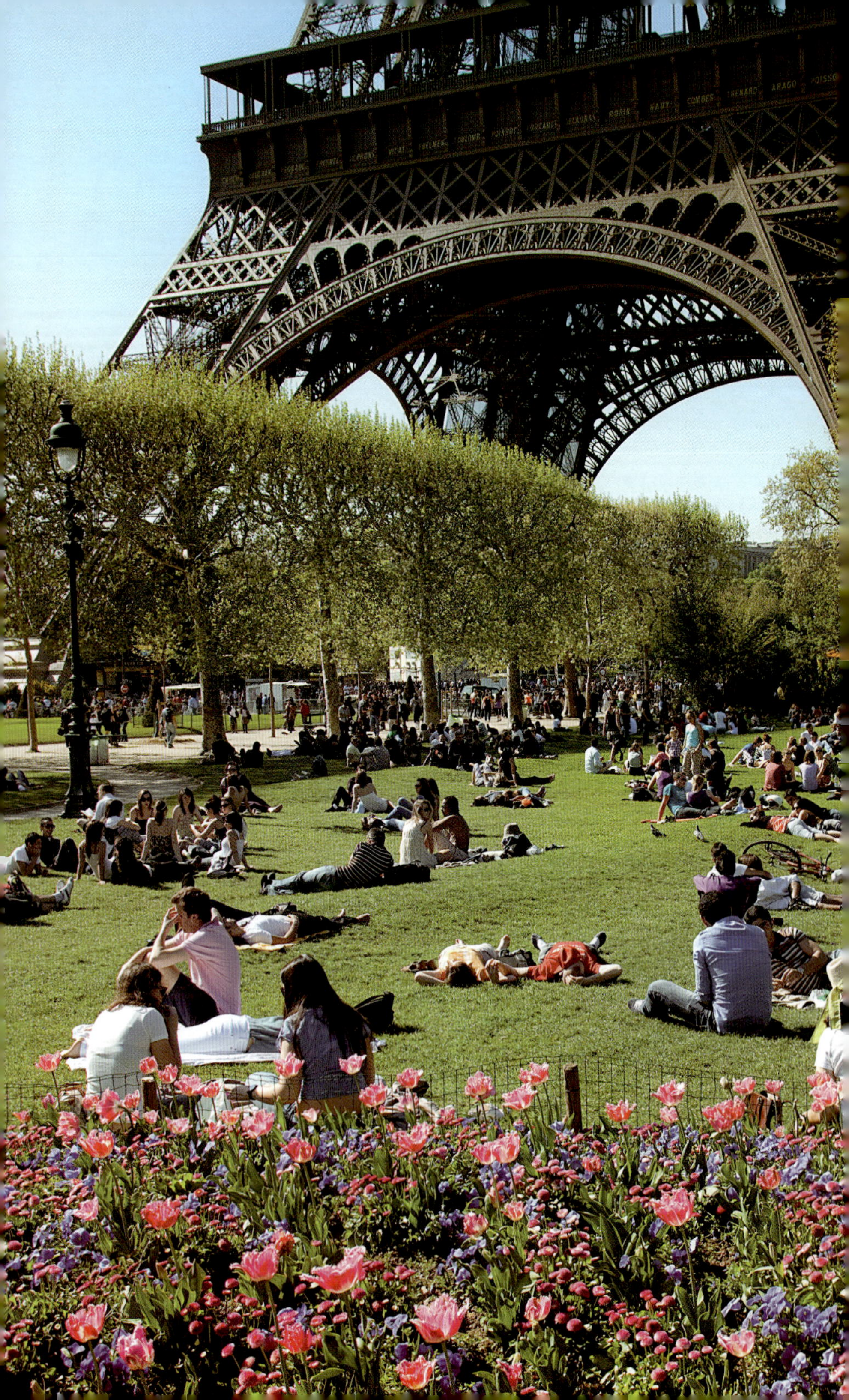

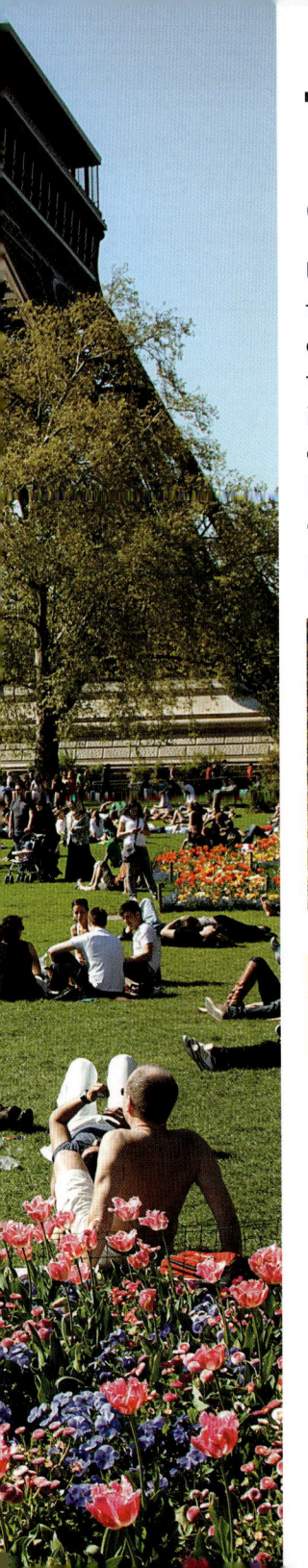

Torre Eiffel
e Les Invalides

Uma parte monumental de Paris, a área em torno de Les Invalides, na margem esquerda do Sena, deixa uma ótima impressão no visitante. Tudo, desde a Igreja do Dôme, no imponente Hôtel des Invalides, até as grandiosas construções novecentistas da École Militaire, no final do amplo Champ-de-Mars, é extraordinário. Sobre tudo isso eleva-se a imponente dama de ferro de Paris, a Torre Eiffel.

Principais atrações

Torre Eiffel
Suba até o alto da torre espetacular e olhe para a linda cidade que se estende abaixo (pp. 154-5).

Les Egouts
Numa visita aos famosos esgotos de Paris (p. 157), procure os astros mirins de *Ratatouille* e os heróis de *Os miseráveis*.

Champ-de-Mars
Assista a um divertido show de marionetes e depois ande de pônei e corra pelo playground nestes imensos jardins gramados (p. 156).

musée du quai Branly
Neste museu fascinante (p. 156), mergulhe num mundo de dançarinos africanos, máscaras estranhas e totens.

Les Invalides
Visite a igreja que guarda os restos mortais de Napoleão, ao lado de um dos melhores museus militares do mundo (pp. 160-1).

Musée Rodin
Almoce no lindo jardim do museu e admire as esculturas de Auguste Rodin enquanto toma um sorvete (p. 162).

Acima, à esq. Detalhe do teto da Assemblée Nationale Palais-Bourbon
À esq. No verão, turistas no Champ-de-Mars, sob a famosa Torre Eiffel

O Melhor da
Torre Eiffel e de Les Invalides

Não há outro modo de abordar a Torre Eiffel senão como turista tradicional; logo, ceda à tentação de comprar suvenires e posar para fotos. O outro destaque dessa área, o imponente Hôtel des Invalides, também é imperdível, quer seja para conhecer o túmulo de Napoleão ou para passar horas examinando canhões históricos e modelos de fortes. Há arte de todos os tipos para desfrutar em espaços cobertos e ao ar livre, especialmente nos jardins do Musée Rodin.

Um dia parisiense perfeito

Comece a manhã com uma visita ao **Musée Rodin** (p. 162) para admirar o trabalho do maior escultor francês do século XIX, Auguste Rodin, e almoçar no café do jardim.

Em seguida caminhe até o **Champ-de-Mars** (p. 156), olhando as lojas ao longo do caminho. Veja um show de bonecos na **Marionettes du Champ-de-Mars** (p. 156) e então encare alguns odores fortes e o subterrâneo sujo da cidade numa visita aos esgotos de Paris, **Les Egouts** (p. 157).

Num fim de tarde no verão, faça um piquenique sob a magnífica **Torre Eiffel** (pp. 154-5). Suba até o alto dela para curtir a vista espetacular da cidade iluminada abaixo. Para terminar em grande estilo, faça uma refeição esplêndida no **58 Tour Eiffel** (p. 155), no segundo andar.

À dir. Coloridos balões de ar quente no Champ-de-Mars
Abaixo O Pensador, de Auguste Rodin, no Musée Rodin

Acima Artefatos fascinantes expostos no Musée du Quai Branly *Abaixo* A reluzente Igreja da Dôme, em Les Invalides

Poderio militar

Admire os canhões nos jardins do **Hôtel des Invalides** *(p. 160)* e acompanhe a história da guerra, desde a Idade da Pedra até a Segunda Guerra Mundial, no **Musée de l'Armée** *(p. 160)*. Marche em volta da **Cour d'Honneur** *(p. 160)*, que ainda hoje é usada em desfiles militares, e bata continência diante da estátua de Napoleão. Entre na Igreja da Dôme para ver o sarcófago de Napoleão e o túmulo do líder das forças aliadas na Primeira Guerra Mundial, Marechal Foch.

Nos **Musées des Plans-Reliefs** *(p. 160)*, surpreenda-se com a habilidade do mestre construtor de fortalezas de Luís XIV, Sébastien le Prestre de Vauban, que revolucionou os cercos militares. Saiba mais sobre os heróis da Resistência na Segunda Guerra Mundial no **Musée de L'Ordre de la Libération** *(p. 160)*. Vá até o **Hôtel Matignon** *(p. 162)*, na rue de Varenne, a residência oficial do primeiro-ministro francês, com um dos maiores jardins particulares da cidade.

Atravesse o Champ-de-Mars para ir à imponente academia militar de Luís XV, a **École Militaire** *(p. 162)*. Aos 16 anos de idade, recém-chegado da Córsega, Napoleão Bonaparte foi cadete lá. Nos tempos modernos, as tropas de paz francesas têm tido papel importante no mundo, especialmente durante a guerra na Bósnia. Aprenda mais sobre o papel da França na política mundial na place de Fontenoy, a sede da Organização das Nações Unidas para a Educação, a Ciência e a Cultura, **Unesco** *(p. 156)*.

Um mundo de arte

Descubra arte e artefatos indígenas da Ásia, África, Oceania e Américas no fascinante **Musée du Quai Branly** *(p. 156)* e ouça gravações dos muitos instrumentos musicais esquisitos e belos expostos. Caminhe para o sul, atravessando o **Champ-de-Mars**, e faça uma pausa para reflexão no **Mur de la Paix** *(p. 156)*, o Muro da Paz, diante da **École Militaire**. Na sede da **Unesco**, admire o mural maciço de Pablo Picasso, as cerâmicas de Jean Miró e esculturas de Henry Moore.

Apaixone-se pelos trabalhos de Auguste Rodin na antiga casa do escultor, com ateliê e jardins, que hoje é o **Musée Rodin**. Então, ande até a Igreja da Dôme, no **Hôtel des Invalides**, e prepare-se para ficar assombrado por *A glória do paraíso*, pintado sobre o teto circular em cúpula por Charles de La Fosse, em 1692.

Torre Eiffel e arredores

Assim que as crianças chegam a Paris, querem subir até o topo da Torre Eiffel. No verão, prepare-se para enfrentar multidões. Se o plano é fazer um piquenique, compre os ingredientes antes, pois há poucas lojas nessa área; pelo mesmo motivo, é recomendável levar lanches, já que os quiosques são caros. Para conhecer esta área é preciso caminhar muito; logo, leve um carrinho para as crianças menores. Nos domingos e feriados o Quai Branly fica fechado para carros e vira um lugar divertido para andar de patins ou caminhar.

Torre Eiffel e Les Invalides
Torre Eiffel
Les Invalides p. 160

Locais de interesse

ATRAÇÕES
1. Torre Eiffel
2. Champ-de-Mars
3. musée du quai Branly
4. Les Egouts

COMIDA E BEBIDA
1. Boulangerie Secco
2. Les Buffets de la Tour Eiffel
3. Thé aux 3 Cerises
4. 58 Tour Eiffel
5. Millet Traiteur
6. Tribeca
7. Michel Chaudun
8. Les Deux Abeilles

Veja também musée du quai Branly (p. 156)

HOSPEDAGEM
1. Adagio Paris Tour Eiffel
2. Hôtel Ares Eiffel
3. Novotel Eiffel Tower

Torre Eiffel e arredores | 153

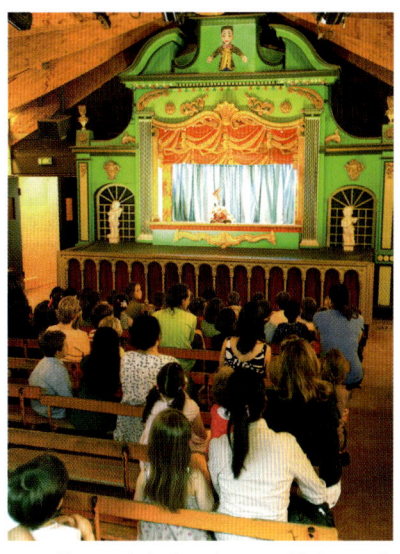

Visitas subterrâneas a Les Egouts, os esgotos de Paris

Um espetáculo de marionetes no Marionettes du Champ-de-Mars

Área para crianças no Champ-de-Mars, em frente à Torre Eiffel

Informações

🚗 **Metrô** Bir-Hakeim, linha 6; Trocadéro, linhas 6 e 9; École Militaire, linha 8 ou Iéna e Alma-Marceau, linhas 9 **RER** Champ de Mars-Tour Eiffel, linha C ou Pont de l'Alma, linha C **Ônibus** 28, 42, 63, 69, 72, 80, 82, 87 e 92 **Ônibus fluvial** Quai de la Bourdonnais

ℹ **Informação turística** Quiosque na esquina da ave des Champs-Élysées com a ave de Marigny, 75008; meados mai-meados out: 9h-19h; fechado 14 jul

🛒 **Supermercados** Monoprix, 2 rue du Commerce, 75015; Franprix, 107 ave de la Bourdonnais, 75007 e 27 Rue Cler, 75007
Mercado de rua Marché Saxe Breteuil, ave de Saxe, 75007; 7h-14h30 qui, sáb

🎉 **Festivais** Famillathlon: dia de esportes em família no Champ-de-Mars; www.famillathlon.org (set); patinação no gelo na Torre Eiffel (alguns anos; meados dez-fim jan)

✚ **Farmácia** Pharmacie de la Tour Eiffel, 24 rue de Monttessuy, 75007; 8h-20h seg-sáb, 9h-20h sáb

👶 **Playground** Grande e com tanque de areia na ponta sul do Champ-de-Mars, 75007; amanhecer-anoitecer diariam (p. 156)

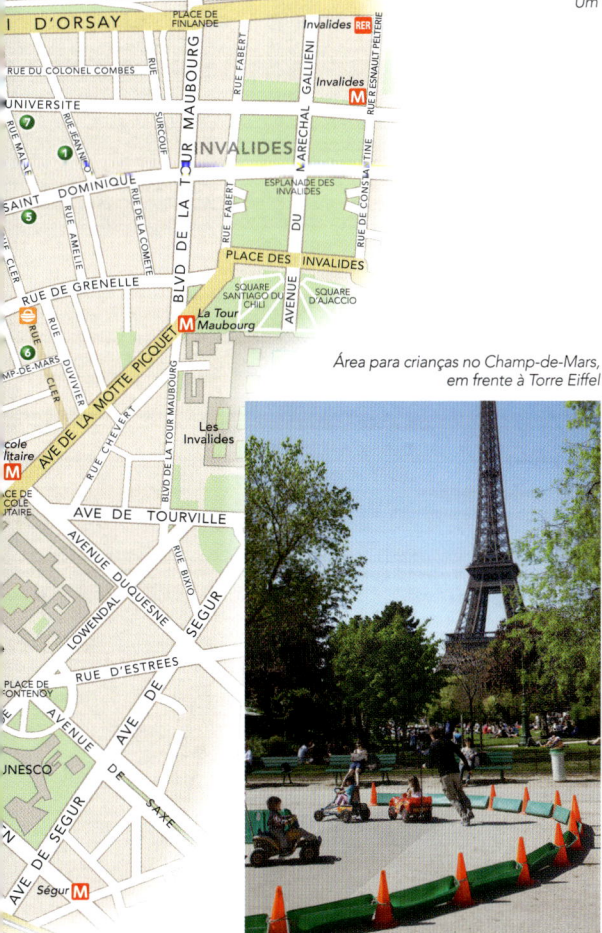

① Torre Eiffel
A dama de ferro de Paris

Há algo de irresistível na Torre Eiffel, a estrela do horizonte parisiense. Ela é um ímã para as crianças, cujo maior desejo é chegar ao topo no menor tempo possível. Em 1886, foi promovido um concurso para a construção de uma torre na entrada da Exposition Universelle de 1889, para festejar o centenário da Revolução Francesa. Entre as 170 propostas enviadas, que incluíram um regador gigante e uma guilhotina enorme, Gustave Eiffel foi o vencedor. Longe de ser sucesso instantâneo, a Torre Eiffel (Tour Eiffel) por pouco não foi demolida.

Modelos coloridos da Torre Eiffel

Informações

Mapa 8 E3
Endereço Champ-de-Mars, 75007; 08 92 70 12 39; www.tour-eiffel.fr
Metrô Bir Hakeim, linha 6 ou Trocadéro, linhas 6 e 9 **RER** Champ-de-Mars-Tour Eiffel, linha C **Ônibus** 42, 69, 82 e 87 **Ônibus fluvial** Port de la Bourdonnais
Aberto 9h30-23h; meados jun-ago: 9h-0h; feriado de Páscoa: até 0h
Preço Topo: cerca de €50; 2º andar (elevador): cerca de €30; 4-11 anos: €4; até 4 anos grátis
Para evitar fila As filas são mais curtas à noite – ou compre os ingressos antecipadamente pela internet
Passeios guiados Baixe o guia com aplicativos para iPhone
Idade Livre, mas crianças pequenas podem se assustar com a altura além do 2º andar
Atividades Faça o download do livro de quiz para crianças em www.eiffel-tower.com
Duração 1h30 – ou 3h em alta temporada
Cadeira de rodas Sim, mas apenas no 1º e 2º andares
Café No 1º e 2º andares
Banheiros Em todos os andares

Bom para a família
Pode ser caro, mas as crianças vão adorar. O melhor é subir na torre ao fim da viagem em Paris, para as crianças identificarem lá do alto os locais visitados.

Preços para família de 4 pessoas

Destaques

Galeria panorâmica Em dias claros é possível enxergar a catedral de Chartres, a 80km de distância.

Busto de Eiffel Gustave Eiffel foi esculpido por Antoine Bourdelle em 1929 e o busto foi colocado sob a torre, em sua memória.

Elevadores de dois andares Esses elevadores antigos sobem até o segundo andar e descem.

A escadaria de Eiffel Veja um pedaço da escadaria original, demolida em 1983 para dar lugar aos elevadores. Gustave Eiffel costumava subir até seu escritório pelas escadas.

Champ-de-Mars Antigo campo de desfiles militares, esse longo jardim se estende da base da torre até à École Militaire (Escola Militar).

3º andar A galeria panorâmica fica 276m acima do chão. Eiffel tinha um escritório aqui.

Eiffel cintilante Todas as noites desde a virada do milênio, um sistema de iluminação de 200 mil watts faz a Torre Eiffel brilhar por cinco minutos no início de cada hora, até a 1h.

Vigas cruzadas O desenho complexo formado pelas vigas ajuda a estabilizar a torre em dias de muito vento. As partes metálicas podem expandir até 12cm em dia de calor.

2º andar Com 115m de altura, este andar é separado do 1º andar por 359 degraus – ou alguns minutos no elevador.

1º andar A uma altura de 57m, esse andar pode ser alcançado pelo elevador ou por 360 degraus. A partir de 2014, terá piso de vidro, proporcionando uma vista fabulosa, além de um novo espaço para exposições.

Busto de Eiffel

Torre Eiffel e arredores | 155

A Torre Eiffel com o Champ-de-Mars no primeiro plano

Para relaxar
Alguns anos, no inverno há um rinque de patinação no gelo no primeiro andar, mas o melhor lugar para queimar alguma energia, o ano inteiro, é nos bem cuidados gramados do **Champ-de-Mars** (p. 156), o parque que se estende abaixo da torre.

Comida e bebida
Piquenique: até €25; Lanches: €25-45; Refeição: €45-90; Para a família: mais de €90 (base para 4 pessoas)
PIQUENIQUE Boulangerie Secco (20 rue Jean Nicot, 75007; fechado dom e seg) é famosa por sua seleção sazonal de salgados. Faça um piquenique no Champ-de-Mars.
LANCHES Les Buffets de la Tour Eiffel fica no térreo e nos primeiro e segundo andares da torre. Serve pizzas, saladas e sanduíches, além de doces, sorvetes e bebidas quentes e frias.
REFEIÇÃO Thé aux 3 Cerises (47 ave de Suffren, 75007; 01 42 73 92 97; 12h-18h ter-sex, 12h-19h sáb, dom) prepara refeições deliciosas, como queijo brie na torrada. As crianças vão adorar o delicioso chocolate quente com chantilly.

Decoração contemporânea no restaurante 58 Tour Eiffel, no primeiro andar

PARA A FAMÍLIA 58 Tour Eiffel (08 25 56 66 62; www.restaurants-toureiffel.com; 11h30-17h30 e 18h30-23h30) fica no primeiro andar. O almoço é a melhor opção: o cardápio é mais leve e os preços, mais competitivos.

Saiba mais
INTERNET No http://tinyurl.com/2g5beua, assista ao destemido patinador francês Taïg Khris marcando o recorde mundial de salto com patins, 40m, em 2010, saltando do primeiro andar da Torre Eiffel. Saiba mais sobre torres no www.great-towers.com e jogue games com a Torre Eiffel em www.tour-eiffel.fr
FILMES Veja James Bond em ação na torre em *007 na mira dos assassinos* (1985), Chuckie e seus amigos em *Rugrats em Paris* (1996) e os heróis de animação de *Looney Tunes: de volta à ação* (2003). A torre aparece em *Zazie no metrô* (1960), *Os aristogatas* (1970) e *Ratatouille* (2007). Madeline, a heroína de Ludwig Bemelmans, vive numa rua arborizada perto da torre em *Madeline* (1998).

Compras
A única coisa a comprar perto da Torre Eiffel é um modelo da torre. Os modelos originais eram feitos de sucata de metal da torre, mas hoje eles vêm em cores e materiais diversos.

Próxima parada...
NOTRE-DAME Faça um passeio de barco no rio, partindo da Torre Eiffel, para ver várias atrações famosas, terminando com o outro grande ícone parisiense: **Notre-Dame** (pp. 64-5).

CRIANÇADA!
Você sabia...
1 Num dia de sol e calor a torre inclina-se 18cm.
2 São necessários 25 pintores e 60 toneladas de tinta para retocar a base da torre a cada sete anos e a parte superior a cada cinco.
3 Em 1948, o célebre proprietário de circo Bouglione levou a mais velha aliá (fêmea de elefante) do mundo, de 85 anos, até o primeiro andar da torre.

Torres imponentes
A Torre Eiffel foi a construção mais alta do mundo até o Empire State Building ser erguido, em 1931.

LOUCO POR CARROS
Em 1959, Julien Bertin, de 10 anos, tornou-se a 35ª milionésima pessoa a visitar a Torre Eiffel. Ele ganhou um carro, mas seus pais não sabiam dirigir.

Que monte de ferro velho!
Na década de 1920, a Torre Eiffel se encontrava em tão mau estado de conservação que o governo cogitou em demoli-la. Em 1925, o trapaceiro Victor Lustig, dizendo ser o funcionário governamental encarregado da venda secreta da torre, se reuniu no Hôtel Crillon com seis negociantes de ferro-velho. Exigiu uma propina grande para garantir o negócio e fugiu para a Áustria com o dinheiro. Os compradores de metal tiveram vergonha de admitir o que tinha acontecido, e Lustig voltou um mês depois e tornou a "vender" a torre. Dessa vez não teve a mesma sorte: a vítima o denunciou.

Torre Eiffel e Les Invalides

Show de marionetes no Marionnettes du Champ-de-Mars

② Champ-de-Mars
Guerra, paz e fantoches

Antigo campo de desfiles militares, o imenso Champ-de-Mars, com seus caminhos longos e largos, é perfeito para andar de bicicleta e jogar bola. Foi aqui que o rei Luís XVI foi obrigado a contragosto a aceitar a nova Constituição, em 14 de julho de 1790. Hoje, pode-se assistir a peças de teatro com fantoches no Marionnettes du Champ-de-Mars, o teatro antiquado no lado nordeste do parque – é divertido mesmo que as crianças não falem uma palavra de francês. No Mur de la Paix, o Muro da Paz, perto da École Militaire, deixe uma mensagem de paz numa das fendas.

Se chover...
A sede da Unesco, Organização das Nações Unidas para a Educação, a Ciência e a Cultura (pl de Fontenoy, 75007), tem em seu interior um enorme mural de Pablo Picasso.

③ musée du quai Branly
Máscaras, caveiras e magia

Aberto em 2006, o **musée du quai Branly** possui uma coleção etnográfica assombrosa. Os artefatos são apresentados de maneiras originais e marcantes, muitas vezes com filmes e música, o que os torna especialmente acessíveis para a as crianças. O museu é cheio de objetos fascinantes de todo o mundo. Siga as pegadas dos grandes exploradores, como André Thévet, que, em 1555, foi enviado pelo rei da França para fundar uma colônia na América do Sul, ou da equipe que atravessou a Ásia em 1931 num carro Citroën, em um trajeto de 30 mil km. Entre os tesouros que ela trouxe de volta estava uma linda sela pintada do Uzbequistão. Descubra as cabeças encolhidas no sul do Pacífico e a estátua africana de madeira de mil anos. Ela representa um homem e também uma mulher, com gêmeos ainda não nascidos em seu ventre.

Para relaxar
O musée du quai Branly fica num jardim moderno. No verão, acontecem vários eventos para o público infantil. Procure o muro de plantas que compõe parte da fachada do prédio e faça um piquenique ao lado das fontes no jardim.

Artefatos da África expostos no musée du quai Branly

Informações

- **Mapa** 8 F3
- **Endereço** 75007
- **Metrô** École Militaire, linha 8 ou Bir-Hakeim, linha 6 **RER** Champ-de-Mars-Tour Eiffel, linha C **Ônibus** 28, 42, 63, 80 e 82
- **Idade** Livre
- **Atividades** Marionettes du Champ-de-Mars; 01 48 56 01 44; €3,50; Shows 15h e 17h qua, sáb e dom; Estacionamento €1; veja os fogos de artifício no Trocadéro em 14 jul
- **Comida e bebida** *Lanches* Millet Traiteur (103 rue St.-Dominique, 75007; 01 45 51 49 80; 8h30-20h ter-sáb, 8h-17h dom) tem bolos e itens de pastelaria deliciosos. *Refeição* Tribeca (36 rue Cler, 75007; 01 45 55 12 01; 9h-0h, diariam) é uma pizzaria simples, com um terraço. Um bom lugar para fazer uma refeição leve, que conta também com ótimo serviço.
- **Banheiros** No Marionnettes du Champ-de-Mars e na 22 ave Charles Floquet

Informações

- **Mapa** 8 F2
- **Endereço** 37 quai Branly, 75007; 01 56 61 70 00; www.quaibranly.fr
- **Metrô** Iéna ou Alma-Marceau, linha 9 **RER** Pont de l'Alma, linha C **Ônibus** 42, 63, 80, 92 e 72 **Ônibus fluvial** Port de la Bourdonnais
- **Aberto** 11h-19h, até 21h qui, sex e sáb, fechado seg e vários dias em fev e abr
- **Preço** €17-27; até 18 anos grátis
- **Para evitar fila** Aceita Paris Museum Pass
- **Passeios guiados** Áudio em inglês para adultos e crianças €20-25, duração de 45min
- **Idade** A partir de 6 anos
- **Atividades** Faça o download do livreto de atividades no site, pois é difícil localizar algumas peças-chave no museu; a livraria vende um guia infantil, *My little quai Branly*; workshops e passeios em inglês; 01 56 61 71 72; €32-42; ligue para confirmar
- **Duração** 2h
- **Cadeira de rodas** Sim
- **Comida e bebida** *Refeição* Café Branly (01 47 53 68 01; 9h-18h, até 20h qui-sáb, fechado seg), o café do museu, conta com ótima vista para as esplanadas da Torre Eiffel e localiza-se em um lindo jardim. *Para a família* Les Ombres (01 47 53 68 00; www.lesombres-restaurant.com; reserve), na cobertura do museu, é uma experiência gourmet com vista maravilhosa. O almoço tem preço excepcional.
- **Banheiros** Na entrada do museu e nos pisos 2 e 3

Preços para família de 4 pessoas

④ Les Egouts
Que cheiro é este?

Victor Hugo celebrizou os esgotos de Paris em *Os miseráveis*. Mas as crianças provavelmente pensarão que foi o ratinho Remy, de *Ratatouille*, que os colocou no mapa. Uma proeza da engenharia do século XIX, os esgotos correm paralelos às ruas acima deles por 2.400km, distância suficiente para chegar a Istambul. Entre 1800 e 1850, a população de Paris dobrou, passando de 1 milhão de habitantes, mas havia poucos esgotos subterrâneos. Nos anos 1850, o barão Haussmann mudou a vida dos parisienses com a construção de uma verdadeira cidade paralela oculta, e em pouco tempo o sistema de esgotos virou atração obrigatória para visitantes, como o czar Alexandre II da Rússia. Hoje os turistas podem ver os esgotos e descobrir os mistérios da Paris subterrânea. As visitas são feitas a pé e restritas a uma área em torno da entrada no quai d'Orsay.

Para relaxar
Há poucos playgrounds nesta parte de Paris; volte ao **Champ-de-Mars** para dar uma corrida. Para chegar lá, o jeito mais rápido é caminhar pela avenue Rapp.

Informações

Mapa 8 F1
Endereço pont de l'Alma, lado oposto à 93 quai d'Orsay, 75007; 01 53 68 27 81

Metrô Alma-Marceau, linha 9
RER Pont de l'Alma, linha C
Ônibus 63 e 80

Aberto 11h-17h; inverno: até 16h; fechado qui, sex, feriados, duas semanas em jan e durante chuvas fortes

Preço €16-26; até 6 anos grátis

Para evitar fila Aceita Paris Museum Pass

Passeios guiados Sim

Idade A partir de 5 anos

Duração 1h

Cadeira de rodas Não

Comida e bebida *Piquenique* Michel Chaudun (*149 rue de l'Université, 75007; fechado dom*), do famoso chocolatier, tem em uma redoma um Tutancâmon gigante feito de chocolate em 1965. Piquenique no Champ-de-Mars. *Lanches* Les Deux Abeilles (*189 rue de l'Université, 75007; 01 45 55 64 04; 9h-19h; reserve mesa; fechado dom*) serve salada, sopa, quiche e torta-suflê de framboesa.

Banheiros Perto da loja

Acima Relaxando no Champ-de-Mars num dia de sol **Abaixo** Tour histórico pelos esgotos parisienses, Les Egouts

CRIANÇADA!

Fique de olho...
1 O Muro da Paz. Um monumento no Champ-de-Mars tem a palavra "paz" escrita em 49 línguas. Você encontrou a sua?
2 O deus da guerra. O Champ-de-Mars foi no passado um local para desfiles militares. Seu nome se deve a Marte, o deus romano da guerra.
3 Placas de rua fedorentas. Os esgotos correm paralelamente às ruas acima da terra e têm placas iguais às delas.

SUJO, ASQUEROSO, ANTI-HIGIÊNICO
Na Idade Média, os parisienses bebiam a água do Sena, apesar de jogarem seu lixo no rio e de os esgotos desembocarem diretamente nele.

Escada para o céu
Durante a Revolução, o fanático revolucionário Maximilien Robespierre assumiu o controle de Paris. A Revolução tinha abolido o cristianismo e transformado as igrejas em depósitos ou paióis, então Robespierre inventou uma religião nova. Ele ergueu uma montanha de gesso no Champ-de-Mars para celebrar seu novo culto ao Ser Supremo. No final das festividades, aparecia dramaticamente no alto do monte, trajando uma toga. Começaram rumores de que ele estaria se enxergando como o Ser Supremo, e não demorou muito para ele fazer o trajeto até a guilhotina e ser remetido de volta a seu criador.

Piquenique até €25; *Lanches* €25-45; *Refeição* €45-90; *Para a família* mais de €90 (base para 4 pessoas)

Les Invalides e arredores

A cúpula dourada de Les Invalides eleva-se sobre os gramados que se estendem desde a magnífica Pont Alexandre III; as crianças ficarão impressionadas. Os pequenos fãs de temas militares poderão correr entre os canhões e conhecer uma das melhores coleções de armas e canhões do mundo. Depois, relaxe no jardim do Musée Rodin, do outro lado da rua, um ótimo lugar para se descontrair. Conhecer essa área exige caminhar muito; leve carrinho para as crianças pequenas.

Torre Eiffel e Les Invalides
Torre Eiffel p. 154
Les Invalides

Locais de interesse

ATRAÇÕES
1. Les Invalides
2. École Militaire
3. Musée Rodin
4. Assemblée Nationale Palais-Bourbon

● COMIDA E BEBIDA
1. Boulangerie Deschamps
2. Les Trois Coeurs
3. Coutume Café
4. Les Cocottes de Christian Constant
5. Aux Délices de Mimi
6. Le Basile
7. Besnier Père et Fils
8. Le Bon Marché
9. Le Bac à Glaces
10. Kayser

Veja também Les Invalides (p. 160)

● COMPRAS
1. Deyrolle
2. Papillon
3. À la Mère de Famille

Veja também Les Invalides (p. 160)

● HOSPEDAGEM
1. Hôtel Mayet
2. Hôtel du Palais Bourbon

Fachada neoclássica da Assemblée Nationale Palais-Bourbon

Les Invalides e arredores | 159

O pensador, uma das mais célebres criações de Rodin, no Musée Rodin

Informações

🚗 **Metrô** Invalides, linhas 8 e 13; Varenne, linha 13; La Tour Maubourg, linha 8; St.-François Xavier, linha 13; École Militaire, linha 8 ou Assemblée Nationale, linha 12 **RER** Invalides, linha C ou Musée d'Orsay, linha C **Ônibus** 28, 63, 69, 80, 82, 83, 84, 87, 92, 93 e 94

ℹ **Informação turística** Quiosque na esquina da ave des Champs-Élysées com a ave de Marigny, 75008; meados mai-meados out: 10h-19h

🛒 **Supermercados** Carrefour, 84 rue St.-Dominique, 75007; Franprix, 27 rue Cler, 75007; 11 rue Casimir Perrier, 75007 e 107 Ave La Bourdonnais, 75007

✚ **Farmácia** Pharmacie des Invalides, 25 blvd de La Tour Maubourg, 75007

Playgrounds Champ-de--Mars, 75007; amanhecer--anoitecer diariam *(p. 156)*; Playground ao sul de Les Invalides; amanhecer-anoitecer diariam *(p. 161)*; square d'Ajaccio, blvd des Invalides, 75007; amanhecer-anoitecer diariam *(p. 161)*

Café ao ar livre no Musée Rodin

Torre Eiffel e Les Invalides

① Les Invalides
Armas, generais e batatas

Luís XIV ergueu o Hôtel des Invalides em 1671-76 para os milhares de soldados feridos e incapacitados em suas intermináveis campanhas militares. No centro eleva-se a cúpula reluzente da Eglise du Dôme, o lugar do descanso final de Napoleão Bonaparte. Os museus que cercam a igreja trazem mais informações sobre ele e sobre guerras e armas dos tempos medievais até a Segunda Guerra Mundial. Uma das melhores coleções de história militar no mundo, o lugar é perfeito para os aficionados de soldadinhos de brinquedo.

Bússola e Ordem de Libertação do General De Gaulle

Destaques

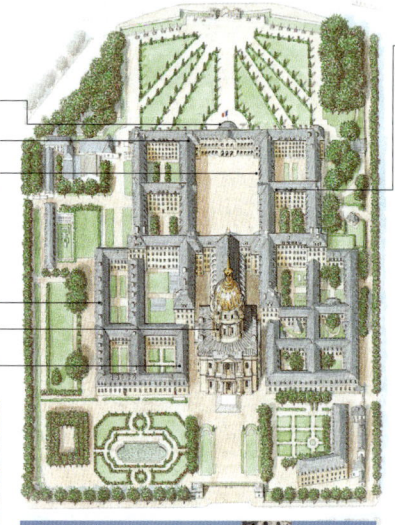

- **Entrada norte**
- **Musée de l'Armée**
- **Cour d'Honneur** Esse pátio ainda é usado em paradas militares. A estátua de Napoleão, conhecida como o Pequeno Cabo, fica ao lado.
- **Musée de l'Ordre de la Libération**
- **Eglise du Dôme**
- **Entrada sul**

Musées des Plans-Reliefs Aqui se encontram maquetes e mapas das mais famosas fortificações da França.

Canhões poderosos Nos jardins projetados por De Cotte em 1704 há fileiras de canhões de bronze dos séculos XVII e XVIII.

Eglise du Dôme Os restos mortais de Napoleão estão na cripta da igreja, dentro de seis féretros, como uma matriuska.

Musée de l'Ordre de la Libération Esse museu documenta as façanhas da resistência na Segunda Guerra Mundial. Fechado para reformas até junho de 2015.

Musée de l'Armée Esse museu, que ocupa a parte principal do Hôtel des Invalides, tem a terceira maior coleção de armas do mundo, além de galerias sobre as guerras que devastaram a França entre 1870-1945.

Informações

- **Mapa** 9 A5
- **Endereço** 129 rue de Grenelle, 75007; www.musee-armee.fr
- **Metrô** La Tour Maubourg, linha 8; Invalides, linhas 8 e 13; Varenne, linha 13 ou St.-François Xavier, lin. 13 **RER** Invalides, linha C **Ônibus** 28, 63, 69, 80, 82, 83, 87, 92 e 93
- **Aberto** Abr-set: 10h-18h, até 21h ter; out-mar: até 17h; fechado 1ª seg do mês e 1º jan, 1º mai e 25 dez
- **Preço** €19-29; até 18 anos grátis, até 26 com passaporte da UE; €15-25 ter à noite e após às 17h nos outros dias; grátis 14 jul
- **Para evitar fila** Aceita Paris Museum Pass; ingresso dá acesso ao Musée de l'Armée, à Tumba de Napoleão, aos Musées des Plans-Reliefs e Musée de l'Ordre de la Libération
- **Passeios guiados** Guias multimídia €6 p/ adultos e €4 crianças; passeios em inglês p/ crianças
- **Idade** A partir de 7 anos
- **Atividades** Vários workshops e atividades infantis; 01 44 42 51 73
- **Duração** 2-3h
- **Cadeira de rodas** Sim, no Musée de l'Armée
- **Café** Perto da entrada sul
- **Loja** A loja do museu perto da entrada sul tem livros em inglês
- **Banheiros** Perto da bilheteria e na loja

Bom para a família
Apesar de oferecer bastante coisa por um bom preço, as armas e os soldados não vão necessariamente entreter a família toda.

Preços para família de 4 pessoas

Les Invalides e arredores | 161

Playground ao sul de Les Invalides

Para relaxar
Livre-se das tensões nos gramados em frente ao Hôtel des Invalides ou no pequeno playground na seção verde central da avenue de Breteuil, logo ao sul daqui, ladeada de árvores. A **square d'Ajaccio** *(blvd des Invalides, 75007)*, a nordeste do Hôtel des Invalides, tem um tanque de areia e brinquedos. Se a opção for por um parque maior, vá até o vizinho **Champ-de-Mars** *(p. 156)*.

Comida e bebida
Piquenique: até €25; Lanches: €25-45; Refeição: €45-90; Para a família: mais de €90 (base para 4 pessoas)
PIQUENIQUE Boulangerie Deschamps *(43 ave de Saxe, 75007; fechada seg, ter)* tem saborosas tortinhas, quiches e croissants de chocolate. Faça seu piquenique no Champ-de-Mars.
LANCHES Les Trois Coeurs *(111 rue St.-Dominique, 75007)* tem todos os ingredientes para um piquenique ótimo.
REFEIÇÃO Coutume Café *(47 rue de Babylone, 75007)* é famoso por seu excelente café e sua comida sazonal saudável.
PARA A FAMÍLIA Les Cocottes de Christian Constant *(135 rue St.-Dominique, 75007; 01 47 53 73 34; 12h-16h, 19h-23h seg-sáb)*, restaurante com estrela Michelin, é onde o chef Christian Constant prepara comida gourmet em ambiente descontraído e com preços competitivos.

Saiba mais
INTERNET Conheça a vida de Napoleão Bonaparte e Charles de Gaulle em www.napoleon.org/en/kids e www.charles-de-gaulle.org. Há documentários sobre Napoleão em http://tinyurl.com/4y9dx42, além

de vários jogos de computador, sendo os melhores *Napoleon: Total War* (2010) e *Napoleon's Campaigns* (2008).
FILMES *Waterloo* (1970) é ótimo para a família, e *Monsieur N* (2007), para crianças mais velhas.

Compras
Aberta em 1831, a famosa loja de taxidermia **Deyrolle** *(46 rue du Bac, 75007)* é um zoológico bizarro de leões e bichos diversos, enquanto a loja de roupas **Papillon** *(82 rue de Grenelle, 75007)* faz parte do grupo Bonton. **À La Mère de Famille** *(47 rue Cler, 75007)* é uma chocolateria irresistível.

Próxima parada...
MARIONETES E JARDINS Depois dos museus sérios, é bom um pouco de ar fresco. Faça um piquenique e assista a um teatro de fantoches no **Champ-de-Mars**, ou ande sobre a **Pont Alexandre III** *(p. 136)*. Daqui, caminhe à margem do Sena, passando pelos barcos residenciais, e relaxe no playground do **Jardin des Tuileries** *(p. 108)*.

A ponte mais bonita de Paris, Pont Alexandre III, conduz a Les Invalides

---

CRIANÇADA!
Fique de olho...
1 Um homem com cabeça de madeira. Les Invalides é assombrada pelo fantasma de um velho soldado ferido numa batalha na Alemanha. Um cirurgião o "consertou" com uma árvore da Floresta Negra, razão de seu sotaque alemão. Ele é chamado Pierre Dubois (Pedro do Bosque).
2 Um dos cavalos de Napoleão, chamado Vizir. Ele se encontra empalhado na Sala Eylau do Musée de l'Armée.
3 Os canhões no gramado diante de Les Invalides. Adivinhe quantos são.

Resposta no fim do quadro.

NAPOLEÃO E A COMIDA
Napoleão definiu regras quanto aos métodos de assar pão. Acredita-se que a baguete tenha sido inventada por ele, para que seus soldados pudessem levar o pão em suas mochilas.

Parmentier e as batatas
Antoine Augustin Parmentier foi capturado pelos prussianos na Guerra dos Sete Anos e forçado a comer batatas, que na França, na época, eram dadas apenas aos porcos. Ele passou a apreciá-las e, graças a seus esforços, em 1772 a faculdade de medicina de Paris as declarou comestíveis. Mesmo assim, Parmentier não podia cultivá-las em Les Invalides, onde era farmacêutico. Sem se deixar desanimar, convidou ricos e famosos a comer pratos feitos com batatas e postou guardas armados diante de sua horta em Sablons para convencer o povo do valor desses tubérculos.

Resposta: 3 800.

② École Militaire
Cadetes, continências e escândalos

A Real Academia Militar de Luís XV foi fundada em 1750 para formar oficiais cadetes de origem humilde. Sem dúvida, seu aluno mais famoso foi Napoleão Bonaparte, que estudou nela quando adolescente, formando-se em apenas um ano, ao invés de dois. O local não é aberto ao público, mas domina o lado sul do Champ-de-Mars (p. 156), que os alunos usavam originalmente para desfiles militares e para cultivar legumes para a cantina da academia. Foi aqui que, em 1895, o capitão Dreyfus foi destituído de seu comando do exército, fato que converteu-se no escandaloso Caso Dreyfus, o qual abalou o governo e dividiu a nação.

Para relaxar
Depois de admirar a parte externa do prédio, o lugar ideal para soltar-se um pouco é o extenso **Champ-de-Mars**.

Piquenique no Champ-de-Mars, com a École Militaire em segundo plano

Informações
- **Mapa** 8 G5
  Endereço 1 pl Joffre, 75007
- **Metrô** École Militaire, linha 8
  Ônibus 28, 80, 82, 87 e 92
- **Aberto** Fechado ao público
- **Comida e bebida** *Piquenique* Aux Délices de Mimi (*178 rue de Grenelle, 75007; fechado dom*) é uma deliciosa confeitaria que vende doces e bolos. Faça um piquenique no Champ-de-Mars. *Refeição* Le Basile (*34 rue de Grenelle, 75007; 01 42 22 59 46; 7h-23h seg-sáb, 9h-19h dom*) é um café estilo anos 1960 que serve sanduíche, hambúrguer e quiche.
- **Banheiros** Não

Preços para família de 4 pessoas

Fachada imponente do Musée Rodin

③ Musée Rodin
Figuras humanas em bronze e gesso

O amplo jardim rouba a cena nesse museu dedicado a Auguste Rodin (1840-1917), o maior escultor francês do século XIX. As obras-primas *O pensador*, *Os burgueses de Calais* e *As portas do inferno* estão espalhadas por este tranquilo enclave murado. O estilo de Rodin era mais natural que os ideais clássicos comuns na época, e seu retrato controverso do escritor Honoré de Balzac, que também está aqui, foi ridicularizado pela imprensa ao ser exposto, em 1898. O jardim é uma ótima amostra do trabalho de Rodin num ambiente que acolhe as famílias, onde as crianças podem chegar perto de obras de arte famosas, com um sorvete nas mãos. No interior do museu, o elegante Hôtel Biron, do século XVIII, no qual Rodin passou sua velhice, obras que cobrem sua carreira inteira são apresentadas em ordem cronológica, incluindo o belo e muito popular *O beijo*. Há ainda uma sala dedicada à arte da escultora Camille Claudel, sua amante.

Para relaxar
Traga baldinho e pá e crie suas próprias esculturas no tanque de areia do jardim do museu de Rodin. Alguns dos jardins mais belos de Paris pertencem a ordens religiosas, sendo um dos melhores o **Jardin Catherine Labouré** (*33 rue de Babylone, 75007*), com longas pérgulas cobertas de trepadeiras, uma horta e o pequeno playground. Fica a dez minutos a pé do Musée Rodin.

Informações
- **Mapa** 9 B5
  Endereço 79 rue de Varenne, 75007; 01 44 18 61 10; www.musee-rodin.fr
- **Metrô** Varenne, linha 13
  RER Invalides, linha C
  Ônibus 69, 82, 87 e 92
- **Aberto** 10h-17h45, fechado seg, 1º jan, 1º mai e 25 dez. Extensa reforma até 2014; no entanto, algumas partes do museu permanecerão abertas
- **Preço** Familiar €11,30; até 18 anos, ou até 26 com passaporte da UE, grátis; Jardim: €1-10
- **Para evitar fila** Aceita Paris Museum Pass; guarde o ingresso da entrada e obtenha desconto na visita ao Musée Maillol (*61 rue de Grenelle, 75007*)
- **Passeios guiados** Audioguia em inglês. Disponível também para crianças entre 6 e 12 anos
- **Idade** A partir de 5 anos
- **Duração** 1-2h
- **Cadeira de rodas** Limitado
- **Comida e bebida** *Piquenique* Besnier Père et Fils (*40 rue de Bourgogne, 75007; fechado sáb e dom*) vende excelentes brioches (pão doce francês). Piquenique no Champ-de-Mars. *Lanches* Le Bon Marché (*24 rue de Sèvres, 75007*), a loja de departamentos mais antiga de Paris, tem ótima praça de alimentação, La Grande Epicerie de Paris (*www.lagrandeepicerie.com*).
- **Banheiros** No café do jardim

④ Assemblée Nationale Palais-Bourbon

Os legisladores da França

Erguido no século XVIII para uma das filhas de Luís XIV, o Palais Bourbon é a sede da câmara baixa do Parlamento desde 1830. Durante a Segunda Guerra Mundial foi a sede da administração nazista. A fachada com colunatas foi acrescentada em 1806 para espelhar a fachada da La Madeleine (p. 139), do outro lado do rio. O edifício tem uma agência dos correios, um café e um salão de beleza. O presidente é proibido de entrar, para que não influencie o voto dos deputados. O imóvel adjacente é o Ministério das Relações Exteriores, conhecido como quai d'Orsay.

Hall de entrada da Assemblée Nationale Palais-Bourbon

Parlamento em sessão na Assemblée Nationale Palais-Bourbon

Para relaxar
Há um jardim diante da **Basílique Ste.-Clotilde** *(23 rue Les Cases, 75007)*, a dez minutos a pé pelo boulevard St.-Germain. Atravesse a place Jacques Bainville e siga pela rue St.-Dominique. Em 1830, a Virgem Maria teria aparecido para uma freira, Catherine Labouré, na **Chapelle Notre-Dame de la Médaille Miraculeuse**, na rue du Bac. Faça um piquenique no parque com o nome dela, na rue de Babylone.

Informações
- **Mapa** 9 B3
- **Endereço** 33 quai d'Orsay; 01 40 63 60 00; www.assemblee-nationale.fr
- **Metrô** Assemblée Nationale, linha 12, ou Invalides, linha 8 **RER** Musée d'Orsay, linha C **Ônibus** 83, 84, 86 e 94
- **Aberto** Assista a um debate quando o Parlamento estiver em sessão; período de perguntas ocorre ter e qua; leve passaporte ou identidade; veja detalhes no site
- **Preço** Grátis
- **Passeios guiados** 15h sáb. Para agendar, escreva a um parlamentar francês de dois a três meses antes; veja detalhes no site
- **Idade** A partir de 10 anos
- **Cadeira de rodas** Limitado
- **Comida e bebida** *Lanches* Le Bac à Glaces *(109 rue de Bac, 75007; salão de chá: fechado dom)*, ótima parada p/ um chocolate sorbet. Também servem crepes. *Refeição* Kayser *(18 rue du Bac, 75007; 7h-20h)*, é uma boa boulangerie p/ almoço. O menu tem risotos, tartines e saladas.
- **Banheiros** Não

CRIANÇADA!

Fique de olho...
1 Rodin criou *As portas do inferno* para um museu que nunca chegou a ser construído. Adivinhe quantas figuras há sobre as portas.
2 Algumas das estátuas mais famosas de Rodin começaram como detalhes de *As portas do inferno*. Você consegue identificar uma que também está no jardim do museu?
3 A estátua feita por Rodin do famoso romancista Balzac, vestindo o que parece ser um roupão.

Respostas no fim do quadro.

O CASO DREYFUS
Em 1895, o capitão do exército Alfred Dreyfus foi acusado injustamente de ser um espião alemão, sobretudo por ser judeu. Foi encarcerado por doze anos, quatro dos quais na notória ilha do Diabo. O caso virou um escândalo, e o escritor Émile Zola divulgou a famosa carta *J'accuse* em defesa de Dreyfus.

Degustação
A praça de alimentação da loja de departamentos Le Bon Marché tem quitutes de dar água na boca: pirulitos em forma da Torre Eiffel, pérolas de chocolate, garrafinhas de xarope no formato dos Babapapas, para acrescentar sabor às bebidas, e até sal do Himalaia. A cozinha abre à 1h, quando chegam os padeiros. Às 4h chegam os chefs de confeitaria, que criam montes de macarons multicoloridos, deliciosas tortinhas de chocolate e de merengue de limão – tudo isso enquanto você ainda está dormindo. Às 6h eles começam a assar carne e picar legumes para preparar os piqueniques mais imperdíveis da cidade.

Respostas: 1 186. **2** Acima das portas há uma versão em miniatura de *O pensador*.

Piquenique até €25; **Lanches** €25-45; **Refeição** €45-90; **Para a família** mais de €90 (base para 4 pessoas)

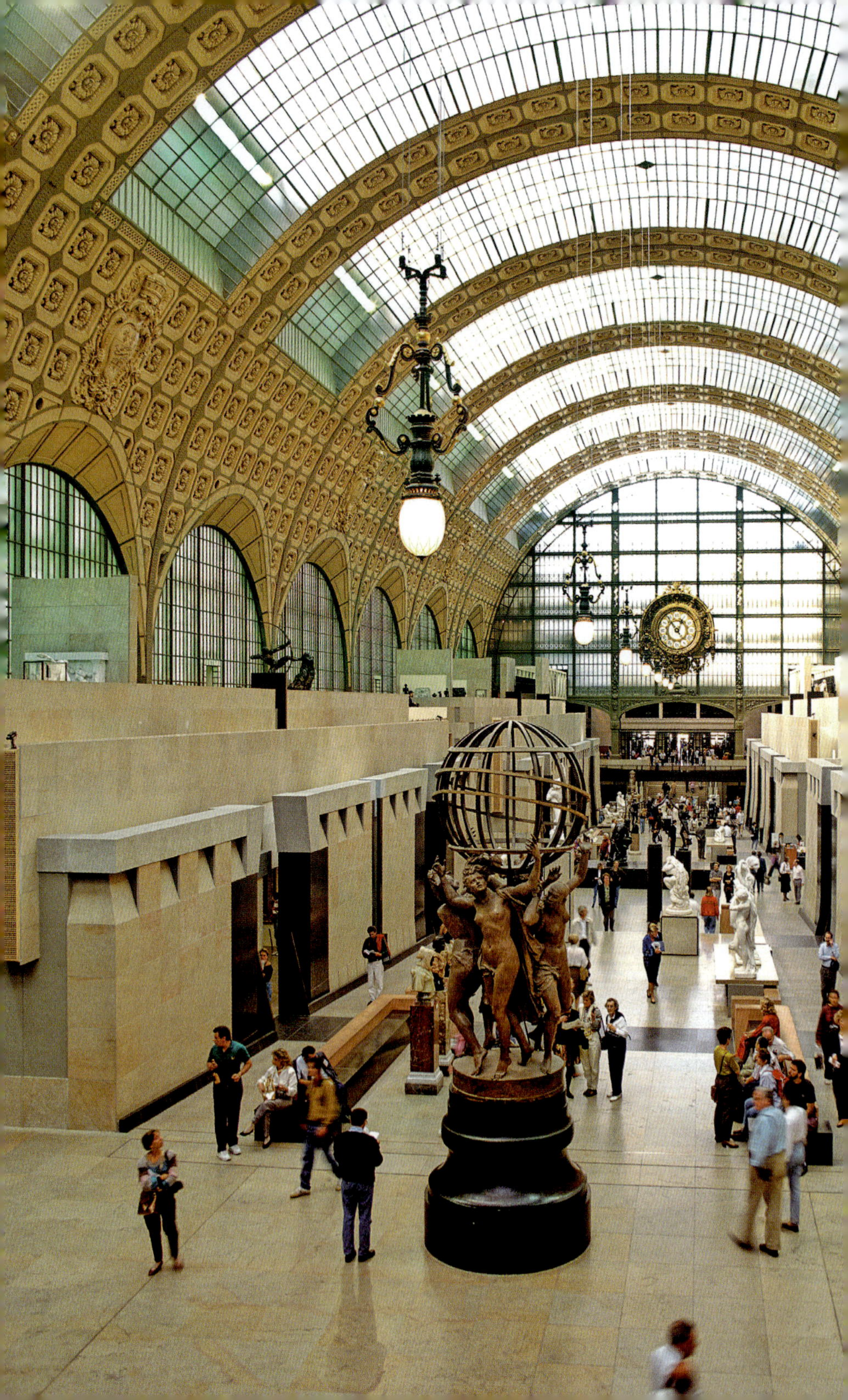

St.-Germain
e Quartier Latin

Centro de estudos durante a Idade Média, o Quartier Latin, que se estende na margem esquerda do Sena, tem ao centro um labirinto de ruas tortuosas. No meio do bairro, o longo boulevard St.-Germain vai do lado oeste do Musée d'Orsay ao Institut du Monde Arabe. As famílias podem se entreter no Jardin des Plantes, fazer um piquenique na Arènes de Lutèce e caminhar sem pressa pela feira da rue Mouffetard.

Principais atrações

Musée d'Orsay
Encante-se com os impressionistas e seus estilos diversos, vendo as obras-primas de Monet, Manet, Renoir, Van Gogh e seus contemporâneos (pp. 170-1).

Cafés de St.-Germain-des-Prés
Faça uma pausa para um *citron pressé* nos pontos de encontro dos intelectuais franceses: o Café de Flore e o Les Deux Magots (pp. 172-3).

Institut du Monde Arabe
Fique deslumbrado com a vista desde o Instituto enquanto saboreia um cuscuz ou doces árabes no restaurante de cobertura (p. 178).

Musée de Cluny
Procure as cabeças de pedra dos doze reis de Judá e os bem-preservados banhos romanos neste museu (pp. 176-7).

Arènes de Lutèce
Jogue uma partida de futebol no lugar onde, no passado, gladiadores romanos lutavam até a morte (p. 178).

Muséum National d'Histoire Naturelle & Jardin des Plantes
Observe os animais empalhados no museu e então vá até o zoológico no jardim para conhecê-los ao vivo (pp. 180-1).

Acima, à esq. Vitral na igreja de St.-Germain-des-Prés
À esq. O espetacular saguão central do Musée d'Orsay, antiga estação ferroviária do século XIX que virou museu

… | St.-Germain e Quartier Latin

O Melhor de
St.-Germain e do Quartier Latin

Reduto de intelectuais e estudantes, a Margem Esquerda tem um ambiente ao mesmo tempo erudito e descontraído, repleto de cafés, desde os famosos de St.-Germain-des-Prés até os lugares mais descontraídos perto da universidade. O Musée d'Orsay é uma belíssima apresentação ao Impressionismo, e as áreas mais ao sul estão entre as mais acolhedoras para famílias em Paris, abrangendo o zoológico, o museu de história natural e uma feira na rue Mouffetard.

A Paris de vanguarda

Esta região sempre atraiu filósofos revolucionários, pensadores políticos, intelectuais, artistas experimentais, escritores e músicos de jazz, todos contribuindo para sua reputação vanguardista experimental. Caminhe pelo bairro para ver em primeira mão se a vibração continua presente: fique atento para ouvir jazz nas ruas, visite uma das muitas pequenas livrarias da área e acomode-se numa mesa do **Café de Flore** ou do **Les Deux Magots** (p. 172).

Vida medieval

Visite a igreja mais antiga de Paris, **St.-Germain-des-Prés** (p. 172), cuja construção começou em 542 d.C. Explore o coração medieval de Paris, o **Quartier Latin** (p. 178), com suas ruelas tortuosas, como a rue du Chat-qui-Pêche (rua do Gato que Pesca), que tem apenas 1,80m de largura.

À dir. Esqueletos no Muséum National d'Histoire Naturelle
Abaixo Mesas na calçada no agitado Les Deux Magots

Acima Place de la Contrescarpe, cheia de cafés movimentados, no início da rue Mouffetard

Caminhe pela rue de Dragon e imagine como ela deve ter sido na Idade Média, quanto lixo e dejetos asquerosos diversos eram atirados das janelas. O célebre escritor Victor Hugo, que fez campanha para preservar a cidade velha de Paris da demolição, viveu aqui.

No **Musée de Cluny** (p. 176), contemple tesouros dignos de uma princesa, ao lado de espadas e escudos brandidos por cavaleiros destemidos. Faça um piquenique no jardim medieval do museu e depois caminhe pela **rue du Fouarre** (p. 178), onde os alunos da universidade de **Sorbonne** (p. 178) estudavam na Idade Média.

Magia animal

O excelente **Musée de Cluny** é cheio de criaturas esdrúxulas e assombrosas bordadas ou esculpidas em madeira ou pedra. Veja um unicórnio, leões alados, centauros e um porco que toca órgão. Depois vá fazer uma refeição suntuosa no belo bistrô **Les Editeurs** (p. 177), cujas paredes são forradas com mais de 5 mil livros.

Para ver fauna real, visite o zoo mais antigo de Paris, no **Jardin des Plantes** (p. 180). Se chover, veja as versões empalhadas dos animais, parecendo que acabaram de sair da Arca de Noé, no vizinho **Muséum National d'Histoire Naturelle** (pp. 180-1).

Meca das artes

Acompanhe a história da arte medieval no **Musée de Cluny**. Em seguida vá até o **Musée Eugène Delacroix** (p. 173) para admirar as telas do pintor romântico Eugène Delacroix, expostas numa casa charmosa com jardim em **St.-Germain-des-Prés**. Passe pela **École Nationale Supérieure des Beaux-Arts** (p. 173), na rue Bonaparte. Em frente à igreja de St.-Germain-des-Prés, procure a estátua de Guillaume Appolinaire, feita pelo amigo Pablo Picasso.

Deslumbre-se com as pinturas impressionistas e a criativa mobília art nouveau exposta no encantador **Musée d'Orsay**, cujo imóvel foi uma estação ferroviária. Compare tudo isso com a bela arte do mundo árabe exposta no **Institut du Monde Arabe** (p. 178).

À dir. Tapeçaria medieval no Musée de Cluny

Musée d'Orsay e arredores

O Musée d'Orsay é um ótimo lugar para apresentar os jovens amantes das artes às cores vivas e à sede de vida mostradas nas pinturas impressionistas. Esse bairro é uma boa opção para um dia de chuva com as crianças: todas as atrações estão em lugares cobertos, e entre elas há as lojas e os cafés da Margem Esquerda. As atrações se espalham por uma área grande; não tente cobri-la inteira a pé. Recorra a barcos fluviais, RER, ônibus ou táxi para ir do museu até St.-Germain.

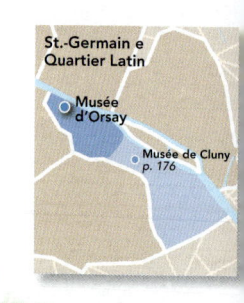

Locais de interesse

ATRAÇÕES
1. Musée d'Orsay
2. St.-Germain-des-Prés
3. Cafés de St.-Germain-des-Prés
4. Musée Eugène Delacroix

COMIDA E BEBIDA
1. Boulangerie du Bac
2. Kayser
3. Eggs and Co
4. Le Télégraphe
5. Grom
6. Ladurée
7. Le Bonaparte
8. Café de Flore
9. Paul
10. Crêperie des Canettes

COMPRAS
1. Stock Bonpoint
2. Six Pieds Trois Puces

Veja também Musée d'Orsay (p. 171)

HOSPEDAGEM
1. Hôtel de Buci
2. Hôtel de Fleurie
3. Hôtel de l'Université
4. Relais Christine

Fachada da Ecole Nationale Supérieure des Beaux-Arts

Musée d'Orsay e arredores | 169

Playground no Jardin des Tuileries

Informações

🚗 **Metrô** St.-Germain-des-Prés, linha 4 ou Solférino, linha 12
RER Musée d'Orsay, linha C
Ônibus 24, 39, 63, 68, 69, 70, 73, 83, 84, 86, 94, 95 e 96
Ônibus fluvial Quai de Solférino e quai Malaquais

ℹ️ **Informação turística** 25 rue des Pyramides, 75001; 10h-19h seg-sáb, 11h-19h dom e feriados

🛒 **Supermercados** Monoprix, 50 rue de Rennes, 75006 e 35 rue du Bac, 75007
Mercados de rua Marché St.-Germain (coberto), 4/6 rue Lobineau, 75006, 8h-20h ter-sáb, 8h-13h30 dom; Marché Raspail (ao ar livre), blvd Raspail, 75007; 7h-14h30 ter e sex; 9h-15h dom (apenas produtos orgânicos)

🎉 **Festival** Vila do Papai Noel, pl St.-Germain-des-Prés (dez)

➕ **Farmácia** Pharmacie St.-Germain-des-Prés, 45 rue Bonaparte, 75006; 01 43 26 52 92; 9h-24h diariam

🛝 **Playgrounds** Jardin des Tuileries, rue de Rivoli, 75001; 7h30-19h (ou pôr do sol) (p. 108); Playground com tanque de areia na square Félix Desruelles, 168 blvd St.-Germain, 75006; amanhecer-anoitecer diariam (p. 172)

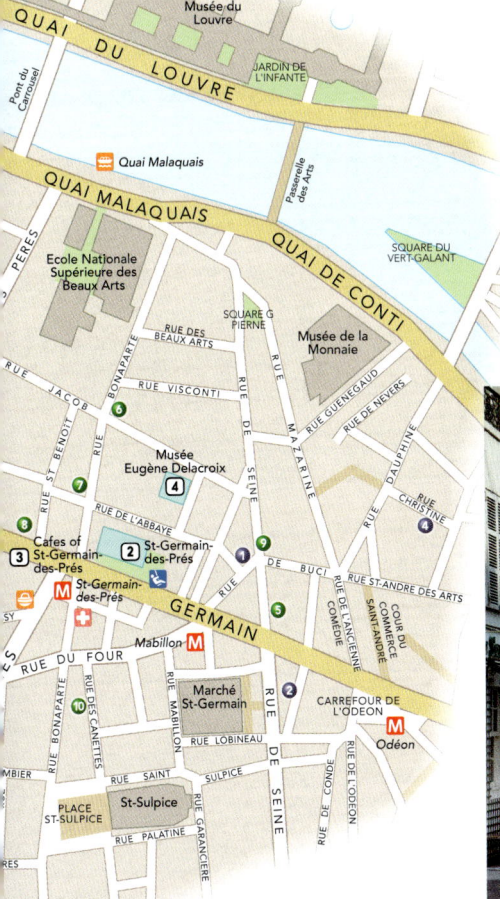

Passeio pela rue de l'Abbaye, perto de St.-Germain-des-Prés

St.-Germain e Quartier Latin

① Musée d'Orsay
Todos a bordo para ver grandes obras de arte

O arejado e bem iluminado Musée d'Orsay surgiu como uma estação de trens a vapor que precisou ser fechada, pois suas plataformas se tornaram curtas demais para os trens modernos. O grande relógio da estação ainda está no mesmo lugar, e os saguões vivem lotados, só que agora de amantes das artes, pessoas de todas as idades que vêm ver a assombrosa coleção de telas, excentricidades artísticas e maravilhosos objetos art nouveau. Crianças de apenas 5 anos fazem a visita em grupinhos escolares e pulam sobre o piso de vidro que cobre uma maquete do bairro da Opéra.

Relógio no saguão principal

Artistas Principais

① **Van Gogh** *Quarto em Arles* era uma das telas favoritas de Van Gogh, que também pintou mais de 40 autorretratos. Um deles aparece sobre a cama no próprio quadro.

② **Georges Seurat e Paul Signac** Esses artistas foram pioneiros do estilo pontilhista, no qual minúsculos pontos de cor se fundem para formar uma imagem quando a tela é vista de certa distância. Admire *O circo*, de Seurat, e *Mulheres no poço*, de Signac.

③ **François Pompon** Fique cara a cara com *Urso branco*, um enorme urso-polar esculpido entre 1923 e 1933.

④ **Henri Matisse** Em 1905, críticos de arte se chocaram com os trabalhos de Matisse e seus amigos, que usavam cores fortes e destoantes, e os descreveram como *fauves* (feras), dando origem ao nome do estilo fauvista. Veja *Luxo, calma e volúpia*, de Matisse.

⑤ **Honoré Daumier** *A lavadeira* mostra uma das muitas mulheres que passavam seus dias lavando roupas no rio Sena.

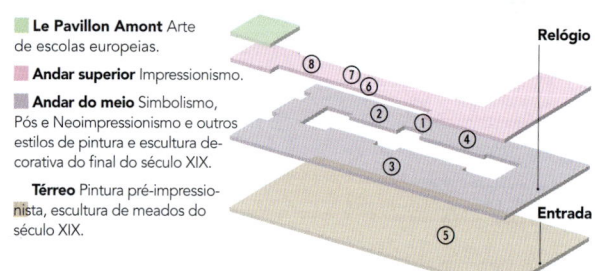

Le Pavillon Amont Arte de escolas europeias.

Andar superior Impressionismo.

Andar do meio Simbolismo, Pós e Neoimpressionismo e outros estilos de pintura e escultura decorativa do final do século XIX.

Térreo Pintura pré-impressionista, escultura de meados do século XIX.

⑥ **Pierre-Auguste Renoir** Pobres e excluídos do mundo oficial das artes, pintores como Renoir passavam muito tempo em bares e cafés populares, pintando pessoas do mundo real. Procure sua tela *O baile no Moulin de la Galette*.

Para relaxar
Atravesse o rio até o **Jardin des Tuileries** (p. 108) para lançar barquinhos de madeira na lagoa. Também há um bom playground gratuito.

O Musée d'Orsay ocupa uma antiga estação de trem, feita de ferro e de vidro

Preços para família de 4 pessoas

Comida e bebida
Piquenique: até €25; Lanches: €25-45; Refeição: €45-90; Para a família: mais de €90 (base para 4 pessoas)

PIQUENIQUE Boulangerie du Bac (52 rue du Bac, 75007; 09 66 97 98 23) é uma padaria muito frequentada pelos moradores do bairro. Seus bolos, tortas e quiches são deliciosos.
LANCHES A padaria **Kayser** (18 rue du Bac, 75007, fechada seg) tem sanduíches, quiches, bolos e doces para viagem.
REFEIÇÃO Na **Eggs and Co** (11 rue Bernard Palissy; 01 45 44 02 52) há ovos de todos os tamanhos e formas.

PARA A FAMÍLIA Le Télégraphe
(41 rue de Lille, 75007; 01 58 62 10 08) serve um ótimo brunch de luxo. O restaurante fica numa agência dos correios art nouveau e possui terraço.

Compras
A **Stock Bonpoint** (67 rue de l'Université, 75007; www.bonpoint.com) tem moda infantil da temporada passada com grandes descontos. A **Six Pieds Trois Pouces** (223 blvd St.-Germain, 75007; www.sixpiedstroispouces.com) oferece grande variedade de calçados infantis da moda.

Musée d'Orsay e arredores | 171

Informações

- **Mapa** 9 D4
- **Endereço** 1 rue de la Légion d'Honneur, 75007; 01 40 49 49 78; www.musee-orsay.fr/en
- **Metrô** Solférino, linha 12 **RER** Musée d'Orsay, linha C **Ônibus** 24, 63, 68, 69, 73, 83, 84 e 94
- **Aberto** 9h30-18h, até 21h45 qui, fechado seg e feriados
- **Preço** €18-28; até 18 anos grátis, até 26 com passaporte da UE
- **Para evitar fila** Aceita Paris Museum Pass; ingresso combinado com Musée L'Orangerie; ingresso familiar é €32; evite ir de terça, quando o museu é um dos únicos abertos na cidade; compre ingressos on-line com antecedência
- **Passeios guiados** Para adultos em inglês; p/ famílias e crianças em francês; guia de áudio disponível; a livraria oferece os guias infantis *My Little Orsay* e *A Trip to the Orsay Museum*

- **Idade** A partir de 5 anos
- **Atividades** Workshops e atividades p/ crianças em francês; 01 40 49 47 50; lindos livros de colorir disponíveis na loja do museu p/ os pequenos artistas
- **Duração** No mínimo 2h
- **Cadeira de rodas** Sim
- **Café** No térreo; o restaurante no andar central tem ótimas vistas para o relógio
- **Loja** A livraria do museu, no saguão de entrada, tem uma seção infantil
- **Banheiros** No térreo

Bom para a família
A arte em exposição é muito acessível às crianças, mas faça antes uma introdução sobre a vida e as obras dos artistas em mostra. O ingresso dá desconto no Palais Garnier e na Opéra House por uma semana após a visita.

CRIANÇADA!

Fique de olho...
1 O elefante, o rinoceronte e o cavalo de bronze que recebem os visitantes no museu.
2 Baile no *Moulin Rouge* e *Dança Mourisca*, de Toulouse-Lautrec. Ambos são retratos de uma dançarina apelidada de *La Goulue*, ou "a comilona". 
3 Os nomes de todos os lugares na França para onde iam os trens. Estão escritos nas paredes.
4 A catedral de Rouen. Monet fez muitas pinturas da catedral, em diferentes horários. Quanto mais chovia ou esquentava, mais as cores mudavam.

O "R" MAIÚSCULO
Quando os curadores oficiais de arte primeiro viram os trabalhos de artistas como Cézanne e Monet, eles deram risada. A letra "R", de *réfusé* – recusado – foi carimbada no verso das telas, que foram devolvidas. Os artistas então decidiram expor as obras em sua própria exposição, o *Salon des Réfusés*, ou "Sala dos Rejeitados".

⑦ **Claude Monet** Os impressionistas queriam captar o momento. Monet era fascinado pelas mudanças da luz em diferentes épocas do ano, especialmente quando nevava. A carroça é uma de muitas de suas obras expostas no museu.

⑧ **Edgar Degas** Degas focou boa parte de seu trabalho sobre dois temas muito diversos: cavalos de corrida e dançarinas, sendo as últimas observadas com grande beleza em seu quadro *O ensaio de balé*.

Todos a bordo
Quando os trens começaram a partir de Paris para Rouen e Orleans, em 1843, pessoas comuns puderam passear no campo ou aproveitar um fim de semana nas praias da Normandia. Manet e Monet, que adoravam pintar ao ar livre, passaram a ir aonde os trens os levavam, pintando campos de trigo, montes de feno e lagoas com nenúfares em todas as estações do ano. Cézanne e outros os seguiram pouco depois.

Saiba mais
INTERNET Descarregue páginas para colorir da www.nowyouknow about.com e assista a uma minissérie da BBC sobre a história do Impressionismo: http://tinyurl.com/3jwqsz3
FILMES *Now You Know About Artists* (2006) é um documentário sobre os grandes pintores, feito para o público infantil. *Degas and the Dancer* (1998) conta a história por trás da famosa estatueta do artista.

Próxima parada...
MUSÉE RODIN Aproveite o preço do ingresso familiar por €10 no Musée Rodin (p. 162), que dá acesso a dois adultos e duas crianças menores de 18. A grande atração é o lindo jardim, que tem um belo café e um tanque de areia para ocupar a criançada. Fica a pouco mais de dez minutos de caminhada.

Café ao ar livre nos bonitos jardins do Musée Rodin

A torre de St.-Germain-des-Prés, com um dos campanários mais antigos da França

② St.-Germain-des-Prés

A igreja mais antiga de Paris

No passado, a igreja de St.-Germain-des-Prés ficava no centro de uma grande abadia que durante muitos anos se situava fora das muralhas da cidade. Fundada no século VI por Childeberto I, filho de Clóvis, rei dos francos, a abadia foi um importante centro da vida intelectual da igreja católica francesa, além de ser o local de sepultamento dos reis da França antes da fundação da basílica de São Denis. A igreja originalmente tinha três torres, mas as duas situadas no lado leste foram danificadas durante a Revolução Francesa. A outra torre ainda sobrevive e abriga um dos campanários mais antigos da França. O interior da igreja é um misto interessante de estilos, com algumas colunas de mármore do século VI, abóbadas góticas e arcos românicos. Entre os notáveis sepultados em seu interior estão João Casimiro, rei da Polônia, e René Descartes, o pai da filosofia moderna. Procure a estátua da deusa Ísis na entrada da igreja.

Para relaxar

Há um pequeno playground com tanque de areia no lado sul da igreja. A vizinha Pont des Arts, apenas para pedestres, é um lugar lindo para um piquenique. Há uma piscina agradável, a **Piscine St.-Germain** (12 rue Lobineau, 75006; 01 56 81 25 40), mas saiba que o uso de toucas de natação é obrigatório em Paris e que os horários de funcionamento da piscina são variáveis.

Pessoas lotam uma filial da rede italiana de sorveterias Grom

Informações

- 🗺️ **Mapa** 10 E6
- **Endereço** 3 pl St.-Germain-des-Prés, 75006; 01 55 42 81 33; www.eglise-sgp.org
- 🚇 **Metrô** St.-Germain-des-Prés, linha 4 **Ônibus** 39, 95 70, 63, e 86
- 🕐 **Aberto** 8h-19h45 seg-sáb, 9h-20h dom
- 💶 **Preço** Grátis
- ♿ **Cadeira de rodas** Sim
- 🍴 **Comida e bebida** *Piquenique* Grom (81 rue de Seine, 75006) oferece excelente sorvete. Não perca os sabores de chocolate amargo e de chocolate extra amargo. Faça piquenique no Jardin du Luxembourg ou sente e coma um sanduíche perto da igreja. *Lanches* Ladurée (21 rue Bonaparte; 01 44 07 64 87; www.laduree.fr) serve os melhores macarons da cidade. Esta filial é bem menos turística que as outras duas no 8ª arrondissement.
- 🚻 **Banheiros** Banheiro público, 186 blvd St.-Germain, 75006

Preços para família de 4 pessoas

③ Cafés de St.-Germain-des-Prés

Café para tipos intelectuais

Os cafés são uma parte essencial da vida parisiense, e pessoas de todas as idades os frequentam para bater papo em torno de um café, aperitivo ou *citron pressé*. São ótimos lugares para mostrar a cultura parisiense a seus filhos.

Em meados do século XX, St.-Germain era um lugar fervilhante, cheio de escritores e músicos de jazz americanos que se misturavam aos artistas, escritores e filósofos locais. Ernest Hemingway, Bud Powell, Pablo Picasso, Albert Camus, Jean-Paul Sartre e Simone de Beauvoir mataram a sede nos cafés que cercam o campanário de St.-Germain-des-Prés. Os mais famosos são o Café de Flore, o Les Deux Magots, cujo nome vem das duas estátuas de mercadores chineses dentro do estabelecimento, e a venerável Brasserie Lipp, com lindos azulejos art déco.

Apesar de muitos turistas virem para cá, os cafés são frequentadíssimos por parisienses e ainda fazem parte da Paris literária. Aqui perto há duas ruas muito antigas: a rue

Informações

- 🗺️ **Mapa** 10 E6
- **Endereço** Brasserie Lipp, 151 blvd St.-Germain 75006; Café de Flore, 172 blvd St.-Germain 75006; Les Deux Magots, 6 pl St.-Germain-des-Prés, 75006
- 🚇 **Metrô** St.-Germain-des-Prés, linha 4 **Ônibus** 63 e 95
- 💶 **Preço** Todos os cafés são caros, em especial os terraços no Café de Flore e no Les Deux Magots
- 👶 **Idade** Livre
- ♿ **Cadeira de rodas** Limitado
- 🍴 **Comida e bebida** *Refeição* Le Bonaparte (42 rue Bonaparte, 75006; 01 43 26 42 81), perto do Les Deux Magots, é boa opção p/ apreciar drinques, sanduíches ou saladas por preços razoáveis. *Para a família* Café de Flore (172 blvd St.-Germain, 75006; 01 45 48 55 26; www.cafedeflore.fr) serve quiches, sanduíches, omeletes e sopa de cebola. O café ainda tem uma clientela literária.
- 🚻 **Banheiros** Nos cafés

Musée d'Orsay e arredores | 173

Descontração no Jardim du Luxembourg, um dos parques mais populares de Paris

Dragon, onde Victor Hugo morou, e a rue Servandoni. D'Artagnan, o herói mosqueteiro de Alexandre Dumas, viveu no nº 12 desta rua, na época chamada rue des Fossoyeurs.

Para relaxar
Caminhe pela rue Bonaparte até o agradável **Jardin du Luxembourg** (pp. 190-1), para ter uma experiência verdadeiramente parisiense.

Interior do Café de Flore, antigo ponto de encontro de intelectuais

④ Musée Eugène Delacroix
Herói do Romantismo

Líder do movimento romântico francês na pintura, Eugène Delacroix viveu como um herói de um romance do século XIX. Ele residiu neste apartamento, com seu charmoso jardinzinho no pátio, na época em que estava decorando o teto da vizinha igreja de St.-Sulpice. Algumas de suas obras famosas, como *O sepultamento de Cristo*, estão expostas no museu. Há também uma coleção de seus pertences, incluindo objetos que ele trouxe de uma viagem ao Marrocos em 1832. Essa viagem também o levou a introduzir imagens de animais selvagens e da civilização árabe em sua obra.

Para relaxar
Ande pelo tranquilo **Cour du Mûrier** (14 rue Bonaparte, 75006), um antigo claustro que hoje é o jardim da École Nationale Supérieure des Beaux-Arts.

Informações

- **Mapa** 10 F5
  Endereço 6 rue Furstemberg, 75006; www.musee-delacroix.fr
- **Metrô** St.-Germain-des-Prés, linha 4 **Ônibus** 39, 63, 70, 86, 95, e 96
- **Aberto** 9h30-17h, fechado ter, 1º jan, 1º mai e 25 dez
- **Preço** €10-20; até 18 anos grátis, até 26 com passaporte da UE
- **Para evitar fila** Nas manhãs de dias úteis o museu geralmente fica vazio
- **Idade** A partir de 8 anos
- **Duração** 45min-1h
- **Cadeira de rodas** Não

- **Comida e bebida** *Piquenique* **Paul** (77 rue de Seine, 75006; 7h30-21h seg-sáb) é perfeito para saborear sanduíches, quiches, bolos e doces. Há a opção de levar para viagem. Em um dia bonito, faça seu lanche na square du Vert Galant, na ponta oeste da Île de la Cité. *Refeição* **Crêperie des Canettes** (10 rue des Canettes, 75006; 01 43 26 27 65; www.creperiedescanettes.fr; 12h-16h seg-sáb e 19h-24h, fechada ago) serve crepes doces e salgados, além de saladas.
- **Banheiros** No térreo

CRIANÇADA!

Coisas a fazer...
1 Num café, peça um *menthe a l'eau*, uma bebida verde, com sabor de menta, e discuta o sentido da vida.
2 Leia o famoso *O pequeno príncipe*, de Antoine de Saint-Exupéry, que costumava vir ao Café de Flore. É um livro para crianças, cheio de reflexões filosóficas.
3 No Musée Eugène Delacroix, encontre a paleta do pintor. Que cores você colocaria na sua?

LOUCOS POR CAFEÍNA

O Le Procope foi aberto em 1686 na rue de l'Ancienne Comedie para vender uma bebida nova: o café. Os revolucionários e os homens cujas ideias inspiraram a Revolução se encontravam aqui. O grande filósofo Voltaire tomava 40 xícaras de café e chocolate quente por dia!

Horrores da prisão

No passado, a abadia de St.-Germain-des-Prés abrigou uma prisão situada na esquina das atuais ruas Gozlin e Ciseaux. No dia 2 de setembro de 1792, 168 prisioneiros foram tirados da prisão e, quando saíram, cambaleando, acabaram retalhados em pedaços. Seus corpos empilhados diante da igreja e suas roupas ensanguentadas foram leiloadas para os transeuntes.

Piquenique até €25; Lanches €25-45; Refeição €45-90; Para a família mais de €90 (base para 4 pessoas)

Musée de Cluny e arredores

Mergulhe no mundo de cavaleiros e princesas no Musée National du Moyen Age, mais conhecido como Musée de Cluny. Depois, vá ao zoológico da cidade, o Ménagerie, no Jardin des Plantes, um bom lugar para passar a tarde. A área oferece atividades tanto ao ar livre quanto em locais cobertos e é acessível de metrô e de ônibus; não tente cobri-la inteira a pé. Também propicia fins de semana agradáveis, porque tem menos trânsito, especialmente em volta do mercado ao ar livre da rue Mouffetard, fechada aos carros nos domingos e feriados.

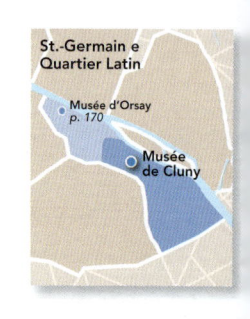

Charmosa fachada do Musée de Cluny

Locais de interesse

ATRAÇÕES
1. Musée de Cluny
2. Quartier Latin
3. Arènes de Lutèce
4. Rue Mouffetard
5. Jardin des Plantes
6. Muséum National d'Histoire Naturelle
7. Ménagerie

COMIDA E BEBIDA
1. Al Dar
2. La Boulangerie de Papa
3. Le Coffee Parisien
4. Les Editeurs
5. L Zyriab
6. Kayser
7. Aux Cerises de Lutèce
8. Vegan Folie's
9. Le Pot O'Lait
10. Le Boulanger du Monge
11. L'Arbre à Canelle
12. Mosquée de Paris
13. Le Quartier Latin
14. Gelati d'Alberto
15. Restaurant Marty

COMPRAS
1. Boulinier
2. Album
3. Magie
4. Il était une fois
5. Au Plat d'Etain

Veja Musée de Cluny (p. 176)

HOSPEDAGEM
1. Grand Hôtel des Balcons
2. Hôtel des Grands Ecoles
3. Hotel Design Sorbonne
4. Hôtel du College de France
5. Hôtel Marignan
6. Hôtel Résidence Henri IV
7. Hôtel St.-Jacques
8. Résidence des Arts
9. Résidence le Prince Regent
10. Seven Hôtel
11. The Five

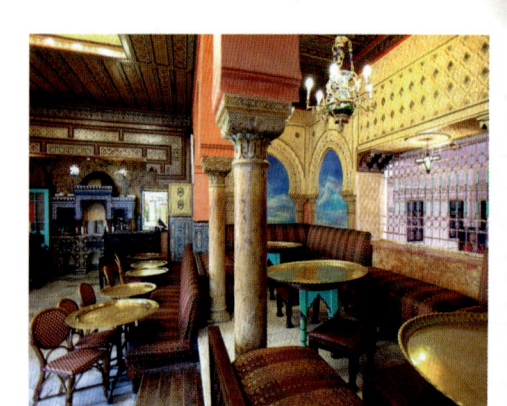

Interior do café mourisco na Mosquée de Paris

Musée de Cluny e arredores | 175

Frutas e verduras à venda no mercado de rua da Mouffetard

Informações

🚇 **Metrô** Cluny-La-Sorbonne, linha 10; St.-Michel, linha 4; Odéon, linhas 4 e 10; Maubert Mutualité, linha 10; Jussieu, linhas 7 e 10; Cardinal Lemoine, linha 10; Monge, linha 7; Censier Daubenton, linha 7 ou Gare d'Austerlitz, linhas 5 e 10 **RER** St.-Michel, linhas B e C ou Gare d'Austerlitz, linha C **Ônibus** 21, 24, 27, 38, 47, 57, 61, 63, 67, 84, 85, 86, 87, 89, 91 **Ônibus fluvial** Desça no quai St.-Bernard p/ Jardin des Plantes e no quai de Montebello p/ Quartier Latin

ℹ️ **Informação turística** Pl du Parvis-Notre-Dame, 75004; fim mai-meados out: 10h-19h diariam

🛒 **Supermercados** Monop', 35 blvd St.-Michel, 75005; Carrefour, 34 rue Monge, 75005; Franprix, 82 rue Mouffetard, 75005 **Mercados de rua** Marché Maubert, pl Maubert, 75005; 7h-14h30 ter e qui (até 15h sáb); Marché Monge, pl Monge, 75005; 7h-14h30 qua e sex, 7h-15h e dom

➕ **Farmácia** Pharmacie Bader, 12 blvd St.-Michel, 75005; 01 43 26 92 66; 9h-21h seg-sáb, 11h-21h dom

Playgrounds Jardin du Musée de Cluny, blvd St.-Germain, 75005 (p. 177); Arènes de Lutèce, rue de Navarre, 75005 (p. 178); Jardin des Plantes, 57 rue Cuvier, 75005 (p. 180); Jardin du Luxembourg, blvd St.-Michel, 75006 (pp. 190-1)

① Musée de Cluny
Cavaleiros, princesas e unicórnios

No final da Idade Média os abades da poderosa Abadia de Cluny ergueram uma grande mansão decorada com animais esculpidos, incorporando os resquícios das maiores termas romanas de Paris. Situada no coração do Quartier Latin, que na Antiguidade fazia parte da cidade romana de Lutécia, hoje a mansão abriga o melhor museu sobre a Idade Média na França, com deslumbrantes coleções de arte do período. As Thermes de Cluny (termas romanas) também estão lá. Os fãs de Harry Potter vão adorar ver a lápide de Nicolas Flamel, amigo do professor Dumbledore, coberta de símbolos misteriosos.

Detalhes num crucifixo de prata

Destaques

■ **1º andar** A série de tapeçarias *Dama com unicórnio* e a capela.

■ **Térreo** Tapeçarias, vitrais, galeria dos reis de Judá e artefatos galo-romanos.

■ **Ruínas galo-romanas** Termas romanas, com Frigidarium, Caldarium e Tepidarium (banhos frios, quentes e mornos).

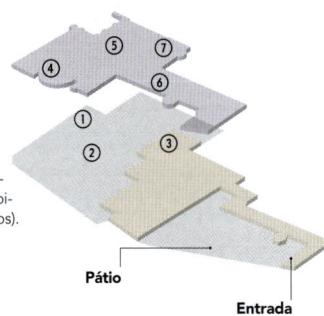

Pátio

Entrada

① **Termas romanas** De 200 d.C., são as melhores ruínas romanas de Paris; no passado, eram decoradas com mármore e mosaicos.

② **Frigidarium** Maior local de banho frio no país, é a única construção romana com telhado no Norte da França. Veja dois navios de pedra cujos originais navegaram no Sena.

③ **Galeria dos reis** Esta galeria abriga 21 das 28 cabeças de pedra decapitadas dos reis de Judá, que no passado decoravam a fachada da Notre-Dame.

④ **Dama com unicórnio** Essa tapeçaria belíssima tem mais de 500 anos de idade e faz parte de um conjunto excepcional de seis.

⑤ **Marfins e ourivesaria** A Rosa de Ouro nessa coleção, criada na Idade Média, é a mais antiga do mundo ainda conservada.

⑥ **Vitrais** Fragmentos dos vitrais coloridos da Sainte-Chapelle transferidos para lá relatam a história bíblica de Sansão, similar a uma história em quadrinhos.

⑦ **Capela** Construída no estilo flamboyant, possui belo teto abobadado. Após a Revolução, foi usado como sala de dissecação.

Informações

🌐 **Mapa** 14 G1
Endereço 6 pl Paul-Painlevé, 75005; 01 53 73 78 00; www.musee-moyenage.fr

🚗 **Metrô** Cluny-La-Sorbonne, linha 10; St.-Michel, linha 4 ou Odéon, linhas 4 e 10 **RER** St.-Michel, linha B **Ônibus** 21, 27, 38, 63, 85, 86 e 87

🕘 **Aberto** 9h15-17h45, fechado ter, 1º jan, 1º mai e 25 dez; Jardim: 8h-21h; inverno: até 17h45

€ **Preço** €17-27; até 18 anos grátis, até 26 com passaporte da UE

Para evitar fila Aceita Paris Museum Pass

Passeios guiados Em francês para famílias nos fins de semana e férias; guia de áudio para adultos em inglês; áudio para crianças e miniguias de atividades, ambos em francês

Idade A partir de 8 anos

Atividades Workshops em francês p/ famílias nas quartas e férias escolares; 01 53 73 78 16; shows de música medieval

♿ **Duração** 2h
☕ **Cadeira de rodas** Não
Café Não
Loja Há uma boa seleção de livros p/ crianças em francês e em inglês na loja perto da bilheteria
Banheiros Perto da bilheteria

Bom para a família
Conhecedores de arte e de história vão adorar o museu, e as crianças irão se divertir explorando as termas romanas, que valem a visita.

Preços para família de 4 pessoas

Musée de Cluny e arredores | 177

Jardim do Musée de la Sculpture en Plein Air, num lugar aprazível ao lado do Sena

Para relaxar
O museu tem um lindo jardim medieval com clareira para crianças. Nos arredores fica uma das melhores piscinas da cidade, a **Piscine Pontoise** *(19 rue de Pontoise, 75005; 01 55 42 77 88)*, de cujo vestiário veem-se as pessoas nadando. Mais adiante há um jardim de esculturas ao ar livre, o **Musée de la Sculpture en Plein Air** *(quai St.-Bernard, 75005)*, conhecido como Jardin Tino Rossi em função do cantor corso. Com vista para o rio, é um bom lugar para piquenique.

Comida e bebida
Piquenique: até €25; Lanches: €25-45; Refeição: €45-90; Para a família: mais de €90 (base para 4 pessoas)

PIQUENIQUE A delicatéssen libanesa **Al Dar** *(8-10 rue Frédéric Sauton, 75005; 01 43 25 17 15; 12h-15h e 19h-24h)* é um *diner* americano. Curta um piquenique calmo no jardim do museu.
LANCHES La Boulangerie de Papa *(1 rue de la Harpe, 75005; 01 43 54 66 16)* serve sanduíches, crepes e croissants.
REFEIÇÃO Le Coffee Parisien *(4 rue Princesse, 75006; 01 43 54 18; 12h-24h)* é um *diner* americano. Os hambúrgueres são ótimos.
PARA A FAMÍLIA O bistrô **Les Editeurs** *(4 Carrefour de l'Odéon, 75006; 01 43 26 67 76; 8h-2h; www.lesediteurs.fr)* é aconchegante e bom especialmente para o brunch. Suas paredes são forradas com 5 mil livros.

Compras
Os fãs de gibis devem ir à **Boulinier** *(20 blvd St.-Michel, 75006)*. Há mais gibis e gadgets de grife na **Album** *(8 rue Dante, 75006)*. A loja de mágica mais antiga do mundo, **Magie** *(8 rue des Carmes, 75006; www.mayette.com)*, também oferece aulas. A **Il était une fois** *(1 Rue Casette, 75006; 01 45 48 21 10; www.iletaitunefois-paris.fr)* é um tesouro de roupas e brinquedos para crianças. Outro bom lugar para conhecer é a **Au Plat d'Etain** *(16 rue Guisarde, 75006; www.auplatdetain.com)*, que vende soldadinhos de lata desde 1775.

Saiba mais
INTERNET No site www.kidsonthenet.org.uk há jogos interativos e muitas informações interessantes sobre a Idade Média. A série popular de jogos de computador *Age of Empires* (2009) desafia o jogador a comandar um exército medieval.
FILMES *Os visitantes* (1993) é uma comédia francesa em que um mago confuso, que lembra Merlin, acidentalmente manda um cavaleiro medieval e seu criado para o século XX. Assista a *Astérix the Gaul* (1967) para descobrir como era a antiga Lutécia. *Harry Potter e a Pedra Filosofal* (2001) revela mais sobre Nicolas Flamel (p. 88), um escritor da vida real na Idade Média que ficou famoso como alquimista.

Próxima parada...
PARIS MEDIEVAL Atravesse o rio Sena em direção a Notre-Dame (pp. 64-5) e fique cara a cara com a Paris medieval na **Crypte Archéologique** (p. 65). Depois, dez minutos caminhando o levarão ao **Arènes de Lutèce** (p. 178), o antigo anfiteatro romano, um bom lugar para fazer um piquenique e bater uma bola.

CRIANÇADA!

Fique de olho...
1 Os cinco sentidos nas tapeçarias *Dama com unicórnio*. Você adivinha quais são?
2 O chifre de um unicórnio. Na Idade Média, pensava-se que as presas de narvais fossem chifres de unicórnio e que possuíssem poderes mágicos de tornar potável a água e identificar alimentos envenenados.
3 A lápide enfeitada do alquimista Nicolas Flamel. Em que livro de uma série famosa ele aparece?

Respostas no fim do quadro.

BRRRRR!
O ritual de banho romano começava na sala mais quente, Caldarium, depois passava para o Tepidarium, com banheiras de água morna, encerrando-se com um mergulho no gelado Frigidarium.

Cortem as cabeças deles!
Durante a Revolução, a multidão confundiu as estátuas dos 28 reis de Judá, na fachada da Notre-Dame, com as de reis da França, e as decapitou. Alguém escondeu as cabeças sob a terra, mas não viveu para contar a história. Foram encontradas em 1977 durante a construção de um estacionamento perto da Opéra.

Respostas: 1 Visão, audição, paladar, olfato e tato. **3** *Harry Potter e a Pedra Filosofal*

② Quartier Latin
O centro de Lutécia

Labirinto de ruas de pedra e travessas estreitas, o Quartier Latin (bairro latino) foi o centro da antiga cidade romana. Desde a Idade Média o bairro é associado à universidade, e durante séculos falar latim era obrigatório para todos os estudantes e funcionários da Sorbonne – essa é a origem do nome da área. Os alunos frequentemente estudavam ao ar livre, sentados sobre a palha em grande quantidade da rue du Fouarre (rua da Palha). O bairro continua abrigando várias universidades e, embora hoje esteja fora do alcance de estudantes, ainda é interessante. Admire a construção da Chapelle de la Sorbonne e ande pela rue St. Julien le Pauvre até o quai Montebello, entrando na rue de la Harpe para retornar ao Musée de Cluny.

Se chover...
O **Musée de la Préfecture de Police** *(4 rue de la Montagne Ste.-Geneviève; 9h-17h seg-sex)* é um museu antiquado que expõe curiosidades como a ordem de prisão do revolucionário Danton e armas usadas por criminosos.

A bela fachada da Chapelle de la Sorbonne

Informações
- **Mapa** 15 B1
- **Endereço** 75005
- **Metrô** Cluny-La-Sorbonne, linha 10; St.-Michel, linha 4 ou Maubert Mutualité, linha 10 **RER** St.-Michel, linha C **Ônibus** 24, 47, 63, 86 e 87
- **Para evitar fila** Visite no dom de manhã, ou no começo da noite
- **Idade** Livre
- **Duração** 1-2h
- **Cadeira de rodas** Sim
- **Comida e bebida** *Lanches* La Boulangerie de Papa *(1 rue de la Harpe, 75005; 01 43 54 66 16)* é popular entre famílias de moradores e estudantes. *Para a família* L Zyriab *(1 rue des Fossées-St.-Bernard, 75005; 01 40 51 38 38; www.noura.com)*, na cobertura do Institut du Monde Arabe, tem vistas incríveis e é melhor p/ chá da tarde ou uma refeição. Boa opção p/ vegetarianos.
- **Banheiros** Banheiro público, 123 rue St.-Jacques, 75005

③ Arènes de Lutèce
Gladiadores, *boules* e futebol

Antes da chegada dos romanos, Paris era um pequeno vilarejo sonolento numa ilha no rio Sena. No século II, os romanos ergueram um dos maiores anfiteatros da Gália, com capacidade para até 15 mil espectadores. Na arena aconteciam não apenas lutas de gladiadores mas também espetáculos teatrais, algo que só havia na Gália. Após a queda do Império Romano, uma seção do anfiteatro foi deslocada para reforçar as defesas da cidade. O lugar foi usado então como cemitério, até ficar totalmente lotado, e redescoberto apenas na ocasião da reurbanização do bairro, no século XIX. Hoje é um lindo parque onde crianças jogam futebol e homens da terceira idade disputam partidas de *boules*.

Se chover...
Viaje para o mundo árabe no **Institut du Monde Arabe** *(1 rue des Fossées-St.-Bernard, 75005; www.imarabe.org)*, que ocupa um magnífico edifício moderno com belíssimas janelas de vidro. Aqui há um pequeno museu e um café e restaurante literário com vista para a Notre-Dame.

Informações
- **Mapa** 15 B3
- **Endereço** Rue de Navarre, 75005
- **Metrô** Jussieu, linhas 7 e 10; Cardinal Lemoine, linha 10 ou Monge, linha 7 **Ônib.** 47, 67 e 89
- **Aberto** 9h-17h30; verão: até 21h30
- **Preço** Grátis
- **Idade** Livre
- **Duração** 15min-1h
- **Comida e bebida** *Piquenique* Kayser *(8/14 rue Monge, 75005)* é uma das padarias mais famosas da cidade e serve ótimos sanduíches e lanches. Faça piquenique nos degraus do anfiteatro. *Lanches* Aux Cerises de Lutèce *(86 rue Monge, 75005; 01 43 31 67 51; 10h30-18h30 ter-sáb)* é um pequeno café que parece a cozinha da vovó. Prove o delicioso bolo.
- **Banheiros** No lado leste do parque

Área de lazer para crianças no Arènes de Lutèce

Preços para família de 4 pessoas

Musée de Cluny e arredores | 179

Pessoas desfrutando o sol da primavera na place de la Contrescarpe

Cópias de anúncios publicitários antigos à venda na rue Mouffetard

④ Rue Mouffetard
Doces e entretenimento

A movimentada rua de pedra Mouffetard desce sinuosa a colina ao sul do Panthéon (pp. 188-9), seguindo o traçado da antiga estrada romana para fora da cidade. A maioria de suas casas data dos séculos XVII e XVIII. Para a criançada, a atração principal é a sequência de sedutoras pâtisseries, fromageries e sorveterias. A área também é conhecida pelo ótimo mercado de rua e pela feira africana da rue Daubenton. No início da rua, perto do Lycée Henri IV, fica a place de la Contrescarpe, que parece saída de um vilarejo. Cheia de cafés, é um lugar movimentado à noite.

Para relaxar
Há um pequeno parque na rue Ortolan, **square Ortolan**, bom lugar para um piquenique rápido.

Informações
- **Mapa** 15 A3
- **Endereço** 75005
- **Metrô** Monge, linha 7 ou Censier Daubenton, lin. 7 **Ôn.** 27, 47 e 84
- **Aberto** Mercado de rua: 10h-13h ter-sáb, 8h-13h dom
- **Idade** Livre
- **Atividades** Vários entretenimentos na rua
- **Comida e bebida** Lanches Vegan Folie's (*53 rue Mouffetard, 75005; 01 43 37 21 89; fechado seg*) serve cupcakes orgânicos doces e salgados. Refeição Le Pot O'Lait (*41 rue Censier, 75005; 01 42 17 15 69; www. lepotolait.com*) tem crepes excelentes e um menu para crianças a preço fixo.
- **Banheiros** Não

Barracas e ambulantes na estreita rue Mouffetard

CRIANÇADA!

Fique de olho…
1 Tesouros ocultos. Uma pilha de *louis d'or*, moedas de ouro do século XVIII, foi encontrada no nº 53 da rue Mouffetard quando demoliram um prédio em 1938. Quem sabe há mais escondidos…
2 A casa mais estreita de Paris: fica no nº 22, rue St.-Séverin, e tem pouco mais de 1m de largura. Isso sim é que é um aperto!
3 Os suntuosos crepes do Le Pot O'Lait são servidos com diversas coberturas doces e salgadas.

Que odor é este?
Mouffette, ou gambá, era o nome dado ao odor pútrido que emanava dos curtumes às margens do rio Bièvre, que antigamente desembocava no Sena nesta parte de Paris. Logo, a rue Mouffetard poderia ser chamada de rua Fedida. O mau cheiroso personagem de quadrinhos Pepe le Gambá adoraria.

VAMOS ESQUECÊ-LOS!
No Reino do Terror, todos os espaços disponíveis viraram prisões. No Quartier Latin, o Caveau des Oubliettes, hoje um clube de jazz, ganhou esse nome graças à sentença de morte na qual presos eram trancados em celas e depois literalmente esquecidos, *oublié*.

Operação sem anestesia
Em 1474 um arqueiro condenado à morte recebeu do rei a oferta de liberdade, desde que se dispusesse a passar por uma cirurgia para retirar cálculos biliares. Naquela época as operações eram feitas sem anestesia e consideradas muito perigosas. A cirurgia foi realizada na igreja de St. Severin, na rue de la Harpe. O arqueiro sobreviveu, conquistando sua liberdade.

Piquenique até €25; **Lanches** €25-45; **Refeição** €45-90; **Para a família** mais de €90 (base para 4 pessoas)

St.-Germain e Quartier Latin

Esqueletos de dinossauros expostos no Muséum National d'Histoire Naturelle

⑤ Jardin des Plantes
Plantas dos quatro cantos do mundo

Criado originalmente em 1626 como horta de ervas medicinais para Luís XIII, o Jardin des Plantes foi aberto ao público em 1640. O jardim botânico pode não ser tão emocionante para as crianças quanto o vizinho zoo e museu de história natural, mas é um espaço verde bem-vindo, com um labirinto de cerca viva e um grande trepa-trepa de dinossauro no tanque de areia. Les Grandes Serres, as estufas do jardim, são cheias de plantas exóticas de terras distantes, e o bonito Jardin Alpin, um jardim alpino, tem uma coleção de 3 mil flores das montanhas.

Se chover...
Veja artesãos em ação na **La Manufacture des Gobelins** (*42 ave des Gobelins, 75013; visitas guiadas:* 14h-15h ter-qui), uma antiga fábrica do século XVII onde tecelões flamengos produziam tapeçarias para Versalhes. Fica a pouca distância pelo metrô – desça na estação Gobelins.

Estufa cheia de espécies exóticas no Jardin des Plantes

Informações
- 🌐 **Mapa** 15 C3
  Endereço 57 rue Cuvier, 75005; entrada também por rue Buffon, rue Geoffry-St.-Hilaire e pl Valhubert; www.mnhn.fr
- 🚗 **Metrô** Gare d'Austerlitz, linhas 10 e 5; Jussieu, linhas 7 e 10 ou Monge, linha 7 **RER** Gare d'Austerlitz, linha C **Ônibus** 24, 57, 61, 63, 67, 89 e 91
- ⏰ **Aberto** 8h-17h30 diariam; verão: até 19h30; Jardin Alpin: abr-out 8h-16h40 seg-sex, 13h30-18h sáb, dom e feriados; fechado nov-mar; Les Grandes Serres: 10h-17h30 qua-seg
- 💰 **Preço** Parque principal: grátis; Jardin Alpin: grátis de seg-sex; €8-18 sáb, dom e feriados; Les Grandes Serres: €20-30; até 4 anos grátis
- 👪 **Para evitar fila** Um passe de dois dias (€90-100) p/ todas as atrações no Jardin des Plantes também dá descontos em lojas e restaurantes.
- 👪 **Idade** Livre
- ⏱ **Duração** 45min-2h
- ☕ **Comida e bebida** *Piquenique* Le Boulanger de Monge (*123 rue Monge, 75005; www.leboulangerdemonge.com; fechado seg*) é uma boa padaria orgânica. Descanse em um piquenique no parque. *Lanches* L'Arbre à Canelle (*14 rue Linné, 75005; 01 43 31 68 31*) tem bons sanduíches e refeições leves. O pequeno café no parque é agradável
- 🚻 **Banheiros** Na entrada do zoo

⑥ Muséum National d'Histoire Naturelle
Animais fascinantes

As crianças vão adorar esse museu, onde podem ficar cara a cara com um antílope e ver alguns esqueletos realmente fantásticos. Ocupando quatro prédios distintos, o Muséum National d'Histoire Naturelle é um centro de pesquisas científicas desde sua fundação, em 1793. Para as crianças, a maior atração é o desfile de animais empalhados na Grande Galerie de l'Evolution, uma verdadeira arca de Noé. A Galerie des

Informações
- 🌐 **Mapa** 15 C3
  Endereço 36 rue Geoffroy St.-Hilaire, 75005; 01 40 79 54 79/56 01; www.mnhn.fr
- 🚗 **Metrô** Gare d'Austerlitz, linhas 5 e 10; Censier Daubenton, linha 7 ou Jussieu, linha 7 **RER** Gare d'Austerlitz, linha C **Ônibus** 24, 57, 61, 63, 67, 89 e 91
- ⏰ **Aberto** 10h-18h, fechado ter, 1º mai e 25 dez; Galerie de Minéralogie: fechada para reforma
- 💰 **Preço** Grande Galerie de l'Evolution, Galeries de Paléontologie e Galerie de Minéralogie: €24-34 cada; até 4 anos grátis; Galerie des Enfants: €32; até 4 anos grátis
- 👪 **Para evitar fila** Um passe de dois dias (€90-100) p/ todas as atrações no Jardin des Plantes também dá descontos em lojas e restaurantes. Evite as tardes de qua, quando crianças menores de 11 anos não vão à escola
- 🚩 **Passeios guiados** Em francês, sáb somente sob reserva; 08 26 10 42 00
- 👪 **Idade** Livre
- 👪 **Atividades** Workshops durante as férias escolares
- ⏱ **Duração** 1-2h
- ♿ **Cadeira de rodas** Sim
- ☕ **Comida e bebida** *Lanches* Mosquée de Paris (*2 pl du Puits de l'Ermite, 75005; 01 43 31 38 20; www.la-mosquee.com*) abriga um café mourisco, o local perfeito p/ uma dose de açúcar do Oriente. *Refeição* Le Quartier Latin (*1 rue Mouffetard, 75005; 01 40 51 04 61*) serve cozinha italiana – a torta de maçã é um sucesso.
- 🚻 **Banheiros** No subsolo das Galeries de Paléontologie e na Grande Galerie de l'Evolution

Preços para família de 4 pessoas

Musée de Cluny e arredores | 181

Anfíbios pequenos e raros no microzoológico do Ménagerie

Enfants, antes chamada Salle de Découverte, explica questões do mundo natural de maneira criativa. Há atividades interativas modernas e modelos de espécies extintas ou ameaçadas. As Galeries de Paléontologie et d'Anatomie são uma coleção deslumbrante de esqueletos, desde baleias até dinossauros. Na Galerie de Minéralogie há pedras preciosas e cristais gigantescos.

Para relaxar
Retorne ao **Jardin des Plantes** (p. ao lado) e faça um piquenique botânico, curtindo as áreas para brincar.

⑦ Ménagerie
Ursos, bisões, macacos e insetos diversos

O Ménagerie é o zoológico público mais antigo do mundo, fundado em 1793 para abrigar os sobreviventes do Zoo Real de Versalhes – todos os quatro. O Estado passou a juntar animais pertencentes a circos e artistas de rua, para aumentar a coleção. Este zoo bonito e intimista, de estilo parisiense clássico, tem principalmente mamíferos pequenos e insetos diversos, mas também alguns grandes felinos e bichinhos minúsculos vistos no microzoo.

Quai François Mauriac, na margem do Sena

Informações
- **Mapa** 15 C3
- **Endereço** 57 rue Cuvier, 75005; 01 40 79 37 94; www.mnhn.fr
- **Metrô** Gare d'Austerlitz, linhas 10 e 5; Jussieu, lin. 7 e 10 ou Monge, linha 7 **RER** Gare d'Austerlitz, linha C **Ônib.** 24, 57, 61, 63, 67, 89 e 91
- **Aberto** 9h-17h diariam; verão: até 18h
- **Preço** €36-46; até 4 anos grátis
- **Para evitar fila** Um passe de dois dias (€90-100) p/ todas as atrações no Jardin des Plantes também dá descontos em lojas e restaurantes
- **Passeios guiados** Toda qua, €4 por pessoa
- **Idade** Livre
- **Duração** 2h
- **Comida e bebida** *Piquenique* Gelati d'Alberto (45 rue Mouffetard, 75005), sorveteria adorada pelas crianças, pois as bolas têm formato de flor. Piquenique no zoo ou no Jardin des Plantes. *Para a família* Restaurant Marty (20 ave des Gobelins, 75005; 01 43 31 39 51; www.restaurantmarty.com) é famoso pela decoração dos anos 1920-30 e pelos ótimos frutos do mar.
- **Banheiros** Na entrada

Para relaxar
Faça uma caminhada agradável ao lado do Sena pelo **quai François Mauriac** e veja os antigos ancoradouros industriais, interessantes, e a moderna Bibliothèque François Mitterrand, que proporcionam uma perspectiva bem diferente da cidade. Há uma linda piscina numa barcaça no rio Sena, a **Piscine Joséphine Baker** (quai François Mauriac, 75013; 01 56 61 96 50; aberta diariam). Ela usa água tratada do rio Sena e inclui uma parte rasa para crianças pequenas. No verão, o teto se retrai e a piscina é descoberta.

CRIANÇADA!

Fique de olho...
1 Um trepa-trepa no formato de esqueleto de dinossauro, no Jardin des Plantes.
2 As presas curvas de um mastodonte nas Galeries de Paléontologie.
3 Uma cabeça de triceratops nas Galeries de Paléontologie.

VAI UM BIFE DE HIPOPÓTAMO?
Em 1870, quando Paris foi cercada pelos prussianos, todos os animais do zoológico foram devorados, com exceção do hipopótamo. Ninguém podia pagar o preço: 80 mil francos!

Girafamania
O paxá do Egito queria que Carlos X o apoiasse na Guerra de Independência grega, por isso lhe deu de presente um filhote de girafa, Zafara. A pequena girafa era tão alta que um buraco foi aberto no convés sobre a seção de carga do navio que a trouxe a Marselha, para que ela pudesse pôr a cabeça para fora. Zafara chegou em 1826; foi apenas a terceira girafa a pisar na Europa. Ela partiu para Paris, caminhando 26km por dia, trajando casaco amarelo, com calçados nos pés e um chapéu napoleônico na cabeça. Quando chegou ao Jardin des Plantes, multidões vieram vê-la. E estampas de girafa viraram moda de uma hora para outra.

Piquenique até €25; **Lanches** €25-45; **Refeição** €45-90; **Para a família** mais de €90 (base para 4 pessoas)

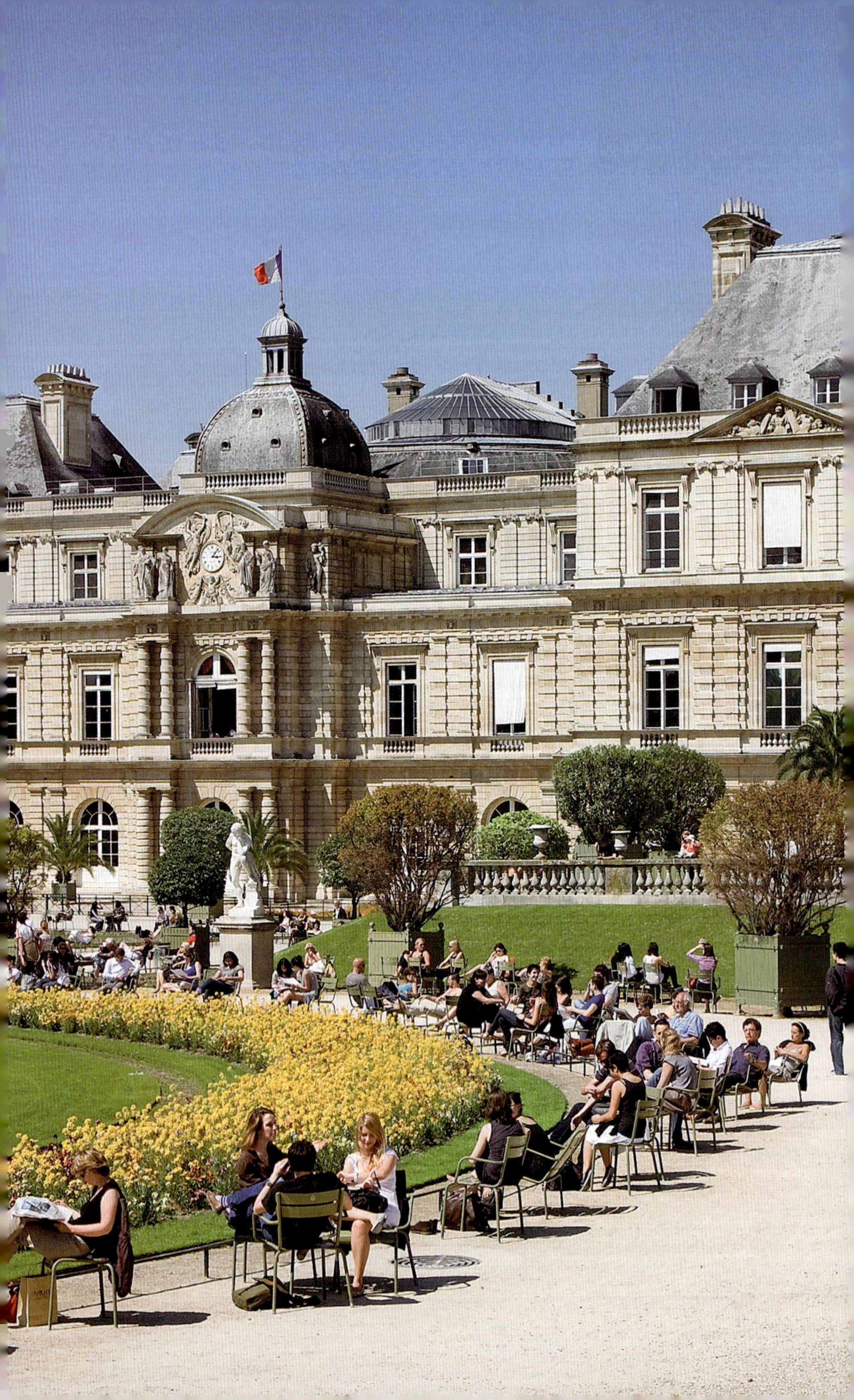

Luxembourg
e Montparnasse

O encantador Jardin du Luxembourg é um parque parisiense que parece saído de um livro infantil, com carrossel antigo, barquinhos de madeira e passeios em minicarruagem. Fica num bairro nobre, dominado pelo elegante domo do Panthéon, do século XVIII, e pela moderna e marcante Tour Montparnasse. É uma ótima área para se explorar, graças à instigante mistura do velho e do novo, do pitoresco e do chique.

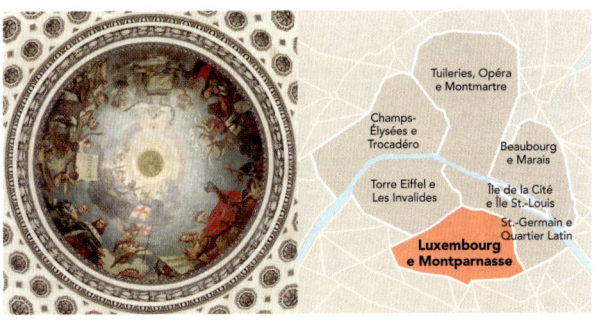

Principais atrações

Panthéon e Cimetière du Montparnasse
Ganhe uma aula de história na cripta da igreja e depois ande até o cemitério, cujos caminhos são percorridos por um vampiro, segundo as lendas (pp. 188-9 e p. 192).

Le Bon Marché
Compre ingredientes para um piquenique na Grande Epicerie, a praça de alimentação da loja de departamentos mais antiga da cidade (p. 194).

Jardin du Luxembourg e Palais du Luxembourg
Ande num carrossel nos jardins e coloque um barco para velejar diante do palácio (p. 190).

Rue Vavin
Procure roupas chiques, brinquedos maravilhosos e livros interessantes nesta rua próxima ao Jardin du Luxembourg (p. 191).

Tour Montparnasse
O edifício mais alto de Paris possui o elevador mais veloz da Europa: suba 56 andares em 38 segundos (p. 192).

Musée de la Poste e Musée Pasteur
Saiba mais sobre o serviço postal francês e conheça o instituto fundado por Louis Pasteur, que descobriu como pasteurizar o leite (pp. 194-5).

Acima, à esq. A lanterna decorativa do domo do Panthéon, que permite a passagem de pouca luz no centro da igreja
À esq. O Jardin du Luxembourg, com o Palais du Luxembourg ao fundo

O Melhor de
Luxembourg e de Montparnasse

Jardins tranquilos, cafés charmosos e lojas de brinquedos contribuem para o charme de Luxembourg e de Montparnasse. Suba ao topo da Tour Montparnasse e observe aviões decolando do aeroporto de Orly, ou admire os túmulos de famosos no Cimetière du Montparnasse. Curta a vista do alto do Panthéon e relaxe no Jardin du Luxembourg, um dos parques mais belos de Paris. Para terminar, faça compras nos mercados de rua da região.

Seja uma pequena Madeline
Comece o dia procurando um vestido para comprar na **rue Vavin** *(p. 191)*. No caminho, não deixe de adquirir um exemplar do livro *Madeline*, de Ludwig Bemelmans, na **Oxybul Junior** *(p. 191)*. Coloque barquinhos de madeira para velejar no **Jardin du Luxembourg** *(pp. 190-1)* e ande na carruagem de princesa.

Almoce com fartura no **Bread and Roses** *(p. 191)*, na rue de Fleurus. Depois disso, faça uma visita à grande cientista Marie Curie (1867-1934), homenageada no **Musée Curie** *(p. 189)*. Suba a escadaria externa até o topo do **Panthéon** *(pp. 188-9)* carregando um balão vermelho, solte-o e veja-o flutuar pela cidade. Ande de volta à

À esq. Fachada do Panthéon, com suas 22 colunas coríntias
Abaixo Brincadeira com barco no Jardin du Luxembourg

O Melhor de Luxembourg e de Montparnasse | 185

Acima Crianças brincam no playground ao lado do Jardin Atlantique, na cobertura

rue du Cherche Midi para saborear *punitions* (biscoitinhos crocantes) na **Poilâne** (p. 193).

Paraíso de compras
Compre roupas, brinquedos e livros na **rue Vavin**. Escolha bijuterias e bolsas e então procure algo saboroso para o almoço no **Marché Edgar Quinet** (p. 192).

Entre no Monoprix, à sombra da Tour Montparnasse, para fazer "compraterapia" a preços acessíveis, e suba a rue de Rennes até a enorme **FNAC**, o paraíso dos livros, DVDs e jogos de computador.

A **Poilâne** tem o melhor pão da cidade. Vá até a **Le Bon Marché** (p. 194), a mais antiga loja de departamentos da cidade, e sua magnífica praça de alimentação, **La Grande Epicerie** (p. 194) – um lugar perfeito para comprar algo apetitoso e jantar em família.

Arte impressionante
Admire um dos maiores cavalos da cidade no **Musée Antoine Bourdelle** (p. 193) e as esculturas no jardim do **Musée Zadkine** (p. 192).

Descubra mais sobre a história da França nas pinturas gigantes expostas no **Panthéon** e veja a Estátua da Liberdade de perto no **Jardin du Luxembourg**, onde também se encontra a Fontaine Médicis.

Almoce no **La Coupole** (p. 193), onde artistas passavam horas em conversas e discussões acirradas. Desfrute as delícias da melhor padaria de Paris, a **Eric Kayser** (p. 191), com várias filiais na cidade.

No rastro de famosos
Conheça alguns dos mais famosos franceses e uma franco-polonesa, a cientista premiada com o Nobel Marie Curie, na cripta do **Panthéon**, e passeie na rue Pierre et Marie Curie, nomeada em homenagem à famosa cientista e a seu marido. Conte as estátuas de pessoas famosas no **Jardin du Luxembourg**.

Pare para um drinque ou para comer alguma coisa no **La Closerie des Lilas** (p. 191), no boulevard du Montparnasse, onde o escritor Émile Zola costumava almoçar com o pintor Paul Cézanne enquanto revolucionários russos jogavam xadrez no terraço. Depois, explore o **Cimetière du Montparnasse** (p. 192), repleto de túmulos esculpidos de cantores, atores e escritores de renome.

Em seguida vá até a Gare Montparnasse, onde as forças alemãs se renderam diante do general Leclerc em 1944. Visite o memorial dedicado a Leclerc e ao líder da resistência Jean Moulin no **Jardin Atlantique** (p. 194).

Antes de parar para tomar um chocolate quente, passe no **Musée Pasteur** (p. 195) em homenagem a Louis Pasteur, o homem que tornou o leite seguro para beber.

Acima, à dir. Esculturas no Musée Antoine Bourdelle
Abaixo, à dir. O restaurante La Coupole iluminado à noite

Panthéon, Jardin du Luxembourg e arredores

Escolha um dia bonito para explorar esta parte da cidade, já que a atração principal é o Jardin du Luxembourg, o melhor parque de Paris. As crianças também vão adorar a vista da galeria externa do Panthéon e da Tour Montparnasse. Se for de metrô, evite a grande estação Montparnasse Bienvenüe, que exige a caminhada por muitos túneis. Nos domingos e feriados entre março e novembro, a rue Auguste Comte e a avenue de l'Observatoire, ao sul do Jardin du Luxembourg, ficam lotadas de pedestres e de patinadores.

Rua movimentada com o Panthéon ao fundo

Luxembourg e Montparnasse
- Jardin du Luxembourg p. 190
- Panthéon p. 188

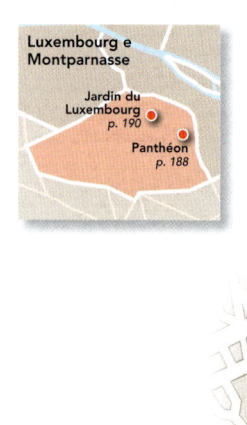

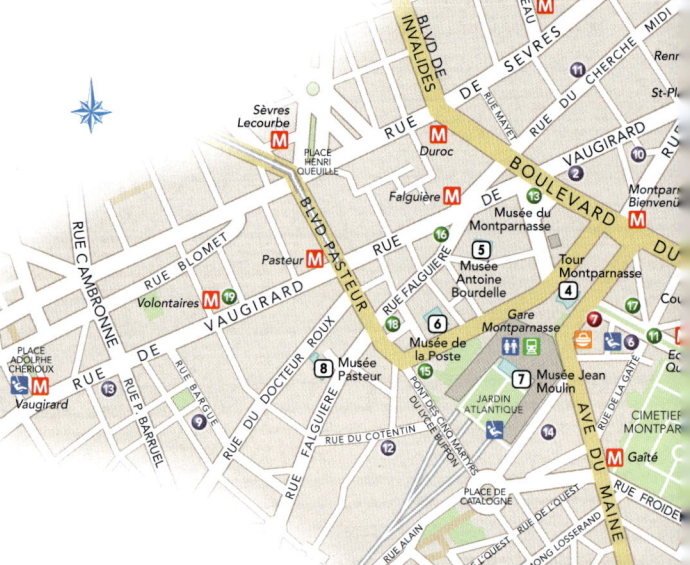

Locais de interesse

ATRAÇÕES
1. Panthéon
2. Jardin du Luxembourg
3. Musée Zadkine
4. Tour Montparnasse
5. Musée Antoine Bourdelle
6. Musée de la Poste
7. Musée Jean Moulin
8. Musée Pasteur

COMIDA E BEBIDA
1. Boulangerie Patisserie des Arènes
2. La Brioche Dorée
3. Loulou Friendly Diner
4. Le Comptoir du Panthéon
5. Eric Kayser
6. Bonpoint Concept Store
7. Bread and Roses
8. La Closerie des Lilas
9. Jean Charles Rochoux
10. Bagels and Brownies
11. Marché Edgar Quinet
12. Poilâne
13. Les Cedres du Liban
14. Le Bon Marché
15. Marino Pietro Pizza
16. Mansard Vincent
17. Crêperie du Manoir Breton
18. Des Gâteaux et du Pain
19. Le Baribal

Veja também Tour Montparnasse (p. 192)

COMPRAS
1. Le Ciel est à Tout le Monde
2. L'Epée de Bois
3. Catimini
4. Petit Bateau
5. Oxybul Junior
6. IKKS
7. Tikibou

HOSPEDAGEM
1. Hôtel Apollon
2. Hôtel Aviatic
3. Hôtel des Academies et des Arts
4. Hôtel des Grands Hommes
5. Hôtel du Panthéon
6. Hôtel du Parc
7. Hôtel Louis II
8. Hôtel Lutetia
9. Hôtel Residence Quintinie Square
10. Hôtel Victoria Palace
11. La Belle Juliette
12. Novotel Montparnasse
13. Novotel Vaugirard
14. Pullman Montparnasse
15. Villa des Artistes
16. Villa Madame

Panthéon, Jardin du Luxembourg e arredores | 187

Modelo de avião no Musée de la Poste

Informações

🚗 **Metrô** Montparnasse Bienvenüe, linhas 4, 6, 12 e 13; Vavin, linha 4; Maubert Mutualité ou Cardinal Lemoine, linha 10; Odéon, linhas 4 e 10; Notre-Dame des Champs, linha 12; Edgar Quinet, linha 6; Falguière, linha 12 ou Pasteur, linhas 6 e 12 **RER** Luxembourg, linha B; Port Royal, linha B **Ônibus** 21, 27, 28, 38, 58, 82, 83, 84, 85, 88, 89, 91, 92, 94, 95 e 96; o ônibus do aeroporto p/ Orly sai de Denfert-Rochereau

ℹ️ **Informação turística** Quiosque na pl du Parvis Notre--Dame, 75004; meados mai-meados out: 10h-19h

🛒 **Supermercados** Monop', 35 blvd St.-Michel; Monoprix, 31 rue du Départ, 75014; Franprix, 71 rue de Rennes, 75006
Mercado de rua Marché Port Royal, blvd Port Royal, 75006; 7h-14h30 ter e qui, 7h-15h e sáb

🎪 **Festivais** Feiras de Natal: pl St.-Sulpice, 75006 e Parvis de la Gare Montparnasse, 75015; Patinação no gelo: Parvis de la Gare Montparnasse (dez)

➕ **Farmácia** Pharmacie des Arts, 106 blvd du Montparnasse, 75014; 01 43 35 44 88; aberta diariam até meia-noite

🧒 **Playgrounds** Jardin du Luxembourg, blvd St.-Michel, 75001; diariam 7h30-anoitecer; inverno: 8h-anoitecer; entrada grátis *(pp. 190-1)*; square Paul Langevin, rue des Ecoles e rue Monge, 75005; diariam 7h-anoitecer; inverno: 8h-anoitecer; Wi-Fi grátis; square Gaston Baty, rue Poinsot, 75014, atrás do supermercado Monoprix; diariam 7h-anoitecer; inverno: 8h-anoitecer *(p. 192)*; Jardin Atlantique, Gare Montparnasse, 75015; 8h30-21h30 diariam *(p. 194)*; pl Adolphe Chérioux, 75015, perto do metrô Vaugirard; diariam 7h-anoitecer; inverno: 8h-anoitecer *(p. 195)*

🚻 **Banheiros** No Le Bon Marché *(p. 194)*; banheiro público, 36 blvd Edgar Quinet, 75014 e na Gare Montparnasse

Verão no verdejante Jardin du Luxembourg

① Panthéon
Pêndulos, panoramas e um polonês

Templo em estilo romano de dimensões espantosas, o Panthéon foi encomendado por Luís XV em 1757, para ser uma igreja. Mas a França estava à beira da falência, e o dinheiro destinado ao grandioso projeto acabou. Quando a construção ficou pronta, a Revolução já estava a pleno vapor, e igrejas tinham saído da moda. O lugar virou um templo da razão e, mais tarde, local secular de descanso de famosos como Victor Hugo, Émile Zola, Alexandre Dumas e Marie Curie.

Interior da lanterna do domo, no Panthéon

Destaques

Cúpula alta O domo de 85m, inspirado em parte na catedral de St. Paul, em Londres, tem teto magnífico. Do topo, aprecie a deslumbrante vista de Paris.

Lanterna do domo Possui abertura estreita que permite a passagem de apenas um pouco de luz na igreja, de modo condizente com a finalidade sombria do lugar.

Afrescos históricos Os murais na parede sul da nave mostram cenas da história de Paris, desde o tempo em que a padroeira da cidade, Santa Genoveva, orou para salvá-la dos hunos.

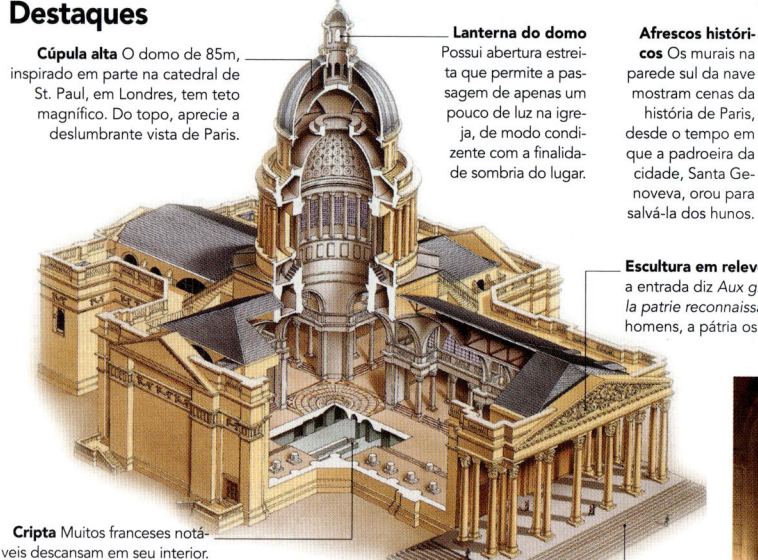

Escultura em relevo A inscrição sobre a entrada diz *Aux grands hommes la patrie reconnaissante* (Aos grandes homens, a pátria os reconhece).

Cripta Muitos franceses notáveis descansam em seu interior.

Pórtico coberto Com suas 22 imponentes colunas coríntias, o pórtico seguiu o modelo do Panthéon antigo de Roma.

Entrada

Pêndulo gigante Fica pendurado do teto, assinalando o lugar onde o físico do século XIX Léon Foucault fez seus primeiros experimentos para comprovar a rotação da Terra sobre seu próprio eixo.

Estátua de Voltaire Fica em frente a seu túmulo, na cripta. Um boato de que teriam roubado seus restos mortais foi negado após abrirem o sepulcro.

Informações

Mapa 14 H2
Endereço Pl du Panthéon, 75005; 01 44 32 18 00; http://pantheon.monuments-nationaux.fr
Metrô Maubert Mutualité ou Cardinal Lemoine, linha 10 **RER** Luxembourg, linha B **Ônibus** 21, 27, 38, 82, 84, 85 e 89
Aberto Diariam, abr-set: 10h-18h30; out-mar: 10h-18h; fechado 1º mai, 25 dez e 1º jan.

Colunata: fechada para reforma até 2015
Preço €16-26; até 18 anos grátis, até 26 com passaporte da UE
Para evitar fila Aceita Paris Museum Pass
Passeios guiados Em inglês, com reserva: 01 44 54 19 30; acesso ao domo a intervalos regulares durante o dia, apenas com guia
Idade A partir de 10 anos

Atividades Guia infantil em francês
Duração 2h
Cadeira de rodas Não
Café Não
Banheiros Na entrada

Bom para a família
Leve as crianças para uma aula sobre os heróis enterrados na cripta. A imensidão absoluta da construção as deixará boquiabertas.

Preços para família de 4 pessoas

Panthéon e arredores | 189

Um parque de estilo clássico, o Jardin du Luxembourg

Para relaxar
Desça a colina até o **Jardin du Luxembourg** (blvd St.-Michel, 75006), um dos parques mais bonitos de Paris, ou até as **Arènes de Lutèce** (49 rue Monge, 75005; 01 43 31 46 34), para ver pessoas jogando boules. Logo atrás do Panthéon fica a escola mais exclusiva de Paris, o Lycée Henri IV. Sua piscina, a **Piscine Jean Taris** (16 rue Thouin, 75005; 01 55 42 81 90), é aberta ao público.

Comida e bebida
Piquenique: até €25; Lanches: €25-45; Refeição: €45-90; Para a família: mais de €90 (base para 4 pessoas)

PIQUENIQUE A **Boulangerie Patisserie des Arènes** (31 rue Monge, 75005; 01 43 26 29 29; fechada qua) vende bolos e doces de dar água na boca. Faça um piquenique no Arènes de Lutèce.
LANCHES La Brioche Dorée (20 blvd St.-Michel, 75006; 01 56 81 03 12), uma rede de padarias, vende sanduíches, quiches e bolos para consumir no local ou para viagem.
REFEIÇÃO Loulou Friendly Diner (90 blvd St.-Germain, 75005; 01 46 34 86 64), em estilo americano, serve hambúrgueres, bagels e saladas.
PARA A FAMÍLIA Le Comptoir du Panthéon (5 rue Soufflot, 75005; 01 43 26 90 62; bar 7h-2h seg-sáb, 8h-0h dom; restaurante 11h-23h, 11h-19h dom) entra por pouco na lista dos preços mais altos. Sua comida é tão boa quanto a de muitos lugares bem mais caros.

O Musée Curie é o laboratório onde trabalhava a cientista Marie Curie

Saiba mais
INTERNET Veja filmes sobre a vida de Marie Curie, incluindo uma versão animada, em *http://tinyurl.com/3ry5uvl*. Há também filmes sobre a resistência francesa e Jean Moulin, incluindo seu sepultamento no Panthéon.
FILMES Assista aos grandes romances de Alexandre Dumas transpostos para o cinema: *O conde de Monte Cristo* (2002 e 2005, o último com Gérard Depardieu), *O homem da máscara de ferro* (2000) e *Os três mosqueteiros* (1993). Veja também a versão animada *Dogtanian and the Three Muskehounds* (2004). *Now You Know About Scientists* (2010) conta as histórias de Marie Curie e Louis Pasteur.

Compras
Há duas boas lojas de brinquedos na região: **Le Ciel est à Tout le Monde** (10 rue Gay Lussac, 75005) e **L'Epée de Bois** (12 rue de L'Epée de Bois, 75005) cujo nome significa "a espada de madeira" vende na maioria brinquedos feitos desse material.

Próxima parada...
UMA IGREJA E UM LABORATÓRIO Ao lado do Panthéon fica a igreja de **St.-Etienne-du-Mont**, onde foi sepultada a padroeira de Paris, Santa Genoveva – até destruírem seus restos mortais na Revolução, deixando apenas seu dedo para a posteridade. O Panthéon fica no alto da colina com o nome da santa, Montagne St.-Geneviève.
Na rua Clovis, logo atrás do Panthéon, ficam parte da muralha medieval de Felipe Augusto e o Lycée Henri IV, onde estudaram Jean-Paul Sartre e Simone Weil. Marie Curie trabalhava nos arredores. Visite seu laboratório no **Musée Curie** (11 rue Pierre et Marie Curie, 75005; www.curie.fr).

CRIANÇADA!

Descubra...
1 Quem é o personagem mais famoso de Victor Hugo? Dica: ele tocava os sinos da Notre-Dame.
2 Quem é a santa padroeira de Paris?
3 Quantas são as colunas no pórtico coberto?

Respostas no fim do quadro.

DEDO DA SANTA
É possível ver Santa Genoveva apontando para você na igreja de St.-Etienne-du-Mont, ao lado do Panthéon. O dedo é tudo o que restou dela; uma relíquia sem preço.

Marie radioativa
Marie Curie nasceu em 1867 na Polônia, que na época fazia parte do império russo. As mulheres não podiam cursar faculdade no país, então Marie economizou e foi estudar em Paris, onde conheceu Pierre Curie. Juntos, eles descobriram a radioatividade.
A radioterapia vem sendo usada para tratar milhões de doentes de câncer. Os Curie trabalhavam sem roupas protetoras: não sabiam que o rádio era perigosamente radioativo e podia fazer mal às pessoas. Os dois viviam constantemente adoentados e cansados. Marie morreu dos efeitos da exposição à radioatividade, mas não antes de se tornar a primeira mulher a receber dois Prêmios Nobel: de física (1903) e de química (1911).

Respostas: 1 Quasímodo, o Corcunda de Notre-Dame. **2** Santa Genoveva. **3** 22.

Piquenique até €25; Lanches €25-45; Refeição €45-90; Para a família mais de €90 (base para 4 pessoas)

② Jardin du Luxembourg
Carrossel num paraíso para crianças

O Jardin du Luxembourg é o parque mais deslumbrante de Paris, um jardim de atrações para crianças pequenas. É especialmente divertido tentar fisgar anéis com uma espada de madeira enquanto se anda no charmoso carrossel projetado por Charles Garnier, criador da Opéra. Os jardins se estendem em torno do Palais du Luxembourg, sede do Senado francês. Mostras temporárias são promovidas no Musée du Luxembourg.

Estátua da Liberdade, no jardim

Destaques

Belas estátuas Mais de cem estátuas foram erguidas nos jardins no século XIX, entre elas uma versão pequena da Estátua da Liberdade.

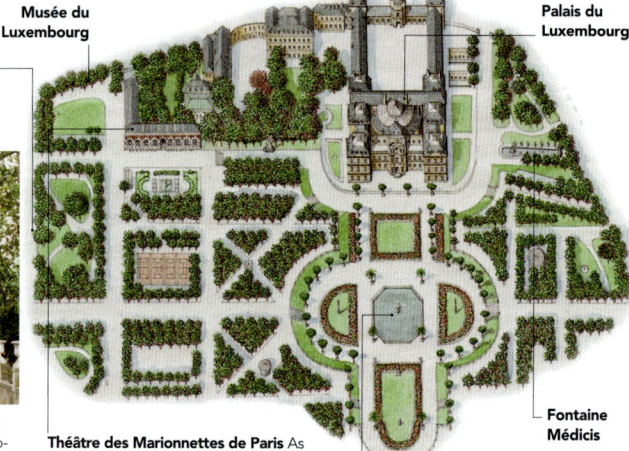

Musée du Luxembourg

Palais du Luxembourg

Fontaine Médicis Essa fonte do século XVII foi feita para parecer uma gruta, popular elemento nos jardins renascentistas italianos. Procure a estátua de um ciclope.

Théâtre des Marionnettes de Paris As crianças se divertem nos espetáculos deste teatro, mesmo que não entendam francês.

Fontaine Médicis

Lago octogonal Em frente ao palácio, esse é o melhor lugar para ver os patos nadando ou crianças colocando barquinhos de brinquedo para navegar, como fazia a personagem Madeline.

Informações

Mapa 14 F2
Endereço Jardin du Luxembourg: blvd St.-Michel, 75006; 01 42 34 23 89; Palais du Luxembourg: 15 rue de Vaugirard, 75006; 01 42 34 20 60; Musée du Luxembourg: 19 rue de Vaugirard, 75006; www.museeduluxembourg.fr; Théâtre des Marionnettes de Paris: 01 43 26 46 47

Metrô Odéon, linhas 4 e 10; Vavin, linha 4 ou Notre-Dame-des-Champs, linha 12 **RER** Luxembourg, linha B **Ônibus** 21, 27, 38, 58, 82, 84, 85 e 89

Aberto Jardin du Luxembourg: 7h-anoitecer, inverno: 8h-anoitecer; Musée du Luxembourg: 10h-19h30, até 22h seg e sex, fechado 1º mai e 25 dez; Théâtre des Marionnettes de Paris: qua, sáb, dom e férias escolares; Playground Poussin Vert du Luxembourg, no sul do jardim: 10h-anoitecer diariam

Preço Jardin du Luxembourg: grátis; Musée du Luxembourg: €37-47, menores de 16 anos grátis; Théâtre des Marionnettes de Paris: €18-28; Poussin Vert du Luxembourg: €9-19

Para evitar fila O parque fica muito cheio nas tardes de quarta

Idade Livre

Atividades Playground; quadras de tênis (reserve em www.tennis.paris.fr); passeios de pônei

Duração 1-2h

Cadeira de rodas Sim, para museu e jardins

Café Buvette des Marionnettes, no jardim; 01 43 26 33 04

Banheiros No parque

Bom para a família
O parque é grátis, mas as atividades sobem o preço. Mesmo assim, é insuperável em um dia de sol.

Fontaine de l'Observatoire Essa fonte na extremidade sul do jardim é uma das mais lindas de Paris. Quatro figuras femininas seguram um globo no alto, e há representações de golfinhos, cavalos e tartarugas.

Palais du Luxembourg Maria de Médici construiu esse palácio no estilo do Palácio Pitti, em Florença, para lembrá-la de sua casa. Abriga um museu de arte.

Preços para família de 4 pessoas

Jardin du Luxembourg e arredores | 191

Pães de nozes, sobremesas e geleias na Bread & Roses

Se chover...
A enorme e um pouco bizarra **St.-Sulpice** (*pl St.-Sulpice, 75006*), logo ao norte do Jardin du Luxembourg, na place St-Sulpice, tem murais de Delacroix e um órgão grandioso. Mas foi sua ligação com o livro *O código Da Vinci*, de Dan Brown, que a pôs no mapa. No romance, a igreja tem ligações com uma sociedade secreta, o Priorado de Sião, e ocupa o local de um templo da Antiguidade. Mas, de acordo com autoridades da igreja, as letras P e S nas pequenas janelas redondas nas duas pontas do transepto são referências a São Pedro e São Sulpício, os padroeiros da igreja, e não ao Priorado de Sião.

Comida e bebida
Piquenique: até €25; Lanches: €25-45; Refeição: €45-90; Para a família: mais de €90 (base para 4 pessoas)

PIQUENIQUE A **Eric Kayser** (*87 rue d'Assas, 75006; 01 43 54 92 31; www.maison-kayser.com; fechado dom*), com muitas filiais, é uma das melhores padarias de Paris. Faça um piquenique nos gramados ou em bancos à sombra de árvores no lado ocidental do Jardin du Luxembourg.
LANCHES **Bonpoint Concept Store** (*6 rue Tournon; www.bonpoint.com; 10h-18h ter-sáb*) tem um lindo salão de chá com terraço arborizado.
REFEIÇÃO A **Bread & Roses** (*62 Rue Madame, 75006; 01 42 22 06 06; www.breadandroses.fr*), famosa por seus pães de nozes e suas sobremesas, é um bom lugar para o brunch.
PARA A FAMÍLIA **La Closerie des Lilas** (*171 blvd du Montparnasse, 75006; 01 40 51 34 50; bar 11h-1h30, brasserie 12h-1h; www.closeriedes lilas.fr*) é um dos muitos cafés parisienses frequentados no passado por artistas e escritores, como Ernest Hemingway e Mais tranquilo que a maioria dos cafés, não é uma armadilha para turistas. Coma na brasserie ou, em dias de sol, no terraço envidraçado.

Compras
As ruas Vavin e Brea, perto da extremidade sudoeste do Jardin, são cheias de lojas de brinquedos e butiques de moda infantil. Há filiais da **Catimini**, **Petit Bateau** e uma **Oxybul Junior** na rue Vavin, com livros e games. A **IKKS** (*13 rue Vavin, 75006*) foi a primeira loja a vender sua própria linha infantil – descolada, tem camisetas lindas. A **Tikibou** (*33 blvd Edgar Quinet, 75014*) é um tesouro de modelismo, trenzinhos e brinquedos.

Saiba mais
INTERNET Crianças mais velhas vão se divertir jogando *The Da Vinci Code*, um videogame para PS2, Xbox e Windows
FILME Os jardins aparecem no romance *Os miseráveis*, de Victor Hugo. Foi aqui que os amantes Marius Pontmercy e Cosette se conheceram. Assista ao filme de 1978 baseado no livro.

Próxima parada...
LOJAS INFANTIS E UMA TORRE
Combine um passeio nos jardins com uma visita ao **Panthéon** (pp. 188-9) e percorra as lojas infantis da rue Vavin e redondezas. Depois de uma tarde no parque, assista ao pôr do sol tomando uma bebida gelada no alto da **Tour Montparnasse** (p. 192). Quando a noite cai, as luzes de Paris começam a brilhar.

Vitrines sedutoras na rue Vavin

CRIANÇADA!

Coisas a fazer...
1. Passear numa carruagem de princesa.
2. Brincar no tanque de areia.
3. Ver a estátua de um ciclope (criatura com um olho só), perto da Fontaine Médicis.
4. Fisgar mais anéis que todo mundo e ganhar uma volta gratuita no carrossel.
5. Colocar um barquinho para velejar. Caso o seu fique preso em algum lugar, torça para que os patos o liberem; eles geralmente ajudam.

CINCO CONTINENTES
Na Fontaine de l'Observatoire há uma estátua de quatro mulheres segurando o mundo. Elas representam quatro dos cinco continentes existentes — está faltando a Oceania, ou a Australásia.

Que tal uma torta de pombo?
Na época em que viveu perto do Jardin du Luxembourg, o escritor Ernest Hemingway era paupérrimo. Ele costumava levar seu filhinho de um ano, Jack ("Bumby") para passear de carrinho no jardim, por onde andavam pombas gordas. Quando via que o policial tinha ido tomar um vinho no café ao lado, Hemingway atraía um pombo com alguns grãos de milho, quebrava o pescoço dele e o levava para comer em casa, escondido sob a manta do bebê. Isso aconteceu tantas vezes que, no final do inverno, ele e a família estavam fartos de comer pombo.

③ Musée Zadkine
Esculturas e jardins

A antiga residência do artista judeu russo Ossip Zadkine é uma casa bonita e rústica, cujo jardim tem árvores e um pombal. Em seu interior há um pequeno museu dedicado à obra do escultor, que aqui viveu e trabalhou de 1928 até sua morte, em 1967. Para a criançada, a atração principal é o jardim, cheio de esculturas, incluindo sua obra mais famosa: *A cidade destruída*, memorial da destruição da cidade holandesa de Roterdã, em 1940. Nascido em Belarus, que na época fazia parte do império russo, Zadkine foi colega de escola do pintor Marc Chagall. Os dois se mudaram para Paris, onde figuraram na vibrante comunidade artística de Montparnasse, no início do século XX.

O Cimetière du Montparnasse

Para relaxar

Zadkine foi sepultado no extenso **Cimetière du Montparnasse** (*3 blvd Edgar Quinet, 75014*), lugar tranquilo para fazer uma caminhada entre túmulos de autores, artistas e atores famosos, como os escritores Simone de Beauvoir e Guy de Montparnasse, o cantor Serge Gainsbourg e o filósofo Jean-Paul Sartre. Entre à direita na rue Joseph Bara e retorne por ruas menores até o boulevard Edgar Quinet, a dez minutos a pé. Do outro lado do cemitério se encontra o ossuário subterrâneo das **Catacombes** (*p. 214*), que desde 1867 é aberto à visitação pública. Os túneis e cavernas garantem uma tarde fantasmagórica.

④ Tour Montparnasse
Alto, muito alto

Com 210m de altura, a Tour Montparnasse é o edifício mais alto da França. Quando foi concluído, em 1972, houve tantas reclamações que se tornou proibido construir outros no centro da cidade. Por ser o único prédio muito alto de Paris, proporciona vistas ímpares a partir de sua cobertura, um ótimo lugar para acompanhar a espetacular queima anual de fogos do Dia da Bastilha, 14 de julho.

Leve binóculos para ver os aviões decolando no aeroporto de Orly. Ao anoitecer, veja as luzes se acendendo e a Torre Eiffel começando a brilhar. A Tour muitas vezes é esquecida, pois a maioria dos turistas corre para a Torre Eiffel. O edifício tem a vantagem adicional de raramente estar muito cheio, e, como diriam alguns, é o único lugar da cidade de onde não se pode enxergar a Tour Montparnasse.

Para relaxar

No inverno, diante da **Tour Montparnasse**, perto da feira de Natal, há sempre um carrossel antiquado, além de rinque de patinação no gelo. Na rue Poinsot, atrás do supermercado Monoprix, a **square Gaston Baty** é um pequeno playground.

Informações

- **Mapa** 14 E3
- **End.** 100 bis rue d'Assas, 75006; 01 55 42 77 20; www.paris.fr
- **Metrô** Notre-Dame des Champs; Vavin, linha 4 **RER** Port Royal, linha B **Ônibus** 38, 82, 83 e 91
- **Aberto** 10h-18h, fechado seg e feriados
- **Preço** Grátis, mas há uma taxa para exposições temporárias
- **Passeios guiados** Às vezes qua e sáb; 01 55 42 77 20
- **Idade** Livre
- **Duração** 30-45min
- **Cadeira de rodas** Limitado
- **Comida e bebida** *Piquenique* Jean Charles Rochoux (*16 rue d'Assas, 75006; fechado dom e seg manhã*) vende chocolate e barra de morango. Piquenique no Jardin Atlantique. *Lanches* Bagels da Bagels and Brownies (*12 rue Notre-Dame-des-Champs, 75006; 01 42 22 44 15*) têm nomes de cidades dos EUA
- **Banheiros** No museu

Informações

- **Mapa** 13 C3
- **Endereço** Cruzando a rue de l'Arrivée 75015; 01 45 38 53 16; www.tourmontparnasse56.com
- **Metrô** Montparnasse Bienvenüe, linhas 4, 6, 12 e 13 ou Edgar Quinet, linha 6 **Ônibus** 58, 82, 88, 89, 91, 92, 94, 95 e 96
- **Aberto** Abr-set: 9h30-23h30; out-mar: 9h30-22h30 dom-qui, até 23h sex e sáb
- **Preço** €23-33; até 7 anos grátis
- **Visitas guiadas** para grupos
- **Idade** Livre
- **Atividades** Caça ao tesouro p/ crianças durante as férias
- **Duração** 1h
- **Cadeira de rodas** Sim
- **Comida e bebida** *Piquenique* Marché Edgar Quinet (*rue Edgar Quinet, 75014; 9h-19h30 sáb e dom*) tem bancas com provisões p/ piquenique. Coma no Jardin Atlantique no topo da Gare Montparnasse. *Lanches* Le 360 Café é o bar panorâmico mais alto da Europa e serve sanduíches e saladas.
- **Banheiros** No Centro de Visitantes

Paris vista do 56º andar da Tour Montparnasse

Preços para família de 4 pessoas

Panthéon, Jardin du Luxembourg e arredores | 193

Escultura de cavalo em tamanho maior que o natural, Musée Antoine Bourdelle

⑤ Musée Antoine Bourdelle
Minotauros e heróis gregos

O ateliê do escultor Antoine Bourdelle, o melhor aluno de Rodin, é um oásis de calma numa ruazinha lateral, fora do roteiro turístico principal. Bourdelle trabalhou no local de 1884 até sua morte, em 1929, criando algumas obras enormes. As esculturas agradam às crianças por seu tamanho, especialmente as de um cavalo gigante, do Minotauro, de Hércules e de Apollo. O artista Marc Chagall também trabalhou aqui por pouco tempo. Há um belo jardim repleto de trabalhos de Bourdelle, um lugar divertido para conhecer com crianças.

Se chover...
Do outro lado da rua principal fica o **Musée du Montparnasse** (21 ave du Maine, 75015; 01 42 22 91 96), no passado a casa da pintora russa Marie Vassilieff, que durante a Primeira Guerra Mundial manteve uma cantina para artistas necessitados, entre eles Picasso, Modigliani, Chagall e Zadkine. Desça o boulevard du Montparnasse até a brasserie art déco **La Coupole** (102 blvd Montparnasse, 75014), onde garçons agitados servem pratos clássicos.

Frutos do mar na clássica brasserie parisiense La Coupole

Informações
- **Mapa** 13 B3
- **Endereço** 18, rue Antoine Bourdelle, 75015; 01 49 54 73 73; www.bourdelle.paris.fr
- **Metrô** Montparnasse Bienvenüe, linhas 4, 6, 12 e 13 ou Falguière, linha 12 **Ônibus** 28, 48, 58, 88, 89, 91, 92, 94, 95 e 96
- **Aberto** 10h-18h, fechado seg e feriados
- **Preço** Grátis, exceto em exposições temporárias
- **Idade** A partir de 5 anos
- **Atividades** Workshops p/ crianças em francês; 01 49 54 73 91/92
- **Duração** 45min-1h
- **Cadeira de rodas** Limitado; ligue antes da visita e o museu instalará rampas
- **Comida e bebida** Piquenique Poilâne (8 rue du Cherche Midi, 75006; 01 45 48 42 59; fechado dom) padaria desde 1933. Piquenique no Jardin d'Atlantique. Para a família Les Cedres du Liban (5 ave du Maine, 75015; 01 42 22 35 18; www.lescedresduliban.com; 12h-15h e 19h-22h) é boa opção p/ vegetarianos. Há pratos pequenos infantis.
- **Banheiros** No museu

CRIANÇADA!

Você sabia?
1 Para que é usado o terraço na cobertura da Tour Montparnasse?
2 Que a maior escultura de um cavalo em Paris fica no jardim de Antoine Bourdelle?
3 O Minotauro é metade homem, metade touro. Localize-o no jardim de Antoine Bourdelle.

Resposta no fim do quadro.

Trem descontrolado
Em 1898, um trem descontrolado rompeu a espessa parede da fachada da estação Gare Montparnasse e saiu da plataforma, mergulhando 10m até o piso abaixo. Todos os passageiros do trem sobreviveram. Procure uma imagem na internet.

VOE PARA O TOPO
O elevador da Tour Montparnasse leva apenas 38 segundos para chegar até o topo. São 6m por segundo!

Homem aranha
Em 1995, o alpinista urbano francês Alain "Homem Aranha" Robert escalou a parte externa da Tour Montparnasse usando apenas os pés e as mãos, sem nenhum tipo de equipamento de segurança. Foi uma façanha de alto risco, e ele quase caiu. Robert já escalou 85 edifícios em várias cidades do mundo, incluindo alguns dos mais altos do planeta. Nunca pede permissão e geralmente inicia a escalada ao raiar do dia. Ele já foi preso várias vezes por isso. Não pense em fazer a mesma coisa, mas dê uma olhada em suas proezas no endereço www.alainrobert.com.

Resposta: 1 Para pousos de helicóptero.

Piquenique até €25; Lanches €25-45; Refeição €45-90; Para a família mais de €90 (base para 4 pessoas)

⑥ Musée de la Poste

Cartas e um pequeno príncipe

Um dos melhores museus alternativos de Paris, o Musée de la Poste tem uma coleção interessante de caixas de correio antigas, cabines telefônicas e displays interativos que garantem a diversão na visita. O museu relata a história do serviço dos correios e das telecomunicações, começando com uma tabuleta mesopotâmica de argila. Entre outros heróis destacados está o autor de *O pequeno príncipe*, Antoine de Saint-Exupéry, que escreveu o clássico infantil inspirado por suas aventuras como aviador a

Modelos de carteiros e furgões dos correios, Musée de la Poste

serviço dos correios. O local também mapeia a história da França de maneira singular e acessível a crianças. Há uma sala com os balões de ar quente e os pombos-correios usados durante o cerco de Paris em 1871.

Para relaxar

O moderno **Jardin Atlantique** fica sobre a estação Gare Montparnasse. Pegue um elevador e suba do boulevard Vaugirard até o parque. As crianças gostam do local, que é ótimo para dar comida aos pássaros ou ver parisienses jogando tênis e pingue-pongue.

⑦ Musée Jean Moulin

Mensagens secretas, espiões e filmes de guerra

O pequeno Musée Jean Moulin e o museu que o acompanha, o Mémorial du Maréchal Leclerc de Hauteclocque, mostram como era a vida durante a resistência francesa na Segunda Guerra Mundial, assim co-

mo nos dias dramáticos da libertação de Paris. Ambos documentam esse período por meio das vidas do líder da resistência Jean Moulin, sepultado no vizinho Panthéon (pp. 188-9), e do líder militar marechal Leclerc. Em 25 de agosto de 1944, Leclerc montou seu posto de comando na Gare Montparnasse, onde depois o general alemão Von Choltitz assinou o cessar-fogo.

Há uma coleção fascinante de mensagens em código, jornais clandestinos, fotos e filmes que mostram como foi a ocupação nazista. Procure um rádio escondido numa mala.

Fachada modernista do Musée Jean Moulin, ao lado do Jardin Atlantique

---

Informações

- **Mapa** 13 B4
- **Endereço** 34 blvd de Vaugirard, 75015; 01 42 79 24 24; www.ladressemuseedelaposte.fr
- **Metrô** Montparnasse Bienvenüe, linhas 4, 6, 12 e 13, saída pl Bienvenüe; ou Pasteur, linhas 6 e 12 **Ônibus** 28, 58, 88, 89, 91, 92, 94, 95 e 96
- **Aberto** 10h-18h (até 20h qui), fechado dom e feriados
- **Preço** €17-27; até 13 anos grátis, até 26 com passaporte da UE
- **Para evitar fila** Aceita Paris Museum Pass
- **Passeios guiados** Áudio em inglês e em francês: €6,50 por pessoa, incluindo o ingresso
- **Idade** A partir de 5 anos
- **Atividades** Folheto de atividades infantis e workshops familiares em francês
- **Duração** 1-2h
- **Cadeira de rodas** Não
- **Comida e bebida** *Piquenique* Le Bon Marché (24 rue de Sèvres, 75007; fechado dom), a loja de departamentos mais antiga da cidade, tem uma praça de alimentação incrível, La Grande Epicerie (www.lagrandeepicerie.fr). Piquenique no pequeno jardim diante do Le Bon Marché, na rue des Sèvres, oposto ao Hôtel Lutetia. *Lanches* Marino Pietro Pizza (65 blvd de Vaugirard 75015; 01 43 22 61 46; www.pietroristorante.com; 12h-15h, 18h30-23h30 diariam) é uma simpática pizzaria que também serve saladas.
- **Banheiros** Perto da recepção

Informações

- **Mapa** 13 C3
- **Endereço** 23 Allée de la 2e Division Blindée, Jardin Atlantique, 75015; pegue o elevador no blvd de Vaugirard ou as escadas no prédio oposto ao elevador; 01 40 64 39 44; www.paris.fr
- **Metrô** Montparnasse Bienvenüe, linhas 4, 6, 12 e 13, saída pl Bienvenüe; Gaite, linha 13; e Pasteur, linhas 6 e 12 **Ônibus** 28, 58, 88, 89, 91, 92, 94, 95 e 96
- **Aberto** 10h-18h, fechado seg e feriados
- **Preço** Grátis, cobra por algumas exposições
- **Pass. guiados** Em inglês, reserve
- **Idade** A partir de 10 anos
- **Duração** 30min-1h
- **Cadeira de rodas** Sim
- **Comida e bebida** *Piquenique* Mansard Vincent (6 rue Falguière, 75015; fechado seg) é uma boa padaria. *Refeição* Crêperie du Manoir Breton (18 rue d'Odessa; 01 43 35 40 73; 12h-23h) é o melhor para comer crepes.
- **Banheiros** Perto da galeria à esq.

Preços para família de 4 pessoas

Panthéon, Jardin du Luxembourg e arredores | 195

Visitantes estudam os instrumentos científicos no Musée Pasteur

Para relaxar
O museu fica ao lado do Jardin Atlantique; depois de visitá-lo, faz bem brincar um pouco, longe da agitação de Montparnasse.

⑧ Musée Pasteur
Bactérias, cães raivosos e vinho estragado

Antes de tomar um copo de leite, lembre-se sempre de brindar o renomado cientista Louis Pasteur. Foi ele quem descobriu o processo de pasteurização do leite e a cura da raiva. O apartamento onde passou seus últimos sete anos de vida foi preservado como estava quando Pasteur morreu, em 1895. Fica no primeiro piso do centro científico Instituto Pasteur, nomeado em sua homenagem. Procure os objetos pessoais de Pasteur e uma grande coleção de microscópios e instrumentos científicos. Pasteur foi sepultado no subsolo, cercado por mosaicos que celebram suas descobertas.

Para relaxar
Faça uma caminhada curta do Musée Pasteur até o lindo playground da pitoresca place Adolphe Chérioux, nas proximidades da estação de metrô Vaugirard.

Túmulo de Louis Pasteur, decorado com mosaicos que celebram seu trabalho

Informações
- 🌐 **Mapa** 13 A4
- 📍 **Endereço** 25 rue du Docteur Roux, 75015; 01 45 68 82 83; www.pasteur.fr
- 🚇 **Metrô** Pasteur, lin. 6 e 12 **Ônib.** 95
- 🕐 **Aberto** 14h-17h30 seg-sex, fechado ago; horários de visita: 14h, 15h, e 16h
- 💶 **Preço** €20-30
- 🚩 **Passeios guiados** Obrigatórios, faça reserva p/ passeios em inglês
- 👫 **Idade** A partir de 10 anos
- ⏱ **Duração** 45min
- ♿ **Cadeira de rodas** Sim
- 🍴 **Comida e bebida** *Piquenique* Des Gâteaux et du Pain (63 blvd Pasteur, 75015; www.desgateauxetdupain.com; fechado ter) vende bolos e outras guloseimas numa loja que parece mais com uma joalheria, graças a suas chiques paredes negras. *Refeição* Le Baribal (186 rue de Vaugirard, 75015; 01 47 34 15 32; 11h45-meia-noite) é um bom bistrô de bairro.
- 🚻 **Banheiros** Sim

CRIANÇADA!

O príncipe voador
O pequeno príncipe foi escrito pelo carteiro voador Antoine de Saint-Exupéry. Ele pilotou alguns dos primeiros aviões dos correios, que tinham poucos instrumentos e eram muito perigosos. Certa vez, caiu no meio do deserto do Saara e quase morreu de sede. A história de *O pequeno príncipe* começa quando um piloto perdido no deserto conhece um pequeno príncipe que vive num asteroide minúsculo. Saint-Exupéry desapareceu sobre o Mediterrâneo, em 1944. Os restos de seu avião estão expostos no Musée de l'Air et de l'Espace (p. 229).

BACTÉRIAS EM AÇÃO
Deixe um copo de leite num local quente e veja o que acontece quando as bactérias entram em ação. O leite se divide em coalho e soro.

Cães raivosos e um francês resoluto
Quando Pasteur era jovem, um lobo infectado com raiva atacou um garotinho em seu vilarejo. O menino morreu, e Pasteur nunca se esqueceu de seus gritos de dor enquanto o povo tentava, em vão, salvá-lo. Determinado a encontrar uma cura, ele usou uma série de inoculações para tratar um menino de 9 anos mordido por um cachorro com raiva. O menino sobreviveu, e Pasteur virou herói. Milhares de pessoas foram a seu funeral na Notre-Dame. Seu nome foi dado a uma cratera na Lua.

Piquenique até €25; Lanches €25-45; Refeição €45-90; Para a família mais de €90 (base para 4 pessoas)

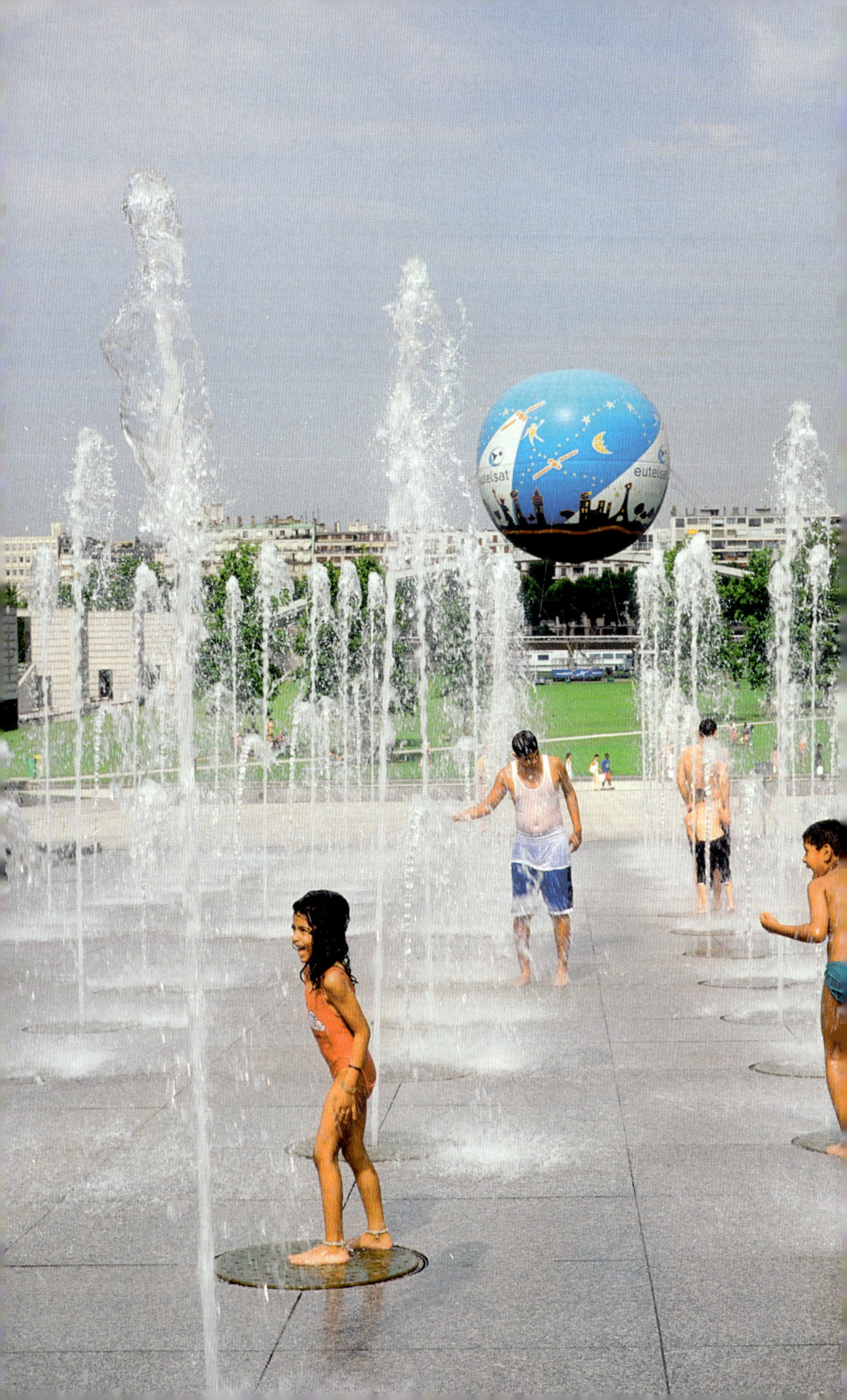
eutelsat
eutelsat

Arredores
do Centro

Alguns dos maiores tesouros de Paris ficam fora do centro da cidade; entre eles há feiras interessantes, os brinquedos do Jardin d'Acclimatation, que fazem grande sucesso, um cemitério muito famoso e as assustadoras Catacombes. Há vários parques e espaços modernistas a explorar, desde o extenso Bois de Vincennes até o Parc André Citroën. O Parc de la Villette, com playgrounds e museu de ciência, é high-tech e ótimo para crianças.

Principais atrações

Cité des Sciences et de l'Industrie
Mergulhe no mundo de máquinas, foguetes e aeronaves no maior museu de ciência da Europa (p. 202).

Parc des Buttes-Chaumont
Curta um passeio tranquilo em um dos parques mais românticos de Paris (p. 204).

Marché aux Puces de St.-Ouen e Marché aux Puces de Vanves
Cace pechinchas entre as fascinantes pilhas de coisas usadas nos mercados de pulgas de Porte de St.-Ouen e Porte de Vanves (p. 206 e p. 215).

Jardin d'Acclimatation
Procure os animais de fazenda no parque de diversões mais antigo da cidade, que entretém crianças há mais de um século (pp. 210-1).

Parc André Citroën
Num dia de calor, corra entre jatos d'água neste parque modernista na margem do Sena (pp. 212-3).

Catacombes
Percorra os túneis subterrâneos assustadores e veja os ossos de 6 milhões de pessoas arrumados em desenhos macabros (p. 214).

Acima, à esq. Lojas vendem antiguidades, arte e quinquilharias no Marché aux Puces de St.-Ouen
À esq. Refrescando-se do calor do verão no Parc André Citroën

O Melhor nos Arredores do Centro

Se as crianças já conhecem a parte central de Paris ou querem fazer algo diferente, vá um pouco mais longe no metrô ou RER para encontrar alguns dos tesouros ocultos da cidade. Procure nomes famosos nos cemitérios, visite o maior museu de ciências da Europa, passeie num barco no canal ou conheça o belo Château de Malmaison, onde viveram Napoleão e Josephine. No verão, o científico Parc de la Villette e o verde Bois de Vincennes são ótimos para piqueniques.

Um passeio perfeito

Comece o dia divertindo-se no **Parc de la Villette** (pp. 202-3), com sua **Cité des Enfants** (p. 202), perfeita para crianças, e a **Cité des Sciences et de l'Industrie**, onde a criançada pode apertar botões e aprender ciência do jeito fácil. Caminhe até o **Parc des Buttes-Chaumont** (p. 204), explore a gruta e almoce no animado restaurante **Rosa Bonheur** (p. 204), no parque.

Passe a tarde procurando nomes famosos no **Cimetière du Père Lachaise** (p. 204) e caminhe ao lado do **Canal St.-Martin** (p. 203), no quai de Valmy, para olhar as lojas. Faça um passeio num barco no canal e encerre o dia com um jantar no acolhedor restaurante asiático **Ari Madame Shawn** (p. 203). Em alguns casos a distância entre um lugar e outro é grande, especialmente entre o **Parc des Buttes-Chaumont** e o **Cimetière du Père Lachaise** e entre este e o **Canal St.-Martin**. Mas a área é facilmente acessível por ônibus e metrô.

À esq. A Cité des Sciences et de l'Industrie, no Parc de la Villette Abaixo Pavões no Jardin d'Acclimatation

Acima Crianças de bicicleta atravessam cavernas no Parc des Buttes-Chaumont *Abaixo* O Stade Roland Garros, onde acontece o torneio de tênis Aberto da França

Obras grandiosas

Napoleão deixou sua marca na cidade, construindo o extenso **Cimetière du Père Lachaise** e desviando o rio Ourcq para dentro do **Canal de l'Ourcq** (p. 203), para levar água potável à cidade. Em meados do século XIX, o barão Haussmann construiu um grande matadouro no **Parc de la Villette**, que hoje abriga o parque de vanguarda projetado por Bernard Tschumi.

O modernista presidente Pompidou adorava carros; foi ele quem construiu o anel rodoviário que cerca a cidade, o Périphérique, para facilitar os deslocamentos. O presidente Mitterrand também deixou um legado, construindo o arco gigantesco no distrito empresarial de **La Défense** (p. 211) e o amplo **Parc de Bercy** (p. 205). Ao lado do parque, à margem do rio atrás da Gare de Lyon, há um espaço importante para eventos esportivos e musicais, o **Palais Omnisports** (p. 205), outro projeto da era Mitterrand. Pare para beber alguma coisa no animado **Bercy Village** (p. 205), ali perto, cujas antigas adegas reformadas hoje são repletas de lojas e restaurantes.

Escolha um parque

Paris tem parques em grande número, e alguns dos melhores estão fora do centro. O barão Haussmann projetou os jardins acidentados do **Parc des Buttes-Chaumont** na metade do século XIX e, no sul, criou o belo **Parc Montsouris** (p. 214), com extensos gramados e lagoa com patos. Napoleão III apaixonou-se pelo Hyde Park quando esteve exilado na Inglaterra; retornando à França, construiu dois parques em estilo inglês: o **Bois de Vincennes** (pp. 204-5) e o **Jardin d'Acclimatation** (pp. 210-1), onde é divertido andar de barco a remo no lago e brincar no parque de diversões mais antigo da cidade. Os jardins do **Château de Malmaison** (p. 212), do século XVII, também são lindos em dias de sol. Os parques parisienses acompanham os novos tempos. O **Parc André Citroën** (pp. 212-3), o moderno **Parc de Bercy** e o científico **Parc de la Villette** são muito apreciados pelas famílias, por terem ótimas instalações para crianças.

Em clima esportivo

Visite o the **Stade de France** (p. 207), onde a França ganhou a Copa do Mundo de futebol em 1998. Pare para bater uma bolinha no **Jardin d'Acclimatation** e depois será hora do tênis no **Stade Roland Garros** (p. 211), onde os gigantes do tênis mundial disputam o Aberto da França. O **Palais Omnisports** é o maior espaço coberto para esportes em Paris e tem um rinque de patinação no gelo. Outra alternativa é alugar bicicletas e barcos a remo no **Jardin d'Acclimatation** e no **Bois de Vincennes**. Atravesse de patins a ponte **Passerelle Simone de Beauvoir** (p. 205), ao lado do **Parc de Bercy**, ou corra em volta do morro com rochedos no **Parc des Buttes-Chaumont**.

Parc de la Villette e arredores

A zona leste de Paris tem atividades ao ar livre e em espaços cobertos fora do roteiro turístico principal. O Parc de la Villette abriga um inovador museu de ciência; para quem gosta de história, o Cimetière du Père Lachaise é fascinante. O Parc des Buttes-Chaumont é o parque mais romântico da cidade, com um penhasco rochoso e vista magnífica; e o Bois de Vincennes tem um castelo com enorme torre central, lagos e muito espaço. Se quiser algo diferente, vá ao moderno Parc de Bercy. Num dia de sol, explore os canais de l'Ourcq ou St.-Martin; faça um piquenique no caminho ao lado do canal ou nos parques.

Pitoresco Cimetière du Père Lachaise

Informações

Metrô Porte de la Villette, linha 7 ou Porte de Pantin, linha 5; Père Lachaise, linhas 2 e 3; Philippe Auguste, linha 2; Gambetta, linha 3; Alexandre Dumas, linha 2; Porte Doree, linha 8; Château de Vincennes, linha 1; Bercy, linhas 6 e 14; Porte de Clignancourt, linha 4 ou Garibaldi, linha 13; Basilique de St.-Denis, linha 13; St.-Denis Porte de Paris, linha 13 **RER** Vincennes, linha A; La Plaine Stade de France, linha B; Stade de France St.-Denis, linha D **Ônibus** 26, 46, 56, 60, 69, 75, 85, 86, 87, 95, 137, 139, 150, 152, 153, 166, 173, 249, 253, 255, 302, PC1, PC2 e PC3 **Táxi** 01 45 30 30 30; Taxi G7: 01 47 39 47 39; Taxi Bleu: 08 91 70 10 10 **Canal** Canauxrama, 13 quai de la Loire, 75019; 01 42 39 15 00; www.canauxrama.com; Paris Canal, 19-21 quai de la Loire, 75019; 01 42 40 96 97; www.pariscanal.com **Como circular** Linhas 7, 7 bis e 5 ligam a área ao centro de Paris; o PC2 vai até Vincennes saindo de Porte de la Villette

Informação turística Quiosques: Gare du Nord, 18 rue de Dunkerque, 75010; 8h-18h diariam, fechado 1º mai, 25 dez e 1º jan; Gare de l'Est, pl du 11 Novembre 1918, 75010; 8h-19h seg-sáb, fechado 1º jan, 1º mai e 25 dez; Office de Tourisme de Vincennes, 28 Ave de Paris, 94300; 01 48 08 13 00; www.vincennes-tourisme.fr; 9h30-12h30, 13h30-18h ter-sáb, até 17h30 out-mar, fechado feriados

Supermercados Franprix, 126 rue de Picpus, 75012, 13 rue des Vignerons, 94300; Monoprix, 119 ave de la Flandre, 75019 e 7 Rue Louise Thuliez, 75019; **Mercados de rua** Marché St.-Martin 31/33, rue de Château d'Eau, 75010; 9h-20h ter-sáb, 9h-14h dom; Marché Père Lachaise, blvd de Menilmontant, 75011; 7h-14h30 ter e sex

Festivais Foire du Trône, parque de diversões, Bois de Vincennes (abr-jun); shows infantis, Les Pestacles, Bois de Vincennes (jun-set); festival de cinema ao ar livre, Cinema en Plein Air, Parc de la Villette (jul-ago)

Farmácias Grand Pharmacie Daumesnil, 6 pl Félix Eboué, 75012; 01 43 43 19 03; 8h30-21h diariam; Pharmacie Européenne, 6 pl Clichy, 75009; 01 48 74 65 18; aberta 24h

Playgrounds Parc de la Villette (pp. 202-3); Parc des Buttes-Chaumont (p. 204); Le Parc Floral de Paris, Bois de Vincennes (pp. 204-5); Crue Crimée, pl de Bitche, 75019; amanhecer-anoitecer

0 quilômetros 1

Parc de la Villette e arredores | 201

Locais de interesse

ATRAÇÕES
1. Parc de la Villette
2. Cimetière du Père Lachaise
3. Bois de Vincennes
4. Parc de Bercy
5. Marché aux Puces de St.-Ouen
6. Basilique St.-Denis
7. Stade de France

Arredores do Centro

Parc de la Villette
Jardin d'Acclimatation p. 208
Centro de Paris

Acima Helicóptero Alouette na Cité des Sciences
Abaixo Crianças nos escorregadores do Parc des Buttes-Chaumont

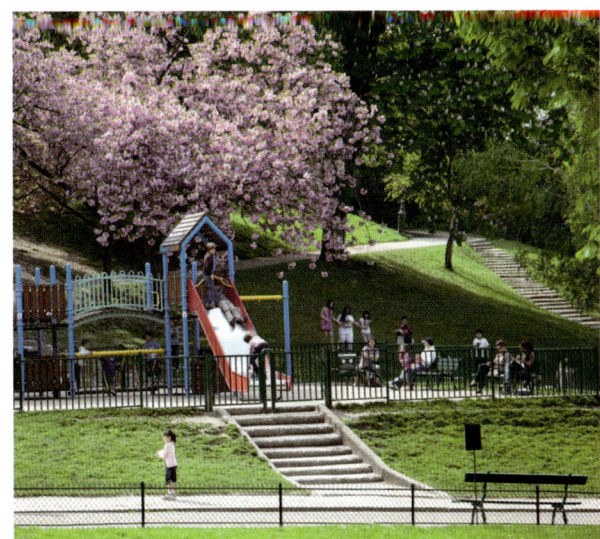

Estátua de Luís XVI na Basílica St.-Denis

Arredores do Centro

① Parc de la Villette
Museus, jardins temáticos e barcos

Na extremidade nordeste de Paris, o antigo matadouro e mercado de animais foi transformado num parque maravilhosamente original que acompanha o traçado do Canal de l'Ourcq. Repleto de playgrounds, o complexo também abrange uma sala de concertos, centro de música e pavilhão de exposições. Para as famílias, a principal atração é a Cité des Sciences, o maior museu de ciências da Europa, que inclui a interativa Cité des Enfants, uma área inovadora só para crianças.

Crianças brincando no Parc de la Villette

Destaques

① Cité des Sciences et de l'Industrie Esse museu futurista de ciências fascina as crianças com suas atrações interativas. Sobrevoe Marte no planetário ou percorra o corpo humano na exposição Explora.

② La Géode Com essa tela hemisférica gigante, assistir a filmes em 3D é uma experiência grandiosa de fato.

③ La Cité des Enfants Nesse museu temático, crianças de 2 a 12 anos podem ser apresentadoras de TV, fazer previsões do tempo ou projetar robôs.

④ La Cinaxe Nesse cinema inclinado, viva cada momento de um filme de ação através da tecnologia de realidade virtual.

⑤ Cité de la Musique Esse complexo branco e minimalista inclui um museu com coleção extensa que cobre a história da música desde a Renascença.

⑥ Grande Halle O antigo mercado de gado no tempo em que La Villette era um matadouro hoje recebe exposições temporárias.

⑦ L'Argonaut Descubra a vida marinha por meio dos radares, telas e periscópios deste submarino dos anos 1930.

Informações

Mapa 6 F2
Endereço Parc de la Villette: 211 ave Jean Javrès, 75019; 01 40 03 75 75; www.lavillette.com; Cité des Sciences: 01 40 05 80 00; www.cite-sciences.fr; La Géode: 08 92 68 45 40; www.lageode.fr. Cité de la Musique: 01 44 84 44 84; www.cite-musique.fr
Metrô Porte de la Villette, linha 7 para Cité des Sciences; Porte de Pantin, linha 5 para Cité de la Musique **Ônibus** PC2, PC3, 75, 139, 150, 152 e 249
Aberto Parc de la Villette: diariam; acesso restrito: 1h-6h; Cité des Sciences: 10h-18h, até 19h dom, fechado seg; La Géode: 10h30-20h30, fechado em alguns feriados; Cité de la Musique: 12h-18h ter-sáb, 10h-18h dom, fechado seg. L'Argonaut: 10h-17h30 ter-sáb
Preço Parc de la Villette: grátis; Cité des Sciences, Explora: €28-38; Cité des Enfants: €12-22; La Géode: €21-31; ingresso combinado: €63-73; €3 para o planetário e €4,80 para La Cinaxe; ingresso familiar €64-74; Cité de la Musique: €16-26; ligue ou verifique no site os preços dos shows.
Para evitar fila Aceita Paris Museum Pass nos museus; compre ingressos on-line
Passeios guiados Em francês, nos parques e nos museus; shows no planetário em inglês e em francês; o show das 14h é geralmente em inglês
Idade Parc de la Villette: livre; Cité des Sciences: a partir de 2 anos; L'Argonaute: a partir de 6; La Géode: a partir de 7; outras atrações: a partir de 5 anos
Atividades Workshops diversos
Duração 1 dia

Preços para família de 4 pessoas

Parc de la Villette e arredores | 203

Para relaxar
Em frente ao museu Cité des Sciences et de l'Industrie há dez jardins temáticos diferentes, incluindo jardins de espelhos, neblina e acrobacia.

O parque tem pavilhões, passarelas e playgrounds, além de atividades infantis nos fins de semana. Assista a um show no barco *Antipode* (55 quai de la Seine, 75019; 01 42 03 39 07; www.penicheantipode.fr; qua, dom e feriados escolares).

Comida e bebida
Piquenique: até €25; Lanches: €25-45; Refeição: €45-90; Para a família: mais de €90 (base para 4 pessoas)

PIQUENIQUE Canal Bio (110 bit quai de Loire, 75019; 14h30-20h seg, 10h-20h ter-sáb), à beira de um canal, vende produtos orgânicos. Faça um piquenique à margem do canal ou em qualquer lugar do parque.
LANCHES Le Cafézoïde (92 quai de la Loire, 75019; 01 42 38 26 37; www.cafezoide.asso.fr) é um café diferente. Aqui as crianças podem jogar, assistir a concertos, participar de oficinas e, é claro, se reabastecer. Fica a dez minutos a pé pela trilha do canal, em sentido sul.
REFEIÇÃO Madame Shawn (3 rue des Récollets, 75010) serve ótima comida asiática em grandes mesas de madeira perto do Canal St.-Martin. Bom lugar para encerrar o dia.
PARA A FAMÍLIA Les Grand Tables du 104 (104 rue d'Aubervilliers, 75019; 01 40 37 10 07; ter-dom) tem ambiente animado e boa culinária internacional. À tarde há oficinas para as crianças, além de ótima comida.

- **Café** Na Cité des Sciences et de l'Industrie e Cité de la Musique
- **Lojas** La Boutique de la Cité des Sciences, Cité des Sciences et de l'Industrie
- **Banheiros** Trocador de bebê na Cité des Sciences et de l'Industrie

Bom para a família
O parque é caro, mas as crianças adoram o museu de ciências. Nas noites de verão durante o festival de Cinema en Plein Air, famílias assistem a filmes até tarde.

Jardim de acrobacias, um dos playgrounds temáticos do Parc de la Villette

Saiba mais
INTERNET Visite o site interativo *http://www.universcience.fr/fr/juniors/contenu/c/1239022828832/surprises/*. Veja um foguete espacial Ariane decolar em *www.arianespace.com*. Encare mais ciência em *http://www.bbc.co.uk/schools/scienceclips/index_flash.shtml* e *www.kids-science-experiments.com*. Assista a filmes dos irmãos Lumière em *http://tinyurl.com/ybvdbuq*.

Compras
A loja conceitual **Antoine et Lili** (95 quai Valmy, 75010; www.antoineetlili.com), no Canal St.-Martin, perto do parque, tem artigos domésticos e roupas para mulheres e garotinhas.

Próxima parada...
PASSEIOS NO CANAL E PRAIAS
Faça um passeio num barco no canal (p. 29) ou ande na trilha ao lado do Canal de l'Ourcq, construído por Napoleão. Ele sabia que para conquistar a confiança dos parisienses era preciso muita água doce, que sempre faltava na cidade, então desviou o rio Ourcq para um canal de 100km de extensão. Ele deságua no Canal St.-Martin, com suas pontes de ferro para pedestres, que corre para o sul até a Bastille. No verão as trilhas à margem dos canais ficam mais animadas entre meados jul-meados ago, quando o popular **Paris-Plages** (p. 68) as converte numa festa de rua.

CRIANÇADA!

Coisas a fazer...
1 Surpreenda-se com uma bicicleta gigante semienterrada do outro lado do fosso em relação ao L'Argonaute.
2 Desça o escorregador a partir da boca de um dragão de metal no Jardin du Dragon.
3 Na Cité des Sciences, descubra como os astronautas são mandados para o espaço.

DESTINO CRUEL
Alegre-se por não ser uma vaca ou um porco: no passado, La Villette foi o matadouro de Paris, onde milhões de animais morreram.

Irmãos do cinema
O cinema foi inventado por dois irmãos, Auguste e Louis Lumière. Eles fizeram dez curtas-metragens e os mostraram a uma plateia no subsolo do Grand Café no boulevard des Capucines, em 1895. Os irmãos não ficaram muito impressionados com sua invenção e a abandonaram pouco depois. Assista a um filme em 3D no La Géode. Você verá que o cinema avançou muito desde os irmãos Lumière.

② Cimetière du Père Lachaise
Defuntos famosos

Longe de serem sinistros e assustadores, os cemitérios de Paris são cheios de monumentos bizarros e fascinantes e merecem ser visitados.

Os túmulos no Père Lachaise parecem uma lista de chamada de famosos, como os cantores Edith Piaf e Jim Morrison e o dramaturgo Oscar Wilde. Mas a primeira pessoa sepultada aqui, em 1804, foi Adélaïde Paillard-Villeneuve, que tinha apenas 5 anos. Muitos túmulos têm esculturas em tamanho natural das pessoas sepultadas neles; são verdadeiras obras de arte.

O Columbarium, ou "pombal", do século XIX, abriga as urnas funerárias de mais celebridades dentro de seus compartimentos cobertos de memoriais. O Mur des Fédérés, no canto sudeste do cemitério, é o muro contra o qual os defensores da Comuna de Paris, chamados

O Columbarium no Cimetière du Père Lachaise

fédérés, foram executados por tropas do governo em 1871.

Para relaxar
Ao lado do canto sudeste do cemitério, algumas belas ruas de pedra partem da rue de Bagnolet, e há um pequeno playground no alto da rue des Balkans. A paisagem romântica do **Parc des Buttes-Chaumont** *(rue Manin, 75019)*, com seus penhascos rochosos, gruta, cascatas e pavilhão com colunata, é um ótimo lugar para alimentar os patos, brincar no playground e ter uma linda vista de Paris.

Informações
- **Endereço** Rue des Repos 75020; 01 71 28 50 82; www.pere-lachaise.com
- **Metrô** Père Lachaise, linhas 2 e 3; Philippe Auguste, linha 2; Gambetta, linha 3 ou Alexandre Dumas, linha 2 **Ônibus** 60, 69 e 102
- **Aberto** 8h-17h30 diariam (a partir das 8h30 sáb e das 9h dom e feriados); verão: até 18h
- **Preço** Grátis
- **Idade** Livre
- **Duração** 1h-1h30
- **Comida e bebida** *Piquenique* La Boulangerie Véronique Mauclerc *(83 rue de Crimée, 75019; fechada seg)*, padaria digna de cartão-postal, perto do Parc des Buttes-Chaumont, é famosa por seus pães de nozes e tem um salão de chá em miniatura, com azulejos lilases nas paredes e afrescos dos anos 1930. *Refeição* Rosa Bonheur *(2 Allée de la Cascade, 75019; 01 42 00 00 45; www.rosabonheur.fr; 12h-meia-noite quadom)*, local moderno no Parc des Buttes-Chaumont, bom p/ ir no verão. Esta *guinguette*, espécie de café com pista de dança ao ar livre, foi aberta em 1867 e serve tapas. Veja daqui o sol se pôr sobre Paris.
- **Banheiros** Não

③ Bois de Vincennes
Borboletas, leões e peixes

O Bois de Vincennes fica a sudeste do centro de Paris. Seu elemento mais marcante é o Château de Vincennes, residência real até a construção do palácio de Versalhes, no século XVII. Faça um piquenique no parque, no passado uma reserva de caça dos reis onde São Luís fazia julgamentos sob um carvalho. O château possui um lindo jardim, Le Parc Floral de Paris, onde há um playground com várias atividades no verão, como carrinhos elétricos, trenzinho e campo de minigolfe.

Há um jardim tropical e uma fazenda urbana, La Ferme de Paris, além de shows de marionetes e passeios de pônei. Há quatro lagos, em um deles é possível andar de barco. Entre o Domingo de Ramos e o fim de maio, a atração é o parque de diversões Fête du Trône.

Trenzinho percorrendo o Bois de Vincennes

Remando no lago do Bois des Vincennes

Preços para família de 4 pessoas

Parc de la Villette e arredores | 205

Se chover...
A **Cité Nationale de l'Histoire de l'Immigration** (293 ave Daumesnil, 75012; www.histoire-immigration.fr) mapeia a história da imigração na França. As crianças adoram o aquário (www.aquarium-portedoree.fr). O **Cirque Pinder** (Pelouse de Reuilly, 75012; 01 45 90 21 25; www.cirquepinder.com), o mais antigo circo itinerante da França, faz shows nos meses de inverno. É um circo tradicional, com números com animais.

Informações

Endereço Bois de Vincennes: Château de Vincennes: ave de Paris, 94300; 01 48 08 31 20; www.chateau-vincennes.fr

Metrô Porte Dorée, linha 8; Château de Vincennes, lin. 1 **RER** Vincennes, linha A **Ônibus** 46, 56, 86, 87, 112, 115, 325, PC1 e PC2

Aberto Bois de Vincennes: amanhecer-anoitecer; Château: 10h-18h; inverno: até 17h; fechado em feriados; La Ferme de Paris: fins de semana e feriados, 13h30-18h30; inverno: até 17h; fechado seg durante férias escolares. Le Parc Floral: 9h30-20h; inverno: até 17h

Preço Château de Vincennes: €18-28; até 18 anos grátis; cidadãos da UE até 26 anos grátis. La Ferme de Paris: grátis; Le Parc Floral: grátis, mas alguns shows e atividades infantis são pagos

Idade Livre

Atividades Barco a remo no Lac Daumesnil ou no Lac des Minimes, €11,80 por hora (sinal €10); shows infantis no Le Parc Floral no verão e várias atividades na fazenda urbana; teatro de fantoches perto do Lac de St.-Mandé

Cadeira de rodas Château: acesso limitado

Comida e bebida *Lanches* Au Pur Beurre (10 ave de Paris, 94300; 01 43 28 13 61; fechado seg) serve brioche e chás revigorantes. Les Fées Papilles (13 Rue Lejemptel, 94300; 01 43 28 49 71) nos domingos serve brunch e delícias na hora do chá. *Para a família* Le Chalet des îles Daumesnil (Lac Daumesnil-Bois de Vincennes, 75 012; 01 43 07 00 10; www.lecha letdesiles.com) oferece cozinha tradicional num terraço com lindos gramados.

Banheiros No castelo, Le Chalet des Iles and at Sanisette, na ave de Nogent perto da estação Château de Vincennes

④ Parc de Bercy
Paraíso dos patinadores

Este parque foi no passado o depósito de vinhos de Paris; muitas de suas trilhas conservam os trilhos dos trens que traziam barris de vinho de barcos fluviais para os armazéns. Há fontes, estátuas e muitos patos para alimentar, e o parque tem um pequeno rinque de patinação. A área do parque que recebeu o nome do falecido premiê israelense Yitzhak Rabin é um lugar lindo, dedicado à paz. Os patinadores podem atravessar o Sena pela Passerelle Simone de Beauvoir, perto do Bercy Village, a vinte minutos a pé de distância no quai de Bercy. O Bercy Village é um bom lugar para beber alguma coisa. Vários depósitos de vinho foram convertidos em lojas e cafés.

Se chover...
Dentro do parque, o **Palais Omnisports** (01 40 02 60 60; www.bercy.fr/patinoire), é ótimo para patinar no gelo, além de ser um espaço importante para eventos de música e esportes. Na parte noroeste do parque fica a **Cinémathèque Française** (51 rue de Bercy; 01 71 19 33 33; www.cinematheque.fr), um museu do cinema francês.

Verdes gramados do Parc de Bercy num dia de sol

Informações

Mapa 16 G5
Endereço rue Paul-Belmondo 75012; 01 53 46 19 19; www.paris.fr

Metrô Bercy, linhas 6 e 14

Aberto 8h-17h30; verão: até 21h30

Preço Grátis

Idade Livre

Comida e bebida *Piquenique* Monop (60/62 cour St.-Emillion, 75012; 01 44 68 64 70) vende salada e sanduíche. Faça piquenique no Parc de Bercy. *Refeição* Partie de Campagne (36 cour St.-Emillion, 75012) tem menu variado.

Banheiros Não

CRIANÇADA!

Fique de olho...
1 O túmulo de Edith Piaf, cantora famosa que foi enterrada no Père Lachaise. O que significa seu nome?
2 A escada rolante do metrô Père Lachaise. Foi a primeira de Paris; começou a funcionar em 1909.
3 O Château de Vincennes. Tem a torre fortificada mais alta da Europa, com 52m.
4 Vinte e uma crianças do mundo. Essas estátuas no Parc de Bercy formam um monumento aos direitos da criança no início do século XXI. Adivinhe de onde vem cada criança.
5 Mamutes. Presas de mamutes pré-históricos foram encontradas no Parc de Belleville, situado entre o Parc des Buttes-Chaumont e o Cimetière du Père Lachaise.

Respostas no fim do quadro.

FORCA SINISTRA
Antigamente a sinistra forca de Montfauchon ficava no Buttes-Chaumont. Os corpos dos criminosos ficavam pendurados ali até se desintegrarem ou serem devorados por ratos.

Fervendo ossos
Em 1422, o rei inglês Henrique V teve morte dolorosa por disenteria no Château de Vincennes. Seu corpo foi fervido na cozinha para preservá-lo para a longa viagem de volta a Londres.

Respostas: 1 Quer dizer "pardal" na gíria francesa (argot). **4** Cada uma representa um país diferente.

Piquenique até €25; **Lanches** €25-45; **Refeição** €45-90; **Para a família** mais de €90 (base para 4 pessoas)

Arredores do Centro

O movimentado Marché aux Puces de St.-Ouen

⑤ Marché aux Puces de St.-Ouen

Caça ao tesouro, mexilhões e muitas pechinchas

O maior mercado de pulgas da Europa fica no 18º arrondissement, sob o Périphérique, o anel rodoviário de duas pistas. O mercado começou nos anos 1870, quando catadores de trapos se fixaram fora dos limites da cidade para não ter que pagar impostos e começaram a espalhar seus objetos no chão nas manhãs de domingo. Hoje o lugar é uma caverna de Aladdin de memorabilia, com 3 mil barracas arrumadas em quinze mercados diferentes. Nos dias de sol, concentre-se nos mercados mais simpáticos e retrô – Serpette, Paul Bert e Vernaison –, que vendem pratarias, antiguidades e brinquedos usados.

Se chover...

Nos fins de semana há muito teatro de rua para entreter a criançada. Se o tempo ficar ruim, o **Marché Serpette**, que acontece numa garagem antiga, é uma boa opção.

Loja de antiguidades no Marché aux Puces de St.-Ouen

Preços para família de 4 pessoas

Informações

🌐 **Endereço** rue des Rosiers, 75018; 08 92 70 57 65; www.marchesauxpuces.fr

🚗 **Metrô** Porte-de-Clignancourt, linha 4 **Ônibus** 56, 60, 85, 95, 137, 166, 255 e PC3

🕐 **Aberto** 9h-18h sáb, 10h-18h dom e 11h-17h seg

💰 **Preço** Grátis

👥 **Para evitar fila** Vá de manhã cedo ou na seg. Fique de olho nas crianças, que podem se perder facilmente, e cuidado com batedores de carteira. As compras em geral são feitas em dinheiro.

👫 **Idade** A partir de 5 anos

🍴 **Comida e bebida** *Lanches* O ambiente vale mais que a comida em si; ainda assim, almoce em um dos vários cafés e bancas do mercado. *Refeição* Le Picolo (58 rue Jules Valles 93400, St.-Ouen; 01 4011 11 19; www.lepicolo.com; sáb, dom e seg no horário do mercado) é o café mais antigo do mercado e serve mexilhões, *blanquette* de vitela e linguiças.

🚻 **Banheiros** Sim

---

⑥ Basilique St.-Denis

Santos sem cabeça e ossos reais

Quando os romanos decapitaram São Denis, o primeiro bispo de Paris, em 250 d.C., ele pegou a cabeça nas mãos e andou por aí com ela por uma hora antes de entregá-la a uma mulher e tombar morto. Hoje uma basílica ocupa o lugar onde ele foi sepultado. A Abadia de São Denis, primeira no mundo construída em estilo gótico, foi um centro de poder na Idade Média e um importante local de peregrinação. No século VII, o rei Dagoberto – que, segundo a canção revolucionária *Le Bon Roi Dagobert*, usava as calças de trás para diante – decidiu que também ele seria enterrado aqui. Assim começou uma moda: quase todos os reis e rainhas da França o seguiram para as criptas. Durante a Revolução, os túmulos reais foram abertos e os

Túmulos de Luís XII e Ana da Bretanha na Basilique St.-Denis

Informações

🌐 **Endereço** 1 rue de la Légion d'Honneur, 93200; 01 48 09 83 54; http://saint-denis.monuments-nationaux.fr

🚗 **Metrô** Basilique de St.-Denis, linha 13 **Ônibus** 153 e 253

🕐 **Aberto** Abr-set: 10h-18h15 seg-sáb; 12h-18h15 dom; inverno: até 17h15; fechado 1º jan, 1º mai e 25 dez; fechado p/ turistas durante cultos e algumas cerimônias; veja os horários no site

💰 **Preço** Igreja: grátis; Cripta: €15-25; até 18 anos grátis; cidadãos da UE até 26 anos grátis

👥 **Para evitar fila** Visite em um dia ensolarado, quando as janelas com vitrais ficam mais bonitas

🚩 **Passeios guiados** Áudio em inglês; €4,50; passeios em inglês apenas com reserva

👫 **Idade** A partir de 8 anos

👪 **Atividades** Programação infantil, contação de história e workshops em francês; 01 48 09 83 54

⏱ **Duração** 1h

♿ **Cadeira de rodas** Sim

🍴 **Comida e bebida** *Lanches* Le Mets du Roy, diante da catedral, é o melhor lugar p/ um drinque rápido; a área é um pouco perigosa, então volte ao centro p/ comer

🚻 **Banheiros** Na entrada da cripta

Parc de la Villette e arredores | 207

Fachada da Basilique St.-Denis

corpos foram jogados em duas grandes valas. Alguns dos cadáveres estavam surpreendentemente bem conservados, como o de Henrique IV. Em 1817, as valas foram reabertas, mas os ossos estavam todos misturados; era impossível identificar cada corpo. Os restos foram colocados num ossuário na cripta da catedral, atrás de duas placas de mármore inscritas com os nomes dos reis e rainhas e de seus filhos.

Para relaxar
Há uma pequena praça para pedestres em frente à catedral. Mas a área não é muito agradável; é melhor voltar aos parques mais centrais para se descontrair.

⑦ Stade de France
Estádio do Les Bleus

Construído para a Copa do Mundo de 1998, o estádio nacional francês é o quinto maior da Europa e é a sede das seleções francesas de futebol e rúgbi. Fique ao lado do campo onde a seleção francesa venceu a Copa. Conheça os vestiários e reviva no museu alguns dos grandes momentos da história do futebol.

Quase 1 bilhão de sementes foram semeadas para plantar o primeiro gramado do campo no qual a França derrotou o Brasil em 1998 para se tornar campeã mundial pela primeira vez. A final da Copa da França é disputada aqui, e o estádio é usado também para outros eventos. Entre dezembro e janeiro, o campo vira um paraíso de inverno, com atividades como snowboard, patinação, escalada no gelo, trenó e montagem de bonecos de neve.

Para relaxar
Volte para a RER e vá até o **Jardin du Luxembourg** (pp. 190-1), que tem teatro de marionetes e quadras de tênis, entre outras atrações. Perto do estádio não há nenhum lugar para se soltar realmente.

Informações
- 🌐 **Endereço** ZAC du Cornillon Nord, 93210; 08 92 70 09 00; www.stadefrance.com
- 🚇 **Metrô** St.-Denis Porte de Paris, linha 13 **RER** La Plaine-Stade de France, linha B ou Stade de France St.-Denis, linha D **Ônibus** 139, 302, 153, 255 e 173
- 🕐 **Aberto** Apenas passeio guiado; verão e férias escolares: 10h-17h; inverno: 11h-13h e 15h17h sáb e dom e feriados; em inglês: 10h30 e 14h30 apenas alta temporada e férias; fechado seg no inverno
- 💶 **Preço** €30-40; até 18 anos €10; até 5 anos grátis; ingresso familiar: €40; ingressos para eventos esportivos e shows, acesse o site
- 👪 **Idade** A partir de 5 anos
- 🏃 **Atividades** Trenó e patinação
- ⏱ **Duração** 1h15
- ♿ **Cadeira de rodas** Sim
- ☕ **Comida e bebida** *Lanches* Le 98 é um restaurante self-service simples, com bufê e pratos especiais do dia. *Para a família* Le Panoramique (01 55 93 04 40; fins de semana e noites: apenas com reserva) abre para almoço de seg a sex e tem vistas incríveis para o campo.
- 🚻 **Banheiros** Sim

CRIANÇADA!

Você sabia...
1 Quando o futebol chegou à França?
2 Como se chama o time de futebol de Paris?
3 A seleção francesa de futebol é conhecida como Les Bleus, ou os Azuis. Quais são as cores de seu uniforme?
4 Quem marcou os gols da vitória na Copa de 1998?

Respostas no fim do quadro.

RESTOS REAIS
Em 1815, os restos de Luís XVI e Maria Antonieta foram exumados de uma vala comum na square Louis XVI, a pouca distância da place de la Madeleine. Hoje se encontram na capela de St.-Denis.

O delfim perdido
Após a execução de seu pai, Luís XVII, de apenas 10 anos, foi arrastado para a prisão do Templo. Segundo alguns, morreu ali em 1795; para outros, um garoto desconhecido o substituiu. Mais tarde, um relojoeiro, um naturalista e até um missionário indígena americano disseram ser Luís XVII. Mas quando o garoto visto como sendo o príncipe morreu na prisão, um médico extraiu seu coração e o preservou em álcool. Hoje o órgão está na cripta de St.-Denis; testes de DNA comprovaram que é de um membro da família Habsburgo, como Maria Antonieta, a mãe de Luís XVII. Portanto, longe de ter escapado, Luís XVII morreu sozinho numa cela de prisão.

Respostas: 1 Em 1863, quando torcedores ingleses montaram um time. **2** Paris St.-Germain. **3** Azul, vermelho e branco, as cores da bandeira nacional. **4** Zinédine Zidane e Emmanuel Petit.

Piquenique até €25; **Lanches** €25-45; **Refeição** €45-90; **Para a família** mais de €90 (base para 4 pessoas)

Jardin d'Acclimatation e arredores

Os parques de diversão ganharam força na Europa no final do século XIX. O Jardin d'Acclimatation, no Bois de Boulogne, foi inaugurado por Napoleon III em 1860 e é a principal atração para crianças na zona oeste de Paris, mas há outras coisas interessantes, novas e antigas, na área. Uma boa maneira de deslocar-se aqui é usando o metrô, a não ser que você vá para o Château de Malmaison, ao qual se chega de RER e ônibus.

Arredores do Centro

Parc de la Villette p. 200
Centro de Paris
Jardin d'Acclimatation

Locais de interesse

ATRAÇÕES
1. Jardin d'Acclimatation
2. Château de Malmaison
3. Parc André Citroën
4. Estátua da Liberdade
5. Catacombes
6. Parc Montsouris
7. Marché aux Puces de Vanves

Crianças numa minipraia temporária nas férias de verão, no Jardin d'Acclimatation

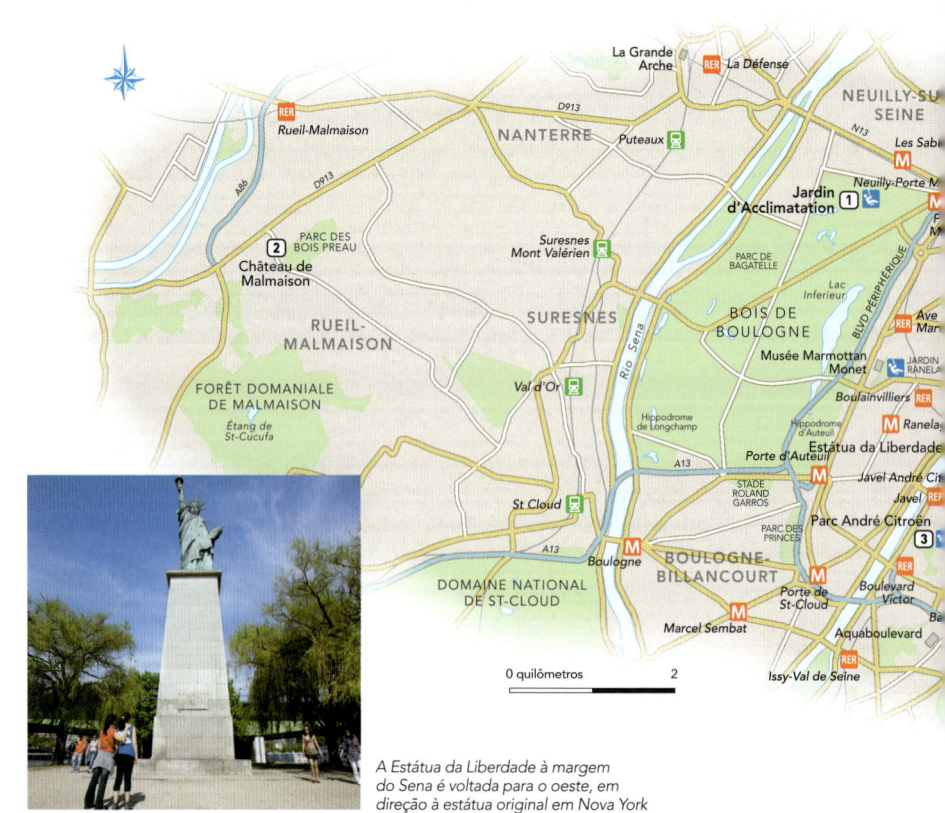

A Estátua da Liberdade à margem do Sena é voltada para o oeste, em direção à estátua original em Nova York

Jardin d'Acclimatation e arredores

Informações

🚗 **Metrô** Les Sablons ou Porte Maillot, linha 1; Javel André Citroën, linha 10; Lourmel, linha 8 ou Balard, linha 8; Denfert-Rochereau, linhas 4 e 6; Alesia, linha 4; Porte de Vanves, linha 13; Ranelagh, linha 9; Porte d'Auteuil, linha 10 **RER** Malmaison, linhas A e C; Grande Arche La Défense, linha A; blvd Victor, linha C; Denfert-Rochereau, linha B; Cité-Universitaire, linha B **Ônibus** 95 liga o sul de Paris ao norte; 73 vai dos Champs-Élysées para La Défense, passando perto do Jardin d'Acclimatation no Les Sablons; 62 liga o Parc Montsouris ao Parc André Citroën **Bonde** Pont du Garigliano, T3

ℹ️ **Informação turística** Paris-Expo, 1 pl de la Porte de Versailles, 75015; 11h-19h durante feiras (tanto profissionais quanto abertas ao público), realizadas o ano todo

🛒 **Supermercados** Monoprix Sablons, 72 ave Charles de Gaulle, 92200 Neuilly; Monop', 113 ave Charles de Gaulle, 92200 Neuilly; Franprix, 19 rue Campagne Première, 75014; 6 blvd Jourdan 75014; 17 rue de Javel, 75015 e 109 ave Paul Doumer, 92500 Rueil-Malmaison; Carrefour, 43 blvd Brune, 75014; Lidl, 102 Ave Gén Leclerc, 75014. Carrefour City, 154 Rue St-Charles, 75015. Bio C' Bon, 119 Rue Alésia, 75014. **Mercados de rua** Marché Brune, blvd Brune, 75014; 7h-14h30 qui e dom; Marché aux Puces de Vanves, ave Georges-Lafenestre e ave Marc-Sangnier, 75014; 7h-17h sáb e dom; Marché du Livre Ancien et d'Occasion, Parc Georges Brassens, 75015; 9h-18h sáb e dom

🎪 **Festivais** Aberto da França, Stade Roland Garros, 2 ave Gordon Bennett, 75016; www.rolandgarros.com (mai-jun); Solidays, Hippodrome de Longchamp, Bois de Boulogne, 75016; www.solidays.org: três dias, festival musical em benefício de instituições de prevenção e tratamento da AIDS (jun); teatro ao ar livre, Jardin de Shakespeare, Bois de Boulogne, 75016 (mai-out); feira de Natal, La Défense (nov-dez)

✚ **Farmácias** Dhéry Pharmacy, 84 Champs-Élysées, 75008; 01 42 25 49 95; Pharmacie des Arts, 106 blvd du Montparnasse, 75014; 9h-0h seg-sáb

🛝 **Playgrounds** Jardin d'Acclimatation, Bois de Boulogne, 75016; verão: 10h-19h; inverno: até 18h (pp. 210-1); Jardin du Ranelagh, acesso por Chaussée de la Muette/ave du Ranelagh/ave Ingres/ave Prudhon/ave Raphael, 75016; 10h-19h; inverno: até 18h (p. 211); Parc André Citroën, rue Balard, 75015, 10h-19h; inverno: até 18h (pp. 212-3); Parc Montsouris, entradas por blvd Jourdan e ave Reille, 75014 (pp. 214-5); Parc Georges Brassens, desde 9h diariam; horário de fechamento varia conforme a estação (p. 215)

Acima O Parc André Citroën, com famílias aproveitando o sol
Abaixo Quinquilharias à venda no Marché aux Puces de Vanves

① Jardin d'Acclimatation
Teatro de bonecos, um rio encantado e bichos de fazenda

Para gerações de crianças, o epicentro do imenso e arborizado Bois de Boulogne tem sido o Jardin d'Acclimatation, parque de diversões da belle époque inaugurado por Napoleão III em 1860. Há atividades e brinquedos indicados a todas as idades, além de muita água para se refrescar em dias de calor. Se ainda assim a criançada se entediar, é possível andar de bicicleta, correr e explorar a área externa. Mas vá embora antes do pôr do sol, porque à noite o ambiente fica soturno.

Diversão a valer no Jardin d'Acclimatation

Destaques

① **La Grande Volière** Aviário imenso que data dos anos 1860, cheio de periquitos-australianos, faisões, perdizes e papagaios.

② **Portão do Paraíso** É o portão que leva ao belo e tranquilo Jardin de Séoul, um presente da capital coreana à população de Paris.

③ **Rivière Enchantée** O "Rio Encantado", aberto em 1927, é um dos passeios mais lindos do parque, perfeito para crianças pequenas.

④ **Le Théâtre du Jardin** Às 15h30 de qua, sáb e dom, neste teatro, há shows de música para crianças, muitas vezes baseados em fábulas ou contos de fada. O horário pode variar.

⑤ **La Petite Ferme** Fazendinha muito simpática com perus, galinhas-d'angola, coelhos, porcos, cisnes, ovelhas, cabras, burricos e até lhamas.

⑥ **La Maison de Kiso** Esta casa de fazenda japonesa, de madeira, foi trazida do Japão e reerguida no local em 1860.

⑦ **Le Théâtre de Guignol** Situado nos Grandes Estábulos de Napoleão III, teatro de bonecos com famosas apresentações.

⑧ **Village des Manèges** A maior atração são os inúmeros brinquedos e carrosséis para todas as idades. O carrossel histórico é imperdível.

Informações

🌐 **Mapa** 1 A3
Endereço Carrefour des Sablons, Bois de Boulogne, 75016; 01 40 67 90 85; www.jardindacclimatation.fr

🚗 **Metrô** Les Sablons ou Porte Maillot, linha 1 **Ônibus** 43 da Opéra, 73 dos Champs-Élysées, 82 do Trocadéro
Como circular Ônibus PC1, 174 e 244 servem o Bois e o jardim; para fazer um lanche, pegue o ônibus PC1 dois pontos a partir da Porte Maillot até Porte de Passy, ou ande através do Bois de Boulogne até o 16º arrondissement, onde encontrará vários restaurantes; Le Petit Train cruza o jardim a partir da Porte Maillot até a entrada; bilhete de ida e volta: €22,40 com ingresso

🕐 **Aberto** 10h-19h diariam; inverno: até 18h; fechado 25 dez

💶 **Preço** €9-19

👨‍👩‍👧 **Para evitar fila** Evite fins de semana e as tardes de qua, quando as escolas primárias fecham

👧 **Idade** Livre

👫 **Atividades** Workshops em francês: 10h-12h e 14h-16h qua e sáb, seg-sáb durante as férias; 40 67 99 05; reserve; teatro de bonecos: 15h-16h qua, sáb e dom; diariam nas férias

⏱ **Duração** 2-3h

♿ **Cadeira de rodas** Sim

🛍 **Loja** Junto ao portão de entrada

🚻 **Banheiros** No parque

Bom para a família
Os passeios pelo parque são caros e logo podem pesar no bolso. Diminua os custos passando bastante tempo na fazendinha e nos dois playgrounds, incluídos no ingresso.

Preços para família de 4 pessoas

Jardin d'Acclimatation e arredores | 211

Para relaxar
Alugue bicicletas perto da entrada do Jardin d'Acclimatation e vá até o Lac Inferieur. Evite a parte sul do parque, notória pela prostituição. O melhor é não visitar o "Bois" depois do anoitecer.

Comida e bebida
Piquenique: até €25; Lanches: €25-45; Refeição: €45-90; Para a família: mais de €90 (base para 4 pessoas)

PIQUENIQUE Aux Délices de Manon (1 rue Ernest Deloison Neuilly-sur-Seine, 92200) é uma padaria maravilhosa. Faça um piquenique no jardim ou no Bois de Boulogne.

LANCHES No Jardin d'Acclimatation há quiosques com doces e salgados, três cafés e uma creperia.

REFEIÇÃO La Matta (23 rue de l'Annonciation, 75016; 01 40 50 04 66) serve pizzas excepcionais, com simpatia italiana. Para encerrar, experimente um sorbet (sorvete de frutas).

PARA A FAMÍLIA La Gare (19 Chaussée de la Muette, 75016, 01 42 15 15 31; http://restaurantlagare.com; brunch dom; reserve), a antiga estação de La Muette, ao sul do Jardin d'Acclimatation, tem um terraço lindo e fica aberto o dia todo, servindo bebidas e comida. Aos domingos há palhaços e shows de mágica.

Saiba mais
INTERNET Veja o filme de um show das marionetes do Jardin d'Acclimatation: http://tinyurl.com/3gvap5b.

Show de mágica fascina crianças no restaurante La Gare

Se chover...
Para uma dose de cultura, vá ao **Musée Marmottan-Claude Monet** (2 rue Louis Boilly, 75016; 01 44 96 50 33; fechado seg), ao lado do Jardin du Ranelagh, onde há 165 pinturas, a paleta e o caderno de desenho de Claude Monet. Do outro lado do Bois de Boulogne, os fãs de esportes podem visitar o **Parc des Princes** (www.lesparcdesprinces.fr), o estádio do Paris St.-Germain – o maior time de futebol da cidade –, ou o **Stade Roland Garros** (www.rolandgarros.com), sede do torneio de tênis Aberto da França.

Próxima parada...
LA DÉFENSE Não deixe de conhecer esta pequena Manhattan francesa. O distrito empresarial de Paris tem um grande arco moderno, La Grande Arche, erguido para o bicentenário da Revolução. De seus degraus há uma vista deslumbrante ao longo de uma avenida, desde o **Arco do Triunfo** (pp. 134-5) até o **Louvre** (pp. 104-5).

CRIANÇADA!

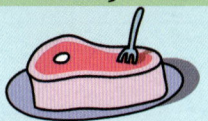

Bife de elefante e filé de rinoceronte
Em setembro de 1870, as forças prussianas cercaram Paris. No inverno excepcionalmente frio, os estoques de comida acabaram em pouco tempo. Os elefantes, camelos e rinocerontes dos zoos foram comprados para alimentar os ricos; os pobres se viram obrigados a abrir túmulos e fazer mingau com os ossos dos defuntos.

Zum-zum-zum
No Jardin d'Acclimatation vivem 240 mil abelhas, perto da entrada da fazenda. Compre seu mel na loja ao lado da saída.

ACREDITE SE QUISER
Entre 1877 e 1912, núbios, bosquímanos, zulus e pessoas de vários outros povos africanos foram "expostos" num zoológico humano no Jardin d'Acclimatation.

Perfume mortal
A cruz erguida no Carrefour de La Croix Catelan, perto do lago do Bois de Boulogne, é em memória de um mensageiro, Arnould de Catelan. Em 1306, Beatrix de Savoie o encarregou de entregar ao irmão dela, Felipe, o Belo, um presente especial de perfumes de luxo, para alegrá-lo após a morte de sua mulher. Mas Arnould foi assassinado por um cortesão que quis ficar com o presente, pensando tratar-se de uma caixa de joias. O cortesão, farejado pelo rei porque cheirava bem demais para alguém na Idade Média, foi devidamente executado.

O popular e movimentado restaurante ao ar livre La Gare

Arredores do Centro

A cama da imperatriz Joséphine, no Musée Château de Malmaison

② Château de Malmaison
A nova casa do imperador

A charmosa Joséphine de Beauharnais, primeira esposa de Napoleão, comprou Malmaison em 1799, quando o imperador estava em guerra no Egito, e gastou uma pequena fortuna reformando a casa e os jardins. Em pouco tempo, havia uma estufa aquecida com 300 abacaxis, possivelmente para evocar a ilha de Martinica, no Caribe, onde Joséphine nasceu, e um jardim exótico com cangurus, lhamas, avestruzes e zebras.

Napoleão viveu seus momentos mais felizes nesta casa aconchegante, onde tomou muitas das decisões mais importantes da primeira parte de seu reinado. Após a separação do casal, Joséphine viveu na residência até sua morte, em 1814. Napoleão voltou por alguns dias depois da derrota em Waterloo, antes de partir para o exílio na ilha de Santa Helena.

Há uma coleção fascinante de espadas no local. Também estão expostas xícaras em que Napoleão tomava café e a célebre pintura de sua dramática travessia dos Alpes, feita pelo francês Jacques Louis David.

Para relaxar

As crianças pequenas vão querer fazer de conta que são uma abelha neste lindo jardim de rosas, escolhendo perfume e cor favoritos entre as centenas de variedades presentes. Caminhe sob as antigas árvores no romântico **Parc de Bois Preau** (01 41 29 05 55), a alguns minutos a pé ao norte do château, para ver a estátua de Joséphine em seu vestido imperial típico. Cruzando os bosques ao sul do château, em 15 minutos de caminhada, chega-se ao laguinho **Etang de St.-Cucufa** (www.mairie-rueilmalmaison.fr).

③ Parc André Citroën
Água, balões e carros antigos

Erguido no terreno antes ocupado pela fábrica Citroën, de onde saíram os primeiros automóveis produzidos em massa na Europa, esse parque cheio de fontes e elementos aquáticos interessantes é fantástico em um dia quente. As crianças podem correr entre 120 jatos de água que brotam do chão. No verão, a grande atração é o balão de ar quente que se eleva até 150m do chão, proporcionando vistas maravilhosas da cidade.

O Jardin Blanc tem flores brancas, e o Jardin Noir, em terreno afundado, é cheio de folhagens escuras, quase negras. Há seis outros jardins e estufas temáticos, representando cada um uma cor, um metal, planeta, dia da semana, tipo de água e sentido humano. O Jardim Prateado, por exemplo, tem plantas prateadas e representa a Lua, a segunda-feira, o rio e a visão. Deixe os outros cinco para as crianças decifrarem.

Outra opção

Desça escorregadores aquáticos, pule nas ondas e relaxe sob as palmeiras até tarde da noite no maior parque aquático da Europa, o **Aquaboulevard** (4 rue Louis Armand, 75015; www.aquaboulevard.fr). Fica ao sul do parque, ao lado do Périphérique.

Informações

- 🌐 **Endereço** ave du Château de Malmaison, 92500 Rueil-Malmaison, Yvelines; 01 41 29 05 55; www.chateau-malmaison.fr **Distância** 12km a noroeste de Paris pela RN13
- 🚗 **RER** A, La Défense, depois ônibus 27 p/ parada no Le Château
- 🕐 **Aberto** 10h-12h30 e 13h30-17h15; fins de semana até 17h45; verão: até 17h45 seg-sex, até 18h15 sáb e dom; fechado ter e feriados
- € **Preço** €12-22; até 18 anos grátis, até 26 com passaporte da UE
- 🚶 **Passeios guiados** Áudio p/ crianças e passeios familiares em inglês; reserve
- 👫 **Idade** A partir de 8 anos
- 🎨 **Atividades** Programação infantil e workshops em francês
- ⏱ **Duração** 2h
- ☕ **Comida e bebida** *Piquenique* Au Pain du Cardinal (3 pl Richelieu, 92500 Rueil-Malmaison; 01 47 51 22 45) é boa p/ pães e bolos. Piquenique no parque. *Para a família* Les Ecuries de Richelieu (21 rue du Docteur Zamenhof, 92501 Rueil-Malmaison; 01 47 08 63 54; 12h-14h e 19h-22h30, fechado sáb almoço, dom e seg; www.ecuries-richelieu.com) serve comida francesa clássica que varia conforme a estação
- 🚻 **Banheiros** Perto da entrada

Preços para família de 4 pessoas

Acima Balão amarrado no Parc André Citroën Abaixo Piscina cintilante no Aquaboulevard

Jardin d'Acclimatation e arredores | 213

A Estátua da Liberdade em uma ilha do rio Sena

Informações

- **Endereço** quai Andre Citroën, 75015; 01 56 56 11 56; www.jardins.paris.fr. Ballon Air de Paris: 01 44 26 20 00; www.ballondeparis.com
- **Metrô** Javel André Citroën, linha 10; Lourmel ou Balard, linha 8 **RER** Blvd Victor Pont du Gariglano, linha C **Ônibus** 42, 62, 88 e PC1 **Bonde** T3
- **Aberto** 9h-19h30; verão: até 20h30; jul e ago: até 21h30; Ballon Air de Paris: 9h30-até 30 min antes do fechamento do parque
- **Preço** Parque: grátis; Ballon Air de Paris: €38-48; €46-56 em fins de semana, até 3 anos grátis
- **Idade** Livre
- **Atividade** Playground no Jardin Blanc: traga raquetes de tênis de mesa e balde e pá, pois há tanques de areia
- **Duração** 45min
- **Comida e bebida** *Piquenique* Le Quartier du Pain (74 Rue St-Charles, 75015) excelente padaria que vende sanduíches caseiro e tortas de frutas e bolos tentadores. Faça um piquenique no parque. *Para a família* Le Quinzième (14 rue Cauchy, 70015; 01 45 54 43 43; www.restaurantlequinzieme.com; fechado seg, sáb no almoço e dom) tem mesas em uma tranquila rua só p/ pedestres, muito agradável em uma noite de verão, e é especializado em cozinha francesa contemporânea. As crianças vão adorar ver a agitada cozinha pela janela panorâmica.
- **Banheiros** Perto das estufas

④ Estátua da Liberdade

Fora de Nova York

A estátua francesa tem 11,5m – é bem menor que sua irmã em Nova York e também mais jovem. Depois de criar a gigantesca Estátua da Liberdade para os EUA, em 1886, o escultor francês Frédèric Bartholdi recebeu em 1889, de moradores americanos em Paris, a encomenda de fazer uma cópia. Ela ocupa uma ilha no rio Sena, olhando para o oeste e segurando uma tabuleta na mão esquerda, na qual estão gravadas em ouro duas datas – das Revoluções Francesa e Americana –, sendo que a tabuleta de Nova York traz apenas a data americana. A estátua se ergue sobre a Île aux Cygnes, cujo nome faz referência à ilha onde Luís XIV mantinha seus *cygnes* (cisnes) e que hoje faz parte do Champ-de-Mars.

Para relaxar

Caminhe pela ilha acompanhando a margem do Sena, ou vá para o sul ver a arquitetura e o paisagismo fascinantes do **Parc André Citroën**.

Árvores "esculpidas" no Parc André Citroën

Informações

- **Endereço** Pont de Grenelle, Île aux Cygnes, 75015
- **Metrô** Javel André Citroën, linha 10 **RER** Javel, linha C **Ônibus** 70, 72 e 88
- **Comida e bebida** *Piquenique* Poilâne (49 blvd de Grenelle, 75015; 01 45 79 11 49) é filial de uma das melhores padarias da cidade e vende quiches e bolos. Piquenique junto à margem do rio. *Lanches* Dalloyau (69 rue de la Convention, 75015; 01 45 77 84 27), salão de chá modernista em um dos mercados mais antigos da cidade, ótimo p/ chá e bolos.
- **Banheiros** Não

CRIANÇADA!

Saiba mais…

1 Por que há uma esfinge no Château de Malmaison?
2 Napoleão escolheu dois animais diferentes como seus símbolos, e é possível vê-los nos móveis e objetos em Malmaison. Quais são?
3 Quantos jatos de água que brotam do chão existem no Parc André Citroën?

Respostas no fim do quadro.

TESTE DE POLUIÇÃO

O balão na extremidade norte do Parc André Citroën monitora o nível de poluição. Verifique a cor: vermelho significa que a qualidade do ar está ruim; laranja, mais ou menos. Se estiver verde, pode respirar tranquilo.

Homem de família

Napoleão nasceu em Ajaccio, na Córsega, em 1769, pouco depois de a França ter tomado a ilha. Estudou na academia militar de Brienne, onde era desdenhado por falar com forte sotaque e usar roupas gastas. Quando deixou o colégio, aos 16 anos, viveu à base de pão velho por algum tempo para conseguir poupar dinheiro e mandá-lo para sua mãe, viúva, e seus sete irmãos. General celebrado aos 24 anos de idade, acabou por se tornar imperador. Mas nunca esqueceu a família, coroando seus irmãos reis da Holanda, da Espanha e da Vestfália e, uma de suas irmãs, rainha de Nápoles.

Respostas: 1 Após a Batalha das Pirâmides (1798), qualquer coisa que fosse egípcia estava na moda. **2** Águias e abelhas. **3** 120.

Piquenique até €25; Lanches €25-45; Refeição €45-90; Para a família mais de €90 (base para 4 pessoas)

Arredores do Centro

Caveiras e ossos empilhados nas Catacombes

⑤ Catacombes
Ossos, ossos e mais ossos

Faça um passeio assustador ao lado dos ossos de 6 milhões de pessoas empilhados do chão até o teto. Uma escada em espiral desce para um labirinto de túneis que corre sob a cidade; apenas 2km dele podem ser visitados. É uma experiência incomum, estranha e misteriosa. Embora muitas vezes haja fila, na baixa temporada o número de pessoas diminui e, justamente por isso, o ambiente fica ainda mais esdrúxulo.

No final do século XVIII, os cemitérios de Paris representavam um perigo sanitário. Foram esvaziados e os restos mortais enterrados outra vez em uma pedreira antiga. Entre eles estão os restos de Jean de la Fontaine e de Charles Perrault, célebres autores de fábulas e contos de fadas, e dos revolucionários Danton e Robespierre. As Catacombes foram abertas ao público em 1810. Originalmente, eram iluminadas apenas por velas.

Para relaxar
Continuando com o mesmo tema, caminhe pelo tranquilo e amplo **Cimetière du Montparnasse** (p. 192), o mais bonito de Paris. Fica na rue Froidevaux, a dez minutos de caminhada das Catacombes. Entre os famosos sepultados estão o escritor Guy de Maupassant e o fabricante de automóveis André Citroën.

Desça a avenue René Coty até o bonito **Parc Montsouris**, onde as crianças podem se soltar.

Informações
- 🌐 **Endereço** 1 ave du Colonel Henri Roi-Tanguy, 75014; 01 43 22 47 63; www.catacombes-de-paris.fr
- 🚇 **Metrô** Denfert-Rochereau, linhas 4 e 6 **RER** Denfert-Rochereau, linha B **Ônibus** 38 e 68
- 🕐 **Aberto** 10h-17h (última entrada às 16h), fechado seg e feriados e com tempo ruim
- 💶 **Preço** €24-34; até 13 anos grátis
- 👥 **Para evitar fila** Apenas 200 pessoas podem entrar de cada vez; espere filas de 1-2h nos fins de semana e nas férias escolares, principalmente com tempo ruim
- 👫 **Idade** A partir de 10 anos

- ☕ **Duração** 45min
- ☕ **Comida e bebida** *Piquenique* Rue Daguerre tem inúmeras padarias e restaurantes, sendo uma boa parada p/ pães e produtos de pastelaria. Em dias ensolarados, faça piquenique no Parc Montsouris. *Para a família* Justine (Hotel Pullman Paris Montparnasse, 9 rue du Commandant Réné Mouchotte, 75014; 01 44 36 44 00; não há brunch jul-ago) é um ótimo lugar p/ apreciar um magnífico buffet e oferece um brunch para crianças, com mini-hambúrgueres, algodão-doce e entretenimentos na seção infantil.
- 🚻 **Banheiros** Não

⑥ Parc Montsouris
Patos, fantoches e passeios de pônei

O bonito Parc Montsouris é um dos mais charmosos de Paris, com recantos tranquilos e lindas cascatas. Fora do roteiro turístico, representa boa opção para curtir Paris como os parisienses. Há um lago com patos para alimentar, enormes gramados, teatro de fantoches e passeios de pônei. Situado perto da Cité-Universitaire, o parque tem um ambiente animado e bonitas ruelas de pedra saindo do lado ocidental. Seu nome tem origem no passado, quando os inúmeros moinhos desta região atraíam muitos camundongos – Montsouris significa Monte dos Camundongos. Segundo lendas medievais, seria o local onde Guillaume d'Aquitaines matou o gigante Isoire. Os revolucionários russos Trotsky e Lênin costumavam passear no parque quando viviam em Montparnasse.

Se chover...
Mais de 700 objetos são perdidos por dia em Paris e acabam no Serviço de **Achados e Perdidos** *(Service*

Informações
- 🌐 **Endereço** Blvd Jourdan e ave Reille, 75014
- 🚇 **Metrô** Alésia, linha 4 **RER** Cité-Universitaire, linha B **Ônibus** 21, 67 e 88 **Bonde** T3
- 🕐 **Aberto** 8h-anoitecer diariam, desde 9h sáb e dom
- 💶 **Preço** Grátis
- 👥 **Atividades** Shows no coreto durante o verão; informe-se sobre teatro de fantoches em equipement.paris.fr/theatre-de-guignol-duparc-montsouris-3414
- ☕ **Comida e bebida** *Lanches* La Bonbonnière, perto do lago, tem um bonito terraço e serve deliciosos crepes e saladas. *Para a família* Pavillon Montsouris (20 rue Gazan, 75014; 01 43 13 29 00; www.restaurant-gastronomique-parisud.com; 12h-14h e 7h30-22h30; fechado dom jantar, set-Páscoa e duas semanas em fev) é um restaurante francês clássico. Tem um terraço com vista para o parque e é particularmente agradável nas noites de verão.
- 🚻 **Banheiros** Perto da entrada na esquina da ave Reille com a rue de la Gazan

Preços para família de 4 pessoas

Gramados tranquilos na beira do lago, no Parc Montsouris

des Objets Trouvés, 36 rue des Morillons, 75015; 08 21 00 25 25). Entre pilhas de guarda-chuvas, telefones e bolsas, em 2003 foi entregue uma perna postiça encontrada no ônibus nº 168. Duas caveiras foram deixadas no metrô em 2002, e um rapaz perdeu na estação de metrô Père Lachaise uma urna com as cinzas de sua avó. No pequeno museu estão expostos também uma dentadura, um vestido de noiva nunca usado e documentos secretos.

⑦ Marché aux Puces de Vanves

Livros, botões e quinquilharias

Vanves é mais antiquado e caótico que o mercado de pulgas em Clignancourt, o Marché aux Puces St.-Ouen (p. 206). Mas, devido ao tamanho menor, ao preço mais baixo e ao ambiente amigável, agrada as crianças. Numa manhã de sol, caminhe sob as acácias e procure suvenires interessantes entre as prateleiras de botões, bules antigos e quinquilharias de toda espécie. Há uma feira interessante de livros usados, o Marché du Livre Ancien et d'Occasion, em dois pavilhões ao ar livre antes usados como matadouros. O lugar também tem livros de quadrinhos clássicos.

Para relaxar/Se chover...
Ao norte do boulevard Lefèbre, o **Parc Georges Brassens** deve seu nome ao cantor vizinho Georges Brassens. Tem lagoas, playgrounds, esculturas e jardim aromático.

Se chover, ande cinco estações de metrô até o **Musée du Montparnasse** (21 ave du Maine, 75015; 01 42 22 91 96; www.museedumontparnasse.net). Cantina para artistas pobres na Primeira Guerra Mundial, hoje é uma galeria de arte.

Informações

🌐 **Endereço** ave Georges Lafenestre e ave Marc-Sangnier, 75014; Marché du Livre Ancien et d'Occasion: rue Brancion, 75015

🚗 **Metrô** Porte de Vanves, linha 13
Ônibus 58, 95, 19 **Bonde** T3

🕐 **Aberto** Marché aux Puces de Vanves: 7h-17h sáb e dom; Marché du Livre Ancien et d'Occasion: 9h-18h sáb e dom

💰 **Preço** Grátis

👪 **Para evitar fila** Chegue cedo p/ comprar os melhores produtos

👫 **Idade** A partir de 8 anos

⏱ **Duração** 2h

🍴 **Comida e bebida** *Piquenique* Au Délices du Palais (60 blvd Brune, 75014; fechado qua) é a melhor padaria da área. O Parc Georges Brassens é ideal p/ piquenique. *Para a família* Le Grand Pan (20 rue Rosenwald, 75015; 01 42 50 02 50; 12h30-14h e 19h30-23h seg-sex, fechado sáb e dom), é um bistrô que encanta os fãs de carne.

🚻 **Banheiros** Não

CRIANÇADA!

Procure...

1 Estátuas de touros de bronze nos portões do Parc Georges Brassens, que no século XIX era um mercado de carne.

2 O Lion de Belfort, na place Denfert-Rochereau. A grande estátua de um leão é obra de Bartholdi, o criador da Estátua da Liberdade.

3 Calcário nas Catacombes. Há 45 milhões de anos, Paris era coberta por um mar tropical; um sedimento muito espesso se formou no leito do mar, criando uma camada de calcário. Geólogos deram a esse período o nome luteciano, devido à denominação romana de Paris, Lutécia.

CARROÇAS DE OSSOS

Os ossos dos cemitérios superlotados da cidade eram levados para as Catacombes à noite, em carroças cobertas com véus negros, acompanhadas por padres que faziam orações. Foram precisos 30 anos para transportar todos.

Champignons

Os cogumelos brancos comuns que são vendidos em todo o mundo são chamados champignons de Paris (cogumelos de Paris) e foram cultivados originalmente nas catacumbas da cidade. Úmidos e escuros, os túneis eram o ambiente perfeito para os pequenos fungos brancos servidos nos restaurantes parisienses desde o tempo de Luís XIV. Com a construção do metrô, os cogumelos passaram a ser cultivados em cavernas nos subúrbios.

Móveis, livros e louças de segunda mão à venda no Marché aux Puces de Vanves

Piquenique até €25; **Lanches** €25-45; **Refeição** €45-90; **Para a família** mais de €90 (base para 4 pessoas)

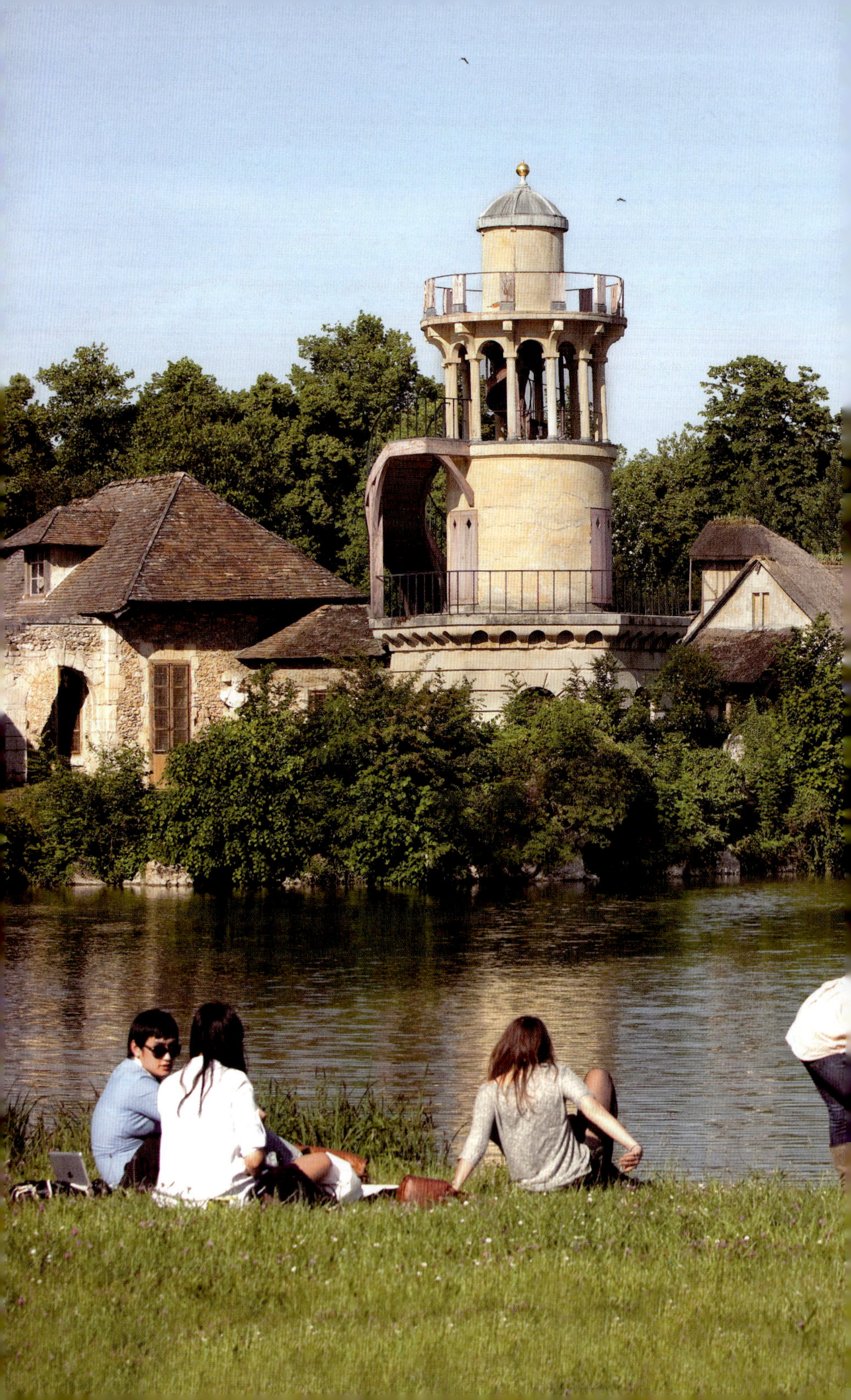

Passeios de Um Dia

A Île-de-France, a região que cerca Paris, tem áreas que resumem a própria essência da França provincial, com castelos, abadias, vilarejos e florestas. Perdendo a noção de tempo como a Chapeuzinho Vermelho nas florestas de Fontainebleau, brincando de fazer parte da corte do Roi Sol em Versailles, mergulhando num mundo animado francês no Parc Astérix ou num mundo americano na Disneyland®, não faltam coisas para ver e fazer.

Principais atrações

Château de Versailles
Conheça o retiro rústico da rainha Maria Antonieta, o Petit Hameau, e o palácio particular dela, o Petit Trianon. Assista à queima de fogos nas noites de sábado durante o verão (pp. 220-3).

Parc Astérix
Neste parque temático gaulês, divirta-se a valer nas melhores montanhas-russas da Europa (pp. 226-7).

Disneyland® Paris
Encontre Mickey e Pateta, ande num trem de montanha descontrolado, seja Pocahontas ou voe com Peter Pan neste parque mágico (pp. 230-3).

Provins
Na Tour César, veja águias sobrevoando os baluartes ou brinque de donzelas que precisam ser resgatadas. Faça um piquenique com queijo Brie de Melun (p. 235).

Fontainebleau
Solte-se completamente, escale, ande de bicicleta, faça um piquenique na floresta e explore o palácio renascentista (pp. 236-7).

Auvers-sur-Oise
Visite um museu para crianças em Château d'Auvers. Ele destaca a época, os acontecimentos e os lugares que inspiraram os impressionistas (p. 228).

À esq. Lago azul com a fazenda Petit Hameau, de Maria Antonieta, ao fundo, nos jardins de Versailles
Acima, à esq. Personagens do mundo de Asterix, o Gaulês, no Parc Astérix

Passeios de Um Dia Partindo de Paris

O anel rodoviário urbano Périphérique separa a zona central de Paris dos subúrbios, como uma muralha moderna. Fora dos subúrbios e do anel externo da rodovia A86, a Île-de-France possui muitas áreas rurais belas. O arco formado entre Provins, no leste, e Rambouillet, no oeste, é cheio de grandes atrações culturais, educacionais, recreativas ou simplesmente divertidas. Todas são perfeitas para passeios de um dia, quer sejam excursões guiadas partindo de Paris ou visitas independentes, feitas de carro ou por meio de transporte público.

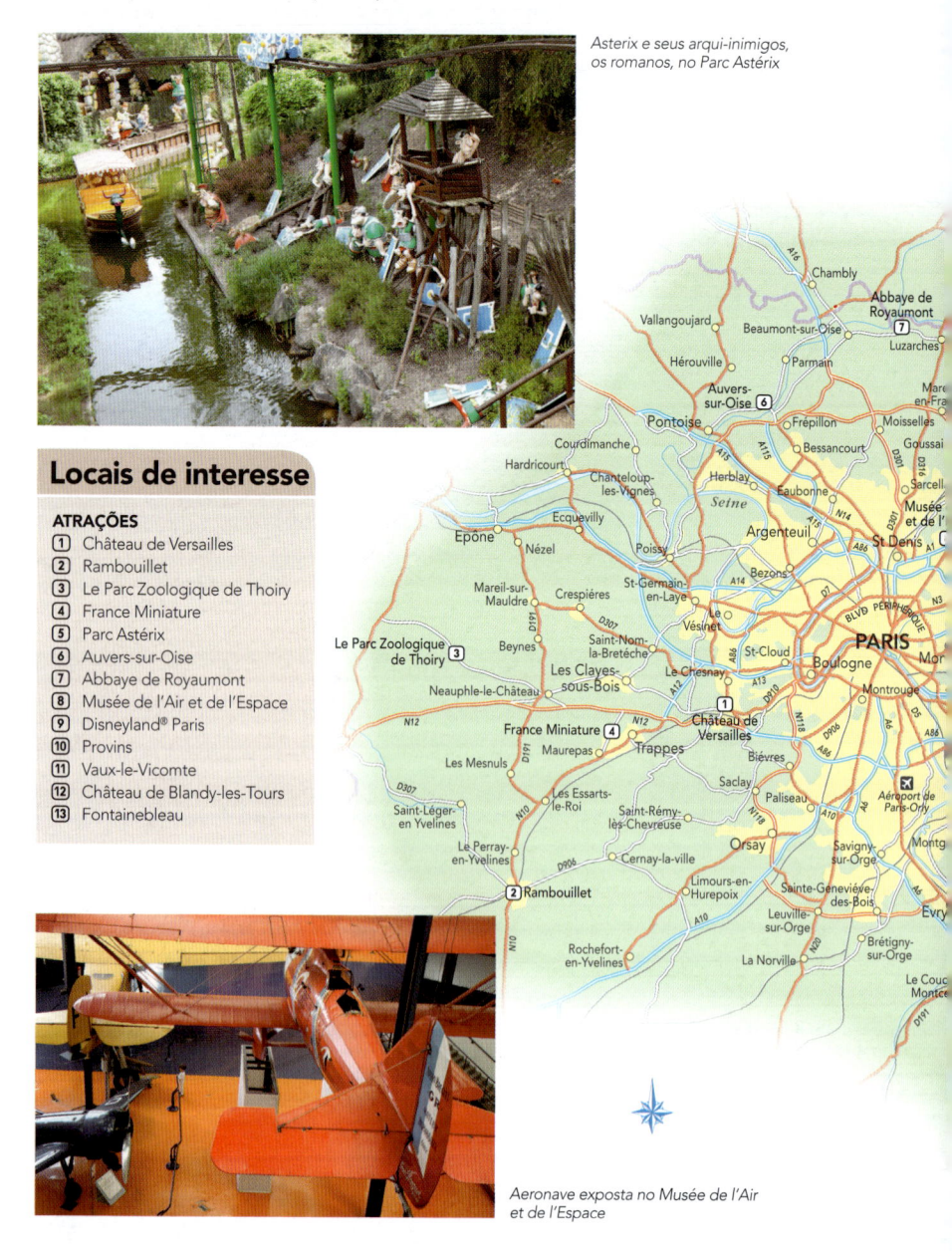

Asterix e seus arqui-inimigos, os romanos, no Parc Astérix

Locais de interesse

ATRAÇÕES
1. Château de Versailles
2. Rambouillet
3. Le Parc Zoologique de Thoiry
4. France Miniature
5. Parc Astérix
6. Auvers-sur-Oise
7. Abbaye de Royaumont
8. Musée de l'Air et de l'Espace
9. Disneyland® Paris
10. Provins
11. Vaux-le-Vicomte
12. Château de Blandy-les-Tours
13. Fontainebleau

Aeronave exposta no Musée de l'Air et de l'Espace

Informações

Fachada em colunata do Château de Versailles

🚆 **RER** Serve vários lugares na Île-de-France, e os trens cruzam o centro de Paris, o que faz deles uma boa opção p/ quem vai passar o dia fora **Trem** A rede de trens suburbanos liga as principais cidades e locais turísticos às maiores estações de Paris **Carro** É fácil circular de carro na Île-de-France; a forma mais rápida de chegar aos pontos turísticos no oeste é pegar o túnel p/ Versailles, partindo de Nanterre, €6; evite noites de sex e o final da tarde de dom, quando as estradas ficam lotadas

ℹ️ **Informação turística** 25 rue des Pyramides, 75001; www.nouveau-paris-ile-de-france.fr; 10h-19h diariam, mai-out: 9h-19h diariam

🛒 **Supermercados** Monoprix, 58 rue Grande, 77300, Fontainebleau; Monoprix, 11 pl Mar Leclerc, 77160, Provins; Monoprix, 5 rue Clemenceau, 78000, Versailles; Auchan, shopping center Val d'Europe, Chessy-Marne la Vallée **Mercados** La Halle du Marché, 77300, Fontainebleau; ter, sex e dom, manhã; pl de la Libération; qua e sáb, manhã; pl Félix Faure, Rambouillet; sáb, manhã; pl de la Louvière, Rambouillet; dom, manhã; Marché Notre-Dame, Carrés Notre-Dame, Versailles; 7h30-14h ter, sex e dom; Halles Notre-Dame; 7h-19h30 ter-sáb, 7h-14h dom; Marché St.-Louis, pl de la Cathédrale St.-Louis, Versailles; 7h30-13h30 sáb

🎉 **Festivais** Château de Versailles: Les Grandes Eaux Musicales (abr-out: sáb e dom e alguns feriados); Les Grandes Eaux Nocturnes (meados jun-set: sáb); Provins: Les Médievals de Provins; www.provins-medieval.com; Son et Lumière (jun, 1º sáb de jul e ago), festival da colheita (último dom ago); feira de Natal e presépio vivo (dez); Disneyland® Paris: St. David's Welsh Festival (mar); St. Patrick's Day (17 mar); Disney Halloween Festival (out); Mickey's Magical Fireworks & Bonfire (nov); Disney Enchanted Christmas (nov-jan); há também eventos especiais na temporada de verão

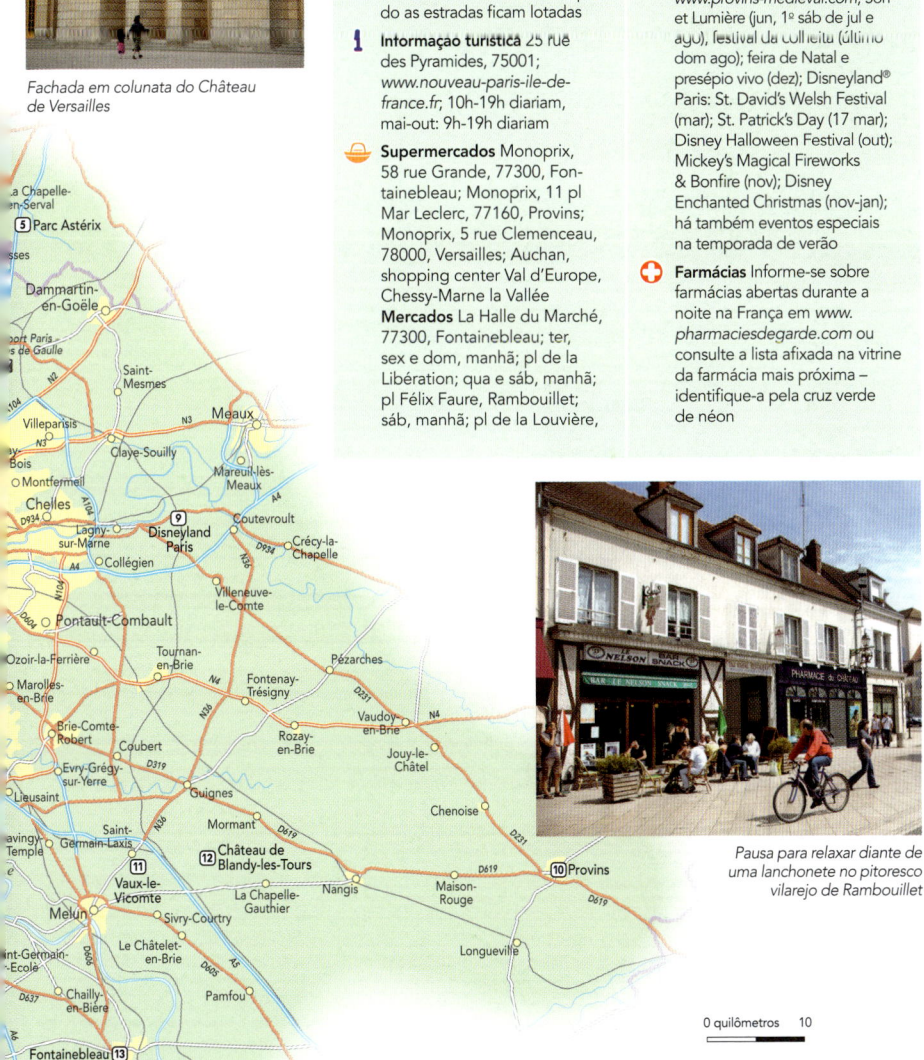

➕ **Farmácias** Informe-se sobre farmácias abertas durante a noite na França em www.pharmaciesdegarde.com ou consulte a lista afixada na vitrine da farmácia mais próxima – identifique-a pela cruz verde de néon

Pausa para relaxar diante de uma lanchonete no pitoresco vilarejo de Rambouillet

① Château de Versailles
Playground de um Rei Sol e uma rainha pastora

Palácio assombroso com jardins fabulosos, Versailles é um lugar maravilhoso para um passeio de um dia ou até um fim de semana, pois há muito para ver e fazer. Até 1661, só havia no local um antigo pavilhão de caça real, mas Luís XIV o converteu no maior palácio da Europa (pp. 222-3). Os jardins eram igualmente importantes para ele, e seu paisagista, André Le Nôtre, passou 40 anos aplainando morros e drenando pântanos para aperfeiçoá-los. Os jardins são cheios de fontes e abrigam dois palácios menores, o Grand e o Petit Trianon.

Destaques dos Jardins

① **Orangerie** Luís XIV adorava laranjas, que eram uma raridade, e construiu esta grande estufa para poder cultivar as suas.

Entrada principal

④ **Potager du Roi**
1km

Palácio (pp. 222-3)

Hameau de la Reine ⑥
1,5km

② **Fontes** Desde criações complexas em vários níveis até espelhos d'água calmos, há fontes em abundância. Procure a fonte do dragão contorcido ou outra em que o deus sol Apolo se banha.

③ **Grand Canal** Aqui Luís XIV dava festas aquáticas extravagantes. Ele mantinha gôndolas, presentes da República de Veneza, numa construção no canal conhecida como "Pequena Veneza".

Informações

Endereço Pl d'Armes, Versailles, 78000 (21km a sudoeste de Paris); 01 30 83 78 00; www.chateauversailles.fr

RER Versailles Rive Gauche, linha C; trens partem a cada 15min **Trem** SNCF Montparnasse p/ Versailles Chantiers ou St.-Lazare p/ Versailles Rive Droite, ambos a 20min a pé do palácio **Carro** A13, saída 2 **Táxi** Nas estações de trem; 01 39 50 50 00 ou 01 39 51 04 04

Como circular Um minitrem opera do Château até os palácios Trianon e o Hameau de Marie Antoinette (20min a pé); ingresso familiar €25-35; carros elétricos €30 por hora; o melhor é alugar uma bicicleta, €6,50 por hora

i Informação turística 2 bis ave de Paris, 78000; 01 39 24 88 88; www.versailles-tourisme.com; abr-set: 9h-19h ter-dom, 10h-18h seg; out-mar: 9h-18h ter-sáb, 11h-17h dom-seg

Aberto Jardins: 7h-18h30 diariam; verão: até 20h30; fechado seg e feriados; Palácio: 9h-17h30 ter-dom, inverno: até 18h30; verão: fechado seg e feriados; Potager du Roi: mar-out: 10h-18h ter-dom

Preço €30-40; até 18 anos grátis; até 26 com passaporte da UE; palácios Trianon: €20-30; jardins: grátis; passe p/ todas as atrações: €36-46; Grandes Eaux Musicales e Jardins Musicaux; sessões especiais quando todas as fontes são ligadas, com música e, à noite, fogos de artifício: €50-60

Para evitar fila Compre ingressos on-line ou em www.fnac.com; aceita Paris Museum Pass; a entrada C é p/ ingresso combinado com bilhetes RER vendidos nas estações; o palácio fica mais cheio ter e dom; reserve shows musicais e de fogos de artifício

Preços para família de 4 pessoas

Château de Versailles | 221

④ **Potager du Roi** Luís XIV apreciava comida, especialmente melões, figos, ervilhas e aspargos. O Potager du Roi (horta do rei), fora dos jardins principais, em frente e à esquerda da entrada do palácio, é divertido para conhecer com as crianças no verão e no outono.

⑤ **Petit Trianon** Luís XVI presenteou sua mulher, Maria Antonieta, com este pequeno château quando ela tinha 18 anos. É um mágico palácio em miniatura.

⑥ **Hameau de la Reine** A 1,5km do palácio principal fica o vilarejo Hameau de La Reine, com casas de colmo. Era o mundo encantado de Maria Antonieta, com um salão de baile disfarçado de paiol e uma grande sala de bilhar.

⑦ **Grand Trianon** Nas noites de verão Luís XIV dava festas neste pequeno palácio. Apenas as damas da corte eram convidadas.

Passeios guiados Áudio p/ crianças maiores de 8 anos; a loja do palácio vende um guia infantil útil, *My Little Versailles*; passeios em inglês €46-56, menores de 10 anos grátis; faça o download de podcasts em www.chateauversailles.fr

Idade A partir de 5 p/ o château

Atividades Workshops infantis em francês; Son et Lumière, Galerias de História; 01 30 83 78 00; out-jun: férias e alguns sáb-dom; workshop de fazenda no Petit Trianon

Duração 2-3h

Cadeira de rodas Sim

Café Grand Café d'Orléans, logo na saída do palácio, e vários restaurantes ao longo do canal

Loja Livros para crianças em inglês disponíveis na Librairie des Princes, uma encantadora livraria infantil

Banheiros Cour Royale, Hameau de Marie Antoinette, La Petit Venisse e o Buvette du Dauphin p/ trocador de bebê

Bom para a família
Excelente, principalmente se os visitantes circularem a pé. Apesar de cansativo, é impossível se entediar com tantas coisas para ver.

CRIANÇADA!

Procure...

1 Apolo. Por que há estátuas e pinturas do deus sol grego em toda parte no palácio?

2 Estátuas representando os rios da França em volta do Parterre das Águas. Você sabe os nomes de três deles?

3 Bebês dourados na Ilha das Crianças, no lado norte do jardim. Quantos há?

Respostas no fim do quadro.

Cadê a rainha?

Maria Antonieta passava tempo demais escondida no Petit Trianon. Isso propiciava rumores, desagradava à corte e intensificava sua fama de doidivanas. Apenas ela tinha a chave do palácio, que era decorada com 531 diamantes.

UMA RAINHA FRÍVOLA

Enquanto Maria Antonieta amarrava lacinhos azuis nos pescoços de suas ovelhas, camponeses franceses morriam de fome. A erupção de um vulcão na Islândia prejudicou as colheitas, e em seguida vieram invernos severos.

Ovelha voadora

Muitas descobertas científicas foram feitas em Versailles. Luís XIV trouxe as melhores cabeças científicas para o palácio e fundou a Academia de Ciências aqui em 1666. Mandou vir um rinoceronte da Índia para ser colocado em seu zoo pessoal. Houve uma demonstração da eletricidade no Salão de Espelhos, e em 1783 o primeiro balão de ar quente subiu ao céu. Os passageiros foram um galo, um pato e uma ovelha chamada *Mont au Ciel*, ou "Sobe ao Céu".

Respostas: 1. Luís XIV, conhecido como o Rei Sol, se identificava com Apolo. **2** os rios Marne, Garona e Ródano. **3.** Seis.

① Château de Versailles (cont.) ▶

Château de Versailles (cont.)
2.300 cômodos, 67 escadarias e 1.944 janelas

Quando Luís XIV se mudou para seu novo palácio, fez a maioria dos aristocratas franceses ir passar um tempo na corte. Cerca de 3 mil pessoas viviam no palácio em qualquer época, muitas em aposentos frios e mal mobiliados, mas perto do centro do poder. Versailles simbolizava tudo o que havia de errado no Ancien Régime e escapou por pouco de ser destruído na Revolução. Procure a Sala dos Espelhos, passando pelos salões do primeiro piso, e então vá para os jardins.

Quarto de dormir da rainha

Destaques do Palácio

Quarto do rei Esse aposento era localizado estrategicamente no eixo da travessia do sol pelo céu, numa declaração de que Luís XIV estava no centro do mundo.

Quarto da rainha Cortesãos ficavam aqui para assistir ao nascimento de bebês reais, assegurando-se de que o novo herdeiro era de fato filho da rainha.

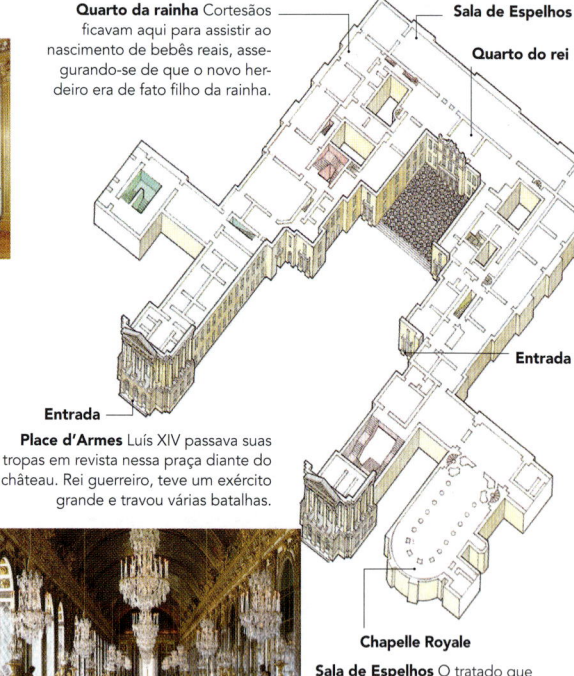

Sala de Espelhos

Quarto do rei

Entrada

Entrada

Place d'Armes Luís XIV passava suas tropas em revista nessa praça diante do château. Rei guerreiro, teve um exército grande e travou várias batalhas.

Chapelle Royale Luís XIV assistia à missa nessa capela todas as manhãs. O primeiro andar era reservado à família real, e o térreo, à corte.

Chapelle Royale

Sala de Espelhos O tratado que encerrou a Primeira Guerra Mundial foi assinado nesta sala reluzente em junho de 1919.

Comida e bebida
Piquenique: até €25; Lanches: €25-45; Refeição: €45-90; Para a família: mais de €90 (base para 4 pessoas)

PIQUENIQUE A padaria **Guinon** (60 rue de Paroisse, 78000; 01 39 50 01 84; fechado seg e dom a partir das 12h) prepara comidas desde 1802. Compre aqui os ingredientes para um piquenique na cidade de Versailles e vá comer nos jardins.

LANCHES La Parmentier de Versaille é uma barraca que vende batatas assadas com coberturas diversas. Na alta temporada, situa-se na praça Grand Trianon, esquina com a margem sul do Grand Canal, e, na baixa temporada, na esquina da praça com a alameda Domes Grove.

REFEIÇÃO Angelina (*Pavillon d'Orleans, Château de Versailles 78000*), situado no château, tem quitutes para o chá da tarde. Peça macarons e tome o famoso chocolate quente. Há também muitos cafés e barracas de sorvete no château, nos jardins e arredores.

PARA A FAMÍLIA Trianon Palace (*1 blvd de la Reine, 78000; 01 30 84 50 00; www.trianonpalace.fr*), situado

Angelina, um ótimo lugar para a hora do chá no Château de Versailles

Preços para família de 4 pessoas

Château de Versailles | 223

Compras na quitanda do Potager du Roi

fora dos jardins, é um hotel com restaurante comandado por Gordon Ramsay. Faça um brunch dominical, que, no verão, é servido no terraço com vista para o parque, e, no inverno, na sala onde o presidente Clemenceau ditou os termos do acordo de paz de 1919. É ótimo sobretudo no Natal, quando há uma feira, rinque de patinação no gelo e aulas de culinária para crianças no hotel.

Saiba mais...
INTERNET No site *http://tinyurl.com/239gsg8*, veja o drama-documentário *Marie Antoinette, The Last Queen of France*, com uma visão diferente da história de uma rainha supostamente frívola e autoindulgente que revoltou os franceses. Dois videogames históricos, *Versailles Mysteries*, *Marie Antoinette* e *War of Independence*, podem ser encontrados em *www.nemopolis.net*.
FILMES As crianças mais velhas vão gostar de *Maria Antonieta* (2006), com direção de Sofia Coppola, que apresenta uma visão hollywoodiana da vida em Versailles. *Versailles: Le rêve d'un roi* (2007) é um colorido drama francês sobre Luís XIV.

Compras
Há muitas lojas de grife com moda infantil na cidade de Versailles, mas as opções são um pouco formais e sérias. Compre legumes incomuns no **Potager du Roi** (p. 220), a antiga horta do palácio, onde, no século XVIII, eram cultivadas frutas novas e exóticas das colônias.

Próxima parada...
FAÇANHAS A CAVALO Assista aos espadachins cavaleiros da Academia Bartabas de Artes Equestres (Grande Ecurie du Roi; www.bartabas.fr), que promove shows nos antigos estábulos reais nos fins de semana e alguns dias úteis. Dê uma olhada na **Salle du Jeu de Paume** (rue du Jeu de Paume; visitas: sáb 15h), a antiga quadra de tênis onde, em junho de 1789, foi promovida uma reunião que desencadeou a Revolução Francesa. No verão, vá conhecer o **France Miniature** (p. 225) e sinta-se um gigante na maior recriação em miniatura da Europa. O **Playmobil Funpark** (www.playmobil-funpark.fr), em Fresnes, 17km a leste, é ideal para crianças menores.

Crianças brincam no colorido Playmobil Funpark

CRIANÇADA!

Procure...
1 A porta falsa no quarto da rainha. Em 6 de outubro de 1789, Maria Antonieta escapou da turba revolucionária, fugindo por essa porta para o quarto do rei.
2 Looking glasses. Adivinhe quantos espelhos há na Sala de Espelhos?
3 O relógio azul e dourado que dá para o pátio real com o sol ao meio. Luís XIV era conhecido como o Rei Sol.

Resposta no fim do quadro.

O rei precisa se deitar
Quando Luís XV se tornou rei, tinha apenas 5 anos de idade. Ele adorava se deitar no chão da Sala de Espelhos e exigia que seus ministros fizessem o mesmo.

QUE MAU CHEIRO É ESTE?
Versailles era famoso por seus maus cheiros. Havia apenas nove banheiros, e os penicos frequentemente eram esvaziados pelas janelas, sobre os jardins!

Bom dia, vossa majestade
Tudo o que o rei fazia era um acontecimento importante – até sair da cama. Ele era despertado todos os dias às 8h, e seu médico o examinava. Enquanto tomava banho, seus familiares e amigos mais íntimos aproveitavam para lhe pedir favores. Ele chegava a vestir-se diante de uma plateia de centenas de pessoas.

Resposta: 2 357.

② Rambouillet
Árvores, carneiros e trens

Rambouillet é uma cidade francesa linda e clássica situada ao lado da Forêt de Rambouillet, uma floresta encantadora cheia de cervos, javalis e aves de rapina. O lugar é dominado pelo **Château de Rambouillet**, a residência oficial de verão do presidente francês, com torres de contos de fadas e um laticínio da rainha onde Maria Antonieta brincava de ser leiteira. Napoleão passou sua última noite na França aqui, em 30 de junho de 1815.

Para a criançada, o mais divertido é alimentar os carneirinhos com mamadeira na **Bergerie Nationale**, a fazenda nacional de criação de ovelhas, fundada em 1784. Não deixe de ir ao **Musée Rambolitrain**, com 4 mil trens em miniatura.

Para relaxar
Suba em árvores e chegue perto dos pássaros no Odyssée Verte, o parque florestal do **Espace Rambouillet** (*3 rue de Groussay, Rambouillet, Yvelines, 78120; 01 34 83 05 00; www.onf.fr/espaceramb*), que tem 19 pontes e 18 plataformas. Caminhe e escale pedras ao lado da Abbaye des Vaux-de-Cernay, uma abadia em ruínas nas antigas pedreiras situadas ao lado da Forêt de Rambouillet. No inverno há um rinque de patinação no gelo na place Félix Faure, no centro da cidade.

Leões sendo alimentados no Parc Zoologique de Thoiry

Gansos nos gramados do Château de Rambouillet

③ Le Parc Zoologique de Thoiry
Magia animal

Um dos melhores parques de safári da Europa, com elefantes, girafas, ursos e hipopótamos. Há também um zoo que pode ser conhecido a pé. Lá, as crianças podem olhar os leões a partir de túneis de vidro e ficar cara a cara com um tigre. Entre os habitantes do zoo há pandas vermelhos, lêmures e até dragões-de-komodo. Há jardins de plantas raras, criados em 1708, e um grande labirinto herbáceo com algumas pontes elevadas a partir das quais você pode planejar seu percurso até o meio ou localizar crianças perdidas. Somando entretenimento e cultura, esse é um ótimo passeio de um dia.

Se chover...
Visite o **Château de Thoiry**, no parque; dentro dele, o Salon Blanc, onde tudo é branco, até o piano. O château é posicionado de tal modo que nos solstícios de verão e inverno os raios do sol formam uma "ponte de luz" no salão principal, iluminando a construção como uma lanterna.

Chegando perto dos animais no zoo do Parc Zoologique de Thoiry

Informações

🌐 **Endereço** Rambouillet, Yvelines, 78120 (55km a sudoeste de Paris); www.rambouillet-tourisme.fr; Bergerie Nationale: Parc du Château, 78120; www.bergerie-nationale.educagri.fr; Musée Rambolitrain: 4 pl Jeanne d'Arc, 78120; www.rambolitrain.com

🚗 **Trem** Gare Montparnasse p/ Rambouillet **Carro** A13, depois A12 e N10 **Como circular** A Baladobus opera da estação até os principais pontos turísticos em dom e feriados de abr-out; Passe diário: €11-21 para a família

ℹ **Informação turística** pl de la Libération, 78120; 01 34 83 21 21; 9h30-12h e 14h30-17h30; jul-ago: até 18h; o escritório de turismo aluga computadores de bolso programados com informações em inglês, €5

🕐 **Aberto** Château de Rambouillet: 10h-12h e 14h-17h; verão: até 18h; fechado ter, feriados e quando o presidente está na residência; Bergerie Nationale: qua, sáb, dom e feriados 14h-17h diariam nas férias; inverno: sáb e dom; fechado 3 sem dez-jan; Musée Rambolitrain: 10h-12h e 14h-17h30 qua-dom; fechado duas semanas em jan

💶 **Preço** Château de Rambouillet: €14-24, até 18 anos grátis; Bergerie Nationale: €20-30, até 3 anos grátis; Musée Rambolitrain: €12-22

🧒 **Atividades** Workshops infantis durante as férias escolares no château e no Musée Rambolitrain

⏱ **Duração** Pelo menos meio dia

🍴 **Comida e bebida** *Piquenique* La Vieille Boulange (*6 rue Général de Gaulle, 78120*) vende petiscos doces e salgados. Piquenique na floresta. *Refeição* Villabate (*15 ave du Maréchal Leclerc, 78120; 01 30 88 67 35; fechado qua*) serve boa pizza.

🚻 **Banheiros** No château e no museu

Preços para família de 4 pessoas

④ France Miniature
Tudo em tamanho pequeno

Disposta em um terreno que tem a forma do mapa da França, essa paisagem em miniatura é atravessada por rios e trilhos com trens que percorrem túneis e pontes. Parque temático ao ar livre, tem modelos em miniatura dos principais monumentos e pontos de referência da França. Procure os Alpes; a Autoroute de Soleil, que vai para o sul até o Mediterrâneo; e o anfiteatro de Arles e St.-Tropez, com iates de astros de cinema ancorados na baía. Sinta-se um gigante ao lado de uma versão da Torre Eiffel. Os monumentos parisienses trazem uma perspectiva diferente de alguns edifícios muito conhecidos. Ao todo, há 116 modelos dos lugares mais fascinantes.

Se chover...

Quase tudo no parque é ao ar livre, mas crianças de 4 a 10 anos podem se divertir dirigindo carrinhos elétricos numa cidade de animação na Ronde des Zotos, enquanto os adultos apenas olham.

Informações

- **Endereço** rue du Pavillion de Montreuil, Thoiry, 78770 (40km a oeste de Paris); 01 34 87 40 67; www.thoiry.net
- **Carro** O único modo de visitar com a família é de carro; pegue a A13, siga pela N12 e saia em Thoiry; a estação de trem mais próxima dista mais de 6km
- **Aberto** 10h-17h; verão: até 18h; inverno: até 16h30
- **Preço** €130-140; até 3 anos grátis
- **Passeios guiados** Em inglês p/ o château, com guia vestido conforme o período; viagens p/ Thoiry do centro de Paris; a visita inclui o transporte pelo parque, o zoo, os jardins e o château; www.pariscityvision.com
- **Idade** Livre
- **Duração** Um dia inteiro
- **Comida e bebida** *Piquenique* Migros Hypermarket (Centre Commercial Val Thoiry, Thoiry, 01710) é melhor p/ comprar provisões. Há inúmeros lugares p/ fazer piquenique no zoo. *Lanches* Há muitos quiosques vendendo bebidas e sanduíches no parque.
- **Banheiros** Em vários locais no parque e no château

Examinando as maravilhas em pequena escala do France Miniature

Informações

- **Endereço** blvd André Malraux, Elancourt, 78990 (40km a sudoeste de Paris); 01 30 16 16 30; www.franceminiature.com
- **Trem** Gare Montparnasse para Elancourt La Verrière, depois ônibus 411 **Carro** A13, depois A12 e N12 em direção a Dreux
- **Aberto** 10h-18h; verão: até 19h; no outono e na primavera o horário varia; fechado no inverno
- **Preço** €70-80; até 4 anos grátis; compre ingresso mais barato on-line, com sete dias de antecedência
- **Idade** Livre
- **Duração** Meio dia
- **Comida e bebida** *Piquenique* Intermarché (rue du Fond des Roches, Les 4 Arbres, Elancourt, 78990) é o supermercado mais próximo. Há uma grande área, em parte coberta, para piquenique no parque, com vista para a Torre Eiffel. *Refeição* Les Provinces, no parque, surpreende com boa comida.
- **Banheiros** Na entrada, na área para piquenique e na Ronde des Zotos

CRIANÇADA!

Descubra mais
1. Como os elefantes conversam uns com os outros?
2. Você acha que os leões se levantam de manhã?
3. Quack! O que há de singular nas patas dos hipopótamos?
4. O que os carneiros de Rambouillet têm de especial?

....
Respostas no fim do quadro.

No France Miniature, procure...
1. A Barragem Tignes, com um afresco de Hércules superforte.
2. O anfiteatro romano em Arles. O anfiteatro real foi construído 2 mil anos atrás e ainda é usado.
3. Os arcos majestosos da Pont du Gard. O aqueduto romano levava galões de água todos os dias à bela cidade de Nîmes, da cor do marfim.
4. A cidade fortificada de Carcassonne, com suas 52 torres.
5. Mont St.-Michel. A abadia fica numa ilha no mar.

SALVEM O TIGRE!
Restam apenas 3.200 tigres. Zoólogos dizem que o animal pode ficar extinto na natureza até o próximo Ano do Tigre no zodíaco chinês, que será em 2022.

....
Respostas: 1 Eles fazem um ruído subsônico de baixa frequência que conseguem ouvir a até 10km de distância. 2 Não por muito tempo. Os leões machos dormem até 20 horas por dia. 3 São palmados, como os pés de pato. 4 Os carneiros são *merinos de Rambouillet* que produzem um tipo de lã especialmente fino e têm chifres "enrolados".

Piquenique até €25; Lanches €25-45; Refeição €45-90; Para a família mais de €90 (base para 4 pessoas)

⑤ Parc Astérix
Gauleses, romanos e montanhas-russas

Em 50 a.C. Júlio César já tinha conquistado a maior parte da Gália, atual França, exceto por uma pequena aldeia sem nome situada na província de Armórica. O Parc Astérix gira em torno dessa aldeia lendária que Asterix, o Gaulês, e seu fiel amigo Obelix defenderam contra os invasores. O parque, que tem muito charme e foi aprovado pelo criador de Asterix, Albert Uderzo, possui brinquedos emocionantes e muitos personagens divertidos para você conhecer e cumprimentar.

Figura de um romano no Parc Astérix

Destaques

⑤ **Transdémonium** Entre na boca do dragão e mergulhe num castelo medieval. Neste trem-fantasma você vai passar por esqueletos, monstros e espectros.

Entrada
Cidade romana
Circo romano
Vilarejo gaulês
Teatro Poseidon
Estacionamento

① **Expresso Menir** Você vai se molhar nesse brinquedo aquático espetacular, descendo a jato pelo escorregador de 13m dentro de um dos menires de Obelix.

② **Trace du Hourra** Divirta-se num bobsled. Corra, escorregue, deslize, gire e grite, descendo em alta velocidade.

④ **Golfinhos dançarinos** Assista ao show mágico desses animais especiais. As crianças ficarão encantadas.

⑥ **Oxygénarium** Respire fundo antes de mergulhar 195m neste tobogã aquático gigante.

③ **Goudurix** Gire de ponta-cabeça sete vezes a uma velocidade de 75km/h nesta montanha-russa emocionante.

⑦ **Tonnerre de Zeus** Ande na maior montanha-russa de madeira da Europa, subindo a 80km/h até o pico do Monte Olimpo.

Para relaxar

O parque tem brinquedos e atrações para todos os gostos. Ao lado do Vilarejo Gaulês há um playground enorme, a **Floresta dos Druidas**. Siga o rastro do velho druida sábio Panoramix, passando entre menires e pântanos movediços. A floresta fica ao lado da **Ronde des Rondins**, uma montanha-russa apropriada para as crianças menores. Quando o parque abre para os feriados de fim de ano, há muitos shows, entretenimento e um ótimo rinque de patinação no gelo.

Preços para família de 4 pessoas

Comida e bebida

Piquenique: até €25; Lanches: €25-45; Refeição: €45-90; Para a família: mais de €90 (base para 4 pessoas)

PIQUENIQUE Traga sua própria comida para conter as despesas.
LANCHES Há cafés e barracas de comida espalhados pelo parque.
REFEIÇÃO A **Aux Fastes de Rome** fica na Cidade Romana, serve fast-food e possui um terraço agradável. O **Le Cirque** é a melhor aposta para uma refeição quente de boa qualidade, além de possuir um playground interno perto do Oxygénarium.

Fachada divertida e entrada do popular restaurante do parque, o Arcimboldo

PARA A FAMÍLIA O **Arcimboldo**, situado perto da saída do Vilarejo Gaulês, é decorado com uma montanha de frutas e verduras de plástico. O cardápio tem pratos clássicos.

Parc Astérix e arredores | 227

Informações

- **Endereço** Plailly, Oise, 60128; 08 26 46 66 26; www.parcasterix.fr
- **RER** Aéroport Charles de Gaulle, linha B3; Van sai a cada 30min, 9h30-18h30; combinação de trem e ingressos
  Ônibus Van, direto p/ Parc Astérix a partir de Paris; sai do Carrousel du Louvre: 8h45, volta 18h30; €70-80 ida e volta
  Carro A1 na direção de Lille, saída p/ Parc Astérix; estacionamento €8;
  Distância 35km ao norte de Paris
- **Supermercado** Leclerc; pela A1 em Fosses; saída 7, cerca de 20min de carro a partir de Parc Astérix
- **Centro de primeiros socorros** Perto do moinho de vento na rua principal, além da entrada
- **Aberto** Abr-ago: 10h-18h seg-sex, 9h30-18h sáb, dom; set-out: 10h-18h sáb, dom; aberto à noite p/ noites gaulesas em jul e ago; veja os horários no site
- **Preço** €157-167; até 3 anos grátis; veja ofertas especiais no site
- **Para evitar fila** Evite domingo. Compre os ingressos online
- **Idade** A partir de 7 anos
- **Atividades** Passeios aquáticos
- **Duração** Um dia inteiro
- **Banheiros** À esquerda da entrada, à esquerda da vila e perto da grande tenda do circo

Bom para a família
Crianças aproveitam mais se forem grandes fãs das histórias de Asterix. Gaste menos fazendo piquenique.

Passeios aquáticos no vilarejo gaulês

Compras
Há inúmeros suvenires com as imagens de Asterix, Obelix, Ideiafix e outros: toalhas, copos, camisetas, chaveiros, ímãs de geladeira. O parque também vende uma boa seleção de livros e filmes em inglês. A história de *Asterix - A foice de ouro*, o segundo volume na série famosa de histórias em quadrinhos, acontece em Lutécia, a atual Paris.

Saiba mais...
INTERNET No site www.asterix.com você pode tomar uma poção mágica na web.
FILMES Existem nada menos que 11 filmes baseados nesta história em quadrinhos. *The Twelve Tasks of Astérix* (1976) se diferencia pelo fato de não ser baseado num livro existente. Os romanos quase vencem em *Astérix and the Big Fight* (1989).

Gerard Depardieu está hilário como Obelix em *Asterix e Obelix contra César* (1999), *Asterix e Obelix: missão Cleópatra* (2002) e *Asterix nos Jogos Olímpicos* (2008).

Se chover...
Há shows diários no Teatro Poseidon e no Circo Romano, mas geralmente apenas nos fins de semana e na alta temporada.

Próxima parada...
FORÊT D'ERMENONVILLE Prepare poções mágicas na Forêt d'Ermenonville. Para chegar lá, vá pela A1 até Senlis, 10km ao norte do parque temático, e siga para o leste pela D330A por 4km e para o sul pela N330, atravessando a floresta. Volte para Lutécia para ver o anfiteatro romano **Arènes de Lutèce** (p. 178).

CRIANÇADA!

Teste seus conhecimentos...
1 Qual é a comida favorita de Obelix?
2 Quem cria uma poção para fazer com que chova?
3 Como se chama o chefe supremo dos britânicos?
4 Qual é a raça de Ideafix?

Respostas no fim do quadro.

GAULESES E ASTEROIDES
Em grego, asterix significa "pequena estrela". O primeiro satélite francês, lançado em 1965, foi chamado Asterix 1. Há também um asteroide batizado com o nome do intrépido gaulês, 29401 Astérix.

O Asterix real
Em 52 a.C. o chefe guerreiro gaulês Vercingetorix uniu os gauleses e liderou uma revolta contra os romanos. Foi derrotado na batalha de Alésia, travada no vilarejo de Alise Ste.-Reine, na Borgonha. Vercingetorix foi mantido prisioneiro por cinco anos antes de ser levado em desfile pelas ruas de Roma por César, triunfal, e então executado. Há uma grande estátua dele no alto do morro onde ele lutou até o fim, e uma estação de metrô em Paris recebeu o nome da batalha.

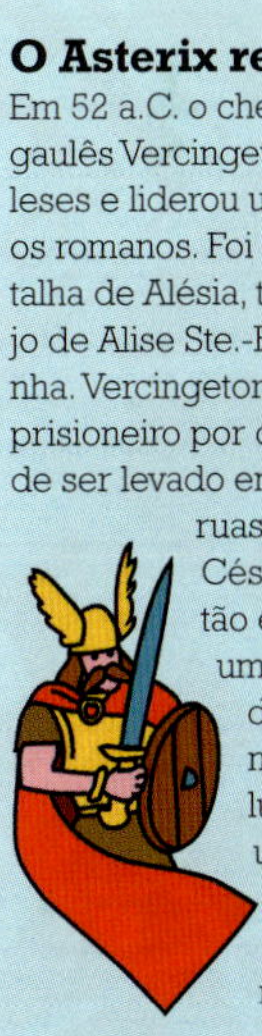

Respostas: 1 Javali. 2 O druida Prefix. 3 Cassivellauno. 4 Ideafix é único. É um cachorro que não é de nenhuma raça convencional.

Passeios de Um Dia

Jardim bem cuidado do Château d'Auvers

Exposição sobre Impressionismo no museu multimídia, Château d'Auvers

⑥ Auvers-sur-Oise
Um passeio impressionista

Alguns dos pintores mais famosos do final do século XIX e século XX apreciaram as deslumbrantes vistas e trilhas à beira do rio no vilarejo de Auvers-sur-Oise. A criançada vai gostar do **Château d'Auvers**, um museu multimídia interessante projetado especialmente para apresentar ao público infantil os impressionistas e a cidade que os inspirou.

Em 1890 o célebre holandês Vincent van Gogh passou seus dois últimos meses de vida em Auvers. Paupérrimo e exausto, trabalhou noite e dia pintando freneticamente 70 telas em 70 dias, trabalhando ao ar livre em todas as condições de tempo. Van Gogh morreu no quarto nº 5 do **albergue Ravoux**, depois de se dar um tiro no abdômen. O quarto nunca mais foi alugado.

Para relaxar
Passeie às margens do Oise até Pontoise, uma caminhada favorita do artista Camille Pissarro, ou erga castelos de areia na grande praia da **Isle d'Adam**, que o pintor Marc Chagall frequentava nos fins de semana com sua família.

⑦ Abbaye de Royaumont
Monges, algodoarias e florestas

Cercada por pântanos e belas florestas, a medieval Abbaye de Royaumont é um lugar tranquilo, com avenidas de castanheiras e uma horta de plantas medicinais. Tendo ao seu centro um claustro magnífico, foi construída em 1228 pelo rei Luís IX; era um de seus lugares favoritos. Até a Revolução, foi um dos mosteiros cistercianos mais importantes da França. Em 1791, foi convertido em cotonifício, e a igreja foi destruída. O sino grande no meio do pátio é tudo o que restou dela. Hoje a abadia restaurada é um centro cultural.

Para relaxar
Faça uma caminhada pelos campos, partindo do estacionamento. O rei Luís IX teve a ideia de construir a Abbaye de Royaumont depois de passear na vizinha **Forêt de Carnelle**, logo ao sul da abadia. Estacione ao lado do lago, Le Lac Bleu, na saída da D85, perto de St. Martin du Tertre.

Belo jardim do claustro da Abbaye de Royaumont

Informações

- 🌐 **Endereço** Oise, 95430; www.auvers-sur-oise.com; Château d'Auvers: www.chateau-auvers.fr; Auberge Ravoux: www.maisondevangogh.fr
- 🚗 **Trem** De Paris, Gare St.-Lazare, faça baldeação em Pontoise; trem direto da Gare du Nord às 9h56, abr-1º out, sáb, dom e feriados
  Carro A86/A15, depois A115 na direção de Clergy-Pointoise; saída Auvers-sur-Oise na direção do Château d'Auvers
  Distância 35km ao norte de Paris
  Como circular No verão, pegue a balsa em Auvers p/ Isle d'Adam; alugue bicicletas em frente do escritório de turismo
- ℹ️ **Informação turística** Rue de la Sansonne, 95430; 01 30 36 10 06; www.lavalleedeloise.com; 9h30-12h30 e 14h-17h; verão: até 18h; fechado seg
- 🕐 **Aberto** Chateau d'Auvers: 10h30-18h; inverno: até 16h30; fechado dez, jan e seg; Auberge Ravoux: 10h-18h qua-dom; fechado nov-mar
- 💶 **Preço** Chateau d'Auvers: €46-56; até 6 anos grátis; Auberge Ravoux: €20-30; até 11 anos grátis
- 🎫 **Para evitar fila** Passe Auvers oferece desconto na entrada do museu; visite nos fins de semana e nas férias p/ não encontrar excursões escolares
- 🚩 **Passeios guiados** Château d'Auvers tem guia de áudio
- 👫 **Idade** A partir de 5 anos
- 👫 **Atividades** Château d'Auvers tem workshops na qua e nas férias
- ⏱️ **Duração** Um dia inteiro
- ♿ **Cadeira de rodas** Não
- 🍴 **Comida e bebida** *Lanches* Sous le Porche (35 pl de la Marie, 95430; 01 30 36 16 50; www.sousleporche.com), em frente à prefeitura, é um ótimo lugar p/ tomar sorvete. *Refeição* l'Impressionist Café (Château d'Auvers, 95430; 01 34 48 48 48) tem um lindo pátio fechado. O café serve comida francesa tradicional, desde lanches simples a refeições gastronômicas.
- 🚻 **Banheiros** No Château d'Auvers e no Auberge Ravoux

Preços para família de 4 pessoas

Informações

- **Endereço** Asnières-sur-Oise, Oise, 95320; 01 30 35 59 70; www.royaumont.com
- **Carro** A1 norte, saída 5, depois D922 leste **Distância** 35km ao norte de Paris
- **Aberto** 10h-18h; inverno: até 17h30
- **Preço** €28-38; até 7 anos grátis; ingresso familiar €20
- **Idade** A partir de 6 anos
- **Atividades** Shows, workshops e programação familiar em francês
- **Duração** 1-2h
- **Cadeira de rodas** Sim
- **Comida e bebida** *Piquenique* Carrefour (Route d'Asnières, 95320; fechado dom) é bom p/ comprar provisões. Piquenique nos jardins. *Lanches* O café da abadia serve chá nos fins de semana e feriados. Também tem *tartines* salgadas, bolos e saladas.
- **Banheiros** Na abadia

⑧ Musée de l'Air et de l'Espace

Voar muito alto

O transporte aéreo na França começou quando os irmãos Montgolfier inventaram o balão de ar quente, em 1783. O museu do ar e do espaço ocupa um canto do terminal de Le Bourget, o aeroporto mais antigo de Paris. Iniciada em 1919, a coleção é a mais antiga desse tipo no mundo; só foi trazida para o local atual em 1975. Descubra como Louis Bleriot ganhou £15 mil fazendo a travessia aérea do Canal da Mancha, suba num bombardeiro da Segunda Guerra Mundial e olhe um Concorde de perto. Procure o único pedaço remanescente do *Oiseau Blanc*, ou Pássaro Branco, que decolou de Le Bourget em 1927 para tentar fazer a travessia do Atlântico,

mas desapareceu sobre o mar. A loja do museu tem uma grande seleção de modelos de aviões.

Para relaxar

Não há nenhum lugar por perto onde seja possível correr solto. Volte para o metrô e vá até a cidade: a linha 7 para na estação Palais Royal-Musée du Louvre. Faça uma caminhada tranquilo no bonito **Jardin des Tuileries** (p. 108).

Um avião no Musée de l'Air et de l'Espace

Informações

- **Endereço** Aéroport de Paris, Le Bourget, 93352; 01 49 92 70 00; www.museeairespace.fr
- **Metrô** La Courneuve, linha 7, depois ônibus 152 **RER** Le Bourget, linha B **Ônibus** 152 da Porte de la Villette ou 350 da Gare de l'Est e Gare du Nord **Carro** A1, saída 5 **Distância** 35km ao norte de Paris
- **Aberto** 10h-18h; inverno: até 17h; fechado seg, 1º jan e 25 dez
- **Preço** €65-75; exposições permanentes são grátis, mas há taxa extra p/ visitar alguns aviões e p/ usar o simulador
- **Passeios guiados** Áudio em inglês; €12 p/ grupo de 4 pessoas
- **Idade** A partir de 5 anos
- **Atividades** Diariam em inglês no Planète Pilot; 10h30, 12h, 13h30 e 15h
- **Duração** 1-2h
- **Comida e bebida** *Refeição* L'Hélice é ideal p/ almoço e também p/ lanches; no verão, há mesas praticamente embaixo das asas de um 747
- **Banheiros** Na entrada

Modelos de aviões diante do Musée de l'Air et de l'Espace

Parc Astérix e arredores | 229

CRIANÇADA!

Coisas a fazer...

1 Leia *O pequeno príncipe*, um clássico da literatura infantil francesa escrito por um dos mais famosos pilotos do país, Antoine de Saint-Exupéry.

2 Traga um caderno de desenho e giz de cera para desenhar Auvers-sur-Oise. Mande seus desenhos para amigos e familiares.

3 Durante o ano letivo, veja o pregoeiro de Auvers-sur-Oise aos domingos, às 12h, na place de la Marie. Pague a ele €1 para anunciar uma mensagem. Deixe as mensagens na caixa no café Sous le Porche.

4 Brinque de Asterix e Obelix no túmulo neolítico Pierre Turquaise, na Forêt de Carnelle, ao sul do estacionamento do Lac Bleu.

TRAVESSIA AÉREA

Em 1927 Charles Lindbergh pousou no aeroporto de Le Bourget, em Paris. Foi o primeiro aventureiro a atravessar o Atlântico sozinho em um avião.

Freguesa insatisfeita

A maior ambição de Vincent van Gogh era ser pintor retratista. Ele pintou três retratos da filha do dono da estalagem de Auvers-sur-Oise, Adeline Ravoux, mas nem ela e seus pais gostaram das telas. Em 1905 seu pai as vendeu por apenas 40 francos. O dono atual pagou espantosos €10 milhões por um desses retratos.

Piquenique até €25; **Lanches** €25-45; **Refeição** €45-90; **Para a família** mais de €90 (base para 4 pessoas)

⑨ Disneyland® Paris
O reino de Mickey

Quase não há criança no mundo que recusaria uma viagem à Disneyland; logo, não surpreende que o Disneyland® Paris seja o parque temático mais visitado da Europa. Na realidade, abrange dois parques temáticos – Disneyland® e Walt Disney Studios®. Lá, as crianças encontram seus personagens animados prediletos e podem aventurar-se em alguns dos melhores brinquedos do continente. Há o Disney® Village, com restaurantes, lojas e o Buffalo Bill Wild West Show. O Disneyland® Park principal se divide em cinco terras diferentes interligadas por uma rua de compras principal em estilo do século XIX, a Main Street, USA.

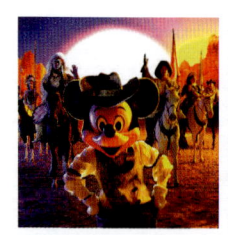

Mickey no show Buffalo Bill's Wild West, na Disney® Village

Destaques

① **Main Street, USA** Baseada na cidade natal de Disney – Marceline, Missouri –, essa terra de fantasia é cheia de restaurantes e lojas. A parada mágica Disney acontece aqui todas as tardes, de modo que é um bom lugar para terminar o dia.

② **Disneyland® Railroad** Walt Disney era grande fã de trens e tinha um minitrem a vapor em seu jardim. A ferrovia percorre o perímetro do parque, com paradas em Main Street, USA; Frontierland, Fantasyland e Discoveryland.

③ **Adventureland** Curta os brinquedos emocionantes e de animatrônica; seja Peter Pan e lute contra os piratas. Viva uma aventura perigosa na selva com Indiana Jones e brinque de Família Suíça Robinson nas árvores.

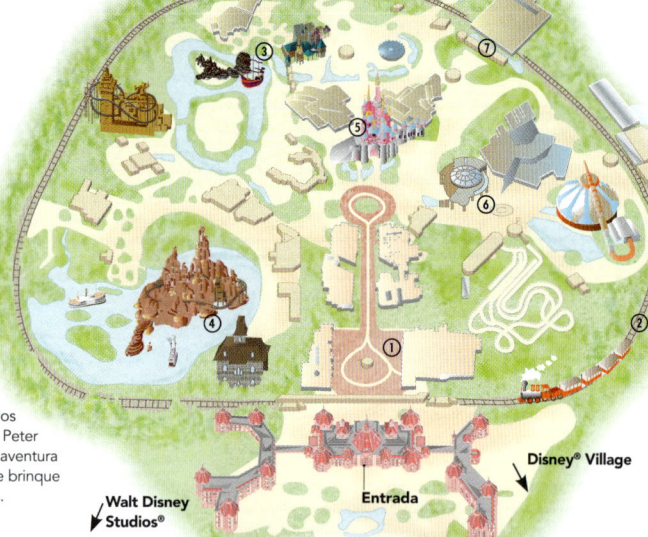

④ **Frontierland** Visite a casa mal-assombrada, ande num parque a vapor e ative sua adrenalina descendo na emocionante montanha-russa Big Thunder Mountain, nesta homenagem ao Velho Oeste americano. O Phantom Manor é um brinquedo-fantasma com efeitos especiais ótimos.

⑤ **Castelo da Bela Adormecida** Entre no castelo cor-de-rosa de contos de fada, com um dragão na masmorra e vitrais que destacam personagens populares.

⑥ **Discoveryland** Com tema futurista, esse é o lugar para partir numa aventura intergaláctica. Inclui o brinquedo interativo Buzz Lightyear Laser Blast® e, para as crianças mais velhas, é a parte mais interessante do parque.

⑦ **Fantasyland** Faça desta sua primeira parada, pois é o lugar da verdadeira magia Disney®. Todos os personagens clássicos estão aqui para serem cumprimentados. É a parte perfeita do parque para as crianças menores, com encenações de contos de fadas como *Branca de Neve e os sete anões*.

10 melhores brinquedos

1. **PHANTOM MANOR**
Risadas fantasmagóricas e aparições assombradas fazem parte deste passeio clássico de trem fantasma na Frontierland®. As cenas no cemitério são assustadoras para as crianças muito pequenas.

2. **BIG THUNDER MOUNTAIN**
Descubra uma mina abandonada enquanto anda num trem descontrolado que range de modo assustador antes de mergulhar no escuro em alta velocidade. Uma das atrações mais procuradas do parque, fica na Frontierland®.

3. **PINOCCHIO'S FANTASTIC JOURNEY**
Este brinquedo da Fantasyland® volta aos cenários do segundo longa-metragem feito pela Disney, em que o pequeno boneco Pinóquio luta para virar um menino humano.

4. **IT'S A SMALL WORLD**
Este brinquedo da Fantasyland® é o melhor que há no parque para crianças muito pequenas. Leve-as num passeio musical pelo mundo, vendo macacos balançarem.

5. **BRANCA DE NEVE E OS SETE ANÕES**
Ande pela floresta, passando pela bruxa, e veja Branca de Neve sendo salva por seu príncipe encantado na Fantasyland®. Assustador para criancinhas muito pequenas.

6. **PETER PAN'S FLIGHT**
Situado na Fantasyland®, esse talvez seja o brinquedo mais mágico do parque. Embarque num navio pirata e sobrevoe Londres à noite até chegar à Terra do Nunca.

7. **PIRATAS DO CARIBE**
Em um passeio de barco, veja piratas atacarem um forte espanhol nesta atração da Adventureland®.

8. **INDIANA JONES™ E O TEMPO DA PERDIÇÃO**
Sacoleje numa montanha-russa no meio de uma selva cheia de ruínas exóticas. Na Adventureland®.

9. **SPACE MOUNTAIN: MISSION 2**
Viaje até o limite do Universo no maior brinquedo da Discoveryland®. Para quem tem mais de 1,32m de altura e não é medroso.

10. **BUZZ LIGHTYEAR LASER BLAST®**
Vá para a Discoveryland® para curtir este emocionante jogo interativo: ande em espaçonaves armadas com laser e ajude Buzz.

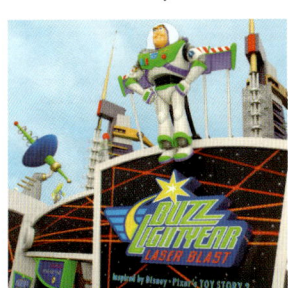

CRIANÇADA!

Procure...
1 A espada do rei Artur presa na pedra, na Fantasyland®.
2 O navio pirata do Capitão Gancho, na Adventureland®.
3 A lâmpada de Aladdin, na Adventureland®.
4 O labirinto incrível de Alice, Curious Labyrinth, na Fantasyland®.

PARABÉNS, MICKEY!

A data oficial de nascimento de Mickey é 18 de novembro de 1928, apesar de ele já ter sido visto em maio daquele ano. Originalmente, era o próprio Walt Disney quem fazia sua voz.

Questionário sobre animação e quadrinhos
1 Qual foi o primeiro longa-metragem da Disney®?
2 Como se chama o elefante voador da Disney®?
3 Que fruta envenenada a rainha malvada dá à Branca de Neve?
4 Pinóquio se transforma em que animal?
5 Qual é o verdadeiro nome da Pequena Sereia?
6 Em que filme aparece o capitão Jack Sparrow?

Respostas no fim do quadro.

Monsieur Disney
Walter Disney era descendente de um cavaleiro normando, Robert d'Isigny, que invadiu a Inglaterra em 1066 com Guilherme, o Conquistador. Em 1918, na Primeira Guerra Mundial, Disney veio à França para dirigir uma ambulância.

Respostas: 1 Branca de Neve e os sete anões (1937). **2** Dumbo. **3** Uma maçã. **4** Um burro. **5** Ariel. **6** Piratas do Caribe.

⑨ Disneyland® Paris (cont.) ▶

Disneyland® Paris (cont.)

Para relaxar
Há dois playgrounds: o Pocahontas Indian Village, na Frontierland®, e a Plage des Pirates, na Adventureland®.

Comida e bebida
Piquenique: até €25; Lanches: €25-45; Refeição: €45-90; Para a família: mais de €90 (base para 4 pessoas)

PIQUENIQUE Embora não seja permitido fazer piqueniques no parque, ninguém vai impedir crianças de comer, portanto leve lanches e água. A opção mais em conta é comprar bolachas nas lojas de suvenires. Há uma área própria para piqueniques ao lado da entrada.
LANCHES Casey's Corner (Main Street, USA®) serve cachorros-quentes. Coma um waffle numa das barracas espalhadas pelo parque.
REFEIÇÃO No Rainforest Café® (Disney® Village; 01 60 43 65 65) o visitante pode ter a sensação de comer numa selva, com temporal tropical a cada 30 minutos.
PARA A FAMÍLIA O Auberge de Cendrillion (Fantasyland®; 01 60 30 40 50) é o melhor – e mais caro – restaurante do parque. Há pratos franceses clássicos, mas para a criançada a atração principal é a oportunidade de passar um tempo com Cinderela e seus camundongos, além de outros príncipes e princesas da Disney.

Saiba mais...
INTERNET Há games e diversão nos sites www.disney.fr, www.disney.co.uk/playhousedisney e www.hiddenmickeys.org.
FILMES Assista em DVDs filmes de animação com clima francês, como Aristogatas (1970), A bela e a fera (1991), A bela adormecida (1959), Cinderela (1950), O corcunda de Notre Dame (1996) e Ratatouille (2007).

Compras
O **Disney® Village**, logo na saída do parque, é cheio de lojas e restaurantes que ficam abertos até depois de o parque fechar; logo, não é preciso correr para fazer compras no próprio parque. As compras feitas no parque até 15h podem ser entregues a hotéis ou ao Disney® Village para serem buscadas no fim do dia. Os suvenires são caros; escolha as lojas maiores, onde há mais alternativas

Uma refeição no Rainforest Café®, de temática tropical

Informações

Endereço Marne la Vallée, 77705 (32km a leste de Paris); www.disneylandparis.com

Trem RER A p/ Marne la Vallée, logo na saída do parque, leva 45min de Paris; trens operam a cada 15min; bilhete RER e ingressos combinados disponíveis; Eurostar direto de London St. Pancras; www.eurostar.com **Ônibus** Do aeroporto Charles de Gaulle e do Orly a cada 30min; www.vea.fr **Carro** A4, saída 14; estacion. €15

Informação turística City Hall, Main Street, USA®; Studio Services, Walt Disney Studios®, pl des Frères Lumière; Achados e perdidos: crianças perdidas no parque são levadas p/ Coin Bébé, perto do Plaza Gardens Restaurant, Main Street, USA®; objetos perdidos vão p/ o City Hall, Main Street, USA®

Centro de primeiros socorros No parque, perto do Plaza Gardens Restaurant, Main Street, USA®

Aberto 10h-21h30 seg-sex, 10h-22h sáb e dom; acesse o site antes da visita, pois o parque principal e os Walt Disney Studios® têm horários diferentes (também conforme a estação); Disney® Village abre o dia inteiro, até muito tarde da noite

Preço Passe de um dia p/ um parque apenas: €236-246; até 3 anos grátis; passe diário, p/ ambos os parques: €270-280; até 3 anos grátis. Ingressos mais baratos on-line; Passe de 2-3, 4 e 5 dias. Fique de olho em promoções, ainda mais em jan-mar, quando o ingresso cobre a entrada em todos os parques. Veja no site promoções de pacotes com hotéis; sempre há bons negócios p/ famílias, que mudam, porém, conforme a estação. Disney® Village: grátis.

Para evitar fila Pode haver longas filas, tanto p/ entrar nos parques quanto p/ as atrações – até 1h na alta temporada. Evite-as chegando pelo menos 30min antes do parque abrir, ou reserve on-line, por telefone, por um agente de viagens, nas balsas Channel, nos terminais Eurostar, nas Disney® Stores ou nas estações RATP do metrô. Tente não ir aos dom e, se possível, nas férias. Uma vez dentro, o sistema **Fastpass®** permite aos visitantes reservar o passeio em algumas atrações, sem fila: insira o ingresso na máquina Fastpass na entrada da atração e receba um bilhete com horário marcado. Porém, cada pessoa pode ter apenas um bilhete Fastpass por vez, e muitas atrações já estão totalmente reservadas ao meio-dia. O **VIP Fastpass®**, oferecido por alguns hotéis Disney, dão acesso imediato a algumas atrações, e o **Disneyland® Hotel Fastpass®** marca hora p/ uma seleção de atrações, apenas p/ hóspedes, que podem entrar no parque às 8h em alta temporada.

Preços para família de 4 pessoas

Disneyland® Paris | 233

Entrada do parque de ação Walt Disney Studios®

A arquitetura de castelo de conto de fadas do Disneyland® Hotel

de baixo preço. A loja **Liberty Arcade** (*Main Street, USA®*) é uma boa opção. Compre livros, artigos de papelaria, vídeos, pôsteres e CDs na aconchegante **Storybook Store** (*Main St., USA®*). **La Boutique du Château** (*Fantasyland*) é uma loja de temática natalina o ano inteiro. Aqui você encontra cartões e decorações de Natal. As crianças gostam de passar horas na grande **Disney® Store** (*Disney® Village*), olhando as mercadorias, que incluem roupas e brinquedos. A **World of Disney**, localizada na entrada do Disney® Village, oferece enorme variedade de produtos com a marca da Disney.

Passar a noite
A melhor maneira de relaxar é passar a noite num dos hotéis do parque, que também ficam na Disney® Village. Para a criançada, o bônus é que no final do dia, quando o parque está vazio, é possível andar várias vezes em alguns dos brinquedos. Os hotéis mais próximos do parque são os mais caros. O mais luxuoso é o **Disneyland® Hotel** (p. 247). As atrações principais são a vista do castelo de conto de fadas no fim da Main Street, USA®, e o café da manhã farto com personagens da Disney. A criançada adora o **Hotel Cheyenne®** (p. 247), que parece um set de filmagem de um faroeste. Alguns hotéis têm piscinas cobertas ou ao ar livre. Procure os pacotes de temporada oferecidos para famílias no site oficial.

Próxima parada...
WALT DISNEY STUDIOS® Os menores de 10 ficarão exaustos depois de um dia no Disneyland® Park; logo, não programe nada para a primeira noite. No segundo dia, vá para o **Walt Disney Studios®**, o parque temático menor ao lado do Disneyland® Park. É o lugar certo para conhecer o mundo do cinema e descobrir como são feitos filmes, em especial desenhos animados, no Toon Studio. O elemento central do Front Lot, logo depois de entrar pelos grandes portões, é uma fonte no formato de Mickey. A grande atração é o Toy Story Playland, com brinquedos como Toy Soldiers Parachute Drop e Slinky Dog Zigzag. Não deixe de fazer o passeio Studio Tram, que percorre um terremoto num campo petrolífero e a cidade de Londres destruída. A Twilight Zone Tower of Terror™ é um brinquedo assustador, para crianças mais velhas.

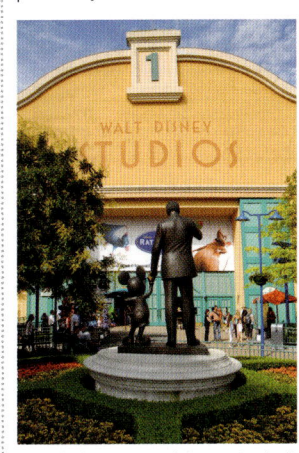

Entrada do parque Walt Disney Studios®, especializado em cinema

---

Baby Switch permite aos pais se revezarem com o bebê no colo, enquanto o outro passeia, sem ter que voltar p/ o fim da fila.
Caçadores de filas Um painel de informação na Central Plaza lista o tempo das filas. Algumas atrações na Adventureland® raramente lotam: Les Cabanes des Robinson, Adventure Isle, Le Passage Enchanté d'Aladdin e o Castelo da Bela Adormecida na Fantasyland®. Com tempo ruim os brinquedos podem fechar; abrigue-se, então, na Liberty e na Discovery Arcade.
Passeios guiados Pergunte no City Hall; €40-80; até 3 anos grátis
Idade Livre
Atividades Disney Parade, 17h diariam; veja no site ou no painel central de avisos no Plaza Gardens Restaurant, Main Street, USA®; pegue o programa de atividades no City Hall

Duração Um dia inteiro, ou dois p/ ambos os parques; se ficar em um hotel da Disneyland®, chegue na noite anterior e conheça personagens da Disney® no café da manhã
Café Há quiosques de comida e cafés no parque e um trocador de bebê com micro-ondas no Plaza Gardens Restaurant, Main Street, USA®
Banheiros No parque. Trocador de bebê no Plaza Gardens Restaurant na Central Plaza, Main Street, USA®

Bom para a família
A Disneyland® Paris é muito cara e não agrada a todo mundo – alguns visitantes acham que a atração não passou pelo teste do tempo e está ficando um pouco decadente –, mas em geral as crianças adoram. Vale a pena procurar promoções especiais e planejar bem sua visita.

Piquenique até €25; **Lanches** €25-45; **Refeição** €45-90; **Para a família** mais de €90 (base para 4 pessoas)

Crianças andam de bicicleta na agradável cidade de Provins

Informações

- **Endereço** Seine et Marne, 77160 (75km a sudeste de Paris); www.provins.net
- **Trem** De Paris, SNCF Gare de l'Est **Carro** A5 direção a Troyes, saída 16 depois D408 e D619
- **Informação turística** Office de Tourisme de Provins, Chemin de Villecran, 77482; 01 64 60 26 26; 10h-17h30 diariam; abr-set: até 18h30
- **Preço** €27-37 todas as atrações; €30 pacote familiar p/ ver 4 monumentos; promoção €12-22 p/ apenas uma atração
- **Passeios guiados** Fins de semana e férias escolares; guia de vídeo com GPS, disponível no escritório de turismo; bom p/ famílias
- **Idade** Livre
- **Atividades** Apresentações de cavalos e de guerra: 01 60 67 39 95; www.equestrio.fr; Aves de rapina: 01 60 58 80 32; www.vollibre.fr; Caça a ovos de Páscoa; no verão, o trem turístico puxado por um trator encurta o caminho; €19
- **Duração** No mínimo 3h
- **Cadeira de rodas** Limitado
- **Comida e bebida** Piquenique Intermarché *(15 ave du Maréchal de Lattre de Tassigny, 77160)* é o local p/ comprar provisões. Piquenique nas muralhas. *Para a família* La Taverne des Oubliées *(14 rue St.-Thibault, 77160; 06 70 50 08 58; www.provins-banquet-medieval.com)* é ótimo p/ as crianças apreciarem um banquete medieval.
- **Banheiros** No escritório de turismo

⑩ Provins
Baluartes, águias e guerra medieval

No alto de um platô, a capital medieval dos condes de Champagne domina a paisagem bonita em volta e é usada com frequência como set de filmagens sobre Paris medieval. Mergulhe num mundo de cavaleiros e princesas, explorando as muralhas que cercam a cidade velha e os misteriosos túneis subterrâneos. Seja Rapunzel na Tour César, uma enorme torre fortificada ocupada pelos ingleses durante a Guerra dos Cem Anos. No verão, há espetaculares shows equestres e de guerra medieval. Não deixe de ver as aves de rapina em ação nas muralhas da capital francesa.

Para relaxar
Corra pelos baluartes, que ficam especialmente belos no pôr do sol. Com grandes portões fortificados, foram erguidos entre os séculos XI e XIV e estão muito bem preservados.

⑪ Vaux-le-Vicomte
Um castelo digno do Gato de Botas

Vaux-le-Vicomte é tão lindo que quando Luís XIV o viu, em 1661, teve um acesso de inveja. Nicolas Fouquet, o tesoureiro-mor do rei, contratou os artistas mais talentosos da época para criar esse château de contos de fadas, e o lugar era tão opulento que Luís XIV se convenceu de que Fouquet havia roubado dinheiro de sua tesouraria para erguê-lo. O rei condenou Fouquet à prisão perpétua e roubou seu arquiteto, Le Vau, para projetar sua própria residência em Versalhes *(pp. 220-3)*. Vaux-le-Vicomte é ótimo para conhecer com crianças: há muito o que fazer, além de eventos especiais para crianças. O château fica ainda mais encantador nas noites de verão, quando é iluminado por velas, e no Natal.

Para relaxar
As crianças podem optar entre vários livros de enigmas, em inglês ou francês, nos quais têm que resolver charadas e encontrar pistas para se orientarem pelo castelo e seus belos jardins, criados pelo paisagista de Luís XIV, André Le Nôtre.

Suvenires e fantasias numa loja em Vaux-le-Vicomte

Idosos e jovens se divertem em Vaux-le-Vicomte, visto atrás dos jardins de André Le Nôtre

Preços para família de 4 pessoas

Informações

- **Endereço** Seine et Marne, 77950 (55km a sudeste de Paris); 01 64 14 41 90; www.vaux-le-vicomte.com
- **Trem** De Paris, SNCF e RER D Gare de Lyon p/ Melun, depois 20min de táxi, ou ônibus do château saindo da estação, nos fins de semana de verão; ida e volta €7 **Carro** A6, A4 depois pegue a A5 em direção a Troyes, saída St.-Germain Laxis
- **Aberto** mar-nov: 10h-18h diariam; verifique detalhes no site
- **Preço** Ingresso familiar €52; até 6 anos grátis
- **Para evitar fila** Evite os fins de semana no verão
- **Passeios guiados** Áudio e guia infantis em inglês €2; passeios com traje de gala; aluguel de fantasia €4 sáb, dom, feriados e férias
- **Idade** Livre
- **Atividades** Fim de semana de caça a ovos de Páscoa; passeio à luz de velas e fogos de artifício alguns sáb no verão; Feira do Chocolate, nov; eventos natalinos p/ crianças, dez; show das fontes, mar-nov
- **Duração** Pelo menos meio dia
- **Cadeira de rodas** Limitado
- **Comida e bebida** *Piquenique* Carrefour (Rond-Point de la Main Verte, Lieusaint, 77127) é melhor p/ comprar provisões se estiver de carro. Piquenique nos jardins. *Para a família* L'Ecureil (01 60 66 95 66), um café-mercado e restaurante de alto nível, nos estábulos do château, ideal p/ almoço de dom. Há atividades de desenho p/ crianças. O restaurante também serve lanches na área self-service.
- **Banheiros** No restaurante

⑫ Château de Blandy-les-Tours

Torres majestosas, vistas amplas

O imponente Château de Blandy-les-Tours, no coração do tranquilo vilarejo medieval de mesmo nome, parece algo saído diretamente de um livro de histórias. Esse castelo fortificado foi erguido por um dos cavaleiros que lutaram com Felipe II, o Augusto, na Batalha de Bouvines, em 1214, em que os ingleses foram derrotados.

Durante a Guerra dos Cem Anos, o castelo esteve na linha de frente, e a maior parte dele foi reconstruída. Suba nos baluartes e admire a vista desde as torres.

Para relaxar

O vilarejo fica numa área rural bonita, famosa pelo saboroso queijo Brie. Partindo do castelo há um lindo passeio a ser feito a pé até o velho moinho de vento de **Chaunoy** (siga as setas amarelas a partir da igreja).

Torres do Château de Blandy-les-Tours

Informações

- **Endereço** Seine et Marne, 77115 (70km a sudeste de Paris); 01 60 59 17 80
- **Carro** A única maneira de visitar Blandy-les-Tours com a família é de carro. A5 em direção a Troyes, saída 16, depois siga pela D47
- **Aberto** 10h-12h30 e 13h30-18h (até 17h no inverno), fechado ter e feriados
- **Preço** €12-24; até 25 anos grátis
- **Para evitar fila** Vá durante a semana, quando há menos visitantes
- **Passeios guiados** Guias em francês p/ crianças de 6-8 e 9-12 anos
- **Idade** A partir de 3 anos
- **Duração** 1h
- **Cadeira de rodas** Limitado
- **Comida e bebida** *Piquenique* Proxi (20 pl des Tours, 77115), p/ comprar provisões. Piquenique junto ao rio. *Refeição* Le Donjon (19 pl Tours, 77115; 01 60 66 90 66; fechado ter), o café-restaurante da vila, tem mesas fora. Experimente o omelete feito com queijo Brie local.
- **Banheiros** No pátio principal

CRIANÇADA!

Coisas a fazer...

1 Coma queijo. O mais famoso queijo mole da França, o Brie, vem desta região.
2 Lute com espadas de madeira nos baluartes em Provins ou no pátio de Blandy-les-Tours.
3 Vista uma fantasia para um dos passeios especiais para crianças no Château Vaux-le-Vicomte.

MALDADE DO REI

Três semanas depois de visitar Vaux-le-Vicomte, Luís XIV convidou Nicolas Fouquet a juntar-se a ele na cidade de Nantes. O rei lisonjeou Fouquet e o fez sentir que era especial, mas já havia planos para que fosse preso – por um mosqueteiro chamado D'Artagnan.

Cem anos de guerra

Durante 116 anos, entre 1337 e 1453, os reis franceses da dinastia Valois e os ingleses da Plantageneta travaram uma série de conflitos, cada lado buscando o controle do trono francês. Foi uma época difícil para o povo comum da França. Houve epidemias, escassez de alimentos, exércitos saqueadores; duas em cada três pessoas do país morreram. A chegada do arco longo pôs fim aos cavaleiros que lutavam montados, modernizando o modo como as guerras eram travadas. No final os ingleses foram expulsos da França, mas mantiveram o porto de Calais, e pela primeira vez os habitantes da Inglaterra e da França começaram a enxergar-se como cidadãos de países distintos.

Piquenique até €25; **Lanches** €25-45; **Refeição** €45-90; **Para a família** mais de €90 (base para 4 pessoas)

⑬ Fontainebleau
Florestas tranquilas e jardins formais

O château real de Fontainebleau não passava de um pavilhão de caça quando, no início do século XVI, foi convertido em um palácio renascentista por François I, que descobriu esse estilo novo ao lutar na Itália. Reis, rainhas e amantes reais posteriores também deixaram sua marca no château, que foi uma das residências favoritas de Napoleão. Muito mais tranquilo e íntimo que Versalhes, o Fontainebleau é cercado por lindos jardins e uma floresta de conto de fadas, com vilarejos bonitos e trilhas sinuosas.

Livro de colorir na loja do château

Destaques

Jardin de Diane Esse jardim tem uma fonte em bronze da deusa Diana, retratada como caçadora.

Grand Parterre Maior jardim formal da Europa, foi criado entre 1660 e 1664 por André Le Nôtre e Louis Le Vau.

Grand Canal Henrique IV encomendou um canal de 1.200m para percorrer o parque florestado.

Sala do trono A grandiosa sala do trono de Napoleão é decorada com águias douradas e abelhas, ambas símbolos de seu poder.

Capela Nela Luís XV se casou com a prineca polonesa Marie Leczinska.

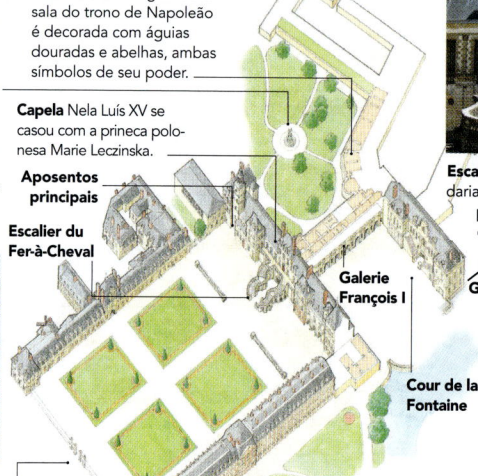

Aposentos principais

Escalier du Fer-à-Cheval

Entrada Cour d'Honneur

Galerie François I

Cour de la Fontaine

Galerie François I François I tinha tanto orgulho dessa galeria dourada que era a única pessoa autorizada a portar a chave dela.

Escalier du Fer-à-Cheval A famosa escadaria em formato de ferradura, projetada por Jean Androuet du Cerceau, data do reinado de Luís XIII e foi baseada num modelo renascentista.

Grand Parterre

Informações

Endereço Seine-et-Marne, 77300; 01 60 71 50 60; www.musee-chateau-fontainebleau.fr

RER Gare de Lyon, SNCF Grandes Lignes; o ônibus A opera da estação de ônibus até o château **Trem** Gare de Lyon; disponível trem e ingresso combinados **Carro** A6 em direção a Lyon, saída Fontainebleau **Distância** 69km ao sul de Paris **Como circular** O aluguel de bicicleta no escritório de turismo custa €5 por hora, mas é necessário um carro p/ explorar toda a área; porta-bebê disponível

Informação turística 4 rue Royale, 77300; 01 60 74 99 99; www.fontainebleau-tourisme.com

Aberto Château: 9h30-17h, até 18h no verão; fechado ter; jardins: 9h-17h, até 19h no verão

Preço Château: €22-32; até 18 anos grátis p/ os principais recintos; Jardins: grátis; veja no site taxas extras p/ passeios e algumas áreas do château

Passeios guiados Áudio €1; guia de áudio infantil em francês

Idade Livre

Atividades Programação e workshops p/ crianças em francês; canoagem e atividades esportivas: Ikopa Adventure, 19 rue Paul Séramy, Fontainebleau, 77300; 06 21 09 37 50; www.ikopa.com; Top Loisirs, Moret sur Loing; 01 60 74 08 50;

www.toploisirs.fr; trilhas a pé ou de bicicleta: Champagne sur Seine; 01 60 39 07 04

Cadeira de rodas Sim, para o château

Duração 1h30

Café Cour de la Fontaine no verão

Loja Na saída do château, com uma boa seleção de livros infantis de colorir

Banheiros Na entrada e na saída do château

Bom para a família
O Fontainebleau não é caro e oferece atrações nas áreas internas e externas, ideal para um dia em família. Ingressos pela metade do preço uma hora antes de fechar.

Preços para família de 4 pessoas

Fontainebleau | 237

Vista do Château de Fontainebleau do outro lado do jardim

Para relaxar
As crianças vão gostar de correr nos caminhos em volta do Grand Canal e brincar no playground no jardim do château. Reme num barco no lago do castelo ou ande numa carruagem puxada por cavalos nos jardins. Faça uma parada no playground do **Musée Napoleon d'Art et d'Histoire Militaire** *(88 rue St. Honoré, Fontainebleau, 77300)*, a pequena distância a pé do château, ou vá andar a cavalo na **Horse Dreams** *(www.horse-dreams. com)*, perto de Ury, a 15 minutos de distância de carro.

Comida e bebida
Piquenique: até €25; Lanches: €25-45; Refeição: €45-90; Para a família: mais de €90 (base para 4 pessoas)

PIQUENIQUE Monoprix *(58 rue Grande, 77300)* é o melhor lugar para comprar alimentos. Na rue des Sablons há lojas com ótimos pães, queijos, frutas e legumes. É proibido fazer piqueniques nos jardins do palácio, mas não no parque.
LANCHES Le Grand Café *(33 pl Napoleon Bonaparte, 77300)*, um dos cafés ao lado do carrossel antigo, é um bom lugar para tomar alguma coisa e observar o movimento da cidade.

Trilhas para caminhadas na floresta de Fontainebleau

REFEIÇÃO A simpática **Pizza Pazza** *(1 rue Bouchers, 77300; 01 60 72 05 61)* serve versões pequenas de todas as pizzas de seu cardápio para crianças.
PARA A FAMÍLIA La Table des Maréchaux *(9 rue Grande, 77300; 01 60 39 55 50; 12h-23h)*, localizado no luxuoso Hôtel Napoleon, tem um belo terraço que é voltado para o jardim e ótimo jantar self-service.

Vitrine com livros infantis na Reel Books

Compras
Reel Books *(9 rue de Ferrare, 77300)* vende livros infantis em inglês e francês. Procure as lojas de fazendas à margem da estrada. A região a leste de Fontainebleau é famosa por seus queijos Brie e Coulommiers.

Saiba mais
FILME Luís XIII, um dos personagens de *Os três mosqueteiros* (1993), nasceu em Fontainebleau.

Próxima parada...
FLORESTAS DE FONTAINEBLEAU
Ao sul do château, passando pelo Carrefour de Matignon na N6, as florestas de Fontainebleau têm trilhas com lindas vistas. Há uma caminhada ótima partindo de Barbizon, a dez minutos de carro pela D64. O pintor paisagista Jean-François Millet, que inspirou Van Gogh, viveu em Barbizon. Também a pouca distância de carro fica a cidade medieval de Moret-sur-Loing, fonte de inspiração para o impressionista Alfred Sisley. Alugue uma canoa para um passeio no rio Loing.

CRIANÇADA!

Fique de olho...
1 As iniciais M e H representam o rei Henrique IV e sua rainha, Maria de Médici. O que significam as iniciais MA e N?
2 François I era um leitor voraz e exigia receber um exemplar de cada livro publicado na França. Adivinhe quantos livros há em sua biblioteca.
3 Na Galerie François I há um elefante pintado por Rosso Fiorentino que simboliza o rei. Como é possível saber disso?
4 Localize uma fonte de bronze no Jardin de Diane. Que deusa romana é representada aqui?

Respostas no fim do quadro.

DESCOBERTA CANINA
A cidade e o palácio de Fontainebleau devem seu nome a um cachorro chamado Bliaud, que descobriu aqui a fonte que ficou conhecida como "Fontaine de Bliaud", e por isso a cidade e o palácio acabaram sendo chamados Fontainebleau.

Nascimento real
Antes do nascimento de Luís XIII, a cama de sua mãe, Maria de Médici, foi transferida para um aposento maior, o atual Salão Luís XIII, a fim de dar espaço à multidão que se reuniu para testemunhar que o futuro rei nascera vivo e não era um impostor.

Respostas: 1 Maria Antonieta e Napoleão. **2** 16 mil. **3** Graças aos emblemas reais: uma salamandra e lírios (flor de lis). **4** Diana.

Onde Ficar

Os hotéis de Paris tendem a se agrupar por tipo. A maioria dos hotéis de luxo, entre os quais há alguns dos melhores da Europa para famílias, é encontrada em torno da Champs-Élysées e das Tuileries. Os hotéis-butique, com menos instalações para famílias, são mais numerosos na Margem Esquerda e em Montmartre.

AGÊNCIAS
RentApart
http://france-appartements.com
Entre as agências de aluguel, essa é a de melhor nível. Diárias a partir de €100 para apartamento tipo quitinete.

A Haven in Paris
www.haveninparis.com
Agência de aluguel para férias-butique, aluga mansões e apartamentos de luxo em Paris.

Île de la Cité, Île St.-Louis e arredores
HOTÉIS
Relais du Louvre Mapa 10 G4
19 rue des Prêtres St-Germain--l'Auxerrois, 75001; 01 40 41 96 42; http://relais-du-louvre-paris.com; Metrô: Pont Neuf
Esse hotel histórico fica situado ao lado da Igreja de St.-Germain l'Auxerrois e do Louvre. A atração para as famílias é o grande apartamento independente no último andar, com lugar para cinco pessoas e com cozinha, enquanto os quartos adjacentes podem facilmente formar uma suíte familiar. O café da manhã é servido apenas no quarto.
E €€

Hôtel Britannique Mapa 10 H4
20 ave Victoria, 75001; 01 42 33 74 59; www.hotel-britannique.fr; Metrô: Châtelet
Situado a poucos minutos das principais atrações da Île de la Cité, esse hotel três-estrelas demonstra grande atenção aos detalhes e é cheio de charme. A suíte para quatro pessoas tem boa relação custo-benefício. Ar-condicionado. Café da manhã farto e acolhida calorosa para as crianças.
€€€

Hôtel du Jeu de Paume Mapa 11 C6
54 rue St.-Louis en l'Île, 75004; 01 43 26 14 18; www.jeudepaumehotel.com; Metrô: Pont Marie
A entrada discreta para um pátio leva a uma construção de enxaimel do século XVII. Um cão labrador dourado recebe os hóspedes à porta, dando o tom desse hotel caseiro, mas ultrachique. Para a faixa de preço superior, a relação custo-benefício é boa, e há serviço de quarto. O ambiente descontraído no coração da Île St.-Louis faz desse um dos hotéis mais agradáveis da cidade. Dispõe também de dois apartamentos para estadias de longa duração (mínimo 5 noites), com cozinha, sala de estar e vários quartos.
€€€

APARTAMENTOS E FLATS
Résidence Le Petit Châtelet Mapa 10 H4
9 rue St.-Denis, 75001; 01 42 33 32 31; www.lepetitchatelet.com; Metrô: Châtelet
O Résidence Petit Châtelet, uma casa charmosa e antiquada no coração histórico de Paris, tem apartamentos com ar-condicionado para quatro a seis pessoas. Os apartamentos dos andares superiores têm pequenas sacadas. A desvantagem é que não há elevador e que à noite o lugar é um pouco barulhento.
€

Citadines St.-Germain--des-Prés Mapa 10 G5
53 quai des Grands Augustines, 75006; 01 44 07 70 00; www.citadines.com; Metrô: St.-Michel
Localizado em frente à Île de la Cité, esse hotel fica perto das principais atrações da cidade. Todos têm cozinha e ar-condicionado. Há lavanderia, o que é ótimo para famílias. O hotel oferece serviço de baby-sitter. Café da manhã opcional.
E €€

Beaubourg e Marais
HOTÉIS
Hôtel du Nord – Le Pari Vélo Mapa 11 D1
47 rue Albert Thomas, 75010; 01 42 01 66 00; www.hoteldunord-leparivelo.com; Metrô: République ou Jacques Bonsergent
O quarto de família neste hotel aconchegante ao norte do Marais é uma das melhores opções de preço módico em Paris. O café da manhã é servido no subsolo. Bicicletas de adulto gratuitas para os hóspedes. *Vélo* significa bicicleta em francês – vem daí o nome do hotel.
€

Hôtel Jeanne d'Arc Mapa 11 D5
3 rue de Jarente, 75004; 01 48 87 62 11; www.hoteljeannedarc.com; Metrô: St.-Paul
Hotel duas-estrelas a minutos da place Ste.-Catherine, onde há bares e restaurantes simpáticos. O quarto familiar para quatro pessoas é uma pechincha. O espelho de mosaico na sala de café da manhã pode dar ideias criativas às crianças. Café da manhã de preço competitivo.
€

Decoração contemporânea no Hôtel du Jeu de Paume

Hotel Ibis Bastille Opéra
Mapa 12 F5
15 rue Breguet, 75011; 01 49 29 20 20; www.ibishotel.com; Metrô: Bastille ou Breguet-Sabin
Hotel de rede, sem luxos, tem quartos com ar-condicionado que custam menos no fim de semana e com reserva on-line. Quartos básicos mas modernos. Para famílias, a vantagem é o ótimo preço, mesmo que seja preciso reservar dois quartos.
🍽 E   €€

Novotel Les Halles
Mapa 11 A4
8 pl Marguerite de Navarre, 75001; 01 42 21 31 31; www.novotelparis.com; Metrô: Les Halles
Da rede Novotel, boa para famílias, é uma opção para quem vai passar um dia na Disneyland®, graças à sua proximidade com a estação de trem RER. Duas crianças podem ficar de graça no quarto dos pais, o que é um dos melhores negócios para famílias no centro de Paris. Desconto de 50% sobre o segundo quarto. Tem área de jogos para crianças.
🍽   €€

Le Pavillon de la Reine
Mapa 11 D5
28 pl des Vosges, 75003; 01 40 29 19 19; www.pavillon-de-la-reine.com; Metrô: Bastille ou St.-Paul
Hotel com suítes para famílias de quatro pessoas. Não tem restaurante, mas o café Carette mais que compensa por isso. Na place des Vosges há um tanque de areia para crianças. Hotel com ar-condicionado e spa. Serviço de baby-sitter.
❄E   €€€

BED AND BREAKFAST
Appartement d'Hôtes de la Folie Mericourt
Mapa 12 F3
20 rue de la Mericourt, 75011; 01 77 15 69 54; www.appartement-hotes-folie-mericourt.com; Metrô: St.-Amboise
Num apartamento independente para quatro a seis pessoas, esse B&B oferece café da manhã e jantar opcional. Dispõe de berços. Há dois outros apartamentos, perto de Oberkampf e République, caso esse já tenha sido reservado.
🛏   €

Bonne Nuit Paris
Mapa 11 D3
63 rue Charlot, 75003; 01 42 71 83 56; www.bonne-nuit-paris.com; Metrô: République ou Temple

Entrada do charmoso Hôtel Chopin, de estilo antigo

Casa construída em 1609 e restaurada, tem vigas antigas e muitos confortos modernos. No café da manhã serve geleias caseiras e mel de sua produção. Dispõe de berço e cama infantil dobrável.
                                   €€

APARTAMENTOS E FLATS
Citadines Marais Bastille
Mapa 12 E4
37 blvd Richard Lenoir, 75011; 01 53 36 90 00; www.citadines.com; Metrô: Bastille, Breguet-Sabin ou Chemin Vert
Esse estabelecimento da rede de apart-hotéis Citadines, perto dos cafés do Marais, é ideal para uma estadia longa com crianças. Apartamentos com ar-condicionado para até quatro pessoas, com pequena cozinha. Serviço de baby-sitter.
🛏   €€

Ver também Hôtel Britannique, p. 238

Tuileries, Opéra e Montmartre
HOTÉIS
Hôtel de la Cité Rougemont
Mapa 4 H6
4 Cité Rougemont, 75009; 01 47 70 25 95; www.hotel-paris-rougemont.com; Metrô: Grands Boulevards
Hotel duas-estrelas básico mas cordial, próximo ao Musée Grevin e à principal área de compras, com quartos familiares de bom tamanho para quatro pessoas. Ideal para estadias curtas. Tem internet a cabo.
                                   €

Hôtel Alba Opéra
Mapa 4 G4
34 rue de la Tour d'Auvergne, 75009; 01 48 78 80 22; http://albaoperahotel.com; Metrô:

Notre-Dame de Lorette
Hotel-butique com quartos para quatro pessoas, com minicozinha básica que inclui micro-ondas. O hotel tem muita história – Louis Armstrong e Toulouse-Lautrec se hospedaram aqui. É possível ir ao Musée Grevin a pé.
🛏   €€

Hôtel Chopin
Mapa 4 G6
10 blvd Montmartre (46 passage Jouffroy), 75009; 01 47 70 58 10; www.hotelchopin.fr; Metrô: Richelieu Drouot
Hotel duas-estrelas antiquado, aberto em 1846. Quartos minúsculos e básicos, mas vista romântica dos telhados a partir do andar superior. Boa localização para famílias, na passage Jouffroy, ao lado do Musée Grevin. Funcionários cordiais.
                                   €€

Hôtel des Trois Poussins
Mapa 4 F4
15 rue Clauzel, 75009; 01 53 32 81 81; www.les3poussins.com; Metrô: St.-Georges
Esse hotel moderno e com ar-condicionado tem quartos de bom tamanho com banheiro, incluindo um quarto triplo. Berços e uma quitinete disponíveis a pedido. O hotel não tem restaurante, mas há muitos nas proximidades.
🛏   €€

Ibis Berthier Porte De Clichy
Mapa 3 C1
163 bis ave de Clichy, 75017; 01 40

Aconchegante inteiror do Le Pavillon de la Reine

Categorias de preço
Faixas de preço para uma família de 4 pessoas por noite, incluindo serviços e taxas adicionais, na alta temporada.

€ menos de €200; €€ €200-350; €€€ mais de €350

Legenda dos símbolos *no final do guia*

25 20 20; www.ibishotel.com; Metrô: Porte de Clichy
Hotel de rede, ótima relação custo-benefício, com quartos para famílias e interligados. Para as famílias, além do preço, a vantagem é a localização ao lado de um parque moderno que faz divisa com o bairro Batignolles, onde há outro parque mais tradicional. O hotel tem piscina coberta.
🍴 E €€

Tim Hotel Mapa 4 F2
11 rue Ravignan, 75018; 01 42 55 74 79; www.timhotel.com; Metrô: Abbesses
Hotel pitoresco em praça para pedestres próximo do Sacré-Coeur. Dispõe de quartos pequenos e básicos, porém relação custo-benefício excepcional, considerando onde fica. Para famílias há quartos para três pessoas e, com vista magnífica.
€€

Hôtel du Louvre Mapa 10 F3
Pl André Malraux, 75001; 01 44 58 38 38; http://louvre.concorde-hotels.fr; Metrô: Palais Royal–Musée du Louvre
Construído em 1887, esse adorável hotel está localizado em frente ao Louvre, do outro lado da rua. Nos grandes quartos duplos cabem uma cama e um berço adicionais. Conta com seis suítes, e a grande família da famosa atriz Angelina Jolie já se hospedou em uma delas.
🍴 E €€€

Típica fachada belle époque do The Westin Paris-Vendôme

Categoria de preços ver p. 239

Le Burgundy Mapa 9 D2
6-8 rue Duphot, 75001; 01 42 60 34 12; www.leburgundy.com; Metrô: Madeleine
O Le Burgundy proporciona luxo e boa acolhida a famílias. Hotel arejado e bem iluminado com pacote de boas-vindas e ursos de pelúcia para a criançada, tem quartos dúplex ótimos para famílias. Localização excelente: é possível andar a pé até muitas das principais atrações. Possui piscina e serviço de baby-sitter.
🍴 €€€

Park Hyatt Vendôme Mapa 10 E1
5 rue de la Paix, 75002; 01 58 71 12 34; www.paris.vendome.hyatt.com; Metrô: Opéra
Esse é o lugar chique onde se hospedam celebridades e astros do cinema. Os quartos são moderníssimos. Há quatro restaurantes, um spa e serviço de baby-sitter. As grandes vantagens são os quartos silenciosos que dão para o pátio e as suítes espetaculares.
🍴 E €€€

Terrass Hôtel Mapa 4 E2
12 rue Joseph de Maistre, 75018; 01 46 06 72 85; www.terrass-hotel.com; Metrô: Blanche
Quatro-estrelas lindo, com terraço deslumbrante no sétimo andar. Suítes amplas e arejadas e suítes júnior ideais para famílias. Muitas têm sacadas com vista magnífica, e possui mesa com tela touch screen interativa e uma cama flutuante que as crianças mais velhas vão adorar.
🍴 €€€

The Westin Paris-Vendôme Mapa 9 D2
3 rue Castiglione, 75001; 01 44 77 11 11; www.starwoodhotels.com; Metrô: Tuileries
Hotel quatro-estrelas majestoso, bom para famílias, fica em frente ao Jardin des Tuileries. Os quartos são grandes, mas os mais charmosos são os quartos menores do sótão. Oferece berços e cadeirões.
🍼 🍴 €€€

BED AND BREAKFAST
Loft Paris Mapa 4 E2
7 Cité Véron, 75018; 06 14 48 47 48; www.loft-paris.fr; Metrô: pl du Clichy
Quatro apartamentos interessantes e bem equipados numa ruela de pedra logo atrás do Moulin Rouge, com muitos restaurantes nas redondezas.

Entrada dos apartamentos bem equipados do Résidhome Paris-Opéra

Ambiente aconchegante, mas não é boa opção para quem tem filhos pequenos porque não há elevador.
🧳 €€

Paris Oasis Mapa 4 H2
14 rue André del Sarte, 75018; 01 42 55 95 16; www.paris-oasis.com; Metrô: Anvers
Apartamentos de tamanho familiar, no último andar e bem conservados. As crianças vão gostar do jardim e piscina coberta. A estadia mínima é de três noites. Ótima relação custo-benefício para a localização. Os hóspedes podem usar a lava-roupas. Sem café da manhã.
🧺 🛁 🧳 €€

APARTAMENTOS E FLATS
Adagio Apartments Montmartre Mapa 4 G3
10 pl Charles Dullin, 75018; 01 42 57 14 55; www.adagio-city.com/montmartre; Metrô: Pigalle
A grande atração para famílias é a boa localização, a minutos do Sacré Coeur, numa área cheia de restaurantes e delicatéssens. Apartamentos modernos, com ar-condicionado, para até sete pessoas, cada um com quitinete e micro-ondas, um jardim pequeno, bom para as crianças. Possui lavanderia e disponibiliza berços.
🛁 🧳 E €

Résidhome Paris-Opéra Mapa 3 D5
30 rue Joubert, 75009; 01 56 35 00 35; www.residhome.com; Metrô: Havre Caumartin
Esse hotel oferece apartamentos modernos com ar-condicionado; alguns são dúplex com capacidade para até seis pessoas. Pisos de

madeira e todas as instalações para bebês. A faxina é feita semanalmente, mas é possível pedir faxina adicional. Serviço de baby-sitter.

🛏 E €€

Ver também Relais du Louvre, p. 238, Adagio Haussman, p. 242, Hotel Apollon, p. 244 e Pullman Montparnasse, p. 245

Champs-Élysées e Trocadéro
HOTÉIS

Hôtel Residence Foch Mapa 1 B4
10 rue Marbeau, 75116; 01 45 00 46 50; www.foch-paris-hotel.com; Metrô: Porte Maillot
Espaçosos e com ar-condicionado, os quartos para até cinco pessoas são excelentes. O hotel possui salão para café da manhã e está perto de bons restaurantes.

🛏 €€

Four Seasons Hotel George V Mapa 2 F5
31 ave George V, 75008; 01 49 52 70 00; www.fourseasons.com/paris; Metrô: Georges V
Adorável e tradicional hotel de luxo com várias atividades ótimas para crianças, entre elas fazer suntuosas madeleines na cozinha com o chef de confeitaria, além de passeios guiados infantis por Paris. As crianças têm seu conjunto próprio de sabonetes em formato de animais e são recebidas com um brinquedo e um pacote de boas-vindas. Piscina coberta. Serviço de baby-sitter.

🛏 🍴 E €€€

Hôtel Baltimore Mapa 1 D6
88 ave Kléber, 75016; 01 44 34 54 54; www.accorhotels.com; Metrô: Boisière
O Baltimore faz parte da rede de hotéis-butique MGallery, que integra o grupo Accor. Fica numa região tranquila. Alguns dos quartos têm vista para a Torre Eiffel. Apenas uma criança de até 11 anos é autorizada a dividir um quarto com seus pais, mas há quartos interligados disponíveis. O hotel possui centro de fitness e serviço de baby-sitter.

🍴 E €€€

Hotel de la Trémoille Mapa 2 G6
14 rue de la Trémoille, 75008; 01 56 52 14 00; www.tremoille.com; Metrô: Alma Marceau
Situado numa rua tranquila no coração do 8º arrondissement parisiense, perto da Champs-Élysées e da avenue Montaigne, esse hotel foi aberto em 1923. Embora conserve sua fachada original do barão Haussmann, com elementos originais que incluem sacadas de ferro batido, o interior é ultramoderno. Para as famílias, a atração está nas treze suítes e no atendimento impecável. Alguns dos quartos possuem sacadas particulares. Há também um centro de fitness.

🍴 E €€€

Hôtel du Collectionneur Mapa 2 G3
51-57 rue de Courcelles, 75008; 01 58 36 67 00; www.hotelducollectionneur.com; Metrô: Courcelles
Hotel luxuoso, decorado em estilo art déco, tem quartos de bom tamanho. A localização é excelente, muito perto da Champs-Élysées e ao lado dos portões dourados do Parc Monceau. As 59 suítes são a melhor opção para famílias, e no lounge executivo são servidas bebidas e comida o dia inteiro, uma vantagem para quem tem crianças. Restaurante no terraço ao ar livre no verão. Serviço de baby-sitter.

🛏 🍴 E €€€

Hôtel Élysées Regencia Mapa 2 F5
41 ave Marceau, 75016; 01 47 20 42 65; www.regencia.com; Metrô: Kléber
Hotel chique e moderno, com ambiente aconchegante, a pouca distância a pé dos Champs-Élysées. Quartos com boa relação custo-benefício para um hotel quatro-estrelas; a maioria dispõe de sala de estar. Há quartos interligados para famílias, porém não há restaurante.

€€€

Hôtel Keppler Mapa 2 E5
10 rue Kepler, 75016; 01 47 20 65 05; www.keppler.fr; Metrô: Kléber
Hotel-butique que é uma boa base para qual conhecer a área em volta do Trocadéro. Possui instalações para famílias e oferece atendimento impecável. Possui cinco suítes com sacadas e vista da Torre Eiffel. Oferece serviço de baby-sitter.

E €€€

Le Bristol Mapa 3 B6
112 rue du Faubourg St.-Honoré, 75008; 01 53 43 43 25; www.lebristolparis.com; Metrô: Miromesnil
Um dos melhores palace hotels para famílias na cidade, é um lugar onde a criançada pode ficar à vontade. Os quartos são grandes e há muitas suítes interligadas, incluindo duas com terraços de cobertura. Há um excelente restaurante gourmet que acolhe bem as crianças, o 114, e um café da manhã japonês especial. Serviço de baby-sitter. As crianças vão adorar a piscina protegida na cobertura.

🛏 🍴 E €€€

Plaza Athenée Mapa 2 G6
25 ave Montaigne, 75008; 01 53 67 66 65; www.plaza-athenee-paris.fr; Metrô: Franklin D Roosevelt
Esse hotel mundialmente famoso se desdobra para acolher famílias. Locação gratuita de bicicletas, com piqueniques de quebra, barco fluvial particular e, no inverno, rinque de patinação no gelo. Uma seleção incrível de suítes enormes e um spa. Serviço de baby-sitter.

🛏 🍴 E €€€

Bonito jardim de um dos melhores hotéis de Paris, Le Bristol

Legenda dos símbolos *no final do guia*

Onde Ficar

Interior aconchegante do Hôtel du Palais Bourbon

Shangri La Hôtel   Mapa 8 E1
10 ave d'Iena, 75016; 01 53 67 19 98; www.shangri-la.com; Metrô: Iéna
Esse prédio lindo que já foi residência do sobrinho-neto de Napoleão, foi restaurado com bom gosto. Quartos e suítes bons e amplos, alguns com linda vista da Torre Eiffel e do Sena. Possui três restaurantes, piscina e serviço de baby-sitter.
€€€

APARTAMENTOS E FLATS
Adagio Haussmann   Mapa 2 H4
129-131 blvd Haussmann, 75008; 01 56 88 61 00; www.adagio-city.com; Metrô: Miromesnil
Apartamentos de um quarto, com ar-condicionado, para quatro pessoas, com quinitete e micro-ondas; o quarto tem duas camas de solteiro e sofá-cama de casal. Berços disponíveis. Lavanderia.
€€

Citadines Trocadéro   Mapa 1 C6
29 bis rue St.-Didier, 75116; 01 56 90 70 00; www.citadines.com; Metrô: Victor Hugo
A pouca distância a pé dos museus e dos jardins do Trocadéro, a localização desses apartamentos é perfeita para famílias de até seis pessoas. Ar-condicionado e quinitete com micro-ondas e grill. Serve café da manhã e oferece baby-sitter.
€€

Jays   Mapa 1 D5
6 rue Copernic, 75016; 01 47 04 16 16; www.jays-paris.com; Metrô: Victor Hugo
A vantagem para as famílias está nas suítes belas e amplas, com ótima localização perto do Trocadéro

e do Arco do Triunfo. Crianças são muito bem recebidas. Faxina diária e café da manhã.
€€€

Torre Eiffel e Les Invalides
HOTÉIS
Hôtel Ares Eiffel   Mapa 8 F5
7 rue du General de Larminat, 75015; 01 47 34 74 04; www.ares-paris-hotel.com; Metrô: La Motte Piquet Grenelle
Hotel quatro-estrelas próximo do Champ-de-Mars, oferece ótimas diárias on-line. A decoração chique combina o barroco e o contemporâneo, e os quartos de luxo têm dois sofás-camas de solteiro para crianças.
€€

Hôtel du Palais Bourbon   Mapa 9 B5
49 rue de Bourgogne, 75007; 01 44 11 30 70; www.hotel-palais-bourbon.com; Metrô: Varenne
Bom hotel para famílias, próximo do Musée d'Orsay e a pequena distância a pé do Jardin des Tuileries. Há um quarto familiar para quatro pessoas, com ar-condicionado, maior que os outros. Possui elevador.
€€

Hôtel Mayet   Mapa 13 C2
3 rue Mayet, 75006; 01 47 83 21 35; www.mayet.com; Metrô: Duroc
Hotel interessante e pequeno numa rua tranquila ao sul dos Invalides, com quartos minimalistas, numa região animada a curta caminhada das principais atrações da Margem Esquerda. Não possui quartos interligados, mas é possível optar por dois quartos no mesmo andar. Há também um apartamento que acomoda quatro pessoas. Café da manhã incluído. Serviço de baby-sitter.
€€

Novotel Eiffel Tower   Mapa 14 H1
61 quai de Grenelle, 75015; 01 40 58 20 00; www.novotel.com; Metrô: Dupliex
Hotel da rede Novotel, receptivo para famílias e com boa localização num edifício moderno a dez minutos a pé da Torre Eiffel. Sala de jogos infantis, piscina e restaurante japonês. Oferece desconto de 50% sobre um segundo quarto.
€€

APARTAMENTOS E FLATS
Adagio Paris Tour Eiffel   Mapa 7 C5
14 rue du Théâtre, 75015; 01 45 71 88 88; www.adagio-city.com; Metrô: Dupleix
Hotel com apartamentos de custo-benefício imbatível para até seis pessoas, todos com quinitete e micro-ondas, num edifício alto com vista magnífica da cidade. Lavanderia coletiva e pequena piscina. Fica a apenas dez minutos de caminhada da Torre Eiffel.
€€

St.-Germain e Quartier Latin
HOTÉIS
Hôtel des Grandes Écoles   Mapa 15 A3
75 rue du Cardinal Lemoine, 75005; 01 43 26 79 23; www.hotel-grandes-ecoles.com; Metrô: Cardinal Lemoine ou place Monge
Esse hotel no coração do Quartier Latin oferece alguns quartos que se abrem para um pátio e jardim; os tradicionais têm ótima relação custo-benefício, e o familiar comporta quatro pessoas. Há serviço de quarto, mas não é permitido trazer comida de fora. De qualquer forma, fica perto dos restaurantes da rue Mouffetard. Serviço de baby-sitter.
€

Hôtel Marignan   Mapa 14 H1
13 rue du Sommerard, 75005; 01 43 54 63 81; www.hotel-marignan.com; Metrô: Maubert Mutualité
Hotel básico situado em uma rua tranquila. A diária inclui café da manhã, lavanderia gratuita e uso de micro-ondas e geladeira. Alguns quartos podem acomodar até cinco pessoas.
€

Grand Hôtel des Balcons   Mapa 14 F1
3 rue Casimir Delavigne, 75006; 01 46 34 78 50; www.balcons.com; Metrô: Odéon
Hotel duas-estrelas, bom custo-benefício considerando a localização a dez minutos da Notre-Dame e do Jardin du Luxembourg. Cinco quartos familiares simples mas amplos, para quatro pessoas, com banheiros grandes e diárias muito competitivas.
€€

Categoria de preços ver p. 239

Onde Ficar | 243

Alguns dos quartos têm sacadas, como sugere o nome do estabelecimento. Estacionamento próximo.

€€

Hôtel de Collège de France
Mapa 14 H1
7 rue Thénard, 75005; 01 43 26 78 36; www.hotel-collegedefrance.com; Metrô: Maubert Mutualité
Hotel duas-estrelas no coração do Quartier Latin, fornece cama extra gratuita para menores de 14 anos. Apesar dos quartos pequenos, é uma boa opção por sua localização central.

€€

Seven Hôtel
Mapa 14 H4
20 rue Berthollet, 75005; 01 43 31 47 52; www.sevenhotelparis.com; Metrô: Censier Daubenton
Esse ultramoderno hotel de design, com camas flutuantes, impressiona as crianças mais velhas. Os preços são razoáveis. Fornece laptops para uso dos hóspedes. Tem pátio com jardim.

€€

The Five
Mapa 14 H5
3 rue Flatters, 75005; 01 43 31 74 21; www.thefivehotel.com; Metrô: Gobelins
Com colchões flutuantes e jacuzzi no terraço da suíte, esse hotel tem muito estilo – interior do elevador em couro vermelho, aroma personalizado nos quartos e tetos crivados de estrelas. O quarto familiar para até quatro pessoas é pequeno, mas com ótima relação custo-benefício.

€€

Hôtel de Buci
Mapa 10 F6
22 rue de Buci, 75006; 01 55 42 74 74; www.buci-hotel.com; Metrô: Mabillon
Situado na pequena rua comercial atrás da igreja de St.-Germain, esse hotel quatro-estrelas oferece suítes para famílias. Os quartos são comuns, porém pequenos. A localização empurra o preço para cima: é possível chegar a muitas das atrações principais a pé. Serviço de baby-sitter.

€€€

Hôtel de Fleurie
Mapa 10 F6
32-34 rue Grégoire de Tours, 75006; 01 53 73 70 00; www.hoteldefleurieparis.com; Metrô: Odéon
Hotel três-estrelas, bom para quem vai explorar a Margem Esquerda. A suíte familiar é indicada a crianças mais velhas: os quartos são interligados por um corredor. Menores de 12 podem ficar no quarto dos pais sem pagar. Berços disponíveis.

€€€

Hôtel de l'Université
Mapa 10 E5
22 rue de l'Université, 75007; 01 42 61 09 39; www.universitehotel.com; Metrô: rue de Bac
Esse hotel três-estrelas instalado em uma mansão do século XVII tem fama de mal-assombrado; em contrapartida, oferece desconto para crianças que dividem um quarto. Muito charme à moda antiga, com lareiras e funcionários cordiais. Os quartos têm ar-condicionado e bom tamanho, além de geladeira. Alguns possuem terraço. Há um pequeno elevador.

€€€

Hotel Design Sorbonne
Mapa 14 G2
6 rue Victor Cousin, 75005; 01 43 54 58 08; www.hotelsorbonne.com; Metrô: Cluny La Sorbonne
Hotel em estilo barroco, próximo do Jardin du Luxembourg. As crianças mais velhas apreciam o computador iMac em cada quarto, com filmes e Wi-Fi gratuito. Banheiros pequenos.

€€€

Quarto moderno e confortavelmente amplo no Seven Hôtel

Entrada do agradável hotel-butique de luxo Relais Christine

Hôtel Résidence Henri IV
Mapa 14 H2
50 rue des Bernadins, 75005; 01 44 41 31 81; www.residencehenri4.com; Metrô: St.-Michel
Esse hotel localiza-se no coração do Quartier Latin, em frente a um playground bonito e próximo ao Panthéon. Todos os quartos são do tipo quitinete e alguns são interligados, de modo que uma família pode ocupar um andar inteiro. O hotel atrai inúmeros hóspedes com crianças pequenas.

€€€

Hôtel St.-Jacques
Mapa 14 H2
35 rue des Écoles, 75005; 01 44 07 45 45; www.paris-hotel-stjacques.com; Metrô: Maubert Mutualité
Charmoso hotel três-estrelas, ótimo para ficar numa primeira viagem a Paris. Peça um quarto com sacada e vista para o Panthéon. Os quartos com ar-condicionado são pequenos, logo, não indicados a famílias com crianças pequenas.

€€€

Relais Christine
Mapa 10 G6
3 rue Christine, 75006; 01 40 51 60 80; www.relais-christine.com; Metrô: Odéon
O destaque desse luxuoso hotel-butique bem no centro da área de St.-Germain-des-Prés são os quartos que se abrem diretamente para o pequeno jardim. Oferece suítes familiares e berços; no entanto, não dispõe de restaurante.

E €€€

Legenda dos símbolos *no final do guia*

Onde Ficar

APARTAMENTOS E FLATS

Résidence des Arts   Mapa 10 G6
14 rue Gît le Coeur, 75006; 01 55 42 71 11; www.hotelresidence desartsparis.com; Metrô: St.-Michel ou Odéon
Situado a apenas cinco minutos a pé da Notre-Dame, esse hotel tem suíte familiar com ar-condicionado, espaço para seis pessoas, quitinete e micro-ondas. O preço não é muito competitivo para o local, mas a quitinete reduz os custos. Há elevador e café da manhã.
€€€

Résidence Le Prince Regent   Mapa 14 G1
28 rue Monsieur le Prince, 75006; 01 56 24 19 21; www. leprinceregent.com; Metrô: Odéon
Grande opção para famílias que vão permanecer várias noites, esses apartamentos modernos para até seis pessoas têm ar-condicionado e cozinhas bem equipadas. Há um duplex e um spa com piscina. Excelente custo-benefício na área.
€€€

Ver também Citadines St.-Germain-des-Prés, p. 238, Hôtel des Grands Hommes, p. 244 e Hôtel du Panthéon, p. 245

Luxembourg e Montparnasse

HOTÉIS

Hotel Apollon   Mapa 13 B5
91 rue de l'Ouest 75014; 01 43 95 62 00; www.hotel-paris-rive-gauche. com; Metrô: Perneti
Hotel básico e moderno no sul de Montparnasse, possui elevador. Quartos familiares para quatro pessoas, com ar-condicionado. Ótimas condições se a reserva for feita com antecedência. Localização movimentada, com teatros e cafés.
E €€

Hôtel du Parc   Mapa 14 D4
6 rue Jolivet, 75014; 01 43 20 95 54; www.hotelduparc-paris.com; Metrô: Edgar Quinet
Hotel de bom custo-benefício, especialmente para reservas feitas on-line. Os quartos, com ar-condicionado, abrigam até três pessoas. Berços disponíveis. Localização ideal para sentir como é a vida familiar em Paris e para comer fora.
€€

Luxembourg Novotel Montparnasse   Mapa 13 B4
17 rue du Cotentin, 75015; 01 53 91 23 75; www.novotel.com; Metrô: Montparnasse Bienvenüe
Logo atrás da estação de Montparnasse, ótimo custo-benefício. Tem uma suíte, vários quartos familiares, berços, sala de jogos e até terminal de computador para a criançada.
🍴 E €€

Novotel Vaugirard   Mapa 13 A3
257 rue de Vaugirard, 75015; 01 40 45 10 00; www.novotel.com; Metrô: Vaugirard
Membro confiável da rede Novotel, boa para famílias, tem espaço ao ar livre para a criançada brincar. Embora só abra na alta temporada, o bar tem vista magnífica para a Torre Eiffel. Há sete quartos e duas suítes que também permitem ver a torre, mas é difícil conseguir reservá-los. Possui área de brinquedos e computadores no saguão principal, e dá desconto de 50% sobre um segundo quarto, além de permitir que duas crianças de até 16 anos partilhem o quarto dos pais sem custos adicionais.
🍴 E €€

Hôtel Aviatic   Mapa 13 C2
105 rue de Vaugirard, 75006; 01 53 63 25 50; www.aviatic.fr; Metrô: Montparnasse Bienvenüe ou Saint-Placide
Hotel-butique cordial e intimista, acolhe bem as famílias e fica perto dos Invalides e do Jardin du Luxembourg. Os funcionários preparam piqueniques para os hóspedes passarem um dia no parque.
E €€€

Interior bonito do chique hotel-butique La Belle Juliette

Hôtel des Académies et des Arts   Mapa 14 E3
15 rue de la Grande Chaumière, 75006; 01 43 26 66 44; www. hotel-des-academies.com; Metrô: Vavin
Situado na rua onde ficava o ateliê do pintor Modigliani, esse hotel-butique tem salão de chá que serve macarons deliciosos. Os quartos são pequenos, mas com ar-condicionado. Para as famílias, a vantagem é a proximidade do Jardin du Luxembourg.
€€€

Hôtel des Grands Hommes   Mapa 14 H3
17 pl du Panthéon, 75005; 01 46 34 19 60; www.hoteldesgrandshommes. com; Metrô: Cardinal Lemoine
O Hôtel des Grands Hommes tem localização excelente, em frente ao Panthéon e perto do Jardin du Luxembourg. Há quatro quartos familiares para três pessoas e três suítes. Alguns dos quartos têm sacadas com vista para o Panthéon. Dispõe de berços. Os hóspedes são acolhidos com simpatia, e os funcionários, excepcionalmente prestativos. Estacionamento nas proximidades.
€€€

Hôtel Louis II   Mapa 14 F3
2 rue St.-Sulpice, 75006; 01 46 33 13 80; www.hotel-louis2.com; Metrô: St.-Sulpice
Excelente localização perto do Jardin du Luxembourg e suítes charmosas, cheias de personalidade. Há bons pacotes on-line, que reduzem os custos de extras, como o café da manhã. O hotel fica perto de muitos restaurantes e lojas.
€€€

Entrada em arco do imponente Hôtel Lutetia

Categoria de preços ver p. 239

Onde Ficar | 245

Hôtel Lutetia   Mapa 13 D1
45 blvd Raspail, 75006; 01 49 54 46 46; www.lutetia-paris.com; Metrô: Sèvres Babylone
Hotel clássico em estilo belle époque, conhecido ponto de encontro de artistas e políticos. Os quartos são modernos e simples; alguns têm vistas deslumbrantes. Às vezes a reserva de um segundo quarto tem 50% de desconto. Localizado em frente à maravilhosa loja de departamentos Le Bon Marché.
🍽️   €€€

Hôtel du Panthéon   Mapa 14 H3
19 pl du Panthéon, 75005; 01 43 54 32 95; www.hoteldupantheon.com; Metrô: Cardinal Lemoine
O hotel tem ótima vista para o Panthéon e clima de uma mansão urbana do século XVIII: alguns quartos oferecem camas de dossel e banheiros amplos. Dois quartos triplos com ar-condicionado, para famílias.
€€€

Hotel Victoria Palace   Mapa 13 D2
6 rue Blaise Desgoffe, 750006; 01 45 49 70 00; www.victoriapalace.com; Metrô: St.-Placide
Crianças que passem duas ou mais noites ganham um presente de boas-vindas nesse hotel quatro-estrelas na Margem Esquerda. Há suítes para famílias e quartos interligados; uma criança de até 13 anos em cama adicional não paga. Berços e baby-sitter. A diária inclui café da manhã farto em esquema de bufê. Não há restaurante, mas é possível encomendar refeições leves.
E

La Belle Juliette   Mapa 13 D1
92 rue de Cherche Midi, 75006; 01 42 22 97 40; www.hotel-belle-juliette-paris.com; Metrô: Duroc
Situado a pouca distância a pé de St.-Germain e Montparnasse, hotel tão agradável quanto seu nome dá a entender, embora os quartos sejam pequenos, e a suíte de dois quartos, cara. Todos os quartos têm computador iMac. Há um spa.
🍽️   €€€

Pullmann Montparnasse   Mapa 13 D1
19 rue du Commandant René Mouchotte, 75014; 01 44 36 44 36; www.pullmanhotels.com; Metrô: Gaité
Esse hotel tem quartos familiares modernos e de bom tamanho com duas camas de casal para três ou quatro pessoas. As condições obtidas on-line são excelentes. Entretenimento para crianças no brunch de domingo. Serviço de baby-sitter.
E   €€€

Villa des Artistes   Mapa 14 E3
9 rue de la Grande Chaumière, 75006; 01 43 26 60 86; www.villa-artistes.com; Metrô: Vavin
As famílias vão gostar do pátio ajardinado e da bela fonte. Há quartos familiares simples, modernos e de bom tamanho para cinco pessoas. Berços disponíveis e baby-sitter também. O lugar é ótimo porque fica perto de uma área de lojas infantis e do Jardin du Luxembourg.
🚼   €€€

Villa Madame   Mapa 14 E2
44 rue Madame, 75006; 01 45 48 02 81; www.hotelvillamadameparis.com; Metrô: St.-Sulpice
Elegante hotel quatro-estrelas bom para famílias com filhos mais velhos, fica perto do Jardin du Luxembourg e da igreja de St.-Sulpice. Serviço de quarto e pequeno jardim. As crianças vão gostar dos jogos de tabuleiro e dos doces no salão de chá.
🚼   €€€

APARTAMENTOS E FLATS
Hôtel Résidence Quintinie Square   Mapa 13 A4
5 rue La Quintinie, 75015; 01 47 83 94 34; www.paris-hotel-quintinie.com; Metrô: Volontaires
Os quartos desse hotel, situado em área residencial próxima do Institut Pasteur e da sede da Unesco, possuem quitinetes e podem acomodar até três pessoas. Há lavanderia.
🧳 E   €

Arredores do Centro
HOTÉIS
Hôtel du Parc Montsouris
4 rue du Parc Montsouris, 75014; 01 45 89 09 72; www.hotel-parc-montsouris.com; Metrô: Porte d'Orléans
Situado perto do Parc Montsouris, esse hotel com quarto familiar é uma das melhores opções de baixo preço na cidade, mas não há elevador. Há cafés e restaurantes.
€

Ibis Styles
77 rue de Bercy, 75012; 01 53 46 50 50; http://ibisstyleshotel.ibis.com; Metrô: Bercy
Talvez a melhor opção de baixo preço em Paris. Quartos pequenos divididos em dois para famílias de quatro pessoas. A criançada ganha caixa de boas-vindas, Disney Channel, sala de jogos, cadeirões e trocadores. Bom café da manhã. O restaurante fecha nos fins de semana, mas o hotel fica perto do Bercy Village, com muitos restaurantes, e do parque de Bercy.
🍽️   €

Hôtel de la Porte Dorée
273 ave Daumesnil, 75012; 01 43 07 56 97; www.hotelportedoree.com; Metrô: Porte Dorée
Esse hotel charmoso é comandado por uma jovem mãe que faz tudo para que as famílias se sintam bem acolhidas. Quartos familiares para três ou quatro pessoas; ótimas condições on-line, colocando o hotel em faixa de preços mais baixa. Fornece berços. Boa localização, perto de parques e do Bercy Village.
E   €€

Berço e brinquedos para crianças no Hôtel de la Porte Dorée

Legenda dos símbolos *no final do guia*

Onde Ficar

Hôtel Le Vert Galant
43 rue Croulebarbe, 75013; 01 44 08 83 50; www.vertgalant.com; Metrô: Pl d'Italie
O ambiente é provincial francês nesse reduto tranquilo com quartos que dão para um jardim – os maiores têm quitinete. É bom para famílias, porque fica perto de um parque, e é um exemplo da ótima relação custo-benefício que se encontra longe do centro. Taxa de €10 por noite pelo uso da quitinete.
🍽 ⚇ 🍴 E €€

Mama Shelter
109 rue Bagnolet, 75020; 01 43 48 48 48; www.mamashelter.com; Metrô: Gambetta
Hotel moderno nas proximidades do Cimetière du Père Lachaise. Dispõe de quartos amplos com micro-ondas, Wi-Fi e computador iMac, além de filmes gratuitos a pedido. Oferece serviço de baby-sitter.
🍽 E €€

Le Citizen Hôtel
96 quai de Jemmapes, 75010; 01 83 62 55 50; www.lecitizenhotel.com; Metrô: Gare du Nord
Hotel moderno e arejado situado a dez minutos de caminhada da Gare du Nord. Os quartos duplos são amplos, com lugar para até cinco pessoas. Há também uma suíte e um apartamento, sem cozinha.

BED AND BREAKFAST
A Room in Paris
130 eue Lafayette, 75010; 06 33 10 25 78; www.aroominparis.com; Metrô: Gare du Nord
Hospedagem de custo-benefício bom, perto da Gare du Nord, com anfitrião cordial que serve café da manhã e jantar opcional, além de serviço de lavanderia. Os quartos são amplos. Há um flat separado disponível.
E €

Les Jardins de Marie
46 rue de Fécamp, 75012; 01 40 19 06 40; www.aparisbnb.com; Metrô: Michel Bizot
B&B tradicional em casa de família com ambiente acolhedor, num prédio moderno com quartos no térreo, dando para um jardim coletivo. Há um quarto familiar para três pessoas. Dispõe de berços.
🛏 E €

Categoria de preços ver p. 239

Quarto amplo e de luxo do Hôtel Trianon Palace

La Villa Paris
33 rue de la Fontaine à Mulard, 75013; 01 43 47 15 66; www.la-villa-paris.com; Metrô: Tolbiac
Marie, a proprietária dessa charmosa mansão dos anos 1920, recebe os hóspedes como se fossem da família. Situado entre o Butte aux Cailles e o bairro do Parc Montsouris, esse B&B tem ar-condicionado e é tipicamente parisiense.
€€

Manoir de Beauregard
43 rue des Lilas, 75019; 0142 03 10 20; www.manoir-de-beauregard-paris.com; Metrô: Pré St.-Gervais
No verão, o café da manhã com geleia caseira é servido no jardim desse B&B. A decoração é tradicionalmente francesa, e há um quarto familiar para quatro pessoas. Exige reserva mínima de duas noites.
⚇ E €€

APARTAMENTOS E FLATS
Hôtel Home
36 rue George Sand, 75016; 01 45 20 61 38; www.hotelhome.fr; Metrô: Jasmin
Os apartamentos amplos no alto desse hotel têm dois ou três quartos cada, com capacidade para seis pessoas. Há berços e serviço de compras de alimentos. A faxina diária é outro bônus. Fica perto de um restaurante e uma delicatéssen kosher. Serviço de baby-sitter.
⚇ E 🍴 €€

Passeios de Um Dia – Versalhes

HOTÉIS
Novotel Château de Versailles
4 blvd St.-Antoine, 78150 Le Chesnay; 01 39 54 96 96; www.novotel.com/1022
Hotel a apenas cinco minutos a pé do palácio, oferece as instalações familiares clássicas da rede Novotel. Menores de 16 anos hospedados no quarto dos pais não pagam, e aos domingos o check-out é mais tarde. Oferece desconto de 50% sobre um segundo quarto. Possui playground.
🍽 E €

Hôtel Trianon Palace Versailles
1 blvd de la Reine, Versailles, 78000; 01 30 84 50 50; www.trianonpalace.com
Um dos hotéis mais serenos da região. Os quartos são enormes, alguns com vista do parque. O bistrô comandado por Gordon Ramsay, La Veranda, tem menu infantil e brunch no domingo. Possui spa, piscina coberta e duas quadras de tênis. Às vezes, no Natal há rinque de patinação.
🍽 E €€€

BED AND BREAKFAST
L'Orangeraie
7 rue Hardy, 78000, Versailles; 01 39 53 26 78; www.versailles-orangeraie.com
Situada a cinco minutos do RER e do château, numa parte bonita da cidade de Versailles, essa casa possui jardim cercado e um quarto familiar com quitinete e acesso ao jardim. Cobra uma taxa pelo uso de cama dobrável e da quitinete.
⚇ 🍴 E €

CAMPING
Huttopia Versailles
31 rue Berthelot; 01 39 51 23 61; www.huttopia.com
Esse camping fica a alguns minutos a pé do Palácio de Versalhes e a 30 minutos de trem de Paris, parando na estação de RER Porchefontaine. Possui cabanas para até seis pessoas e trailers de cigano para cinco, além de sala de jogos, piscina, aluguel de bicicletas, clube infantil e Wi-Fi. A estadia mínima é de duas noites.
🍽 E €

Rambouillet

HOTEL
Relay du Château Mercure Rambouillet
1 pl de la Libération, 78120 Rambouillet; 01 34 57 30 00; www.mercure-rambouillet.com
Hotel quatro-estrelas de ótimo custo-benefício, faz parte do grupo Accor e fica em frente ao château de Rambouillet. Há espaço para uma cama adicional no quarto duplo e desconto de 50% sobre um quarto adicional. É uma pechincha e um lindo lugar para passar o fim de semana. Dispõe de berços.
🛏 🍴 E €€

Parc Astérix

HOTELS
Hôtel les Trois Hiboux
Parc Astérix, Plailly, 60128; 03 44 62 68 00; www.parcasterix.com
Cheio de charme, o rústico hotel "Três Corujas" se situa num bosque; os hóspedes podem conhecer os personagens gauleses no café da manhã. As crianças gostam da sala de jogos e do entretenimento no bar. Recomenda-se fazer piquenique, especialmente no verão, pois o jantar em esquema bufê é caro e básico. Quartos para até sete pessoas, com beliches numa alcova separada do quarto principal. Todos os quartos têm sacada. Dispõe de berços e serviço de baby-sitter.
🛏 🍴 E €€

Disneyland® Paris

HOTÉIS
Disneyland® Hotel
Disneyland® Paris BP 112, Marne-la-Vallée Chessy, Seine-et-Marne 77777; http://hotels.disneylandparis.co.uk
Os quartos têm lugar para até cinco pessoas, e a grande atração é o ótimo bufê de café da manhã com personagens da Disney – comece o dia ganhando um abraço da Minnie! O espelho de Branca de Neve e os Sete Anões no banheiro é simpático, e as crianças vão gostar da sala de jogos e da piscina. Há suítes com vista para o castelo de conto de fadas e um Fast Pass® VIP para os brinquedos. É caro; reserve on-line para obter as melhores condições.
🍴 E €€€

Hotel Cheyenne®
Disneyland® Paris BP 112, Marne-la-Vallée Chessy, Seine-et-Marne; 084 48 008 898; http://hotels.disneylandparis.co.uk
Viaje ao Velho Oeste nesse hotel de madeira que a criançada vai adorar. Quartos amplos para quatro pessoas, com beliches para as crianças. Procure a ferradura na porta e a lâmpada em forma de bota de caubói. Restaurante, sala de brinquedos e playground externo. Reserve on-line para conseguir as melhores condições.
🛏 🍴 €€€

Provins

BED AND BREAKFAST
Le Logis de La Voulzie
16 rue Aristide Briand, 77160 Provins; 06 14 02 25 10; www.en.logisdelavoulzie.com
Esse B&B tem localização muito bela na cidade histórica de Provins, que é Patrimônio Mundial da Unesco. É ideal para passar um fim de semana no campo. Há quatro quartos amplos, com camas adicionais para converter os quartos duplos em familiares. Os hóspedes podem usar a cozinha e o bonito jardim. Um café da manhã tipicamente francês é servido todas as manhãs. Fica a 30 minutos de carro do Disneyland® Paris.
🚗 🛏 🏠 E €

Hôtel les Trois Hiboux, no meio da natureza no Parc Astérix

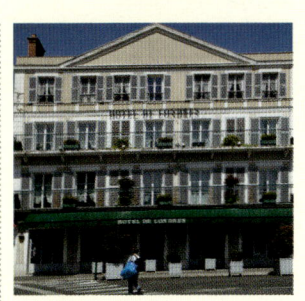

Bela fachada do Hôtel de Londres

Fontainebleau

HOTÉIS
Novotel Fontainebleau Ury
Route Nationale 152, 77760, Ury; 01 60 71 24 24; www.novotel.com
Esse hotel fica num vilarejo bonito, a 15 minutos de carro de Fontainebleau e em local ótimo para desfrutar a floresta. Crianças podem hospedar-se gratuitamente no quarto de seus pais, e há um desconto de 50% sobre um segundo quarto. A piscina aberta aquecida faz sucesso com as crianças. Spa, aluguel de bicicletas, quadra de tênis e mesa de pingue-pongue.
🛏 🍴 E €

Hôtel de Londres
1 pl Général de Gaulle, 77300 Fontainebleau; 01 64 22 20 21; www.hoteldelondres.com
Hotel de administração familiar com quartos amplos para quatro pessoas, além de suítes. Alguns quartos têm vista fabulosa do château. Há um lindo pátio fechado. O hotel ocupa um local tranquilo, perto do centro de Fontainebleau, e é uma boa base para explorar a área no fim de semana. Fecha no Natal e por duas semanas em agosto.
🛏 E €€

BED AND BREAKFAST
Le Clos de Tertre
6 Chemin des Vallées, 77760; La Chapelle la Reine, perto de Fontainebleau; 01 64 24 37 80; www.leclosdutertre.com
B&B simpático, com ambiente de lar. Há brinquedos e um canto da cozinha à disposição dos hóspedes. Boa opção para quem quer passar a noite vendo Vaux-le-Vicomte à luz de velas. O Disneyland® Paris fica a pouca distância de carro.
🚗 🛏 🏠 E €

Legenda dos símbolos *no final do guia*

Vista panorâmica de Paris a partir da Torre Eiffel, com a Eglise du Dôme no primeiro plano

Paris
MAPAS

Mapas de Paris

A parte central de Paris é delimitada pelo anel rodoviário Périphérique. Dentro dela, a cidade se divide em vinte distritos numerados, os arrondissements, que também formam os dois últimos algarismos dos códigos postais parisienses. O mapa abaixo mostra a divisão das dezesseis páginas desta seção, os arrondissements e as áreas principais cobertas na seção de turismo deste guia. O mapa menor mostra Paris central e a área coberta em Arredores do Centro.

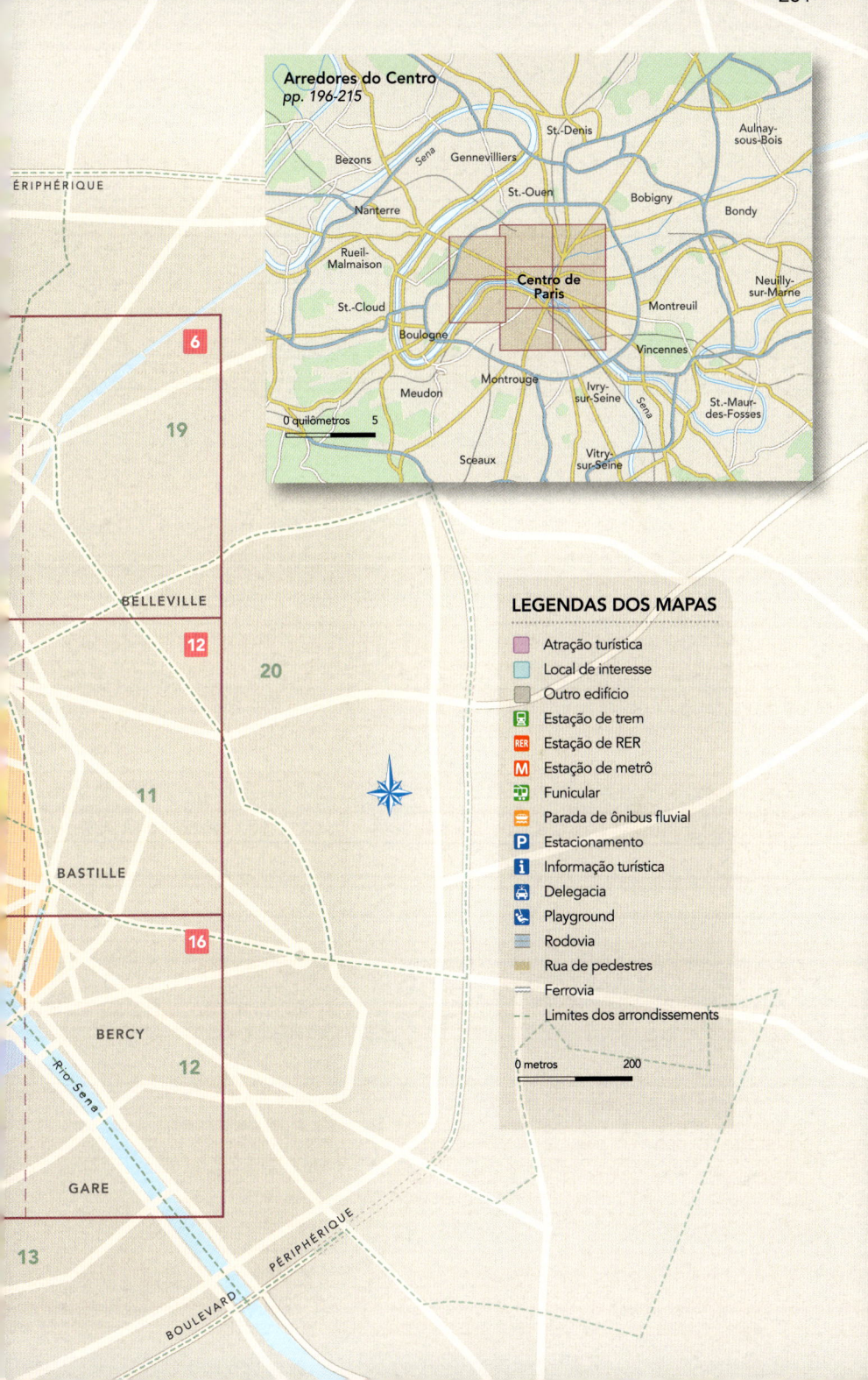

Arredores do Centro
pp. 196-215

Bezons · St.-Denis · Aulnay-sous-Bois · Gennevilliers · St.-Ouen · Bobigny · Bondy · Nanterre · Rueil-Malmaison · St.-Cloud · Centro de Paris · Montreuil · Neuilly-sur-Marne · Boulogne · Vincennes · Meudon · Montrouge · Ivry-sur-Seine · St.-Maur-des-Fosses · Sceaux · Vitry-sur-Seine

0 quilômetros   5

LEGENDAS DOS MAPAS

- Atração turística
- Local de interesse
- Outro edifício
- Estação de trem
- Estação de RER
- Estação de metrô
- Funicular
- Parada de ônibus fluvial
- Estacionamento
- Informação turística
- Delegacia
- Playground
- Rodovia
- Rua de pedestres
- Ferrovia
- Limites dos arrondissements

0 metros   200

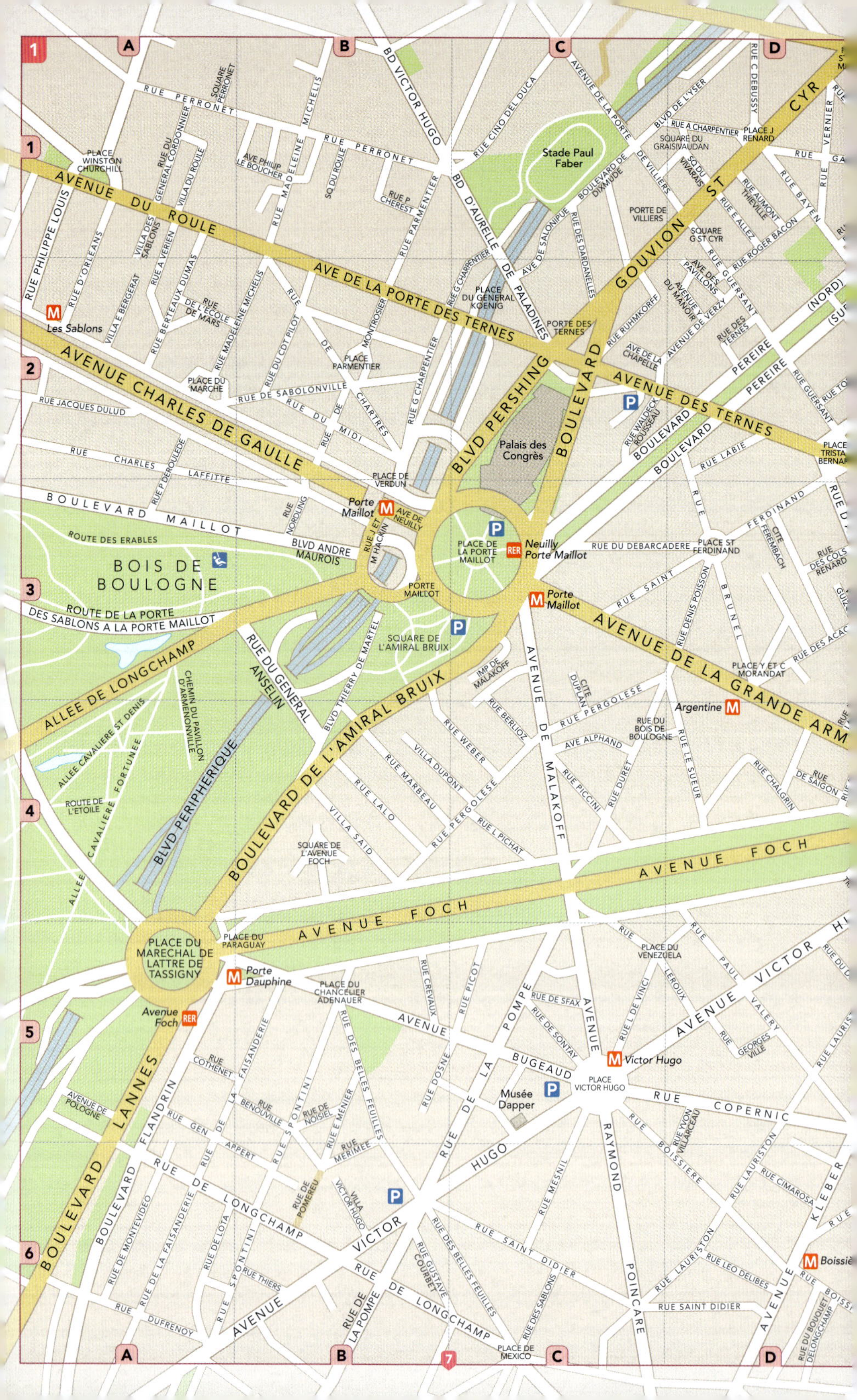
1
A
B
C
D
1
2
3
4
5
6
7
RUE PERRONET
SQUARE PERRONET
PLACE WINSTON CHURCHILL
AVENUE DU ROULE
AVE DE LA PORTE DES TERNES
RUE PHILIPPE LOUIS
RUE D'ORLEANS
Les Sablons
AVENUE CHARLES DE GAULLE
RUE JACQUES DULUD
RUE CHARLES LAFFITTE
BOULEVARD MAILLOT
ROUTE DES ERABLES
BOIS DE BOULOGNE
ROUTE DE LA PORTE DES SABLONS A LA PORTE MAILLOT
ALLEE DE LONGCHAMP
BLVD PERIPHERIQUE
BLVD ANDRE MAUROIS
Porte Maillot
PLACE DE VERDUN
RUE DE SABLONVILLE
RUE DU MIDI
RUE DE CHARTRES
BD VICTOR HUGO
BD D'AURELLE DE PALADINES
PLACE DU GENERAL KOENIG
Stade Paul Faber
BLVD PERSHING
Palais des Congrès
PLACE DE LA PORTE MAILLOT
Neuilly Porte Maillot
RER
PORTE MAILLOT
SQUARE DE L'AMIRAL BRUIX
BOULEVARD DE L'AMIRAL BRUIX
RUE DU GENERAL ANSELIN
BOULEVARD GOUVION ST CYR
AVENUE DES TERNES
PORTE DES TERNES
BOULEVARD PEREIRE
PLACE ST FERDINAND
RUE DU DEBARCADERE
AVENUE DE LA GRANDE ARMEE
Argentine
AVENUE DE MALAKOFF
RUE PERGOLESE
AVENUE FOCH
PLACE DU MARECHAL DE LATTRE DE TASSIGNY
PLACE DU PARAGUAY
Porte Dauphine
Avenue Foch
BOULEVARD LANNES
AVENUE BUGEAUD
PLACE VICTOR HUGO
Victor Hugo
Musée Dapper
RUE COPERNIC
AVENUE VICTOR HUGO
RUE DE LONGCHAMP
RUE DE LA POMPE
AVENUE RAYMOND POINCARE
RUE SAINT DIDIER
RUE LAURISTON
AVENUE KLEBER
Boissière
PLACE DE MEXICO
RUE DUFRENOY
RUE DES BELLES FEUILLES
PLACE DU VENEZUELA
RUE DE LA FAISANDERIE
BOULEVARD FLANDRIN

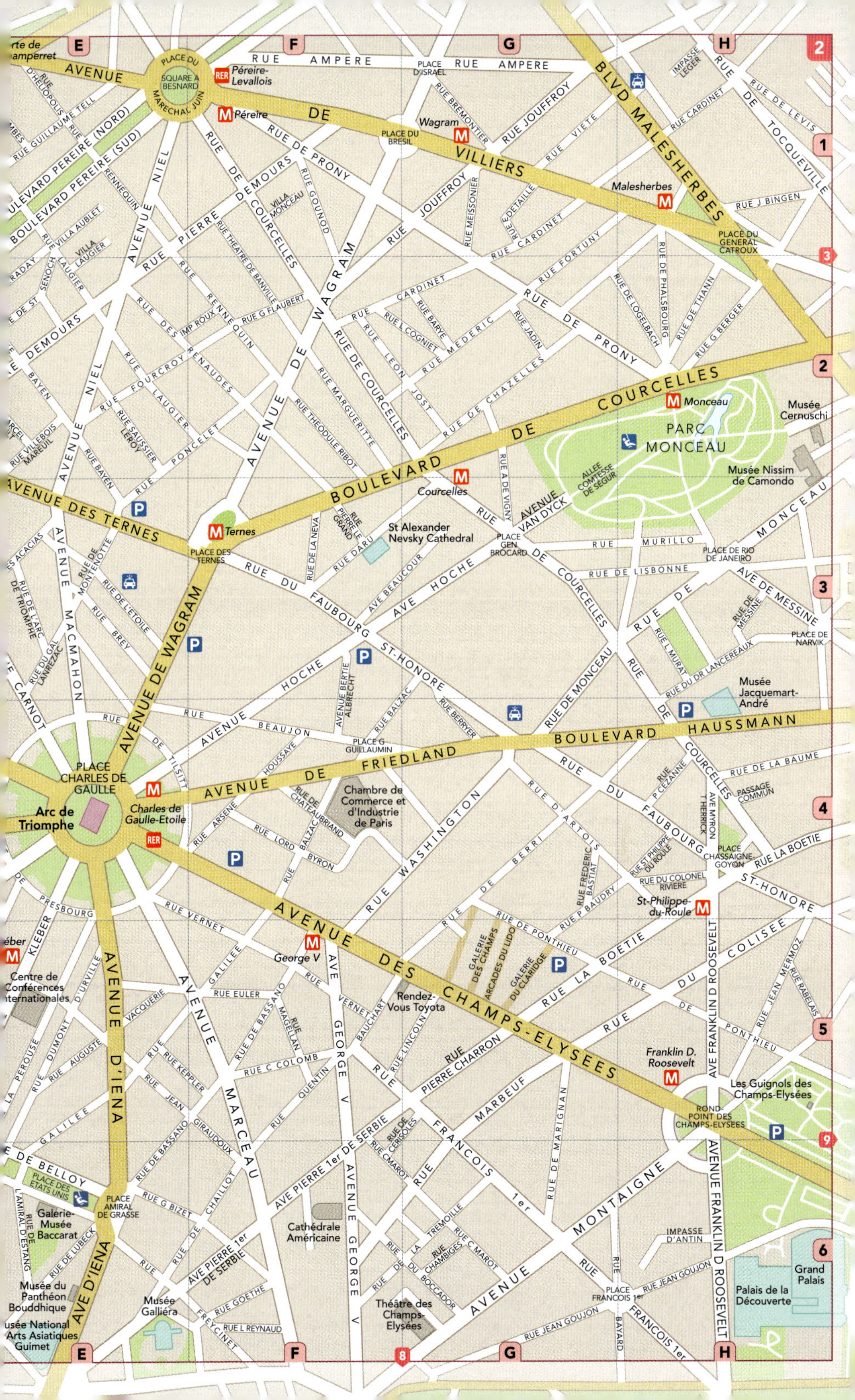
E
F
G
H
2
1
2
3
4
5
6
3
8
9
Place du Square à Besnard Maréchal Juin
Avenue de Villiers
Rue Ampère
Péreire-Levallois
Péreire
Place d'Israel
Wagram
Place du Brésil
Rue Jouffroy
Blvd Malesherbes
Malesherbes
Place du Général Catroux
Rue de Tocqueville
Rue J Bingen
Rue Cardinet
Rue de Prony
Rue de Courcelles
Avenue de Wagram
Avenue Niel
Boulevard Pereire (Nord)
Boulevard Pereire (Sud)
Rue Pierre Demours
Rue Guillaume Tell
Rue Laugier
Rue Rennequin
Rue Fourcroy
Rue Poncelet
Rue Bayen
Boulevard de Courcelles
Monceau
Courcelles
Parc Monceau
Allée Comtesse de Ségur
Musée Cernuschi
Musée Nissim de Camondo
Avenue van Dyck
Place Gen Brocard
Rue Murillo
Place de Rio de Janeiro
Rue de Lisbonne
Rue de Monceau
Avenue de Messine
Place de Narvik
Avenue des Ternes
Ternes
Place des Ternes
St Alexander Nevsky Cathedral
Rue du Faubourg St-Honoré
Ave Hoche
Avenue Hoche
Avenue MacMahon
Avenue Carnot
Rue de Tilsitt
Musée Jacquemart-André
Boulevard Haussmann
Rue Beaujon
Place G Guillaumin
Avenue de Friedland
Place Charles de Gaulle
Arc de Triomphe
Charles de Gaulle-Etoile
Chambre de Commerce et d'Industrie de Paris
Rue Washington
Rue d'Artois
Rue de Berri
Rue La Boétie
Place Chassaigne-Goyon
St-Philippe-du-Roule
Avenue des Champs-Elysées
George V
Galerie des Champs
Arcades du Lido
Galerie du Claridge
Rue de Ponthieu
Rue du Colisée
Rendez-Vous Toyota
Avenue Kléber
Centre de Conférences Internationales
Avenue d'Iéna
Avenue Marceau
Avenue George V
Rue Pierre Charron
Rue Marbeuf
Rue François 1er
Franklin D. Roosevelt
Rond-Point des Champs-Elysées
Les Guignols des Champs-Elysées
Ave Franklin D Roosevelt
Avenue Franklin D Roosevelt
Rue de Presbourg
Rue Vernet
Rue Galilée
Rue de Bassano
Rue de Belloy
Place des Etats Unis
Place Amiral de Grasse
Galerie-Musée Baccarat
Ave Pierre 1er de Serbie
Cathédrale Américaine
Avenue Montaigne
Impasse d'Antin
Grand Palais
Palais de la Découverte
Rue Jean Goujon
Place François 1er
Rue Bayard
Théâtre des Champs-Elysées
Musée Galliéra
Musée du Panthéon Bouddhique
Musée National des Arts Asiatiques Guimet
Rue Goethe
Rue Freycinet

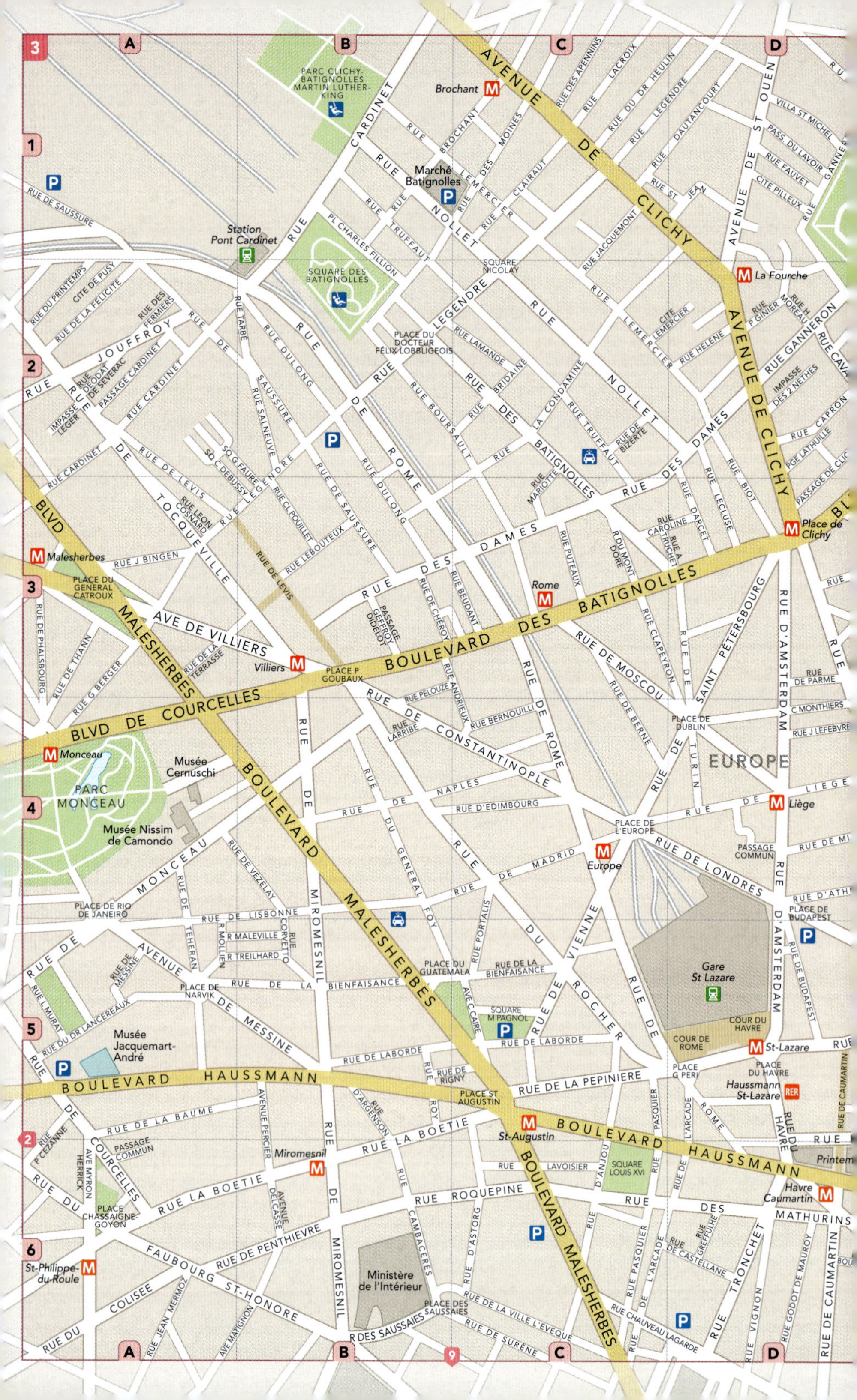
3
A
B
C
D
1
2
3
4
5
6
9
PARC CLICHY-BATIGNOLLES MARTIN LUTHER-KING
Brochant
AVENUE DE CLICHY
RUE DES APENNINS
RUE LACROIX
RUE DU DR HEULIN
RUE LEGENDRE
RUE DAUTANCOURT
AVENUE DE ST OUEN
VILLA ST MICHEL
PASS. DU LAVOIR
RUE FAUVET
CITE PILLEUX
RUE GANNERON
RUE CARDINET
RUE BROCHANT
RUE DES MOINES
RUE CLAIRAUT
Marché Batignolles
RUE NOLLET
RUE LEMERCIER
RUE ST JEAN
RUE DE SAUSSURE
Station Pont Cardinet
PL CHARLES FILLION
RUE TRUFFAUT
SQUARE NICOLAY
RUE JACQUEMONT
La Fourche
SQUARE DES BATIGNOLLES
RUE DU PRINTEMPS
CITE DE PUSY
RUE DE LA FELICITE
RUE DES FERMIERS
RUE JOUFFROY
RUE TARBE
RUE DULONG
PLACE DU DOCTEUR FÉLIX LOBBLIGEOIS
RUE LAMANDE
CITE LEMERCIER
RUE HELENE
RUE P GINIER
RUE H MOREAU
RUE GANNERON
IMPASSE DES 2 NETHES
RUE CAPRON
PGE LATHUILLE
PASSAGE DE CLICHY
RUE DEODAT DE SEVERAC
PASSAGE CARDINET
IMPASSE LEGER
RUE SAUSSURE
RUE SALNEUVE
RUE DE ROME
RUE BOURSAULT
RUE BRIDAINE
RUE LA CONDAMINE
RUE TRUFFAUT
RUE DE BIZERTE
RUE DES BATIGNOLLES
RUE DES DAMES
RUE BIOT
RUE DE LEVIS
RUE DE TOCQUEVILLE
SQ G FAURE
SQ C DEBUSSY
RUE LEGENDRE
RUE CL POUILLET
RUE MARIOTTE
RUE DARCET
RUE LECLUSE
RUE CAROLINE
RUE A TRUCHET
Place de Clichy
RUE LEON COSNARD
RUE LEBOUTEUX
RUE PUTEAUX
R DU MONT DORE
BLVD MALESHERBES
Malesherbes
RUE J BINGEN
PLACE DU GENERAL CATROUX
Rome
BOULEVARD DES BATIGNOLLES
RUE BEUDANT
RUE DE CHEROY
PASSAGE GEFFROY DIDELOT
RUE CLAPEYRON
RUE DE SAINT PETERSBOURG
RUE D'AMSTERDAM
RUE DE PHALSBOURG
RUE DE THANN
RUE G BERGER
AVE DE VILLIERS
RUE DE LA TERRASSE
Villiers
PLACE P GOUBAUX
RUE PELOUZE
RUE ANDRIEUX
RUE DE MOSCOU
RUE DE BERNE
RUE DE PARME
C MONTHIERS
RUE J LEFEBVRE
BLVD DE COURCELLES
RUE DE CONSTANTINOPLE
RUE LARRIBE
RUE BERNOULLI
PLACE DE DUBLIN
RUE DE TURIN
Monceau
Musée Cernuschi
PARC MONCEAU
EUROPE
Musée Nissim de Camondo
BOULEVARD MALESHERBES
RUE DE NAPLES
RUE D'EDIMBOURG
RUE DE LIEGE
Liège
PLACE DE L'EUROPE
RUE MONCEAU
RUE DE VEZELAY
RUE DE MADRID
Europe
PASSAGE COMMUN
RUE DE LONDRES
RUE DU GENERAL FOY
RUE PORTALIS
RUE DU ROCHER
RUE DE VIENNE
RUE D'ATHENES
PLACE DE BUDAPEST
PLACE DE RIO DE JANEIRO
RUE DE LISBONNE
RUE DE TEHERAN
R MOLLIEN
R MALEVILLE
R TREILHARD
RUE CORVETTO
RUE DE MIROMESNIL
Gare St Lazare
RUE DE BUDAPEST
AVENUE DE MESSINE
RUE DE MESSINE
PLACE DE NARVIK
RUE DE LA BIENFAISANCE
PLACE DU GUATEMALA
AVE CAIRE
SQUARE M PAGNOL
RUE DE LABORDE
COUR DU HAVRE
COUR DE ROME
St-Lazare
RUE MURAT
RUE DU DR LANCEREAUX
Musée Jacquemart-André
RUE DE RIGNY
PLACE G PERI
PLACE DU HAVRE
BOULEVARD HAUSSMANN
RUE D'ARGENSON
RUE ROY
PLACE ST AUGUSTIN
RUE DE LA PEPINIERE
Haussmann St-Lazare
RER
RUE DE CAUMARTIN
RUE DE LA BAUME
AVENUE PERCIER
St-Augustin
RUE P CEZANNE
PASSAGE COMMUN
AVE MYRON HERRICK
RUE DE COURCELLES
Miromesnil
RUE LA BOETIE
RUE LAVOISIER
SQUARE LOUIS XVI
RUE D'ANJOU
RUE PASQUIER
RUE DE L'ARCADE
RUE DE ROME
RUE DU HAVRE
Printemps
PLACE CHASSAIGNE-GOYON
AVENUE DELCASSE
RUE ROQUEPINE
RUE DES MATHURINS
Havre Caumartin
RUE DE PENTHIEVRE
RUE CAMBACERES
RUE D'ASTORG
RUE GREFFULHE
RUE DE CASTELLANE
RUE TRONCHET
RUE GODOT DE MAUROY
St-Philippe-du-Roule
FAUBOURG ST-HONORE
Ministère de l'Intérieur
RUE DU COLISEE
RUE JEAN MERMOZ
AVE MATIGNON
R DES SAUSSAIES
PLACE DES SAUSSAIES
RUE DE LA VILLE L'EVEQUE
RUE DE SURENE
RUE CHAUVEAU LAGARDE
RUE VIGNON

E
F
G
H
4
1
2
3
4
5
5
6
10
MONTMARTRE
PIGALLE
Sacré-Coeur
Lamarck Caulaincourt
Abbesses
Blanche
Pigalle
Anvers
Barbès Rochechouart
St-Georges
Trinité d'Estienne d'Orves
Notre Dame de Lorette
Cadet
Le Peletier
Poissonnière
Chaussée d'Antin
Richelieu Drouot
Grands Boulevards
Auber
Opera
Moulin de la Galette
Musée de Montmartre
Espace Dalí Montmartre
Moulin Rouge
Le Bal Grenadine
Musée de la Vie Romantique
Halle St-Pierre
Folies Bergère
Galeries Lafayette
l'Opéra Garnier
Musée Grévin
La Tête Dans les Nuages
Conservatoire National Supérieur d'Art Dramatique
CIMETIÈRE ST-VINCENT
MONTMARTRE VINEYARD
JARDIN SAUVAGE ST-VINCENT
SQUARE SUZANNE BUISSON
SQUARE LOUISE MICHEL
SQUARE J RICTUS
SQUARE NADAR
SQUARE DE LA TRINITÉ
SQUARE DE MONTHOLON
PLACE DU TERTRE
PLACE DU CALVAIRE
PLACE ST-PIERRE
PLACE EMILE GOUDEAU
PLACE BLANCHE
PLACE PIGALLE
PLACE D'ANVERS
PLACE C DULLIN
PLACE D'ESTIENNE D'ORVES
PLACE DIAGHILEV
PLACE J FROMENT
PLACE DU CHATEAU ROUGE
BOULEVARD BARBES
BOULEVARD DE ROCHECHOUART
BOULEVARD DE CLICHY
BOULEVARD HAUSSMANN
BLVD MONTMARTRE
BLVD POISSONNIERE
BLVD DES ITALIENS
RUE CAULAINCOURT
RUE LAMARCK
RUE CUSTINE
RUE DES MARTYRS
RUE LA FAYETTE
RUE DE PROVENCE
RUE DE CHATEAUDUN
RUE DE LA VICTOIRE
RUE NOTRE DAME DE LORETTE
RUE BLANCHE
RUE FONTAINE
RUE DE DOUAI
RUE VICTOR MASSE
RUE CONDORCET
AVENUE TRUDAINE
RUE DE DUNKERQUE
RUE DE MAUBEUGE
RUE DU FAUBOURG MONTMARTRE
RUE DU FAUBOURG POISSONNIERE
RUE RICHER
RUE LAMARTINE
RUE ST LAZARE
RUE DE LA CHAUSSÉE D'ANTIN
RUE LEPIC
RUE DES TROIS FRERES
RUE GARREAU
RUE DURANTIN
RUE DES ABBESSES
RUE NORVINS
RUE DES SAULES
RUE DE CLIGNANCOURT
RUE RAMEY
RUE MYRHA
RUE POULET
RUE DE LA TOUR D'AUVERGNE
RUE PIGALLE
RUE DE LA ROCHEFOUCAULD
RUE DE NAVARIN
RUE CLAUZEL
RUE CHAPTAL
RUE DE BELLEFOND
RUE BLEUE
RUE CADET
RUE DROUOT
RUE LAFFITTE
RUE LE PELETIER
RUE DE MOGADOR
RUE HALEVY
RUE AUBER
RUE SCRIBE
RUE BERGERE
CITE BERGERE

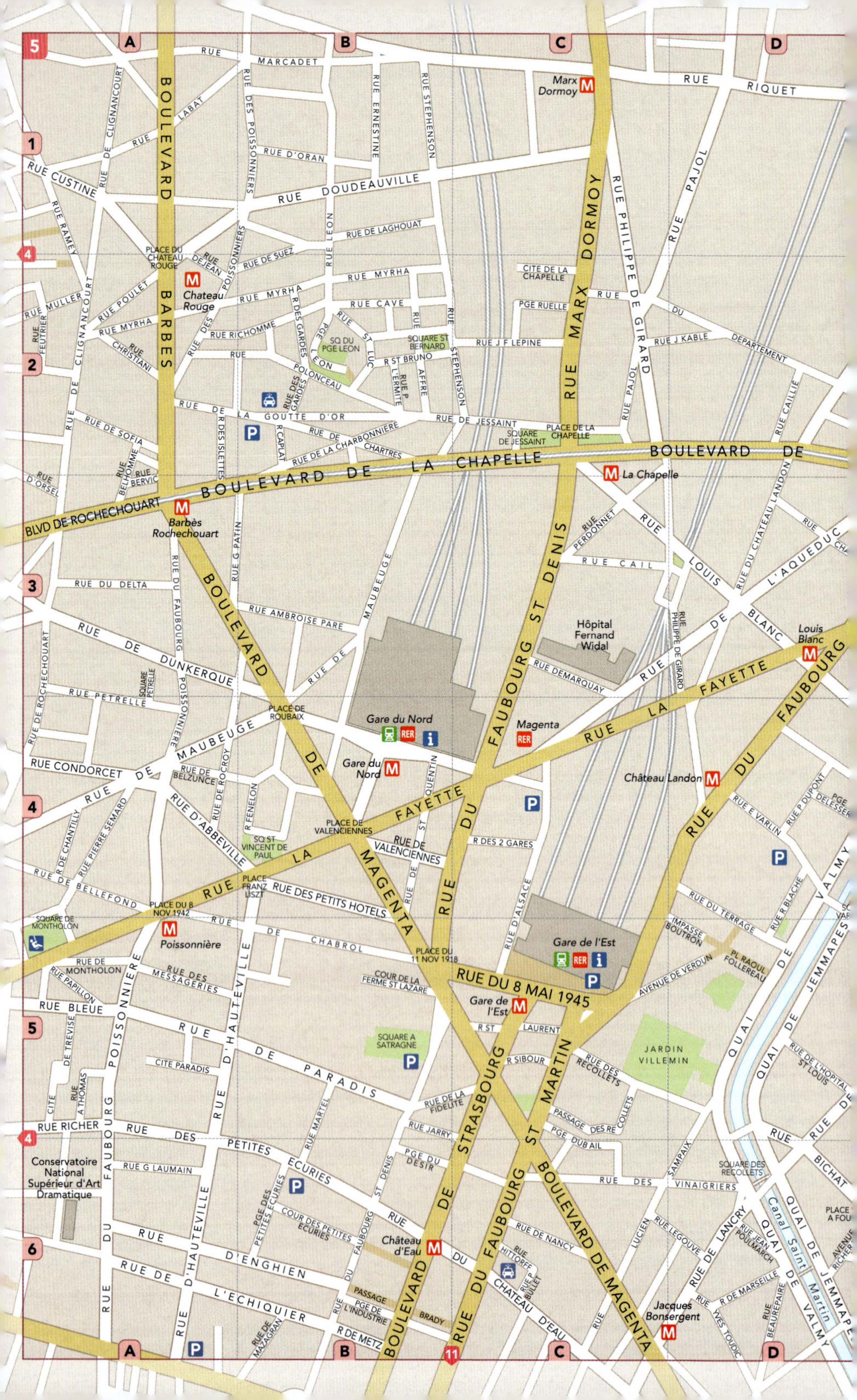
5
A
B
C
D
1
2
3
4
5
6
Marx Dormoy
Rue Marcadet
Rue Riquet
Rue Labat
Rue de Clignancourt
Rue des Poissonniers
Rue Ernestine
Rue Stephenson
Rue d'Oran
Boulevard Barbès
Rue Custine
Rue Doudeauville
Rue Marx Dormoy
Rue Philippe de Girard
Rue Pajol
Rue Ramey
Rue Léon
Rue de Laghouat
Place du Château Rouge
Rue Dejean
Rue de Suez
Château Rouge
Rue Myrha
Cité de la Chapelle
Rue Muller
Rue Poulet
Rue Cave
Pge Ruelle
Rue du Département
Rue Feutrier
Rue Christiani
Rue Richomme
Rue des Gardes
Sq du Pge Léon
Rue St Luc
Square St Bernard
Rue J F Lépine
Rue J Kablé
R St Bruno
R P L'Ermite
Rue Affre
Rue Polonceau
Rue de la Goutte d'Or
Rue de Jessaint
Square de Jessaint
Place de la Chapelle
Rue Caillié
Rue de Sofia
Rue des Islettes
R Caplat
Rue de Chartres
Rue de la Charbonnière
Rue Belhomme
Rue Bervic
Rue d'Orsel
Boulevard de la Chapelle
Boulevard de
La Chapelle
Blvd de Rochechouart
Barbès Rochechouart
Rue Perdonnet
Rue Louis Blanc
Rue du Château Landon
Rue de l'Aqueduc
Rue Cail
Rue du Delta
Rue G Patin
Rue du Faubourg Poissonnière
Boulevard de Magenta
Rue de Maubeuge
Rue Ambroise Paré
Rue du Faubourg St Denis
Hôpital Fernand Widal
Louis Blanc
Rue de Dunkerque
Square Pétrelle
Rue Pétrelle
Rue Demarquay
Rue La Fayette
Rue du Faubourg
Rue de Rochechouart
Place de Roubaix
Gare du Nord
RER
Magenta
Rue Condorcet
Rue de Belzunce
Rue de Rocroy
Rue St Quentin
Château Landon
Rue E Varlin
Rue P Dupont
Pge Delessert
Rue d'Abbeville
R Fénelon
Place de Valenciennes
Rue de Valenciennes
R des 2 Gares
Sq St Vincent de Paul
R de Chantilly
Rue Pierre Semard
Rue de Bellefond
Place Franz Liszt
Rue des Petits Hôtels
Rue d'Alsace
Rue du Terrage
Rue R Blache
Rue de Valmy
Place du 8 Nov 1942
Square de Montholon
Poissonnière
Rue de Chabrol
Place du 11 Nov 1918
Gare de l'Est
Impasse Boutron
Pl Raoul Follereau
Quai de Jemmapes
Rue de Montholon
Rue des Messageries
Rue Papillon
Cour de la Ferme St Lazare
Rue du 8 Mai 1945
Avenue de Verdun
Rue Bleue
Rue d'Hauteville
Rue St Laurent
Rue de Paradis
Square A Satragne
R Sibour
Rue des Récollets
Jardin Villemin
Quai de Valmy
Rue de l'Hôpital St Louis
Rue de Trévise
Cité Paradis
Rue A Thomas
Cité
Rue de la Fidélité
Boulevard de Strasbourg
Rue du Faubourg St Martin
Passage des Récollets
Rue Richer
Rue des Petites Écuries
Rue Martel
Rue Jarry
Pge du Désir
Pge Dubail
Rue Bichat
Rue des Vinaigriers
Rue Sampaix
Conservatoire National Supérieur d'Art Dramatique
Rue G Laumain
Pge des Petites Écuries
Cour des Petites Écuries
Rue St Denis
Square des Récollets
Canal Saint Martin
Place A Fou
Avenue Richer
Rue Lucien
Rue Legouvé
Rue de Lancry
Rue Jean Poulmarch
Rue du Faubourg Poissonnière
Rue de Nancy
Rue Hittorff
Rue P Bullet
Château d'Eau
Rue du Château d'Eau
Rue d'Enghien
Rue de l'Échiquier
Passage Brady
Pge de l'Industrie
R de Metz
Rue de Mazagran
Rue de Marseille
Rue Yves Toudic
Rue Beaurepaire
Jacques Bonsergent
Rue du Faubourg St Denis
11

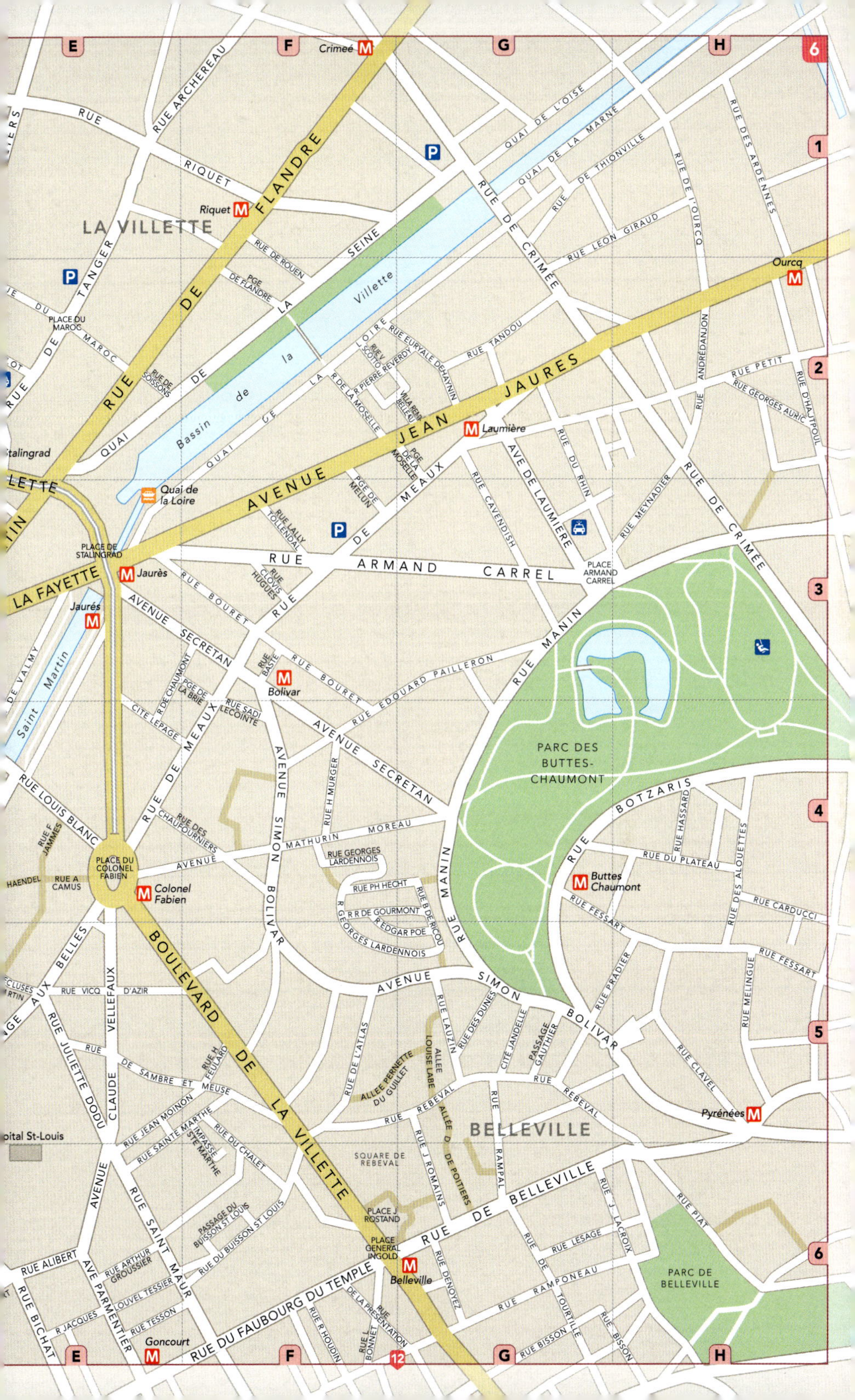
6
E
F
G
H
1
2
3
4
5
6
12
Crimée
Riquet
Laumière
Ourcq
Jaurès
Bolivar
Colonel Fabien
Buttes Chaumont
Pyrénées
Belleville
Goncourt
LA VILLETTE
BELLEVILLE
PARC DES BUTTES-CHAUMONT
PARC DE BELLEVILLE
Bassin de la Villette
Stalingrad
Quai de la Loire
PLACE DE STALINGRAD
PLACE DU MAROC
PLACE ARMAND CARREL
PLACE DU COLONEL FABIEN
PLACE J. ROSTAND
PLACE GENERAL INGOLD
SQUARE DE REBEVAL
RUE DE FLANDRE
AVENUE JEAN JAURES
LA FAYETTE
QUAI DE LA SEINE
QUAI DE LA LOIRE
QUAI DE L'OISE
QUAI DE LA MARNE
RUE RIQUET
RUE ARCHEREAU
RUE DE TANGER
RUE DU MAROC
RUE DE ROUEN
PGE DE FLANDRE
RUE DE SOISSONS
RUE DE CRIMÉE
RUE DE THIONVILLE
RUE LEON GIRAUD
RUE DE L'OURCQ
RUE DES ARDENNES
RUE ANDRÉ DANJON
RUE PETIT
RUE GEORGES AURIC
RUE D'HAUTPOUL
RUE TANDOU
RUE EURYALE DEHAYNIN
R. PIERRE REVERDY
R. DE LA MOSELLE
PGE DE LA MOSELLE
VILLA BELLEAU
RUE DE MEAUX
PGE DE MELUN
RUE LALLY TOLLENDAL
AVE DE LAUMIÈRE
RUE DU RHIN
RUE CAVENDISH
RUE MEYNADIER
RUE ARMAND CARREL
RUE CLOVIS HUGUES
RUE BOURET
AVENUE SECRETAN
RUE BASSE
RUE EDOUARD PAILLERON
RUE MANIN
RUE DE CHAUMONT
PGE DE LA BRIE
CITE LEPAGE
RUE SADI LECOINTE
AVENUE SIMON BOLIVAR
RUE H. MURGER
AVENUE MATHURIN MOREAU
RUE GEORGES LARDENNOIS
RUE PH HECHT
R. R. DE GOURMONT
R. EDGAR POE
RUE B. DE RICOU
RUE BOTZARIS
RUE HASSARD
RUE DU PLATEAU
RUE DES ALOUETTES
RUE CARDUCCI
RUE FESSART
RUE PRADIER
RUE MELINGUE
RUE CLAVEL
RUE LOUIS BLANC
RUE F. JAMMES
RUE A. CAMUS
HAENDEL
RUE DES CHAUFOURNIERS
CANAL Saint Martin
QUAI DE VALMY
BOULEVARD DE LA VILLETTE
RUE GRANGE AUX BELLES
RUE VICQ D'AZIR
RUE JULIETTE DODU
RUE CLAUDE VELLEFAUX
RUE DE SAMBRE ET MEUSE
RUE H. FEUILLARD
RUE JEAN MOINON
RUE SAINTE MARTHE
IMPASSE STE MARTHE
RUE DU CHALET
RUE DE L'ATLAS
ALLEE PERNETTE DU GUILLET
ALLEE LOUISE LABE
RUE LAUZIN
RUE DES DUNES
CITE JANDELLE
PASSAGE GAUTHIER
RUE REBEVAL
RUE J. ROMAINS
ALLÉE D. DE POITIERS
RUE RAMPAL
RUE DE BELLEVILLE
RUE J. LACROIX
RUE LESAGE
RUE PIAT
RUE DE TOURTILLE
RUE RAMPONEAU
RUE BISSON
RUE DENOYEZ
RUE DE LA PRÉSENTATION
RUE L. BONNET
RUE R. HOUDIN
RUE DU FAUBOURG DU TEMPLE
PASSAGE DU BUISSON ST LOUIS
RUE DU BUISSON ST LOUIS
RUE SAINT MAUR
AVENUE PARMENTIER
RUE ARTHUR GROUSSIER
RUE LOUVEL TESSIER
RUE TESSON
R. JACQUES
RUE ALIBERT
RUE BICHAT
Hôpital St-Louis

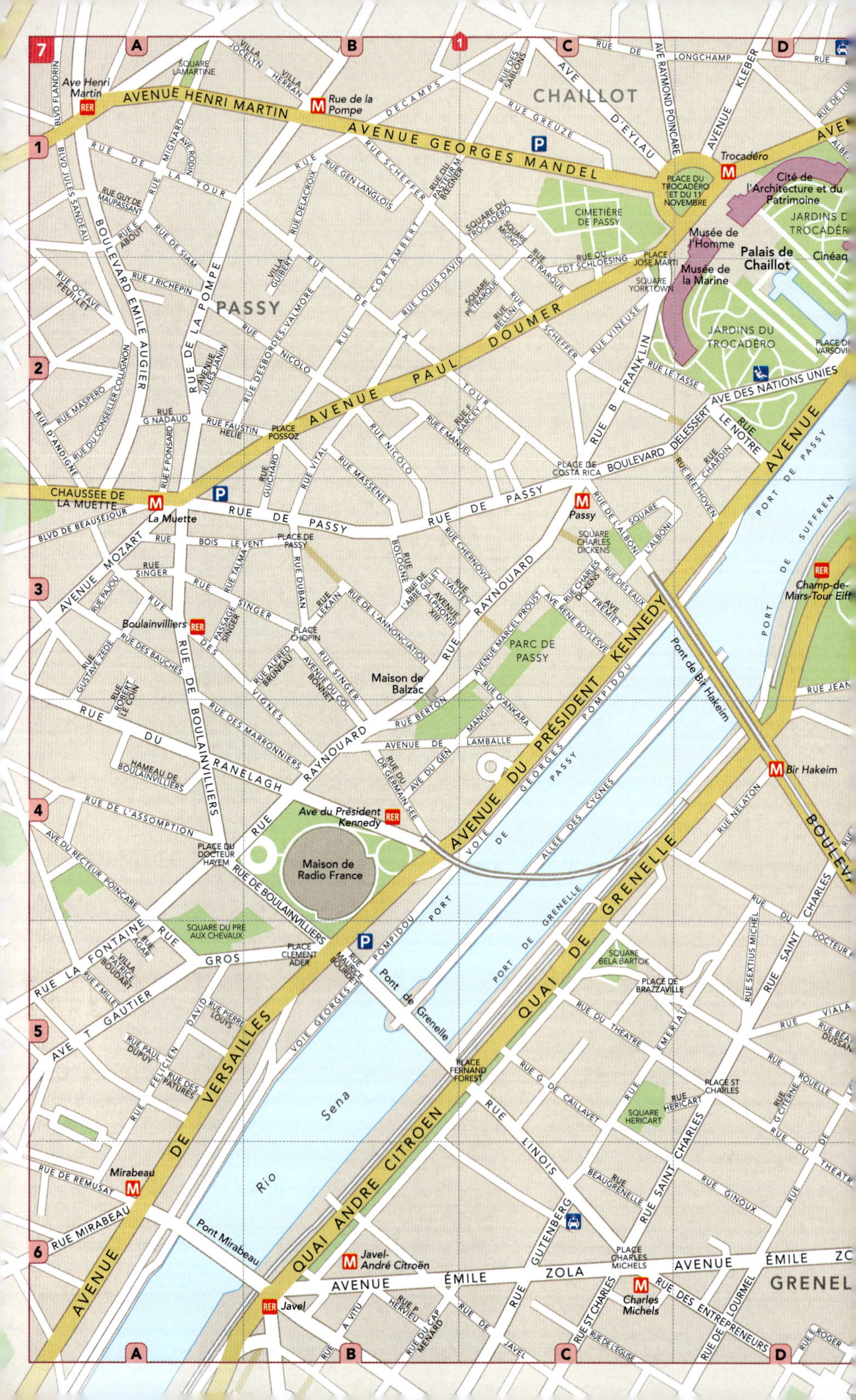

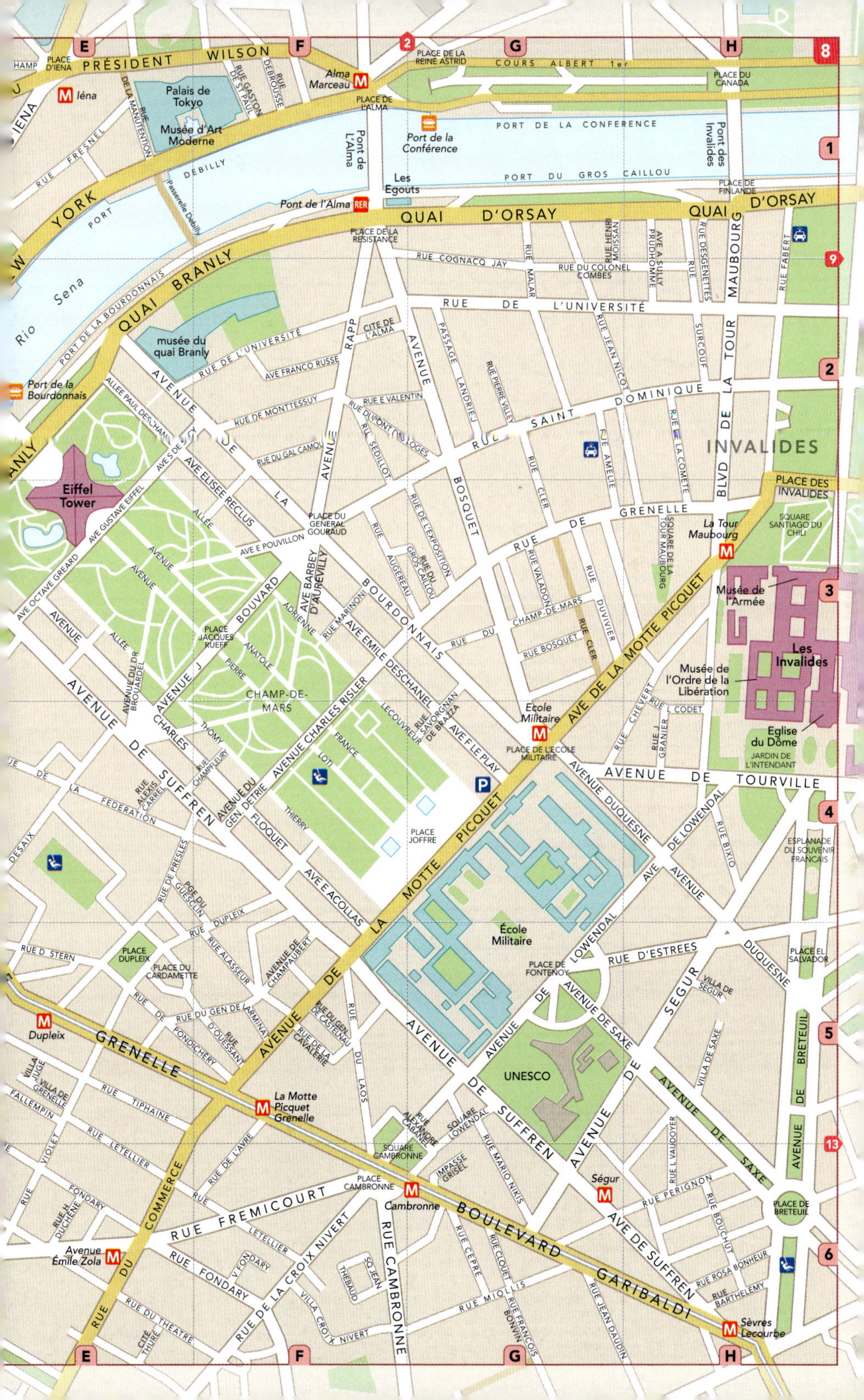

8
E
F
G
H
1
2
3
4
5
6
9
13
PLACE D'IENA
AVENUE DU PRÉSIDENT WILSON
Iéna
Palais de Tokyo
Musée d'Art Moderne
RUE FRESNEL
RUE DE LA MANUTENTION
RUE GASTON DE ST PAUL
RUE DEBROUSSE
Alma Marceau
PLACE DE L'ALMA
PLACE DE LA REINE ASTRID
COURS ALBERT 1er
PLACE DU CANADA
Port de la Conférence
PORT DE LA CONFERENCE
PORT DU GROS CAILLOU
Pont des Invalides
PLACE DE FINLANDE
Pont de L'Alma
Les Egouts
Pont de l'Alma
RER
DEBILLY
Passerelle Debilly
PORT
AVENUE DE NEW YORK
Rio Sena
QUAI D'ORSAY
QUAI BRANLY
PORT DE LA BOURDONNAIS
PLACE DE LA RESISTANCE
RUE COGNACQ JAY
RUE MALAR
RUE DU COLONEL COMBES
RUE JEAN NICOT
AVE A SULLY PRUDHOMME
RUE DESGENETTES
RUE FABERT
BLVD DE LA TOUR MAUBOURG
RUE DE L'UNIVERSITÉ
RUE SURCOUF
musée du quai Branly
RUE DE L'UNIVERSITE
AVENUE RAPP
CITE DE L'ALMA
AVE FRANCO RUSSE
RUE E VALENTIN
PASSAGE LANDRIEU
RUE PIERRE VILLEY
AVENUE BOSQUET
RUE SAINT DOMINIQUE
Port de la Bourdonnais
ALLEE PAUL DESCHANEL
RUE DE MONTTESSUY
RUE DU GAL CAMOU
RUE SEDILLOT
RUE CLER
RUE AMELIE
RUE DE LA COMETE
INVALIDES
Eiffel Tower
AVE ELISEE RECLUS
AVENUE DE LA BOURDONNAIS
PLACE DU GENERAL GOURAUD
RUE DE GRENELLE
PLACE DES INVALIDES
SQUARE SANTIAGO DU CHILI
La Tour Maubourg
SQUARE DE LA TOUR MAUBOURG
AVE GUSTAVE EIFFEL
AVE E POUVILLON
RUE AUGEREAU
RUE DE L'EXPOSITION
RUE DU GROS CAILLOU
RUE VALADON
RUE DUVIVIER
Musée de l'Armée
AVE OCTAVE GREARD
AVE BARBEY D'AUREVILLY
RUE MARINONI
RUE DU CHAMP-DE-MARS
RUE BOSQUET
Les Invalides
PLACE JACQUES RUEFF
AVENUE BOUVARD
AVE EMILE DESCHANEL
Musée de l'Ordre de la Libération
AVENUE DU DR BROUARDEL
AVENUE J
ANATOLE
PIERRE LOTI
CHAMP-DE-MARS
AVENUE CHARLES RISLER
AVENUE DE LA MOTTE PICQUET
RUE CHEVERT
RUE L CODET
RUE J GRANIER
Eglise du Dôme
Ecole Militaire
RUE SAVORGNAN DE BRAZZA
AVE F LE PLAY
LECOUVREUR
FRANCE
PLACE DE L'ECOLE MILITAIRE
JARDIN DE L'INTENDANT
AVENUE DE TOURVILLE
AVENUE DE SUFFREN
RUE DE LA FEDERATION
RUE ALEXIS CARREL
RUE CHAMPFLEURY
AVENUE DU GEN DETRIE
THIERRY
PLACE JOFFRE
AVENUE DUQUESNE
AVENUE DE LOWENDAL
RUE BIXIO
ESPLANADE DU SOUVENIR FRANÇAIS
DESAIX
RUE DE PRESLES
PGE DU GUESCLIN
RUE DUPLEIX
AVE E ACOLLAS
RUE FLOQUET
École Militaire
RUE D STERN
PLACE DUPLEIX
PLACE DU CARDAMETTE
RUE ALASSEUR
AVENUE DE CHAMPAUBERT
PLACE DE FONTENOY
RUE D'ESTREES
PLACE EL SALVADOR
AVENUE DE SEGUR
VILLA DE SEGUR
Dupleix
BOULEVARD DE GRENELLE
RUE DE PONDICHERY
RUE DU GEN DE LARMINAT
RUE D'OUESSANT
RUE DE LA CAVALERIE
RUE DU GEN DE CASTELNAU
RUE DU LAOS
AVENUE DE SAXE
VILLA DE SAXE
AVENUE DE BRETEUIL
UNESCO
VILLA JUGE
VILLA DE GRENELLE
RUE TIPHAINE
FALLEMPIN
La Motte Picquet Grenelle
RUE ALEXANDRE CABANEL
SQUARE LOWENDAL
RUE LETELLIER
VIOLET
RUE DE L'AVRE
SQUARE CAMBRONNE
IMPASSE GRISEL
RUE MARIO NIKIS
Ségur
RUE L VAUDOYER
PLACE CAMBRONNE
Cambronne
RUE PERIGNON
PLACE DE BRETEUIL
RUE FONDARY
RUE H DUCHÊNE
RUE FREMICOURT
RUE DU COMMERCE
RUE CAMBRONNE
BOULEVARD GARIBALDI
RUE BOUCHUT
Avenue Émile Zola
RUE DE LA CROIX NIVERT
SQ JEAN THEBAUD
RUE CEPRE
RUE CLOUET
RUE ROSA BONHEUR
RUE BARTHELEMY
V FONDARY
RUE MIOLLIS
RUE JEAN DAUDIN
RUE DU THEATRE
CITÉ THURÉ
VILLA CROIX NIVERT
RUE FRANÇOIS BONVIN
Sèvres Lecourbe

A
B
C
D
3
1
2
3
4
5
6
8
13
R DES SAUSSAIES
RUE DE SURÈNE
RUE CHAUVEAU LAGARDE
RUE VIGNON
RUE DE CAUMARTIN
RUE JEAN MERMOZ
RUE RABELAIS
AVE MATIGNON
AVE FRANKLIN D ROOSEVELT
RUE DE PONTHIEU
RUE DU CIRQUE
Palais de l'Élysée
RUE MONTALIVET
RUE DE DURAS
RUE D'AGUESSEAU
RUE DU FAUBOURG ST-HONORÉ
RUE D'ANJOU
Église de la Madeleine
RUE DE SEZE
Madeleine
BOULEVARD DE LA MADELEINE
BLVD
PLACE DE LA MADELEINE
CITÉ DU RETIRO
RUE D'ANGLAS
GAL DE LA MADELEINE
VILLAGE ROYALE
Franklin D. Roosevelt
ROND-POINT DES CHAMPS-ELYSÉES
AVENUE GABRIEL
Les Guignols des Champs-Elysées
AVENUE DE MARIGNY
RUE DE L'ELYSÉE
RUE BOISSY
RUE ROYALE
RUE RICHEPANCE
RUE DUPHOT
RUE CAMBON
Ministère de la Justice
AVENUE DES CHAMPS-ELYSÉES
AVE FRANKLIN D ROOSEVELT
Champs-Elysées-Clemenceau
JARDIN DES CHAMPS-ELYSÉES
AVENUE GABRIEL
Musée Bouilhet-Christofle
RUE ST-HONORÉ
RUE ST FLORENTIN
RUE DE MONDOVI
IMPASSE D'ANTIN
Grand Palais
Palais de la Découverte
AVE W CHURCHILL
AV C GIRAULT
Petit Palais
AVENUE DUTUIT
AVENUE EDWARD TUCK
Concorde
RUE DE RIVOLI
RUE ROUGET DE L'ISLE
RUE DU MONT THABOR
RUE DE CASTIGLIONE
Jeu de Paume
PLACE DE LA CONCORDE
TERRASSE DES FEUILLANTS
PLACE DU CANADA
COURS LA REINE
Port des Champs-Elysées
Pont des Invalides
Pont Alexandre III
Pont de la Concorde
Musée de l'Orangerie
JARDIN DES TUILERIES
QUAI DES TUILERIES
TERRASSE DU BORD DE L'EAU
QUAI D'ORSAY
PLACE DE FINLANDE
Invalides
RER
RUE R ESNAULT PELTERIE
RUE DESGENETTES
RUE FABERT
RUE SURCOUF
BOULEVARD DE LA TOUR MAUBOURG
RUE MARECHAL GALLIENI
Assemblée Nationale Palais-Bourbon
QUAI ANATOLE FRANCE
PORT
Quai de Solférino
Pont Solférino
Rio Sena
RUE A BRIAND
Assemblée Nationale
RUE DE L'UNIVERSITE
PLACE DU PRESIDENT E HERRIOT
PLACE DU PALAIS BOURBON
RUE DE COURTY
BOULEVARD SAINT GERMAIN
Musée de la Légion d'Honneur
PLACE H DE MONTHERLANT
SOLFERINO
Musée d'Orsay
RUE SAINT-DOMINIQUE
ESPLANADE DES INVALIDES
RUE DE CONSTANTINE
INVALIDES
RUE DE LA COMÈTE
RUE DE SOLFERINO
RUE DE BELLECHASSE
RUE DE LILLE
RUE DE POITIERS
RUE DU BAC
Institut Géographique National
RUE SAINT-DOMINIQUE
RUE DE VILLERSEXEL
RUE DE L'UNIVERSITÉ
PLACE DES INVALIDES
RUE DE BOURGOGNE
RUE LAS CASES
Basilica Ste-Clotilde
Solférino
PLACE J BAINVILLE
RUE DE MARTIGNAC
RUE CASIMIR PERIER
SQUARE SANTIAGO DU CHILI
AVENUE DU MARECHAL GALLIENI
SQUARE D'AJACCIO
La Tour Maubourg
Musée de l'Armée
RUE DE GRENELLE
Varenne
BOULEVARD DES INVALIDES
Musée des Plans-Reliefs
Les Invalides
RUE MONTALEMBERT
PLACE ST THOMAS D'AQUIN
PGE DE LA VISITATION
RUE DE SAINT SIMON
RUE P L COURIER
Rue du Bac
BOULEVARD
RUE CHEVERT
TOUR MAUBOURG
RUE DE VARENNE
Musée Rodin
Musée de l'Ordre de la Libération
RUE L CODET
BLVD DE LA TOUR MAUBOURG
Église du Dôme
JARDIN DE L'INTENDANT
RUE DE LUYNES
Musée Maillol
RUE DE GRENELLE
CITÉ VANEAU
RUE VANEAU
Hôtel Matignon
RUE DE JOUY
BOULEVARD RASPAIL
RUE DE LA CHAISE
RUE ST GUILLAUME
AVENUE DE TOURVILLE
AVE DE LOWENDAL
PLACE VAUBAN
RUE BIXIO
ESPLANADE DU SOUVENIR FRANÇAIS
AVE DE VILLARS
RUE BARBET DE JOUY
RUE DE CHANALEILLES
RUE DE COMMAILLE
SQUARE DES MISSIONS ETRANGERES
RUE CHOMEL
RUE RECAMIER
AVE DUQUESNE
AVE DE SEGUR
PLACE EL SALVADOR
PLACE ANDRE TARDIEU
RUE DE BABYLONE
JARDIN CATHERINE LABOURÉ
Sèvres Babylone
R. DE SEVRES
SQUARE BOUCICAUT

10
E
F
G
H
1
2
3
4
5
6
11
4
14
BLVD DES ITALIENS
BLVD POISSONNIERE
Opéra
PLACE DE L'OPERA
RUE DE HANOVRE
RUE DE CHOISEUL
Quatre Septembre
RUE DU QUATRE SEPTEMBRE
RUE D'AMBOISE
RUE DE MARIVAUX
RUE FAVART
RUE GRETRY
RUE DE RICHELIEU
RUE VIVIENNE
PGE DES PANORAMAS
RUE ST MARC
RUE FEYDEAU
RUE D'UZES
RUE ST FIACRE
Bonne Nouvelle
RUE DES JEUNEURS
RUE DU SENTIER
RUE POISSONNIERE
RUE DE LA VILLE NEUVE
RUE BEAUREGARD
Bourse
PL DE LA BOURSE
Bourse des Valeurs
RUE DE LA BOURSE
RUE MENARS
RUE MONTMARTRE
RUE DU CROISSANT
RUE ST JOSEPH
RUE DE CLERY
RUE D'ABOUKIR
RUE DU CAIRE
RUE DU NIL
RUE DE LA PAIX
AVENUE DE L'OPERA
RUE DAUNOU
RUE LOUIS LE GRAND
RUE D'ANTIN
RUE ST AUGUSTIN
RUE DES FILLES ST THOMAS
RUE GAILLON
RUE MONSIGNY
RUE DE LOUVOIS
RUE COLBERT
RUE RAMEAU
RUE CHERUBINI
PGE CHOISEUL
RUE DALAYRAC
RUE MARSOLLIER
RUE DANIELLE CASANOVA
PLACE DU MARCHE ST-HONORÉ
Bibliothèque Nationale
RUE DES PETITS CHAMPS
GALERIE COLBERT
GALERIE VIVIENNE
RUE DE LA BANQUE
RUE NOTRE-DAME DES VICTOIRES
RUE PAUL LELONG
RUE DU MAIL
RUE REAUMUR
Sentier
RUE LEOPOLD BELLAN
RUE ST SAUVEUR
RUE BACHAUMONT
RUE MANDAR
RUE MONTORGUEIL
RUE DUSSOUBS
IMPASSE ST DENIS
RUE GRENETA
Pyramides
RUE ST ROCH
RUE DE LA SOURDIERE
RUE ST HYACINTHE
RUE DU MARCHE ST HONORE
RUE DES PYRAMIDES
RUE D'ARGENTEUIL
RUE STE ANNE
RUE THERESE
RUE VILLEDO
R DE BEAUJOLAIS
RUE DES MOULINS
PLACE DES VICTOIRES
Musée en Herbe
RUE HEROLD
RUE DU LOUVRE
RUE J J ROUSSEAU
RUE ETIENNE MARCEL
Tour Jean Sans Peur
PGE DU GRAND CERF
R TIQUETONNE
St-Roch
RUE DU 29 JUILLET
JARDIN DU PALAIS ROYAL
RUE DE VALOIS
RUE DE MONTPENSIER
RUE MOLIERE
RUE DE L'ECHELLE
Banque de France
R COQ HERON
RUE COQUILLERE
RUE DU JOUR
Église st-Eustache
R MAUCONSEIL
RUE DE TURBIGO
Etienne Marcel
R DU CYGNE
Joan of Arc Statue
PLACE DES PYRAMIDES
RUE ST-HONORÉ
PLACE ANDRÉ MALRAUX
Comédie Française
Palais Royal
PLACE COLETTE
RUE DU BOULOI
C DES FERMES
RUE DE VIARMES
PLACE R CASSIN
Les Halles
RUE RAMBUTEAU
RUE DES PRECHEURS
RUE PIERRE LESCOT
RUE ST DENIS
Musée des Arts Décoratifs
Palais Royal–Musée du Louvre
PLACE DU PALAIS ROYAL
RUE DES BONS ENFANTS
RUE CROIX DES PETITS CHAMPS
RUE DU COLONEL DRIANT
Bourse du Commerce
JARDIN LES HALLES
AVENUE DU GENERAL LEMONNIER
JARDIN DU CARROUSEL
Musée de la Publicité
Louvre des Antiquaires
RUE SAUVAL
RUE BERGER
PLACE M QUENTIN
Châtelet les Halles
RER
RUE DE LA COSSONNERIE
Arc de Triomphe du Carrousel
PLACE DU CARROUSEL
The Louvre
Pyramide
COUR NAPOLEON
COUR CARREE
Louvre-Rivoli
RUE DE RIVOLI
RUE BAILLEUL
RUE DE L'ARBRE SEC
RUE DU PONT NEUF
RUE BOURDONNAIS
PL M DE NAVARRE
SQ DES INNOCENTS
BLVD DE SEBASTOPOL
Porte de Lions
Quai du Louvre
QUAI DU LOUVRE
PORT DU LOUVRE
PLACE DU LOUVRE
St-Germain-l'Auxerrois
R DE L'AMIRAL DE COLIGNY
RUE DES PRETRES ST GERMAIN L'AUXERROIS
RUE DE LA MONNAIE
RUE DES DECHARGEURS
RUE DES HALLES
Châtelet
R DES LOMBARDS
PLACE STE OPPORTUNE
JARDIN DE L'INFANTE
Pont du Carrousel
PORT DES SAINTS PERES
Quai Malaquais
Pont des Arts
Pont Neuf
RUE BERTIN POIREE
RUE DES ORFEVRES
RUE ST GERMAIN L'AUXERROIS
RUE DE LA SAUNERIE
RUE LANTIER
Tour St-Jacques
SQ DE LA TOUR ST-JACQUES
R N FLAMEL
QUAI VOLTAIRE
QUAI MALAQUAIS
QUAI DE LA MEGISSERIE
VOIE GEORGES POMPIDOU
PLACE DU CHATELET
AVE VICTORIA
QUAI DE GESVRES
RUE DE LILLE
RUE ALLENT
RUE DE BEAUNE
École Nationale Supérieure des Beaux-Arts
PLACE DE L'INSTITUT
SQUARE H CHAMPION
Institut de France
SQUARE G PIERNE
Square du Vert-Galant
PLACE DU PONT NEUF
Rio Sena
QUAI DE L'HORLOGE
RUE H ROBERT
PLACE DAUPHINE
RUE DE HARLAY
Tour de l'Horloge
Conciergerie
Ste-Chapelle
Pont au Change
Pont Notre-Dame
RUE DES SAINTS PERES
RUE DES BEAUX ARTS
RUE BONAPARTE
RUE JACOB
RUE VISCONTI
QUAI DE CONTI
Musée de la Monnaie
RUE MAZARINE
RUE GUENEGAUD
RUE DE NEVERS
RUE DE NESLE
RUE J CALLOT
RUE DU PONT DE LODI
QUAI DES GRANDS AUGUSTINS
QUAI DES ORFEVRES
BLVD DU PALAIS
Cité
PLACE L LEPINE
Marché aux Fleurs et Oiseaux
RUE DE LA CITÉ
QUAI DE LA CORSE
Hôtel Dieu
RUE DU PRE AUX CLERCS
RUE PERRONET
RUE ST BENOIT
Musée Eugène Delacroix
ST-GERMAIN
ILE DE LA CITE
St-Germain-des-Prés
RUE DE L'ABBAYE
RUE DE L'ECHAUDE
RUE DE SEINE
RUE CHRISTINE
RUE DE SAVOIE
RUE DAUPHINE
RUE DES GRANDS AUGUSTINS
RUE SEGUIER
RUE GIT LE COEUR
Pont St-Michel
QUAI DU MARCHE NEUF
Petit Pont
BLVD SAINT GERMAIN
RUE DU DRAGON
RUE B PALISSY
RUE DU SABOT
RUE BUCI
RUE DES CISEAUX
St-Germain-des-Prés
Mabillon
RUE DU FOUR
RUE CLEMENT
RUE PRINCESSE
RUE MABILLON
RUE DE TOURNON
RUE DE L'ANCIENNE COMEDIE
COUR DU COMMERCE ST-ANDRE
RUE ST ANDRE DES ARTS
RUE DU JARDINET
RUE DE L'EPERON
RUE SUGER
RUE D'ANTON
RUE SERPENTE
BLVD ST-MICHEL
St-Michel
Q. ST MICHEL
RUE DE LA HUCHETTE
RUE DE LA HARPE
RUE ST SEVERIN
RUE XAVIER PRIVAS
St-Séverin
RUE DE LA PARCHEMINERIE
PLACE DU PETIT PONT
RUE ST JULIEN LE PAUVRE
SQUARE RENÉ VIVIANI
St-Julien-le-Pauvre
RUE GALANDE
RUE DE LA BUCHERIE
Q. DE MONTEBELLO
PLACE DU PARVIS NOTRE DAME
Notre-Dame
RUE DE RENNES
RUE DE LA CROIX ROUGE
RUE DU VIEUX COLOMBIER
RUE DES CANETTES
RUE GUISARDE
RUE LOBINEAU
Marché St-Germain
RUE GREGOIRE DE TOURS
CARREFOUR DE L'ODEON
RUE DES QUATRE VENTS
Odéon
RUE DE L'ECOLE DE MEDECINE
St-Sulpice
PLACE ST-SULPICE
RUE SAINT SULPICE

11
A
B
C
D
5
15
1
2
3
4
5
6
10
Bonne Nouvelle
BLVD DE BONNE NOUVELLE
IMPASSE DE BONNE NOUVELLE
RUE DE MAZAGRAN
R DE METZ
RUE DU FAUBOURG ST DENIS
PASSAGE BRADY
RUE DU FAUBOURG ST MARTIN
Porte St-Denis
BLVD ST DENIS
BOULEVARD DE SEBASTOPOL
RUE DU CHATEAU D'EAU
BLVD DE MAGENTA
RUE DE LANCRY
Jacques Bonsergent
RUE ALBERT THOMAS
RUE YVES TOUDIC
RUE DE BEAUREPAIRE
RUE DIEU
QUAI DE JEMMAPES
Canal St Martin
RUE LEON JOUHAUX
RUE POISSONNIERE
RUE DE LA VILLE NEUVE
RUE DE LA LUNE
RUE BEAUREGARD
RUE DE CLERY
RUE DE MULHOUSE
RUE D'ABOUKIR
RUE STE FOY
RUE CHENIER
Strasbourg St-Denis
PORTE ST MARTIN
R BLONDEL
RUE STE APOLLINE
PGE LEMOINE
RUE RENE BOULANGER
RUE BOUCHARDON
CITE RIVERIN
RUE TAYLOR
RUE P. CHAUSSON
BOULEVARD ST-MARTIN
PLACE J STRAUSS
République
RUE DU NIL
PGE DU CAIRE
RUE DU CAIRE
RUE D'ALEXANDRIE
R DE TRACY
RUE MESLAY
SQUARE H CHRISTINE
PLACE DE LA REPUBLIQUE
RUE NOTRE DAME DE NAZARETH
Sentier
RUE REAUMUR
RUE ST DENIS
SQUARE EMILE CHAUTEMPS
R PAPIN
Musée des Arts et Métiers
RUE DU VERTBOIS
RUE VAUCANSON
RUE MONTGOLFIER
RUE VOLTA
Temple
PGE VENDOME
BOULEVARD DU TEMPLE
Réaumur Sébastopol
RUE DE TURBIGO
RUE MONTORGUEIL
RUE ST SAUVEUR
RUE DUSSOUBS
IMPASSE ST DENIS
RUE GRENETA
RUE DE PALESTRO
SQ DU G MORIN
RUE CONTE
RUE DES FONTAINES DU TEMPLE
RUE DU TEMPLE
CITE DUPETIT THOUARS
R DUPETIT THOUARS
RUE DUPUIS
RUE BERANGER
Arts et Métiers
RUE DE RÉAUMUR
RUE PERRÉE
RUE SPULLER
Marché du Temple
Tour Jean Sans Peur
PGE DU GRAND CERF
R TIQUETONNE
PGE DU BOURG L'ABBE
RUE ETIENNE MARCEL
R MAUCONSEIL
Etienne Marcel
RUE AU MAIRE
PGE BARROIS
PASSAGE ALOMBERT
RUE DES VERTUS
RUE DES GRAVILLIERS
SQUARE DU TEMPLE
R DU BOURG L'ABBE
RUE ST MARTIN
BEAUBOURG
RUE BEAUBOURG
RUE CHAPON
R PORTEFOIN
RUE DES ARCHIVES
RUE DE CAFFARELLI
RUE DE PICARDIE
RUE CHARLOT
RUE DE NORMANDIE
RUE DE TURENNE
RUE DE SAINTONGE
Filles du Calvaire
Les Halles
R DU CYGNE
R AUX OURS
RUE DU GRENIER ST LAZARE
RUE DE MONTMORENCY
RUE DE BRETAGNE
RUE RAMBUTEAU
R DE LA GRANDE TRUANDERIE
RUE LESCOT
PGE DU COMMERCE ST MARTIN
No.51
R QUINCAMPOIX
R B DE CLAIRVAUX
RUE MICHEL LE COMTE
RUE PASTOURELLE
RUELLE SOURDIS
RUE DE POITOU
RUE DEBELLEYME
RUE DES FILLES DU CALVAIRE
R COMMINES
R FROISSART
Les Halles
RUE DES PRECHEURS
Musée de la Poupée
PASSAGE BRANTOME
Châtelet les Halles
RER
RUE DE LA COSSONNERIE
RUE DES HAUDRIETTES
Musée d'Art et d'Histoire du Judaïsme
Musée de la Chasse et de la Nature
RUE VIEILLE DU TEMPLE
R DEBELLEYME
RUE DU PONT AUX CHOUX
RUE BERGER
PL J DU BELLAY
SQ DES INNOCENTS
PLACE GEORGES POMPIDOU
Centre Pompidou
Rambuteau
R GEOFFROY L'ANGEVIN
RUE DE BRAQUE
RUE DES 4 FILS
Hôtel de Soubise
JARDIN DE L'HOTEL SALE
RUE DE THORIGNY
RUE ST CLAUDE
RUE DES HALLES
Châtelet
R AUBRY LE BOUCHER
PLACE E MICHELET
RUE SIMON LE FRANC
RUE PECQUAY
Archives Nationales
Hôtel de Rohan
Musée Picasso
RUE STE ANASTASE
RUE DE HESRE
R DES LOMBARDS
PLACE STE OPPORTUNE
Châtelet
PLACE IGOR STRAVINSKY
RUE DU RENARD
RUE ST MERRI
R DU PLATRE
RUE DES BLANCS MANTEAUX
RUE DE LA PERLE
PLACE DE THORIGNY
St-Merri
R STE CROIX DE LA BRETONNERIE
MARAIS
RUE BARBETTE
RUE ELZEVIR
RUE PAYENNE
RUE DU PARC ROYAL
RUE ST GILLES
RUE DE RIVOLI
RUE J LANTIER
R N FLAMEL
RUE DE LA VERRERIE
R AUBRIOT
RUE DES GUILLEMITES
RUE DES FRANCS BOURGEOIS
SQ LEOPOLD ACHILLE
SQUARE G. CAIN
Châtelet
Tour St-Jacques
SQ DE LA TOUR ST-JACQUES
RUE ST BON
R DE MOUSSY
RUE DU BOURG TIBOURG
RUE VIEILLE DU TEMPLE
Musée Cognacq-Jay
Musée Carnavalet
RUE DES MINIMES
PLACE DU CHATELET
AVE VICTORIA
R DE LA TACHERIE
RUE ST DENIS
Hôtel de Ville
R DU TRESOR
RUE DES ECOUFFES
RUE DES ROSIERS
Hôtel de Lamoignon
RUE PAVEE
R DU FOIN
QUAI DE GESVRES
RUE ADAM
Pont au Change
PL DE L'HOTEL DE VILLE
Hôtel de Ville
RUE DE LOBAU
R F DUVAL
RUE DE SEVIGNE
RUE DES FRANCS BOURGEOIS
Pont Notre-Dame
QUAI DE LA CORSE
PONT POMPIDOU
Paris Plages
QUAI DE L'HOTEL DE VILLE
PLACE ST GERVAIS
RUE FRANCOIS MIRON
RUE DE SICILE
Le Double Fond
PLACE DU MARCHE STE CATHERINE
RUE DE JARENTE
PLACE DES VOSGES
SQUARE LOUIS XIII
Cité
PLACE L'LEPINE
RUE DE LUTECE
Pont d'Arcole
St-Gervais St-Protais
RUE DES BARRES
RUE DU PONT LOUIS PHILIPPE
St-Paul
RUE DE JOUY
RUE DE FOURCY
RUE DU PREVOT
Hôtel de Sully
Maison de Victor Hugo
Hôtel Dieu
RUE D'ARCOLE
RUE DE LA COLOMBE
RUE DES URSINS
QUAI AUX FLEURS
Quai de l'Hôtel de Ville
Mémorial de la Shoah
St-Paul-St-Louis
RUE CHARLEMAGNE
RUE ST ANTOINE
RUE DE BIRAGUE
IMPASSE GUEMENEE
ILE DE LA CITE
RUE DE LA CITE
RUE CHANOINESSE
SQUARE A SCHWEITZER
RUE DES NONNAINS D'HYERES
RUE DU FAUCONNIER
Village St-Paul
RUE SAINT PAUL
R NEUVE ST PIERRE
RUE BEAUTREILLIS
QUAI DU MARCHE NEUF
PLACE DU PARVIS NOTRE DAME
RUE DU CLOITRE-NOTRE-DAME
Pont Louis Philippe
Rio Sena
Pont Marie
Hôtel de Sens
RUE DE L'AVE MARIA
Le Musée de la Magie
RUE CHARLES V
R DES LIONS ST PAUL
RUE DU PETIT MUSC
BLVD HENRI IV
Petit Pont
PLACE DU PETIT PONT
Statue of Charlemagne
Notre-Dame
SQUARE JEAN XXIII
RUE JEAN DU BELLAY
QUAI DE BOURBON
QUAI DES CELESTINS
PORT DES CELESTINS
RUE ST-JACQUES
RUE ST JULIEN LE PAUVRE
St-Julien-le-Pauvre
RUE DE LA BUCHERIE
Q. DE MONTEBELLO
Port de Montebello
Pont de l'archevêché
SQUARE DE L'ILE DE FRANCE
Pont St-Louis
QUAI D'ORLEANS
RUE BOUTAREL
RUE LE REGRATTIER
RUE ST LOUIS EN L'ILE
RUE BUDE
RUE DES DEUX PONTS
QUAI D'ANJOU
ILE ST-LOUIS
SQUARE DE L'AVE MARIA
SQUARE DE HENRI GALLI
RUE GALANDE

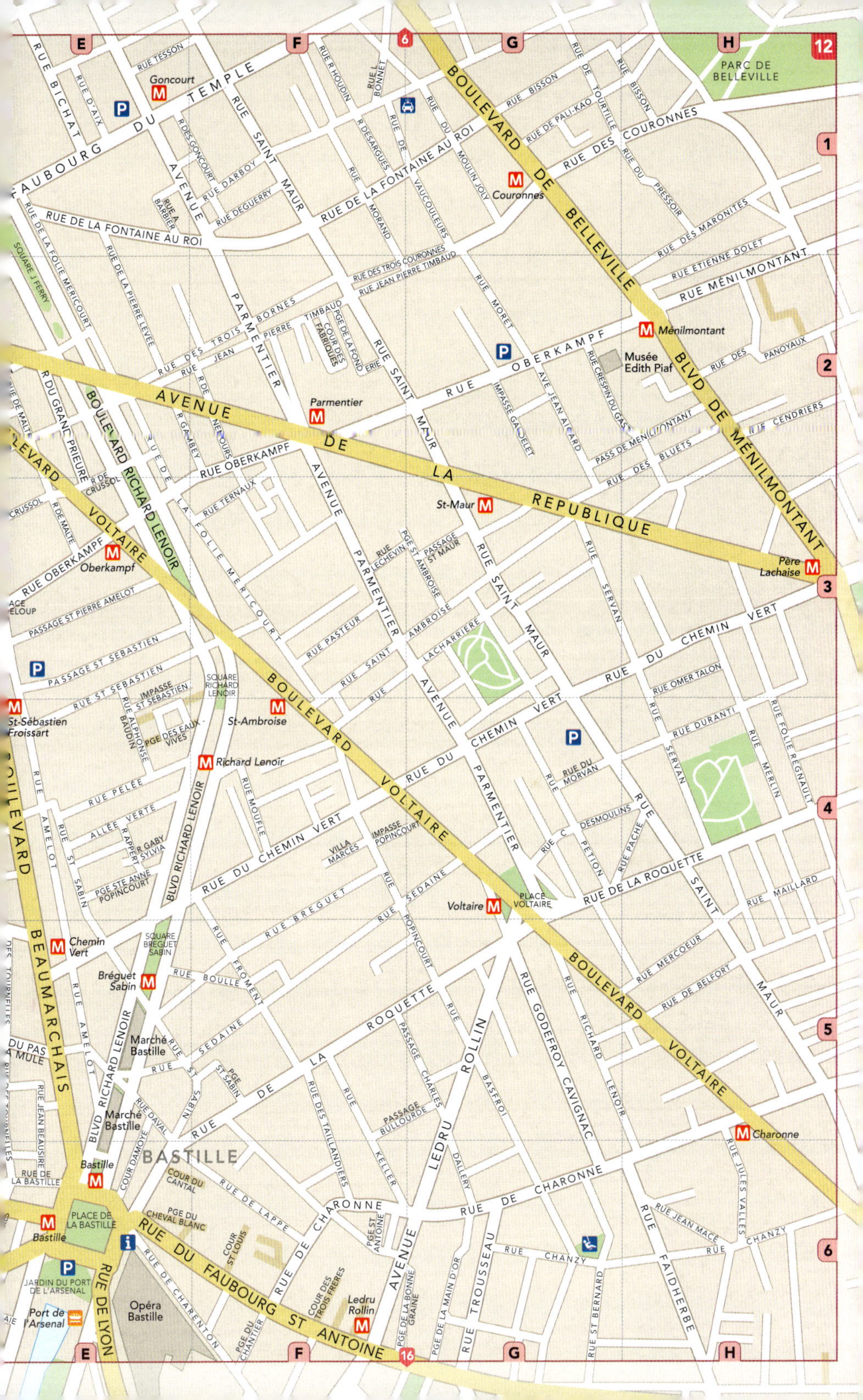
12
E
F
G
H
1
2
3
4
5
6
PARC DE BELLEVILLE
RUE DU FAUBOURG DU TEMPLE
RUE BICHAT
RUE TESSON
Goncourt
RUE D'AIX
AVENUE PARMENTIER
RUE SAINT MAUR
RUE DE LA FONTAINE AU ROI
RUE DARBOY
RUE DEGUERRY
RUE HOUDIN
RUE L BONNET
RUE DESARGUES
RUE MORAND
RUE VAUCOULEURS
RUE DU MOULIN JOLY
BOULEVARD DE BELLEVILLE
RUE BISSON
RUE DE PALI-KAO
RUE DE TOURTILLE
RUE DES COURONNES
RUE DU PRESSOIR
Couronnes
RUE DES MARONITES
RUE ETIENNE DOLET
RUE MÉNILMONTANT
Ménilmontant
Musée Edith Piaf
BLVD DE MÉNILMONTANT
RUE DES PANOYAUX
RUE DES CENDRIERS
RUE DES TROIS COURONNES
RUE JEAN PIERRE TIMBAUD
RUE MORET
RUE OBERKAMPF
IMPASSE GAUDELET
AVE JEAN AICARD
RUE CRESPIN DU GAST
PASS DE MÉNILMONTANT
RUE DES BLUETS
RUE DES TROIS BORNES
SQUARE J FERRY
RUE DE LA FOLIE MÉRICOURT
RUE DE LA PIERRE LEVÉE
COUR DES FABRIQUES
PGE DE LA FONDERIE
Parmentier
AVENUE DE LA RÉPUBLIQUE
RUE DU GRAND PRIEURÉ
RUE DE MALTE
BOULEVARD RICHARD LENOIR
RUE DE CRUSSOL
RUE RAMPON
RUE DE NEMOURS
RUE TERNAUX
St-Maur
Père Lachaise
BOULEVARD VOLTAIRE
RUE OBERKAMPF
Oberkampf
PASSAGE ST PIERRE AMELOT
PASSAGE ST SEBASTIEN
RUE ST SEBASTIEN
IMPASSE ST SEBASTIEN
RUE ALPHONSE BAUDIN
PGE DES EAUX VIVES
SQUARE RICHARD LENOIR
St-Ambroise
St-Sébastien Froissart
Richard Lenoir
RUE LECHEVIN
PGE ST AMBROISE
PASSAGE ST MAUR
RUE SAINT AMBROISE
RUE PASTEUR
RUE LACHARRIÈRE
RUE SERVAN
RUE DU CHEMIN VERT
RUE OMER TALON
RUE DURANTI
RUE FOLIE REGNAULT
RUE MERLIN
RUE DU MORVAN
RUE DESMOULINS
RUE PÉTION
RUE PACHE
RUE DE LA ROQUETTE
RUE MAILLARD
PLACE VOLTAIRE
Voltaire
RUE PELÉE
ALLÉE VERTE
RUE RAPPERT
R GABY SYLVIA
BLVD RICHARD LENOIR
RUE AMELOT
RUE ST SABIN
PGE STE ANNE POPINCOURT
VILLA MARCÈS
IMPASSE POPINCOURT
RUE SEDAINE
RUE BRÉGUET
RUE POPINCOURT
BOULEVARD BEAUMARCHAIS
Chemin Vert
SQUARE BRÉGUET SABIN
Bréguet Sabin
RUE BOULLE
RUE FROMENT
Marché Bastille
RUE MERCOEUR
RUE DE BELFORT
RUE GODEFROY CAVAIGNAC
RUE RICHARD LENOIR
AVENUE LEDRU ROLLIN
RUE BASFROI
PASSAGE CHARLES DALLERY
PASSAGE BULLOURDE
RUE KELLER
RUE DES TAILLANDIERS
RUE DAVAL
COUR DAMOYE
BASTILLE
Bastille
RUE JEAN BEAUSIRE
RUE DU PAS DE LA MULE
RUE DE LA BASTILLE
PLACE DE LA BASTILLE
COUR DU CANTAL
RUE DE LAPPE
PGE DU CHEVAL BLANC
COUR ST LOUIS
RUE DE CHARONNE
PGE ST ANTOINE
Charonne
RUE JULES VALLÈS
RUE JEAN MACÉ
RUE CHANZY
RUE FAIDHERBE
RUE ST BERNARD
RUE TROUSSEAU
PGE DE LA MAIN D'OR
PGE DE LA BONNE GRAINE
RUE DU FAUBOURG ST ANTOINE
COUR DES TROIS FRÈRES
Ledru Rollin
PGE DU CHANTIER
RUE DE CHARENTON
Opéra Bastille
RUE DE LYON
JARDIN DU PORT DE L'ARSENAL
Port de l'Arsenal
6
16

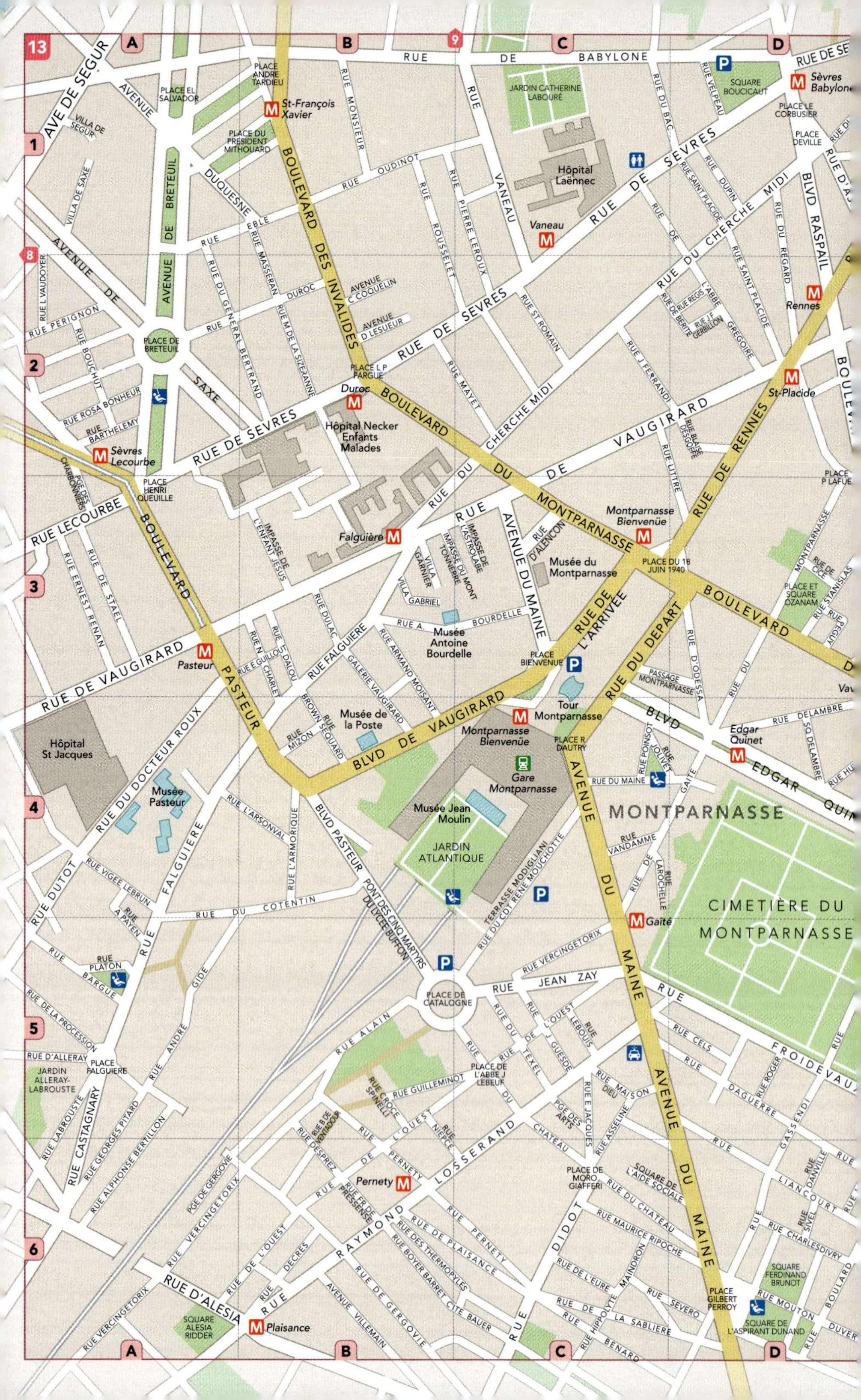
13
A
B
C
D
1
2
3
4
5
6
8
9
RUE DE BABYLONE
RUE DE SEVRES
AVE DE SEGUR
AVENUE DE BRETEUIL
AVENUE DE SAXE
PLACE EL SALVADOR
PLACE ANDRE TARDIEU
St-François Xavier
PLACE DU PRESIDENT MITHOUARD
VILLA DE SEGUR
VILLA DE SAXE
RUE DUQUESNE
BOULEVARD DES INVALIDES
RUE MONSIEUR
RUE OUDINOT
RUE ROUSSELET
RUE PIERRE LEROUX
RUE VANEAU
JARDIN CATHERINE LABOURÉ
Hôpital Laënnec
Vaneau
RUE DU BAC
RUE VELPEAU
SQUARE BOUCICAUT
Sèvres Babylone
PLACE LE CORBUSIER
PLACE DEVILLE
RUE SAINT PLACIDE
RUE DUPIN
RUE DU CHERCHE MIDI
RUE DU REGARD
BLVD RASPAIL
RUE D'ASSAS
Rennes
RUE EBLE
RUE MASSERAN
RUE DUROC
AVENUE C COQUELIN
AVENUE D LESUEUR
RUE DU GENERAL BERTRAND
RUE M DE LA SIZERANNE
RUE L VAUDOYER
RUE PERIGNON
RUE BOUCHUT
PLACE DE BRETEUIL
RUE ROSA BONHEUR
RUE BARTHELEMY
Sèvres Lecourbe
PLACE L P FARGUE
Duroc
Hôpital Necker Enfants Malades
RUE MAYET
RUE ST ROMAIN
RUE J FERRANDI
RUE DE BERITE
RUE REGIS
RUE J F GERBILLON
RUE DE L'ABBE GREGOIRE
St-Placide
RUE DE RENNES
RUE DE VAUGIRARD
RUE BLAISE DESGOFFE
RUE LITTRE
BOULEVARD DU MONTPARNASSE
PLACE P LAFUE
PGE DES CHARBONNIERS
PLACE HENRI QUEUILLE
RUE LECOURBE
BOULEVARD PASTEUR
IMPASSE DE L'ENFANT JESUS
Falguière
VILLA GARNIER
IMPASSE DU MONT TONNERRE
IMPASSE DE L'ASTROLABE
AVENUE DU MAINE
RUE D'ALENCON
Montparnasse Bienvenüe
Musée du Montparnasse
PLACE DU 18 JUIN 1940
RUE DE CICE
PLACE ET SQUARE OZANAM
RUE STANISLAS
RUE ERNEST RENAN
RUE DE STAEL
VILLA GABRIEL
RUE A. BOURDELLE
Musée Antoine Bourdelle
RUE DE L'ARRIVEE
RUE DU DEPART
RUE D'ODESSA
PLACE BIENVENUE
Pasteur
RUE E GUILLOU
RUE N CHARLET
RUE DALOU
RUE DULAC
RUE FALGUIERE
GALERIE VAUGIRARD
RUE ARMAND MOISANT
PASSAGE MONTPARNASSE
Tour Montparnasse
RUE DELAMBRE
SQ DELAMBRE
Edgar Quinet
BLVD EDGAR QUINET
Hôpital St Jacques
RUE DU DOCTEUR ROUX
Musée de la Poste
RUE BROWN SEQUARD
RUE MIZON
BLVD DE VAUGIRARD
Montparnasse Bienvenüe
PLACE R DAUTRY
Gare Montparnasse
RUE POINSOT
RUE JOLIVET
RUE DU MAINE
RUE DE LA GAITE
MONTPARNASSE
Musée Pasteur
RUE L'ARSONVAL
RUE L'ARMORIQUE
Musée Jean Moulin
JARDIN ATLANTIQUE
RUE VANDAMME
RUE LAROCHELLE
CIMETIÈRE DU MONTPARNASSE
RUE DUTOT
RUE VIGEE LEBRUN
RUE A PAYEN
RUE DU COTENTIN
PONT DES CINQ MARTYRS DU LYCEE BUFFON
TERRASSE MODIGLIANI
RUE DU CDT RENE MOUCHOTTE
Gaîté
RUE PLATON
RUE BARGUE
RUE GIDE
RUE DE LA PROCESSION
RUE VERCINGETORIX
PLACE DE CATALOGNE
RUE JEAN ZAY
RUE FROIDEVAUX
RUE DE L'OUEST
RUE LEBOUIS
RUE J GUESDE
RUE DU TEXEL
RUE CELS
RUE DAGUERRE
RUE ROGER
RUE GASSENDI
RUE D'ALLERAY
PLACE FALGUIERE
JARDIN ALLERAY-LABROUSTE
RUE ANDRE
RUE ALAIN
RUE CROCE SPINELLI
RUE GUILLEMINOT
PLACE DE L'ABBE J LEBEUF
RUE MAISON DIEU
RUE ASSELINE
RUE LABROUSTE
RUE CASTAGNARY
RUE GEORGES PITARD
RUE ALPHONSE BERTILLON
RUE B DE VENTADOUR
RUE DESPREZ
RUE NIEPCE
RUE PERNETY
RUE LOSSERAND
PGE DES ARTS
RUE E JACQUES
RUE DU CHATEAU
PLACE DE MORO GIAFFERI
SQUARE DE L'AIDE SOCIALE
RUE DANVILLE
RUE LIANCOURT
PGE DE GERGOVIE
Pernety
RUE FR DE PRESSENSE
RUE DE PLAISANCE
RUE DES THERMOPYLES
RUE BOYER BARRET
CITE BAUER
RUE DIDOT
RUE MAURICE RIPOCHE
RUE MAINDRON
RUE CHARLES DIVRY
RUE SIVEL
SQUARE FERDINAND BRUNOT
RUE RAYMOND
RUE DECRES
RUE D'ALESIA
AVENUE VILLEMAIN
RUE DE GERGOVIE
RUE DE L'EURE
RUE SEVERO
RUE HIPPOLYTE
RUE DE LA SABLIERE
RUE BENARD
PLACE GILBERT PERROY
RUE MOUTON DUVERNET
SQUARE DE L'ASPIRANT DUNAND
RUE BOULARD
SQUARE ALESIA RIDDER
Plaisance

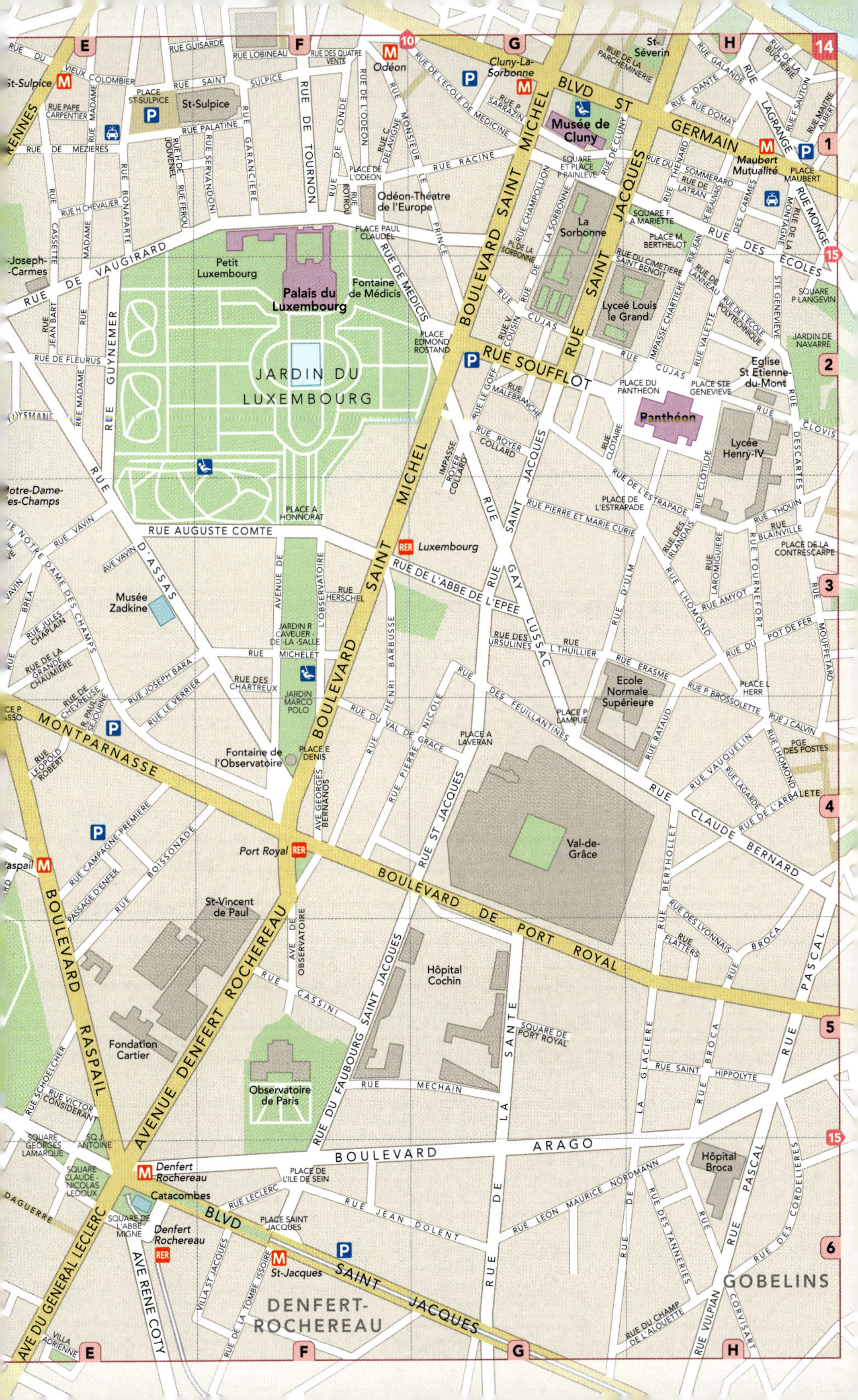
14
E
F
G
H
1
2
3
4
5
6
10
15
St-Sulpice
Place St-Sulpice
Rue du Vieux Colombier
Rue Guisarde
Rue Lobineau
Rue des Quatre Vents
Odéon
Rue de l'Ecole de Médecine
Cluny-La-Sorbonne
St-Séverin
Rue de la Parcheminerie
Rue Galande
Rue Dante
Rue Domat
Rue de la Bûcherie
Rue F Sauton
Rue Maître Albert
Rue Pape Carpentier
Rue Madame
Rue Saint Sulpice
Rue Palatine
Rue de Mézières
Rue de Tournon
Rue de Condé
Rue de l'Odéon
Rue C Delavigne
Rue Monsieur le Prince
Rue P Sarrazin
Musée de Cluny
Blvd St Germain
Maubert Mutualité
Place Maubert
Rue Lagrange
Rue Garancière
Rue Servandoni
Rue Férou
Rue H de Jouvenel
Rue Bonaparte
Rue Cassette
Rue H Chevalier
Rue Racine
Place de l'Odéon
Odéon-Théatre de l'Europe
Rue Rotrou
Square et Place P Painlevé
Rue de Cluny
Rue du Sommerard
Rue Thénard
Rue de Latran
Rue de Beauvais
Rue des Carmes
Rue de la Montagne
Rue Monge
Place Paul Claudel
Rue de Vaugirard
Petit Luxembourg
Palais du Luxembourg
Fontaine de Médicis
Rue de Médicis
Boulevard Saint Michel
Rue Champollion
Rue de la Sorbonne
Pl de la Sorbonne
La Sorbonne
Rue Saint Jacques
Square F a Mariette
Place M Berthelot
Rue des Ecoles
Rue du Cimetière Saint Benoît
Rue Jean de Beauvais
Rue de Lanneau
Square P Langevin
St-Joseph-des-Carmes
Rue Jean Bart
Rue Guynemer
Rue de Fleurus
Lycée Louis le Grand
Impasse Chartière
Rue de l'Ecole Polytechnique
Rue Valette
Rue Ste Geneviève
Jardin de Navarre
Place Edmond Rostand
Rue V Cousin
Rue Cujas
Rue Soufflot
Place du Panthéon
Place Ste Geneviève
Eglise St Etienne-du-Mont
Jardin du Luxembourg
Rue Le Goff
Rue Malebranche
Panthéon
Rue Clovis
Rue Royer Collard
Rue Clotaire
Lycée Henry-IV
Rue Descartes
Impasse Royer Collard
Rue Clotilde
Notre-Dame-des-Champs
Rue d'Assas
Rue Gay Lussac
Rue de l'Estrapade
Place de l'Estrapade
Rue Thouin
Rue Blainville
Place de la Contrescarpe
Place A Honnorat
Rue Pierre et Marie Curie
Rue des Irlandais
Rue Laromiguière
Rue Auguste Comte
Luxembourg
Rue Vavin
Ave Vavin
Rue Notre Dame des Champs
Avenue de l'Observatoire
Rue Herschel
Rue de l'Abbé de l'Epée
Rue d'Ulm
Rue Amyot
Rue Tournefort
Rue Bréa
Musée Zadkine
Rue Jules Chaplain
Jardin R Cavelier-de-la-Salle
Rue Michelet
Rue Henri Barbusse
Rue des Ursulines
Rue L Thuillier
Rue Lhomond
Rue du Pot de Fer
Rue Mouffetard
Rue de la Grande Chaumière
Rue Joseph Bara
Rue des Chartreux
Jardin Marco Polo
Rue Erasme
Ecole Normale Supérieure
Place L Herr
Rue de Chevreuse
Rue Le Verrier
Rue P Brossolette
Rue P Séjourné
Rue Nicole
Rue des Feuillantines
Place P Lampué
Rue J Calvin
Montparnasse
Rue du Val de Grâce
Place A Laveran
Rue Rataud
Pge des Postes
Rue Léopold Robert
Fontaine de l'Observatoire
Place E Denis
Rue Pierre Nicole
Rue Vauquelin
Rue Lagarde
Rue de l'Arbalète
Ave Georges Bernanos
Rue St Jacques
Val-de-Grâce
Rue Claude Bernard
Rue Campagne-Première
Rue Boissonade
Port Royal
Raspail
Passage d'Enfer
Boulevard de Port Royal
Rue Berthollet
Rue des Lyonnais
Rue Flatters
Rue Broca
Rue Pascal
St-Vincent de Paul
Ave de l'Observatoire
Rue Cassini
Rue du Faubourg Saint Jacques
Hôpital Cochin
Square de Port Royal
Rue de la Santé
Boulevard Raspail
Avenue Denfert Rochereau
Fondation Cartier
Observatoire de Paris
Rue Méchain
Rue de la Glacière
Rue Saint Hippolyte
Rue Schoelcher
Rue Victor Considérant
Square Georges Lamarque
Sq J Antoine
Boulevard Arago
Hôpital Broca
Square Claude-Nicolas Ledoux
Denfert Rochereau
Place de l'Ile de Sein
Rue Nordmann
Rue Leon Maurice Nordmann
Rue des Cordelières
Rue Daguerre
Catacombes
Rue Leclerc
Rue Jean Dolent
Square de l'Abbé Migné
Place Saint Jacques
Rue des Tanneries
Blvd Saint Jacques
St-Jacques
Ave du General Leclerc
Ave Rene Coty
Villa St Jacques
Rue de la Tombe Issoire
Denfert-Rochereau
Rue du Champ de l'Alouette
Rue Vulpian
Rue Corvisart
Gobelins
Villa Adrienne

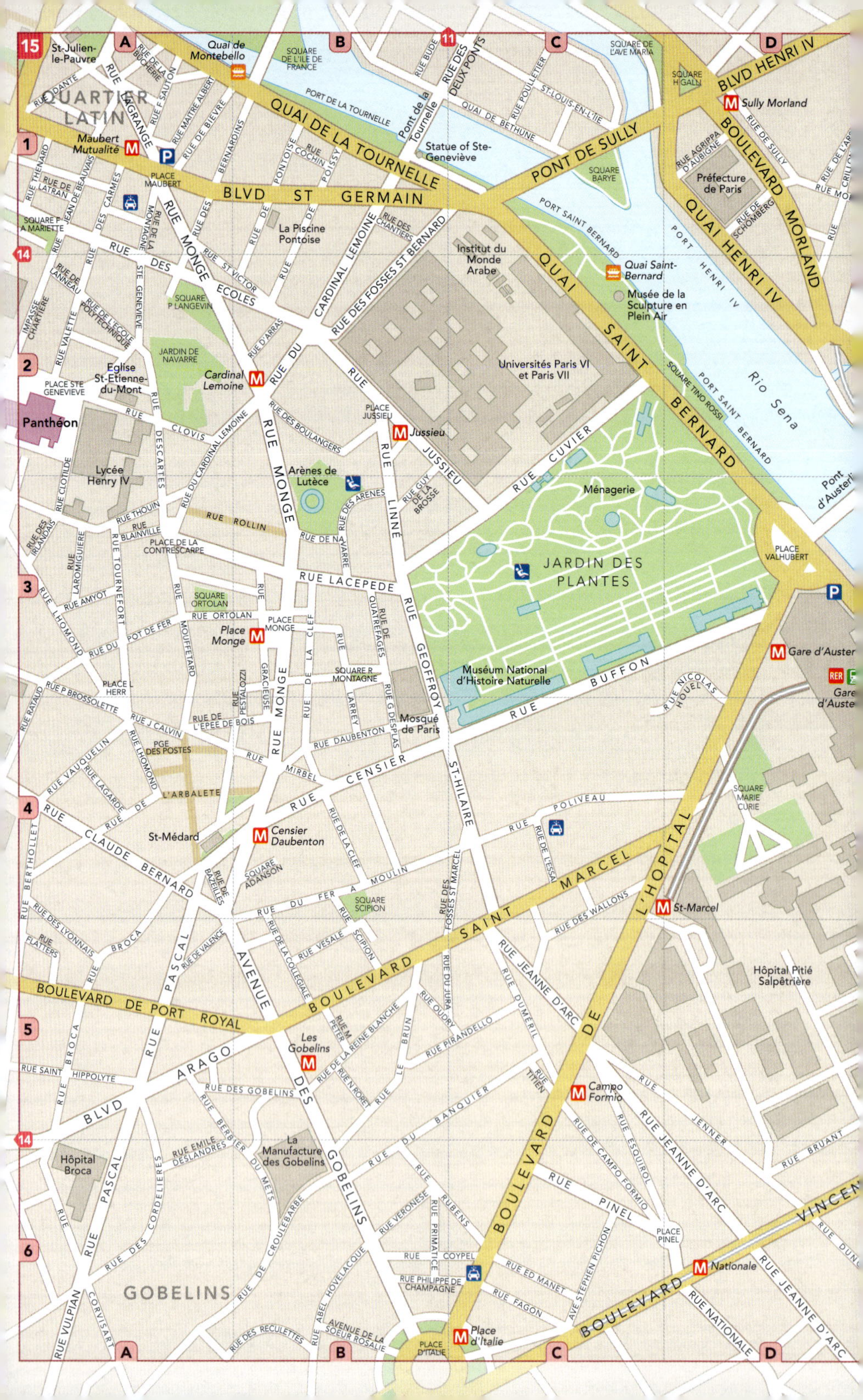
15
A
B
C
D
11
1
2
3
4
5
6
14
St-Julien-le-Pauvre
QUARTIER LATIN
Quai de Montebello
SQUARE DE L'ILE DE FRANCE
SQUARE DE L'AVE MARIA
SQUARE H.GALLI
BLVD HENRI IV
Sully Morland
PORT DE LA TOURNELLE
QUAI DE LA TOURNELLE
QUAI DE BETHUNE
ST-LOUIS-EN-L'ILE
RUE POULLETIER
RUE BUDE
RUE DES DEUX PONTS
Pont de la Tournelle
Statue of Ste-Geneviève
PONT DE SULLY
SQUARE BARYE
BOULEVARD MORLAND
QUAI HENRI IV
PORT HENRI IV
RUE DE SULLY
RUE AGRIPPA D'AUBIGNE
Préfecture de Paris
RUE DE SCHOMBERG
Maubert Mutualité
PLACE MAUBERT
RUE LAGRANGE
RUE F. SAUTON
RUE MAITRE ALBERT
RUE DE BIEVRE
RUE DE LA BUCHERIE
BERNARDINS
RUE DE PONTOISE
RUE COCHIN
RUE DE POISSY
BLVD ST GERMAIN
RUE THENARD
RUE DE LATRAN
RUE JEAN DE BEAUVAIS
RUE DES CARMES
RUE DE LA MONTAGNE STE GENEVIEVE
RUE MONGE
SQUARE P. A MARIETTE
RUE DES ECOLES
RUE ST VICTOR
La Piscine Pontoise
RUE DES CHANTIERS
RUE CARDINAL LEMOINE
RUE DES FOSSES ST BERNARD
Institut du Monde Arabe
PORT SAINT BERNARD
Quai Saint-Bernard
Musée de la Sculpture en Plein Air
QUAI SAINT BERNARD
Universités Paris VI et Paris VII
SQUARE TINO ROSSI
PORT SAINT BERNARD
Rio Sena
Pont d'Austerlitz
SQUARE P. LANGEVIN
RUE VALETTE
RUE DE L'ECOLE POLYTECHNIQUE
RUE DE LANNEAU
IMPASSE CHARTIERE
JARDIN DE NAVARRE
RUE D'ARRAS
RUE DU CARDINAL LEMOINE
Cardinal Lemoine
Eglise St-Etienne-du-Mont
PLACE STE GENEVIEVE
Panthéon
RUE CLOVIS
RUE DESCARTES
Lycée Henry IV
RUE CLOTILDE
RUE DES BOULANGERS
PLACE JUSSIEU
Jussieu
RUE JUSSIEU
RUE CUVIER
Ménagerie
Arènes de Lutèce
RUE DES ARENES
RUE LINNE
RUE GUY DE LA BROSSE
RUE ROLLIN
RUE DE NAVARRE
RUE THOUIN
RUE BLAINVILLE
RUE DES IRLANDAIS
PLACE DE LA CONTRESCARPE
RUE LAROMIGUIERE
RUE LACEPEDE
JARDIN DES PLANTES
PLACE VALHUBERT
RUE TOURNEFORT
RUE AMYOT
RUE LHOMOND
SQUARE ORTOLAN
RUE ORTOLAN
PLACE MONGE
Place Monge
RUE MOUFFETARD
RUE POT DE FER
RUE DU
RUE DE LA CLEF
RUE DE QUATREFAGES
RUE GEOFFROY
Gare d'Austerlitz
Muséum National d'Histoire Naturelle
RUE BUFFON
RUE NICOLAS HOUEL
RER
SQUARE R. MONTAGNE
RUE G. DESPLAS
Mosqué de Paris
RUE LARREY
RUE GRACIEUSE
RUE PESTALOZZI
PLACE L. HERR
RUE P. BROSSOLETTE
RUE RATAUD
RUE J. CALVIN
RUE DE L'EPEE DE BOIS
RUE DAUBENTON
PGE DES POSTES
RUE VAUQUELIN
RUE LAGARDE
RUE MIRBEL
RUE CENSIER
ST-HILAIRE
L'ARBALETE
RUE CLAUDE BERNARD
St-Médard
Censier Daubenton
RUE DE LA CLEF
RUE POLIVEAU
RUE DE L'ESSAI
SQUARE MARIE CURIE
BOULEVARD DE L'HOPITAL
RUE BERTHOLLET
SQUARE ADANSON
RUE DE BAZEILLES
RUE DU FER A MOULIN
SQUARE SCIPION
RUE DES FOSSES ST MARCEL
BOULEVARD SAINT MARCEL
St-Marcel
RUE DES WALLONS
RUE DES LYONNAIS
RUE FLATTERS
RUE BROCA
RUE PASCAL
RUE DE VALENCE
AVENUE DES GOBELINS
RUE DE LA COLLEGIALE
RUE VESALE
RUE SCIPION
RUE DU JURA
Hôpital Pitié Salpêtrière
BOULEVARD DE PORT ROYAL
RUE OUDRY
RUE JEANNE D'ARC
RUE DUMERIL
RUE PIRANDELLO
Les Gobelins
RUE M. PETER
RUE DE LA REINE BLANCHE
RUE LE BRUN
RUE SAINT HIPPOLYTE
BLVD ARAGO
RUE DES GOBELINS
RUE NORET
RUE TITIEN
Campo Formio
RUE JENNER
RUE BERBIER DU METS
RUE DU BANQUIER
Hôpital Broca
RUE EMILE DESLANDRES
La Manufacture des Gobelins
RUE DE CAMPO FORMIO
RUE ESQUIROL
RUE BRUANT
RUE PINEL
PLACE PINEL
RUE DES CORDELIERES
RUE RUBENS
RUE VERONESE
RUE PRIMATICE
RUE COYPEL
BOULEVARD DE L'HOPITAL
RUE DE CROULEBARBE
RUE ABEL HOVELACQUE
RUE PHILIPPE DE CHAMPAGNE
RUE ED MANET
AVE STEPHEN PICHON
Nationale
BOULEVARD VINCENT
RUE NATIONALE
RUE DUNOIS
GOBELINS
RUE FAGON
AVENUE DE LA SOEUR ROSALIE
RUE DES RECULETTES
PLACE D'ITALIE
Place d'Italie
RUE VULPIAN
RUE CORVISART

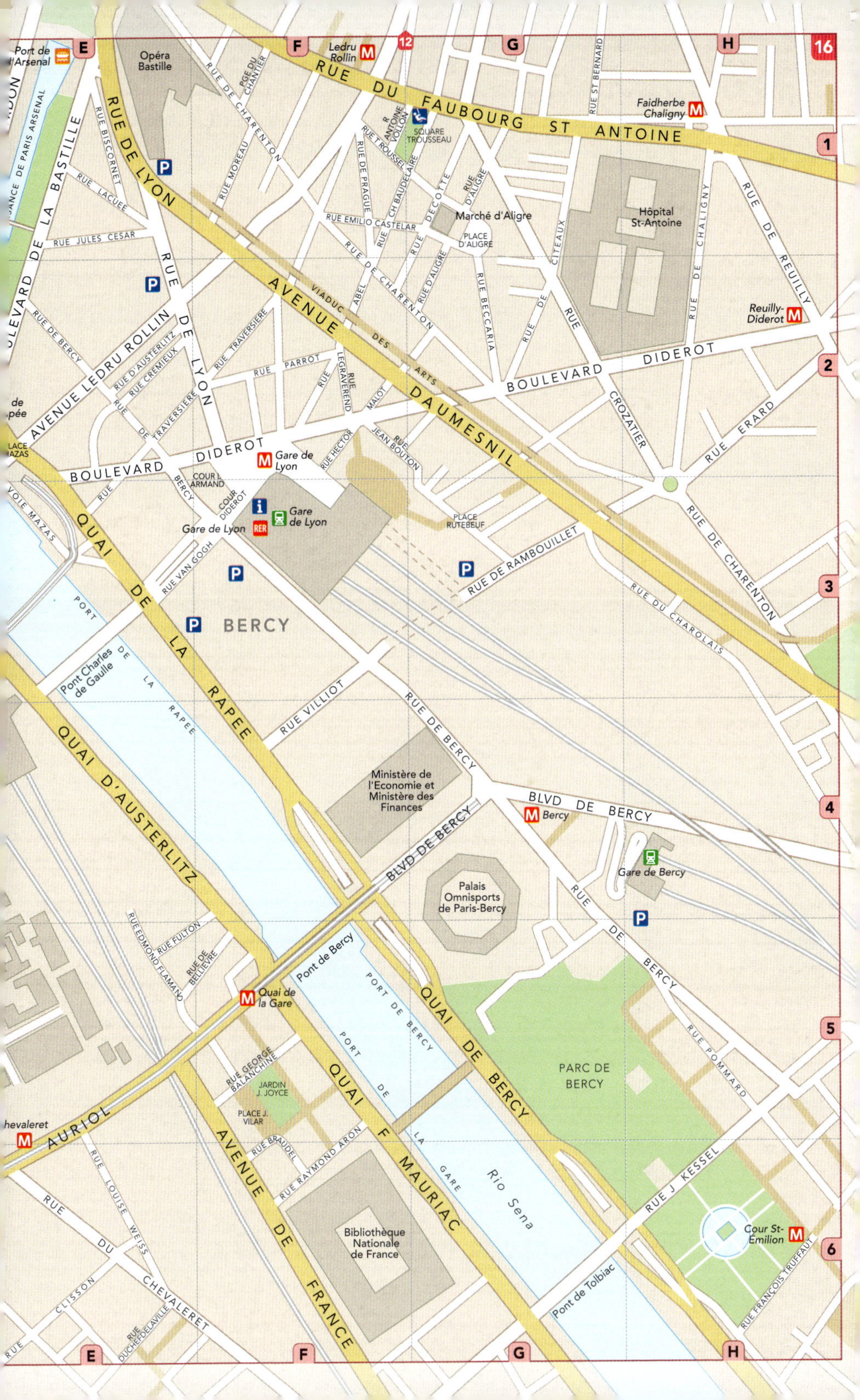
16
E
F
G
H
1
2
3
4
5
6
Port de l'Arsenal
Opéra Bastille
Ledru Rollin
12
RUE DU FAUBOURG ST ANTOINE
Faidherbe Chaligny
RUE DE LYON
AVENUE DAUMESNIL
VIADUC DES ARTS
BOULEVARD DE LA BASTILLE
RUE BISCORNET
RUE LACUEE
RUE JULES CESAR
RUE DE CHARENTON
RUE MOREAU
SQUARE TROUSSEAU
RUE EMILIO CASTELAR
Marché d'Aligre
PLACE D'ALIGRE
RUE D'ALIGRE
RUE BECCARIA
RUE DE CITEAUX
Hôpital St-Antoine
RUE DE CHALIGNY
RUE DE REUILLY
Reuilly-Diderot
BOULEVARD DIDEROT
AVENUE LEDRU ROLLIN
RUE DE BERCY
RUE TRAVERSIERE
RUE PARROT
RUE CREMIEUX
RUE D'AUSTERLITZ
RUE HECTOR MALOT
RUE JEAN BOUTON
RUE CROZATIER
RUE ERARD
Gare de Lyon
COUR DIDEROT
Gare de Lyon
PLACE RUTEBEUF
RUE DE RAMBOUILLET
RUE DE CHARENTON
RUE DU CHAROLAIS
VOIE MAZAS
QUAI DE LA RAPEE
RUE VAN GOGH
BERCY
PORT DE LA RAPEE
Pont Charles de Gaulle
RUE VILLIOT
RUE DE BERCY
QUAI D'AUSTERLITZ
Ministère de l'Economie et Ministère des Finances
BLVD DE BERCY
Bercy
Gare de Bercy
Palais Omnisports de Paris-Bercy
RUE DE BERCY
Pont de Bercy
PORT DE BERCY
Quai de la Gare
QUAI DE BERCY
RUE POMMARD
PARC DE BERCY
RUE GEORGE BALANCHINE
JARDIN J. JOYCE
PLACE J. VILAR
QUAI F MAURIAC
PORT DE LA GARE
Rio Sena
AURIOL
Chevaleret
AVENUE DE FRANCE
RUE RAYMOND ARON
RUE J KESSEL
Cour St-Emilion
Bibliothèque Nationale de France
RUE DU CHEVALERET
RUE LOUISE WEISS
Pont de Tolbiac
RUE FRANÇOIS TRUFFAUT

Índice dos Mapas

A

2 Gares, Rue des	5 C4	Angélique Verien, Rue	1 A2	Barye, Rue	2 G2	Bois de Boulogne, Rue du	1 C4
2 Nethes, Impasse des	3 D2	Anjou, Quai d'	11 C6	Bassano, Rue de	2 E6	Bois le Vent, Rue	7 A3
29 Juillet, Rue du	10 E2	Anjou, Rue d'	9 C1	Bastille, Place de la	12 E6	Boissière, Rue	1 D6
4 Fils, Rue des	11 C4	Ankara, Rue d'	7 C3	Batignolles, Boulevard des	3 B3	Boissonade, Rue	14 E4
8 Mai 1945, Rue du	5 C5	Annonciation, Rue de l'	7 B3	Batignolles, Rue des	3 C2	Boissy d'Anglas, Rue	9 C2
Abbaye, Rue de l'	10 E6	Anselme Payen, Rue	13 A4	Bauches, Rue des	7 A3	Bologne, Rue	7 B3
Abbé de l'Epee, Rue de l'	14 F3	Antin, Impasse d'	9 A2	Bauer, Cité	13 C6	Bonaparte, Rue	14 E1
Abbé Gillet, Rue de l'	7 B3	Antin, Rue d'	10 E1	Baume, Rue de la	3 A5	Bonne Nouvelle,	
Abbé Grégoire, Rue de l'	13 C1	Antoine Bourdelle, Rue	13 B3	Bayard, Rue	2 G6	Boulevard de	11 A1
Abbé Patureau, Rue de l'	4 G1	Anvers, Place d'	4 G3	Bayen, Rue	2 E2	Bonne Nouvelle,	
Abbesses, Place des	4 F2	Apennins, Rue des	3 C1	Bazeilles, Rue de	15 A4	Impasse de	11 A1
Abbesses, Rue des	4 F2	Appert, Rue	12 E4	Béarn, Rue de	11 D5	Bons Enfants, Rue des	10 F3
Abbeville, Rue d'	5 A4	Aqueduc, Rue de l'	5 C3	Béatrix Dussane, Rue	7 D5	Bord de l'Eau, Terrasse du	
Abel Hovelacque, Rue	15 B6	Arago, Boulevard	15 A5	Beaubourg, Rue	11 B4	Bosquet, Avenue	8 G2
Abel, Rue	16 F2	Arbalète, Rue de l'	15 A4	Beauce, Rue de	11 C3	Bosquet, Rue	8 G3
Aboukir, Rue d'	11 A2	Arbre Sec, Rue de l'	10 G4	Beaucour, Avenue	2 F3	Botzaris, Rue	6 G4
Acacias, Place des	1 D3	Arc de Triomphe, Rue de l'	2 E3	Beaugrenelle, Rue	7 C6	Bouchardon, Rue	11 C1
Acacias, Rue des	2 E3	Arcade, Rue de l'	3 D6	Beaujolais, Rue de	10 F2	Bouchut, Rue	13 A2
Adanson, Square	15 B4	Arcades du Lido	2 G5	Beaujon, Rue	2 F4	Boudreau, Rue	3 D6
Adolphe Adam, Rue	11 A5	Archereau, Rue	6 E1	Beaumarchais, Boulevard	12 E4	Boulainvilliers, Hameau de	7 A4
Adrienne Lecouvreur, Allée	8 F3	Archives, Rue des	11 B4	Beaune, Rue de	10 E4	Boulainvilliers, Rue de	7 A4
Adrienne, Villa	14 E6	Arcole, Rue d'	11 A6	Beauregard, Rue	11 A1	Boulangers, Rue des	15 B2
Agar, Rue	7 A5	Arènes, Rue des	15 B3	Beaurepaire, Rue	11 D1	Boulard, Rue	14 E5
Agrippa d'Aubigné, Rue	15 D1	Argenson, Rue d'	3 B5	Beauséjour, Boulevard de	7 A3	Boule Rouge, Rue de la	4 G6
Aguesseau, Rue d'	9 C1	Argenteuil, Rue d'	10 E2	Beautreillis, Rue	11 D6	Boulle, Rue	12 E5
Aide Sociale, Square de l'	13 C6	Aristide Briand, Rue	9 C4	Beaux Arts, Rue des	10 F5	Bouloi, Rue du	10 G3
Aix, Rue d'	12 E1	Armaillé, Rue d'	1 D3	Becquerel, Rue	4 G1	Bouquet de Longchamp,	
Alain, Rue	13 B5	Armand Carrel, Rue	6 F3	Beethoven, Rue	7 D2	Rue du	1 D6
Alasseur, Rue	8 F5	Armand Moisant, Rue	13 B3	Bellechasse, Rue de	9 C5	Bourbon, Quai de	11 B6
Albert 1er, Cours	8 G1	Armée d'Orient, Rue d l'	4 F2	Bellefond, Rue de	5 A4	Bourdaloue, Rue	4 F5
Albert Camus, Rue	6 E4	Armorique, Rue d l'	13 B4	Belles Feuilles, Rue des	1 B6	Bourdon, Boulevard	16 E1
Albert de Mun, Avenue	7 D1	Arras, Rue d'	15 B2	Belleville, Boulevard de	12 G1	Bourdonnais, Avenue de la	8 E2
Albert Thomas, Rue	11 D1	Arrivée, Rue de l'	13 C3	Belleville, Rue de	6 G6	Bourdonnais, Port de la	8 E2
Alboni, Rue de l'	7 C3	Arsenal, Rue de l'	15 D1	Bellièvre, Rue de	16 E5	Bourdonnais, Rue des	10 G4
Alboni, Square de l'	7 C3	Arsène Houssaye, Rue	2 F4	Bellini, Rue	7 C2	Bourg l'Abbé, Rue du	11 B3
Alençon, Rue d'	13 C3	Arsonval, Rue d'	13 A4	Bellot, Rue	6 E2	Bourg Tibourg, Rue du	11 B5
Alésia, Rue d'	13 A6	Arthur Groussier, Rue	6 E6	Belloy, Rue de	2 E6	Bourgogne, Rue de	9 B5
Alexandre Cabanel, Rue	8 G5	Artois, Rue d'	2 G4	Belzunce, Rue de	5 A4	Boursault, Rue	3 B2
Alexandre Charpentier, Rue	1 D1	Arts, Passage des	13 C5	Ben Aïad, Passage	10 H2	Bourse, Place de la	10 G1
Alexandrie, Rue d'	11 A1	Asseline, Rue	13 C6	Bénard, Rue	13 C6	Bourse, Rue de la	10 F1
Alexis Carrel, Rue	8 E4	Assomption, Rue de l'	7 A4	Benjamin Franklin, Rue	7 C2	Boutarel, Rue	11 B6
Alfred Bruneau, Rue	7 B3	Astorg, Rue d'	3 C6	Benouville, Rue	1 B5	Boutron, Impasse	5 D5
Alfred de Vigny, Rue	2 G2	Astrolabe, Impasse de l'	13 C3	Béranger, Rue	11 D2	Boyer Barret, Rue	13 B6
Alfred Stevens, Rue	4 F3	Auber, Rue	4 E6	Berbier du Mets, Rue	15 A5	Brady, Passage	5 B6
Alger, Rue d'	10 E2	Aubervilliers, Rue d'	5 D2	Bercy, Boulevard de	16 F4	Branly, Quai	7 D3
Alibert, Rue	6 E6	Aublet, Villa	2 E1	Bercy, Quai de	16 G5	Brantôme, Passage	11 B3
Allent, Rue	10 E5	Aubriot, Rue	11 C4	Bercy, Rue de	16 E2	Braque, Rue de	11 C4
Alleray, Rue d'	13 A5	Aubry le Boucher, Rue	11 A4	Berger, Rue	11 A4	Bréa, Rue	14 E3
Alma, Cité de l'	8 F2	Augereau, Rue	8 F3	Bergère, Cité	4 G6	Brémontier, Rue	2 G1
Alombert, Passage	11 C3	Auguste Barbier, Rue	12 E1	Bergère, Rue	4 G6	Bretagne, Rue de	11 C3
Alphand, Avenue	1 C4	Auguste Comte, Rue	14 E3	Bérite, Rue de	13 C2	Breteuil, Avenue de	13 A1
Alphonse Baudin, Rue	12 E4	Auguste Vacquerie, Rue	2 E5	Berlioz, Rue	1 C4	Breteuil, Place de	8 H6
Alphonse Bertillon, Rue	13 A6	Auguste Vitu, Rue	7 B6	Bernard de Clairvaux, Rue	11 B3	Brey, Rue	2 E3
Alphonse XIII, Avenue	7 B3	Aumale, Rue d'	4 F4	Bernard de Ventadour, Rue	13 B5	Bridaine, Rue	3 C2
Alsace, Rue d'	5 C5	Aumont Thiéville, Rue	1 D1	Bernard Palissy, Rue	10 E6	Briquet, Rue	4 G3
Amboise, Rue d'	10 F1	Aurelle de Paladines,		Bernardins, Rue des	15 A1	Broca, Rue	15 A5
Ambroise Paré, Rue	5 B3	Boulevard d'	1 C1	Berne, Rue de	3 C3	Brochant, Rue	3 B1
Ambroise Thomas, Rue	5 A5	Austerlitz, Quai d'	16 E4	Berri, Rue de	2 G4	Brown Séquard, Rue	13 B4
Amélie, Rue	8 G2	Austerlitz, Rue d'	16 E2	Berryer, Rue	2 G4	Brun, Rue le	15 B5
Amelot, Rue	12 E5	Ave Maria, Rue de l'	11 C6	Berteaux Dumas, Rue	1 A2	Brunel, Rue	1 D3
Amiral Bruix, Boulevard de l'	1 B4	Avre, Rue de l'	8 F6	Berthe, Rue	4 F2	Bruxelles, Rue de	3 D3
Amiral d'Estaing, Rue de l'	2 E6	Azais, Rue	4 G2	Berthollet, Rue	15 A4	Bucherie, Rue de la	14 H1
Amiral de Coligny,				Bertie Albrecht, Avenue	2 F4	Buci, Rue de	10 F6
Rue de l'	10 G4	**B**		Bertin Poirée, Rue	10 G4	Budapest, Rue de	3 D5
Ampère, Rue	2 F1	Babylone, Rue de	13 B1	Berton, Rue	7 B4	Budé, Rue	15 B1
Amsterdam, Rue d'	3 D4	Bac, Rue du	13 C1	Béthune, Quai de	15 C1	Buffault, Rue	4 G5
Amyot, Rue	15 A3	Bachaumont, Rue	10 H2	Beudant, Rue	3 C3	Buffon, Rue	15 C4
Anatole de la Forge, Rue	1 D4	Bachelet, Rue	4 G1	Bichat, Rue	12 E1	Bugeaud, Avenue	1 B5
Anatole France, Avenue	8 E3	Bailleul, Rue	10 G4	Bienfaisance, Rue de la	3 C5	Burq, Rue	4 F2
Anatole France, Quai	9 C3	Ballu, Rue	4 E3	Bièvre, Rue de	15 A1		
Ancienne Comédie,		Balzac, Rue	2 F4	Biot, Rue	3 D2	**C**	
Rue de l'	10 F6	Banque, Rue de la	10 G2	Birague, Rue de	11 D6		
Andigné, Rue d'	7 A2	Banquier, Rue du	15 B6	Biscornet, Rue	16 E1	Cadet, Rue	4 G5
André Antoine, Rue	4 F3	Barbes, Boulevard	5 A1	Bixio, Rue	9 A6	Caffarelli, Rue	11 D3
André Barsacq, Rue	4 G2	Barbet de Jouy, Rue	9 B6	Bizerte, Rue de	3 C2	Cail, Rue	5 C3
André Citroën, Quai	7 B6	Barbette, Rue	11 C4	Blainville, Rue	15 A3	Caillié, Rue	5 D2
André del Sarte, Rue	4 H2	Barbey d'Aureville, Avenue	8 F3	Blaise Desgoffe, Rue	13 D2	Caire, Passage du	11 A2
André Gide, Rue	13 A5	Bargue, Rue	13 A5	Blanche, Rue	4 E4	Caire, Rue du	11 A2
André Maurois, Boulevard	1 B3	Barres, Rue des	11 B5	Blancs Manteaux, Rue des	11 B4	Calais, Rue de	4 E3
Andrieux, Rue	3 B3	Barrois, Passage	11 B3	Bleue, Rue	5 A5	Cambacérès, Rue	3 B6
Androuet, Rue	4 F2	Barthélémy, Passage	6 E3	Blondel Rue	11 B1	Cambon, Rue	9 D2
		Barthélémy, Rue	13 A2	Boccador, Rue du	2 F6	Cambronne, Rue	8 F6
				Bochart de Saron, Rue	4 G3	Campagne-Première, Rue	14 E4

A–E | 269

Name	Ref
Campo Formio, Rue de	15 C5
Canettes, Rue des	10 E6
Cantal, Cour du	12 E6
Capitaine Ménard, Rue du	7 B6
Capron, Rue	3 D2
Capucines, Boulevard des	9 D1
Capucines, Rue des	10 E1
Cardinal Guibert, Rue du	4 G2
Cardinal Lemoine, Rue du	15 A3
Cardinet, Passage	3 A2
Cardinet, Rue	3 B1
Carmes, Rue des	15 A1
Carnot, Avenue	2 E3
Caroline, Rue	3 C3
Carpeaux, Rue	4 E1
Carrefour de l'Odéon	10 F6
Casimir Delavigne, Rue	14 F1
Casimir Périer, Rue	9 C5
Cassette, Rue	14 E1
Cassini, Rue	14 F5
Castagnary, Rue	13 A6
Castellane, Rue de	3 D6
Castex, Rue	11 D6
Castiglione, Rue de	9 D2
Cauchois, Rue	4 E2
Caulaincourt, Rue	4 E2
Caumartin, Rue de	3 D5
Cavalerie, Rue de la	8 F5
Cavalière Fortunée, Allée	1 A4
Cavalière St Denis, Allée	1 A4
Cavallotti, Rue	3 D2
Célestins, Port des	11 C6
Célestins, Quai des	11 C6
Cels, Rue	13 D5
Censier, Rue	15 B4
Cépré, Rue	8 G6
Cerisaie, Rue de la	11 D6
César Caire, Avenue	3 C5
Chabrol, Rue de	5 A5
Chaillot, Rue de	2 E6
Chaise, Rue de la	9 D6
Chalgrin, Rue	1 D4
Chaligny, Rue de	16 H1
Chambiges, Rue	2 G6
Champ de l'Alouette, Rue du	14 H6
Champ-de-Mars, Rue du	8 G3
Champaubert, Avenue de	8 G3
Champfleury, Rue	8 F4
Champollion, Rue	14 G1
Champs-Élysées, Avenue des	2 F4
Chanaleilles, Rue de	9 B6
Chanoinesse, Rue	11 A6
Chantiers, Rue des	15 B1
Chantilly, Rue de	5 B5
Chapelle, Avenue de la	1 C2
Chapelle, Boulevard de la	5 A3
Chapelle, Cité de la	5 C2
Chapon, Rue	11 B3
Chappe, Rue	4 G2
Charbonniers, Passage des	13 A3
Chardin, Rue	7 D2
Charlemagne, Rue	11 C6
Charles de Gaulle, Avenue	1 A2
Charles Dickens, Rue	7 C3
Charles Divry, Rue	13 D6
Charles Fillion, Place	3 B1
Charles Floquet, Avenue	8 G3
Charles Girault, Avenue	9 B2
Charles Laffitte, Rue	1 A2
Charles Nodier, Rue	4 G2
Charles Risler, Avenue	8 F4
Charles V, Rue	11 D6
Charlot, Rue	11 D3
Charolais, Rue du	16 H3
Charonne, Rue de	12 G6
Chartière, Impasse	15 A2
Chartreux, Rue des	14 F3
Château d'Eau, Rue du	11 C1
Château Landon, Rue du	5 D3
Château, Rue du	13 C6
Châteaubriand, Rue de	2 F4
Châteaudun, Rue de	4 E5
Chauchat, Rue	4 F6
Chaudron, Rue	5 D3
Chaumont, Rue de	6 E4
Chausse de Muette	7 A3
Chaussee d'Antin, Rue de la	4 E5
Chauveau Lagarde, Rue	9 C1
Chazelles, Rue de	2 G2
Chénier, Rue	11 B1
Cherche Midi, Rue du	13 B3
Chernoviz, Rue	7 B3
Chéroy, Rue de	3 B3
Chérubini, Rue	10 F2
Cheval Blanc, Passage du	12 E6
Chevaleret, Rue du	16 E6
Chevert, Rue	9 A5
Chevreuse, Rue de	114 E4
Choiseul, Passage	10 F2
Choiseul, Rue de	10 F1
Chomel, Rue	9 D6
Christine, Rue	10 G5
Cicé, Rue de	13 D3
Cimarosa, Rue	1 D6
Cimetière St Benoit, Rue du	14 H2
Cino del Duca, Rue	1 C1
Cinq Martyrs du Lycée Buffon, Pont des	13 B4
Cirque, Rue du	9 B1
Ciseaux, Rue des	10 E6
Cité, Rue de la	11 A6
Clairaut, Rue	3 C1
Clapeyron, Rue	3 C3
Claridge, Galerie du	2 G5
Claude Bernard, Rue	15 A4
Claude Debussy, Rue	1 D1
Claude Debussy, Square	3 A2
Claude Pouillet, Rue	3 B3
Claude Vellefaux, Avenue	6 E6
Clef, Rue de la	15 B4
Clément Marot, Rue	2 F6
Clément, Rue	10 F6
Cler, Rue de	8 G3
Cléry, Rue de	11 A1
Clichy, Avenue de	3 D2
Clichy, Boulevard de	3 D3
Clichy, Passage de	3 D3
Clichy, Rue de	3 D3
Clignancourt, Rue de	4 H1
Cloître-Notre-Dame, Rue du	11 A6
Clotaire, Rue	14 G2
Clotilde, Rue	15 A3
Clouet, Rue	8 G6
Clovis, Rue	15 A2
Cluny, Rue de	14 G1
Cochin, Rue	15 B1
Cognacq Jay, Rue	8 G1
Colbert, Rue	10 F1
Colisée, Rue de la	3 A6
Collégiale, Rue de la	15 B5
Colombe, Rue de la	11 A5
Colonel Bonnet, Avenue du	7 B3
Colonel Combes, Rue du	8 G1
Colonel Driant, Rue du	10 F3
Colonels Renard, Rue des	1 D3
Comète, Rue de la	9 A4
Commaille, Rue de	9 D6
Commandant Pilot, Rue du	1 B2
Commandant René Mouchotte, Rue du	13 C5
Commandant Rivière, Rue du	2 H4
Commandant Schloesing, Rue du	7 C2
Commerce St-Martin, Passage du	11 B3
Commerce, Rue du	8 E6
Commines, Rue de	11 D3
Commun, Passage	3 A6
Condé, Rue de	14 F1
Condorcet, Rue	4 G4
Conférence, Port de la	8 G1
Conseiller Collignon, Rue de	7 A2
Conservatoire, Rue du	4 H6
Constance, Rue	4 E2
Constant Coquelin, Avenue	13 B2
Constantine, Rue de	9 B4
Constantinople, Rue de	3 B3
Conté, Rue	11 C2
Conti, Quai de	10 F5
Copernic, Rue	1 C5
Coq Héron, Rue	10 G3
Coquillère, Rue	10 G3
Cordelières, Rue des	15 A6
Corse, Quai de la	11 A5
Cortambert, Rue	7 B2
Cortot, Rue	4 G2
Corvetto, Rue	3 B5
Corvisart, Rue	15 A6
Cossonnerie, Rue de la	11 A3
Cotentin, Rue du	13 A4
Cothenet, Rue	1 A5
Cour des Fermés	10 G3
Cour du Commerce St-Andre	10 F6
Courcelles, Boulevard de	2 F3
Courcelles, Rue de	3 A5
Couronnes, Rue des	12 G1
Courty, Rue de	9 C4
Coustou, Rue	4 E2
Coypel, Rue	15 B6
Crémieux, Rue	16 E2
Cretet, Rue	4 G3
Crevaux, Rue	1 B5
Crillon, Rue	15 D1
Crimée, Rue de	6 G1
Croce Spinelli, Rue	13 B5
Croissant, Rue du	10 G1
Croix des Petits Champs, Rue	10 F3
Croix Nivert, Rue de la	8 F6
Croix Nivert, Villa	8 F6
Croulebarbe, Rue de	15 B6
Crozatier, Rue	16 G2
Crussol, Rue de	12 E3
Cujas, Rue	14 H2
Custine, Rue	5 A1
Cuvier, Rue	15 C3
Cygne, Rue du	10 H3
Cygnes, Allée des	7 C4

D

Name	Ref
Daguerre, Rue	13 D6
Dalayrac, Rue	10 F2
Dalou, Rue	13 B3
Dames, Rue des	3 C3
Damoye, Cour	12 E6
Damrémont, Rue	4 E2
Dancourt, Rue	4 G3
Daniel Lesueur, Avenue	13 B2
Daniel Stern, Rue	8 E5
Danielle Casanova, Rue	10 E1
Dante, Rue	15 A1
Danton, Rue	10 G6
Danville, Rue	13 D6
Darcet, Rue	3 D3
Dardanelles, Rue des	1 C1
Daru, Rue	2 F3
Darwin, Rue	4 F1
Daubenton, Rue	15 B4
Daumesnil, Avenue	16 F2
Daunou, Rue	10 E1
Dauphine, Rue	10 F6
Dautancourt, Rue	3 C1
Daval, Rue	12 E5
Débarcadère, Rue du	1 C3
Debelleyme, Rue	11 D3
Debilly, Passerelle	8 E1
Debilly, Port	8 E1
Debrousse, Rue	8 F1
Decamps, Rue	7 B1
Déchargeurs, Rue des	10 H4
Decres, Rue	13 B3
Delacroix, Rue	7 B1
Delambre, Rue	13 D4
Delambre, Square	13 D4
Delcassé, Avenue	3 B6
Delessert, Boulevard	7 C2
Delessert, Passage	5 D4
Delta, Rue du	5 A3
Demarquay, Rue	5 C3
Denfert Rochereau, Avenue	14 E5
Denis Poisson, Rue	1 D3
Déodat de Séverac, Rue	3 A2
Départ, Rue du	13 C3
Département, Rue du	5 C2
Desaix, Rue	8 E4
Desbordes-Valmore, Rue	7 B2
Descartes, Rue	15 A2
Descombes, Rue	2 E1
Desgenettes, Rue	9 A3
Désir, Passage du	5 B6
Desprez, Rue	13 B5
Deux Anges, Impasse des	10 E5
Deux Ponts, Rue des	15 C1
Deux Soeurs, Passage des	4 G5
Diard, Rue	4 G1
Diderot, Boulevard	16 G2
Diderot, Cour	16 F3
Didot, Rue	13 C6
Dieu, Rue	11 D1
Dixmude, Boulevard de	1 C1
Docteur Brouardel, Avenue de	8 E3
Docteur Finlay, Rue du	7 D4
Docteur Germain Sée, Rue du	7 B3
Docteur Heulin, Rue du	3 C1
Docteur Lancereaux, Rue du	3 A5
Docteur Roux, Rue du	13 A4
Dolomieu, Rue	15 B3
Domat, Rue	14 H1
Dome, Rue du	1 D5
Dosne, Rue	1 B5
Douai, Rue de	4 E3
Doudeauville, Rue	5 B1
Dragon, Rue du	10 E6
Drouot, Rue	4 G6
Dubail, Passage	5 C5
Duban, Rue	7 B3
Dufrénoy, Rue	1 A6
Duhesme, Rue	4 F1
Dulac, Rue	13 B3
Dulong, Rue	3 B2
Duméril, Rue	15 C5
Dumont d'Urville, Rue	2 E5
Dunkerque, Rue de	5 A3
Duperré, Rue	4 F3
Dupetit Thouars, Cité	11 D2
Dupetit Thouars, Rue	11 D2
Duphot, Rue	9 D1
Dupin, Rue	13 D1
Duplan, Cité	1 C3
Dupleix, Rue	8 F5
Dupont des Loges, Rue	8 F2
Dupont, Villa	1 B4
Dupuis, Rue	11 D2
Duquesne, Avenue	13 A1
Duquesne, Avenue	9 A6
Durantin, Rue	4 F2
Duras, Rue de	9 B1
Duret, Rue	1 C4
Duroc, Rue	13 A2
Dussoubs, Rue	10 H2
Dutot, Rue	13 A4
Dutuit, Avenue	9 B2
Duvivier, Rue	8 G3

E

Name	Ref
Eaux-Vives, Passage des	12 E4
Eaux, Rue des	7 C3
Eblé, Rue	13 A1
Echaudé, Rue de l'	10 F6
Echelle, Rue de l'	10 E3
Echiquier, Rue de l'	5 A6
Ecluses St-Martin, Rue des	6 E5
École de Mars, Rue de l'	1 A2
École de Médicine, Rue de l'	14 G1
École Polytechnique, Rue de l'	15 A2
Écoles, Rue des	15 A1
Ecouffes, Rue des	11 C5
Edgar Quinet, Boulevard	13 C4
Edmond About, Rue	7 A1
Edmond Flamand, Rue	16 E5
Edmond Guillout, Rue	13 B3
Edmond Roger, Rue	7 D6
Edmond Valentin, Rue	8 F2
Edouard Colonne, Rue	10 H4
Edouard Détaillé, Rue	2 G1
Edouard Jacques, Rue	13 C5
Edouard Manet, Rue	15 C6
Edward Tuck, Avenue	9 B2

Índice dos Mapas

Name	Ref
Eglise, Rue de l'	7 C6
Eiffel, Avenue	8 E3
Elisée Reclus, Avenue	8 F3
Élysée, Rue de l'	9 B1
Elzévir, Rue	11 C4
Emeriau, Rue	7 C5
Emile Acollas, Avenue	8 F4
Emile Allez, Rue	1 D1
Emile Augier, Boulevard	7 A1
Emile Bergerat, Villa	1 A2
Emile Deschanel, Avenue	8 F3
Emile Deslandres, Rue	15 A6
Emile Ménier, Rue	1 B5
Emile Pouvillon, Avenue	8 F3
Emile Richard, Rue	13 D5
Émile Zola, Avenue	7 D6
Enfant Jésus, Impasse de l'	13 B3
Enfer, Passage d'	114 E4
Enghien, Rue d'	5 A6
Entrepreneurs, Rue des	7 C6
Epée de Bois, Rue de l'	15 A4
Eperon, Rue de l'	10 G6
Erables, Route des	1 A3
Erasme, Rue	14 G3
Ernest Renan, Rue	13 A3
Ernestine, Rue	5 B1
Esquirol, Rue	15 C5
Essai, Rue de l'	15 C4
Estrapade, Rue de l'	14 G2
Estrées, Rue d'	8 G5
Etex, Rue	3 D1
Etienne Marcel, Rue	11 A3
Etoile, Route de l'	1 A4
Etoile, Rue de l'	2 E3
Eugène Carriere, Rue	4 E1
Eugène Manuel, Rue	7 B2
Eugène Varlin, Rue	5 D4
Eure, Rue de l'	13 C6
Exposition, Rue de l'	8 G3
Eylau, Avenue d'	7 C1

F

Name	Ref
Fabert, Rue	9 A4
Fagon, Rue	15 C6
Faidherbe, Rue	12 H6
Faisanderie, Rue de la	1 A6
Falguière, Rue	13 A5
Fallempin, Rue	8 E5
Faraday, Rue	2 E2
Faubourg du Temple, Rue du	11 D1
Faubourg Montmartre, Rue du	4 G5
Faubourg Poissonniere, Rue du	5 A3
Faubourg St-Antoine, Rue du	16 F1
Faubourg St-Denis, Rue du	11 B1
Faubourg St-Honoré, Rue du	9 B1
Faubourg St-Jacques, Rue du	14 F5
Faubourg St-Martin, Rue du	11 B1
Fauconnier, Rue du	11 C6
Faustin Hélie, Rue	7 A2
Fauvet, Rue	3 D1
Favart, Rue	10 F1
Fédération, Rue de la	8 E4
Félicien David, Rue	7 A5
Félicité, Rue de la	3 A2
Félix Ziem, Rue	4 E1
Fénelon, Rue	5 B4
Fer à Moulin, Rue du	15 B4
Ferdinand Duval, Rue	11 C5
Férembach, Cité	1 D3
Ferme St Lazare, Cour de la	5 B5
Fermiers, Rue des	3 A2
Férou, Rue	14 E1
Feuillantines, Rue des	14 G3
Feuillants, Terrasse des	9 D2
Feutrier, Rue	4 H1
Feydeau, Rue	10 G1
Fidélité, Rue de la	5 B5
Filles du Calvaire, Rue des	11 D3
Filles St Thomas, Rue des	10 F1
Flandre, Rue de	6 E2
Flandrin, Boulevard	1 A6

Name	Ref
Flatters, Rue	15 A5
Fleurs, Quai Aux	11 B6
Fleurus, Rue de	14 E2
Foch, Avenue	1 B5
Foin, Rue du	11 D5
Folie Méricourt, Rue de la	12 E2
Fondary, Rue	8 E6
Fondary, Villa	8 F6
Fontaine au Roi, Rue de la	12 E1
Fontaine du But, Rue de la	4 F1
Fontaine, Rue	4 E3
Fontaine, Rue la	7 A5
Fontaines du Temple, Rue des	11 C2
Fortuny, Rue	2 G2
Fossés St Bernard, Rue des	15 B2
Fossés Saint-Marcel, Rue des	15 B4
Four, Rue du	10 E6
Fourcroy, Rue	2 E2
Fourcy, Rue de	11 C5
Foyatier, Rue	4 G2
France, Avenue de	16 F6
Francis de Pressensé, Rue	13 B6
Francis Jammes, Rue	6 E4
Francisque Sarcey, Rue	7 C2
Franco Russe, Avenue	8 F2
Francoeur, Rue	4 G1
François 1er, Rue	2 G6
François Bonvin, Rue	8 G6
François Mauriac, Quai	16 F5
François Millet, Rue	7 A5
François Miron, Rue	11 B5
François Ponsard, Rue	7 A3
François Truffaut, Rue	16 H6
Francs Bourgeois, Rue des	11 C4
Franklin D Roosevelt, Avenue	9 A1
Frédéric Bastiat, Rue	2 G4
Frédéric le Play, Avenue	8 G4
Frédéric Sauton, Rue	14 H1
Fremicourt, Rue	8 E6
Frémiet, Avenue	7 C3
Fresnel, Rue	8 E1
Freycinet, Rue	2 E6
Friedland, Avenue de	2 F4
Frochot, Avenue	4 F3
Frochot, Rue	4 F3
Froidevaux, Rue	13 D5
Froissart, Rue	11 D3
Fromentin, Rue	4 E3
Fulton, Rue	16 E5

G

Name	Ref
Gabriel Fauré, Square	3 A2
Gabriel Laumain, Rue	5 A6
Gabriel, Avenue	9 B2
Gabriel, Villa	13 B3
Gabrielle, Rue	4 F2
Gaby Sylvia, Rue	12 E4
Gaillon, Rue	10 E1
Gaîte, Rue de	13 C4
Gal Camou, Rue du	8 F2
Galande, Rue	14 H1
Galilée, Rue	1 D6
Galvani, Rue	1 D1
Gambey, Rue	12 E2
Ganneron, Rue	3 D1
Garancière, Rue	14 F1
Gare, Port de la	16 F5
Garibaldi, Boulevard	8 G6
Garnier, Villa	13 B3
Garreau, Rue	4 F2
Gassendi, Rue	13 D6
Gaston de Caillavet, Rue	7 C5
Gaston de St Paul, Rue	8 F1
Geffroy Didelot, Passage	3 B3
Général Anselin, Rue du	1 B3
Général Appert, Rue	1 A5
Général Bertrand, Rue du	13 A2
Général Cordonnier, Rue du	1 A1
Général de Castelnau, Rue du	8 F5
Général de Larminat, Rue du	8 F5
Général Detrie, Avenue du	8 F4
Général Foy, Rue du	3 B4

Name	Ref
Général Lambert, Rue du	8 E3
Général Langlois, Rue	7 B1
Général Lanrezac, Rue du	2 E3
Général Leclerc, Avenue du	14 E6
Général Lemonnier, Avenue du	7 B4
Général Mangin, Avenue du	11 B4
Geoffroy l'Angevin, Rue	11 B4
Geoffroy-Marie, Rue	4 G6
Geoffroy-St-Hilaire, Rue	15 B3
George Balanchine, Rue	16 F5
George Friedrich Haendel, Rue	6 E4
George V, Avenue	2 F5
Georges Berger, Rue	3 A4
Georges Bernanos, Avenue	14 F4
Georges Bizet, Rue	2 E6
Georges Citerne, Rue	7 D5
Georges Desplas, Rue	15 B3
Georges Mandel, Avenue	7 B1
Georges Pitard, Rue	13 A6
Georges Ville, Rue	1 D5
Gérando, Rue	4 H3
Gergovie, Passage de	13 A6
Gergovie, Rue de	13 B6
Germain Pilon, Cité	4 F3
Germain Pilon, Rue	4 F3
Gesvres, Quai de	11 A5
Ginoux, Rue	7 D6
Girardon, Rue	4 F2
Gît le Coeur, Rue	10 G6
Glacière, Rue de la	14 G6
Gluck, Rue	4 E6
Gobelins, Avenue des	15 B5
Gobelins, Rue des	15 A5
Godefroy Cavignac, Rue	12 G5
Godefroy, Rue	15 C6
Godot de Mauroy, Rue	3 D6
Goethe, Rue	2 F6
Goff, Rue le	14 G2
Goncourt, Rue des	12 E1
Gounod, Rue	2 F1
Gouvion-Saint-Cyr, Boulevard	1 C2
Gouvion-Saint-Cyr, Square	1 D1
Gracieuse, Rue	15 B3
Gramont, Rue de	10 F1
Grand Cerf, Passage du	10 H2
Grand Prieuré, Rue du	12 E2
Grande Armée, Avenue de la	1 C3
Grande Chaumière, Rue de la	14 E3
Grande Truanderie, Rue de la	11 A3
Grands Augustins, Quai des	10 G5
Grands Augustins, Rue des	10 G6
Grange aux Belles, Rue de la	5 D5
Grange Batelière, Rue de la	4 G6
Gravilliers, Rue des	11 B3
Greffulhe, Rue	3 D6
Gregoire de Tours, Rue	10 F6
Grenelle, Boulevard de	7 D4
Grenelle, Port de	7 C5
Grenelle, Quai de	7 C5
Grenelle, Rue de	9 D5
Grenelle, Villa de	8 E5
Greneta, Rue	11 B2
Grenier St-Lazare, Rue du	11 B3
Grétry, Rue	9 B5
Greuze, Rue	7 C1
Grisel, Impasse	8 G6
Gros Caillou, Port du	8 G1
Gros Caillou, Rue du	8 G3
Gros, Rue	7 A5
Guelma, Villa de	4 F3
Guémenée, Impasse	11 D6
Guénégaud, Rue	10 F5
Guersant, Rue	1 D2
Guesclin, Passage du	8 E4
Guibert, Villa	7 B2
Guichard, Rue	7 B2
Guillaume Tell, Rue	2 E1
Guilleminot, Rue	13 B5
Guillemites, Rue des	11 C4
Guisarde, Rue	14 E1

Name	Ref
Guizot, Villa	1 D3
Gustave Charpentier, Rue	1 C2
Gustave Courbet, Rue	1 B6
Gustave Flaubert, Rue	2 F2
Gustave Nadaud, Rue	7 A2
Gustave V de Suède, Avenue	7 D2
Gustave Zédé, Rue	7 A3
Gutenberg, Rue	7 C6
Guy de la Brosse, Rue	15 B3
Guy Patin, Rue	5 A3
Guynemer, Rue	14 E2

H

Name	Ref
Halévy, Rue	4 E6
Halles, Rue des	11 A4
Hamelin, Rue	1 D6
Hanovre, Rue de	10 E1
Harlay, Rue de	10 G5
Harpe, Rue de la	10 G6
Haudriettes, Rue des	11 C3
Haussmann, Boulevard	4 E6
Hauteville, Rue d'	5 A6
Havre, Rue du	3 D5
Hector Malot, Rue	16 F2
Hégésippe Moreau, Rue	3 D2
Helder, Rue du	4 F6
Hélène, Rue	3 D2
Héliopolis, Rue d'	2 E1
Henri Barbusse, Rue	14 F4
Henri Duchêne, Rue	8 E6
Henri IV, Boulevard	15 D1
Henri IV, Port	15 D1
Henri IV, Quai	15 D1
Henri Martin, Avenue	7 A1
Henri Moissan, Rue	8 G1
Henri Robert, Rue	10 G5
Henry de Jouvenel, Rue	14 E1
Héricart, Rue	7 D5
Hermel, Rue	4 G1
Hérold, Rue	10 G2
Herran, Villa	7 B1
Herschel, Rue	14 F3
Hesre, Rue de	11 D4
Hippolyte Lebas, Rue	4 F5
Hippolyte Maindron, Rue	13 C6
Hittorff, Rue	5 C6
Hoche, Avenue	2 F4
Honoré Chevalier, Rue	14 E1
Hôpital St Louis, Rue de l'	5 D5
Hôpital, Boulevard de l'	15 C6
Horloge, Quai de l'	10 G5
Hôtel de Ville, Port de l'	11 B5
Hôtel de Ville, Quai de l'	11 B5
Hôtel de Ville, Rue de l'	11 B5
Houdon, Rue	4 F3
Huchette, Rue de la	10 H6
Huyghens, Rue	13 D4
Huysmans, Rue	14 E2

I

Name	Ref
Iéna, Avenue d'	2 E5
Industrie, Passage de l'	5 A6
Invalides, Boulevard des	13 B1
Invalides, Place des	9 A4
Irlandais, Rue des	15 A3
Italiens, Boulevard des	10 E1
Italiens, Rue des	4 F6

J

Name	Ref
Jacob, Rue	10 E5
Jacquemont, Rue	3 C2
Jacques Bingen, Rue	3 A3
Jacques Callot, Rue	10 F5
Jacques Dulud, Rue	1 A2
Jacques Kablé, Rue	16 H6
Jacques Kessel, Rue	16 H6
Jacques Louvel Tessier, Rue	6 E6
Jadin, Rue	2 G2
Jarente, Rue de	11 D5
Jarry, Rue	5 B5
Javel, Rue de	7 C6
Jean Bart, Rue	14 E2
Jean Beausire, Rue	12 E5
Jean Bouton, Rue	16 F2

Street	Ref	Street	Ref	Street	Ref	Street	Ref
Jean Calvin, Rue	15 A4	Lanneau, Rue de	15 A2	Lutèce, Rue de	11 A5	Merimee, Rue	1 B6
Jean Carriès, Rue	8 F4	Lannes, Boulevard	1 A6	Luynes, Rue de	9 D5	Meslay, Rue	11 C1
Jean Daudin, Rue	8 G6	Laos, Rue du	8 F5	Lyautey, Rue	7 B3	Mesnil, Rue	1 C6
Jean de Beauvais, Rue	15 A1	Larochelle, Rue	13 C4	Lyon, Rue de	16 E2	Messageries, Rue des	5 A5
Jean Dolent, Rue	14 F6	Laromiguière, Rue	15 A3	Lyonnais, Rue des	15 A4	Messine, Avenue de	2 H3
Jean du Bellay, Rue	11 B6	Larrey, Rue	15 B3			Messine, Avenue de	3 A5
Jean Ferrandi, Rue	13 C2	Larribe, Rue	3 B4	**M**		Metz, Rue de	11 B1
Jean Giraudoux, Rue	2 E5	Las Cases, Rue	9 C4	Mabillon, Rue	10 F6	Mezieres, Rue de	14 E1
Jean Goujon, Rue	2 H6	Lathuille, Passage	3 D2	Mac-Mahon, Avenue	2 E3	Michel Le Comte, Rue	11 B3
Jean Jaurès, Avenue	6 F3	Latran, Rue de	15 A1	Madame, Rue	14 E2	Michel Peter, Rue	15 B5
Jean Lantier, Rue	11 A4	Laugier, Rue	2 E2	Madeleine Michelis, Rue	1 A2	Michelet, Rue	14 F3
Jean Mermoz, Rue	9 A1	Laugier, Villa	2 E1	Madeleine, Boulevard de la	9 D1	Michodiere, Rue de la	10 F1
Jean Moinon, Rue	6 E5	Laumière, Avenue de	6 G2	Madeleine, Galerie de la	9 C1	Midi, Cité du	4 F3
Jean Nicot, Rue	8 G2	Laurent-Pichat, Rue	1 C4	Magenta, Boulevard de	5 C6	Midi, Rue du	1 B2
Jean Poulmarch, Rue	5 D6	Lauriston, Rue	1 D5	Magueritte, Rue	2 F2	Mignard, Rue	7 A1
Jean Rey, Rue	7 D3	Lavoir, Passage du	3 D1	Mail, Rue du	10 G2	Mignot, Square	7 C1
Jean Richepin, Rue	7 A2	Lavoisier, Rue	3 C6	Maillot, Boulevard	1 A2	Milton, Rue	4 G5
Jean Thébaud, Square	8 F6	Lebon, Rue	1 D2	Maine, Avenue du	13 C5	Minimes, Rue des	11 D5
Jean Zay, Rue	13 C5	Lebouis, Rue	13 C5	Maine, Rue du	13 C4	Miollis, Rue	8 G6
Jean-Baptiste Dumas, Rue	1 D1	Lebouteux, Rue	3 B3	Maire, Rue au	11 B2	Mirabeau, Rue	7 A6
Jean-François Gerbillon, Rue	13 C2	Leclerc, Rue	14 F6	Maison Dieu, Rue	13 C5	Mirbel, Rue	15 B4
Jean François Lópino, Rue	5 C2	Lécluse, Rue	3 D2	Maître Albert, Rue	15 A1	Miromesnil, Rue de	3 B5
Jean-Jacques Rousseau, Rue	10 G3	Lecourbe, Rue	13 A3	Malakoff, Avenue de	1 C3	Mizon, Rue	13 B4
Jean-Pierre Timbaud, Rue	12 E2	Ledru Rollin, Avenue	16 E2	Malakoff, Impasse de	1 C3	Mogador, Rue de	4 E5
Jeanne d'Arc, Rue	15 D6	Legendre, Rue	3 A3	Malaquais, Quai	10 E4	Moines, Rue des	3 C1
Jemmapes, Quai de	11 D1	Léger, Impasse	3 A2	Malar, Rue	8 G1	Moliere, Rue	10 F3
Jenner, Rue	15 C5	Legouvé, Rue	5 C6	Malebranche, Rue	14 G2	Mollien, Rue	3 A5
Jeûneurs, Rue des	10 G1	Legraverend, Rue	16 F2	Malesherbes, Boulevard	2 G1	Monceau, Rue de	3 A4
Jocelyn, Villa	7 B1	Lekain, Rue	7 B3	Malesherbes, Cité	4 F3	Monceau, Rue de	2 H3
Jolivet, Rue	13 C4	Lemercier, Cité	3 C2	Maleville, Rue	3 A5	Monceau, Villa	2 F1
Joseph Bara, Rue	14 E3	Lemercier, Rue	3 B1	Malte, Rue de	12 E2	Mond Etour, Rue	11 A3
Joseph Bouvard, Avenue	8 E3	Lemoine, Passage	11 B1	Mandar, Rue	10 H2	Mondovi, Rue de	9 D2
Joseph de Maistre, Rue	4 E2	Léo Delibes, Rue	1 D6	Manin, Rue	6 G5	Monge, Rue	15 B4
Joseph et Marie Hackin, Rue	1 B3	Léon Cladel, Rue	10 G1	Manoir, Avenue Yves du	1 D2	Mongolfier, Rue	11 C2
Joseph Granier, Rue	8 H4	Léon Cogniet, Rue	2 F2	Mansart, Rue	4 E3	Monnaie, Rue de La	10 G4
Joubert, Rue	3 D5	Léon Cosnard, Rue	3 A3	Manutention, Rue de la	8 E1	Monsieur le Prince, Rue	14 F1
Jouffroy, Passage	4 G6	Léon Jost, Rue	2 F2	Marbeau, Rue	1 B4	Monsieur, Rue	13 B1
Jouffroy, Rue	3 A2	Léon Jouhaux, Rue	11 D1	Marbeuf, Rue	2 G6	Monsigny, Rue	10 F1
Jour, Rue du	10 G3	Léon Maurice Nordmann, Rue	14 G6	Marceau, Avenue	2 F5	Mont Cenis, Rue du	4 G1
Jouy, Rue de	11 C5	Léon Vaudoyer, Rue	13 A2	Marcel Proust, Avenue	7 C3	Mont Dore, Rue du	3 C3
Juge, Villa	8 E5	Léonard de Vinci, Rue	1 C5	Marcel Renault, Rue	2 E2	Mont Thabor, Rue du	9 D2
Jules César, Rue	16 E1	Léonce Reynaud, Rue	2 F6	Marche Neuf, Quai du	11 A6	Mont Tonnerre, Impasse de	13 B3
Jules Chaplain, Rue	14 E3	Léopold Bellan, Rue	10 H2	Marche, Rue du	10 E2	Montagne Ste Genevieve, Rue de la	15 A1
Jules Guesde, Rue	13 C5	Léopold Robert, Rue	114 E4	Marechal Gallieni, Avenue de	9 A5	Montaigne, Avenue	2 G6
Jules Janin, Avenue	7 A2	Lepage, Cité	6 E4	Marechal Juin, Place du	2 E1	Montalembert, Rue	9 D5
Jules Sandeau, Boulevard	1 C4	Lepic, Rue	4 F2	Marignan, Rue de	2 G6	Montalivet, Rue	9 B1
Juliette Dodu, Rue	6 E5	Leroux, Rue	1 C5	Marigny, Avenue de	9 B1	Montebello, Port de	10 H6
Junot, Avenue	4 F1	Lesdiguières, Rue de	12 E6	Marinoni, Rue	8 F3	Montebello, Quai de	11 A6
Jura, Rue du	15 B5	Letellier, Rue	8 F6	Mario Nikis, Rue	8 G6	Montenotte, Rue de	2 E3
Jussienne, Rue de la	10 G2	Lévis, Rue de	3 B3	Mariotte, Rue	3 C3	Montevideo, Rue de	1 A6
Jussieu, Rue	15 B2	Lhomond, Rue	15 A4	Marivaux, Rue de	10 F1	Montholon, Rue de	5 A5
		Liancourt, Rue	13 D4	Maroc, Rue du	6 E2	Montmartre, Boulevard	4 G6
		Lille, Rue de	10 E4	Marronniers, Rue des	7 A4	Montmartre, Rue	10 G1
		Linné, Rue	15 B2	Marseille, Rue de	5 D6	Montmartre, Rue	10 G2
		Linois, Rue	7 C5	Marsollier, Rue	10 E2	Montmorency, Rue de	11 B3
K		Lions St-Paul, Rue des	11 D6	Martel, Rue	5 B6	Montorgueil, Rue	11 A3
Keppler, Rue	2 E5	Lisbonne, Rue de	3 A4	Martignac, Rue de	9 B5	Montparnasse, Boulevard du	13 D3
Kléber, Avenue	7 D1	Littré, Rue	13 C2	Martyrs, Rue des	4 F3	Montparnasse, Passage	13 C3
		Lobau, Rue de	11 B5	Marx Dormoy, Rue	5 C2	Montparnasse, Rue du	13 D3
L		Lobineau, Rue	14 F1	Maspero, Rue	7 A2	Montpensier, Rue de	10 F3
La Bastille, Boulevard de	16 E2	Logelbach, Rue de	2 H2	Massenet, Rue	7 B2	Montrosier, Rue de	1 B2
La Boétie, Rue	3 B6	Lombards, Rue des	11 A4	Masseran, Rue	13 B1	Monttessuy, Rue de	8 F2
La Condamine, Rue	3 C2	Londres, Rue de	3 C4	Mathurins, Rue des	3 D6	Montyon, Rue de	4 G6
La Fayette, Rue	5 C4	Longchamp, Allée de	1 A4	Matignon, Avenue	9 A1	Morland, Boulevard	15 D1
La Perouse, Rue	2 E5	Longchamp, Rue de	7 D1	Mau-conseil, Rue	11 A3	Mornay, Rue	15 D1
La Sorbonne, Rue de	14 G2	Lord Byron, Rue	2 F4	Maubeuge, Rue de	5 B3	Moscou, Rue de	3 C3
La Vrillière, Rue	10 G2	Lota, Rue de	1 A6	Maupassant, Rue Guy de	7 A1	Motte Picquet, Avenue de la	8 F5
Labie, Rue	1 D2	Louis Blanc, Rue	5 D4	Maurice Bourdet, Rue	7 B5	Mouffetard, Rue	15 A3
Laborde, Rue de	3 C5	Louis Codet, Rue	9 A5	Maurice de la Sizeranne, Rue	13 B2	Moulins, Rue des	10 F2
Labrouste, Rue	13 A6	Louis David, Rue	7 B2	Maurice Ripoche, Rue	13 C6	Moussy, Rue de	11 B5
Lacépède, Rue	15 B3	Louis le Grand, Rue	10 E1	Mayet, Rue	13 C2	Mouton Duvernet, Rue	13 D6
Lacroix, Rue	3 C1	Louis Murat, Rue	3 A5	Mayran, Rue	4 H5	Mozart, Avenue	7 A3
Lacuée, Rue	16 E1	Louis Thuillier, Rue	14 G3	Mazagran, Rue de	11 B1	Mulhouse, Rue de	11 A1
Laffitte, Rue	4 F6	Lourmel, Rue de	7 D6	Mazarine, Rue	10 F5	Murillo, Rue	2 G3
Lagarde, Rue	15 A4	Louvois, Rue de	10 F1	Meaux, Rue de	6 E4	Myron T Herrick, Avenue	3 A6
Laghouat, Rue de	5 B1	Louvre, Port du	10 E4	Mechain, Rue	14 F5		
Lagrange, Rue	15 A1	Louvre, Quai du	10 E4	Mederic, Rue	2 G2	**N**	
Lalande, Rue	13 D6	Louvre, Rue du	10 G3	Medicis, Rue de	14 F1	Nancy, Rue de	5 C6
Lallier, Rue	4 G3	Lowendal, Avenue de	8 G5	Megisserie, Quai de la	10 G4	Naples, Rue de	3 B4
Lalo, Rue	1 B4	Lowendal, Square	8 G5	Meissonier, Rue	2 G1	Nationale, Rue	15 D6
Lamandé, Rue	3 C2	Lübeck, Rue de	7 D1	Menars, Rue	10 F1	Nations Unies, Avenue des	7 D2
Lamarck, Rue	4 G2	Lucien Gaulard, Rue	4 F1	Ménilmontant, Boulevard de	12 G1	Navarre, Rue de	15 B3
Lamartine, Rue	4 G5	Lucien Sampaix, Rue	5 C6	Ménilmontant, Rue	12 H2	Nélaton, Rue	7 D4
Lamballe, Avenue de	7 B4	Lune, Rue de La	11 A1				
Lancry, Rue de	11 C1						
Landrieu, Passage	8 G2						

Name	Ref	Name	Ref	Name	Ref	Name	Ref
Nesle, Rue de	10 F5	Paul Baudry, Rue	2 G5	Poissonnière, Boulevard	10 G1	Régis, Rue	13 D2
Neuilly, Avenue de	1 B3	Paul Cézanne, Rue	3 A6	Poissonnière, Rue	11 A1	Regrattier, Rue le	11 B6
Neuve Saint-Pierre, Rue	11 D6	Paul Déroulède, Rue	1 A3	Poissy, Rue de	15 B2	Reine Blanche, Rue de la	15 B5
Néva, Rue de la	2 F3	Paul Deschanel, Allée	8 E2	Poitiers, Rue de	9 D4	Reine, Cours la	9 B3
Nevers, Rue de	10 F5	Paul Doumer, Avenue	7 B2	Poitou, Rue de	11 D3	Rémusat, Rue de	7 A6
New York, Avenue de	7 D2	Paul Dupuy, Rue	7 A5	Poliveau, Rue	15 C4	Renard, Rue du	11 B5
Nicolas Charlet, Rue	13 B3	Paul Lelong, Rue	10 G2	Pologne, Avenue de	1 A5	Renaudes, Rue des	2 E2
Nicolas Flamel, Rue	11 A4	Paul Séjourné, Rue	14 E4	Pomereu, Rue de	1 B6	René Boulanger, Rue	11 C1
Nicolas Houël, Rue	15 D3	Paul Valéry, Rue	1 D5	Pommard, Rue	16 H5	René Boylesve, Avenue	7 C3
Nicolas Roret, Rue	15 B5	Paul-Louis Courier, Rue	9 D5	Pompe, Rue de la	7 A2	René Coty, Avenue	14 E6
Nicolet, Rue	4 H1	Pavée, Rue	11 C5	Poncelet, Rue	2 E3	Rennequin, Rue	2 F2
Nicolo, Rue	7 B2	Pavillons, Avenue des	1 D2	Pondichéry, Rue de	8 E5	Rennes, Rue de	13 D3
Niel, Avenue	2 E1	Payenne, Rue	11 D5	Pont au Double	11 A6	République, Avenue de la	12 E2
Niepce, Rue	13 B5	Pecquay, Rue	11 B4	Pont aux Choux, Rue du	11 D4	Retiro, Cité du	9 C1
Nil, Rue du	11 A2	Péguy, Rue	13 D3	Pont de Lodi, Rue du	10 G5	Reuilly, Rue de	16 H1
Nobel, Rue	4 G1	Pelée, Rue	12 E4	Pont Louis-Philippe, Rue du	11 B5	Richard Lenoir, Boulevard	12 E2
Noisiel, Rue de	1 B5	Peletier, Rue le	4 F6	Pont Neuf, Rue du	10 G4	Richelieu, Rue de	10 F3
Nollet, Rue	3 C2	Pelouze, Rue	3 B3	Ponthieu, Rue de	9 A1	Richepance, Rue	9 D1
Nonnains d'Hyeres, Rue des	11 C6	Penthièvre, Rue de	3 A6	Pontoise, Rue de	15 B1	Richer, Rue	5 A5
Nordling, Rue	1 B3	Pépinière, Rue de la	3 C5	Port Mahon, Rue de	10 E1	Richerand, Avenue	5 D6
Normandie, Rue de	11 D3	Percier, Avenue	3 B5	Port Royal, Boulevard de	15 A5	Rigny, Rue de	3 B5
Norvins, Rue	4 F2	Perdonnet, Rue	5 C3	Port Royal, Square de	14 G5	Riverin, Cité	11 C1
Notre-Dame de Lorette, Rue	4 F4	Pereire (Nord), Boulevard	2 E1	Portalis, Rue	3 C5	Rivoli, Rue de	11 A4
Notre-Dame de Nazareth, Rue	11 C2	Pereire (Sud), Boulevard	2 E1	Porte de Villiers, Avenue de la	1 C1	Robert Blache, Rue	5 D5
		Pergolèse, Rue	1 B4	Porte des Ternes, Avenue de la	1 B2	Robert Esnault-Pelterie, Rue	9 B4
Notre-Dame des Champs, Rue	14 E3	Pérignon, Rue	13 A2			Robert le Coin, Rue	7 A3
Notre-Dame des Victoires, Rue	10 G2	Périphérique, Boulevard	1 A4	Portefoin, Rue	11 C3	Robert Planquette, Rue	4 F2
Notre, Rue le	7 D2	Perle, Rue de la	11 C4	Postes, Passage des	15 A4	Rochambeau, Rue	5 A4
		Pernelle, Rue	11 A4	Pot de Fer, Rue du	15 A3	Rochechouart, Boulevard de	4 G3
		Pernety, Rue	13 B6	Poulletier, Rue	15 C1	Rochechouart, Rue de	5 A4
O		Perrée, Rue	11 D3	Pré aux Clercs, Rue du	10 E5	Rochefoucauld, Rue de la	4 E5
Oberkampf, Rue	12 G2	Perronet, Rue	10 E5	Prêcheurs, Rue des	11 A3	Rocher, Rue du	3 C4
Observatoire, Avenue de l'	14 F3	Perronet, Square	1 A1	Presbourg, Rue de	2 E4	Rocroy, Rue de	5 A4
Octave Feuillet, Rue	7 A2	Pershing, Boulevard	1 C2	Président Wilson, Avenue du	7 D1	Rodin, Avenue	7 A1
Octave Greard, Avenue	8 E3	Pestalozzi, Rue	15 B4	Président-Kennedy, Avenue du	7 C4	Roger Bacon, Rue	1 D2
Octave Gréard, Avenue	8 E3	Petit Musc, Rue du	11 D6			Roger, Rue	13 D5
Odéon, Rue de l'	14 F1	Petit Pont, Place du	11 A6	Presles, Rue de	8 E4	Roi de Sicile, Rue du	11 C5
Odessa, Rue d'	13 D3	Petites Ecuries, Cour des	5 B6	Prêtres Saint-Germain l'Auxerrois, Rue des	10 G4	Rollin, Rue	15 A3
Opéra, Avenue de l'	10 E2	Petites Ecuries, Passage des	5 B6	Prévôt, Rue du	11 C5	Rome, Rue de	3 C5
Oran, Rue d'	5 B1	Petites Ecuries, Rue des	5 A5	Primatice, Rue	15 B6	Ronsard, Rue	4 G2
Orchampt, Rue d'	4 F2	Petits Champs, Rue des	10 F2	Princesse, Rue	10 F6	Roquépine, Rue	3 B6
Orfèvres, Quai des	10 G5	Petits Hôtels, Rue des	5 B4	Printemps, Rue du	3 A2	Roquette, Rue de la	12 F5
Orfèvres, Rue des	10 H4	Pétrarque, Rue	7 C2	Procession, Rue de la	13 A5	Rosa Bonheur, Rue	13 A2
Orléans, Quai d'	11 B6	Pétrarque, Square	7 C2	Prony, Rue de	2 G2	Rosiers, Rue des	11 C5
Orléans, Rue d'	1 A2	Petrelle, Rue	5 A3	Provence, Rue de	4 F5	Rossini, Rue	4 G6
Orsay, Quai d'	9 B3	Petrelle, Square	5 A3	Puget, Rue	4 E3	Rotrou, Rue	14 F1
Orsel, Rue d'	4 G2	Phalsbourg, Rue de	3 A3	Pusy, Cité de	3 A2	Rouelle, Rue	7 D5
Ortolan, Rue	15 A3	Philip le Boucher, Avenue	1 B1	Puteaux, Rue	3 C2	Rouget de l'Isle, Rue	9 D2
Oudinot, Rue	13 B1	Philippe de Champagne, Rue	15 B6	Pyramides, Rue des	10 E3	Roule, Avenue du	1 A1
Oudry, Rue	15 B5	Philippe de Girard, Rue	5 C3			Roule, Square de	1 B1
Ouessant, Rue d'	8 F5	Philippe Louis, Rue	1 A2			Roule, Villa du	1 A1
Ouest, Rue de l'	13 B6	Picardie, Rue de	11 D3	**Q**		Rousselet, Rue	13 B1
Ours, Rue Aux	11 B3	Piccini, Rue	1 C4	Quatre Septembre, Rue du	10 F1	Roux, Impasse	2 E2
		Picot, Rue	1 C5	Quatre Vents, Rue des	14 F1	Roy, Rue	3 B5
		Pierre 1er de Serbie, Avenue	2 F6	Quatrefages, Rue de	15 B3	Royale, Rue	9 C2
P		Pierre Brossolette, Rue	15 A3	Quincampoix, Rue	11 A4	Royer Collard, Impasse	14 G2
Paix, Rue de la	10 E1	Pierre Bullet, Rue	5 C6			Royer Collard, Rue	14 G2
Pajol, Rue	5 C2	Pierre Charron, Rue	2 G5			Rubens, Rue	15 B6
Pajou, Rue	7 A3	Pierre Chausson, Rue	11 C1	**R**		Rude, Rue	1 D4
Palais, Boulevard du	10 H5	Pierre Cherest, Rue	1 B1	Rabelais, Rue	9 A1	Ruelle Sourdis	11 C3
Palatine, Rue	14 E1	Pierre Demours, Rue	2 E2	Rachel, Avenue	4 E2	Ruelle, Passage	5 C2
Palestro, Rue de	11 B2	Pierre Dupont, Rue	5 D4	Racine, Rue	14 G1	Ruhmkorff, Rue	1 C2
Panoramas, Passage des	10 G1	Pierre et Marie Curie, Rue	14 G3	Radziwill, Rue	10 F2		
Pape Carpentier, Rue	14 E1	Pierre Ginier, Rue	3 D2	Rambouillet, Rue de	16 G3	**S**	
Papillon, Rue	5 A5	Pierre Haret, Rue	4 E3	Rambuteau, Rue	11 B4	Sablière, Rue de la	13 C6
Papin, Rue	11 B2	Pierre le Grand, Rue	2 F3	Rameau, Rue	10 F2	Sablons à la Porte Maillot, Route de la Porte des	1 A3
Paradis, Cité	5 A5	Pierre Leroux, Rue	13 C1	Ramey, Rue	4 H1		
Paradis, Rue de	5 A5	Pierre Lescot, Rue	11 A3	Rampon, Rue	12 E2	Sablons, Rue des	7 C1
Parc Royal, Rue du	11 D4	Pierre Levée, Rue de la	12 E2	Ranelagh, Rue du	7 A4	Sablons, Villa des	1 A1
Parcheminerie, Rue de la	14 G1	Pierre Loti, Avenue	8 E3	Raoul Follereau, Place	5 D5	Sabolonville, Rue de	1 B2
Parme, Rue de	3 D3	Pierre Louÿs, Rue	7 A5	Rapée, Port de la	16 E3	Sabot, Rue du	10 E6
Parmentier, Rue	1 B1	Pierre Nicole, Rue	14 F4	Rapée, Quai de La	16 E3	Saïd, Villa	1 B4
Parrot, Rue	16 F2	Pierre Picard, Rue	4 H2	Rapp, Avenue	8 F2	Saïgon, Rue de	1 D4
Pas de la Mule, Rue du	12 E5	Pierre Sarrazin, Rue	14 G1	Raspail, Boulevard	13 D2	Saintonge, Rue de	11 D3
Pascal, Rue	15 A6	Pierre Semard, Rue	5 A4	Rataud, Rue	15 A4	Salneuve, Rue	3 B2
Pasquier, Rue	3 C6	Pierre Villey, Rue	8 G2	Raymond Losserand, Rue	13 B6	Salonipue, Avenue de	1 C2
Passy, Port de	7 B4	Pigalle, Rue	4 F3	Raymond Poincaré, Avenue	7 C1	Sambre et Meuse, Rue de	5 D6
Passy, Rue de	7 B4	Pillet Will, Rue	4 F6	Raynouard, Rue	7 B3	Santé, Rue de la	14 G6
Pasteur M Boegner, Rue du	7 B1	Pilleux, Cité	3 D1	Réaumur, Rue	11 C2	Saules, Rue des	4 G1
Pasteur, Boulevard	13 B4	Pirandello, Rue	15 B5	Récamier, Rue	9 D6	Saulnier, Rue	4 G5
Pastourelle, Rue	11 C3	Plaisance de Paris Arsenal, Port de	16 E1	Récollets, Passage des	5 C5	Saussaies, Rue des	9 B1
Patrice Boudart, Villa	7 A5	Plaisance, Rue de	13 B6	Récollets, Rue des	5 C5	Saussier Leroy, Rue	2 E2
Pâtures, Rue des	7 A5	Platon, Rue	13 A5	Recteur Poincaré, Avenue du	7 A4	Saussure, Rue de	3 B2
Paul Albert, Rue	4 H2	Plâtre, Rue du	11 B4	Reculettes, Rue des	15 B6	Sauval, Rue	10 G3
		Poinsot, Rue	13 C4	Regard, Rue du	13 D1	Savoie, Rue de	10 G5

Name	Ref	Name	Ref	Name	Ref	Name	Ref
Savorgnan de Brazza, Rue	8 G4	St-Laurent, Rue	5 C5	Thorigny, Rue de	11 D4	Vertbois, Rue du	11 C2
Saxe, Avenue de	13 A1	St-Lazare, Rue	4 E5	Thouin, Rue	15 A3	Verte, Allée	12 E4
Saxe, Villa de	13 A1	St-Louis-en-l'île	15 C1	Thuré, Cité	8 E6	Vertus, Rue des	11 C3
Say, Rue	4 G3	St-Marc, Rue	10 F1	Tilsitt, Rue de	2 E4	Verzy, Avenue de	1 D2
Scheffer, Rue	7 C2	St-Marcel, Boulevard	15 B5	Tino Rossi, Square	15 D2	Vésale, Rue	15 B5
Schoelcher, Rue	14 E5	St-Martin, Boulevard	11 C1	Tiphaine, Rue	8 E5	Vézelay, Rue de	3 A4
Schomberg, Rue de	15 D1	St-Martin, Rue	11 A4	Tiquetonne, Rue	11 A2	Viaduc de Arts	16 F2
Scipion, Rue	15 B4	St-Mérri, Rue	11 B4	Titien, Rue	15 C5	Viala, Rue	7 D5
Scribe, Rue	10 E1	St-Michel, Boulevard	14 F4	Tocqueville, Rue de	3 A2	Viarmes, Rue de	10 G3
Sébastopol, Boulevard de	11 A4	St-Michel, Quai	10 H6	Tombe Issoire, Rue de la	14 F6	Vicq d'Azir, Rue	6 E5
Secrétan, Avenue	6 F4	St-Michel, Villa	3 D1	Torricelli, Rue	1 D2	Victoire, Rue de la	4 F5
Sedaine, Rue	12 E5	St-Ouen, Avenue de	3 D1	Tour Maubourg,		Victor Considérant, Rue	14 E5
Sedillot, Rue	8 F2	St-Paul, Rue	11 D6	Boulevard de la	9 A6	Victor Cousin, Rue	14 G2
Séguier, Rue	10 G6	St-Pétersbourg, Rue de	3 C4	Tour Maubourg,		Victor Hugo, Avenue	1 D5
Ségur Avenue de	8 G6	St-Philippe du Roule, Rue	2 H4	Square de la	9 A5	Victor Hugo, Boulevard	1 B1
Ségur, Villa de	13 A1	St-Pierre Amelot, Passage	12 E3	Tour, Rue de la	7 B2	Victor Hugo, Villa	1 B6
Seine, Quai de la	6 E2	St-Placide, Rue	13 D2	Tournefort, Rue	15 A3	Victor Massé, Rue	4 F3
Seine, Rue de	10 F5	St-Quentin, Rue de	5 B4	Tournelle, Port de la	15 B1	Victoria, Avenue	11 A5
Sentier, Rue du	10 H1	St-Roch, Passage	10 E2	Tournelle, Quai de la	15 B1	Vieille du Temple, Rue	11 C5
Serpente, Rue	10 G6	St-Roch, Rue	10 E3	Tournelles, Rue des	12 E4	Vienne, Rue de	3 C5
Servandoni, Rue	14 F1	St-Romain, Rue	13 C2	Tournon, Rue de	14 F1	Viète, Rue	2 G1
Severo, Rue	13 C6	St-Rustique, Rue	4 G2	Tourville, Avenue de	9 A6	Vieuville, Rue de la	4 F2
Seveste, Rue	4 G3	St-Sabin, Rue	12 E5	Tracy, Rue de	11 B1	Vieux Colombier, Rue du	14 E1
Sévigné, Rue de	11 D5	St-Saëns, Rue	7 D4	Traktir, Rue de	1 D4	Vigée Lebrun, Rue	13 A4
Sèvres, Rue de	13 A2	St-Sauveur, Rue	11 A3	Traversière, Rue	16 E3	Vignes, Rue des	7 A3
Sextius Michel, Rue	7 D5	St-Sébastien, Impasse	12 E3	Treilhard, Rue	3 A5	Vignon, Rue	9 D1
Sèze, Rue de	9 D1	St-Sébastien, Passage	12 E3	Trémoille, Rue de la	2 F6	Villars, Avenue de	9 A6
Sfax, Rue de	1 C5	St-Sébastien, Rue	12 E4	Trésor, Rue du	11 C5	Ville l'Eveque, Rue de la	3 C5
Siam, Rue de	7 A1	St-Senoch, Rue de	2 E2	Trévise, Cité de	5 A5	Ville Neuve, Rue de la	11 A1
Sibour, Rue	5 C5	St-Séverin, Rue	10 G6	Trévise, Rue de	4 H6	Villebois Mareuil, Rue	2 E2
Silvestre de Sacy, Avenue	8 E2	St-Simon, Rue de	9 C5	Trocadéro, Square du	7 C1	Villedo, Rue	10 F2
Simón Bolívar, Avenue	6 F4	St-Sulpice, Rue	14 E1	Trois Bornes, Rue des	12 E2	Villemain, Avenue	13 B6
Simon Dereure, Rue	4 F1	St-Victor, Rue	15 A2	Trois Frères, Rue des	4 F2	Villersexel, Rue de	9 C4
Simon le Franc, Rue	11 B4	St-Vincent, Rue	4 G1	Tronchet, Rue	3 D6	Villette, Boulevard de la	6 E5
Singer, Passage	7 A3	Staël, Rue de	13 A3	Trousseau, Rue	12 G6	Villiers, Avenue de	2 E1
Singer, Rue	7 B3	Stanislas, Rue	13 D3	Trudaine, Avenue	4 G3	Villiot, Rue	16 F4
Sivel, Rue	13 D6	Ste-Anastase, Rue	11 D4	Truffaut, Rue	3 C2	Vinaigriers, Rue des	5 C6
Soeur Rosalie, Avenue de la	15 B6	Ste-Apolline, Rue	11 B1	Tuileries, Quai des	9 C3	Vincent Auriol, Boulevard	15 C6
Soissons, Rue de	6 E2	Ste-Marthe, Rue	6 E6	Turbigo, Rue de	11 A3	Vineuse, Rue	7 C2
Solférino, Port de	9 C3	Steinlen, Rue	4 E1	Turenne, Rue de	11 D3	Violet, Rue	8 E6
Solférino, Rue de	9 C4	Stéphen Pichon, Avenue	15 C6	Turgot, Rue	4 G3	Viollet-le-Duc, Rue	4 G3
Sommerard, Rue du	14 H1	Strasbourg, Boulevard de	5 B6	Turin, Rue de	3 D3	Visconti, Rue	10 F5
Sontay, Rue de	1 C5	Sts-Pères, Port des	10 E4			Visitation, Passage de la	9 C5
Sorbonne, Place de la	14 G1	Sts-Pères, Rue des	10 E5	**U**		Vital, Rue	7 B3
Soufflot, Rue	14 G2	Sueur, Rue le	1 D4			Vivarais, Square du	1 D1
Sourdière, Rue de la	10 E2	Suffren, Avenue de	8 G5	Ulm, Rue d'	14 G3	Vivienne, Galerie	10 F2
Spontini, Rue	1 B6	Suffren, Port de	7 D3	Université, Rue de l'	8 F2	Vivienne, Rue de	10 F2
Spuller, Rue	11 D2	Suger, Rue	10 G6	Ursins, Rue des	11 B6	Voie Georges Pompidou	7 B5
St- Jean, Rue	3 C1	Sully Prudhomme, Avenue	8 H1	Ursulines, Rue des	14 G3	Voie Mazas	16 E3
St-André des Arts, Rue	10 F6	Sully, Pont de	15 C1	Uzes, Rue d'	10 G1	Volney, Rue	10 E1
St-Anne Popinc, Pge	12 E4	Sully, Rue de	15 D1			Volta, Rue	11 C2
St-Anne, Rue	10 F2	Surcouf, Rue	9 A3	**V**		Voltaire, Quai	10 E4
St-Antoine, Rue	11 D6	Surène, Rue de	9 C1			Vulpian, Rue	15 A6
St-Augustin, Rue	10 E1			Val de Grâce, Rue du	14 F4		
St-Benoît, Rue	10 E5	**T**		Valadon, Rue	8 G3	**W**	
St-Bernard, Port	15 D2			Valence, Rue de	15 A5		
St-Bernard, Quai	15 C2	Tacherie, Rue de la	11 A5	Valenciennes, Rue de	5 B4	Wagram, Avenue de	2 E4
St-Bernard, Rue	16 G1	Taitbout, Rue	4 F6	Valette, Rue	15 A2	Waldeck Rousseau, Rue	1 C2
St-Beuve, Rue	14 E3	Talma, Rue	7 A3	Valmy, Quai de	6 E4	Wallons, Rue des	15 C5
St-Bon, Rue	11 A4	Tanger, Rue de	6 E2	Valois, Rue de	10 F3	Washington, Rue	2 F4
St-Cecile, Rue	4 H6	Tanneries, Rue des	14 H6	Van Dyck, Avenue	2 G3	Weber, Rue	1 B4
St-Charles, Rue	7 C6	Tarbé, Rue	3 B2	Van Gogh, Rue	16 E3	Winston Churchill, Avenue	9 B2
St-Claude, Rue	11 D4	Tasse, Rue le	7 C2	Vandamme, Rue	13 C4		
St-Croix de la		Taylor, Rue	11 C1	Vaneau, Cité	9 C6	**X**	
Bretonnerie, Rue	11 B4	Téhéran, Rue de	3 A4	Vaneau, Rue	13 C1		
St-Denis, Boulevard	11 B1	Temple, Boulevard du	11 D2	Varenne, Rue de	9 B5	Xavier Privas, Rue	10 H6
St-Denis, Impasse	10 H2	Temple, Rue du	11 B5	Vaucanson, Rue	11 B2		
St-Denis, Impasse	11 A2	Ternes, Avenue des	2 E3	Vaugirard, Boulevard de	13 B4	**Y**	
St-Denis, Rue	11 A5	Ternes, Rue des	1 D2	Vaugirard, Galerie	13 B3		
St-Didier, Rue	1 D6	Terrage, Rue du	5 D4	Vaugirard, Rue de	13 A4	Yser, Boulevard de l'	1 C1
St-Dominique, Rue	8 G2	Terrasse Modigliani	13 C4	Vauquelin, Rue	15 A4	Yves Toudic, Rue	11 D1
St-Ferdinand, Rue	1 C3	Terrasse, Rue de la	3 A3	Vavin, Avenue	14 E3	Yvon Villarceau, Rue	1 D5
St-Fiacre, Rue	10 H1	Tesson, Rue	12 E1	Vavin, Rue	14 E3	Yvonne le Tac, Rue	4 F3
St-Florentin, Rue	9 C2	Texel, Rue du	13 C5	Velpeau, Rue	13 D1		
St-Foy, Rue	11 A1	Thann, Rue de	3 A3	Vendôme, Passage	11 D2		
St-Georges, Rue	4 F5	Théâtre de Banville, Rue	2 F1	Vercingétorix, Rue	13 A6		
St-Germain, Boulevard	10 F6	Théâtre, Rue du	8 E6	Verdeau, Passage	4 G6		
St-Gilles, Rue	11 D4	Thénard, Rue	15 A1	Verdun, Avenue de	5 C5		
St-Guillaume, Rue	9 D6	Théodule Ribot, Rue	2 F2	Vernet, Rue	2 E4		
St-Hippolyte, Rue	15 A5	Théophile Gautier, Avenue	7 A5	Verneuil, Rue	9 D4		
St-Honoré, Rue	10 F3	Thérèse, Rue	10 F2	Vernier, Rue	1 D1		
St-Hyacinthe, Rue	10 E2	Thermopyles, Rue des	13 B6	Véron, Cité	4 F2		
St-Jacques, Boulevard	14 F6	Thierry de Martel, Boulevard	1 B4	Véron, Rue	4 F2		
St-Jacques, Rue	11 G2	Thiers, Rue	1 B6	Véronèse, Rue	15 B6		
St-Jacques, Villa	14 F6	Tholozé, Rue	4 F2	Verrerie, Rue de la	11 B4		
St-Joseph, Rue	10 G1	Thomy Thierry, Allée	8 E3	Verrier, Rue le	114 E4		
St-Julien le Pauvre, Rue	11 A6			Versailles, Avenue de	7 A6		

Índice

Os números de página em **negrito** referem-se às entradas principais.

1, 2, 3 Ciseaux 42, 43
114 Faubourg 13, 130
1º de abril 14-5

A

A Haven in Paris 35
À la Mere de Famille 39, 99
Abbaye de Royaumont **228**
Abélard, Pierre 68
Aberto da França 15
Abicadabra Péniche Antipod 44, 45
Academia Bartabas de Artes Equestres 223
acesso para cadeirantes *ver* portadores de deficiência
achados e perdidos 214-5
Ada 23
Adagio 35
Ader, Clément 86
Aer Lingus 19
Aeroporto de Beauvais-Tillé **19**
aeroporto de Orly **18**
aeroporto Roissy Charles De Gaulle 18
água potável 30
Air France 18, 19
Alcôve & Agapes 35
Alembert, Jean le Rond d' 69
Alexandre I, czar 138
Alexandre II, czar 157
Alexandre III, czar 136
alfândega 30
Alitalia 18, 19
Alléosse 38, 39
Alpha 23
aluguel de carros 21, 23
ambulância 31, 33
American Airlines 18, 19
American Express 31, 33
André, Edouard 140
Androuet du Cerceau, Jean 236
animais
 Jardin d'Acclimatation 197, 199, 210
 Marché aux Fleurs et aux Oiseaux 67
 Muséum National d'Histoire Naturelle 165, 167, **180-1**
 Quai de la Mégisserie 67
 ver também aquários; parques safári; zoos
Ano-Novo chinês 17
Antik Batik 41, 43
Antoine et Lili 42
Apart-hotéis 35
apartamentos e flats 35
 Beaubourg e Marais 238-9
 Champs-Élysées e Trocadéro 241-2
 fora do centro da cidade 246
 O Louvre e arredores 107
 St.-Germain e Quartier Latin 243
 Tuileries, Opéra e Montmartre 240
Apollinaire, Guillaume 167
Aquaboulevard 212
aquários
 Aquarium de Paris – Cinéaqua 11, 107, 129, 131, 144
 Cité Nationale de l'Histoire de l'Immigration 205
Arc de Triomphe du Carrousel 101, 104, 108
Arche de Noé 43
Arco do Triunfo 10, 13, 16, 21, 129, 130, **132-5**, 211
Arènes de Lutèce 165, 177, **178**, 189
Ari 198
arrondissements 22
Assemblée Nationale Palais--Bourbon 25, **163**
Átila, o Huno 50, 51
Au Double Fond 44, 45
Au Nain Bleu 42
Au Panetier 13
Auberge Ravoux (Auvers-sur--Oise) 228
aulas de culinária 39
Austerlitz, Batalha de (1805) 134
Auvers-sur-Oise 217, **228**
Avis 23

B

Baby Dior 41, 43
baby-sitters 33
bairro Opéra
 hotéis 239-40
balé 44
Balzac, Honoré de 162
banco 31
banheiros 33
Barbizon 237
barcos
 passeios no Sena e serviços de ônibus fluvial **28-9**
Barthélemy, René 86
Bartholdi, Frédéric 213
Basilique St.-Denis **206-7**
Basilique Ste.-Clotilde 163
Bassin de l'Arsenal 97
Bateaux Mouches 28, 29
Bateaux Parisiens 28, 29
Batobus 28, 29
Beatrix de Savoie 211
Beaubourg e o Marais **74-97**
 hotéis 238-9
Beaujolais Nouveau 16
Beauvoir, Simone de 172, 192
bebidas 38
Béchu 13
bed and breakfast 35
 Beaubourg e Marais 238-9
 Fontainebleau 247
 fora do centro 245-6
 Luxembourg e Montparnasse 243-4
 Provins 247
 Tuileries, Opéra e Montmartre 240
 Versailles 246
Bemelmans, Ludwig 66
Bercy Village 40, 199
Bergerie Nationale (Rambouillet) 224
Berthillon 13, 61
Bertin, Julien 155
BHV 33
bicicletas **22**, 23
 Tour de France 15
Bièvre, rio 49
Bike About Tours 23
bistrôs 36
Blandy-les-Tours, Château de **235**
Bleriot, Louis 229
BmiBaby 18, 19
Bois de Boulogne 13, 46
 andar de bicicleta no 22
 Fête au Bois de Boulogne 16
Bois de Vincennes 11, 13, 46, 199, **204**
 andar de bicicleta no 22
 Cirque Pinder 44-5
 Foire du Trône 14
bolos 37, 39
bombeiros 31, 33
bondes **20**
bonecas
 Musée de la Poupée **88**
Bonpoint 42
Bonpoint Stock 41, 43
Bonton 42
Bourdelle, Antoine 154
 Musée Antoine Bourdelle **193**
Braque, Georges 147
Brassens, Georges 215
brasseries 36
Bread and Roses 11, 184
Brentano's 41, 43
British Airways 18, 19
Brown, Dan 191
Brunhoff, Jean de 66
Bruno Lienard 42, 43
Budget (aluguel de carro) 23

A–C | 275

C

cabeleireiros 42, 43
café 38, 113, 173
Café d'Edgar 44, 45
Café de Flore 166
Café Indiana 37, 39
Café le Notre 39
Café Renard 100
cafés 37, 39
　Arco do Triunfo e arredores 135
　Centre Pompidou e arredores 80
　Château de Versailles 222
　Conciergerie e arredores 71
　Disneyland® Paris 232
　Fontainebleau 237
　Jardin d'Acclimatation e arredores 211
　Jardin du Luxembourg e arredores 191
　Les Invalides e arredores 161
　Musée de Cluny e arredores 177
　Musée des Arts et Métiers e arredores 87
　Musée d'Orsay e arredores 170
　Musée Grevin e arredores 117
　Notre-Dame e arredores 65
　O Louvre e arredores 106
　Palais de Chaillot e arredores 145
　Panthéon e arredores 189
　Parc Astérix 226
　Parc de la Villette e arredores 203
　Place des Vosges e arredores 93
　Sacré-Coeur e arredores 122
　St.-Germain-des-Prés 165, **172-3**
　Torre Eiffel e arredores 155
caixa automático 31
câmbio 31
caminhada **21**
　nas margens do Sena 29
　passeios guiados a pé 23
camping
　Versalhes 246
Camus, Alfred 172
Canal de l'Ourcq 15, 199, 203
Canal St.-Martin 198, 203
Canauxrama 29
Carlos IX, rei 73
Carlos Magno, imperador 50, 106
　estátua de 60, **66**
Carlos Martel, rei dos francos 50
Carlos V, rei 70
Carlos VII, rei 111
Carlos X, rei 52, 97, 181
Carlos, o Belo, rei 50
Carlos, o Calvo, rei 106
Carlos, o Simples, rei 73
Carnaval de Paris 17
Carrefour City 38, 39, 43
carros
　dirigir em Paris **21**
　dirigir até Paris **19**
　passeios guiados 22, 23
　aluguel 21, 23
　estacionamento **22**
　segurança nas estradas 31
Carrousel du Louvre 40
Carte Bleu 31, 33
　cartões de crédito 31
　perda ou roubo 33
　cartões de débito 31
　casas de câmbio 31
Catacombes 48, 83, 192, 197, **214**, 215
Catarina de Médici 73, 109
catedrais ver igrejas e catedrais
Catedral St.-Alexandre Nevsky 41
Catelan, Arnould de 211
Cavaleiros Templários 76, 87
cavalos
　Academia Bartabas de Artes Equestres 223
　corridas de cavalos 15
　Horse Dreams (Fontainebleau) 237
　passeios de carruagem 22, 23
Caveau des Oubliettes 179
cédulas de dinheiro 31
cemitérios
　Catacombes 48, 192, 197, **214**, 215
　Cimetière de Passy 147
　Cimetière de Montmartre **126**
　Cimetière du Montparnasse 183, 185, 192, 214
　Cimetière du Père Lachaise 198, 199, **204**
Centre Pompidou 12, 75, 71, 77, **78-81**, 82, 87
Centro de Turismo e Convenções de Paris 34
Cézanne, Paul 108, 171, 185
Chagall, Marc 77, 81, 89, 192, 193, 228
Chama da Liberdade 25
chambres d'hôtes 35
Champ-de-Mars 16, **46**, **156**
Champollion, Jean François 107
Champs-de-Mars 149, 150, 151, 155, 161
Champs-Élysées 11, **128-33**
　hotéis 240-2
　compras 40
Chantelivre 41, 43
Chapelle Notre-Dame de la Médaille Miraculeuse 163
Chaplin, Charlie 111
Château d'Auvers 228
Château de Blandy-les-Tours **235**
Château de Malmaison 199, **212**
Château de Rambouillet 224
Château de Thoiry 224
Château de Vaux-le-Vicomte 14, **234-5**
Château de Versailles 11, 12, 13, 217, **220-3**
　Como chegar 20
Château de Vincennes 205
Chauffeur Services Paris 23
chegar de avião **18-9**
chegar de trem **19**, **20**
Chez Clément 37
　aulas de culinária 39
Childeberto I, rei dos francos 172
Chirac, Jacques 53
chocolate 39
Choco-Story 117
Choltitz, general Dietrich von 53, 194
Chopin, Frédéric 140
ciclismo **22**, 23
　Tour de France 15
Cimetière de Montmartre **126**
Cimetière de Passy 147
Cimetière du Montparnasse 183, 185, 192, 214
Cimetière du Père Lachaise 198, 199, **204**
cinema **44**, 45
　Aquarium de Paris – Cinéaqua 11, 107, 129, 131, 144
　La Cinaxe 202
　La Cinémathèque Française 44, 45, 205
　Le Cinéma en Plein Air 16
　Les Etoiles du Rex 117
　Walt Disney Studios® 230, 233
circo **44-5**
　Cirque d'Hiver Bouglione 44, 45
　Cirque Diana Moreno Bormann 44, 45
　Cirque Pinder 44-5, 205
　Le Cirque de Paris 45
Citadines 35
Cité de l'Architecture et du Patrimoine 131, 144
Cité de la Musique 45, 202
Cité des Enfants 12, 198, 202
Cité des Sciences et de l'Industrie 12, 197, 198, 202
Cité Nationale de l'Histoire de l'Immigration 205
Citroën, André 212, 214
Cityrama 23
Claudel, Camille 162
Clemenceau, Georges 67, 223
clima 33
Clouet, Jean 105

Índice

Clovis, rei dos francos 50
códigos de discagem 32, 33
cogumelos 49, 215
Colette 42
Comédie Française **112**
comida e bebida **36-9**
comida vegetariana 37
Como Chegar, Como Circular **18-23**
    de avião **18-9**
    de ônibus 18, **20**
    ônibus de longa distância **19**
    passeios de barco e ônibus fluvial **28-9**
    metrô **20-1**, 49
    trem **19**, **20**
    patins **22**, 23
    táxi **21**, 23
    passagens **21**
    bonde **20**
compras **40-3**
    Arco do Triunfo e arredores 135
    Centre Pompidou e arredores 81
    Château de Versailles 223
    comida e bebida 38
    Conciergerie e arredores 71
    Disneyland® Paris 232-3
    Fontainebleau 237
    horários de funcionamento 32, 40
    Jardin du Luxembourg e arredores 191
    Les Invalides e arredores 161
    Musée de Cluny e arredores 177
    Musée des Arts et Métiers e arredores 87
    Musée d'Orsay e arredores 170
    Musée Grevin e arredores 117
    Notre-Dame e arredores 65
    Palais de Chaillot e arredores 145
    Panthéon e arredores 189
    Parc Astérix 227
    Parc de la Villette e arredores 203
    Place des Vosges e arredores 93
    Sacré-Coeur e arredores 123
    Torre Eiffel e arredores 155
comunicações 32
Conciergerie 27, 59, 60, 61, **70-1**
confeitarias 39
consulados 33
Continental 18, 19
Coquelicot 100
correios 32
    Musée de la Poste 183, 194
Cotte, Robert de 160
Cour d'Honneur 151
Cour du Mûrier 173
Course des Garçons de Café 15
crêperies 36
crime 31
Crypte Archéologique 48, 59, 65, 177
cubismo 95
Curie, Marie 68, 185, 188
    Musée Curie 184, 189
Curie, Pierre 189

D

Dagoberto, rei 206
Dalí, Salvador 125
    Espace Dalí 101, **124**
Dalloyau 38, 129, 131
dança 44
Danton, Georges Jacques 55, 70, 214
Daudet, Alphonse 92
Daumier, Honoré 170
David, Jacques-Louis 107, 212
Debauve & Gallais 39
Debussy, Claude Achille 147
Degas, Edgar 126, 171
Delacroix, Eugène 191
    Musée Eugène Delacroix 167, **173**
delicatéssens 38, 39
Delta 18, 19
Denis, St. 123, 124, 206
Descartes, René 172
Deschanel, Paul 139
Desmoulins, Camille 112
Dévigne, Roger 68
Dia da Bastilha 15
Diana, princesa de Gales 25, 111
Dimanches au Galop 15
dinheiro 31
dirigir em Paris **21**
Disney® Store 131
Disney, Walt 230, 231
Disneyland® Paris 16, 217, **230-3**
    Como Chegar 20
    hotéis 247
Donatello 106
Dreyfus, Alfred 162, 163
Drugstore Publicis 10, 129
Du Pareil au Même 41, 43
Dufy, Raoul 146
Dumas, Alexandre 92, 93, 126, 139, 173, 188

E

Easy Dream 23
easyCar 23
École Militaire 151, **162**
École Nationale Supérieure des Beaux-Arts 167
Ecran des Enfants 44, 45
Eduardo III, rei da Inglaterra 50-51
Eduardo VII, rei da Inglaterra 111
Eglise du Dôme 25, 160
Eiffel, Gustave 147, 154
electricidade 33
embaixadas 33
emergência médica 31, 33
enchentes 25
Entrée des Fournisseurs 40, 43
entretenimento **44-5**
EOL 40, 43
Eric Kayser 185
esgotos
    Les Egouts 49, 149, 150, **157**
Espace Dalí 101, 124
Espace Léopold-Bellan 45
Espace Rambouillet 224
esportes
    Palais Omnisports 199
    Parc des Princes 211
    Stade de France 199, **207**
    Stade Roland Garros 15, 199, 211
Esquisse 40, 43
estacionar carro **22**
Estátua da Liberdade **213**
Etang de St.-Cucufa 212
etiqueta 33
Eugénie, imperatriz 106
Eurolines 19
Europa **126**
Europcar 23
European Health Insurance Card (EHIC) 30, 33
Euros 31
Eurostar 19
Eurotúnel 19
Exposition Universelle (1900) 136, 137, 146, 154

F

Famillathlon 16
farmácias 30, 33 Pharmacies de Gare 33
Fat Tire Bike Tours 23
Fauchon 13, 38, 131, 139
feiras e mercados 13, 38, 39, 42
    Marché aux Fleurs et aux Oiseaux 61, **67**
    Marché aux Puces de St.-Ouen 42, 197, **206**
    Marché aux Puces de Vanves 197, **215**
    Marché aux Timbres 40, 131
    Marché Président Wilson 38
    Marché Raspail 38
    Marché Serpette 206
Felipe Augusto, rei 50, 97, 235
Les Halles 82
Louvre 26
muralhas da cidade 76, 189

Felipe de Orléans, duque
   de Chartres 140
Felipe de Valois 50-1
Felipe, o Belo, rei 27, 70, 87,
   211
feriados
   feriados públicos 17
   férias escolares 17
feriados 17
férias escolares 17
festivais **14-7**
Festival Coulée Douce 44, 45
Festival d'Automne 16
Fête au Bois de Boulogne 16
Fête de la Musique 15, 45
Fête de la Science 16
Fête des Rois 17
Fête des Tuileries 15
Fête des Vendanges 16
Fête du Miel 16
Fête du Pain 15
filme *ver* cinema
Flamel, Nicolas 88, 89
flores
   Marché aux Fleurs et aux
   Oiseaux 61, **67**
florestas de Fontainebleau 237
FNAC 42, 185
FNAC Éveil & Jeux 131
FNAC Junior 41, 184
Foch, marechal Ferdinand 144,
   151
Foire du Trône 14
Fontaine de l'Observatoire 190,
   191
Fontaine Igor Stravinsky 77
Fontaine Médicis 190
Fontainebleau 13, 217, **236-7**
   hotéis 247
Forêt d'Ermenonville 227
Forum des Images 44, 45
Foucault, Léon 188
Fouquet, Nicolas 234, 235
France Miniature 223, 225
François I, rei 51, 105, 236
Franprix 38, 39
French Adventures 23
furto 31
fuso horário 33
futebol
   Parc des Princes 211
   Stade de France 199, **207**

G

Gainsbourg, Serge 192
galerias *ver* museus e galerias
Galeries Lafayette 14, 38, 42,
   43, 101
Galliéra, duquesa Maria de
   Ferrari 147
Gamerin, André Jacques 141
Gare d'Austerlitz 19
Gare Montparnasse 193

Gare Routière Internationale de
   Paris-Gallieni 19
Garnier, Charles 118, 119, 190
Gaulle, Charles De 53, 130, 135
Genoveva, Santa, 51, 189, 199
George V (hotel)
   aulas de culinária 39
Gepetto et Vélo 23
Géricault, Théodore 107
girondinos 70
Giscard d'Estaing, Valéry 53
Good Morning Paris 35
gorjetas em hotéis 35
Grace, princesa de Mônaco
   147
Grand Palais **136**
Grand Trianon, Château
   de Versailles 221
Grévin, Alfred 117
Guardian Exchange 35
Guerra dos Cem Anos
   (1337-1453) 51, 111, 235
Guignol au Parc Floral 47
Guignol de Paris 47
Guignol du Jardin
   d'Acclimatation 47
Guignols des Champs-Élysées
   47
Guilherme de Aquitânia 214
Guilhotina, Dr 55
Guimard, Hector 125
Guimet, Emile 146

H

Hameau de la Reine, Château
   de Versailles 221
Haussmann, barão Georges
   Eugène 52, 101, 119, 134,
   140
Europa 126
Les Egouts 157
Les Grands Boulevards 118
Parc de la Villette 199
Parc des Buttes-Chaumont
   199
Parc Montsouris 199
Hédiard 13, 38, 130, 139
Heloísa 68
Hemingway, Ernest 111, 172,
   191
Henrique IV, rei 51, 60, 109
   assassinato 69
   Fontainebleau 236
   Hôtel de Sully 76
   massacre do Dia de São
   Bartolomeu 73
   Place Dauphine 71
   Pont des Arts 73
   Place des Vosges 92
   Pont Neuf 72
   Square du Vert Galant 61,
   72
   túmulo 207

Henrique V, rei da Inglaterra
   205
Hertz 23
Hipopótamos 37, 39
história **50-5**
Hitler, Adolf 53, 145, 154
hobbies, compras 40
Home Link 35
horários de funcionamento 32
   bancos e casas de câmbio 31,
   32
   lojas 32, 40
hospedagem **34-5, 238-57**
hotéis **34-5, 238-57**
   baby-sitters 33
   Beaubourg e o Marais 238-9
   Champs-Élysées e Trocadéro
   240-2
   Disneyland® Paris 233, 247
   Fontainebleau 247
   fora do centro da cidade 245
   Île de la Cité, Île St.-Louis
   e arredores 238
   Luxembourg e Montparnasse
   243-4
   Parc Astérix 247
   Rambouillet 247
   St.-Germain e Quartier Latin
   242-3
   Torre Eiffel e Les Invalides 242
   Tuileries, Opéra e Montmartre
   239-40
   Versalhes 246
   vistas do rio 29
Hotéis Accor 12, 34
Hotéis All Seasons 35
hotéis Novotel 34, 35
Hôtel Bristol 13
Hôtel de Sully 76, 92
Hôtel de Ville 15, 17, 61, **69**
Hôtel des Invalides 151
Hôtel Matignon 151
Hôtel Plaza Athénée 130
Hôtel Shangri-La 37
Hugo, Victor 93
   Corcunda de Notre-Dame 61,
   64, 65
   Os miseráveis 76, 157
   Place des Vosges 75, 76, 92
Quartier Latin 167
St.-Germain-des-Prés 173
túmulo 188

I

Iberia 18, 19
Ibis 35
Igreja Americana em Paris 33
Igreja do Dôme 25, 160
Igrejas e catedrais
   Basílique St.-Denis **206-7**
   Basílique Ste.-Clotilde 163
   Catedral St.-Alexandre
   Nevsky **141**

Igrejas e catedrais (cont.)
  Chapelle Notre-Dame de la
    Médaille Miraculeuse 163
  Eglise du Dôme 25, 160
  La Madeleine 139
  Notre-Dame 10, 11, 12, 13,
    15, 27, 59, 60, **62-5**, 155, 177
  Panthéon 48
  Sacré-Coeur 11, 13, 14, 99,
    100, **120-3**
  Sainte-Chapelle 60, 67, **72**
  St.-Etienne-du-Mont 189
  St.-Germain l'Auxerrois 60, **73**
  St.-Germain-des-Prés 166,
    167, **172**
  St.-Sulpice 191
Île aux Cygnes 24
Île de la Cité 27, **58-73**
  hotéis 238
Île St.-Louis 10, 11, 12, 27, 59,
  61, **68**
  hotéis 238
impressionistas
  Auvers-sur-Oise 217, **228**
  Musée Marmottan-Claude
    Monet 211
  Musée de l'Orangerie **108-9**
  Musée d'Orsay **168-71**
informação turística 32, 33
Institut du Monde Arabe 44, 45,
  165, 167, 178
internet 32
inverno em Paris **16-7**
Irish Ferries 19
irmãos Montgolfier 141, 229
Isabel Marant 41, 43
Ixair 23

J

jacobinos 55
Jacquemart, Nélie 140, 141
Jardin Atlantique 185, 194,
  195
Jardin Catherine Labouré 162
Jardin d'Acclimatation 11, 46,
  197, 199, **208-11**
Jardin d'Anne Frank 88
Jardin de l'Hôtel Sale 95
Jardin des Champs-Élysées 108,
  135, 136
Jardin des Plantes 34, **46**, 165,
  167, **180**, 181
Jardin des Tuileries 12, 15, 26,
  46, 99, 100, 101, 106, **108**,
  111, 117, 119, 138, 161, 170
Jardin du Luxembourg 11, 12,
  16, **46**, 173, 183, 184, 185,
  186, **190-1**, 207
Jardin du Palais Royal 112
Jardin du Port de l'Arsenal 93
Jardin Tino Rossi 177
Jardins du Trocadéro 145
jardins ver parques e jardins

Jean Sans Peur 83
Jadis et Gourmande 39, 77
Joana d'Arc 50, 111, 122
  estátua de **110**
João Casimiro, rei da Polônia 172
jornais 32
Joséphine, Imperatriz
  Château de Malmaison 212
  Musée Galliéra 147
  Parc de Bois Preau 212
  Place Vendôme 111
Journées du Patrimoine 16
judeus
  Mémorial de la Shoah 76, **96**
  Musée d'Art et d'Histoire du
    Judaïsme 77, **89**
  Rue des Rosiers **96**
Juliano, imperador 50
Júlio César 50, 226, 227
Júlio II, papa 106

K

Kiosque Théâtre 45

L

L'Argonaut 202
L'Eté du Canal 15
L'Open Tour 22, 23
L'Ours du Marais 43
La Closerie des Lilas 185
La Coupole 185, 193
La Cure Gourmande 39
La Défense 199, 211
La Fontaine, Jean de 81, 214
La Fosse, Charles de 151
La Géode 44, 45, 202
"La Goulou" 126
La Grande Epicerie 39, 185
La Grande Récré 43
La Grande Volière 210
La Madeleine 139
La Maison de Kiso 210
La Maison de l'Astronomie 40,
  43
La Maison du Cerf Volant 40, 43
La Maison Stohrer 77
La Nuit Blanche 16
La Nuit des Musées 15
La Petite Ferme 210
Labouré, Catherine 163
Ladurée 13, 37, 39, 129
Lafayette Gourmet 38, 39
Lamuse 45
Lavoisier, Antoine-Laurent de 86
Le Bal Grenadine 124
Le Bon Marché 38, 42, 43, 163,
  183, 185
Le Corbusier 145
Le Double Fond 93
Le Grand Rex 44, 45
Le Jardin de Séoul 210
Le Jules Verne 150

Le Mur de la Paix 151, 156
Le Nôtre, André
  Château de Blandy-les-Tours
    235
  Château de Versailles 220
  Jardin des Tuileries 108
  Vaux-le-Vicomte 234
Le Parc Zoologique de Thoiry
  224-5
Le Point-Virgule 44, 45
Le Printemps des Rues 44, 45
Le Saint Lambert 44, 45
Le Saut de Loup 100
Le Théâtre du Jardin 210
Le Vau, Louis 234
Le Zèbre de Belleville 45
Leclerc, marechal 185, 194
Léger, Fernand 147
Lênin 214
Leonardo da Vinci 104
Leroux, Gaston 119
Les Batignolles **127**
Les Cars Rouges 22, 23
Les Deux Magots 166
Les Editeurs 167
Les Egouts 49, 149, 150, 157
Les Etoiles du Rex 117
Les Grands Boulevards **118**
Les Halles **82**
Les Invalides 11, 12, 149, **158-61**
  hotéis 242
Les Passages 40, 99, 101, 118
Les Pestacles 15
Les Petites 41, 43
Lindbergh, Charles 229
livrarias 40-1, 43
lojas
  artesanato 40, 43
  brinquedos 42-3
  calçados 41
  departamentos 42, 43
  DVDs 42
  games 42
  "lifestyle" 42
  suvenires 42
Louvre, Musée du 10, 11, 12,
  26, 99, 100, 101, 102-7, 211
Lufthansa 18, 19
Luís Felipe, rei 52
Luís IX, São
  Abbaye de Royaumont 228
  Bois de Vincennes 204
  Notre-Dame 64
  relíquias 65
  Sainte-Chapelle 60, 72
Luís XIII, rei 51
  estátua de 92
  Île St.-Louis 68
  Jardin des Plantes 180
  nascimento 237
  Place Dauphine 72
Luís XIV, rei 51
  Château de Versailles 220-2
  Comédie Française 112

I–M | 279

Luís XIV, rei (cont.)
  Île aux Cygnes 213
  Les Invalides 160
  Palais Royal 112
  Place Vendôme 111
  Vaux-le-Vicomte 234, 235
Luís XV, rei 51
  Château de Versailles 223
  École Militaire 162
  Fontainebleau 236
  Panthéon 188
Luís XVI, rei 51
  Champ-de-Mars 156
  execução 55, 138, 139
  Revolução Francesa 54-5
  túmulo 207
Luís XVII, rei 52, 207
Luís XVIII, rei 52
Lumière, Auguste e Louis 203
Lustig, Victor 155
Luxembourg 182-95
  hotéis 243-4

M

Ma Babysitter Paris 33
magia
  Musée de la Magie 96
Maison de Radio France 24
Maje 41, 43
Malmaison, Château de 199, **212**
Manet, Edouard 127, 147, 171
mapas
  Arco do Triunfo e arredores 132-3
  Centre Pompidou e arredores 78-9
  Jardin d'Acclimatation e arredores 208-9
  Les Invalides e arredores 158-9
  Musée de Cluny e arredores 174-5
  Musée des Arts et Métiers e arredores 84-5
  Musée d'Orsay e arredores 168-9
  Musée Grevin e arredores 114-5
  Notre-Dame e arredores 62-3
  O Louvre e arredores 102-3
  Palais de Chaillot e arredores 142-3
  Panthéon, Jardin du Luxembourg e arredores 186-7
  Parc de la Villette e arredores 200-1
  Paris vista do rio Sena 24-7
  passeios de um dia partindo de Paris 218-9
  Place des Vosges e arredores 90-1
  Sacré-Coeur e arredores 120-1
  Torre Eiffel e arredores 152-3

Marais 68, 75, 81
  hotéis 238-9
  compras 40
Marat, Jean-Paul 55, 116
maratona 15
maratona internacional de Paris 15
Marché aux Fleurs et aux Oiseaux 61, **67**
Marché aux Puces de St.-Ouen 42, 197, **206**
Marché aux Puces de Vanves 197, **215**
Marché aux Timbres 40, 131
Marché de la Porte de Vanves 42
Marché Edgar Quinet 38, 42, 185
Marché Président Wilson 38
Marché Raspail 38
Marché Serpette 206
Margem Esquerda **164-81**
  hotéis 242-3
Marguerite de Valois 73
Maria Antonieta, rainha 71
  Château de Rambouillet 224
  Château de Versailles 217, 221
  Conciergerie 60, 70
  execução 55, 138, 139
  Musée Galliéra 147
  Revolução Francesa 54-5
  Théâtre des Automates 86
  túmulo 207
Maria de Médici, rainha 190, 237
Marie Amélie, rainha 127
Marie Leczinska, rainha 236
Marina de Paris 29
Marionettes de Champs-de--Mars 150, 156
Marionnettes de Montsouris 47
Marionnettes du Luxembourg 47
massacre do Dia de São Bartolomeu (1572) 51, 73
MasterCard 31, 33
Matisse, Henri 108, 146, 147, 170
Maupassant, Guy de 119, 192, 214
Mazerole, Alexis-Joseph 82
mel
  Fête du Miel 16
Mémorial de la Shoah 76, **96**
Mémorial des Martyrs de la Déportation 65
Mémorial du Maréchal Leclerc de Hauteclocque 194
Ménagerie 46, **181**
mercados de pulgas
  Marché aux Puces de St.-Ouen 42, 197, **206**
  Marché aux Puces de Vanves 197, **215**
Merci 77
Mercure 35

metrô **20-1**, 49
Meyer, Arthur 117
Michelangelo 106
mídia 32
Miller, Henri de 83
Millet, Jean-François 237
Miró, Jean 151
Mitterand, François 53, 199
Modigliani, Amedeo 77, 89, 147, 193
moedas 31
Molay, Jacques de 72
Molière 112
Mon Premier Festival 16, 44, 45
Mona Lisa 104, 105
Moncey, Maréchal de 127
Monet, Claude 126
  Musée de l'Orangerie 101, 108
  Musée d'Orsay 171
  Musée Marmottan-Claude Monet 211
Monop' 38, 39
Monoprix 38, 39, 40, 41, 43
Montmartre 99, 101, 120, 123
  hotéis 239-40
Montparnasse **182-95**
  hotéis 243-4
Moore, Henry 151
Moret-sur-Loing 237
Morlay, Jacques de 87
Morrison, Jim 204
Moulin Rouge 123
Moulin, Jean 185, 194
Muses et Musées 23
museu de cera
  Musée Grevin 99, **114-7**
Museus e galerias
  Auvers-sur-Oise 217, 228
  Centre Pompidou 12, 71, 75, 77, **78-81**, 82, 87
  Choco-Story 117
  Cité de la Musique 202
  Cité de l'Architecture et du Patrimoine 131, 144
  Cité des Enfants 12
  Cité des Sciences et de l'Industrie 12, 197, 198, 202
  Conciergerie 59, 60, 61, **70-1**
  Crypte Archéologique 48, 59, 65, 177
  Espace Dalí 101, **124**
  Grand Palais **136**
  horários de funcionamento 32
  Institut du Monde Arabe 165, 167, 178
  La Nuit des Musées 15
  L'Argonaut 202
  Louvre 10, 11, 12, 99, 100, 101, **102-7**
  Mémorial de la Shoah 76, **96**
  Mémorial du Maréchal Leclerc de Hauteclocque 194

280 | Índice

Museus e galerias (cont.)
Musée Antoine Bourdelle 185, **193**
Musée Carnavalet 75, 76, 77, 93, **94**
Musée Cernuschi 140
Musée d'Art et d'Histoire du Judaïsme 77, **89**
Musée d'Art Moderne **146**, 147
Musée de Cluny 165, 167, **174-7**
Musée de la Chasse et de la Nature 88
Musée de la Magie 96
Musée de la Marine 131, 144
Musée de la Mode 110
Musée de la Poste 183, **194**
Musée de la Poupée **88**
Musée de la Préfecture de Police 178
Musée de la Publicité 110
Musée de la Sculpture en Plein Air 177, 181
Musée de la Ville de Paris 33
Musée de l'Air et de l'Espace **229**
Musée de l'Armée 151, 160
Musée de l'Homme 131, 144
Musée de l'Orangerie 101, **108-9**
Musée de L'Ordre de la Libération 151, 160
Musée de Montmartre **124**, 126
Musée des Arts Décoratifs 101, **110**
Musée des Arts et Métiers 75, 77, **84-7**
Musée d'Orsay 11, 12, 26, 165, 167, **168-71**
Musée du Luxembourg 190
Musée du Montparnasse 193, 215
Musée du Panthéon Bouddique 146
Musée du quai Branly 149, 151, **156**
Musée en Herbe 12, **113**
Musée Eugène Delacroix 167, **173**
Musée Galliéra 131, **147**
Musée Grevin 99, **114-7**
Musée Guimet 129, 131, **146**
Musée Jacquemart-André 131, **140**, 141
Musée Jean Moulin 194
Musée Marie Curie 184, 189
Musée Marmottan-Claude Monet 211
Musée Napoleon d'Art et d'Histoire Militaire (Fontainebleau) 237
Musée National d'Art Moderne 77, 80

Museus e galerias (cont.)
Musée Nissim de Camondo 140
Musée Pasteur 183, 185, **195**
Musée Picasso 77, **95**
Musée Rambolitrain (Rambouillet) 224
Musée Rodin 149, 150, 151, **162**, 171
Musée Zadkine 185, **192**
Musées des Plans-Reliefs 151, 160
Muséum National d'Histoire Naturelle 165, 167, **180-1**
Palais de la Découverte 131, 135, **137**
Palais de Tokyo 131, **146**, 147
Paris Story 108
Petit Palais 131, 135, **136**
música **45**
Cité de la Musique 202
Fête de la Musique 15
Les Pestacles 15

N

Napoleão I, imperador 51, 55, 213
Arc de Triomphe du Carrousel 104, 108
Arco do Triunfo 130, 134
baguetes 161
Canal de l'Ourcq 203
Château de Malmaison 212
Château de Rambouillet 224
Cimetière du Père Lachaise 199
coroação 107
École Militaire 151, 162
Fontainebleau 236
La Madeleine 139
Les Invalides 11, 12, 151
Musée Carnavalet 94
Notre-Dame 64
Palais de l'Élysée 138
Place de la Bastille 97
Place Vendôme 111
Rue de Rivoli 101, 109
túmulo 145, 160
Napoleão III, imperador 52, 119, 199, 210
Natal 16-7
Nature et Découvertes 40
Nerval, Gérard de 113
Nicholas II, czar 136
Nijinsky, Vaslav 126
Not a Tourist Destination 22, 23
Not So Big 42
Notre-Dame 10, 11, 12, 13, 27, 59, 60, **62-5**, 155, 177
Fête du Pain 15
missas de Natal 17

O

O código Da Vinci 105, 191
Obelisco, Place de la Concorde 138
Odin, Guido e Samy 88
Office du Tourisme et des Congrès de Paris 32, 33, 45
Oise, rio 228
ônibus **20**
 aeroporto 18
 passeios guiados **22**, 23, 235
ônibus de longa distância **19**
ópera 44
Opéra Garnier 12, 44, 45, 49, 100, 101, **119**
Opéra National de Paris Bastille 45
Orléans, Louis d' 83
Orléans, Louis Philippe, duque de 112
Orlybus 18
Orlyval 18-9
outono em Paris **16**, 17

P

P&O 19
Paillard-Villeneuve, Adélaïde 204
Pain d'Epices 43
Palácio do Élysée 13, 16, 130, **138**, 139
Palácio Shang 37
Palais de Chaillot 24, **142-5**
Palais de l'Élysée 13, 16, 130, **138**, 139
Palais de la Découverte 131, 135, **137**
Palais de Tokyo 131, **146**, 147
Palais du Luxembourg 183, 190
Palais Omnisports 199, 205
Palais Royal 101, 107, **112**, 118
Panthéon 48, 183, 184, 185, **186-9**, 191
pão 39
Parc André Citroën 13, 47, 197, 199, **212-3**
Parc Astérix 217, **226-7**
 hotéis 247
Parc de Bercy 47, 199, **205**
Parc de Bois Preau 212
Parc de la Villette 12, 16, 44, 45, 47, 198, 199, **200-3**, 204
Parc des Buttes-Chaumont 47, 197, 198, 199
Parc des Princes 211
Parc Martin Luther King 127
Parc Monceau **46**, 117, 131, 135, **140**, 141
Parc Montsouris 47, 199, **214**
Paré, Ambroise 67
Paris à Vélo C'est Sympa! 23
Paris Authentic 22, 23

Paris Bus Service 23
Paris Calèches 23
Paris Canal Company 29
Paris com pouco dinheiro no bolso 12
Paris Connection 29
Paris d'Enfants 23
Paris Euroscope 23
Paris Kid 23
Paris Story 108
Paris subterrânea **48-9**
Paris Trip 23
Paris Vision 23
Paris vista do rio Sena **24-7**
Paris vista do alto 13
Paris Walking Tours 23
Paris-Plages 13, 15, 59, 61, 65, **68**, 71, 203
Parisphile 23
Parkings de Paris 19, 23
Parmentier, Antoine Augustin 161
parques de diversões
  Aquaboulevard 212
  Disneyland® Paris 16, 217, **230-3**
  Jardin d'Acclimatation 11, 46, 197, 199, **208-11**
  Parc Astérix 217, **226-7**
Parques e jardins **46-7**
  Bois de Boulogne 13, 46
  Bois de Vincennes 11, 13, 46, 199, 204
  Champ-de-Mars 46, 149, 150, 151, 155, 156, 161
  Château de Malmaison 199, 212
  Cour du Mûrier 173
  Fontainebleau 236-7
  France Miniature 223, 225
  Jardin Atlantique 185, 194, 195
  Jardin Catherine Labouré 162
  Jardin d'Acclimatation 197, 199, 208-11
  Jardin d'Anne Frank 88
  Jardin de l'Hôtel Sale 95
  Jardin des Champs-Élysées 108, 135, 136
  Jardin des Plantes 46, 165, 167, 180, 181
  Jardin des Tuileries 12, 26, 46, 99, 100, 101, 106, 108, 111, 117, 119, 138, 161, 170
  Jardin du Luxembourg 11, 12, 16, 46, 173, 183, 184, 185, 186, 190-1, 207
  Jardin du Palais Royal 112
  Jardin du Port de l'Arsenal 93
  Jardin Tino Rossi 177
  Jardins du Trocadéro 46, 145
  Le Jardin de Séoul 210
  Musée de Cluny 177
  Musée du quai Branly 156

Parques e jardins (cont.)
  Parc André Citroën 13, 47, 197, 199, 212-3
  Parc Astérix 217, 226-7
  Parc de Bercy 47, 199, 205
  Parc de Bois Preau 212
  Parc de la Villette 12, 16, 44, 45, 47, 198, 199, 200-3, 204
  Parc des Buttes-Chaumont 47, 197, 198, 199
  Parc Martin Luther King 127
  Parc Monceau 46, 117, 131, 135, 140, 141
  Parc Montsouris 47, 199, 214
  Place Dauphine 71, 72
  Place des Vosges 75, 76, 90-3
  Square Berlioz 126
  Square d'Ajaccio 161
  Square de Montholon 117
  Square des Batignolles 127
  Square du Temple 87
  Square du Vert Galant 10, 72
  Square Georges Cain 94
  Square Henri Galli 97
  Square Jehan Rictus 125
  Square Léopold Achille
  Square Louis XVI 139
  Square Suzanne Buisson 124
parques safári
  Le Parc Zoologique de Thoiry **224-5**
parques temáticos
  Aquaboulevard 212
  Disneyland® Paris 16, 217, **230-3**
  Jardin d'Acclimatation 11, 46, 197, 199, **208-11**
  Parc Astérix 217, **226-7**
Pascal, Blaise 86
Passage Brady 77
Passage de Grand Cerf 87
passagens, viagem **21**
passaporte 30
  roubo 31
pássaros
  La Grande Volière 210
  Marché aux Fleurs et aux Oiseaux **67**
passeios de barco
  canais 29
  rio Sena **28-9**
passeios de carruagem 22, 23
passeios de helicóptero 22, 23
passeios guiados **22**, 23
passeios no canal 29
Passerelle des Arts 26
Passerelle Simone de Beauvoir 199
Pasteur, Louis
  Musée Pasteur 183, 185, 195
patinação **22**, 23
patinação no gelo
  Place de l'Hôtel de Ville 17, 65
  Tour Montparnasse 192

pedreiras 48
Pei, I M 104
Pêndulo de Foucault 86
Pepino, rei dos francos 66
Perrault, Charles 108, 109, 214
Pétain, marechal 53, 135
Petit Bateau 41, 43
Petit Palais 130, 131, 135, 136
Petit Pan 41, 43
Petit Pont 60, 66
Petit Trianon, Château de Versailles 221
Piaf, Edith 204
Piano, Renzo 80
Picabia, Francis 126
Picasso, Pablo 125, 172, 193
  estátua de Guillaume Apollinaire 167
  pintura roubada 147
  mural da Unesco 151, 156
  Musée Picasso 77, 95
piscinas
  La Piscine Pontoise 177
  Piscine Jean Taris 189
  Piscine Joséphine Baker 181
  Piscine St.-Germain 172
  Piscine Jean Taris 189
  Piscine Joséphine Baker 181
  Piscine Pontoise 177
  Piscine St.-Germain 172
Pissarro, Camille 228
Place Adolphe Chérioux 195
Place Dauphine 61, 71, 72
Place de l'Hôtel de Ville 65
Place de la Bastille 75, 76, 93, 97
Place de la Concorde 15, 130, 138
Place de la Madeleine 13, 38, 139
Place des Vosges 75, 76, 90-3
Place du Tertre 124
Place Gambetta 17
Place Igor Stravinsky 82
Place Vendôme 101, 111
Playmobil Funpark 223
Plaza Athénée 3
Poilâne 39, 184, 185
Poincaré, Raymond 139
polícia 31, 33
  Musée de la Préfecture de Police 178
Pompidou, Georges 53, 69
  Centre Pompidou 80
  Île St.-Louis 68, 69
  Périphérique 199
Pompon, François 170
Pont Alexandre III 25, 130, 136, 161
Pont au Double 66
Pont Bir-Hakeim 24
Pont de Grenelle 24
Pont de l'Alma 25
Pont de la Concorde 24, 26

282 | Índice

Pont de la Tournelle 27
Pont de Sully 26
Pont des Arts 12, 73, 107
Pont Neuf 26, 59, 60, 72
pontes
  Passerelle des Arts 26
  Passerelle Simone de Beauvoir 199
  Petit Pont 60, **66**
  Pont Alexandre III 25, 130, **136**, 161
  Pont au Double 66
  Pont de l'Alma 25
  Pont des Arts 12, 73, 107
  Pont Bir-Hakeim 24
  Pont de la Concorde 24, 26
  Pont de Grenelle 24
  Pont Neuf 26, 59, 60, **72**
  Pont de Sully 26
  Pont de la Tournelle 27
portadores de deficiências 32-3
Porte St.-Denis 87
Powell, Bud 172
praia, Paris-Plages 13, 15, 59, 61, 65, **68**, 71, 203
primavera em Paris 14-5, 17
Primeira Guerra Mundial I 52
Printemps 42, 43, 101
prisão da Bastilha 54, 97
protetor solar 31
Proust, Marcel 140
Provins 217, 234
  bed and breakfast 247

Q

Quai de Bourbon 61
Quai de la Mégisserie **67**
Quai Montebello 61
quantidades duty-free 30
Quartier Latin **165-7**, **178**
  hotéis 242-3
queijo 38, 39

R

Rabin, Yitzak 205
Rambouillet **224**
  hotéis 247
RATP 20
RATP Roissybus 18, 19
Ravaillac 69
Ravoux, Adeline 229
Renoir, Pierre-Auguste 108, 125, 170
Rent-a-Car 23
RentApart 35
Restaurantes **36-7**
  Arco do Triunfo e arredores 135
  Centre Pompidou e arredores 80-1
  Château de Versailles 222-3
  Conciergerie e arredores 71

Restaurantes (cont.)
  Disneyland® Paris 232
  em passeios de barco 29
  Fontainebleau 237
  horários de funcionamento 32
  Jardin d'Acclimatation e arredores 211
  Jardin du Luxembourg e arredores 191
  Les Invalides e arredores 161
  Musée de Cluny e arredores 177
  Musée des Arts et Métiers e arredores 87
  Musée d'Orsay e arredores 170
  Musée Grevin e arredores 117
  Notre-Dame e arredores 65
  O Louvre e arredores 106
  Palais de Chaillot e arredores 145
  Panthéon e arredores 189
  Parc Astérix 226
  Parc de la Villette e arredores 203
  Place des Vosges e arredores 93
  Sacré-Coeur e arredores 122-3
  Torre Eiffel e arredores 155
restaurantes étnicos 37
revistas 32
"Revolução de Julho" (1830) 52
Revolução Francesa 51, **54-5**
  calendário 87
Caveau des Oubliettes 179
Conciergerie 70
Place de la Bastille 97
Place de la Concorde 130, 138
Robespierre 157
Reynaud, Charles Émile 117
Richelieu, cardeal 51, 92, 112, 113
Ritz
  aulas de culinária 39
Rivière Enchantée 210
Robert, Alain "Spiderman" 193
Robespierre, Maximilien 55, 70, 157, 214
Rodin, Auguste 69, 193
  Musée Rodin 149, 150, 151, **162**, 171
rodovias 19
Rogers, Richard 80
Roller Squad Institute 23
Rollers et Coquillages 23
romanos 50
  Arènes de Lutèce 165, 177, **178**, 189
  Parc Astérix 226
Rosa Bonheur 47, 198
Rossi, Tino 177

Rothschild, baronesa Hélène de 147
roupas
  compras 41, 43
  Musée de la Mode 110
  Musée Galliéra **147**
  o que levar 33
  tabela de tamanhos 41
Royaumont, Abbaye de **228**
Rue Brea 40
Rue de Montmorency **88**
Rue de Rivoli 101, **109**
Rue des Francs Bourgeois 77
Rue des Rosiers 75, 76, 77, **96**
Rue du Fouarre 167
Rue Lepic 100, **125**
Rue Montorgueil 77
Rue Mouffetard **179**
Rue St.-Louis-en-l'Ile 61
Rue Vavin 40, 183, 184, 185, 191
Rykiel Enfant 41, 43

S

Sacha Finkelsztajn 39
Sacré-Coeur 11, 13, 14, 99, 100, **120-3**
Sainte-Chapelle 60, 67, **72**
Salle du Jeu de Paume 223
salões de chá 37, 39
SAMU 31, 33
Sapeurs-Pompiers 31, 33
Sarkozy, Nicolas 13, 53
Sartre, Jean-Paul 172, 189, 192
saúde 30-1, 33
Segunda Guerra Mundial 53, 135
  Mémorial de la Shoah 76, **96**
  Musée de L'Ordre de la Libération 151, 160
  Mémorial des Martyrs de la Déportation 65
  Mémorial du Maréchal Leclerc de Hautecloque 194
  Musée Jean Moulin 194
  ocupação de Paris 145
segurança 31
  no trânsito 31
  pessoal 31
seguro 30
Sempé 140
Sena, rio 27, 61
  barcos residenciais 136
  enchentes 25
  Paris-Plages 13, 15, 59, 61, 65, **68**, 71, 203
  Paris vista do rio **24-7**
  passeios e ônibus fluviais **28-9**
  Petit Pont 66
Seurat, Georges 170
Sevigné, Madame de 93
Shakespeare & Co. 41, 61, 66

Signac, Paul 170
Simon 42, 43
Sisley, Alfred 237
Six Pieds Trois Pouces 41
Smith, W H 41, 43
SNCF 19, 20, 21
Sorbonne 167, 178
SOS Dentaires 33
Soutine, Chaim 89
Square Berlioz 126
Square Charles-Victor Langlois 89
Square d'Ajaccio 161
Square de Montholon 117
Square des Batignolles 127
Square du Temple 76, 87
Square du Vert Galant 10, 61, 72
Square Georges Cain 94
Square Henri Galli 97
Square Jehan Rictus 125
Square Léopold Achille 94
Square Louis XVI 139
Square Suzanne Buisson 124
St.-Etienne-du-Mont 189
St.-Exupéry, Antoine de 194, 195
St.-Germain l'Auxerrois 60, **73**
St.-Germain-des-Prés (igreja) 166, 167, **172**
St.-Germain-des-Prés 39, 165-7 **172-3**
St.-Phalle, Niki de 82
St.-Sulpice 191
Stade de France 199, 207
Stade Roland Garros 15, 199, 211
Stravinsky, Igor 82
submarinos
 L'Argonaut 202
Sully, duque de 76, 92
supermercados 38, 39, 43
Swiss 18, 19

T

tabela de tamanhos, roupas 41
TAM 18, 19
TAP 18, 19
Tapeçarias Gobelins 180
Tartine et chocolat 41, 43
taxas em hotéis 35
táxi **21**, 23
 aeroporto 18, 19, 23
Taxis Bleus 23
teatro **44**, 45
teatros de bonecos
 Guignol au Parc Floral 47
 Guignol de Paris 47
 Guignol du Jardin d'Acclimatation 47
 Guignols des Champs-Élysées 47
 Marionettes de Champs-de--Mars 150, 156

teatros de bonecos (cont.)
 Marionnettes de Montsouris 47
 Marionnettes du Luxembourg 47
 Théâtre Guignol 131, 136, 210
telefone celular 32
telefones 31, 32, 33
 celulares 31, 32
televisão 32
Templários 76, 87
tempo (meteorologia) 33
tênis
 Aberto da França 15
 Stade Roland Garros 15, 199, 211
TGV 19
Thalys 19
The Red Wheelbarrow Bookstore 41
Théâtre de l'Essaïon 44, 45
Théâtre des Automates 86
Théâtre des Marionnettes de Paris 47, 190
Théâtre du Châtelet 45
Théâtre du Gymnase 44, 45
Théâtre Dunois 44, 45
Théâtre Guignol 131, 136, 210
Thévet, André 156
Tinguely, Jean 82
Torre Eiffel 11, 13, 17, 25, 130, 145, **148-55**
 hotéis 242
Toulouse-Lautrec, Henri de 124, 126
Tour de France 15
Tour de Jean Sans Peur **83**
Tour Montparnasse 13, 183, 191, **192**, 193
trens RER 18, 19, **20**
 ver também chegar de trem
Trianon Palace 13
troca de casas 35
Trocadéro 46, 129, 131, **142-3**
 hotéis 240-2
Trotsky, Leon 214
Truffaut, François 126
Tschumi, Bernard 199
Tuileries
 hotéis 239-40
 ver também Jardin des Tuileries

U

Uderzo, Albert 226
Unesco 151, 156
United Airlines 18, 19

V

vacinas 30
Van Gogh, Vincent 125, 170, 228, 229, 237

Vassilieff, Marie 193
Vauban, Sébastien le Prestre de 151
Vaux-le-Vicomte 14, **234-5**
VEA 18, 19
Vedettes de Paris 28, 29
Vedettes du Pont-Neuf 28, 29
Védrines, Jules 119
Vélib 22, 23
Vélo et Chocolat 23
Vênus de Milo 105
verão em Paris **15-6**, 17
Vercingetorix 227
Vermeer, Jan 106
Versailles, Château de 11, 12, 13, 217, **220-3**
 Como Chegar 20
 hotéis 246
Véspera do Ano-Novo 17
vikings 50, 73
Village des Manèges 210
Village Joué Club 42-3
Vincennes ver Bois de Vincennes; Château de Vincennes
Vinhedo de Montmartre **124**
vinho 38
 Beaujolais Nouveau 16
 Fête des Vendanges 16
Viollet-le-Duc, Eugène Emmanuel 64, 67
Visa 31, 33
vistos 30
Vivant Denon, Dominique 107
Voltaire 51, 68, 173
 estátua de 188
Vuitton, Louis 137

W

Walt Disney Studios® 230, 233
Weil, Simone 189
Wilde, Oscar 204

Z

Zadkine, Ossip 193
 Musée Zadkine **192**
Zola, Émile 82, 163, 185, 188
zoos
 Jardin des Plantes 165, 167
 Le Parc Zoologique de Thoiry **224-5**
 Ménagerie 46, **181**

FRASES

Em emergências

Português	Français	Pronúncia
Socorro!	Au secours!	osscur!
Pare!	Arrêtez!	arretê!
Chame um médico!	Appelez un médecin!	apelêz ãmedçã!
Chame uma ambulância!	Appelez une ambulance!	apelêzin ãmbilânce!
Chame a polícia!	Appelez la police!	apelêla poliss!
Chame os bombeiros!	Appelez les pompiers!	apelêle põpier!
Onde fica o telefone mais próximo?	Où est le téléphonele plus proche?	u é le têlêfóne ê pli próxe?
Onde é o hospital mais próximo?	Où est l'hôpital le plus proche?	u é lopitall lê pli próxe?

Comunicação essencial

Português	Français	Pronúncia
Sim	Oui	ui
Não	Non	nõ
Por favor	S'il vous plaît	sil vu plé
Obrigado	Merci	merci
Com licença	Excusez-moi	exxkizêmoa
Bom dia	Bonjour	bõjur
Até logo	Au revoir	ô rev'oar
Boa noite	Bonsoir	bôsoar
Manhã	Le matin	lê matã
Tarde	L'après-midi	laprémidi
Noite	Le soir	lêssoar
Ontem	Hier	iér
Hoje	Aujourd'hui	ôjurdui
Amanhã	Demain	d'mã
Aqui	Ici	ici
Lá	Là	la
Qual?	Quel, quelle?	kéll, kéll?
Quando?	Quand?	kã?
Por quê?	Pourquoi?	purkoa?
Onde?	Où?	u?

Frases úteis

Português	Français	Pronúncia
Como vai?	Comment allez-vous?	comãtalêvu?
Muito bem, obrigado.	Très bien, merci.	trébiã, merci.
Prazer em conhecê-lo.	Enchanté de faire votre connaissance.	ãchãtê de fér vôtre conêssâce
Até já.	A bientôt.	a biãtô
Está bom	Voilà qui est parfait	voalá qui é parfé
Onde está/estão...?	Où est/sont...?	u é...?...sõ?
Qual a distância para...?	Combien de kilometres d'ici à...?	combiã de quilométre dissi a?
Qual o caminho para...?	Quelle est la direction pour...?	quél é la direction pur...?
Você fala inglês?	Parlez-vous anglais?	parlê vu anglé?
Eu não entendo.	Je ne comprends pas.	jê ne - comprã pá.
O(a) sr(a). pode falar devagar, por favor?	Pouvez-vous parler moins vite, s'il vous plaît?	puvêvu parlê moã vit, sil vu plé?
Desculpe-me.	Excusez-moi.	ekscuzêmoa.

Palavras úteis

Português	Français	Pronúncia
grande	grand	grã
pequeno	petit	p'tí
quente	chaud	chô
frio	froid	froá
bom	bon	bõ
ruim	mauvais	môvé
suficiente	assez	assê
bem	bien	biã
aberto	ouvert	uvér
fechado	fermé	fermê
esquerda	gauche	gôch
direita	droit	droá
siga em frente	tout droit	tu droá
perto	près	pré
longe	loin	loã
para cima	en haut	ã ô
para baixo	en bas	ã bá
cedo	de bonne heure	de bónér
tarde	en retard	ã rrêtár
entrada	l'entrée	lãtrê
saída	la sortie	la sortí
toalete	la toilette, le WC	la toalétt, le V.C

Falando ao telefone

Português	Français	Pronúncia
Gostaria de fazer um interurbano.	Je voudrais faire un interurbain.	jê vudré fér ãn interurbã.
Gostaria de fazer uma chamada a cobrar.	Je voudrais faire une communication avec PCV.	jê vudré fér unecomunicacion avec PCV.
Ligo outra vez mais tarde.	Je rappelerai plus tard.	jê rapêlêrê plu tár.
Posso deixar recado?	Est-ce que je peux laisser un message?	éss quê jê pê lêsseê un message?
Não desligue, por favor.	Ne quittez pas, s'il vous plaît.	nê kitê pá. sil vu plé.
O sr. pode falar mais alto?	Pouvez-vous parler un peu plus fort?	Puvê vu parlê un pê plu fór?
chamada local	la communication locale	la comunicacion locall

Fazendo compras

Português	Français	Pronúncia
Quanto custa, por favor?	C'est combien s'il vous plaît?	sé combiã sil vu plé?
Gostaria ...	Je voudrais...	je voudré
O (a) sr(a). tem...?	Est-ce que vous avez...?	éss quê vuzavê...
Estou só olhando.	Je regarde seulement.	jê rêgardd séllêmã.
O (a) sr(a). aceita cartão de crédito?	Est-ce que vous acceptez les cartes de crédit?	ess quê vuz axcêpêtê lê carte dê crêdí?
Aceita traveller's cheques de viagens?	Est-ce que vous acceptez les cheques de voyages?	ess quê vuz axcêpêtê lê chéque de voaiage?
A que horas abre?	A quelle heure vous êtes ouvert?	a quéll hér vuzéttuvéer?
A que horas fecha?	A quelle heure vous êtes fermé?	a quéll hér vuzét fermê?
este	celui-ci	celui ci
aquele	celui-là	celui la
caro	cher	chér
barato	pas cher, bon marché	paschér, bon marché
tamanho (roupas)	la taille	la táiile
tamanho (sapatos)	la pointure	la poãture
branco	blanc	blã
preto	noir	noar
vermelho	rouge	rugge
amarelo	jaune	jonne
verde	vert	vér
azul	bleu	blê

Tipos de lojas

Português	Français	Pronúncia
açougue	la boucherie	la buchérí
agência do correio	la poste, le bureau de poste, le PTT	la poste, le burô de póste, lê pêtêtê.
agência de viagens	l'agence de voyages	lajance de voaiage
banco	la banque	la bânke
cabeleireiro	le coiffeur	le coaféur
delicatéssen	la charcuterie	la charcuterí
farmácia	la pharmacie	la farmací
jornaleiro	le magasin de journaux	le magazan de jurnô
livraria	la librairie	la librêrí
loja de antiguidades	le magasin d'antiquités	lê magazã dantikités
loja de calçados	le magasin de chaussures	le magazan de chôssure
loja de doces	la pâtisserie	la patisserí
loja de laticínios	la crémerie	la cremerí
loja de presentes	le magasin de cadeaux	le magazan de cadô
loja de queijos	la fromagerie	la fromagerí
magazine	le grand magasin	le grãn magazan
mercado, feira	le marché	le marchê
mercearia	l'alimentation	lalimentacion
padaria	la boulangerie	la bulãngérí
peixaria	la poissonnerie	la poassonerí
verdureiro	le marchand de légumes	le marchan de légume
supermercado	le supermarché	le supermarchê
tabacaria	le tabac	le tabá

Em passeios

Português	Français	Pronúncia
abadia	l'abbaye	labéí
biblioteca	la bibliothèque	la bibliotéq
catedral	la cathédrale	la catedrall
estação de trem	la gare	a gar

FRASES | 285

escritório de informação turística	les renseignements touristiques, le syndicat d'initiative	lê ransénheman turistiques, le sandicat diniciative
fechado	fermeture	fermetur
feriado	jour férié	jur fêrié
galeria de arte	la galerie d'art	la galeri dár
igreja	l'église	leglíze
jardim	le jardin	le jardan
museu	le musée	le musê
prefeitura	l'hôtel de ville	lotél de vile
terminal rodoviário	la gare routière	la gar rutiér

No hotel

Tem quarto vago?	Est-ce que vous avez une chambre?	ess quê vuz avê ine chambre?
quarto duplo, com cama de casal	la chambre à deux personnes, avec un grand lit	la chambre a deû persone avek ã gran li ?
com duas camas separadas	la chambre à deux lits	la chambre a deû lí
quarto individual	la chambre avec une personne	la chambre a ine persónne
quarto com banheiro/ chuveiro	la chambre avec salle de bains, une douche	la chambre avek sale de bãn, une duche
carregador	le garçon	le garçon
chave	la clef	la clê
Fiz uma reserva.	J'ai fait une réservation.	jê fé une reservacion.

No restaurante

O senhor tem mesa livre?	Avez-vous une table libre?	avêvu une table libre?
Quero reservar uma mesa.	Je voudrais réserver une table.	jê vudré reserver une table.
A conta, por favor.	L'addition s'il vous plaît.	ladicion sil vu plé.
Sou vegetariano.	Je suis végétarien.	jê sui vegetarian.
cardápio	le menu, la carte	le meni, la carte,
cardápio de preço fixo	le menu à prix fixe	le mení a pri fix
carta de vinho	la carte des vins	la carte dê vãn
couvert	le cuvert	le cuvér
garçonete/ garçon	madame, mademoiselle/ monsieur	madaame, mademoazéle mêssieu
garrafa	la bouteille	la butéile
faca	le couteau	le cutô
garfo	la forchette	la furchéte
colher	la cuillère	la cuiièr
café da manhã	le petit déjeuner	le p'tí déjêunê
almoço	le déjeuner	le déjêunê
jantar	le dîner	le dinê
prato principal	le plat principal	le plá prancipal
entrada	l'entrée, le hors d'oeuvre	lontrê, le ór déuvre
prato do dia	le plat du jour	le plá di jur
bar de vinho	le bar à vin	le bar a vãn
café	le café	le cafê
malpassado	saignant	sênhan
ao ponto	à point	a poãn
bem passado	bien cuit	biãn cuí

Interpretando o cardápio

l'agneau	cordeiro	lanhô
l'ail	alho	láii
la banane	banana	la banaane
le beurre	manteiga	ê béurr
la bière	cerveja	la biér
à la pression	chope	a la pression
le bifteck, le steack	filé	lê bifték, lessték
le boeuf	carne de vaca	lê béuf
bouilli	cozido	bouíi
le café	café	le cafê
le canard	pato	lê canár
le chocolat	chocolate	lê chocolá
le citron	limão	lê citron
le citron pressé	suco de limão fresco	le citron prêssê
le cocktail	coquetel	lê cóktél
les crevettes	camarões	lê crêvête
les crustaces	crustáceos	lê crustacê
cuit au four	assado (forno)	cuí ô fur
le dessert	sobremesa	lê dessér
l'eau	água	lô
l'eau minérale	água mineral	lô minerale
les escargots	caracóis	lêzescargô
les frites	batatas fritas	lê frite
le fromage	queijo	lê fromage
le fruit frais	fruta fresca	lê fruí frê
les fruits de mer	frutos do mar	lê fruí de mér
le gâteau	bolo	lê gatô
la glace	gelo, sorvete	la glace
grillé	grelhado	griié
le homard	lagosta	lê omár
l'huile	óleo	luile
le jambon	presunto	le jambom
le lait	leite	lê lé
les légumes	vegetais	lê lêgume
la moutarde	mostarda	la mutarde
l'oeuf	ovo	léuff
les oignons	cebola	lezonhon
les olives	azeitona	lezolive
l'orange	laranja	loranje
l'orange pressée	suco de laranja fresco	loranje prêssê
le pain	pão	le pãn
le petit pain	pãozinho	lê p.'tí pãn
poché	pochê	pochê
le poisson	peixe	lê poasson
le poivre	pimenta	le poavre
la pomme	maçã	lapóme
les pommes de terre	batatas	lê póme dê térr
le porc	carne de porco	lê pór
le potage	sopa	le potage
le poulet	frango	lê pulé
le riz	arroz	lê ri
rôti	assado (panela)	rotí
la sauce	molho	la sôce
la saucisse	linguiça fresca	la sôssice
sec	seco	sék
le sel	sal	lê sél
la soupe,	sopa	la supe,
le sucre	açúcar	lê sucre
le thé	chá	lê tê
le toast	torrada	lê toast
le vin blanc	vinho branco	lê vãn blan
le vin rouge	vinho tinto	lê vãn ruge
le vinaigre	vinagre	lê vinégre

Números

0	zéro	zêrô
1	un, une	ãn
2	deux	deû
3	trois	troa
4	quatre	katre
5	cinq	çank
6	six	sis
7	sept	sét
8	huit	uit
9	neuf	néuf
10	dix	dis
11	onze	onze
12	douze	duze
13	treize	trêze
14	quatorze	katorze
15	quinze	kanze
16	seize	séze
17	dix-sept	disséte
18	dix-huit	dizuit
19	dix-neuf	diznéuf
20	vingt	van
30	trente	trante
40	quarante	karant
50	cinquante	çankante
60	soixante	çoassante
70	soixante-dix	çoassante diss
80	quatre-vingts	katre van
90	quatre-vingt-dix	katre van diss
100	cent	çan
1.000	mille	mil

HORAS E DIAS DA SEMANA

um minuto	une minute	une minute
uma hora	une heure	une éur
meia hora	une demi-heure	une dêmi éur
segunda-feira	lundi	landi
terça-feira	mardi	mardí
quarta-feira	mercredi	mercredi
quinta-feira	jeudi	jeudí
sexta-feira	vendredi	vandredí
sábado	samedi	sam'dí
domingo	dimanche	dimanche

Agradecimentos

A Dorling Kindersley agradece às seguintes pessoas que colaboraram com sua ajuda e assistência na preparação deste livro.

Colaboradora principal
A jornalista Rosie Whitehouse passou vinte anos viajando com seus cinco filhos. Foi de trem até o Círculo Ártico e atravessou a Europa de carro diversas vezes com seus filhos no banco de trás. Suas viagens começaram no sul da França e já levaram-na à Romênia revolucionária e aos Bálcãs durante a guerra, onde ela viveu por cinco anos. O marido de Rosie, repórter, é francês e inglês, como também são seus filhos. Com família em Paris, a jornalista já explorou cada canto da capital francesa e passou a maior parte de sua vida adulta decifrando o que alegra os franceses.

Consultor editorial
Nick Rider

Fotografia adicional
Max Alexander; Neil Lukas; Eric Meacher; John Parker; Rough Guides/James McConnachie; Peter Wilson.

Design e projeto editorial
PUBLISHER Vivien Antwi
GERENTE DE LISTAS Christine Stroyan
EDITORA DE ARTE SÊNIOR EXECUTIVA Mabel Chan
EDITOR CARTOGRÁFICO SÊNIOR Casper Morris
EDITORA SÊNIOR Michelle Crane
EDITORA Fay Franklin
EDITORA-ASSISTENTE Claire Bush
DESIGN DA CAPA Tessa Bindsloss, Louise Dick
DESIGN DE ÍCONES Claire-Louise Armitt
DESIGNER SÊNIOR DE DTP Jason Little
PESQUISA ICONOGRÁFICA Chloe Roberts, Ellen Root
CONTROLE DE PRODUÇÃO Rebecca Short
LEITORAS Anna Streiffert, Debra Wolter
VERIFICAÇÃO DE INFORMAÇÕES Anna Brooke
REVISÃO DE PROVAS Vincent Crump
INDEXAÇÃO Hilary Bird

Equipe de atualizações
Kim Laidlow Adrey, Vicki Allen, Emma Anacootee, Chris Barstow, Louise Cleghorn, Lydia Halliday, Kaberi Hazarika, Beverly Smart

Permissões de Fotografia
A Dorling Kindersley gostaria de agradecer aos museus, galerias, igrejas e outras atrações que nos autorizaram a fotografar seus estabelecimentos.

Auvers-Sur-Oise, Café de Flore, The Café Maure de la Mosquée, Centre Pompidou, Cupcakes Berko, De l'Assemblée Nationale, Laura Farrow da Disneyland® Paris, Dragon Elysées, Florian Payen do Espace Dalí, Hotel Britannique, Le Musée de la Poupée-Paris, Le Musée en Herbe, Maison de Victor Hugo, Marionnettes du Champ-de-Mars, Musée Bourdelle, Musée Curie, Musée d'Art et d'Histoire du Judaïsme, Musée de l'Air et de l'Espace, Musée de La Poste, Audrey Gouimenou & Frédérique Desvergnes do Musée des Arts et Métiers, Frédéric Lenoir do Le Musée du Quai Branly, Musée Grévin, Claire Bourrasset do Muséum National d'Histoire Naturelle, Florence Choloux do Musée Rodin, Parc de la Villette, Residence & Spa Le Prince Regent, Restaurant Chartier, La Sainte--Chapelle, Shakespeare & Company.

Obras de arte foram reproduzidas com a permissão dos seguintes detentores de direitos:

L'Ecoute por Henri de Miller © ADAGP, Paris e DACS, London 2012 79bd; *The Profile of Time* © Espace Dalí 101t; arte de Keith Haring © Keith Haring Foundation 113te.

Créditos das fotos
a = acima; b = abaixo c = centro;
e = esquerda; d = direita; t = topo.

Os editores querem agradecer aos seguintes indivíduos, empresas e bibliotecas de fotografias pela gentil permissão de reproduzir suas fotos:

ALAMY IMAGES: AA World Travel Library 70cd, 70ceb; The Art Archive 160cdb, 221tc, 222cea; Martin Bache 105ca; Peter Barritt 106ce, 126bc; GM Photo Images 70c; Hemis 1c, 17be, 82bd, 130b, 181be, 185bd; John Kellerman 188cb; Keystone Pictures USA 53tc; Hideo Kurihara 164-5; Look Die Bildagentur der Fotografen GmbH 77be; Frank Javier Medrano 248-9; Antony Nettle 160cd; Pawel Libera Images 68bd; Chuck Pefley 162ce; PjrTravel 165ce; Kumar Sriskandan 232ce; Jack Sullivan 64cdb.

CORBIS: Hemis/Bertrand Gardel 1-2.

DISNEYLAND® PARIS: 230td, 230cdb, 230be, 230bd, 231te, 231cea, 231ceb, 231bc, 233te, 233td, 233bd.

DK IMAGES: Cortesia de CNHMS, Paris, 59c; cortesia do Musée Carnavalet 94be; cortesia do Musée du Louvre, Paris, Philippe Sebert 104bd; cortesia do Sacré-Coeur, 122te, 122cl; jardim, cortesia de Isabelle Devin & Catherine Rannou 202td; cortesia do arquiteto: Adrien Fainsilber 202cd; cortesia do Musée du Petit Palais 136te; busto de bronze dourado de Gustave Eiffel na base da Torre Eiffel por Emile-Antoine Bourdelle 154c, cortesia do Musée National du Moyen-Age Thermes de Cluny 167bd, 176cd; cortesia do Musée National du Moyen-Age Thermes de Cluny 176te; cortesia de CNHMS, Paris 183ce, 188ce, 188cdb; cortesia do Château de Malmaison 212te; cortesia de l'Establisement public du musée et du domaine national de Versailles 222td, 222ceb/220ceb; Reunion des Musees Nationaux/Art Resource, NY, 222cb.

Agradecimentos | 287

FÉDÉRATION FRANÇAISE DE TENNIS: 199bd.
FESTIVAL COULÉE DOUCE: MOGAN DANIEL 45bd.

FÊTE DES VENDANGES: Droits Réservés 16be.

HÔTEL DE LA PORTE DORÉE: 245br.

HOTEL LE BRISTOL: 241bd.

INSTITUTE PASTEUR: Francois Gardy 195t, 195c.

JARDIN D'ACCLIMATATION: Frédéric Grimaud 198b, 210ce.

LADURÉE PARIS: 37be, 135be.

LE MUSÉE DU QUAI BRANLY: 151t, 156cd.

MASTERFILE: Axiom Photographic 18bl; Kathleen Finlay 31bd; R. Ian Lloyd 95te, 107ce.

MON PREMIER FESTIVAL: 16bd.

MUSÉE DE LA MAGIE: 96te.

MUSÉE DES ARTS ET MÉTIERS: JC Wetzel- Images et sons 86cea, 86cd, 86cb; M.Favareille 86bd; Studio cnam 86be.

MUSÉE GREVIN: 116ce.

MUSEUM NATIONAL D'HISTOIRE NATURELLE: 181te; Bernard Faye 166cd, 180te, 180c.

PARC ASTÉRIX: 226ce, 226c, 226cd.

PHOTOLIBRARY: Age fotostock/David Barnes 58-9/Kordcom 128-9/Sylvain Grandadam 12bd; Alamy/Andrzej Gorzkowski Photography 225ce/The Art Gallery Collection 52cd, 54be,/Business 223te,/Directphoto.org 17bd, 41bd, 44bd/Peter Horree 43be/John Kellerman 221ceb/National Geographic Image Collection 15be/Shopping Mall 41be/Jordan Weeks 15bd; Arco Images/Pfeiffer Juergen 196-7; Tibor Bognár 190cdb; Bridgeman Art Library 50cd, 51te, 54cd, 107c/Giraudon 105tc, 170c, 171ce; De Agostini Editore /G Dagli Orti 52ceb; Design Pics RM/Michael Interisano 150b; Chad Ehlers 11be; Eye Ubiquitous 8-9; Michiel Fokkema 47be; Garden Picture Library/Erika Craddock 11t; Hemis/Chicurel Arnaud 100cd,/Gardel Bertrand 61t,/Maisant Ludovic 198ce/Sonnet Sylvain 13t, 131bd, 182-3; Iconotec/Pepeira Tom 24ce; Index Stock Imagery/Thomas Craig 19bc; JTB Photo 20be; Lonely Planet Images/Olivier Cirendini 126ce; Photononstop/Brigitte Merle 71te/Rosine Mazin 44be/Christophe Lehenaff 70ce, 106td/Daniel Thierry 150cd/Gérard Labriet 82te/Godong 61be; Pixtal Images 105te; The Print Collector 106cd; Radius Images 220cea; Christian Reister 76b; Robert Harding Travel/Stuart Dee 47t; Ticket/Chris L Jones 77t, 166b; Universal History Archive 50cea, 55tc, 107te, 171c; Steve Vidler 56-7.

PLAYMOBIL: Sylvain Cambon 223be.

SALON ANGELINA: Emmanuel Valentin 222br.

TRIANON PALACE VERSAILLES, UM HOTEL WALDORF ASTORIA: 246tr.

IMAGENS DA CAPA: DREAMSTIME.COM: Franck Olivier Grondin tl; PHOTOLIBRARY: Imagebroker.net b,/SuperStock tc; SUPERSTOCK: Axiom Photographic Limited tr.
CONTRACAPA: 4CORNERS: SIME/Massimo Ripani tc; PHOTOLIBRARY: Robert Harding Travel tl; SUPERSTOCK: Nomad tr.
LOMBADA: TIPS IMAGES: Riccardo Sala t.

Todas as outras imagens © Dorling Kindersley
Para maiores informações: www.DKimages.com

Mapa do Metrô e da RER de Paris

Paris é servida por dezesseis linhas de metrô, identificadas por um número. As cinco linhas RER (Regional Express Railway), indicadas pelas letras A, B, C, D e E, atravessam a cidade e seu subúrbio. Há também três rotas de bonde, sinalizadas por T1, T2 e T3, que cobrem as áreas periféricas de Paris e são pouco usadas por turistas. Para mais informações sobre a rede ferroviária parisiense, *veja pp. 20-1*.

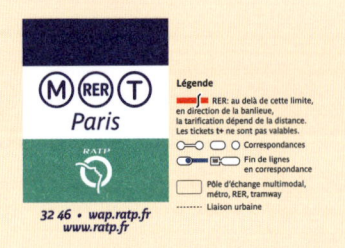

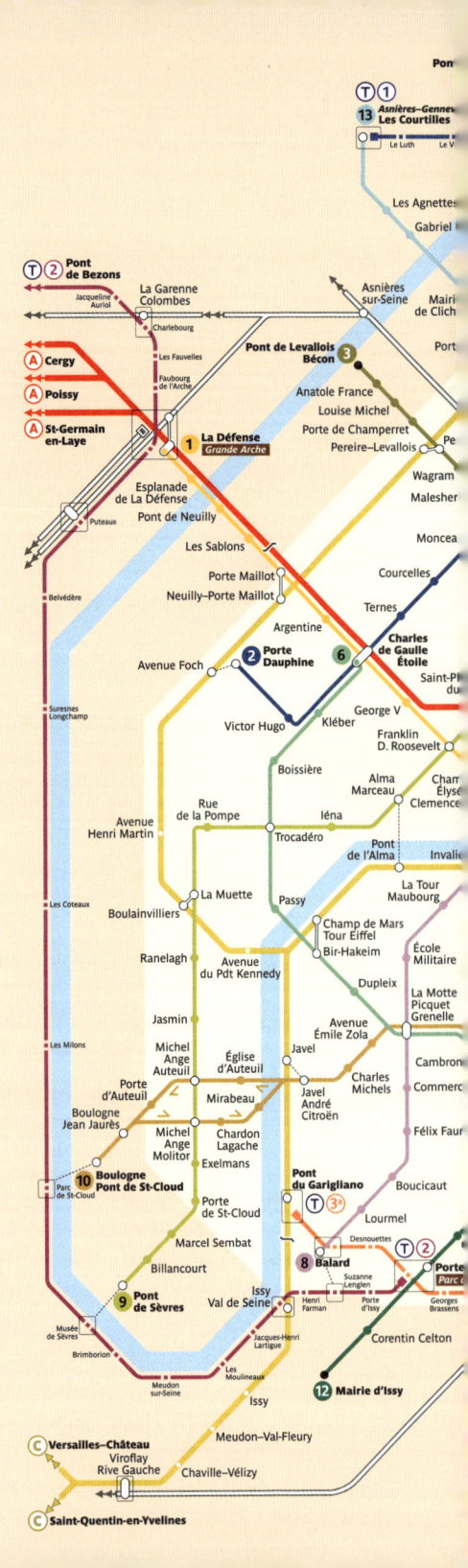

Légende

RER: au delà de cette limite, en direction de la banlieue, la tarification dépend de la distance. Les tickets t+ ne sont pas valables.

○——○——○ Correspondances
○══○ Fin de lignes en correspondance
▢ Pôle d'échange multimodal, métro, RER, tramway
---- Liaison urbaine

Paris
RATP
32 46 • wap.ratp.fr
www.ratp.fr